한국전쟁 이야기 집성 7

- 내가 겪은 특별한 전쟁 -

신동흔 김경섭 김귀옥 김명수 김명자
김민수 김정은 김종군 김진환 김효실
남경우 박경열 박샘이 박현숙 박혜진
심우장 오정미 유효철 이부희 이승민
이원영 정진아 조홍윤 한상효 황승업

저자 소개

신동흔: 건국대 국어국문학과 교수
김경섭: 을지대 교양학부 교수
김명수: 건국대 박사과정
김민수: 건국대 박사과정
김종군: 건국대 HK교수
김효실: 건국대 박사과정 수료
박경열: 호서대 전임연구원
박현숙: 건국대 전임연구원
심우장: 국민대 국어국문학과 교수
유효철: 건국대 박사과정 수료
이승민: 건국대 박사과정
정진아: 건국대 HK교수
한상효: 건국대 강사
김귀옥: 한성대 교양교육연구원 교수
김명자: 건국대 박사과정 수료
김정은: 건국대 강사
김진환: 통일부 통일교육원 교수
남경우: 건국대 HK연구원
박샘이: 건국대 석사과정 졸업
박혜진: 서울대 박사과정 수료
오정미: 건국대 전임연구원
이부희: 건국대 석사과정 수료
이원영: 건국대 강사
조홍윤: 건국대 전임연구원
황승업: 건국대 박사과정 수료

한국전쟁 이야기 집성 7

초판 인쇄 2017년 6월 20일
초판 발행 2017년 6월 25일

지은이 신동흔 외 ❙ **펴낸이** 박찬익 ❙ **편집장** 권이준 ❙ **책임편집** 정봉선
펴낸곳 ㈜ **박이정** ❙ **주소** 서울시 동대문구 천호대로 16가길 4
전화 02) 922-1192~3 ❙ **팩스** 02) 928-4683 ❙ **홈페이지** www.pjbook.com
이메일 pijbook@naver.com ❙ **등록** 2014년 8월 22일 제305-2014-000028호

ISBN 979-11-5848-305-0 (94810)
ISBN 979-11-5848-298-5 (세트)

* 책값은 뒤표지에 있습니다.

이 책은 2011년도 정부(교육과학기술부)의 재원으로 한국학중앙연구원의 지원을 받아 수행된 연구임.
과제번호: AKS-2011-EBZ-3101, 과제명: 한국전쟁 체험담 조사연구

신동흔 김경섭 김귀옥 김명수 김명자 김민수 김정은 김종군 김진환 김효실 남경우 박경열 박샘이 박현숙 박혜진 심우장 오정미 유효철 이부희 이승민 이원영 정진아 조홍윤 한상효 황승업

한국전쟁 이야기 집성 7

내가 겪은 특별한 전쟁

(주)박이정

일러두기

1. 이 책은 2011년도 정부(교육과학기술부)의 재원으로 한국학중앙연구원의 지원을 받아 수행되었다. 과제명은 "한국전쟁 체험담 조사연구"이다. (과제번호 AKS-2011-EBZ-3101).
2. 본 자료집은 개별 구연자를 기본 단위로 하여 구성된다. 현지조사를 통해 수집한 약 300건의 자료 가운데 가치가 높다고 판단되는 162건(공동구연 포함)의 구연 자료를 선별하여 주제유형 별로 나누어 각 권에 수록하였다.
3. 본 자료집은 한국전쟁 체험을 기본 축으로 삼는 가운데 전쟁 전후의 생활체험에 관한 내용까지를 포괄하였다. 자료는 제보자가 구술한 내용을 최대한 충실히 반영하는 방식으로 정리하였다.
4. 본 자료집에 이야기를 수록한 구연자들에게는 사전에 정보 공개 동의를 받았다. 구연자가 요청한 경우나 기타 필요하다고 판단되는 경우에는 구연자 성명을 가명으로 표기하고 사진을 생략하였다.
5. 구연자 단위로 구술내용을 반영한 제목을 정하였으며, 기본 조사 정보와 구연자 정보, 이야기 개요, 주제어를 제시하고 나서 이야기 본문을 실었다. 구술내용을 쉽게 이해할 수 있도록 하기 위해 본문 사이사이에 중간 제목을 넣었다.
6. 이야기 본문은 녹음된 내용을 그대로 받아 적었으며, 현장상황을 생생히 전하기 위해 조사자와 청중의 반응 부분을 함께 담았다. 본 구연과 상관없는 대화나 언술은 조금씩 덜어낸 곳도 있다.

머리말

– 수백 명의 구술로 만난 한국 현대사의 생생한 진실 –

처음에 저이들이 누군가 하고 경계심을 나타내던 노인들은 한국전쟁 때의 사연을 들려 달라는 말에 대부분 몸가짐을 달리하고서 조사자들 앞으로 바짝 다가왔다. 당시의 상처를 되새기기조차 싫은지 조사자들을 외면하거나 구술을 사양하는 분들도 있었지만, 자신이 겪은 역사의 진실을 후세에 알려야 한다는 책무감을 나타내는 분들이 더 많았다. 일단 이야기가 시작되면 조사자들이 할 일은 거의 없었다. 그분들이 가슴 밑바닥으로부터 끌어올려 구연하는 놀라운 이야기들에, 60년이 넘도록 가슴속에 생생하게 간직해 온 그때 그 순간의 삶의 진실에 충실히 귀를 기울이는 것으로 충분했다. 조사가 더 늦어지지 않아서 이분들이 그토록 남기고 싶어하는 역사적 체험을 갈무리하게 된 것은 정말 다행스러운 일이었다.

그간 한국전쟁 체험에 대한 조사는 역사학 쪽에서 많이 이루어졌었다. 전쟁의 주요 국면에 얽힌 역사적 사실과 관련되는 정보를 얻는 데 주안점을 둔 조사였다. 이야기 형태의 체험담은 주로 전쟁 참전용사의 수기나 학살피해자들의 진술이라는 형태로 보고가 이루어졌다. 말 그대로 사람을 죽고 죽이는 '전쟁'에 초점을 맞춘 이야기들이었으며, 다소 특수하고 주관적인 방향으로 치우친 성향이 짙은 이야기들이었다. 체험이나 시각이 양 극단으로 나누어진다는 점도 두드러진 특징이었다.

이에 대하여 우리는 처음부터 보통사람들의 다양한 경험을 두루 포용한다는 입장에서 한국전쟁이라는 역사에 접근했으며, 제보자의 진술을 구술 그대로 충실히 반영한다고 하는 학술적 방법론에 의거하여 현지조사와 정리 작업을 수행했다. 그 조사는 구술사보다 구비문학적 방법에 입각한 것이었다. 한국전쟁을 축으로 한 역사적 경험이 구체적 사건과 정경을 생생하게 담아낸 '이야기'로 포착될 수 있도록 하는 데 최대한 신경을 썼다. 그 작업을 하는 데 큰 어려움은 없었다. 수많은 제보자들은 전쟁에 얽힌 기막힌 사연들을 지니고 있었고, 그것을 곡진하게 풀어냈다. 간혹 세상에 대한 논평을 연설 형태로 풀어내는 제보자도 있었으나 경험의 연장선상에서 충분히 그리 할 수 있는 바였다. 우리는 성실한 청자가 되어 그 이야기에 함께 했다. 제보자들의 구술을 가능한 한 끊지 않았으며, 때로는 탄성과 한숨으로 동조하기도 했다. 그렇게 그들의 구술은 오롯한 삶의 담화가 될 수 있었다.

한국전쟁 체험담 자료조사는 조별 작업으로 수행되었다. 서너 명씩 조를 이루어서 지역별로 제보자를 물색하고 조사를 진행하였다. 총괄적 조사인 만큼 지역별, 유형별로 균형과 다양성을 확보할 수 있도록 신경을 썼다. '보통사람'들을 기본 축으로 삼는 가운데, 한국전쟁에 대한 특별한 체험을 한 제보자들을 다양하게 찾아내고자 했다. 전체적으로 남성과 여성 제보자를 균등하게 포괄하였으며, 제보자 구성과 구연내용이 이념적으로 좌우 한쪽에 치우치지 않도록 했다. 한국전쟁이라는 현대사의 국면이 '있는 그대로' 다양하게 포착될 수 있도록 노력했다.

전체적으로 한국전쟁 체험담을 구연한 화자는 약 300명에 이른다. 자료공개 동의를 얻은 194건의 자료로 한국전쟁 구술자료 DB를 구성하여 결과를 보고했다. 그 중 자료적 가치가 높다고 생각되는 자료들을 선별한 뒤 자료의 재점검과 교정 작업을 거쳐 최종적으로 10권의 자료집에 162건(공동구연 포함)의 자료를 수록하게 되었다. 자료는 인상적인 사연을 중심으로 하여 주제유형 별로 분류함으로써 다양한 전쟁 경험이 일목요연하게 드러날 수 있도록 했다. 각 권별 구성을 간단히 소개하면 다음과 같다.

1권 – 이것이 전쟁이다: 전쟁이란 어떤 것인지, 그 참상과 고난과 단적으로 잘 보여주는 이야기들을 실었다. 특정 지역의 전쟁 경험을 여러 제보자가 다각도로 구연한 자료를 나란히 수록하여 전쟁체험이 입체적으로 드러날 수 있도록 했다.

2권 – 전장의 사선 속에서: 다양한 참전담 자료를 한데 모았다. 육군 외에 해병대와 해군, 공군, 경찰, 치안대 등 다양한 형태로 전쟁을 체험한 사연들이 실려 있다.

3권 – 피난 또 하나의 전쟁: 피난에 얽힌 다양한 사연을 모았다. 북한에서 월남한 사연과 남한 내에서의 피난에 얽힌 사연, 피난 수용소에서 생활한 사연 등을 수록했다.

4권 – 이념과 생존 사이에서: 이념 문제로 갈등과 고난, 그리고 피해가 발생한 사연들을 모았다. 보통사람들이 좌우 이념의 틈바구니에서 어렵게 세월을 헤쳐온 사연들도 수록되어 있다.

5권 – 총칼 아래 가륵한 목숨: 전쟁의 와중에서 죄없이 억울한 죽음과 피해를 겪은 사연들을 모았다. 역사적으로 이름난 주요 사건 외에 일반적인 피해담도 포괄하였다.

6권 – 전쟁 속을 살아낸다는 일: 전쟁의 와중에서 보통사람들이 겪은 다양한 고난 체험을 펼쳐낸 이야기들을 모았다. 특히 여성들의 전쟁고난담이 주종을 이룬다.

7권 – 내가 겪은 특별한 전쟁: 남다른 위치 또는 특별한 직업을 바탕으로 한국전쟁을 특수하게 치른 사연을 전하는 이야기들을 한데 모았다.

8권 – 전쟁 속에 꽃핀 인간애: 전쟁의 와중에 인정을 저버리지 않고 서로를 돕거나 살린 사연 등 미담의 요소를 포함한 사연들을 수록했다.

9권 – 전쟁체험, 이런 사연도: 전쟁중에 겪은 놀랍고 기막힌 사연들을 담은 자료들을 모았다. 설화적 요소가 있는 이야기들도 이 권에 수록했다.

10권 – 우리에게 전쟁이 남긴 것: 한국전쟁 체험을 전하는 한편으로, 전쟁에 대한 분석과 논평을 적극 진술한 사연을 모았으며, 전쟁 후의 사연을 주요하게 구연한 자료들을 수록했다.

160명이 넘는 역사의 산 증인들이 펼쳐낸 생생한 한국전쟁 이야기들은 그간 공식적 역사를 통해 알려진 것과 다른 차원의 의미 있는 자료가 되어줄 것이다.

이 자료집을 통해 사실로서의 역사와 이야기로서의 역사 사이의 균형이 이루어질 수 있는 중요한 기반이 갖추어진 것으로 생각한다. 앞으로 역사적 경험에 대한 문학적 연구의 새로운 장이 열릴 수 있기를 기대한다. 그를 통해 역사적 삶의 총체적이고 균형있는 재구가 가능하게 될 것으로 믿는다. 아울러 이 책에 실린 수많은 사연은 소설이나 드라마, 다큐멘터리, 공연과 웹툰, 게임 등 문화예술 창작에도 좋은 소재가 되어 줄 수 있을 것이다.

이 책은 한국학중앙연구원 기초토대연구 지원 사업에 힘입어 진행되었다. 적시에 지원이 이루어져서 중요한 조사사업을 차질 없이 수행하게 된 것을 다행으로 여기며 연구지원에 대해 감사의 뜻을 밝힌다. 그 의미 깊은 사업을 실질적으로 맡아서 감당한 핵심 주역은 현지조사와 자료정리의 실무를 맡아 수고한 전임연구원과 연구보조원들이었다. 팀장을 맡아서 일련의 길고 힘든 작업을 훌륭히 감당해준 김경섭, 박경열, 박현숙, 오정미 박사와 김명수, 김명자, 김민수, 김정은, 김효실, 남경우, 박샘이, 박혜진, 유효철, 이부희, 이승민, 이원영, 조홍윤, 한상효, 황승업 연구원의 노고에 감사와 사랑의 마음을 전한다. 공동연구원으로서 현지조사와 연구작업을 적극 뒷받침해준 김귀옥, 김종군, 심우장 교수께도 깊이 감사드린다. 까다롭고 복잡한 출판 작업을 기꺼이 맡아서 좋은 책을 만들어주신 박이정 출판의 박찬익 사장님과 김려생님, 권이준님, 정봉선님을 비롯한 편집자들께도 이 자리를 빌려 감사의 뜻을 전한다.

이 책은 다른 누구보다도 이야기를 들려주신 제보자들에 의해 이루어진 것이다. 조사자들을 반갑게 맞이해 주시고 가슴속에 묻어두었던 이야기를 풀어내 주신 역사의 주인공들께 머리 숙여 감사드린다. 그분들의 분투와 고난을 잊지 않고 대한민국의 미래를 훌륭히 열어나가는 것이 우리의 몫일 것이다.

2017년 6월

저자를 대표하여 신 동 흔

차례

여성 빨치산이 되다

이 복 순

"첫 공세 때 그양 거의 오분의 사는 거의 그때 다, 그때 다 잡히고 죽고 다 그래부렀어"

자 료 명: 20130523이복순(광주)
조 사 일: 2013년 5월 23일
조사시간: 1시간 50분
구 연 자: 이복순(여 · 1930년생)
조 사 자: 박현숙, 박혜진, 조홍윤, 황승업
조사장소: 전라남도 광주시 북구 일곡동 (제보자의 집)

[조사과정 및 구연상황]

이야기 조사를 위해 제보자의 집을 방문하였다. 보성 정길상 제보자의 주선으로 미리 연락을 드린 터라 이복순 제보자는 비교적 호의적으로 인터뷰에 응했다. 연세 탓에 발음이 부정확한 면이 있었지만 워낙에 총명하고 기억력이 좋아 예전 일들을 자세하게 이야기하였다. 구연 도중 그 당시 상황이 어제

일인 듯 생생하다며 감회에 젖기도 했다.

[구연자 정보]

이복순 제보자는 1930년에 태어났다. 자라면서 항일운동을 했던 가족들의 영향으로 사회주의 사상을 보다 쉽게 받아들였다. 제보자는 본래 의대를 진학하고 싶었으나 어려운 가정환경으로 광주사범학교에 진학한다. 민주학생동맹으로 활동하다가 졸업 후 교사로 임용되어 보성으로 발령을 받았다. 교사로 재직 중이던 21세에 한국전쟁이 일어났다. 제보자는 입산하여 빨치산 활동을 하다가 23세에 검거되어 7년간 수감되었다. 출소 후 결혼하여 자녀를 낳아 키웠다. 현재는 요일마다 스포츠와 문화강좌를 수강하느라 바쁜 나날을 보내고 있다.

[이야기 개요]

이복순 제보자는 광주사범학교 재학 중 민주학생동맹에서 활동을 하였다. 졸업 후 보성으로 발령을 받아 초등학교 교사로 재직하였다. 이복순은 교직생활 중에 여순사건이 일어났고, 이후 육이오가 터졌다. 이복순의 가족들은 오빠, 이모, 삼촌 모두 항일투사였으며, 그 가족들의 영향으로 자연스럽게 사회주의 사상을 받아들이게 되었다. 오빠는 예비검속 때 처형을 당했다. 전쟁으로 휴교가 되었다. 제보자는 오빠가 사망 전 오빠를 만나러 오빠 집엘 찾아갔다. 오빠집 옆에 위치한 전남여고가 전남도당으로 사용되고 있었다. 자연스럽게 오빠집에서 만난 빨치산들과 만나게 되었고, 인민군이 후퇴하면서 여성빨치산으로 입산하게 되었다. 입산한 지 이 년 만에 빨치산 소탕 총공세 때 체포되었다. 빨치산으로 활동하는 동안의 산 생활은 몹시 힘들었다. 동상이 걸려 손발이 잘리는 사람도 많았다고 했다. 세균전 때는 짚을 태운 물로 빨래한 덕에 제보자의 부대원들은 재기열에 걸리지 않았다고 한다. 제보자는 체포당시 많이 굶어서 저항할 힘도 없었다고 한다. 제보자는 대전형무소에서 7년 형을 마치고 나와 자신을 짝사랑하며 기다려준 남편을 만나 결혼했다. 출소 이후에도 국가기관의 감시를 계속 받아야만 했다.

[주제어] 사범학교, 교사발령, 여순사건, 한국전쟁, 좌익가족, 전라남도 도당, 빨치산, 검거, 수감, 김선우, 시계, 세균전, 재기열, 빨치산 부대, 감시, 봉강

[1] 광주 사범학교 시절 좌익그룹에 속해 있었다는 이야기

[조사자: 언제 고향을 뜨셨어요?] 나는 육이오 때 떴지. [조사자: 육이오 때?] 어. [조사자: 육이오 때 마을을 떠나게 된 이유가 있으세요?] 육이오 때 내가 여광주 사범학교를 졸업해가지고 사십팔 년도 가을에, 여순사건 날 때 그때다. 그래가지고 발령을 받아갖고 우리 그 모교로 왔어. [조사자: 어디?] 율포. 회천면 율포국민학교라고 있어. 그라고 인저 그 정길상이 아부지가 세웠다고 허는 학교는 해방 후에. 이 양정원이라고 옥구 학교 못 들어가고 국민학교 모두, 공립학교에. 일부 학교가 또 늦어분지고. 이른 사람들을 위해서 그 아부지가 지은 학교여. 그러니께 민족혼이 담겨 있는 학교이제. 학원이었제. 해방 후에 인제 서국민학교라고, 회천 거. 거 가서 봤을걸. [조사자: 봤어요] 어. 그 아부지가 세운 학교가 해방 후에는 국민학교로 된 거이제. 소학교로. 그러고 거시기 때는 우리 학교 다닐 때는 율포국민학교 하나 백이 없었어. 이제 일제가 세운 국민학교제, 공립학교. [조사자: 그리로 발령을 받으셨어요?] 어. 그리로.

그 나는 꿈이 있었어. 나는 의과대학 갈라고 했어. 의과대학 갈라고 그랬는디. 그때 우리 학교, 해방 후에 그 우리들이 학교 댕길 때 그 어려움이랄까 또 그런 역사의 소용돌이 속에서 우리도 그룹게 어려움을 겼었어. 해방 후에 좌익우익 모두 이래갖고. 우리 학교가 사범학교가 젤 심했지. 사범학교는 원래 머리 좋고 돈 없는 사람이 가는 학교 아니여. 또 우리 학교 다닐 때만 해

도 전부 국비였어. 나라서 돈을 받고 다녔어. 그랑께 머리 좋고 가난한 사람들이 다 사범학교를 온 것이여. 그릉께 에, 해방이 되니까 전부 여가 좌익일색이었어. 이 좌익. 전부가. 더구나 우리 사범학교는. 전부가 그라고 우익학생들이라고 여그 반동학생들이라는 것은 쪼끔 잘 살고 이런 것들이 어뜨게 어뜨게 와갖고, 이. 공부도 하나 못 허고 요상한 것들이 그롷게 미국 앞잽이 노릇하고 이러고 댕기고 이롷게. 그때는 점점 더 우리한테, 속을, 사칠 년도까지 우리가 우세했지. 근디 군정이 들어오고 또 인자 하, 우리 인자 이롷게 눌리기 시작허고 지하로 들어가고 조직이 모두. 그러고 서로 죽이고 거시기 싸우고. 얼마나 난리였는가 몰라, 우리 학교 다닐 때는.

그랬어도 이상허니 우리는 우리 그립이 제일 강하고, 이 좌익그립으로서는 민주학생동맹이 제일 강한 그룹이었었는디. [조사자: 학교에서 그룹이, 소모임이 따로 있었어요?] 으. 학교에서 그룹이 민주학생동맹이, 조직이 있었어. 전부 각 학년마다. 학교 제일 인자, 거 상급생이 인자 최고 위원장이고 그 다음이 인자 체포가 있어 학년별로 인자. 그롷게 있었는디 우리학교는 그롷게 심했지. 전부가 구십구파센트, 구십구파센트가 다 인자 좌익이었지. 말하자믄 이 사회주의 진영에 이북을 찬양하고 미군 반대하고. 양키 고 홈. 그때부터. 그때부터 미군 물러가라고 우리는 해방직후부터 그랬어.

그러고 미국이 전쟁 물자가 남아갖고 모도 배급을 줬어, 우리를. 저 초코레트 모두, 거시기 똥골똥골헌 거 다마 사탕 뭐여, 그거. 그런 것을 모두 주고. 뭐 거시기 옷 같은 것도 주고 막 각 학급으로 배급이 되고 그랬어. 그러므는 각 급장이 나와서 인자 받아서 가라고 그러믄 우리는 뭣도 모르고 여학생들, 그때 어린게 그놈을 받아갖고 이롷게 가므는 상급생들이 요 거시기 미국놈으 거지들이라고 탁 오믄 때려분지고 못 갖고 가게 헌다고. 그럼 우리는 울고 교실로 들어오고 무참해서 이. 그롷게 심했어. 우리 학교가 그러고 전부 자기 계급의 입장이 있었던 거 같어. 사범학생들이. 그 많이 희생도 하고 육이오 전후로 많이 없어지고. 또 때로는 많은 사람들이 이북으로 가고. 선생님들도 다들 갔어.

[2] 평양 방문했을 때 월북하신 스승을 못 만나고 와 아쉽다는 이야기

제일 지금 내가 안타까운 것은 안성현 선생이라고. 경장히 천재적인 음악가가 있었어. 근디 일본서 공부하고 안 오시고. 남평 사람이여 그 사람이. 그래서 안성현 선생 노래비를 지끔 남평 강에다 세웠는디. 아 내가 뭔 말 헐란디 또 거시기를 잊어부렀다. 으. 내가 피양 갔을 때, 피양 두 번 갔는디 인자 김대중 대통령 때, 노무현 대통령일 때 두 번 갔는디, 오메 우리 선생님이셨는데 그 선생님이. 피양에 계셨어. 살아계셨어. 그란디 몰르고 안 만나고 왔어. 그래서 나 온 뒤로 이년 후에 돌아가셨대, 세상에. 피양 갔다 온 뒤로. 그서 얼마나 안타깝고 이. 모두 그때 우리 모두 같이 겪은 선생님들. 그 육이오 때 안막 있제, 최승희 남편. 문학평론가 아냐, 안막이. 그 안막 친척이여. 안성현 선생이라고. 그 이북에서 경장히 많은 노래를, 좋은 노래를 짓고 그랬다드만. 여그선 남아있는 노래가 이 인자 이북으로 월북 해부렀다고 전혀 못 부르게 했잖애. 그런디 인자 해금이 되갖고 그 노래를 얼마나 잘 부른가 몰라, 우리가. 안성현 선생, 아주 천재 음악가였어. 그롷게 그서 평양 갔다 오메 안성현 선생 살아계셨는데 오메 내가 보고 올 것 인디 그것이 얼매나 안타까운 줄 몰라. 이년 후에 돌아가셨어.

근데 어찌 그것을 알았냐 허믄 나주 시장이 피양을 갔었어. 그때 노무현 대통령 있을 때. 근게 나주 시장이 왔다가니까 어뜬 음악가, 이남에서 온 음악가 선생님이 나주 시장을 만내고 싶다고 그랬대. 나주 사람잉께. 남평 사람잉께. 그른디 나주 시장이 그때 현역에 있어. 반공법이 그래로 있고 인자 그릉께는 또 갔다오므는 인자 요 중앙정보부에서 이, 또 오라가라허고 이, 이를까 무사서 안 만나고 왔대. 그란데 십이 세월 때 시장이 그 말을 한 것이라하 그때 이 안성현 선생인데 그라믄 만나고 올 것인디. 그때만 해도 반공법은 있고 시장은 현역. 그래서 왔등고만은, 하 이롷게 안타깝다고. 그서 오메 나도 그때 갔었는데. 우리 선생님인디 얼마나 좋은 선생님이고 그런 선생님인디 못 만나고 온 것이 이롷게 한으로 남어, 지금. 이년 후에 돌아가셨어 우리 온 지. 피양갔다 온지. 그 후에 인제 못 가부렀잖애. 고 내, 내가 유일한 인자 살아서 희망은 이참에 정권교체가 되얐드라믄 내가 피양 가보고, 또 김일성 주석 그거, 김일성 장군 항일유격투쟁하는, 투쟁한 장소 모두 이, 그 백두산에. 전적지에 이른 데 좀 가보고 그럴라고 했드니만 그 꿈이 무너져부렀어. 절대 나 테레비도 안 봐부러, 박근혜만 나오믄.

[조사자: 그러면 방북하셨을 때 거기를 마음대로 다니진 못 하나부다. 그러면 정해진 장소만 갈 수 있었던 거예요?] 거가 일정이 다 있어. 우리는 한 번은, 두 번 가거든. 한 번은 아리랑 축제, 여그서 결의 하나 거기, 거기에서 추천해갖고. 거시기 말하자믄 희망자, 희망자에 한해서 여그서 가고 싶다는 사람만, 저그 다 이제 갈수가 있었어. 그란데 그것은 우리가 저 아시아나 항공기를, 우리가 이롷게 대절한 것이라. 긍께 경장히 비쌌어. 그서 막 거시기 우리 선생이 막 가시기 이참에, 돈 그롷게 들이고 가시지 마라가대. 그리고 선생님들 다음에 이북에서 초청할 기회에 있을 것인게 금방 이롷게 가지 마라고. 그때는 돈 이롷게 많이 들고. 민항기가 와 우리를 실어가드만. 그때는 그때고. 갔어 인자. 가갖고 반분은 풀고 왔제. 그라고 북에 인자 한 멫 개월도 못 있었어. 인자 우리가 거시기 케이스로 갔었어. 가갖고 얼마나 거시기하고 왔제. 근디 거시기로 흘러가부네, 어디로 말이.

[3] 초등교사로 재직 중 경험한 여순사건과 한국전쟁

[조사자: 율포초등학교로, 국민학교로 발령나서 가신 게 몇 년도세요?] 사팔 년도 구월 달에. 여순사건 났을 때 그때 아주 혼났어. [조사자: 거기로 가셨는데 발령받고 거기서 생활하셨던 얘기 좀 해주세요] 거그서 학교 인제 애기들 갈쳤제. 애기들 갈치고 글 떡에 여순 사건 일어나갖고 거가 말하자믄 이것들이 말한 반란지대여. 보성 아니여. 그랑께 순천 여수 거그도 반란지대여. 그랑께 날마다 군인들이 학교서 주둔하고. 우리는 공부도 못 했어. 그르고 또 면민들을 다 모아놓고 면민 대회한다고 사람들 잡아다 죽이고. 인제 느그는 이른 자유사상을 갖지 마라, 이것이제. 그르구서 자기 사람들을 몇몇 잡어다가 그르고 묶어갖고 죽애. 보라고. [조사자: 경찰들이 그랬어요? 아님 군인들이?] 경찰이. 경찰이 그러제. 여순사건 이홍께. 한참 압박할 때 아니여. 그래서 날마다 그놈을 보고, 이.

그르고 서편제, 우리 고향이여. 서편제 우리 고향이여. 거그서 정응희 씨라고, 지금도 서편제 보존사업을, 거시기를 하고 있드만. 그 사람 정말 지금 살아있으믄 그때 아마 인간문화재 우리 국악으로는 제 일호나 되얐을 것이여. 그러므는 이 학교서 면민들, 사람 죽이고 그 위로헌다고 노래 잘 허는 사람, 그 사람을 데려다가 노래를 시켜 인자. 모두 이 거시기 토끼전, 뭐시기, 그른 거 이. 또 뭐 춘향전, 심청전 모도 이른 거, 적벽가. 너무 잘 헌. 나는 그 양반보담 잘 한 국악을 잘 한, 박동진이 어림도 없어. 너머 잘 했어. 그릉게 그 사람 데려다 놓고 반드시 인자 위로헌다고 국악인 갖다 모셔와. 그래갖고 인자 그 일호가 될 것이여. 그 벌벌벌 떨고 뭐 들것이여. 우리도 벌벌벌 떨고 나오도 못 했는디. 그서 인제 면민들은 안 나오믄 큰일 나. 그니께 다 억지로 끌려나왔제. 그래서 죽인 거 인제 보라고.

그것이 해방직후부터 사육 년도, 저 인자 군정이 들어와서부터 저기 압박하기 시작하고 인제 일제 모도, 친일파들을 전부 델꼬 군정을, 거시기 저 모두, 모든 기관을 구성했잖애. 긍께 전부 이것들이 친일파로 인제 이것들이 바꽈져갖고 친일파들이 인자 빨갱이만 죽이믄 저, 누구든지 빨갱이만 죽여도 괜찮애. 그른 세상이 됐어, 인제. 친일파 저저, 그 지금 후예들이 지금, 지금 뭐, 박근혜당이 뭔 당인가? [조사자: 새누리당?] 으? [조사자: 새누리.] 새누리당 들어갔지 전부가. 새누리당들이 그 친일파들이 후예가. 전부 미군들이 우리 저 민족의식하고 거기 애국자들은 거시기 안들어줘, 미국말을. 너가 왜 이렇게 주둔하냐, 너그 가그라. 그러고 그렁께는 인자 친일파들 델꼬 이룧게 구성할 수 뱨이 없어 군정을 이. 군사 모도 행정, 모든 분야에서 다 그랬어. 그릉께 그 후예들이 다 지금 잘 되갖고 이룧게 내려온 것이제. 그래갖고 잠깐 거 십 년 동안 뭐 그것들이, 그래갖고 너머 나는 아주 아파부렀어, 박근혜 되갖고. 이제사 지금 떨쳐내고 통 저런 테레비나 뉴스 보도 안하고 그러고, 그러고 인제 어트게 세상이 돌아간 줄도 몰라. 눈 딱 감고 살어.

[조사자: 다시 율포초등학교로 돌아가서.] 응. 이자 일학년 갈치고 그때 인자에 담임해갖고 그땐 학기가 미국제도로 학기가 돼갖고 구월 달이 학년 초여. 그래서 이자 그때 구월 달이 금방 돌아 왔잖애. 학년 받으고 학년 끝나고. 두 번째 학년이든가 육이오 때가. 두 번째야, 두 번째 학년 이자 맡았는디 이자 육이오가 나부렀어. 그렁께 학교 그만둬부렀지.

[4] 좌익 가족들의 죽음

두고 인자 우리 가정사정을 말하자믄 우리 오빠가, 우리 이모들이 전부 항일투사여. 이모들이. 우리 인자 삼춘도 그러고. 삼춘은 저기 서중 떨어지고 고창고보로 갔어. 고창고보가 민족학교였어. 음. 일제시대에. 그 전통이 있어. 그렁께 우리 이모들이 큰이모는 웃고녀가 여그 전남여고, 아직 생기지 않앴어. 그르고 호남에서 제일 여학교 교육기관으로 생긴 것은 이리고녀가 있었어. 이리가 지금 뭣으로 됐드라? [조사자: 익산이요?] 으? [조사자: 익산?]

이 익산, 익산이 아니여. 익산 아니고 뭣인디. [조사자: 이리가 익산으로 됐는데요.] 그래? 이리가 뭣으로 되얐어. 이리가 훨씬 낯익은 이름인디, 우리는. 몰라 그럼. 이리고녀가 호남에서 제일이었어. 인자 우리 큰이모는 이리고녀로 갔어. 그서 동경유학생이여 다. 작은이모는 웃고녀로 생겨갖고 웃고녀가 갔고. 학생사건이 천구백십구 년에 일어났어. 우리 작은이모 학교 대닐 때에. 큰이모, 큰이모도 학교 대닐 때에 그라고. 작은 이모는 해방 후에 졸업했어. 퇴학 맞았어.

그릉께 우리오빠가 서석국민학교 육학년 때 학생사건이 일어났지. 근게 이모들 따라 댕김서 다 인저 돌 져서 날르고 요러고 이 일본놈, 저 학생들을 돌 던지고. 육학년들도 요 서석국민학교 다 그랬대. 그래서 그때부터 우리 말하자믄 우리 오빠가 배일사상이 들었었어. 긍께 해방 후에는 인제 자연스럽게 사회주의사상으로 가제, 이. 그렁께 우리가 전부 이것이 진리다 허고 고리 따라간 것이여. 우리 오빠가 이자 그렁께. 우리 이모들도 해방 후에 다 그러고 여성동맹에 있고. 에, 여그서 부인회가 있고 그랬어. 우익 우익단체는 여자단체도 부인회라 그러고 대한부인회라 그러고 여그는 여성동맹이라 그러고. 우리 이모들이 여성동맹위원장이야 작은 이모가. 해방 후에 사육 년까지. 그렁께 자연적으로 인자 이것이 우리 갈 길이라고 생각허고 진리다고 생각허고 또 인자 커서는 이것이 하나의 신념이 되고 또 아조 철학이 되고 이. 그렇게 되야분 것이여. 뭣이 돌아볼 것이 없이.

그릉께 우리 오빠 그때 거시기 예비금속 당해갖고 형무소에서 일차로 갖다 죽였어. 어 이도금 변호사랑 모두 그때 일차로. 제일 인자 갑 종류. 갑은 이자 제일 먼저 죽이고 육이오가 낭께. 아직 여까정 안오고 인민군이 그때 그러고 차례차례 인자 다 죽일라고 전부 묶어놨드래. 거시기들이. 차례차례로 인자 갑, 을, 병, 정 이렇게 해갖고 아마 을까지는 죽였을 걸. 그래갖고 인자 육이오가 난 것이여. 그룽게 우리 인자 오빠는 형수들, 육이오 낭께 갖다 죽이고 일차로.

그라고 우리 남동생은 또 사범학교 이학년 때 인자 민주학생동맹에 모든 명단에 다 인제 폭로가 돼부렀어. 그랑게는 딱 자퇴를 하고 내려오면서, 인저 여기서 내려가믄서 뭐이라고 하냐 그러믄 우리 학년에 총책임자여, 인자 이 학년. 그랑께 나한테 잽혀간 애들은 전부 나한테 밀어라. 내가 했다 그래라 그러고 고향으로 내려와부렀어. 빨치산으로 올라가부렀어. 여순사건 이후에 인자 처음으로 무장빨치산이 생겼거든. 알지? 몰라? 그것도 모르고 얘기한다고 그래? 아 여순사건, 여기서는 반란사건이라고 그러잖애. 그것이 시작한 데다 제주도 그, 항쟁을 진압하러 가라한게 그 십사대 조직을, 그때는 군인이고 뭐이고 전부 조직이야 아주. 없는 데가 없어. 그런게 박정희여 그때. 그놈 폭로시켜주고 지는 살았어. 박정희가. 박정희가 그릏게 배신자여. 그릉께는 박정희 딸을 저것이 뭐이라고 대통령을 시켰는가 몰라. 우리 국민이 얼매나 미두간단인가 이.

그래갖고 자연스럽게 인자 빨치산으로 가부렀어. 우리 남동생이. 열일곱 살인데 그때. 그래갖고 오십 년도에 이월 달에 경장히, 일월 달인가 됐을 거야. 추울 때. 우리 집을 다녀간다고 인자 왔는디 우리 집을 못 들어와. 그때는 시골 부락마다 보초가 있어. 보초가 다 서서 반란군이 내려오므는 다 보고를 해. 그렁께는 부락에 내려갈 수가 없어. 우리 그 학교 있제, 이. 학교 바로 옆에가 우리 집이 있었어. 태와부렀어 군민들이. 있었는디 학교를 간 것이라, 우리 남동생이. 저 오십 년도 그 추울 때 일월달 에. 육이오 그니까 유월달에 육이오가 날 것인디. 긍께 다 조직이 다 망가지고 다 인제 이릏게 잽혀부리고 먹을 것도 없고 죽게 돼 거기 있으믄. 이 잡혀서 죽냐 굶어서 죽냐 이저 상황에 놓였어.

그렁께 집이가 오고 싶지 열일곱 살 먹었는디. 그려도 무사서 못 혀 보초가 다 있은게. 뒤로, 학교로 갔어. 근데 그 학교 교장이 경장히 민족의식이 있는 좋은 교장이여. 아조 훌륭한 교장이여. 그런게 우리 친오빠간만이로, 친형제간만이로 또 사상이 다 그 짝이고. 그릉께는 그리 가서 교장을 만냈어. 만내니까 지금 너 어디 자수해라 그렁께 자수 안하고 그양 갈란다고 그런다대. 그라믄 자수하지 말고 느그 엄니 누나 동생들 좀 보고 가그라, 보고만 가그라 그랬대. 그래갖고 학교서 이룧게 거시기 이룧게 딱 나와가지고 관사에서 논둑을 요룧게 하므는 논둑을 죽 오므는 우리 집이여. 근게 논 가새가 집이, 저저 울타리가 있제. 그런게 교장 선생님이 거리 뒤 울타리로 딱 보내고 울타리로 너 저 뒤 안에 가있어라 그러고 교장 선생님이 앞으로 와. 그러니 교장 선생님은 누가 의심 안 하제. 다 이 인심 많고 좋은 교장 선생잉께 덕이 있고. 인심을 얻고 있는 교장 선생이여. 또 같은 저 고향사람들이고. 그랑께는 보초 선 사람들이 다 교장선생님이 지나가믄 아무 의심도 안 허고 인제 인사만 하제. 그르고 우리 집으로 딱 들어와 교장선생님이. 딱 들어와갖고,

내가 그때 너무 추와서 못 오고 율포서 잤어. 우리 친구집서. 가지마라고 그러고 너무 추와서 못 가겄어서. 그렁께는 우리 어머니하고 교장선생님하고 서이 인자 내가 와서 어트게, 어트게 살려야되겄다, 인자 이런 이, 이 교장선생님 각오여. 보내믄 죽고 이것을 인자 소년이고 그렁께는 학교로 보내불믄 인자 괜찮헐 거이다 그러고는 나 오기를 그렇게 기다렸는데. 내가 인제 아침에 강께는 우리 집이 아무도 없어. 문을 열고 어무니 그랑께는 아무도 없어. 아무도 없는데 누가 지침을 헌거 같어. 그때 그 농 한나에, 그 농 한나다. 우리 여 이 농. 요것이 이백년 된 놈이여. 그란디 요 농하고 또 멱갑는 농이라고 두 농이 딱 있었어. 그란디 교장선생님하고 그 저녁내 살릴 궁리를 한 것이 이자 누구 거시기 노출되믄 안돼지 부락사람들한테. 그 무섭제. 그랑께는 이자 우리 엄니하고 교장선생님하고 인자 서이 농을 인자 두 짝을 인자 이룧게 이룧게 딱 내므는 사램이 하나 드러눴어도 거시기 댈 거시기가 돼잖애. 농이 두 짝이 딱 있은게. 이 보담 더 커 한나가. 그서 농을 또 앞으로 당기고 그 뒤에다가 요를 깔고 눕혀놨드구만. 그랑께 내 소리가 낭께는 지침을 했는갑대. 누가 있으리라고는 생각을, 이상하다 뭔 지침을 나오까 그러고.

인자 우리 엄니 어디 가셨냐고 항께 저리 저 거시기로 가까운 냇가시 있는

디 좀 멀리고 느그 엄니가 통에다 뭣을 이고 가드락 그래. 그 거시기 할머니가, 밑에 할머니가. 그래서 이상하다 그러고 고리 가봤어. 우리 엄니가 나를 보고 막 깜짝, 십든 빨래를 그냥 설치면서 나를 막 정신이 없어 거그서. 그 빨치산들 입고 온 그것을 태와불제 뭣허러 노인이 그것을 뽈러 갈 것이여. 노인도 아니제 그때는 오십몇 살잉게 우리 엄니가. 그 우리가 볼 때는 노인이제. 그놈을 뽈러 가 세상에 그 추운 디. 부사부리제 뭣허러 그걸 뽈러 갈 것이여. 그서 그람서 나보고 윤현이가 왔는디 안 봤냐, 그래. 깜짝 놀래부렀제. 그서 어디가 있냐 그랑게 농 그 열고 뒤에다 숨겨놨다고 그래. 막 가서 인제 봉께는 사람이 그 형상이 아녀. 머리는 이만이나 길어갖고 굵어서 아주 누라니 이룽게 부서갖고 이.

그래서 거시기 교장은, 교장, 우리 교장 선생이 경장히 양심적인 사람이여. 우리 진영이고. 또 그러고 구 면장이라고 우리 친구 아부지가 경장히 덕인이고 유지여. 그래갖고 그 교장 선생님하고 이 면장하고 들어서 아무도 모르게 지서장만 같이 불러다가 자수를 시켰어. 델꼬 인자 가서. 산길로 델꼬 다 이발시키고. 이발사가 와서 이발헌다고 아무데서 헌단게 무사서 벌벌벌벌 떨어. 그래갖고 거시기 반장 오라가고 하라고 그랬어. 반장 입회하에 이발시켜가지고. 옷이 전부 몸이 부서갖고 입을 것이 없어. 학교 대닐 때 입은 놈. 그도 할 수 없이 그놈 입혀갖고 이 그러고 오바둘러갖고 데리고 갔지, 산길로. 그래서 인자 여 이 교장선생님이 면장한테로 연락을 해갖고 면장 집, 거시기 저 말하자믄 면장집은 안채 딸리고 사랑채에서 인자 그 지서장 불러다가 얘는 공부를 시켜야 될 것 아니냐 그랬드니 저 올라가서 얘가 이룽게 살려야 될 것이고 그랑께 그래야제 그러고는 그 자리에서 말하자믄 어디든지 갈 수 있는 그런 그 증명을 해줬어. 그러니까 그 뒷날에 인자 광주를 올라가갖고 사범학교는 못 들어가. 그 우리 오빠가 공업학교를 넜어. 공업학교 한 이 개월 댕기다가 육이오가 나부렀어. 그래갖고 다시 인자 재입산을 했지 이. 그래갖고 총살당했어, 우리 동생도. 그렁께는 우리오빠는 거시기 죽고 형수도 죽고 우리 남동생은 빨치산해서 죽고 우리집 은 자연적으로 국군들이 와서 태와부렀어. 그러고 인제 우리 여동생이 하나 있는디 여동생이 여그 우리 어무니하고 광주로 인자 쫓겨왔지. 그래갖고 여동생도 사범학교를 나와서 선생하다 정년하고, 이. 그라고 둘이 남었어, 칠남매에서. 다 죽고. 우리 여동생 한나하고.

[5] 전라남도 도당에 들어가게 된 이야기

그래갖고 나는 인자 육이오 때 어땠냐 그러믄, 그 선생을 한디 육이오가 났어. 그래서 자연적으로 휴교가 되부렀지. 자연적으로 학교를 안 나와불제이. 그런디 와이고 그때 질서가 어트게 났드라 한 이틀인가 있었어. 근데 그 선생들보고 모이라고 하대. 그서 모잉게는 군 학무과에서 지금으로 말하자믄 군 교육위, 교육위원회, 그때는 학무과에 소속되얐어 군청에. 도청 학무과. 도청에 소속되얐고 이. 군학무과에서 공문이 왔어. 그래서 이 공문을 보고 뭔 책자가 있어서 이룧게 보니까는 에 북조선 인민공화국 노래, 김주석 장군 노래, 스탈린 대원수 소년단 노래. 막 이른 민청, 민청, 민주학생, 민주청년 노래 무슨 요런 노래. 그른 각 장 지도를 하라고 그러드만. 내가 다 했제 이.

이자 다 하고 있는디 광주에서 소식이 우리 오빠가 형무소에서 인자 돌아가셨다고. 전혀 몰, 몰르고 있었는데. 그르서 내가 아이고 광주를 가봐야겠다고 걸어서 걸어서, 걸어서 이룧게 사흘인가 나흘인가 걸려서 광주를 왔어. 오빠집으로. 그랑께는 전남여고가 도당이드만. 그때 육이오도당이 전남여고가. 그른데 전남여고 바로 옆에가 우리 오빠 집이었어. 그른게 그때 인자 에 사구 년도에 전남도당 부위원장으로 발령을 받어갖고 유치, 저그 장 유치, 빨치산 그거 이. 거그서부텀 이 전부 백운산, 지리산, 백운산 다 그렇게 저저 전라남도 가 다 분포 돼있었어, 육이오 전에도 빨치산이. 그래가지고 이자 전남도당 부위원장이 발령을, 중앙에서 발령을 받어갖고 이자 광주로 와서 광주서 자고, 인저 우리 오빠집이 말하자믄 연락부장이여. 전라남도 도 연락부장. 그랑께 중앙에서도 오믄 다 우리 오빠집으로 와.

그때 오빠집으로 와서 오빠 집에서 하룻밤 자고 나는 새북에 떠나부렀제. 그서 오빠 보러 옹께 그 전라남도 총사령관을 어려서 나를 경장히 예뻐했대. 예뻐해서 거 하도 인자 노인들이 얘기를 들어서 선봉이가, 저 선봉이 선봉이 헌디, 어려서 이름은 선봉이였대. 선봉이가 니를 키웠다고 그러고 항상 이. 그러고 또 노인 중에서는 저 팽동양반이 너를 키우고 모두 이랬다고. 그 양반이 오빠 후밴디 전라남도 도당 부위원장으로 발령을 받아서 오빠집에서 가고 자고 그런 것이라. 그 선봉이, 선봉이 오빤게 보도 못했지만 어링게 잘 알아 내가. 하도 들어싸놔서. 그서 선봉이 오빠 어디 갔다냐 그런게는 유치내산으로 갔다 그러드만. 그런게 그런 조직으로 그렇게 헌 것이여. 그 양반이 안 돌아가시고 육이오 때 백운산에서 도당위원장으로서 해방을 맞이해서 나왔어. 빨치산에서. 그 우리 오빠 후배가 이.

그릉께는 오빠 집이 와봉께는 이룽게 다 오빠는 돌아가셔불고 일개 도당에서 경장히 이 우리 형님한테 그룽게 일을 시켜서 돕드구만. 모든 경리과 거시기는 우리 오, 형님이 구매해갖고 갖다주고 뭐시기 그러드만. 그래서 인제 나 왔다고 하니 우리 형님이 이저 도당위원장이 그 이북에서는 아직 안오고 왔다고항께는 도당으로 오라고 하드만. 아 나 갈 때는 인자 봉께 지소자가 잽혔다 이북에서 왔어. 그래갖고 이양반이 첨에는 도당위원장이었는디 이북에서 온 박영만 도당위원장이라고 전라남도 그양반한테 인자 도당위원장 양보하고 부위원장으로 인자 이룽게 있었제. 그래서 인자 도당 부위원장으로, 도당이라고 하므는 모든 기관이 도당이여 거시기를 받어야 돼. 그니가 도당이 외각단체여, 도청 말하자믄 요런 단체는 전부 외각단체여. 그러고 도당을 중심으로 해서 다 이룽게 청년회, 농민회, 뭐 민청회, 여맹, 도인민위원회 이른게 전부 외각단체여. 긍께 도당에서 다 맹령을 내려.

그서 아 그 거시기 선봉이 부위원장이 딱 도당에, 나한테 인자 딱 잡어논디

도당도 당증과라고 허믄 경장히 이 말하자믄 신분이 그룷게 확실해야되고 도당 당증과라고 허믄. 도당에가 인자 선전부, 조직부, 노동부, 농민부, 간부과 이룷게 있는디. 이 우리는 여 조직부 소속에 당증관디, 부 조직부 내에 당증관디 으, 조직부장, 부부장, 도당부위원장, 도당위원장 너이 뱀이 우리는 이케 아무 허가 없이 들어올 수 있는 사람이 그 사람들 너이 뱀이 없어. 누구든지 들올라고 허믄 허가를 받어야허고 우리 딱 실은, 조직부는 크고 장실은 쪼끄만디 이 앞에가 인민군이 딱 따발총을 들고 보초를 스고 있어. 그룷게 중요한 자리재. 거그다 딱 나를 딜여보내네. 그런디 우리 친구가 선전부에가 한나가 있어. 그 선전부를 가믄 막 김일성대학생들이 막 기냥 사업나갔다 들어오고 막 이러고 기양 막 댄스도 하고 막 그러드만. 노래에 맞춰서 댄스도 하고. 아 그러고 재밌는데 나는 막 들어앉아서 글씨만 쓰라고 하고 이. 그래서 얼마나 내가 이, 보내주라고 막 선전부로 보내주라고 헌게 가서 일이나

잘 배우라고 인자 그러고는.

[6] 빨치산 활동 중 국군에게 체포되어 7년 수감

그러고 몇 달 있었을까. 칠팔구 석 달. 꼭 석 달있었네. 그때 후퇴되얐지. 그랑께 도당 소속으로 인자 후퇴, 그 조직이란 것은 당이 그대로 인자 간 것이 아니라 투쟁해야 씅께 군사부, 군사부사령관, 군당으로 가라고 했어. 그래서 도당부위원장이 인자 총사령관, 군사부분. 그 김선우사령관이. 그러고 인자 도당위원장은 박영갑 동지라고 육이오 때 인자 이북에서 내려온 사람이여. 모스코바 대학에서 학생인디 이룧게 내려왔대. 그서 인자 그 사람들이 내려와서 그러드래. 그 모스코바 대학에 있는디 이 육이오가 났다고 그러드래요, 조국전쟁이 났다고. 우리는 그때 조국전쟁이라고 그랬그든. 긍께는 통일전쟁이고 조국전쟁이제. 그랑께는 막 모스코바 교수들한테 데, 막 가서 조선학생들이 우리 조국으로 보내주라고 항께는 그 모스코바 교수들이 참 앞을 내다봤다 그 말이여. 지금 이것이 단기전이 아니라 장기전이다 전쟁은. 그렁께 너 공부 다 끝나고 조국에 가서 일해도 한나 늦지 않다 그런게 공부 다 끝나고 가거라. 그도 막 이때 우리가 일하라고 공부하러 왔제. 그러고 막 그래서 막, 다 인자 거그서 보내줬대. 그래서 도당위원장 박영갑 동지라고 거그서 온 양반이여. 그 양반이 도당위원장이여. 근디 전북은 또 틀리드구만. 전남은 경남 우리하고 똑같지 그 체제가. 도당위원장 있고 군부에서는 인저 군사방면으로는 사령관이 있고 그러드만. 근디 전북은 방준표 선생이라고 도당위원장에다가 전북 저 거시기 말하자믄 군사령관에다 이룧게 겸을 했다드만. 우리 전남은 글 안했어. 군 따로 따로. 이룧게 인자 조직이 선이 있었어.

그래서 인자 모 다 같이 타협하고 다같이 명령하고 모두 그러고 인자 한 것이제. 그서 나는 인자 따라갔지 이. 도당 따러가서 인자 군으로 일을 했지. 저 군, 육이오 때 사령부로. 거그서 백아산으로 질 첨에 가서 백아산에서 일

년반 있었는가. 백아산이 못쓰게 됐어. 야산이라 여그 인자 사수 있잖애. 그래갖고 도당이 백운산으로 갔어. 백운산이로 갔어. 그랑께 거그서 잽힌 것이여. [조사자: 백운산으로 가자마자 바로 잡히셨어요?] 으. 아이 백운산으로 막 가자 한 달 있다가 총공세가 났어. 휴전을 인자 저 앞두고 휴전회담을 늘 했잖애. 그릉께 일선이 조금 소강상태였어. 일선병력이 전부 후방으로 갔어, 빨치산 토벌허느라고. 거기에 다 인제 우리가 살아날 수가 없제, 이. 우리는 한. 우리 빨치산 투쟁이 한 마지막에 한 오년까지 인자 거기서 총사령관이 오년까지 존속했는디. 오년이 됐는디 김일성주석은 십오 년을, 무장 들고 십오 년을 그 혹한 속에서 어떻게 싸웠겄어. 그 위대한 그 투쟁을 우리가 얼매나 뼈저리게 알겄어. 우리는 다 몇 년 되어서 그릏게 고생스럽고 그랬는디. 우리는 춥지나 덜했잖아요. 거그는 영하 육십도 칠십도 막 그랬잖애. 그 백두산 북만주. 거그서 십오년 을 싸웠다는 거여. 대단하재, 이. 그렁께는 하늘이 내려준 애국자여. 김일성주석은. 자네들 책 읽어봤는가? 이 세계와 더불어라고 김일성 주석, 빨치산 책이. 십 몇 권까지 나왔는디. 그른 것을 읽어봐야 자네 역사 연구에 도움이 되재.

그래서 잽혀왔어 나는. 잽해. [조사자: 들어가신 지 몇 년 만에?] 이년 반만에. [조사자: 이년 반만에?] 으. 그래갖고 총공세 때. 총공세, 그러니까 첫 공세 때 그양 거의 오분의 사는 거의 그때 다, 그때 다 잡히고 죽고 다 그래부렀어. 그러고 인자 그 오분의 일이 쪼끔 남어서 인자 오 년까지 갔제. 그서 막챔, 저 거시기 기왕 잽힐라믄 첨에 잽히야 고생이나 덜 했제. [화자 웃음] 너머 고생해갖고 이. 그래서 그래도 참 거시기가 질다. 그 추위에 모도 그냥 동상이 걸려가고 발도 다 짤르고 손도 탁 짤르고 모도 이러고 했는디, 정신을 노믄 그래지드만 이. 그래도 나도 고생, 그릏게 큰 고생을 안 하고 컸지만은 이 이릏게 이 동상이 걸려서 발 짤르고 손 짤르고 죽인다 그래갖고 그릏게 있었어도 가만히 안 있어. 발을 안 얼리고. 이릏게 다 운동을 하고 이. 근디 가만히 이케 눈 속에서 져부믄 그 사람들은, 인자 잽혀왔는디 손 짤리고 발

짤리고 어째 피가 날 것이여. 내 그랬어. 지리산 그 백운산에서. 동무는 이래서는 다 동상 걸리믄 손 짤리고 발 짤리고 그런게 정신 차려. 막 그러고는 발 운동하고 그러고 발 잘 싸고 잘 말리고 그러라고 항께. 인자 정신이 없드만. 그러드만 잽혔는디 손 다 짤리고 발 다 짤리고. 하이고 그른 사람들 많이 있었어. 그때 다 죽고 이 그서 내가 목숨이 질구나. 그러고 내가 정신이 쪼끔 강했구나 그른 생각이 들어. 그래갖고 칠 년형을 받았어. 재판, 군사재판에서. 칠 년형을 받어 갖고 대전형무소 가서 칠년 형을 다 살었어. 오메 지루하던거. 이감자로 보내주도 안허고 이. 어뜬 사람은 이감도 보내주드만. 십 년 이상 보낸 사람은 이감도 보내주드만 우리는 십년 안 된 사람은 거의 안하고 거기서 그냥 마치고 왔어. [조사자: 어디로 가셨어요?] 대전형무소. [조사자: 대전형무소로?] 으. [조사자: 독방에 계셔요, 아니면?] 아니 우리 저 동지들끼리 다 뫠놓제 이. 그릉께 인자 잡범들도 막 끼어 너놔. 잡범들은 스파이로 인자 간수들도 스파이로 너논 것이여. 그런게 경장히 우리가 처신을 잘 하고 그랬어요. 그라고 잡범들이 우리를 일러바치고 이런 사람 없어. 우리가 너무 걔들 잘해준게. 오히려 우리 동지들이 돌아갖고 그런 스파이노릇하고 그랬제. 잡범들은 절대 우리 그러든 안했어. 한나도 그런 걸 보지를 못했어.

[7] 빨치산 활동하며 숨어 다니던 시절 이야기

[조사자: 그럼 계속 백아산에 계셨어요?] 백아산에 백운산에. 또 쫓겨서 지리산도 가고. [조사자: 지리산도 가고?] 응. 다 갔어 큰 산은. [조사자: 근데 어제 거기 정응남 여사님 만났을 때는 복장이 타이트한 치마에 권총 차고 돼개 멋있었대요. 그 의용군으로 가신 분 잠깐 만났다고 그랬잖아요. 복장들이 있어요?] 긍께 복남이도 의용군으로 갔는가? [조사자: 아니요, 빨치산 활동하셨다든데?] 의용군 안하고 빨치산으로 갔어? [조사자: 예, 예.] 아 거시기 저 치마 입었단 것은 거짓말이네. [조사자: 너무 멋있었다고 그러드라구요.] 치마는 안 입었을 것이

여. 권총은 찼는가 몰라도.

[조사자: 그럼 이 년 반동안 어떻게 은신을 하셨어요?] 우리는 다 인자 거시기 총사령부 기관이라놔서 안정지대가 있었지 이. 젤 첨에는 부락에가 있다가, 아 부락에가 있다가 인자 산속으로 들어갔제 이. 긍께 저 지휘부는 좀 더 안정해. 그러고 거그서도 지휘부도 죽었어. 이 저 살아남은 사람들 백운산에 가서 우리 총사령부사람들 백운산에서 마지막을 그롷게 자결을 하시오. 그서 사월 오일 날 우리가 그 양반들 제사를 지내잖아. 근데 이롷게 발이 아파갖고 이년을 못 갔어, 내가 제사모시러. 내가 손수 장만해가지고 간다. 그래서 저 그 기아자동차 노조원들이 작년 내가 못 지낸 거 그 애들이 지냈어. 근데 인제 이 년을 인자, 올해까지 삼 년을 못 갔어. 죽기 전에 한번은 가봐야 쓰겄다.

[조사자: 그럼 움막 같은 거 지어놓고 지내세요? 아니면 땅을 파고 계세요?] 아니 그 피테라고 인자 땅을 파서 있는데 아조 위험할 때 들어간 것이고 보통 때는 집이 그양 퐁퐁퐁퐁 돼야부러. 나무가지 해서 나무를. [손가락으로 우물 정 자 모양을 그리며] 이롷게, 요롷게, 이롷게, 요롷게, 네 개를 하재 이. 그러믄 또 이롷게 네 개를 얹재 이. 또 얹으믄 세 개가 있을 것이여. 그러믄 인자 흙 이겨갖고 딱 이롷게 발라불고 아이 거시기도 그냥 금방금방 놔부러 온돌도. 불 때므는 뜨끈뜨끈해부러 이. 그르고 인자 비트는 인자 산을 이 잡듯이 갈고 이. 어디에는 빠져도 못나가고 이 그러믄 거시기 비트라고 땅을 파갖고 사람들이 인자 앉았을 정도, 조금 크게 파믄 조끔 인자, 서서는 못 있어 그래도. 기어서 들어가고 앉았고 모도 쪼끔 반이나 일어설 정도. 잘 파믄 뭐 그 정도.

[조사자: 은신하고 계시다가 토벌대들이 와서 발각되거나 그런 위험한 상황이나 그런 경험들도 많으실 거 아니에요?] 그럼 잡혀가고 인자. 거시기 가자고 따라가지 안허고 반항하고 그러믄 죽여불고 그러지. 대개 잽혀가. [조사자: 대부분?] 대개. 나도 절대 안 잡히고 죽은 적 있는디, 잽혀지대. 그렁께. [조사자: 총격이 있었어요, 잡혀가실 때?] 아니 총격은 안하고 우리는 경장히 말하자

믄 이차 공세고, 이차 공세 삼차 공세까지 갔어, 내가. 안 잽히고 있을 때. 그렁께 그때는 에 국군들하고 빨치산하고 같이 적수가 안돼. 전투를 못해. 그서 내가 피해 대니고 숨어 대니고 이자 이른 때지. 그렁께는 무장군대도 거의 오고. 다 총도 그냥 어다 숨겨놔두고 모도 이러고 이. 무장들이 쪼끔 있었어도 어트게 인자 이 유격투쟁으로 그 쪼꼼 습격헌다든지 이 정도제. 같이 싸울 수는 없어. 이자 세력이 약해져갖고. 그렁께 인자 이 피해댕긴 것이제. 피해댕긴 것이 거시기 공세 나고 일 년 반을 피해댕겼어 일 년 반. 그러고 막 공세났으믄 잽히믄 일 년 반은 고생 안했제. 그랬는디 내가 글안해도 아이고 그때 잽혔으믄 고생이나 덜 할 것인디 그랬다니까. 아이고 내가 그래도 안잽히길 잘 했다. 그래갖고 인자 이 막 이 잡듯기 내려와. 우리가 인제 숨어있는디. 이 잡듯기 내려온디 이자 둘이, 우리 친구허고 둘이 딱 있다가 아야 분산하자, 그러고 인자 따로 걔는 좀 밑으로 내려오고 나는 그 자리에서 막 낙엽을 긁었어. 낙엽을 막 긁었었어. 아 근디 나는 그랬는디 그것들이 몰르고 가고 그 밑에 있는 우리 친구를 딱 잡었어. 그래갖고 이 애는 잽혀가고 나는 그로부터 일년 더 고생하고. 그래갖고 인자 어트게 뭔 거시기할 사이도 없이 그양 옴실허니 잽혀부렀어. 뭐 반항하고 뭐허고 이럴 사이도 없이. 그래갖고 지금도 나도 그 잽히기는 지리산에서 잽혔었지. 그 큰 산이로 가갖고. 피해댕기믄서. 백운산은 적제. 잽혔는디.

[8] 체포당시 차고 있던 시계를 백아산에 던져두고 온 사연

내가 그 시계가 참 좋은 놈이 있었어. 육이오 때 내가 내 일생을, 그 시계 땀시 내가 그 시계를 안차. 육이오 때 우리가 시계가 있는데 내가 안차고 왔어. 안차고 왔는디 최승희 딸이 있지, 안승희. 무용가, 최승희 세계적인 최승희 딸이 또 엄니 뒤를 이어서 안승희라고. 즈그 아부지가 안막인디. 그룹게 최승희 딸 안, 저 안승희 예술단이 광주에 내려왔어. 육이오 때. 예술단들이 계속해서 내려와. 그서 안승희, 최승희 딸이 왔단게 광주고 전라남도고 난리가 나부렀제 이. 그래 나는 최승희를 어려서 일본에 잡지에, 시노또모라고 지금도 일본 잡지에 나온디 그 발해 한, 그 발해 복을 입고 그 요러고 있는거 있으믄서 뭐이라고 일본어로 되있냐믄 한또노샤이쇼키라고 했지. 한국의 자랑 최승희라고 인자 써졌드만. 그, 그룽게 그림으로 그냥 저렇게 이쁘제 그때도. 근디 지겹게 안승희가 이쁜디 보성군 여맹위원장이 나 옆에가 앉았었는디, 저 동방극장이라고 광주서 이룽게 헌디 어마마 즈그 엄마 탁였다, 엄마 탁였다 그러드구만. 그서 아하 최승희도 저렇게, 안승희도 저그 엄마 탁여서 이쁘고 경장히 이뻐. 거시기 안승희가. 꼭 엄마 탁였다고 하제. 그러고 보러 갔는디.

보러 가서 인제 이룽게 막 넘어 시계점이 있어. 그릉게 총사령관이 그때 부위원장이 오빠 친구가 어려서 나를 그룽게 이뻐했대. 그릉께는 시계가 내가 없은게는 시계를 찼는디 경장히 좋은 시계를 샀드구만. 그래갖고 그놈을 수색할 때 갖고 갔는디 다른 시계는 다 고장이 나도 나 시계는 고장이 안나. 비가 막, 세수하고 비가 막 온 데다 눕혀놓고 잊어불고 와도 그 뒷날 와도 째깍째깍 죽었을 거인디 가고 그래. 그러믄 어이 복순 동무 시계는 빌려줘 그믄 그놈 내가 빌려주고 그랬는디. 광주 시계 고치러 갔다고 빌리고. 나는 벨, 인자 후방에 있은게 벨 그룽게 긴허게 안 쓰이제 이.

근데 거시기가 이룽게 사각으로 생겼는디 여기는 십팔금이여. 그르서 비가 하, 저녁내 비가 쏟아지는데 거그다 놔두고 인제 아침에 가서 봉께는 죽었어. 그서 째각째각 가도 긍께는 비서, 그 총사령 비서가 딱 까보대. 이 이것이 뭔 시겐데 이룽게 좋은고. 까봉께는 엘진이십이세기라고 하대. 엘진. 엘진 들어봤제 스위스 이. 세이코 모도 이런 거 들어봤지. 스위스 세이코. 근디 엘진이십이세기는 미국시겐디 그게 명품의 하나대. 그서 번호가 다 있다고 그른다고 하대. 그서 보석이 빨간 보석이 아조 이쁜 보석이 서너 개가 들어있고 그러드만. 그서 까보기도 다 하고 이.

근디 그 시계가 있었어 잽힐 뜩에. 그서 내가 기회가 있잖아. 거시기 금방 잽혀분 것이 아니라. 여그서 찾고 막 여그서 찾고 막 이룽게 언능 시계를 끌러서 내가 세밭에다가, 거시기 높은 산에 가므는 시누대 밭이 있어. 시누대가 많이 있어. 시누대밭에가 숨어있다 잽히거든. 시누대밭에다 너부렀어. 그래갖고 인자 내가 칠년 살고 나와서 우리 동지들이 나오잖애. 비전향장기수도 한 삼십년 살다 나오고. 그서 나와서 내가 그랬어. 그 비전향장기수 그 빨치산, 윤길항 선생이라고 그 양반도 또 거시기 안했으믄 지금도 살아계실 것인디.

그서 선생님 우리 지리산으로 나 시계 찾으러 갑시다. 어이 그러세. 다 전부 돌았어. 아주 몇 년을 걸쳐서. 지리산, 모후산 백운산, 백아산. 근디 나는 백아산에다 그 총사령부 후방부 있는 데다 이백 평을 사 놨어 지금. 거그다 내가 집 질라고. 근디 집도 못 짓고 인자 끝나불겄네 이자. 내가 지금 팔십사여. 그릉께 내가 지금 많이 살아야 오 년을 살까 그러고 있어. 그 준비혀 모도 내불고 이거. [조사자: 아직 정정하신데요.] 그른디 디스크가 삼십 몇 년 있은게 협착증이 되고 그른디 성인병 이른 것이 없어. 그릉게 정정한 거매이로 보이나봐. 다리에 힘이 없고 걸음을 잘 못 걷고. 근게 잘 못 댕개.

[9] 굶고 힘이 없어서 많이 검거되었다는 이야기

[조사자: 그러면 산에 다니실 때 주로 길게 걸으면 시간을 어느 정도 걸으셨어요?] 국군들이 아조 대, 대, 대대적인 공세를 하믄 우리는 대항을 못해. 빨치산 전술을 써야지 모택동 유격전술, 모택동 유격전술로 인자 그래갖고 그 대대적인 공세를 하믄 우리는 인자 내뺀 것이라, 산을. 딱 놔주고 빠져나가. 야산이로. 그러고 인자 대항은 그렇게 안해. 그라고 인자 소부대가 어떤 그 이 부대를 습격한다든지 모두 이렇게 해서 전과를 올리고 이. 그르제. 부대와 부대끼리는 적수가 안 되잖애. 수가 너무 많재, 여그는 이. 그렁께 유격전술.

[조사자: 가장 길게 걸으신 게 얼마나 걸으신 거예요?] 저녁내 걸었지. [조사자: 저녁 내내?] 음. 아침까지. 그 인자 아침 허고나믄 못 걷지. 또 숨으야지. [조사자: 그럼 끼니는 어떻게 해결을 하세요?] 끼니는 그때는 밥도 못 해묵어. 일주일을 밥을 못 해묵은 때도 있었어. [조사자: 그럼 뭘 드셔?] 에 비상식량이라고 쌀도 있고 또 보리하고 콩하고 해서 볶고 그런 것도 있었고 그런거 이자 모도 나눠서 쪼끔쓱 먹고 이. 그러고 우리 지리산 우리 잽힌 데는 그런 것이 없어. 전혀 없어. 그러고 우리가 물만 한 일주일 먹다가 잽혔어. [조사자: 물만?] 어. 그러고 인제 이케 그 냇가에 가, 가믄 옛날에 인자 그 거시기 배추 같은 거 실가리 같은 거 고놈 인자 갖다가 삶아 먹고. 소금 너서. 소금도 없어서 못 늫고. 그라고 그것도 없어 인자. 그것도 없는디 이자 어쩌다가 콩을 콩, 나 생콩을 묵어봉께 내가 경장히 건강했는갑소. 원체질이 내가 건강한 체질이었어, 어려서부터. 근데 다른 사람들은 생콩이 그릏게 맛있대. 막 언니, 언니 생콩 비린내 안하고 징허게 맛있어 묵어봐 그런데 죽어도 못 먹겄어. 그러고 또 한 보름이상을 나는 그 콩도 못 먹고, 죽어도 비린내가 나서 못 먹겄어. 그릏께 그 근방에는 체력이 그만큼 보증을 해줬다 그 말이지. 안 딸리고. 근디 보름 후에 먹응께 다디달아. 콩이 생콩이. 한나 비린내가 안 나고. 그래갖고 이자 못 먹어서 모두 잽히고 이랬어, 다. [조사자: 아 못 먹고?] 이이. 기운도 없고. 내뻘 힘도 없고 그릏께 숨어 있다가. 그양 뭔 훑으듯기 내려와. 당해낼 재주가 없제, 이.

그도 안 죽고 지금까지 살아서 그런 역사의 산증인으로서 거시기도 하고 또 피양도 가서 대접받고 그 후에는 에 평양에서 우리 그 통일운도 원로들 저 초청을 했어. 평양민항기 인천공항으로 나가서 우리 지고 갔어. 그러고 인천공항에다 내려줘서 오고. 그때 아조 에고 살아있길 잘 했다 그러고 광주서 들어왔제. 에휴 우리 거시기 민주당이 됐드라믄 내가 지금 평양을 두 번은 갔을 것인디. 아무리 내가 못 걸어도. 피양 갔을 것인디. [조사자: 그럼 빨치산 활동 하던 그때는 평양을 못 가보신 거죠?] 못 가지. 거기서 모도 평양으로 시도를 했어. 허지만 못 넘어가. 다 잽혀 죽고 그랬어. 많이 시도를 해봤어. 선이 안 다. 그러고 인자 연락은 뭣으로 허냐 므는 그 밭대기로 해서 피양 방송, 신화사방송, 모스크방송 시 방송 틀었어. 글로 인자 모스크방송에서 지시 내린 거 다 듣고 이케하고 그랬제. 직접 사람, 그 후에는 어트게 선이 닿다고 하대. 오대산이로 해서 이롷게 해서.

[조사자: 그러면 부위원장님을 모셨으면 어쨌거나 정보들이 올 거 아니에요? 어디서든. 어떻게 해서 정보들이 오고가요?] 다 있어, 통신원들이. [조사자: 통신원들이?] 어. 도 군 사령부 면단위 통신원까지 다 통신망이 있제. 하릿 저녁에 아주 거시기서 백아산에서 저그 유치내산에서 백아산으로 자리 자고 그댐 그 이틀이믄 지리산도 가부러. 통신원들이. 그 영웅적으로 모도 투쟁했제. 이자 다 죽고 없어 빨치산도. 멫 명 없을 것이여 다. 우리 비전향장기수들 알지, 서울에 있는. [조사자: 예. 송환이라고 영화도 만들어졌잖아요.] 으? [조사자: 송환. 비전기장기수들, 비전향장기수들 영화를 만든 게 있어요. 송환이라고. 외국에 나가서 상도 받았었거든요.] 누가 맨들었는고? [조사자: 제가 감독은 잘 모르겠고.] 아니 빨치산이나 뭐 그거 반동들이 맨든 거 그거 그놈 보고 내가 얼마나 아주 화가 나든지. [조사자: 그런 게 아니고 다큐멘타리로.] 다큐멘타리지, 그것이. 영화가 아니라. 다큐여. [조사자: 그분들이 이제 죽 지내시는 것들.] 응. 긍께, 다큐로 했어. 영화는 안 나왔을 것이여. 그 작품으로, 하나의 보편적인 다큐제. 나는 다큐에도 일절 응하지 않앴어. 안 나갔어. 저그들이 다큐헌다고 해도 하도 같잖애 이. 그서 제대로 어떻게 다큐를 찍을 수가 없제. [조사자: 맞아요.] 제대로 할 수가 없어. [조사자: 있는 그대로 나가긴 힘든가 보드라구요.] 응. 자네들잉께 내가 있는 그대로 말했제. 누가, 길상이가 말해서 그러제.

[10] 도당부위원장의 가르침이 일생을 좌우했다

[조사자: 그러면 교직에 계실 때는 인민군들이 거기 율포] 응. 고리 들어왔지. 점령했지, 인민군들이. 그런게 해안선 전부 그룹게 빨르드구만, 속도가. 그룹게 아조 이 진군은 빨러. 그룹게 빨를 수가 없어. 조직이 그룹게 빨를 수가 없어. 우리 이틀 학교 안 나갔는데 사흘 만에 선생들 나오라 그래. 그때는 전화가 있어 뭣이 있어. 전부 선생들이 부락으로 인자 출장을 나왔제. 내일 학교 오니라 긍께 싹 모였지. 그래갖고 요 가창 지도를 하라고 그러드만. 김장군노래, 소년단 노래 다 갈쳤지. 그때 우리 여동생이 육학년이었어. 나하고 같이 불러 지금도.

[조사자: 저희가 김선우부위원장님에 대해서는 잘 몰라요. 거기 동네분들은 얘기를 좀 해주시드라구요. 어떤 분이이셨는지.] 어디 백아산에 갔었어? [조사자: 아니. 어제 어르신.] 잘 모를 것이다. [조사자: 잘 몰라요. 책 보고, 책 보셨대. 오승환 어르신이.] 어. 책 보고 했겠구나. [조사자: 으. 책 보고 했는데 그래서 이현상 씨 바로 밑에 분이라고 하시면서 얘기를 대충 해주시는데 저희는 잘 모르니까, 또 모셨다고 하니까 어떤 분이셨는지.] 이현상 씨는 말하자믄 남조선 빨치산 총사령관이고 그러고 이 김선우 사령관은 전라남도 총사령관허다 도당, 내중에는 도당위원장허다. 그러고 또 인자 남조선을, 남쪽을 뿌록을 블록을 여섯 블록으로 나놨어. 그 뿔록에 장이고. 책임자고. 근데 경장히 유능한 사람이었어.

내가 생각할 때 나는 이 훌륭한 사람 봤다고 하믄 저 김선우 장군, 이 동지 사령관이다 이렇게 생각이 들어. 내가 인자 커갖고 인자 저 생각해본 것이라. 나 소녀 때 본 그 어렸을 때 경험도, 사회경험도 많이 없고 그 선생 일 년, 이년도 채 못한 선생 기간 백이 없는디 더구나 촌에서. 누구를 남자를 봤을 것이여. 얼마나 안 그러겠어. 그래도 아무 경험도 없는데 순수한 소녀의 눈에 비치는 이것인가. 그래서 물어볼라고 했어. 그 삼십 년 살고 나온 그 비전향장기수가 전화를 해서 그 양반 거시기가 밑에 있던 사람이 있어, 윤길환 선생이라고. 그러고 또 이자 우리 전라남도 둘이 있드구만. 도당 선전부부부장이 여운형 선생이라고. 그 양반은 이북에서 돌아가시고. 윤길환 선생은 여그서 인자 이북에 안가시고 여그서 돌아가시고. 그랬는디.

그 윤길환 선생 물어보소. 선생님 그 김선우 동지가 내, 내 눈에 비치는 선생님은 이 세상에서 그보다 훌륭한 사람이 없고 그롷게 전술에 능허고 훌륭허고 이른 사람 없다고 생각했는데 선생님 어찌시오. 긍께 나는 아무것도 모르는 때 안 묻은 소녀 눈에 비치는 이제 이것으로 생각했는데 어쩌시오. 나는 백이십파센트 그 양반이 흘륭허다허는데 이 양반은 이, 이십, 이백파센트구만 이. 으. 그라고 나하고 둘이 항상 묘소에 가므는 발써 묘소 즈가 보이믄 울어, 그때부터 윤길환 선생은. 그롷게 부하들이 그롷게 그리워하고 존경하고 어머니처럼.

그란데 부사령관은 강했어 조끔. 강했는데 아주 전투적이고 이, 성질이 좀 고약하지 말하자믄 이. 그리서 부사령관에 대한 존경심은 별로 없어 내가. 참 잘 싸우고 불쌍하다 그른 생각만 했지 존경심같은 건 별로 없는 것 같는디 이. 그 양반도 훌륭한 사람이었어. 두 사람이 경장히 맞는 거지. 한나는 유하고 한나는 강하고 그롷게 이 이 전투를 잘 할 수 있을꼬. 전라남도서 젤 잘 싸웠제 이. 그랄 수 있었구나 그렇게 생각하고 후에 인자. 지금 지금 생각하믄 그 사람도 훌륭한 사람이었었는디. 쪼끔만 잘못허믄 그냥 낮박살 쥐붕께는 무섭제 이. 그랑께 무섭다는 생각만 했었어. 근게 인자 총사령관 동무는 그롷게 타일르믄 아주 어디로 들어가고 싶을 정도로 그양 맘에 쏘옥 받아들여. 그서 인자 예를 들으믄 내가 질 첨에 그 양반한테 이제 비판을 받을 때여. 막 올라가서 인자 달이, 구월 달, 달일거여. 팔월 달에 팔월 달, 팔월 추석 달이 환허게, 후퇴를 했거든.

달을 보믄서. 그러고 그담에 그달이 들어가고 그담에 구월 구일 인자 달이 이롷게 허여니 둥그라니 떴을 때 도당 식구들, 총사령관 지휘부 식구들하고 백아산에서 모여서 오락회를 혀. 경장히 오락회를 많이 해. 노래, 모도 춤추는 것도 경장히 좋아헌게 경장히 낙천적이고 이 그래. 긍께는 모택동 거시기 우리 거시기 홍군도 에드가 스노거, 애드가 스노거가 쓴 중국의 붉은 별이란 거 읽어봤어? 읽어보소. 그것을 읽으믄 현대사를 거시길 할 수가 없어. 그걸 읽으므는 애드가 스노거가 하나의 미국의 그 제네리스트여. 그란디 처음으로, 에 중국의 말하자믄 모택동 군대의 홍군. 홍군을 그 연안에 들어가서 취재를 헌 사람이여. 그래갖고 천구백삼십칠 년에 론돈에 가서 그 책을 처음으로 성문화했어. 인쇄했어. 거기 그것이 중국의 붉은 별. 경장히 존 고전이 되갖고 있제, 이. 그래 지금도 나는 그 책을 봐. 지금도, 지금도 있어. 중국의 붉은 별 일권 이권, 뭐냐 이롷게 큰 것도 있어. 일권이 어딨냐. 근디 일권 이권으로 된 디 또 샀어. 그래갖고 볼 때가 경장히 거시기할 때가. 나는 연구 안 해도 연구할 때가 이것이 보고 싶은 것이 많이 있어.

이것을 이참에 중국공산당 창립 구십주 년 행사를 작년에 했어. 근디 이 후진타오 주석이 이롷게 연설문이여 이것이. 연설 전문인디 우리나라 거시기 저 대한민국에서는 누가 이케 번역할 사람도 없고 일본 말하자믄 진보진에서 이롷게 일본말도 번역했는데 너머 좋아. 그서 요거 요것을 닳아지도록 봐. 모두 이자 어디 뜻있는 사람이 인쇄를 해갖고 인자 책을 몇 십권 맨들았어. 요고 보믄 중국 역사를 한눈에 봐. 이롷게 얼마나, 얼마나 봤으믄 헤져갖고. 그러므는 여 애드가 스노거가 중국의 인자 공산당 거시기 연안, 연안이 서울이었어. 그 인자 장개석이한테가 내전을 십 년을 겪으고 을마나 장개석한테 고난을 당했는가 자네들은 모르제. 장개석하고 그때 싸운 내전 몰라? 중국. 그래 남으 나라서 그렇제. 얼마난 알은가.

그때 애드가 스노거가 그거를 보고 가서 기록을 이롷게 했는디 뭐이라고 했냐므는 그 홍군은 모택동 군은 너머 노래를 많이 한다고 그래. 조끔 행군할 때도 노래하고 조끔 셔도 노래하고 우리도 그롷게, 오락회라고 그롷게 이케 즐겁게 이롷게 노래하고 춤추고 그롷게 즐겁게 놀아. 그른디 이자 오락회 위원장이 있어. 오락회진행하는 사람이. 아 달은 탁 밝고 백아산에 인자 제일 큰집 마당에서 이룽게 한디 저 이북에서 온, 전북 사람인디 이북에서 이자 많이 훈련을 받아갖고 온 이자 여성동무였어. 도당위원이었는디. 아 그이가 오락회위원장인디 이자 그 위원장이 나와서 하란대로 그대로 다 해야 혀. 근디 나를 딱 지명하면서 춤을 치라고 하네. 거시기 그 문화부사령관, 총사령관, 부사령관, 후방부사령관이 노래를 부르믄, 아리랑을 부르믄 그놈에 맞춰서 춤을 추라고 하네. 아 그란디 내가 뭔 춤을, 아 춤도 못춘디 이. 그 어려운 사람들 앞에서 춤을 추냐 그러고 도저히 못 추고. 춤이나 잘 추믄 몰라 애기들 학교서 조금 배우고 애기들 학예회서 조금 갈치고. 어메 도저히 못하겄어. 그서 내가 숨어갖고 아 그양 달아나부렀어. 근데 그런 사람이 없어 우리는. 못 추믄 못 춘대로 가서 추고 잘 하믄 잘 한대로 가서 추고 그룽게 재미로 한 것인디 나는 그룽게 인자 못나부렀지 말하자믄 이. 그서 인자 그것이 다 끝난 줄 알았어.

그서 그 뒷날 아침에 총사령관동무가, 김선우 동지가 아침밥을 묵고 인자 낮밤은 안됐을 것이여. 근디 복순동무 이리 들오라고 하라고. 이자 총사령관 그 직무실로. 그리서 딱 들어갔는디 말하자믄 뭔 존 일이 아닌 것 같어. 그리서 인자 긴장이 되갖고 딱 가서 앉았어. 앉았응께 웃으면서 그 양반 항상 얼굴이, 화를 내도 웃는 얼굴이여. 그 웃으면서 얘기를, 항상 웃은 얼굴이여. 그릉게 이것이 지탄이제 칭찬은 아니여. 엇저녁에 오락회 때 복순동무 그 안 나온 근본을 이케 우리가 거시기 분석을 하자믄 첫째로 자본주의 근성이 그룽게 가득 차븘다 이거여. 내가. 어. 그러고 소심근성. 어이 근성이. 그러믄 자본주의 근성 소심근성이 뭐이냐. 그러믄 예를 들어서 우리 총사령관동무가 하는 말이여. 오메 엇그저께같다. 내가 춤을 추라고 하믄 못 추믄 못 춘대로 춰야쓸 것인디 내가 이 일전어치뱪이 못 춘디 내가 백 원아치 춤을 춰서 뵈이고 싶다 그런 허영된 이, 그것이 자본주의 근성 소심근성이제. 그릉께 내가 춤을 일전어치뱪이 못 추믄 어찌어찌해서 치서 뵈이고 내가 십 원어치만 이룽게 출 줄 알믄 그룽게 춰서 뵈이고 이것이 우리의, 우리 조직원의 사회주의 거시기 사회주의를 부르짖는 우리 동지들은 그룽게 아무 허영이 없다 이것이여. 그른디 허영이 가득, 그 자본주의 근성이 가득해갖고, 자본주의 근성이 허영이다 이것이여. 그른 근성을 이자 그것부터 고치라고 그래. 그릉께 얼마나 내가 그냥 쥐구녁으로 들으가고 싶은 마음이지. 증말로 옳은 말이다 그러고. 옳게 그룽게 갈쳐. 그서 그 양반 그 일생을 갈침이 내 일생을 좌우한 거 같애. 그룽게 그 몰랐던 것도 쏙쏙이 그양 갈치고 말 한마디가 이. 그래보니 훌륭한 사람이었다 이거여. 그른디 지금와서 전부 그룽게 훌륭하다고 그래. 김선우 동지 아는 사람은 전부가 훌륭했다고 그래.

근디 평양에 가봉께 그 김선우 동지 뫼소는 없고 육이오 때 도당위원장들 뫼소만 있드만. 거시기 저 애국열사의 능에. 핵명열사의 능은 일제시대 때 인자 빨치산투쟁, 김선우 동지하고 빨치산 투쟁헌 핵명열사의 능. 애국열사의 능은 해방후에 모도 이케, 김구 선생도 애국열사의 능에 있드만. 그러고 이 이현상 선생도 애국열사의 능에 있고. 근디 박영갑 선생, 선생도 애국열사의 능에 있는데 김선우 동지는 부위원장이라 그래서 없어. 그 양반도 반드시 내중에는 다 그리 있을 것이여. 나도 애국열사의 능, 능에 가고싶는디. 난 그래도 희망이 있다믄 내가 죽어서도 여그서 안묻히고 우리 동지들이랑 갖다가 이 이케 통일된, 해방되므는 나를 애국열사의 능에 저 한비짝에 묻어주믄 그것이 희망인디. 소, 소원이고. 그래. 그러믄 우리 갈 사람이 많이 있어. 그릉게 거기에 나도 한데 끼어서 죽으믄 그러제. 그래갖고 그룽게 나는 본 일이 없다고. 지금, 지금까지 사람들이 다 그래도 그룽게 훌륭했다고.

그리고 일은 박영갑 선생은 하나의 조직 원칙이 인자 이북에서 와서 그룽게 많이 알지만은 모든 것을 김선우 동지가 다 했어. 인사부텀 뭐부텀 전부가. 잘 앙께. 그러고 하이고 내가 어디가 있드라. 김선우 동지가 그 미 정보국에서 나왔어. 저 한림대학에서 빨치산 투쟁 그 재료들 거기서 나왔는디 전 남편이 있어서 카피해갖고 지금 어디가 저기 어디가 있는 거 같드라. 근디 김선우 동지 글씨가 나왔어. 그래서 이 오메 그거 또 보고 또 보고. 김선우 동지가 자필로 쓴 것이 그라고 인쇄참이로 쓴 것은 비서가 쓴 것이고 이. 그 것이 미 정보국에서, 미국 거시기서 나왔어. 그것을 공개했어, 인제. 그서 전 남편만 내가, 한림대학에서 요만이나 큰 책을.

[11] 세균전 때 짚 태운 물로 빨래한 덕분에 재기열에 안 걸리다

그러고 또 물어볼 거. 간단간단히. 이렇게 자세한 것은 이자 말할라믄 많은 것이 있제, 이. 근데 간단히 하자, 이. [조사자: 그럼 전투도 나가실 때 같이 나가셨어요? 전투 나가고 할 때는?] 전투도 한 몇 번 따라가봤제. [조사자: 그러면 사격도 기본적으로 배우셨어요?] 아니 나는 사격은 못혔어. 후방으로, 후방부대 따라서 간호원이로 나가고. 간호원들은 후방에서 인자 거시기 치료하니까. 그 환자들을. 환자들 터 날르고. 인자 틀어 날르고. [조사자: 그럼 주업무는 간호?] 아니 내가 쪼끔 한 삼 개월 해봤어. [조사자: 그럼 주업무는 뭐 하셨어요?] 그것은 인자 말하자믄 총사령부, 후방부 사령부, 총사령관, 후방부사령관, 저 부사령관, 후방부사령관, 문화부사령관이 있었어. 네 사령관들이. 이 살림을 내가 했어. 다. 어 그러고 인자 총사령관 그 남자비서가 인자 하루 내 글을 쓰잖애. 그름 인자 쫌 쉬어야제. 그때 내가 가서 인자 글 쓰고. 그 쉬어주고.

긍께는 근데 내가 지금도 자랑스럽게 생각한 것은 미군들이 세균전이 났었어. 그릉께는 오십 년말부터 오십일 년도까지. 그래서 열병에 안 걸린, 재기열이라고 열병에 안 걸린 사람이 없어. 그 거시기해서 많이 죽었어. 그러므는 완전한 치료도 못 허고 약도 없고 이릉께는 이케 치료를 하고 또 회복을 하고 모도 이런 기에 이자 밥을 못 묵다가 회복기에 들믄 많이 묵어불잖아. 그러믄 또 다시 재발해부러. 세 번, 세 번 까지 저 열이 이룽게 나서, 그리 하믄 못 살드만. 그르고 이룽게 돌은 사람도 있어. 열이 원체 많이 세 번을 재발을 허니까 돌아불드만. 그럭해갖고 죽고 이 근디 재기열 안 앓았다고 허믄, 빨치산이 아니라고 할 정도로.

그랬는디 이 우리 그 저 총사령부에 있는 사람들은 한도 재기열에 걸린 사람이 없어. 내가 어뜩해 날마당 거기도 없어 비누도 없어. 근디 어떻게 비누를 대신해서 봤냐, 그럼 짚을 태와. 짚을 태와갖고 이룽게 딱 받혀놓고 시루에다 놓고 물을 이룽게 찌끄러. 그럼 짚 탄 물이 이룽게 내리므는 미낀미낀해 양잿물만이로. 그릉게 비누역할이여. 그렁께는 이자 때가 하얀 것은 안 지제다는. 그지만 글로 이룽게 빨아갖고 삶아. 날마당 이룽게 삶아, 그놈을.

그러믄 결에는 인자 한결에는 경장히 추운 날인디 박영만 도당위원장이 우리 인자 총사령부로 모다 이룽게 거시기 타압하라고 총사령관이 그리 도당으로 가는, 가는 것이 더 많애. 근디 가끔 한번씩 그 양반이 총사령부로 와. 그르므는 밥이 경장히 맛있고 그런다고 그 양반이 몸이 약해. 근데 하루는 그룽게 추운 날인디 그양 요만한 통에다 한나를 해서 찬물에서 빨래를 빨고 있었어, 이. 그 거시기 가갖고 인자. 그러므는 따순 물이 있잖애. 그룽게 추우믄 따순 물에라도 담그고 있제. 그도 춥제 이. 근데 그 뒤부터는 박영만 동지가 보고 가서는 빨래할 사람이 복순동무밲이 없냐고 빨래할 사람 후방부에 많이 있지 않냐고. 왜 저 빨래까지 시키냐고. 그래갖고 총사령관이 혼났대. 그래갖고 그 뒤부터 못하게 하대, 빨래를. [조사자: 그래서 안하셨어요?] 이. 박영갑 동지가. 참 아부지만이로 이 오빠만이로 이. 항상 그렇게 남아 있고 그래. 그래서 한나 재기열에 걸린 사람이 없어. 그래서 나도 안 걸리고 그렁께 재기열 안 걸렸다 그러믄 빨치산이 아니다고 그래. 안걸린 사람이 없었어. 세균전 났어도. 그 모두 나타났제 세균을 뿌려서 미국 놈들이.

그리고 백아산에서 그 비행기 떨친 거 저 우리부대에. 후방부대원이. 중학생이 비행기를 떨쳤어. 아시포총으로. [조사자: 오 진짜요?] 어. 미군들이 막 골짜기로 저비행을 하잖어, 우리 폭격헐라고. 그렁께 인자 고지에서 그 아시포총으로 탁 쏜 것이 직통으로 맞아부렀어. 유명허잖애. 우리 저 전라남도 총사령부서 미군 비행기 떨친 거. 그래갖고 누가 요만한 거울을 한나 갖다주대. 비행기 안에서 띠었다고 나를. (화자 웃음) 아주 그런 것이 있었드라면 징하게 거시기할 것인디.

[12] 후퇴 전에는 부대가 엄청 컸다는 이야기

[조사자: 그럼 총 몇 명 정도가 같이 함께 다니신 거예요? 그래서 생활을, 살림하실 때는 몇 명 정도가?] 아이 초기에는 경장히 벅적거렸제, 초기에는. 뭐 인제 우리도 후방과, 후방과에서 막 저 기계로 막 쌀을 찧는 거시기 그거 기계, 저 그거 발동기 모도 해놓고 이, 이기도 있고 후방부에서는 미싱부대 미싱이 수 십대 있어갖고 거그서 인제 옷 맨들고. [조사자: 산에서?] 으. 후방부서. 그러고 그 쌀 모도 찍어서 비장해놓고 모도 이. 그 어려울 때를 거시기해서. 근게 첨에는 아주 벅적벅적했었어. 업무과가 인자 본투 있고 분투 있고. 의무과도 있고. 선전부 있고. 선동과 있었고. 선전문예 선동과, 선전부, 조직부, 어 또 인자 총사령부 인자 거시기 저 뭐이냐 잊어부렀다. 맞아 비서실만이로 이. 그것보고 뭣이라갰는디 잊어부렀어. 그릏게 아조 첨에는 부서가 아주 얼마나. 부대도 우리 부대가 첨에는 멫 연대가 있었는가 몰라. 전 일고야달, 열 개나 있었어 연대가. 근게 이제 다 모두 그 총공세 때 다 이제 없어지고.

남부군은 모두 대부대가 인제 댕김서 이리저리 모두 댕겼제, 이. 경남에서 전라남도 저, 전라남도 곡성 해방도 시켰어 남부군이. 이 전라남도 거시기하고. 그 내중에 인제 그 휴전을 앞두고 일선 백리 와서 녹아부렀어. 근게 빨치산 수명이 짧았제. 그러고 우리 남원에서는 그릏게 깊고 넙고 그른 산이 없어. 저 지리산, 백운산도 헐산이고. 백아산이 적지만은 겹산이여. 그래서 거가 쪼금 지냈어. 이거 어쯔게 오래 숨어 있을 디가 없어.

그릉게 김일성 주석이 인자 백두산을, 만주를 했다가 인자 내려, 백두산을 가서 그랬어. 근거지를 잡았지. 백두산을 크고 높고. 또 인자 만주에 모도 우리 교포들이 모도 살러 모도 몰살, 몰살돼서 갔잖애. 가고 또 인자 독립군이 있었잖애 초기에는. 그 만주에 독립군이 또 그룧게 일본놈하고 그룧게 독립군이 해볼 수가 없잖애. 한번 일본놈이 와서 쳐불므는 바싹바싹 인자 분산돼부러. 그러믄 또 모아갖고 또 쪼꼼 또 싸와. 그래도 몇 번을 못 싸와.

그르고 독립군들이 다 이자 산속에 그 마을에를 와서 그 농사짓고 산디. 김일성주석이 그란디 독립군이, 독립군 했다 거그서 와서 숨어서 와서 농사짓고 산 부락은 그룧게 협력을 잘 한대. 독립군들이. 초기에 모도 김좌진 장군, 또 홍범도 이른 장군들. 그 독립군들이 이자 이룧게 살라고 이자 오지로 들으가서 농사짓고 살아. 그른 데를 가믄 그룧게 잘 협력한대. 나와 책에. 그릉께는 세상에 우리는 삼 년, 오 년, 나도 이 년 반 있고 그 고생을 했는데. 오미 무장잡고 긴 분들을 십오년이여. 하 참말로 하늘에서 내려준 분들이여. 그 지금은 해방 후에는 김일성, 저 저 장군이 가짜다고 그러고 다 여그서 그랬어. 근디 누가 가짜라고 한 사람이 없어. 실지가 인자 그것이 아닝께. 그란디 지금 또 이룧게 우리 오일팔도 이룧게 거시기 오메 뭐 이북에서 뭐, 아이고 그 나쁜 놈들. 아유 저그 그놈들. 오메 나 그놈 보믄 딱 머리가 따 아퍼갖고 그양 혈압이 올라, 올라분단게. 긍께 뉴스를 안 봐부러, 내가.

[13] 대전형무소에서 7년 형 마치고 나와 결혼하다

그리고 인자 중국어 배우러 가서 운동하고. 그러고 인자 노래도 배워. 노래, 합창단에 가서 노래도 다 하고. 그러고 신문도 안보고 그렇게 거시기만 한겨레신문만 내가 저 거의 사봐. 내가 또 아프믄 우리 인자 거시기 치료하러가. 그러믄 강릉으로. 강릉에가 우리 딸들이 둘 다 다 병원을 하고 있어. 한의사도 하고 양의사도 하고. 강릉이 너머 살기가 좋아 공기도 좋고. [조사자: 강릉 어디요?] 강릉읍에. 강릉 포남동이여. [조사자: 포남동이요?] 어. [조사자: 저희 집은 홍제동.] 홍제동. 홍제동이 어디쯤인고. [조사자: 홍제동은 시청쪽. 강릉 시청 쪽.]

시청 쪽에 시내구나. 한복판이구나, 그러믄. [조사자: 예.] 우는 포남동은 요쪽으로 그 경포대로 요롷게 간디 그거. 새로 했잖애. 거그가 우리. [조사자: 딸들이 거기 계시구나.] 어. 그라고 우리 인자 작은딸 병원은 거시기 어디냐. 아이고 거가 어디냐. 삼척. [조사자: 아, 삼척?] 어. 삼척에가 있고, 이.

[조사자: 아니 그러면 결혼은 언제 하셨어요?] 나? [조사자: 예.] 나와가지고. [조사자: 형 다 사시고 나와서?] 어. 스물세 살에 잽혀서. [조사자: 꽃다운 나이에.] 이. 잽혀갖고 스물아홉에 나와, 스물아홉, 서른 다 될 때 나왔어. 나를 기다리고 있는 사램이 있었어. [조사자: 누가?] 우리 이 애아부지가. (화자 웃음) [조사자: 어떻게 만나셨어요?] 나 학교 댕길 때 우리 인자 사둔이여. 우리 바로 위 언니가 거 우리 집 앞집 그 집안이로 결혼을 했어. 갤혼을 했는디 같은, 같은 조씨여. 거가 인자 우리 언니 집안이 조씨거든. 창녕 조씨. 그릉께는 창녕 조씨는 단본이어서 다 친척이여. 거시기하믄 그, 맞춰불믄 형님 동생, 뭐 아자씨 숙모님 다 그러거든. 그래 경장히 씨족관념이 강해.

근디 조씨 집으로 시집 갔는디 우리 아저씨가 조씨여. 그릉께 거그 인자 우리 언니 시누가 인자 우리 아저씨가 조홍이, 조홍이 댕겼어. 일제시대부터. 그릉게 조홍이 인자 그 우리 언니 시누를 조홍이다 너줬어 우리 어부지가. 종합대학. 근디 우리 언니 집으로 한 번씩 가보믄, 나 학교 대님서 사범학교. 거시기 사둔네 총각이제 이. 근데 그때부터 나를 저 마음으로 좋아했대. 학교 대닐 때부터.

아 그래갖고는 나는 그런 줄도 몰랐제 이. 그래갖고 잽혀서 형무소, 대전형무소 면회 왔어. 그란디 직접 면회는 안 시켜줘 직계 아니믄. 그란디 물품은 들어줘. 누가 멫 번을, 근디 조갱희가 누군지도 몰랐어. 그래서는 우리 언니 시아재가 들어왔으까 그러고 물품만 들으와. 모도 먹을 거 이런거 들오고 이. 그러고 칠 년을 기다렸다고 그러드라고. 아 그래갖고 인자, 인자 결혼하자고. 이자 다 이자 나는 안하고 싶어. 왜 그냐그르믄 아무 거시기 이상 거시기도 없고 신념도 없고 보통 그냥 시민인디. 나는 특별히 이케 우리 동지가 아니믄 절대 결혼 안 한다겠어.

그릉께 인자 우리 어무니는 너 또 세상이 어뜩해 육이오만이로 이룽게 난리가 나믄 첫째로 느그 잡아다 죽일 것인디 그른 사람하고 결혼하믄. 그러고 절대로 못하게 하고 으뜩해 그러고 그 막 방해를 놓고 못하게 해. 우리 저 주위에서. 그래갖고 할 수 없이 사람이 순수하고 모도 이러고, 이. 의리가 있고 모도 인자 그런다고, 이. 할 수 없이 이 그양 안하고 싶은디. 일본으로 가부렀다믄 내가 안할 것인디. 일본이로 우리 언니가 일본에 있었는디 일본이로 이룽게 거시기할라고 배를 알아보고 있었대. 근디 진작 알려줬으믄 내가 안갔제, 이. 근데 거그서만 인자 그륵해갖고 배를 딱 인자 사갖고 보내믄 모도 간 사람이 많이 있어. 거그 모두 우리같은 사람이. 어메 제주도 우리 친구도 그래서 갔는디 우리 언니도 그라고 배를 알아보고 있는디 갤혼한다고 하드래. 오매 잘 했다 오매 그럼 진작 알려주제. (화자와 청중 웃음) 얼마나 원망을 하고. 그란데 참 순수한 사람이었어, 으. 그래갖고 우리 동질들은 경장히 이룽게 귀중허니 생각을 해주고. 아무 거시기 이념은 없었어도 이.

그래서 아들 둘 딸 둘 낳고 그러고 그 어려울 때 그 아조 무섭고 이를 때이, 우리 아저씨가 방패지, 이. 누가 막 나 거시기 깐딱하믄 잡으러오고 그래막 그양. 누가 인자 만났다고 하믄 우리 아저씨가 다 방패막이 하고 인자. 전부 깨끗항께 이. 그래서 덕은 봤어도 항상 이 말이 안 통한 것이 항상 하나의 거시기로 남았었어. [조사자: 고초가 많으셨네요, 그쵸? 결혼생활하시면서도?] 그릉께 애기들한테, 애기들 키우믄서.

그래갖고 우리 아저씨하고 이상이 안 맞잖애. 그 테레비, 제일 지금 거시기한 것은 이제 중화인민공화국 수립해갖고 얼마 안되야. 그래갖고 인제 유엔에 가입하고 이. 이래갖고 막 인자 거시기하고 힘은, 큰 힘은 없지만은 그도 인자 중화인민공화국이라고 떳떳하니 유엔에 가입도 되고 그랬는디. 축구시합을 인제 어디하고 하냐그러믄 대한민국하고 중국, 중공. 그때는 중공이라고 그랬어. 이. 중국하고 이룽게 한디 나는 막 중국 응원한 거여. 대한민국 응원 절대 안 한거여. (청중 웃음) 그러믄 이자 우리 아저씨가 하 사상이라고 헌 것이 무섭다고 말이여. 세상에 중국 응원을 (화자 웃음) 뭣이 중국. 몰릉께. 나는 마음으로 중공 하고 싶제, 이. (화자 웃음) [조사자: 답답하시고?] 어. 그러믄 인자 싸와. 그서 또 내가 테레비를 한나, 그때는 테레비 두 대 사기가 어려와. (화자와 청중 웃음) 그래갖고 그양 밤낮 그러믄 내가 인제 내중에는 피해부렀어, 싸우믄. 언능 내가 내빠불고 그것이 편해 인자. 싸운 것은 인제 백해무익하드만.

[14] 형을 마친 이후에도 늘 감시받았다는 이야기

[조사자: 나오셔서도 감시 같은 걸 계속 받고 그러셨어요?] 그랬제, 이. [조사자: 그럼 언제부터 편해지셨어요?] 지금도 안 없어졌을 걸. 지금은 인제 이롷게 세상이 좋아졌잖애. 우리가 평양도 갔다 오고. 그릉께는 저그들이 나 죽을 날 됐는데 감시해라, 그래. 지금은 그롷게 큰 감시가 없어. 나이 묵어불고 여자고 이런게.

[조사자: 간섭이 심할 땐 어느 정도로 심하게 해요?] 내가 옛날에 인저 우리 친구들 만날 때, 문근영이 거시기, 문근영이 있제. 문근영이 외할아부지 외할무니가 다 빨치산이여. 문근영이 외할무니 외할아부지랑 왜 그렇게 친했제, 이. 그라고 문근영이 그 빨치산이 남군유격대장이었어, 문근영이 외할아부지가. 그라고 외할무니도 거그 저 전북 도 간호사 거. 긍께는 그런데다가에 칠십, 칠십일 년돈가 언제가 이 년도가. 간첩으로 문근영이 할아부지가 이롷게 잽혀갔잖애. 근디 날마당 내가 그 문근영이 집에를 가. 문근영이는 그때 인자 낳도 안했지. 이자, 이자 엄니는 그때 한 사학년인가 오학년인가 됐을 것이여. 그 날마다 그 문근영이 집을 얼매나 감시할 것이여. 여기서 하고 여기서 하고 막 경찰서에서 하고 뭐 씨아이에이에서 하고 또 어디서 하고 막 이런디. 중앙정보부에서 하고 막.

근디 내가 날마다 가. 무서워라 해야 될 것인디, 이. 아이고 어쩐가 그러고 강께 하리는 우사죽겄어. 이 거시기 이자 무전기가 어디가 있냐 그렁께는 부엌에다 묻어놨다고 했든갑소. 그렁께 부엌에서 인자 거시기서 와갖고 중앙정보부 사람들이 와갖고 무전기를 두 대하고 팜프렛이 요만이나 이런, 요런것이 쓰레기서 많이나 나오드구만. 묻어논 것이. 아이고 긍께 인자 그 사람들이 인자 파노라고 했어. 금방 올란다고. 그런디 내가 강께 문근영이 거시기 할무니가 언니 여 갖다 한 장 보시오. 오메 파노라고, 이거 지문해보고 우째 갖다 보라고 그래. 몇 권이다 그러고 다 알 것인디. 어쨌다요, 그러고 문근영이 할무니가 아주 그릏게 용감해.

그서 봉께는 그 팜프렛이 뭐이가 써 있는고 하믄 내가, 내가 본 주석님. 그 누구냐 그러믄 이승규 박사, 모르겄어 화공과로 해서 그 비나론 그 일본서 동경대학교 교도대학 나오고 동경제대는. 제대하고 똑같은 데여. 저 교또대국, 저저 제대믄. 거그 나와갖고 화학도로서 에 일본에서 천구백사십, 삼십칠 년에 미국에서 저 비니루, 비, 비나론산가 비닐, 저 나이롱, 나이롱사를 생산해갖고 이 거시기 말하자믄 발명해갖고 에 모두 중국, 일본에 거 기누, 이 기누가 뭐이냐 일본말로 기눙께. 우리말로 허믄 맹주. 어 이 산업에 경장히 타격을 줬어. [조사자: 아 비날론이요?] 이. 비날론. 비닐루를 이릏게 맨드는 실이 경장히 찍지 않애. 그란디 그 비닐, 거시기 나일론 실을 그릏게 찍는데, 가늘어도. 명주실은 안찍지 않애. 그란디 맹주 그 스타킹이 저 중국에서 인자 모도 사다가 이 거시기 누에를 사다가 일본에서 그놈 가공해서 전세계로 이케 스타킹을 다 나간디 그 산업에 경장히 타격을 줘부렀어. 그랑께 일본 놈들이 막 우리도 이릏게 이 나이롱사를 맨들아라. 그래갖고 이승규박사가 일본 그 거시기 연구소에서 저 교또에서 비날론이라고 해갖고 처음으로 나이롱사를 거시기 발명을 했어. 그란데 조국이 없응께 일본에 영광으로 이릏게 돌렸제, 이. 그릏게 이승규 박사가 이릏게 마음아파라 하드구만.

그란디 이승규 박사가 해방 후에 이릏게 나왔어. 나왔는디 일본 놈들이 그룽게 부려먹고 세상에 그 거시기를 연구해놓고 그래도 교또대학에 계신디. 조선 사람이 조선청년이 일본헌병 스파이가 있드라 이거여. 그래서 그른데 하리는 이승규 박사 집이로 딱 그 스파이가 왔드래. 청년이 조선 청년이. 헌병 저 끄나팔이여 일본. 그르면서 이승규 박사 보고 그러드래. 나도 목구녕이 포도청이라고. 나도 할 수 없어서 이런 짓 했는디 내가 어째 조선 사람으로서 양심이 없겄냐고. 그랑께 이승규 박사가 순진한 사람이라 다 인자 자네 생각 잘 했네. 그리고 곧 해방되네 그랬어. 일본이 망하네. 아 그놈을 갖다 딱 일러부렀어. 그서 교또 감옥에서 해방이 나왔네. 이승규 박사가. 이승규 박사가 그 유명해. 그른디 조국이 없은게, 노베르 수상감인데 이승규 박사가. 긍께 일본으로 영광 갔는데 그 사람을 가돠부렀어.

그서 해방 후에 교또 형무소에서 나왔어 이승규 박사가. 죽이든 안 했드구만 이. 그릉께 교또, 저 후쿠오까 형무소에서 윤동주, 그 시인이 죽었제 후쿠오까에서. 이 해방 전에. 근디 이 사람은 해방 후에 나왔어. 나와갖고 고국으로 돌아왔어. 그 서울대학교를 가서, 서울대 가서 우리 인자 공학도들을 내가 양성해야쓰겄다 그랬든 모양이여. 해방 후에 엉망판이 돌아옹께는 미군이 싹 서울대학교 점령해부렀드라 이거여. 그르고 거시기 저 화학, 화학재료를, 화학과를 강께는 일본 거 서울대학 전신이 일본제국대학이었어. 조선제국대학 인자. 강께는 화학 뭐도 없고 연구 거시기, 거시기를 저 연구소에 있는 모도 거시기 시험 기구를 전부 모다 비 온데다 내놔불고 막. 그래서 얼마나 변해서 문교부에 그 저 군정, 문교부에 아는 사람있었제. 그래서 가서 거그 그 사람 보고 막 항의를 했대. 세상에 패망한 일본도 제국대학은, 일본 지금 동경대학인데 한나 점령 안했다, 못했다. 맥아더가 거그는 저 미국놈들이 동경대학 이른 데는 폭격 안했어. 문화재 같은 데는 폭격을 안 했드구만.

미군이 점령하고 거그도 있고 싶제. 그렁께는 막 거시기 교수들이 육이오, 육이오 터져서 우리의 유일한 남은 것이 아니냐. 근게 느이들이 폭격한 건물을 고쳐서 써라. 그릉게 미국, 미국놈들이 신사 아니여, 거시기한 놈들은. 그

렁께 그른 문화재도 폭격 안하고 이. 그룽게 대처 그러겄다 그래서 폭격한 건물을 거시기 그거 점령군이 그러드래, 사령부가. 그러고 동경대학은 꼬스란히 끄서서 다 살았다 이것이여. 그란데 해방된 조국에서 세상에 이것이 뭣이냐 이. 서울대학을 점령하게 맨들아 미국 놈들이. 그래갖고 화학도 못허고 연구 거시기 저저 시험 도구를 전부 비 온 데다 내다 다 못쓰게 맨들았어. 그래갖고 이제 가서 공과대학 그 학장을 했는디 좌익이니 우익이니 해갖고 이 우익학생들이 선생 다 모가지, 다 모가지 뜨고 미국 앞잽이로 돼갖고 엉망이여. 그랑께 이승규 박사가 육이오 나던 전에 사구 년도에 가을에 여가 고향이여. 저 담양. 그리 내려와서 낙향해갖고 있었어, 부인이랑 다. 그만두고. 학장 그만 두고 공대.

그른데 육이오 때 광주 막 와서 이북에서 인자 이 지방에서 유능한 사람은 인제 다 올려 보내란 것이여. 근게 화학도 중에서는 이 조선대학에서 최종기 박사라고 있었어. 그, 그 양반, 이승규 박사 둘이를 올려 보내라고 그랬드만. 이승규 박사는 인민군이 탁 와서 선생님은 조국이 어찌 그룽게 원합니다 그렁께 가십니다 그렁께 두말도 않고 따라나서. 짐을 챙기라고 항께 짐 아무것도 챙기지 않어. 그대로 가자고 그러드라고. 애기들이 여가 남어있는데 그런게. 애기들 다 걱정마시라고 다 이북으로 올린다고 그러드래. 전부 갔어, 이북으로.

그러고 최종기 씨는 우리 시, 말하자믄 삼춘 된디 그 양반은 즈그 부인이 말하자믄 그 부르조아, 쪼끔 그른 잘 살고 이릉께는 즈그 부인보고 가자고 항께는 아유 당신이나 가라고 말이야 이릉께는 숨어부렀어, 그 양반이. 이북에 갔으믄 대우받고 살았을 것인디. 여그서 그 양반도 돌아가시고. 착착착착 착착 뭐 분야에서 올릴 사람 올리고 잡어왔다고 그런디 자진해서. 올라가서 봉께 이승규 박사가 피양에서 이자 봉께 서울에서 한나 둘 모두 거시기 공학도들이 없어지드래. 전부 이북에 가서 있드라고 혀. 으. 그 폭격이 심하고 그랬어도 연구할, 굴에서 연구할 막 되야갖고 강께, 이. 그 책에 있어. 이승규 박사 책이 나왔어. 여그서도 다 합법적으로 나왔어. 그 팜프레타를 내가 본 주석님이라고 헌것을 쪼끔 봉께 그거 인자 전쟁 나갖고 인자 모도 중국으로 피난가고 그것이 쪼끔 늦었드만.

[15] 학산 선생과 봉강 선생의 인품 및 집안 갈등에 관한 이야기

[조사자: 학산 윤윤기 선생님 아드님도 월북했다고 하던데요?] 어. 여그서 살다살다. [조사자: 전쟁 때 올라가신 게 아니고?] 음 아니. 여그서 경장히 핍박받고 살았어. 즈그 아부지, 즈그 아부지가 훌륭한 사람이여. 훌륭한 인저 교육잔디. 그 나는 가슴 아픈 것이 그 본강 정해룡 씨 집안하고 학산 그 집안하고 이 싸움이 나갖고 이 나 하도 우사죽겄어. 나는 지금 하도 우승께, 이. 내가 학산 딸을 내가 우리 통일운동에 거시기 내가 거시기 딜였거든. 후회를 얼마나 한지 몰라. 우리 전남이 엉망이여 둘로 갈라져갖고. 맥없이 죽은 사람 갖고 요 뭔 일인가 모르겄어. 한나 가치 없는 일이여. 그 양반도 훌륭한 교육

자고 민족의식이 있었고 우리 저 본강도 훌륭한 사람이고. 자기 재산 다 내놓은 사람잉께.

아 요즘서는 그 딸들이 학산 딸들이 즈그 아부지가 그룹게 아 일정 때 월급이 얼마여. 아이고 나는 그것을, 그래놓께 열이 올라부네. 그리서 나는 저 길상이가 학산 선생이 교육자며 사범대학 전신에 도립사범 있어. 즈그 아부지가 거기 나왔, 나왔는디. 도립사법 나온 즈그 아부지가 더 훌륭하다고. 도당 말하자믄 도인민위원단 백승수 동무라고 그 사람은 거그 나왔어 거그. 그 더 훌륭한 사람 있는데 즈그 아부지보고 교육적이라고 비를 세운다고 그렁께 어메 뭔 우리 산 사람들 통일운동 힘도 합해도 저기헌디 죽은 사람 갖고 전남 저렇게 싸운다고 하도 우숭께 나는 일절 안 나가. 응 그렁께 인자 길상이하고 나하고 인자 통해. 그렁께는 길상이가 자, 자조 인제 뭔 뉴스를 해줘. 거시기도 같이 가고. 금강산도 같이 가고. 평양은 길상이는 못 갔어.

[조사자: 그러면은 양정원이 거기 설립될 당시는 마을에 계셨어요?] 나는 거기서 학교 댕겼제. [조사자: 그니까 여기 와계셨죠, 광주에 와계시지 않으셨어요?] 아니여. 나는 거그서 소학교 댕겼어. 너무 잘 알제, 이. 그 본강 집안이란 것은 일제시대 경장히 말하자믄 잘 살았어. 우리는 거그서 말도, 그 집에 가보믄 어마 일본사람이나 모욕하지 우리 사람, 우리는 여름에 냇가에 가서 맥감고 이자 추석 돌아오므는 물 디어서 저 부엌이서 통에다 놓고. 또 설 돌아오믄 그룹게 한디 일본사람들은 날마다 모욕한대. 그 본강 집이 가므는 정해룡 씨 집 그 집 가믄 거가 여그 그 자리가 요짝에 그 터라구 되었드만. 그 짝에가 모욕간이었었어. 글믄 우리가 가믄 이자 자기 하고 우리 모욕하라고 그러고, 이.

그 인자 물이 내려간디 지금은 아무것도 아니여. 그때는 그 거시기 산에서 물이 내려와갖고 마당으로 내려간디 저 우게는 먹는 물, 그담에는 세수한 데, 그 담에는 빨래한 거. 인자 인자 그 담에는 먹는 물, 그 담에는 이 이 먹는 야채. [조사자: 어, 씻는 물.] 야채 씻는 거. 그 담에는 세수한 거. 그 담에 빨래

한 데. 너머 환상적이여. 그란데 깜짝 놀래부러 지금 가보믄. 아무것도 아닝께. 으. 물이 철철철철 그케 맑은 물이 흘렀어 그롷게. 마당으로 흘렀을 것이여 내려강게. [조사자: 마당에 흐르는 거 봤어요.] 지금은 아무것도 아니여. 그때는 철철철철 넘쳐서 이케 흘렀어.

그서 나도 백아산에다 그 집, 지금 질라고 이 전적지에다 내가 집을 지갖고 여그 오믄 모도 통일운동 한 사람들 거 가서 연수도 하고 그래라 해야쓰겄다 그러믄서 그 골짜기 물로 우리 집, 그 본강 그 집만이로 우리 마당으로해서 이롷게 흘러나가게 해야 쓰겄다 그랬는디 그롷게 좋았어.

근디 인자 그 작은 아부지가 본강은 말하자믄 현대교육은 못 받았어도 작은 아부지가 경성제대를 댕겼어. 철학과 제 일회생이여. [조사자: 정해진?] 이 정해진 씨가. 근데 그 양반이 천구백 인자, 후야 되니까 내가 알았제. 천구백 발써 공산당이 천구백이십오 년인가 거시기 조직되얐어. 그래갖고는 몇 년 안 있다가 해산되야부렀어. 글고 그 인자 중국은 천구백이십일 년에 우리보다 훨씬 먼저 그롷게 저 중국공산당이 창립되고 그랬드만. 우리는 인제 그 싸와. 그때부터 막 소파 뭔파 그냥 막 고려파 이래갖고 막 싸와. 싸웅께는 공산당을 해체시켜부렀어. 그롷게 우리는 그 뭔 유전이 있는갑소. 싸우는 거 모도. 이 갈르고 모도, 조직에서 이 분열되고 이른 것이. 그롷게 가슴 아퍼.

그롷게 갈라져나오고 여그는 지금 엉망이랑께. 본강이 뭐이여. 학산이 뭐여. 거시기 죽은 사람을. 갖고 자손들이 이롷게 난리고. 나는 또 학, 거시기 학산 딸년 거 뭐이냐 봉순이가 근래는 길상이 편든다고 나보고. 아 그러고 하도 하도. (화자 웃음) 펜 든 것이 아니라 너머 잘 알제 이. 즈그 아부지도 훌륭한 사람이여. 그러고 일제시대 때 그 민족의식 있고. 그라고 이자 이 본강 집안은 거기 다 죽은 사람이 스물 몇 명이나 있을 걸. 이 빨치산 가서 죽고 모두 이롷게 총살당하고 이른. 거근 다 그랬어 재산이고 뭐이고 전부 그에 바쳐부렸잖애.

[조사자: 그럼 거기 설립하신 분이 그러니까 본강이 설립하신 분이 맞는 거예

요?] 아, 본강이 인자 본강이 돈은 다 대고 그러고 이 양반은 돈 없어. 아이 선생이 뭔 돈 있겄어. 즈그 애기들 멕여살리기도 거시기하재. 안그려. 지금이나 여기나 똑같지. 일제, 일본놈들이 뭔 돈을 그롷게 많이 줬겄어. 그런디 이롷게 즈그 아부지가 돈 벌어서 지었다고 그러고 나는 그양 그롷게. (화자 웃음)

[조사자: 그러면 거기 해방 되면서 신사를 그 제일 먼저?] 어. 우짠지 알아? 그 집이가 본강 집이가 그 뒤에 대밭이여. 그란디 옛날엔 대가 이롷게 큰놈이 있드구만. 그 우리 어려서 가보므는 국남이가 동창생잉게 거가 큰집아니여. 근게 늘 갔어. 그러믄 꼭 큰집 가서 밥을 먹으라고 모욕하고 인자. 거그 가서 놀아. 즈그 집이 이자 째깐해. 그릉께는 그른디 대가 익은 놈이 대 큰디 암데나 져날러. 긍께 라디오를 틀어. 그릉께 우리가, 내가 학교를 좀 늦게 들으가서 어 천구백사십오 년이 해방됐지. 사십오 년도 삼월 달에 거시기 졸업을 했어 우리가. 해방 되든 해에 졸업을 했는디. 아마 이월달이나 되얏을 걸. 근디 이자 정해룡 씨 집안, 본강 집안서 나온 말이여. 라디오에서. 일본이 망한단다. 어 이롷게 애기들이 국남이가 젤 첨에 듣고 와서 우리한테 다 말했어. 그른디 우리 학급에가 일본교장 딸이 있어. 미뇨라사이꼬라고. 그렁께는 이것도 인제 일본이 망하믄 쫓겨들어가잖애. 그러고 막 죽일지도 모른다고 인자 그러므는 일본이 망해서 가므는 미뇨라사이꼬를 지 옷을 한복을 딱 입혀서 즈그 집에다 딱 숨겨줄란다고. 그러고 우리는 아무 거시기 없이 거 일본 그 그 사이꼬짱이 우리 친구가 불쌍하다고 그래서 하는 말인디. 어마 입말이 온 인자 거시기 지서에가 들어갔어. 즈그 경찰 저 지서로. 아 그래갖고 쪼끔 있은게 일본놈 순사 일제시대 때는 칼을 큰 놈 차고 댕겼어. 칼 찬 지서장이 탁 온단게 우리로. 그래갖고 우리를 다 불러 육학년 우리들을. 불러갖고 이 누가 그롷게 일본이 망한다고 그롷게 했냐 그런게. 우리는 다 갈쳐줬지 이. 인자 그 국남이가 애기했다고. (화자와 청중 웃음) 다 들은대로 대부렀어. 그래갖고 우리는 다 보내주고 국남이도 내보내줘.

그란디 그때 정해룡 씨가 일본사람한테도 겅장히 잘 했어. 그룹게 일을 할라믄 즈그 또 동생을 캄푸라치하고 할라믄 일본사람을 이케 반대할 수는 없지. 그도 돈도 많이 내고 기부도 많이 하고 그래서. 겅장히 덕 있는 사람이여. 인간적으로도 그룹게 그 길상이 아부지, 길상이 즈그 아부지게다 대믄 길상이 아무것도 아니여. 즈그 어무이 탁였어. 이상하니 생겼어. (청중 웃음) 얼마나 미남이고 덕 있고 세상에 이. 그르고 일제시대에 발써 즈그 그 소작인들을 전부 해방시켰어. 논 줘서. 그래 해방 후에는 논 줘서 다 무상으로 다 분배해주고 자기 먹을 것만 냉기고. 그룹게 훌륭한 사람이여. 그 즈그 작은아부지 그 사상을 그 본강이 그대로 이어받은 것이여.

그서 이룹게 불쌍헌, 자기 재산을 있은게, 우리가 모도 돈 없어서 학교 못 간 사람이 얼마나 많이 있어. 그릉께는 이 이룹게 교육으로 해서 다 해야쓰겄다, 민족교육을 시켜야쓰겄다 그르고. 그 학산이 그런 의식이 있어. 그랑께 둘이 인자 딱 뜻이 맞았제, 이. 학산이 인자 공립학교가 있었는디 공립학교를 그만두고, 학산이 얼마나 훌륭한 사람이냐 그러믄 학산도. 말하자믄 한 반 년인가 일 년인가 더하므는 응급이 나와. 연금이 나와. 그때는 응급이라고 했어. 그란데 그것을 마다하고 연금을 일본놈 연금 안 받는다 그러고. 이 거시기 본강하고 이룹게 민족학교를 세우자. 그서 학교 못간 사람 이른 사람들 우리가 이룹게 한글도 깨우고 이룹게 하자 그래갖고 인자 설립한 것이여. 그란디 요 요거 그것들은 한나 몰라 저그들은. 이 낳도 안 핬을 때 모도. 하이고 뭔 속인지 모르겄어. 길상이도 기가 맥힐 거여. 내가 이룹게 기가 맥힌디 길상이 얼마나 기가 맥혀 그래. 그란디 훌륭한 사람이라고 학산도 안디 그룹게 더 훌륭하니 어트게 맨든가 난 모르겄어. (화자와 청중 웃음)

그란디 저참에 거시기가 있어 세미나가 있었어. 작년 가을엔가. 그때 이케 옳게 해결을 해주드만 거시기 그 오교수가. 으. 서로 서로 즈그 아비들이 훌륭하다고 해서, 이 욕심을 부려서 이룹게 됐다. 학산도 훌륭하고 본강도 훌륭하고. 본강이 재산이 있었은게 ,이 학교를 세왔을 것이고 학산 선생이 어떤 교육이념으로 했을 거이고. 이롷게 해서 두 집안이 화합하길 바란다, 얼마나 좋은 답이여. 그란디 계속해서 이라고 아주. 너머 유치해서 못 보겄어. 너머 유치해. 그렁께 이자 이이 본강 쪽에서는 자손들이 기가 맥히고. 그 전남이 엉망이여 이 통일운동.

[조사자: 그럼 본강 선생님 돌아가셨을 때는 가셨어요, 장례식에?] 나는 그때는 이자 빨치산으로 이제 가부렀제. 몰라. [조사자: 그럼 그 이후에 추모비가 어떻게 만들어지고 이런 거는?] 이제 그 후에 들었제. 추모비 만들었는디 이자 못 세우게 해서 묻어놨다가 이자 거시기하고 거그다 세왔잖아, 그 뒤에 이. [조사자: 동네사람들이 다 추모비를?] 동네사람들이 이. 전부 자진해서. 그롷게 덕이 있었다니까.

그르고 그 본강이란 사람은 잘 생겼어. 잘 생기고 점잖아고. [조사자: 사진 보고 올 걸 못봤네요.] 아, 길상이는 아무 것도, 길상이는 즈그 어무니 닮아갖고 이상하니 생겼다고. [조사자: 아니 장길상 어르신도 잘 생기셨드라고요.] 어? [조사자: 장길상 선생님도 잘 생기셨어. 정길상 선생님도.] 길상 선생은 아니여. (청중 웃음) 거그는 저저 인상이 아니여, 즈그 아부지. [조사자: 그렇구나.] 너머 점잖허고 이. 그런디 우리가 인사를 하잖애. 얼굴 껍벅 인사허므는 기어이 갖다가 모자 벗고 이롷게.

그르고 일제시대 때는, 지금은 그 계급이 없었잖아. 당골이라고 이. 이자 그 사람들 너머 무시했잖애. 애기들도 어른보고 어이어이, 아무개네 막 이러고 그랬잖애. 일제시대 때 이. 그람 나는 이 우리 친구 그 아부지가 그 서편제에 그 원조여. 근디 그 사람이 당골이여. 그랑께 지금으로허믄 예술가들이여 이. [조사자: 그렇죠.] 그런데 그롷게 무시허고 이. 그랬는디 너머 얌전해 그그, 그 양반도. 서편제 그, 그 그 원존디. 정능희 씨라고. 그러믄 다른 사람들은 인사도 안해. 그 말하자믄 당골이다고. 그믄 나는 꼭 인사하고 이. 어채서 그라고 무시하까. 그르고 어려서부터 그 어떠한 그 계급에 이 눈이 띠였는가 모르겄어. 참 이상해. 그서 생전 나도 인사하고 거기 인사하고 다, 종도 보믄 다 인사하고 헌디. 정해룡 씨는 종이 인사해도 그룽게 얌전했어. 훌륭하고. 그 좋은 재산 다 바치고.

그란디 뭐 후손들이 이룽게 욕되게 한게 지하에서 얼마나 모도 이 어리석은 자손들이다 그러고, 그라고 있는가 모르겄어. 우리가 이룽게 배가 나서 죽겄은게. 즈그 부모들이. [조사자: 그래도 뭐 학산 선생님은 훌륭하다는 건 인정하시드라구요.] 다, 그릉께. 그 이상 뭣이 있으까. 근디 나는 또 이상한 것이 이 즈그 아부지를 여운형 씨 반열에 올려 놓대, 올려 놓드구만. 인자는 저그저 오빠가 이북에 가갖고 뭐 어트게 갈 때마다 그 얘기 갈쳤어 이. 자서전 쓰면서. 아 그 뭔 공작을 했는가 김일성주석 아버지 반열에도 올려놨어. [조사자: 어.] (화자 웃음) 그 김일성 선생 반열에 올려놨어. 아주 안 사람은 이어째서 그런가 모르겄어 이. 즈그 훌륭한 아부지라고 그 욕되게 항가 모르겄어. 자손들이. 그리서 이 다 역사연구가들이 다 연구해갖고 어트게 답을 내주대. 그란데도 그라고 또 즈그 아부지를 인자 교대 뭔 엇다가 비를 세운다고 하대. 아이고 어째 그룽게 즈그 아부지같은 훌륭한 사람을. 아이고 나는 가슴이 아퍼. 그 전에는 얼마나 잘 나고 힘이 있고 그랬는데 지금은 아무것도 힘이 없어. 둘이 갈라져갖고.

인민군으로 참전해 포로가 되다

최 준 식

"대변을 보는데 일주일 동안 물을 못 먹으니까 대변이 되질 않는 거예요. 손으로 팠던 일이 있어요."

※ 첫번째 구연

자 료 명: 20130430최준식1(서울)
조 사 일: 2013년 4월 30일
조사시간: 약 1시간 30분
구 연 자: 최준식(가명; 남 · 1931년생)
조 사 자: 김경섭, 김정은, 이부희, 박샘이
조사장소: 서울시 종로구 세운상가

[조사과정 및 구연상황]

종로 3가 세운상가 가동은 우리나라에서 가장 이른 시기에 완공된 주상복합 형태의 건물이다. 요즘 여기저기 보이는 아파트형 공장과도 구조가 비슷한 이곳에 화자가 혼자 생활하는 작은 오피스텔이 있었다. 화자는 어렵게 섭외가 이루어진 인민군 포로 출신의 노신사였다. 오피스텔이 크지 않고 워낙 많은 물건이 빼곡히 들어 차 있어서 매우 협소한 공간에서 조사가 진행되었다. 화자는 고령임에도 매우 건강한 모습이었고 발음과 음량도 풍부한 편이었다.

[구연자 정보]

최준식(가명) 할아버지의 고향은 황해도 ㅇㅇ군으로 장산곶에서 60Km정도 내륙에 위치해 있다. 6.25 발발 당시 ㅇㅇ고등학교 3학년에 재학 중이었던 화자는 남한군이 북침해 오고 있다는 북한 당국의 방송을 들었다. 집에서 한 달간 숨어 지낸 후 학교에 나갔다가 바로 인민군으로 징집당해 한 달간 군사훈련을 받았다. 공병대 행정병으로 서울에 주둔하다가 인천상륙작전 이후 북으로 후퇴하는 도중에 개성 송악산 부근에서 미군에게 귀순의사를 밝히며 포로가 되었다. 이후 인천 소년 형무소와 거제 포로수용소를 거치며 포로생활을 하다가 반공포로로 석방되었고, 자원입대하여 화천에서 군생활을 했다.

[이야기 개요]

이북에서 전쟁이 터지고, 징집이 되어 인민군으로 서울까지 내려왔다. 그러다 전세가 역전되어 부대가 해산되고, 미군의 포로가 되어 먼저 인천 소년 형무소에 수감되었다. 당시 인민군 포로 인원이 수천 명이 넘었다고 한다. 제대로 물을 못 먹어 대변을 보지 못해 손으로 변을 뽑아 낼 정도였다. 거제 포로수용소로 이감되어 93수용소에 있었는데 우익성향이 강한 포로들이 있어 견딜 만했다. 이후 반공포로로 석방되어 전라도 광주, 영광 등지에 있다가 완주에서 월남한 부친과 상봉했다. 종전 후 자원입대하여 화천군에서 군 생활을 했고 제대 후 결혼했다. 살아오면서 '포로수용소에서 살아남았는데 이 정도쯤이야' 하는 오기로 어려운 시절을 이겨냈다고 한다.

[주제어] 황해 신천, 인민군 참전, 미군 포로, 인천 소년 형무소, 거제도 포로수용소, 폭동, 좌익 우익, 부친과 상봉, 국군 재입대, 소련군

[1] 고향 황해도에서 전쟁을 겪다

[조사자1: ㅇㅇ군이 그러면 어딥니까? 정확하게? 유명한 도시라는데.] 장산곶이라고 들었죠. [조사자1: 예예.] 거기서 한 백… 한 오십리 한… 황해도 신천이라고 하는데 고 주변에. 재령, 신천 예. 다 고기서 그렇께 우리는 이쪽으로 서해안으로 조금 이렇게 더 구부러져서 초도라고 하는 섬이 있어요. 거기가 다 그쪽으로 일단 가서 그 때 해상권을 맨날 여기서 지급해 줬었으니깐. 그기서 다 이리 숱하게 내려온 사람들이에요. 그 때. 저 우리 집에서 한 삼십 리 밖에 안 돼요. [조사자1: 초도라는 섬은 들어본 것 같애요.] 드… 들어봤죠? 우리가 항상 그 학교에서 사생하게 되믄 그거이 섬 나와 있는 거 다 그리구 배 있구 하는 거 그거만 그렸거든요? [조사자2: 그 때 그렸었잖아요. 바닷가에서 그렇게 그리셨구나.] [조사자1: 그 저기 그쪽 비슷한 데 사시던 분이 배 타고 피난 다니면서 초도도 들리고 뭐 그랬다는 소리를 들었던 것 같애요.] 바로 우리 그기서 삼십 리, 이러다 보면 뭐 그림 같죠. 우리 학교에서 이렇게 보게 되믄 해변에 가서 그림도 그리고 사생을 했다니까. [조사자2: 그림도 그리고 낭만적이었는데 그 때 그리면 참.]

[조사자1: 그러면, 6.25 발발 당시 벌써 스무 살이시네요.] 그렇죠. 뭐 그 꼭 고등학교 삼학년 때. [조사자2: 고3 때 열아홉 살.] [조사자1: 예. 고3 때시구나.] 예. 고등학교, 고3 때요. [조사자1: 그럼 거 고등학교 어느 학교 다니셨어요?] ㅇㅇ고등학곤데 이 내일, 내일 우리가 모임이 있어요 그. [조사자2: 오 거기 모임도 있어요?]

[조사자1: 근데 그 6.25 발발 당시에.] [조사자2: 고삼이셨던 거예요?] [조사자1: 예 고 때부터 좀 기억나시는 대로 차분히 좀 해주십시오.] 그러니까 뭐, 6.25가

났지 않았어요. 그렇께 뭐 많이, 그 때 학교를 쭉 가니까 그 때도 우리 분위기로 봐서, '아 이거 얼마 안 있다 무슨 일이 일어날 것 같다.' 하는 생각을, 예측을 했어요. [조사자2: 아, 느낌이 있으셨어요?] 응. 왜 그런고 하면은, 우리 학교 거기가 인민군 연병장이 있었어요. 앞에가. 그런디 천막도 치고 다 그렇게 하고 있었는데 하루, 이렇게 가니깐 싹 없어진 거야. 하룻밤 새에.

[조사자1: 주둔 부대가 없어졌구나. 그러니까.] '야 이거 무슨 일이 있을라나?' 그러곤 하구 있었는데 교관이 한 명씩 배치가 돼 있어요. 인민군 소위가. [조사자1: 학교에요?] 응. 학교에. 난 상부에 명령해서 딱 보니까 딴 데로 간다고. '아 이거 틀림없이 무슨 일이 있을 것 같다' 하는 예측이 와요. 그러다 뭐, 고것이 한 이십삼일 정도 됐어요. 그런데 이십오일 날 학교 벌써 딱 가니깐 아 그 뭐, 그 경찰서에서 확성기가 팍 나와요. 나오는데, 아… 국방 괴뢰군들이 우리 북침을 하고 있다. 지금.

[조사자1: 아 그렇게 반대로?] 응. 반대로 그렇죠. 걔들은 뭐 그렇게 뒤집어 씌우는 데야 거 말하고 할 게 있어요? [조사자1: 저희 그런 얘기는 처음 듣습니다. 거 그런 걸 기록에 남겨 놔야 된다니까? 아 그렇게 방송을 했구나. 남한에서 올라와… 올라왔다고.] 예. 그렇죠. 그러니까 북침을 했다는 거지. 그란데 우리는 권력생장을 피해기 위해서 막 우리 보위부)에서는 그렇게 타일르구 있다. 저 막 그렇게 해선 보니깐 권력생장을 일으켜선 안 된다구 우리가 그렇게 타일르구 있지만 무자비한 괴뢰군들은 북진을, 북진을 계속 하고 있다 이거예요. 그게 벌써 그렇게 됐을 적에는 에이, 하튼 여 개성까지 아마 그게 나왔으리라고 봐요. [조사자1: 아 그렇죠.]

예. 그렇게 하구 있었는데, 한 오후쯤 한 두어시쯤 되니깐 우리가 그렇게 타일러두 괴뢰군들은 말을 안 듣는다는 거야. 우리가 도저히 그 인민군… 요 저이 용감한… 불쌍한 인민군이 저 반격을 시도했다고. 뭐 그 땐 그러니까 이기 화살표를 그리는 거야 지도. 각각 어디 내려가구 어디 내려가구 벌써 이렇게 하는데 한 삼일 있다 가서 서울이 함락됐다는 거야. 서울에 들어갔다는 거야. '응?' 그 땐 라디오같은 것두 시골엔 별로 없었죠 그러거든요? 그러구서 가서 사실인가 하고 보니깐, 아 진짜 들어보니깐 사실인 거야. [조사자2: 아 서울이 함락한 게.]

그 때 이승엽이라고 있었어요. 이승엽이라고, [조사자1: 그 사람이 인민군 대장이었죠 그죠, 거의.] 거 그걸 잘 모르겠어요. 그건 모르겠는데 이승엽이가 시장이 된 거예요. 거 서울. [조사자1: 서울시장이?] 예. 근데 그 때 말을 듣기에는 이승엽이하구 이 남한에서 바둑을 뒀다는 사람이, 그런 사람을 내가 한 번 만났었다구. [조사자2: 이승엽하고 바둑을 둔 사람이 있었대요?]

응. 그 나중에 알고 보니까 그 사람이 시장이더래는 거라. 아이구 야… 놀랬다구 그러더라구. 그런데 그 사람은 뭐 지금 내가 만날 수도 없는 사람이지만, 야… 그럼 이승엽이가 남한에 있던 사람인가? 그 자세한, 그 내막을 잘 모르겠어요. 그렇게 했는데 그 때 이 저 뭐 말이 좀 바뀌긴 하지만, 집에다 한… 한 달 동안 숨어 있었어요. 그 덕에 살은 거예요. 사실은. 집에 천정에 올라가서 숨어 있었는데, [조사자1: 막 징집할 때, 인민군으로 징집할 때?]

[2] 인민군으로 징집되다

아 그러니까 한참 저기 내리갈 때죠. 그러니까 난 숨어 있었었거든요? 한 달 동안 꼭 숨어 있었어요. 학교에서 누가 찾아완 거예요. 그러니까 집에선 다들 학교 가 있다고 하는데. 아부지랑 다 이렇게 보더니 안 되겠다. 안 되겠어요. 도저히 이게 시골이래서 빤뜨름 하거든요?

"아버지 나 차라리 학교로 가겠습니다."

그거 새벽 한 시에 거 온두산이라고 있는데 그걸 넘었다니까? 혼자서로. [조사자1: 학교로 다시 가셨다고요?] 그러니까 학교로 가니깐 여름인데. 더군다나 얼굴은 내가 지금은 이렇게 다 쪼글쪼글해서 그렇지만 굉장히 하얬어요. 깨끗했다고. 한 달 동안 집에 숨어 있으니깐, 여름에 숨어 있으니깐 남이 볼 적엔 아 이게 숨어 있다 나완 게 인젠 얘기 안 해도 알게… 거 무조건 그 무조건 그냥 잽혀서 나온 거죠.

[조사자1: 아… 학교 가자마자 바로 징집 되셨구나.] 예 그렇죠. 뭐 그까짓 아무 날로 그냥 뭐 신체검사 형식적으로 하믄서 그냥 끌고 나간 거라. [조사자1: 아 그럼 학교를 왜 가셨어요, 그냥 숨어 계시지.] 아니 숨어 있을 수가 없었어요. 그 형편이 동네… 빤뜨름 하거든요? 그 뭐 몇 집 안 되니까. 아 숨어 있는데 학교에서는… [조사자1: 뻔히 다 알고 있고? 아.]

집에 있다고 하면서 집으로 찾아 왔는데. 이 말이 안 되는 얘기죠. 그래서 암만 해도 안 되겠어요. 그 때 또 한참 또 이쪽으로 내려… 낙동강으로 내려갈 때고. 그러니깐, 나갔는데 뭐 하이튼 한 달 동안을 또 훈련을 받았어요. 그 덕에 살았어요. 사실 한 달 숨어있고, 한 달 훈련 받는 바람에 살았어요. [조사자1: 두 달을 버셨구나.]

그렇죠. 거기서 벌은 거예요. 그러니까 내가 황해도 황주에 가 있었는데, 하여튼 밤낮 걸어 나왔어요. 밤낮 걸어 나왔는데, 지금 생각하믄 우습죠. 뭐 그 때 지역, 지역이야 뭐 우리가 알아요? 하여튼 계속 여기 송악산이라는 데. 아주 패잔병들이, 국군 패잔병들이 아주 많다는 거지. 그런께 항상 주의해야 된다는 거야. 그 땐 뭐뭐, 모르죠 어디가 어딘지. 난 전혀 그도 모르고 송악산이 뭐, 말은 들었지만은 전에도 송악산이 가끔 트러블이 있었어요. 전에도.

그러니까 그 시… 국군 십용사라는 노래도 있거든요. 여기, 여기 노래가 있어요. 국군 십용사라믄 다 저리 있던 사람들은 알아요. 여기 여 남한에서. 근디 인민군 십용사가 아니라 국군 십용사가 육탄으로 들어갔던 거예요. 그렇게 하면서 그 그냥 걸어 나왔는데, 몰라요 저 걸어 나오긴 나왔어도 나오면서 항상 패잔병이 여기 아직 있으니까 항상 주의해야 된다. 그런 얘기를. 그러니까, 지금 걸어 나옵니다? 막(박수치며) 이거 해요. 이게 무슨 소리냐, 하믄

"부산 악마!"

하는 거예요.

[조사자2: 아… 걸어 나왔는데.] 그러니까 그런 게 한 대여섯 번이 있었어요. 그러니까, 그러니까 사기 높이느라 그러겠죠. 그러니까 근데 하여튼 걸어가면서 잠잔다는 소리 못 들어봤죠. 난 그거 경험을 해서 알아요. 전에 그 졸면서 걸어… 걸어간다는 소리를 들었어요. 전에. 아니 걸어가면서 졸면서 걸어간다는 게 그게 말이 되느냐 그랬어요. 내가 실제 그걸 경험을 한 사람이야. 그러니깐 행군을 할 적에는 맨 앞에도 조금 위험하지만은,

[조사자1: 젤 뒤도…] 뒤는 이제 이렇게 가잖아요?

"오 분 간 휴식!"

해는 거예요. 그렇게 하믄 앞에 가는 사람들도 이제 그럼 휴식 하자마자 앉으니깐 오 분 쉬는데, 거기 전달하다 보면 거기는 지금 앉고 또 쉴라고 하는데 출발한대 또 이건. 그러니깐 뒤에 사람은 앉어 보질 못하는 거야. 앞엣 사람은 한 오 분 간 쉬는데. [조사자1: 전달되는 데만 오분이.]

그렁께. 그런데 한껏, 너무 이 앞에 있어도 그렇지만 한 뒤… 이게 뒨데 거기 좀 더 있어야 했지. 뒤에서는 말만 쉬는 거지 쉬어 보질 못하는 거야. 그러니까 이, 이리 걸어가는 거예요. 조는 거야 지금. 걸어가면서 조는 거예요. 앞엣 사람이, 그 사람도 조는 거야. 그러니까 깍뚝 여기서부터는 그 땐 또 뛰어가는 거야 거리가 있으니까. 이 걸어가면서 잔다는 게, 그런 것도 경험을 해 봤어요.

[조사자2: 여럿이서 그냥 걸으면서…] 그렇지 여러 사람이 걸어가니까. 그래서 하튼 그 땐 걸었는데, 지금 보면 벽재를 내가 통과했어요. 벽재를 통과했는데, 그러니께 낮에는 폭격 때문에 꼼짝 못하고 숨어 있는 거고, 집 안 들어가서 다. 밤에는 네시 반이믄

"출발 준비!"

하는 거예요. 그러고 밤새도록 걸어오는 거예요.

[조사자1: 야간에 많이 행군을 하셨구나.] 이게 야간만 가는 거죠. 그러니깐

항상 들은 얘기는 있잖아. 패잔병들 항상 있으니까 잘해야 된다고. 밤새도록 걸어오잖아요? 아침에 훤한데 밖에 보믄 이쪽에 국군들 있다는 걸 내가 들었거든요? 다 이렇게 허구 엎드리구 총 겨누고 있는 것 같애요. 그러니까 여기서 거기 나타난 거야. 거기. 야, 정신 바짝 차려서 보믄 바위 같은 게 있는 거야. [조사자2: 아. 근데 그게 철모처럼 보이는 건가…] 어. 그렇게 보이는 거야. 그런 경험도 해봤어요. 가끔 그래요. 그게. 그러니까 패잔병들은 항상 있다고 하는 소리를 들었으니까.

[3] 벽제에서 만난 인연 1

그러니까 벽재에 한 번 또 왔어요. 벽재엘 왔는데, 낮에 이렇게 다 자죠. 근데 난 그 때도 잠을 못 잤어요. 지금도 잠이 많진 않지만은 그 때도 잠을 못 잤어. 아주머니하고, 이렇게 얘길 했어요. 그 때 아주머니가, 내가 스무살 적에니까 한 오십 한 이삼 세 됐을까? 이렇게 보니깐 이… 여느 집안하곤 조금 다른 거예요. 이렇게 들어가면서 수세미 같은 것도 이렇게 다 뭐… [조사자2: 응. 집이 넝쿨로 이렇게 있었구나.]

응. 여느 집하고 조금 달라요 내가 보기에는. 이거 조금, 그러니까 현관으로 들어갈려면 저, 쭉… 이렇게 오는 거예요. 그래서

"조금 다르다."

그러니까 내가 물어보는 거예요. 아주머니가 있길래,

"이거 내가 보기에는 여느 집하고 조금 다른 것 같은데, 나한텐 아무 얘기해도 괜찮다. 그러니까 나를 무서… 두려워하지 말고 얘기해라."

딴 사람들은 지금 다 자고 있어요. 다 옆에 다 이렇게 누워서.

"조금도 뭐 어려워하지 말고 있으라."고.

그래드니 나 이거는, 이름은 밝히지 않을래요. 교장 선생을 했어요. 벽재. 교장 선생을 했어요. 그런데 이름두 내가 기억이, 나요. 아, 그러시냐고. 지

금 그럼 어디 계시냐. 그랬더니 이렇게 날 쳐다 보드니

"숨어 있어요."

그래.

"그럼 나 좀 만나게 해 줄 수 있느냐."

그랬더니 이, 한참 조금 있다 갔더니 만나자고 한다는 거야. 그게 그러니까 지하실에 그 골방이야. 골방에 이렇게 들어갔더니 방이 있는지 모르겠는데 지하가 있더라고. 그렇게 가서 그 사람을 만났어요. 교장을. 그러니까 교장이 그 때 한 오십, 오륙십 쯤 되지 않았겠는가 하는 생각이에요. 난 스무 살 적인데. 그래서 하여튼 그랬어요. 그래서

"난 사실 학생으로 군에 징집돼 나온 사람인데, 자 이거, 이렇게 숨어 있기 얼마나 힘드냐"

그랬더니

"지금 꼴은 여기서 완전히 장악하고 있으니까 그래두, 이렇게 해서 무너지진 않을 것이다."

그런 얘길 해.

"나도 그렇게 믿고 있다 사실은."

그래서 내가 내 이름을 썼어. 그래서 줬어요. 다. 주소를 써서 다 줬다구.

"하여튼 꼭 살아서, 다시…"

꼭 죽어선 안 된다고. 그래서, 그 사람도 내가 이름을 다 줘서… 다 이렇게 해서 거기서 헤어졌어요. 네시 반 되니까 또 출발준비니까. 그런데 그게 사람의 인연이라는 게 참 이상해요. 그렇게 하구선 이거 저 그렇게, 그 땐 내가 지역을 잘 모르잖아요. 이게 남한이니까. [조사자1: 전혀 모르시겠죠. 처음이니까.]

그냥 벽재 국민 학교라는 건 내가 기억이 있거든. 거기에 있었으니깐. 바로… 나도 있었으니까. 그러니까 약간 서울까지 어떻게 걸어 나왔는데 어떻게, 어디서 통과 했는지 몰라요. 그런데 지금 생각하게 되면 김포가 저기에 건너, 강 건너라는 거예요. 어. 그러니께 일산 쪽에 있었다고 봐야 돼요. [조사

자1: 예. 지금 일산 쪽.] 예. 지금 일산 쪽에… [조사자1: 파주에서 더 내려 와서.]

[4] 전세가 불리해지고, 부대는 해산되다

에 지금 얘기… 나는 그 때 일산이 뭐 일산이라는 얘기도 못 들어봤고, 저기, 저건 김포라는 데야. 그러니까 강이 있어서 건너가고, 틀림없이, 틀림없구나 그건. 그랬는데 하튼, 그렇게 허구선 하튼 행군을 하는데 보니깐 이화대학교 그 왔어요. 그런데 어떻게 들어왔는지도 몰라. 그런데 이화대학교라는 것만은 틀림없어요. [조사자2: 예. 산으로 오셨나 보지 뭐.] [조사자1: 예. 거기서 바로 오면 마포, 마포 오면서 이렇게 아현동 쪽으로 오셨구나.]

하여튼 뭐 아현동… 그건 모르겠고, 하여튼 들어와 보니깐 이화대학교라는 것만은 알겠어요. 그런데 그 때 뭐, 뭐 숭의 고등학교 다녔다는 여잔가? 한 두어 명, 거 참모장 옆에 가 따로 있어서 다음에 이제 완전히 회복되기 전에 평양 가서 학교, 뭐 김일성대학 들어간다고 하튼 이런 얘기 하면서 데리고 있었는데, 여자가 한 두어 명 돼요. 그런데 그, 그 남한 여자들이에요. [조사자2: 아… 신기하다.] [조사자1: 그러니까 이쪽에서 뭐…]

그렁께 하여튼 어떻게 됐어. 거 자의든 타이든 하튼 어떻게 돼서 있게 됐겠죠. [조사자1: 그러니까 서울, 서울에 들어오신 거네요 이제?] 그렇죠. 그러니까 이화대학교 있다가 주둔해서 거기 이쪽에 거기 있어서 그래요. 근데 하는 소리가 여긴 이수해서 딴 덴 다 폭격해도 여긴 폭격 안한다나? 그러니까 이화대학교.

그래서, 그래서 그런데 하고 있었는데, 하룻밤 새 그 땐 내 오촌… 그러니깐 내 당숙이지? 당숙도 같이 걸어 나와서 있어도, 이쪽에 같이 나왔는데 헤어지지 말자고 했어요. 그러니께 하룻밤 새 어떻게 해서 헤어졌는지 나도 모르게 어떻게 헤어졌는지도 모르게 거, 하룻밤 새 보니께 다 없어진 거예요. 그래 나는 또 살라구 그쪽으론 안 빠지는 거야. 그 때 얘기 듣기는 거창 쪽으

로 내리간다고, 내리갔다고 하는 소리가 들렸어요. [조사자2: 거창까지.]

[조사자1: 거창쪽으로요? 그럼 뭐 최전방으로 내려가셨네.] 예, 그렇죠. 그런데 난 서울에 그대로 떨어져 있으니깐 살은 거예요. [조사자1: 그 때 몇 명이 같이 내려오셨습니까? 대강? 인원은 모르시겠네요? 비밀이니까.] 인원은 그 때 뭐 백공칠연대라고 하면서 나한테, 있었는데 그 땐 뭐 이렇게 옷을 입지, 그 인민군들 이렇게 뭐 위장칠하니 그러고만 있고. [조사자1: 총은요? 총도 지급 받으셨을 거 아니에요.]

총도 지급 받았는데 총이 있었던 것 같질 않고, 하튼 무기라는 게 전혀 없었어요. [조사자1: 그럼 맨 몸으로 내려가신 거구나?] [조사자2: 그냥 몸만 가셨네?] 그게 거 수류탄 두 개 있던 것만 생각이 나요. [조사자2: 아… 수류탄은 있고.] [조사자1: 그 정도만?] 예. 총도, 한 부대에… 저 중대에 별로 없었어요. 내가 알기론. [조사자1: 거의 맨 몸으로 들어갔구나…]

예. 거, 거의 맨 몸으로 내려 왔다구 봐야 돼요. 하튼 그랬는데, 그 갖구 하튼 일산 고쪽에서 왔다갔다만 핸 거예요. 그렇게 하구 그 때 일산에 뚫구 가니까 제, 처, 청년들이 한 댓 명 잽혀간 사람들도 있어요. 그렇께 그 태극기를 뭐 띠었다든가, 뭐 어떻게 했다든가 하이튼 치안 계통에 있던 사람들이 잽혀서 인민부대에 있었네.

그 사람들이 그 때 뭐, 가을철이니까 이 감자 같은 거, 고구마 같은 걸 다 싸서 이렇게 창고에다 뒀는데 거기다가 잡아넣는 거야. 내가 그런 얘길 했어요.

“이 앞에서 끼내지 말고, 저 안에 가 저기서 끼내 먹으라.”고.

죽어선 안 된다. 그래가지고 그 저 밥 하는 아주머니들이 한 서너 명 됐었어요. 밥을 해, 해달라 그래 내가. 그럼 주믄, 밤에 식으면은 거 갖다 맥였다니까 그 사람들을. [조사자1: 아 다시?]

그게 그러니깐 그 사람들이 도리어 의아해 하, 하는 거야. 아유 어떻게 할라고 그러냐고. 아이 살아야 되니까 여하튼 이거 먹고 그 제일 배고플 때니까. 여기서 이렇게 곁에서 끼내 먹지 말고, 저쪽으로 가게 되믄 저기서 끄내면 모르니까 고것만 그쪽에서 꺼내서 하튼 먹고 살아야 된다고. 그렇게 하구선 하튼 그랬는데 그게 서울, 그 어떻게 해서 거기서 완 것이 서울 이화대학교예요. 한 번 뭐, 딴 사람이 이렇게 굴속에서 소곤소곤 얘길 하고 있는 거예요. 그 내가 가니까 뚝 끊기는 거예요. [조사자2: 아 얘기하다가.]

얘기 하던 얘기는 마저 하라고, 괜찮다고 그 나… 조금 더 시간을 줄 테니까, 무조건 얘기하라고 얘기하던 거. [조사자1: 아…] [조사자2: 그래서 소곤소곤했구나. 안 알리구.] 하이튼 쫓, 거기서 쫓, 거기서 쫓겨 완 거예요 그 사람들도 가만히 보니깐, 아 이게 조금 뭐… 그 땐 뭐이 맥 아더가 뭔지두 누군지두 모르죠. [조사자2: 그렇죠. 누군지 어떻게 알아.] 암 만해도 조금, 조금 이상하고 이상하든 있으면 저 틀림없이 전세가 불리하다는 것만은 틀림이 없는 거예요.

[조사자1: 그러면 계속 그 때까지 서울에 주둔해 계신 거예요?] 아이, 서울에 난 서울에 있었어요. 그러니까 거기서부터 밤 새 어떻게, 갔는데 그 때 후퇴해요. 후퇴. 후퇸데 우리 부대에서두 전투가 있었어요 한 번은. 이게 일산쪽에서 갔다 온 사람들이 뭐 부락에다 이러카고 총도 쏴고 했다고 그런 얘기가 있었어요. 그래 난 거긴 참가하지 않았었어요. 그랬는데, 어떻게 송악산까지 들어간 거예요. 거기서. 하튼 송악산이라고 했으니까. [조사자1: 저기, 후퇴해서?] 응. 후퇴했어요 하튼 그 때 들어갈 적에도 여기 빨치산이라고 하는 사람들도 꽤 많이 따라갔어요. [조사자2: 예. 남한에서.]

[조사자1: 그럼 정규 부대에 그 빨치산들이 합류해서 같이 넘어갔습니까?] 그죠. 그렇께 뭐 그 사람들은 그 사람 나름대로 뭐 에, 줄 만큼 우린 우리대로 뭐 송악산까지 하튼 들어갔어요. 옷을 다 벗었죠. 벗구서 하튼 거기서부텀은 도망갈라고 작정을 한 거니까. [조사자1: 그러면 그… 서울에 주둔하고 있었는데 후퇴 명령이 떨어진 거예요?] 그런데 후퇴 명령이 떨어져… 모르죠 하튼 어떻게 해서든지 송악산까진 들어갔으니까 후퇴했죠.

[조사자1: 그럼 거기 개성, 개성까지 올라가신 거예요?] 그럼요, 개성까지 들어… [조사자2: 다시 개성까지 가셨구나.] 송악산까지 간 거예요. 그러니까 전화를 이렇게 받는데 보니까 작전참모라고 하는 사람이 그러니깐 거 작전계통의 저 높은 자리에 있었던 것 같애요. [조사자1: 아… 행정병을 하셨구나. 거기서 그러니까.]

예. 그 때 공병대라구두 하고, 행정요원이라고도 하고, 하여튼 그렇게 일정치가 않아요 그 때. 뚜렷한 게 없어요. 그런데 전화를 이렇게 받더니 뭐, 참모장 이름도 모르고 하여튼 참모장이라고 그랬어요. 뭐 당신이 또 어떻게 되구 뭐뭐 전화로, 동그라미 치드니 막 우는 거예요.

'야 이게 전세가 불리하긴 틀림없이 불리해 졌구나.'

그런데 그 때 삐라가 자꾸 뺄개지는 거예요 산에. 보니깐 큰 길로 나와… 될 수 있으면 낮에 나오세요. 빵도 있습니다. 다 준비되어 있으니까, 그런 걸로 인제… [조사자2: 그렇게 써있어.] [조사자1: 국군이 보낸 삐라가…]

빵 있고 먹을 거 다 있다고 그, 그러 그른… 그렇게 인민군들 보기 위해서 그냥 무슨 배고플 사람들이니까 큰 길로 나오라는 거예요 하튼. 될수록 밤에 나오지 말고, 낮에 나오라고 하는 거야. 그래가지고 옷을 다 벗구서 그냥 총두 다 버렸어요. 총 그 때 아시보 총이라고 요만한 거 있었어요. 그것도 다 버리고, 한 패 한 명에서 그 때… 우리 내 동창, 국민학교 동창 아이도 한 명 있었고, 평양 사람도 한 서넛 됐어요. 그런데 아직 이름도 기억을 해 그 사람들.

그 때 나는 지금 굉장히 소극적이었는데 성질이, 그 때는 왜 그랬는지 용감했어요. 이렇게 있는데 빨치산들이 딱 총을 갖다 옇는 거예요.

"동무들 누구냐."

그래는 거예요. 고기 요 내가 앞에 딱 막아서

"동무들이 누구냐."

또 그랬어요.

"우린 지금 부대에서… 다 해산돼 가지구 지금 찾아 들어가는 건데, 아 당신, 어 동무들이 누군데 우리한테 총을 대느냐."

그랬드니 그 미안하다구 뭐. 하여튼 헤어졌어요. 그러니 그 땐 무가… 시월 달이니까. 무 같은 것도 뽑아서 이렇게 막 먹고, 그러니까 숨어 있은 거예요. 한 패 한 명이서. 그러니까 낮에… 발써 그 땐 국군이 항상… 진 저, 진격할 적이에요. 아주 꽤 많이 들어갔을 거예요 아마 모름지기.

[조사자1: 아 그러면 부대가 산산이 이렇게 조각나가지고?] 그러니까 다, 다 흩어진 거예요. [조사자1: 저기, 뭐야. 패잔병으로 숨어 계셨구나 다. 다섯 여섯 명이 다.] 아 그래 패잔병이죠. 네. 그러니까 큰 길로, 그 다음 날 아침에 막 가요. 그러니까 이렇게 딱 보니깐 뭐 국군도 아니구 뭐, 뭐 흑인들도 있고 뭐뭐 막 보니까 있는데. [조사자2: 아 그렇게 보셨구나.]

그러니까 큰 길로 딱 나갔어요. 큰 길 나가서 손 딱 들으니깐, 지금 보게 되면 캡틴이에요. 미군 캡틴. 쓰리쿼터(미군트럭)를 타구서 이렇게 오는 거예요. 그러니까 딱 내리니까, 우린 그냥 이렇게 하구 있으니깐, 그 때도 뭐 영어를 내가 몇 마디 했었어요.

"I'm a…"

뭐 그런 말을 하구, 뭐 그 땐 무척 배가 고프니까

"I'm very hungry."

라고. 그랬더니 아 그러냐고. 딱 꺼내 주는 거예요. 아… 내가 다행이두, 포로 되구서두 내가 고맙게 생각하는 게 바로 그거예요. 내가 만약에 이럴 때 국군 같은 사람을 만났으믄 굉장히 고생을 많이 했겠는데, 아 먹을 것도 그 그냥 거기서 배고프다니까 그냥 끄내 주고, 이게 지금 보면 그 때는 뭐지 계급이 뭔지 몰랐는데, 이렇게 저 흰 거 두 개니까 캡틴이라.

[5] 포로수용소로 끌려가다

이거. 그렇게 하구서 '야, 그래도 다행이다. 매 한 대 안 맞구 그래도 다행이다.' 하구서 포로가… 그러니께 그 사람들이 잡아 가지구 갖다 뒀는데 보니깐 뭐 어데 조금 집결 장소가 있었어요. 그런데 김포 위엔가 하는… 몰라요 하여튼 어딘진 모르는데 조금 있더니 인천 소년 형무소라 그래요. 거기 갖다 딱 잡아넣는데, 벌써 우리가 보기엔 뭐 몇 천 명이에요. 그 때.

[조사자1: 포로가?] 포로가. 그렇께 그 때는 물이 없어가지고 하여튼 뭐 질서가 안 잡혔었으니깐, 오늘도 그럼 뭐 포로가 몇 명 들어 온지도 모를 테니까 하여튼, 어떻게 좀 우스운 얘긴데 한 일주일 동안 물을 못 먹다시피 했어요. 예. 그러니까 밥은 그저 그래도 좀 먹었어요. 밥은 그래도 이렇게 공기밥 비슷하니 이렇게 해서 먹었는데, 이게 조금 우스운 얘긴데 좀 추한 얘기긴 하지만, 그 때 그 철망 옆에가 쭉 이렇게 홀을 팠어요.

그게 뭔고 하니 대변보는 데예요. 대변보는 데. 일주일 동안 물을 못 먹으니까 대변이 되질 않는 거예요. 손으로 팠던 일이 있어요. 나, 나뿐 아니라 손으로 파냈던 것도 봤다니까. 그렇게 하믄 거기서 그 아는 사람들이 똑같은 거라도 이제 갖다 가서 이제 이렇게 철망 밖으로 이렇게 안으로 들여 넣으면 똥 위에 가 떨어지는 거예요. 그럼 더럽지가 않아요. 다 토끼 똥 같으니까.
[조사자1: 아, 바짝 마르고…]

응. 그런 경험도 해 봤어요. 그러니까 그 때 소년 형무손데 무슨 뭐 뼈… 주판을 만드는 공장이라 그랬든가? 하여튼 그 속에가 인제 뼈 같은 게 이 좀 쌓여 있으믄 시커멓죠 뭐. 그걸 불에다 갖다 구워서 먹는 거예요. 이거 질서가 안 잡혀 있으니까 그 때 뭐 하여튼 얼굴들은 다 새까맸지, 세수들은 못 하지. 야… 하튼 그러고 가면서 부산 가야 수용소라고 하는데 글루 하튼 뭐 가야 수용소라고 하믄서, 부산 근처에.

[조사자1: 그럼 인천에서 부산으로 갈 때는 배로 가셨어요? 기억 안 나세요?]

하튼 지금 배로 갔댔는 거 같지도 않구. [조사자1: 그렇다고 비행기 태워 주시진 않았을 것 같은데.] 그래, 비행기는 아니에요. [조사자1: 그럼 차로 이동하셨겠네.] 차로 이동했다고 봐야 돼요. [조사자1: 부산까지?] 예. 부산까지 그렇게 하구서… [조사자1: 부산 가야 수용소?]

예. 가야 수용소라고 하여튼 가야라고 하는 소릴 들었어요. 몰라요 그 땐 전혀 지리를 모르니까. 그렇게 하구서 들어오니까 1.4후퇴 그 때가 만약에 중… 우리가 지금 들어가길 압록강 가차이 들어갔다고 내가 들었는데, 들었는데 수원까지 또 밀려갔다는 나, 갔다는 거예요. 그렁께 이 중공군이 개입해서 벌써 이 수, 수원까지 내려왔다는 얘기예요. 그 안에서도 그렇게 수군수군 그것 가지고… [조사자1: 소문은 다 돌 테니까.]

예. '아 이게 압록강까지 뭐 간다고 해는 소릴 들었는데 수원이라? 이게 뭐 어떻게 돌아가는 거지?' 알 수가 없는 거예요. 그러니까 하여튼 조금 있더니 거제도로 간다고 하는 거예요 거제도. 그러니까 얼마나 있었는지도 몰라요. 하여튼 거제도로 가서 딱 보니까 벌써 다 이렇게 철망이 있고, 응. 있는 거예요. 그런데 그 때에도 그게 지휘관이 얼마나 중요하다는 걸 우리가 알아요. 그래서 훈련 받은 고병 하나, 뭐 신병 뭐 열 줘도 안 바꾼다고 하는 게 그 짐작이 가는 것이 포로들 다 잡아다 놨잖아요. 거 포로 수용소 안에서 연대장이 누구냐 하는 게 따라서 거기가 좌우가 되는 거예요. [조사자2: 아, 거기에는.]

응. 그렇게 하믄 자기가 대대장이, 한 삼 개 대대 되잖아요? 사 개 대대? 그럼 자기가 심복하는 사람이 그러니까 그 사람이 연대장이 빨갱이라고 한다믄 그건 뭐 빨갱이 되는 거예요 그게. 그래서 중대장은, 저 대대장부터 빨갱이 자기가 심복하는 사람으로 갖다 세워 놓고 또 그 대대장이 중대장 벌써 자기가 믿는 사람 갖다 대고 완전히 세포 조직이죠.

[조사자2: 응. 수용소도 그러네요.] 수용소… 그 그렇게 그러니까 거기 갔다 다 빨갱이 되는 거예요. 그럼 여기 우익도 있으믄 아차 하믄, 한 번 추락을

아따 하게 되믄 몇몇 죽으러 가는 거죠. 하여튼 그 때에도 말을 듣기에는 장성포에 무슨 하니 바께쯔라고 해서 그 저 똥통… 그 절반 그 저 도랑간 절반 이렇게 해 가지고 하니 바께쯔. 그러니까 하니 바께쯔라고 그러더라구. 그게… 그러니께 대변을 가지고 갖다 붓는 거예요. 그란데 그 때도 말을 듣기는 그렇게 거기서 들어와서 다 그렇게 떠서 죽었다고. 이런 얘기도 들었어요. [조사자1: 아, 사람을…] 예. 사람을. [조사자2: 싸우다가.]

아 그러고 또 뭐, 빨갱이 수용소는 그러니까 그것은 뒤치닥 뒤치닥 하는데 사람이 몇 명씩 사라진 거죠. [조사자1: 그러면 그 세력이 아무래도 좌익 쪽 사람이 더 많았겠네요, 포로수용소 안에는?] 포로수용소 안에는 그렇께 나도 사실은 92수용소라고 해서, 그건 빨갱이도 아니고 완전히 우익도 아니야요. 난 그러니께 지금 어떻게 돌아가는지 잘… 그것도 저 절반이나 되는지 그건 알 수가 없고.

[조사자1: 오히려 그런 데가 더 안전할 수 있겠네요. 어떤 면에서는.] 안전하는데 그게 더 믿을 수가 없는 것이. [조사자2: 아 서로를 믿을 수 없구나.] 자꾸 포로들이 그… 아무렇게 해도 빨갱이들이니까 다. 빨갱이들 잡아다 놛 게니까, [조사자1: 포로들이니까.] 그게, 안 되죠. 게 도저히 안 되겠어요. 그래서 저기… 우린 92수용손데 93수용소는 완전히 그 위기였어요.

[조사자1: 그 몇 수용소까지 있었습니까? 그건 기억이 잘…] 그건 몰라요. 72 수용소 저… 근데 그런 쪽엔 완전히 빨갱이 수용소가 되다시피 했고, [조사자1: 그럼 세 자리가 넘어갔겠네요 수용소?] 구십으로 우린 구십 단위였어요. [조사자1: 아. 백 단원 넘어갔겠네.] 아니 백 단위는 안 넘어갔을 거예요. [조사자1: 아 그럼 구십 몇까지.] 예.

[조사자2: 몇 명 정도가 같이 있는 거예요?] 그러니까 장교는 또 따로 있고. 다른 수용소는. 그 땐 많이 듣기는 장교들은 그 날 그 날 이 수신… 저기 신호로 해서 이북 연락한다는 얘기까지 있었어요. [조사자2: 응. 장교들은. 그러겠네요.] 응. 그런 얘기까지 있었어요. 장교수용소. [조사자1: 총 몇 명이 있었

는지는 모르시죠?] 우리가 지금 생각할 적에는 뭐… 이십몇만이다 뭐 이렇게… [조사자1: 이십몇만 명이요?]

아니 하여튼 몰라요. 하여튼 뭐 이… 일련번호가 일련번호니까 모르죠. 그거 어떻게 된진 몰라요. 그렇께 그 수용단위가 다 있어요. 그게 우리는 구십단위가 있었는데, 그 때 95수용손가? 거기서 거기서 또 어떤 중장이 그 저 시찰 나왔다가 포로들한테 끌려서 한 댓새 고생한 게 있어요.

[조사자1: 그 미군이 한 번 포로로 잡힌 적이 있더라고.] 그 중장이라니… 또 또 중장이라니까. 그러니까 근데 통신 대장이 됐다 그랬거든? 근데 뭐 말 듣기는 뭐 꽤 고생한다 그랬어요. 그런데 시한을 주고 몇 시까지 안 내놓으면 무조건 다 여기서 사격하겠다. 하고 그래서 내놓았다고 하는데, 그 때 순찰은 미군들이 다 돌지만은 보초는 우리 한국… 국군들이 섰어요. 그러니까 나도 92수용소에 있다 가서 안 되겠다고 해서 93수용소로 갔는데 거기 가니깐 뭐 완전히 그건 뭐 우익수용소라. 알겠더라구요.

[조사자2: 그렇게 선택할 순 있어요, 그런데?] 예? [조사자2: 그렇게 옮겨갈 수는 있었어요?] 그 때… 지금 보게 되믄 위험한 일도 많이 했어요. 그 때 하여튼 어떻게 된 것이 난 그 때 누구라 주관을 했는지도 몰라요. 근데 혈서… 이북으로 안 넘어간다고 혈서 썼다니까? 그 때 혈서 쓴 사람이 한 열댓 명이나 되나? 근데 그것들도 그렇고 각각 이 앞뒤로 이렇게 보초 서 가면서 했는데 거 안에도 인제 빨갱이가 있었는지 없었는진 몰라요. [조사자2: 응, 믿을 수가 없는 상황이라…]

근데 어떻게 돼서 혈서를 하게 됐는지 그것조차도 지금 분명치가 않아요. 근데 혈서를 하여튼 칼로 이렇게, 면도칼로 이렇게 해 가지고 이북으로 가지 않겠다고 썼다니까 나는… 근데 그 때 한 저 이십 명 가차이 됐나? 근데 사실 그 때 그게 위험한 일이거든요 사실. 빨갱이도 어느 정도 있는지도 모르는 거야. [조사자2: 예. 누군지도 또 모르고.]

근데 우리가 볼 적엔, '야 이거 앞으로 이거 틀림없이 빨갱이 수용소가 되겠다.' 하는 그런 뭐 있었어요. 그러니까 뭐 어떻게 튀어서 저 뭐 어떻게, 어떻게 정문도 어떻게 지금 보면 분명치가 않아요. 철망을 넘은 건 아닌데 하여튼 철망도 넘어야 된다고 할 정도까지 갔었어요 우리도. 그런데 철망 넘다가서 그 보초들, 빨갱이들한테 붙잽히믄 그건 죽는 거예요 그거는. 근데 그렇게 위험한 일을 했는데 그 때 누구라 주관을 해서 혈서를 썼든… 이제 그것도 생각이 안 나요.

그란디 어떻게 하긴 했는데, 93수용소로 갔어요. 아이고, 그 가니깐 완전히 안도의 한숨을 쉬겠데요. 아, 이건 확실히 우익이로구나 하는 거. 그 때 연대장이 김형택인가 하이튼 몰라요. 요 하이튼 분명치가 않아요. 하여튼 그런 사람… 하여튼 기독교인이었어요 그 사람도. 거기, 거기… 거기 가서 요 하여튼 완전히 그… 있었는데. 거기에서 그 안에도 인제 거 연극 부대 또 있거든요? 그거 저 연예계 계통? 똑같은 포로죠. 거기서도 다 그런 걸 했으니까 아주. 그 운동도 했고.

[6] 좌익 우익 포로교환

근데 한 번은 며칠날, 며칠날 천막을 뚫고 나가야 된다는 거예요. '응? 그게 어떻게 되는 거냐.'하고. 그러니깐 이 박사가 단독으로 영단을 내린 거예요 그 때. 포로 교환 문제가 나왔었던 거예요. 포로 교환 문제. 그런데 포로 교환 문제가 나왔는데, 그 포로 교환 문제를 어떻게 했는고 하니 천막, 고문 앞에다 천막을 딱 천막을 치는 거예요. 치구서는 이북으로 갈 사람은 그냥 앞으로 쭉 나가고, 여기 남겠다는 사람은 또 거 이중 천막 있는데 또 거쪽으로 들어가고.

예, 그런데 그 때도 우리 동네 아이들도 있었어요. 저 국, 국 저 소학교 같이 다닌 애들. 그대로 기냥 넘어간 아이들도 있고, 거기에 넘어갈 것 같지 않았던 사람이 도리어 떨어진 사람도 있고, 하여튼 도리어 여기에 남았을 것 같지 않은 사람도 또 나하고 같이 있었으니깐. 난 뭐 그 사람들이 볼 적엔 여기 떨어져 있겠다는 거 그건 분명히 아는 사람이니까. 그렇게 해서 떨어진 사람도 있어요. 그렇게 허구서 하이튼 뭐 다 갈라 놨거든요? 그렇게 하구서는 다 이북 건너갈 사람은 따로 이렇게 되고, 다 따로 이렇게 되니까.

[조사자2: 어느 쪽이 더 많았어요? 이북으로 간 사람이 많았어요?] 이북으로 간 사람이 많았다고 봐야죠. [조사자2: 더 많죠. 고향이 다들 거기니까.] 그러니까 그건 그놈들도, 알 수가 없는 거예요 우리는. 그 당시에. [조사자1: 반공포로 가면 좀 더 많았을 수도 있을 것 같은데?] 많았을 것 같진 않아요. 이북으로 간 사람이 많았지 뭐. 그건 걔들이 또 선동질을 해요.

[조사자1: 아 그러니까 그것 좀 자세히 말씀해 주십쇼. 그럼 저쪽에 인민군… 대표가 심문하러 오고, 이쪽은 유엔군 대표가 심문을 와서 각각 만나는, 동시에 만납니까 아니면…] 아 아니 그건, 그건 그 땐 나갈 적에 포로수용소에서 어떻게 되었는고 하니 그 때 한시 반인가 낮에 그 헌병사령관한테 그 이 박사가 다 얘길 핸 거죠. 그러니께 다 낮에 수 많이 다 끌어놘 거예요. 이 철망을. 그러니까 그건 국군한테는 하튼 나갈 적에는 무조건 공포만 쏴라. 그렇게 연락이 된 거죠.

[조사자1: 아. 그러면 심문을 안 하고, 이렇게, 비공식적으로 이렇게 빠져 나갔다. 그 말씀인가?] 그러니까, 그러니깐 그러니까 뭔고 하니 이남하고 이북하고 갈릴 적에는 천막을 앞에다 이렇게 딱 쳐놓구선 이북으로 갈 사람은 그냥 빠져 나가고 이남에 있을 사람은 이제 그냥 막 이쪽으로 돌아가고. 그러니까 갈라 놘 거죠 거기서. 거기서 갈라놓고 따로 그 땐 수용을 했어요.

[조사자1: 근데 철망을 잘라놨다는 건 무슨 말씀이세요?] 아니, 그러니까 그게 포로 교환이 문제가 돼가… 저… 포로 교환 때가 되니까 이 박사가 우린 자꾸 안 간다고 요기 탄원도 하고 하니깐 이 박사가 단독으로 영단을 내린 거죠. [조사자1: 그러면 그 정식 교환하기 전에 그냥 빠져 나가게?]

그렇죠. 그러니께 이미, 이미 이게 뭔고 하니 그러니까 내가 말을 뭐 조금 앞뒤가 맞지 않게 했네요. 예 뭔고 하면은 거 이게, 이게 지금 핸 것은 어디서 했는고 하면은, 에… 이미 갈라 놓을 적에는 그 무슨 갈라 놘 것은 이남에 남겠다는 사람은 이 우측에 올라오게 만들어 놓고, 거기에 있는 사람은 그냥 고 잠시 있었는데 나중에 알고 보니깐 이 서울 복판 위에서 들어가면서 다 그랬다 그러더라구요. 우린 그건 못 봤으니까.

그건 뭐 하여튼 여기… 그러니깐 차도 가면서 뭐 다 어떻게 뭐 다 이 던지고 어떻게 했다 그러더라구요. 그러니께 우린 그 때 이남에 있겠다고 하는 사람은 광주… 난 광주에 가 있었어요. [조사자1: 전라도 광주…] 예. 전라도 그 비행장 옆에 송정리 거 쪽에 있어요. 거기에 가 있었고, 뭐 경주도 있었고 논산도 있었고 거 그 곳이 몇 군데 있었어요. 그러니까 부평도 있었어요, 부평도. [조사자1: 군산에서 이런 데.] 예 다… 갔죠. 그래갖구선 거기 있었는데,

[조사자1: 그러면 잠깐, 어르신 죄송한데 한 가지만 더 여쭤 볼게요. 그러면 그 포로 심문해 가지고 포로 선택한 게 아니라, 그 전에 어르신도 빠져 나오셨어요?] 예, 그러니깐 지금 그 애긴데. 그게 어떻게 됐는고 하니, 그릉께 지금 이 박사가… 거 한 번 살고 한다는데 다 오늘 밤엔 저기 이렇게, 이렇게 되니깐 그 땐 무조건 공포만 쏴라 하는 식으로 전달이 된 거 같애요.

그 낮에 수군수군하는데 응, 밤에 빠져 나가야 된다는 거야. 우리 수용소에서. 그렇다고 해서 그 때 빨갱이가 없었던 건 아니에요. 그 안에두… [조사자1: 있었겠네. 첩자가 있었겠죠.] 그 있었다고 봐야죠. 그런데 이남에 떨어지겠다고 한 사람두 그것이 자꾸 변하니까 뭐 이북에 부모 형제들 다 있으니까. [조사자2: 그럼요, 마음이 흔들리죠.] [조사자1: 당시에 분위기가 있으니까, 또 넘어가게 될 지도 모르니까.]

그랬는디 한시 반쯤 해서 나가야 된다는 거예요. 그러니깐 낮에 다 잘라 놓는 거예요. 그러니까 뭐, 하튼 막 하구서 한시 반쯤 해서 빠져 나가는 거예요. 빠져 나가는데 그 거 또 공포는 자꾸 쏘죠. 공포탄 쏘죠. 그런… 글쎄 밤에만 미군들이 이렇게 순찰을 하거든요? 그 아 낮에도 했어요. 그렇지만,

밤에… 망에 서서 있는 건 국군들이니깐 공포 쏘고 했는데, 나가다가 서 잡혀서 들어완 사람도 있어요. 있다 그라드라구요. [조사자2: 그 와중에도?] [조사자1: 미군들한테는… 미군들은 모르니까.] 그 미군들은 무조건 뭐 포로가 도망가는 줄 아니까. [조사자2: 그 와중에도 또 그랬구나.]

그란데 거기에서 빠져 나가서 잽혀서 부평 같은 데는, 그 때 많이 듣기론 부평에서 뭐 낙오돼 가서 철망에 꼭 붙어서 보니까 헌병 사령관이 제대로 전달을 못해가지고, 어떻게 해서 그 때 뭐 삼십 몇 명이가 희생당했다는 얘기가, 뭐 숫자는 몰라요. 하지만 몇 명 저… 부상당했다는 얘긴 들었어요.

[조사자1: 야 이건… 오늘 처음 듣는 얘기네요. 오늘 사실은 잘 모르는 얘긴데 미리 인제 배려를 해줬구나. 아…] [조사자2: 근데 배가 준비돼 있었어요 그러면? 도망 나올 배가? 거제도… 섬이잖아요.] 아니아니 거제도는 아니고, 그러니까 이건 광주에서 올라와 가지고 완전히 이북으로 이 갈 사람은 그냥 이북으로 그 때 보내고, 그냥 그 때 보내고, 포로 교환 때 보내고 우리는 그냥 있겠다는 사람은 논산 뭐… 이렇게 경주 부평 이런 데로 이렇게 그런 데로 갈라 놨는데, 몇 군데로 갈라 놨는진 몰라요.

[7] 아버지와 만나다

[조사자1: 어르신은 전라도 광주 쪽으로…] 응. 난 광주에 있었어요. 광주 거 비행장 있는 데에 거기 가 있었거든요? 그러니까 거기서 튀어 나왔어요. 나왔는데 그 때 만약에 내가 이북으로 안 갈라고 한다면 거기서 안 튀어 나가고 가만히 있었으면 되는 거예요. 난 이북으로 안 갈라니까 저… 미군한테 도리어 그렇게 하면 판문점까지 가게 되니까 나중에? 그러니까… 튀어 그 때 튀어 나왔는데, 나오니까 다 배치 이라마 그 때 됐어요. 난 영광군 군수면이라고 있데요. 군수면 마음리라고 있었어요.

[조사자1: 전남 영광이요?] [조사자2: 영광 말씀하시는, 굴비 유명한 데?] 영광

군 군수면 마음리. 그런데 거기에 이… 글루 배치가 한 대여섯 명 됐나? 하이튼 거기서 하튼 한… 한 달 가량 있었어요. [조사자1: 그러니까 군부대에 배치되신 거예요?] 아니아니, 그 민간인… 아니 그 민간 집에. [조사자1: 아 그냥 거기… 거기서 살으라고?]

아니 살라고 하는 게 아니고 우선, 그 땐 이 박사가 아마 단단히 얘길 해놓은 것 같애요. 그 땐 하여튼 우리가 가기론 무조건 대우가 좋았다니까. [조사자2: 아 오히려… 응.] 밥을 다 해 주고, 다 거기서 배치가 됐으니까. 밥을 먹고 있었어요. [조사자1: 아 민간인 집에서? 아…] 예. 그렇게 하다가 저 한 달쯤 아마 거기 있었어요. 있었는데, 다 헤어지게 됐는데 어떻게 헤어졌는진 모르고 누구라 가라 그랜 것도 아니고, 그런 거예요. 근데 피난민이 뭐… 그 때 이게 사람이 군산에 많이 와 있다는 얘길 내가 들었어요. 그러니까 군산에 갔죠. 그 때 LST 타고 내려왔다고, 그러니께 초도에서 내려온 거예요 바로 거기 사람들이. 군산에를 왔는 거예요. [조사자2: 응. 배로 그냥 그렇게 군산으로 바로.]

그런데 거기서 뭐 와서 보니깐 아는 사람들이 있어요. 그란데 혹시 우린 아는… 우리 아버지가 내려완 거예요. [조사자1: 아버님이 내려오셨어요?] 예. [조사자1: 소식을 들으셨구나.] 그게 그러니까 우리 아버지는 포로들 나왔다는 소린 들었지만 내가 뭐 있으리라고 꿈에나 생각했겠어요? [조사자2: 어떻게 만나요 그렇게 사람이 많은데…] 그란데, 저녁에 저 가니깐, 나왔다 그랑께 깜짝 놀란 거지 뭐야. 사람이 분명치가 않을 때 밤에 약간 들어갔거든요? 그러니 분명이 나, 나왔다니까 깜짝 놀랄 수밖에요. [조사자1: 아… 군산에서 만나셨어요 그러면?] 아니 거 군산이 아니고 그 땐 조천면이라고 하는 데가 있데요? 완주군 조천면. [조사자2: 응. 완주 쪽.] [조사자1: 아… 거기서 만나셨구나?]

예, 거기서 만나서 한 2개월 있다 군대 그냥 국군 들어가고 말았어요. 그 땐 뭐 누구라 꼭 가라고 한 것도 아니고, 한 뭐 지서에서 와서 뭐… 그게 우리는 뭐 다 파악하고 있는 거니까. 와서, 이렇게 해서

"아 나 군대 나와야겠다고."

그래 거기서 그냥 자원해서 나오고 말았죠.

[조사자2: 그러면은 아버님은 다 가족하고 같이 배 타고 이렇게 배 타고 내려오신 거예요?] 응 그러니께 배 타고 다 내려왔지. [조사자2: 그 때 형제분은 어떻게 되셨어요?] 형제도 그 때 난 난 뭐 원래 난… 계모였으니까. 그러니까 형제가 한… 딸 둘 아들 둘이 있어요. [조사자2: 응. 그랬구나.]

[조사자1: 그러면 저기… 같은 어머님으로는 한 분밖에 안 계시고? 어르신.] 나 낳고 보름 만에 돌아갔으니까 전혀 모르죠. 난 할머니 손에서 자랐으니까. [조사자2: 그렇구나.] [조사자1: 밑으로 동생이 넷이?] 그러니까 국민학교 일 학년 적에 지금 계모를 얻어… 얻어 왔으니까.

[조사자1: 그러면 가족이 다 내려오신 거야? 아버님이 그…] 다는 아니죠. 그게 뭐 저 작은 할아버지도 있고 그냥 다, 다 있고 하니깐. [조사자1: 동생 분들은.] 그렇께 우리 직계는 다 내려왔다고 봐야 될까요? 바로 내 어머니… 계모에서 낳은, 그 땐 뭐 계모에서 낳은 사람이 뭐 없었으니깐 여그 와서 낳았으니까 다. [조사자1: 아…] [조사자2: 그랬구나. 배 타고 내려온 거예요 그 분들은?] LST 타고 내려 왔다 그러드라구요 군산으로.

[조사자1: 아마 그러면 1.4후퇴 때 내려왔을 가능성이 많네요?] 1.4후퇴 때 내려완 거죠 그러니까. [조사자1: 아 그리고 거기에 정착해 계시다가 어르신을 만난 거네요.] 그렇죠. 예. 난 전출 나와서 거기 있다고 하니까 그냥. [조사자1: 와 이게 기적같이 만났네요. 만약 이제 경주나 부천으로 가셨으면 만나기 힘들었을 거 아니에요. 그나마 광주로 갔으니까…]

[8] 남으로, 북으로, 중립국으로

아니 뭐 그 마찬가지죠 그건. 왜 마찬가지인고 하니 피란민들이 어디로 많이 모였다는 거, 그걸 들으면 그쪽을 찾아 갔으니까. 그랬는데 그 때 나오다 못 나온 사람들이 있어요. 그 때, [조사자1: 고향에서.] 아니아니, 포로수용소에서 나올 적에 우리 있던 데선 그 그냥 나오고, 무슨 부평같은 데서는 그 때 뭐 나와 가지고 그 쪼끔 희생당했다는 얘기가 있었어요. 그런데 그 사람들이 요는 판문점까지 나오다 못 나간 사람은 판문점에 간 거예요. 그런데 판문점에 갔는데, 그 때 중립국이라고 하는 사람들이 인도하고, [조사자1: 아르헨티나.]

아 그 하튼 몇… 몇 개 돼요. 그런데 그 때 얘기 듣기는 내가 나와서, 거기까지 갔던 사람을 내가 만났던 일이 있어요. 그러니께 중립국에서 될 수 있으믄 넘어갈… 넘어가라고 자꾸 권하드라 그래요. [조사자1: 아, 이게 북으로 넘어가라고?] [조사자2: 중립국에서?]

예. 아 그냥 그런 얘길 하더라고? 그래서 남일이가 그 때 저기 저쪽에, 인민군으로는 대표로 남일이가 나왔고, 여기는 아마 그 때 최덕심… 나중엔 조금 거 최덕심씨가 그 미국으로 가서 어떻게 돼 가지고 조금 뭐 어떻게 했던 게 있어요. 조금, 김일성 뭐 만수무강하라고 뭐 어쩌고 하는 얘기. 그러니까 조금 변절했던 사람인 것 같아요. 하튼 그 사람이 대표로 나왔었어요 그 때. 국군에서는. 그런데 그 때 갔던 사람 얘기 들으니까, 남일이 삼십 분이래요.

"이북에 부모 형제 나를 기다리는데 뭘 이 감옥 같은 남한, 남, 남조선이 낫겠느냐. 다 넘어가라."

[조사자2: 아, 넘어가라고.] 예. 그러니께 자기가 그랬다 그래요.

[조사자1: 삼십 분이라는 게 무슨 말씀이세요?] 한 사람을… [조사자1: 아… 설득하느라고?] 삼십 분을 설득 못 하믄, 설득 못 시키는 거예요. [조사자1: 예, 그렇죠.] [조사자2: 중립국인 사람들이 그렇게 설득시켜요?] 아… 아니 그건 인민군들이, 걔들이. [조사자1: 포… 포로수용소.] 포… 포로. 이쪽에 인민군 대장이죠 그러니깐. [조사자2: 삼십 분을 그렇게 설득하는구나.] 남, 나 남일이가 그 때 저 대표로 나완 사람이니까. [조사자1: 삼십 분씩 설득을 했다고.] 예. 한 사람에 삼십 분씩 시간을 줬다고 그래요. 그러니까 자기가 그랬다 그러더라구.

들으니까. [조사자2: 힘들으셨겠네.]

이 너들 거짓말하는 건, 막 새끼라 그랬다 그래요.

"나 안 넘어가, 느들 아무리 해야 필요 없어."

[조사자2: 아 그렇게 말해두.] 아, 그랬다고 하튼 나, 나중에 나한테 그런 얘길 해. 야… 너 대단하다. [조사자2: 그 와중에.] 응. 그래서 떨어진 사람도 있고, 그 설득 당해서 또 넘어간 사람도 있고. 그래서 국군이 가서 그냥 뭐…

[조사자1: 그러면 어르신 그 심문 같은 것도 하나도 안 하시고 그냥 그렇게 하신 거예요?]

아, 그렇죠. 그럼. 난 미리 나왔으니까. 아니 그 때 그 넘어갔던 사람들이 판문점에서 그 때 만났던 사람들이에요. 중립국, 여기 있는데. [조사자1: 저기 그… 중립국 선택했던 사람이 얼마나 있는지 혹시 아십니까?] 몰라요. 난 그런 건 알 수가 없어요. [조사자1: 선택했던 사람이 있다는 거는 들으셨죠. 중립국 선택했다… 선택했던 사람이 있다는 거는 들으셨죠.] 아, 들었죠 거기야. [조사자1: 많진 않겠죠.] 응. 많진 않지. 하튼 뭐 그 때 우리가 중립국으로 갈 사람은 가라고 또 얘기했던 적이 있어요. 그래서 간 사람이 많지는 않지만 한 오륙십 명은 되지 않나… 하고 난 생각을 해요.

[조사자2: 외국 간다고 생각해서 딱 가셨구나.] 응. 그 때 뭐 브라질에도 갔던가? 뭐 어떻게 하튼 테레비도 한 번 나왔… 그 사람들이 나왔던 걸 나는 봤어요. [조사자1: 예 나왔습니다. 예, 그 자손들이 나왔었어요 한 번.] 아니 그 본인도 거기서 한 번 나왔던 걸 한 번 내가 봤다니까. [조사자1: 남한도 안 되고 뭐, 북한도 안 되니까.] 그런데 고생을 많이 하더라고. [조사자2: 다들 고생하죠. 다른 말도 안 통했을 텐데.] 그런 사람도 있었고.

[9] 사상교육

[조사자1: 그 맨 처음에 송악산에서 투항하실 때, 혼자하셨어요 아니면 같이…]

아니 한 댓 명이서 했어요. [조사자1: 같이 하셨어요? 아 그 투항할 때 그때 별로 뭐 '하지 말자' 이런 분은 없었고?] 아 그런 사람은 없죠. [조사자1: 같이 그냥 하자고.] 우선 살아야 되니까. [조사자2: 분위기가 이미…]

근데 나하고 있던 사람은 넘어 갔어요 그 때. 한 사람은 넘어간 사람이 있어요. [조사자1: 같이 투항한 사람 중에서?] 예. 포로수용소에서 이게 같이 있었으면 안 넘어갔을지 모르죠. 근데 어떻게 거기선 그 때 작업이 있었어요. 그렇게 하면 하튼 이렇게 다섯 명씩 손 잡고 뭐 이래, 무조건 잘르고 그럼 같이 있을 수만도 없어요 그 분위기가. 그러니까 헤어지게 됐었는데.

[조사자1: 그… 뭐 출신이나, 학력이나 이런 걸 봤을 때 어르신이 보시기에 아무래도 남한을 선택한 사람들이 아무래도 학력이 좀 높나요?] 글쎄. [조사자1: 그걸로 따질 수는 없나요?] 고 그렇게 따지기에는 좀 힘들 거 같고… 무조건… 우리 같은 사람이야 원래 뭐 좋아하지 않았으니까 공산주의를? 고등학교 적에도 뭐 이쪽으로 넘어올까 하고 생각도 해 봤던 적이 있으니까. 그러니까 뭐 그건 뭐 우리… 아무렇게도 부모가 있으니깐 그쪽으로 넘어 간 사람이 많겠죠. [조사자2: 가족이 다 있는데.] 가족이 있으니까.

[조사자1: 아, 아버님은 원래 뭐 하시던 분이셨어요?] 아니 그냥 농사지었어요. 농사지었는데 아버지도 원래 좋아하지 않았던 거고. [조사자2: 그러면은 고등학교 때, 뭐가 제일 마음에 안 드셨어요? 그렇게 얘기 들으면은 이렇게 되고 나서는?] 글쎄… 뭐 그렇다고 해서는 누구가 뭐 어떻게 조… 그런 것도 아니고 뭐 사상이 뭐… 큰 뭐 그런 것도 아니고 그런데 왜 그런지 싫었어요. 예. 그러니까 우리 아버지가 벌써 그걸 뭐 좋아하지 않았으니까. 그렇게 하고 외정 때 부텀이라도 왜 그런지 공산주의라면 왜 싫었어요. 그러니까 쿄산또라고 그런다고 일본말로. 난 일본말을 조금 해요. 그 때도 공산당이라면 왜 그런지 섬뜻한 생각이 들어갔어요.

[조사자2: 아 그러셨구나.] 근데 내가 알기론 그 때, 그 왜 여기서도 많이 와서 보니깐 그 이런 얘길 해야 되는지, 안 해야 되는지 모르겠어요. [조사자1:

해 주십쇼.] 그 공부… 학교에서 공부를 좀 한다는 사람 보면 다들 프롤레타리아 거기에서 많이 감염이 됐더라구요. [조사자1: 남한은 분위기가… 예.] [조사자2: 남한에서 많이 갔어요. 또 올라간 사람, 배운 사람들이 많이 올라갔어요.] 그렇죠. 그 땐 뭐 한설야 씨 같은 그 대중… 이런 사람들, [조사자1: 다 아시는구나.]

다 알지. 뭐 그러고 뭐 최승기, 신불출이. 그 때 만담가 신불출이도 중학교 적에도 우리 학교에도 한 번 와서 한 번 또 얘기했던 적이 있는데. 그러니까 최승기 같은 사람도 다 그거이지. 아 뭐 이제 작가들 많이 넘어왔죠. [조사자2: 예, 작가들은 뭐 거의…]

그란디 그 때도 뭐 와서 이게 쭉 보니깐 학교에서 그래도 공부 꽤나 하고 헤게모니를 저 뭐 저거, 저거 하는 사람들은 그 물은 또 안 배웠던 사람이 거의 없는 것 같이 느껴지더라구요. 예. 그러니까 뭐 남산에서 뭐, 뭐 모임이 있고 이쪽에서도 뭐 있고, 뭐라고 하더라고. 거 한 번 거… 저 그거 뭐야 그 저 그 드라마에 한 번 나왔던 적이 있어요 거기. 여, 여기 드라마에 나와서 인제 그 야인시댄가? 그러니까 거기도 그 보게 되면 뭐 그런 거 김두한 씨 그… 그런 것들 다 나오고 그랬잖아요. 근데… 그 우리가 생각하기엔 그 뭐 상상도 못하지요 이북에선. 이북에선 이 약간, 잘한다는 얘기는 칭찬으로 할 수 있지만은? 비평, 비판은 못하는 거예요.

[조사자1: 저, 그러니까 정부나 정책에 대해?] 예. 뭐 했다하면 그건 뭐… 그건 뭐 쪼금 어떻게 하믄, 자아비판이라는 게 있어요. [조사자2: 아 자아비판 많이 해보셨어요? 고등학교 때.] 예. 이 놈 사건들도 그래요. 아 농사짓고 하루에 뭐 가서 회의를 하잖아요. 회의를 하게 되면 그 농사꾼들이 아무래도 제대로 그 시간에 갈 수가 있어요? 또 빠지기도 쉽고, 그 뭐 사상적으로 옳지 못하다기 보다 자아비판 해야 돼. 그러니까 우리 고등학교 다닐 적에도 벌써 학교 가믄 아침에 돋보기라는 게 또 있어요.

신문 기사 같은 거 따오고, 그 때만 하더라도 이남보다는 이북이 조금, 수

준이 잘 살았다고 봐야 돼요. 다 우리는 이렇게 잘 살고 있는데 이남은, 이건 뭐 남조선은 어떻고 뭐 이제 그런 얘길 아침에 하잖아요? 아침에 학교… 공부하기 전에 가서 그 돋보기라는 게 있어 가지고 고고 신문에 그 기사 같은 거 뭐 나오고. 또 저녁엔 또 고 또 있어요 그런 게. 그렇게 하루에 두 번은 해야 된다고 봐야 돼요. [조사자1: 아… 교육을 되게 철저하게 시켰구나?] 아 철저한 정도가 아니죠.

[10] 소련군에 대한 기억

[조사자1: 그러면 그 소련군도 보셨어요? 해방 직후에?] 소련군 봤죠. [조사자1: 진주에 와서 많이 있었겠네요.] 아 소련군 봤죠. 그거. [조사자1: 그 소련군들은 마을에 와서 뭐 해코지 하고 그러진 않았습니까?] 그 때도 많이들 그렇게 했죠. [조사자1: 뭐 시계… 시계 같은 거 다 뺏어가고.] 시계 같은 거 뭐 다 이렇게 해서 뭐 다 이카고. 그 때는 뭐 우리가 보기에는 그 때가 뭐 형무소에 있던 사람이 뭐 어서 하여튼 그렇게 나왔는진 몰라요.

하지만 이 수… 수박 같은 거? 이 떡 같은 거. 이런 걸 뭐 호박 같은 걸 구별을 못했… 못했어요 제대로. 걔들이. 예. 그래서 있다간 뭐 저저 호박 같은 것도 수박인 줄 알고 그냥 먹다 보면 아니면 걍 팽개 치구. 했다구 그런 얘기두 하구. 떡 같은 것도 이렇게, 찰떡 같은 거 이렇게 하게 되면 살은 것 같애서 뭐 저 뭐 이렇게. 하여튼 우리가 볼 적엔 많이,

"소련이 저런가?"

할 정도로 여하튼, 미개했다고 봐야 돼요. 아 그러니까 그 때는 예, 그 때는 뭔고 하면은 말을 듣기엔 나중에 형무소에 있던 아는 사람들이 관동분들 그거 뭐 소련이 개입하면서 그 저 총알받이루 갔다 다 나… 나온 사람이 돼서 미개했다는 얘기도 있… 그런 얘기도 있었거든요.

[11] 포로수용소에서의 하루일과

[조사자1: 그러면 군에 입대하실 때가 아직 전쟁이 끝나지 않을 땐가요, 아니면…] 아, 끝났을 적에. [조사자1: 끝난 이후에 입대하신 거죠?] 예. 끝난 이후에. [조사자1: 그러면 한 오십사오 년쯤에 입대하셨겠네요? 연대는 잘 모르시… 기억이 안 나시고.] 글쎄… 하여튼. 한 두어 달 있다 가서 여하튼 들어갔어요. 바로 수용소 나와가지고.

[조사자1: 그… 그 포로수용소 하루 일과나 의식주를 좀 잠깐만 좀 설명해 주십쇼. 잘… 모르니까. 그 거제 포로수용소 시절의 하루 일과나 의식주 뭐. 먹는 거, 자는 거.] 그랬는데, 그 때… [조사자1: 밥은 삼시 세 끼 다 줬습니까?] 다 줬죠. [조사자1: 정확하게 줬겠네요.] 아 그럼요. 그렇게 하고 했더니 물자가 흔했다고 봐야 돼요. [조사자1: 미군이 아무래도.] 응. [조사자2: 거기선 오히려.] 그런데 고상은 안 핸 거죠 도리어. [조사자1: 그랬겠네요, 거기 가서는.]

[12] 벽제에서 만난 인연 2

그랬는데 그 땐 하이튼 그래서, 사람이 이게 인연이라는 게 또 우습더라구요. [조사자1: 그 중간에 만났던 교장 선생님 다시 만나셨어요? 무슨 인연이 있었다고…] [조사자2: 벽재? 벽재. 벽재 교장 선생님. 예 어떻게 만나셨어.] 예 내가 지금 그 얘길 할려 그래요. [조사자2: 예. 벽재 교장 선생님 이야길 한 번 들어봐야.]

근데 그 애기가, 난 그런 거 사실상 이렇게 노출 되는 거 난 싫어하는 사람이거든요? 그런데 국군 28사단인가 들어갔어요. 이렇게 중대 본부에 있는데, 내가 그 중대장한테 이렇게 우리를 그 때 그 사람들이 그렇게 하나의 쫄병 같이 취급을 안 해줬어요. 예, 그 때 내가 들어갈 적에 지금 중대 본부 교육계를 내가 봤는데, 그 중대장이 뭐 나하고 가차웠죠. 아 이렇게 저렇게 애기 하는데, 내가 그 벽재 얘길 했어요. 나올 적에 그 때, 근데 그 교장 선생

님 이름까지 얘길 하니까, 응? 그 중대장이,

"응? 그래요? 가만있어 봐. 내가 전화 걸어 볼게."

그러더니 자기 처가 선생을 했대. 거기에. [조사자1: 아… 그럼 처가 선생할 때 교장 선생님 하신 분이신…] 아 그렇죠. 그 교장 선생님 있을 적에 아마 그게 있… 처가… 있었다고.

"아 저 그 선생님 어디 있느냐?"

그랬더니 저 신산리 뭐 어디가 남면 뭐 국민학교가 뭐 어디 있다고 뭐 그런 얘길 하는 거예요. 그래서, 아… 그러냐고 아직 살아계시는구나. 하고, 한 번 찾아갈까 하고 했는데, 하여튼 찾아간다고 그러다가도 어떻게 또 못하고 말았어요. 그런데 뭐 인연이 그렇게 되더라구요. 근데 자기 처한테 전활 걸드라구요. 그래서 내가 아… 그런 일도 있었구나. 그 때 내가 들어가서 그 만났다는 얘기도 다 했거든요? 그런 얘기. [조사자2: 좁죠, 세상이.] 응? [조사자2: 세상이 좁아요.] 어떻게? [조사자2: 세상이 좁아요.]

아. 글쎄, 그렇게 하고 깜짝 놀랐는데 그 사람이 그냥, 아 그 내가 그 때 벽재 무슨 교장 선생님이랑…

"응?"

그래서 이것까지 얘기 했드니

"아니, 가만있어 봐 내가 전화 걸어 볼게."

그러드니, 전활, 즉시 통화하는 거예요 자기 저… 우리 부인이 거기 있었다고.

[13] 전쟁이 없었다면 나는

[조사자1: 그… 스무 살 때 전쟁이 나… 났으니까요. 그 때는 혹시, 이북에 있을 때 혼사 같은 거, 얘기는 없었습니까?] 뭐요? [조사자1: 결혼.] 결혼? 혼사요? [조사자1: 예. 인기가… 많으셨을 것 같은데.] 그… 그런… 그런 걸 할 때는 아니

죠. [조사자2: 아… 고삼 때셔가지고 학교 다니셨구나.] 핵교, 좀 그래도 처음에 부모가 안고 있을 때니까.

[조사자1: 그러면 결혼은 언제 하셨어요?] 여기 이남에 와서 했죠. [조사자1: 아… 제대.]

군대 가서, 제대 하고. [조사자1: 제대 하고 하셨어요?] 그럼요. [조사자1: 그러면 나이가… 한 이십 대 후반쯤에 하셨나?] 스물일곱 살? 여덟 살?

[조사자1: 그럼 제대하고 인제 어떻게 정착 하셨는지 말씀을 좀 해주시죠.] 그냥 뭐… 나와가지고 그냥 내내 있었죠. [조사자2: 군대 갔다 오시고.] 아, 군대 갔다 오고. [조사자2: 제대 하시고.] 제대 하고. [조사자2: 그 다음에 밥 먹어야 되잖아요. 그러면 무슨 일을 하셨어야 되잖아요. 무슨 일을 하셨을까?] 근데 난 여기가 오래 있었어요. [조사자1: 아… 세운상가에.] [조사자2: 상가, 종로 쪽에.] [조사자1: 그 때부터 계속 여기 그냥 터주대감이시겠네요, 그러면.] 그렇죠, 여기 오래 있었죠.

[조사자1: 어르신 그럼 고등학교 다니실 때는…] 그 때… 하여튼 여기 칠십일 년돈가 왔어요. 그래 지금까지 있는 거죠 뭐. [조사자1: 고급 인력이잖아요 사실? 그 때로 치면?] [조사자2: 고등학생이니까 꿈도 많으시고.] 뭐 그 때 뭐 고급 인력이라고 하면 안 되죠 뭐. [조사자2: 아니 그 고등학교 나오셨는데.] [조사자1: 제가 보기에 그 오래 주둔하실 때에도 다른 병력하고 다르게, 그 공병대 쪽 행정구역을 하신 거나, 국군 들어가셔 가지고 교육계 하신 것도 다 그 감안되지 않았을까.]

그 때 뭐, 뭐 이렇게… 질서가 안… 걍 애들도 질서가 안 됐고, 했대니까. 그래도 지금 보면 뭐 어떻겠어요, 여기까지 왔었는지도 모르고 그냥 낮엔 무조건 숨어 있고, 밤에만 그냥 출근 준비 하는 거야 네 시 반쯤 되면. [조사자1: 그래도 출신은 다 알 거 아냐. 저저, 쟤가 뭐다 이렇게 출신은 다 알 거 아냐. 어디 이름도 못 쓰는 사람도 많은데, 일어도 하고 한문도 쓰고 영어도 하고 하는데. 그러니까 뭐 그 정도가…] 하여튼 뭐 그 땐 뭐 하여튼 시골서 또 고등학교 나오… 다녔으니깐, 내가 다닐 적에는 한 면에 몇 사람 없었으니까.

[조사자2: 그럼요. 응. 고등학교 나와서 뭐 하고 싶다, 하는 거 있으셨어요? 거기 고등학교 다니실 때?] 아마 거기 있었으면 천상 선생 했을 거예요. [조사자2: 아 전쟁 없었으면?] 예. 선생 했을 거예요. [조사자2: 그 때 같이 고등학교 징집 당한 친구, 다 고등학생들이 다 그렇게 다 징집당했나요?] 고등학교 거의 다… 다 나갔죠. [조사자2: 다… 다 나갔다고, 가서 가야 되는구나.] 다 나갔다고 봐야죠.

[조사자1: 선생님 하셨으면 되게 잘하셨을 것 같애.] [조사자2: 잘하셨을 텐데.] 잘해야 뭐 잘하겠어요, 그냥. [조사자2: 그 여기서는 북한에 있는 고등학교 나왔다 그러면 별로 이렇게 인정 안 해주고 막 그러셨나요? 그런 일이 있…] 아니 뭐 그건, 고등학교 나왔다는, 그 때는 뭐 별로 안 했어요. 안 하고 그냥 지금도 책은 멀리하진 않아요. 이렇게 뭐 일본 책도 그냥 보고. [조사자1: 근데 그…] 난 더군다나 또 그 일본 노래 같은 것도 그 뭐 가사… 이렇게 내용, 내용도 아니까. 그래 내가 다 또 이렇게 갖다 써서 이런 것도 들어보면 고 한 번 다시 틀어 봐. 하고 다시 이렇게 적어요. [조사자2: 오 이렇게 다 들으시고 적으시는 거예요? 아 훌륭하시다.]

이거, 저 길가에… 들어봐, 지나가다 보니깐 또 나, 돌리드라구요? 보니까 일본 여자들이 돌리는 거예요. 그러니까 줘, 줘 보라고. 그러면서 내가 달라고 해서 보기도 하고 하는데. [조사자2: 그러셨구나. 위안부 문제네요? 아 근데 이제 이걸 일본어로 된 걸 또 보신 거예요?] 예. 그, 그렇죠. 난 이거 이 정도는 보니까. [조사자2: 응, 그러셨구나. 이 정도 다 보실 수 있고. 완전히 정말…] [조사자1: 인텔리시네, 인텔리.] [조사자2: 전쟁만 없으셨으면 진짜. 교장 선생님 하셨을 것 같네요 정말.] 기껏해야 선생이나 조금 했겠죠 뭐. 딴 거 뭐 했겠어요?

[조사자2: 그 제일 잘하셨던 과목은 어떤 과목이셨어요? 문학, 저 국어 잘하셨죠? 아까 보니까.] 글쎄요 뭐. 그게 조금 낫지 않았겠는가 하는 생각이 나요. [조사자2: 응 국어 잘하셨던 것 같애. 아까 한자도 다 아시는 거 보니까.] 공부

잘하지도 못했어요. 그냥 시골에서 뭐 잘해야 얼마나 잘하겠어요.

[14] 지방색을 느끼다

[조사자1: 그 좀 민감한 질문일 수 있는데요, 그… 뭐 이렇게 인제 군 제대하고 남한에 정착해서 인제 쭉 사시면서 반공포로라는 게 계속 뭐 이렇게 사는 데 걸림돌이 되고 그런 건 없었… 전혀 없습니까?] 아니아니. 난 얘기해요. 그, 딴 사람들은 그거 다 숨기드라구요 자꾸? [조사자2: 예. 숨기시는 분도 있는데.] [조사자1: 예. 그러, 그러기 싫을 것 같아서요 제가 보기에는.] 그렇게 난 숨기지 않고 난 그냥, 아 거기 있다 나왔다고. 그러니까 어떤 사람이 그러더라고.

"딴 사람들은 다 그걸 숨기던데, 조금도 그런 기색이 없네요?"

그래. 아 그거 뭐하러 숨기느냐고. 무슨 거, [조사자1: 잘못한 것도 아닌데.] 잘못한 게 있어 뭐해. 그런 걸 뭐 도리어 그런 걸 숨긴다는 거 자체가 벌써 그기 잘못된 거지. 뭐하러 그걸 숨기느라고.

[조사자2: 응. 군대도 다녀오시고 그러셨는데 뭐. 응. 그 포로수용소 얘기를 조금 더 듣고 싶은데, 그런 거를 들어본 적이 없었어갖고. 그렇게 빠져나온 것도 처음 듣고. 소대, 그럼 소대… 한 소대는 몇 명 정도가 있었을까요?] 그 땐 그 뭔지 몰라요. [조사자2: 아니 그래도, 오륙십 명, 백 명?] 뭐… 일련번호가 한 뭐, 하여튼 칠십, 유… 육십 단위도 있고 칠십 단위도 있고, 구십 단위도 있고 그랬는데, 하여튼 칠십 단위… 됐던 사람들 보믄 빨갱이들 하고 쌈을 굉장히 세게 핸 곳이에요. [조사자1: 아. 거기가.]

그런데, 하여튼 지방 사람들이 그 십삼도 사람들 의용군들도 또 있었어요. 여기 나와서 그 의용군들. 막 이렇게 있어 보믄 마 십삼도 사람들이 거의 다 먹다시피 핸 거 아냐. 그 지방색이라는 게 참… [조사자2: 거기서도.] 응. 제일 강한 것이 평… 평남이야. 평안도. [조사자2: 평안도는 아주 세고.] 응. 평안도 그게 우스운 게 뭔고 하면 한 마디로 우직하다 그러나 성격이? [조사자2: 아

그래요.]

그 자기끼리도 인제 우스운 얘기지만은, 자기들끼리 인제 장기 같은 걸 둬요. 그럼 뭐 어짜고, 아이고 왜 물러요 뭐 어짜고 그러게 되믄, 옆에서들

"평안도 사람들은 말로는 잘 안 하는데?"

이렇게 해고 자기들끼리 후닥닥 붙는 수가 있어. 싸움 할 그런 사람들이 아닌데,

"평안도 사람들은 말로 잘 안 하는데."

하면서 그냥 자기들끼리 주먹질을 하는… [조사자2: 바로 주먹이에요?] 응. 그렇게 우직해 사람들이. 그렇게 하고 한 마디로, 우리에게서 그런 얘기가 있거든? 평안도, 황해도 사람은 평안도 사람 죽은 사람 한 사람 못 당했다고. 살은 사람 열 사람이 못 당했다고 그런 얘기도 우스운 소리가 있었어요. 그러니 그 정도, 그 정도로 강하다는 얘기예요.

[조사자1: 함경도는요?] 함경도는 좀, 사람들이 약죠. [조사자2: 아… 함경도가 약아요?] [조사자1: 오히려?] 좀 약다고 봐야 돼요. [조사자2: 평안도가 약을 것 같애.] [조사자1: 되게 시골이고 오지고 그럴 것 같은데.] 하여튼 내가 봤을 적엔 그런데, 그 강한 요소? 좀 약삭 빠르다고 할까? 하여튼 내가 있던 고, 그곳에선 그랬어요. 그렇게 하고 그 경상도 쪽엔 좀 강해, 성질이. 이… 이게 북쪽에서 하고 남쪽에서 이렇게 좀 강하더라고. 강하고.

[조사자1: 평안도가 경상도 가서.] 이 중간인 사람들이 우리 같이 이렇게 있는 게. 이 것도 좋고 저 것도 좋고 그러니. 보통 그렇더라구요. [조사자2: 아. 그랬구나. 전라도 사람들은 어떠셨어요.] 전라도 사람들. 그 좀 우스운 얘기지만 전라도 사람들은 뭐 다 뭐 좀 평이 좋지 않잖아요 보통? 그런디 나는 또 이상해요. 친구 참 가차운 사람 사귈 때는 전라도 사람이라고. 그래서 한 번은 우리 고향 아이고, 뭐 어떻게 새겼다 하면 전라도 사람하고 새기느냐고 그래. 아 거 사람, 사람 나름이지 뭐 어디 사람이면 뭐 어떠냐. 그거 봐서 그런 걸 생각하는 기 야속한 기지. 아니 그 사람은 어떻고, 다 사람 나름이지

아이 뭐 어쩌고 저쩌고 참 좋진 않은 얘기가 있는데 그건 다 선입견이거든. [조사자1: 예 맞습니다.]

예. 그렇지 않죠. 도리어 어떤 사람은 또 진정한 사람도 많죠. 그런데 하여튼 그 지방색이 나타나요. [조사자1: 재밌었겠네요 진짜, 심삽도 사람들이 다 모여 있었으니까.] 네. 하튼 제일 그래도 그 안에서도 헤게모니를 쥐고서 좀 하는 사람들이 대략 보믄 평안도 사람들이었어요. [조사자2: 훌륭하세요. 헤게모니도 아시고.] 예. 없어요.

[15] 수용소 안에서의 질서 1

[조사자1: 그럼 그 번호, 92수용소, 93수용소 고 번호마다 연대장이 있었습니까?] 그렇죠. 아니 그러니 일개 연대가 있으면 거기 한 사 개 대대 정도. 삼 개 대댄가 사 개 대댄가 거 분명치가 않아요. [조사자1: 그럼 일개… 보통 일개 연대 단위로 수용소 하나 번호를 준 거… 비슷하게 생각하면 되겠네요?] 거, 그렇죠. [조사자1: 그러면 거기마다…]

근데 고고는 일정하진 않았을 거예요. 그것도 모르고 봤으니, 지금 보믄 뭐 있긴 있었는데 어떻게 뭐, 몰라요 거 규칙이라는 게 뭐 있었을 것 같진 않고. [조사자1: 거기마다 저기 인민군 장교가 한 명씩 장으로 있었고?] 아니 아니요. 인민군은 인민군 장교 저 수용소가 따로 있었어요. [조사자1: 장교 수용소가?] 네. [조사자1: 그 군… 군 편제는 포로수용소 안에서도 다 돼 있었을 거 아니에요. 그죠. 똑같이.]

그러니까 지금 보면 뭐… 오합지졸이 뭐 이 정도니깐 뭐, 몰라요 하여튼 뭐 어떻게 됐었는지. 하여튼 근데 단위가 다 있었어요. 뭐 육십 뭐 몇 수용소 뭐 칠십몇 수용소 구십몇 수용소다 이렇게 이름 지었으니까. [조사자1: 저희가… 저희는 전쟁을 경험하지 않은 세대니까. 저희가 학교에서 배우기로는 거제도 포로수용소 하면 무슨 싸움 나고, 지옥이고 막 사람 죽이고 이런 이미지가 많거든요.]

한 번은 그게, 극장이 있어요. [조사자1: 수용소 안에.] 응. 이런 얘기도 있어요. 빨갱이들이 우익수 아이가 딱 누구라 지목해 가지고 극장에서 나오면 그 땅 파서 거기다 아주 묻어 버리고 만다고 이런 얘기도 있고, 한 번 싸웠다 하게 되면은 그 여하튼 몇 사람 다치는 거죠. 매 맞는 건 그거 뭐 그저 이놈이 이놈 데리고 막 두들기는 거니까 그저 반 죽는 거죠.

[조사자1: 그럼 미군이나 국군이나 뭐 이 경비하는 사람들이 이렇게 터치를 못할 정도로 그 안에 질서가 다…] 아 거, 그 안에서야 들어가면서 거 뭐 어떻게 못하죠. 그런데 한 번은 이런 일이 있었어요. 그 우리도 뭐 그렇게 좋겐 생각 안 했었는데, 걔들이 뭐 국군복 같은 걸 다 이렇게 우리가 입고 있잖아요? 근데 한 번은 어떻게 돼 가지고 방 속에 요렇게 되고 요렇게 돼 가지고 핸 거 빨간 물을 들인 거야.

[조사자1: 누구… 그 그러니까 누가요?] 아니, 누구라 해… 줬는진 모르지만 여하튼 한국군이 준 것을 했는지 뭐 미군들이 그렇게 했는지 모르지만 그 뭐 빨갱이들을 다 이렇게 준 거예요. 주니까 우린 안 해먹는다고 다 찢어가지고 천막에다가 다 걸어놨던 적이 있거든? 그러니까, 이… 그러니깐 우리 같은 사람이야 뭐 생명 건지기만 해도 뭐 다행이다, 그저 이렇게 해라는 대로 나가서 일하래면 그저 그 숙여서 그 일하고, 하지만 빨갱이들은 끌어내진 못했거든요. 위험하니까.

그렇게 하믄 안량미가가 뭐 어떻게, 안량미 밥이라 그러잖아요? 뭐 그런 쌀은 거기 안 먹는다고 제휴 협정에 따라서 대화 하라고, 뭐 이라믄서 다 누웠댔다는 얘기가 있어요. 난난 그건 보지 못했는데, 그래서 안 죽을라니까 아 그, 또 뭐 국제적으로 또 뭐 그 요러는 게 좋지 않겠냐니까, 그러니께 빨갱이들은 자꾸 이렇게 키워주는 거예요. 저저 배짱… 아 우리 다 죽는다는데 뭐. 그러니까 다 누웠는데 어떡해. 걔들은 그렇게 배짱을 부렸어요.

[조사자2: 눕는 게 죽이라는 얘기였어요?] 아니 죽이라는 얘기 아니고, 우리는 안 먹고 그냥 다 죽고 만다는 거지. [조사자1: 농성하는 거지. 집단으로.] [조

사자2: 진짜 대단하다.] 그런 얘기가 그, 하여튼 돌았어요 그 안에서. [조사자2: 응… 그럼 어떤 사람이 더 많았을까요? 이렇게 좌익인 사람이 많았을까요, 우익인 사람이 아직 그 안에서는?] 뭐 그게 또 우익… 좌익이 많았다고 봐야 되죠. 그란데 우리 같은 사람이야 뭐 그 때 뭐 우익 좌익이라고 하는 것도 아니고, 저 우리 같은 사람이야 완전히 그 뭐 달라, 좀 다르지만 이 나라 사람들이야 뭐 그냥 고향이 가니까 그냥 따라갈라고 하겠고. [조사자2: 고향가고 싶고.] [조사자1: 그건 뭐 가족이나 고향 때문에 갔겠지.] 예. 그렇죠.

[16] 수용소 안에서의 질서 2

[조사자2: 군대에서 에피소드는 아까 말씀하셨나?] [조사자1: 아니, 말씀 안하셨는데.] [조사자3: 아까 보니까요, 장기 두는 얘기 하셨잖아요.] 아 고 안에서 장기도 있고, 도박도 있었어요. [조사자2: 도박은 뭐가 있어서 도박을 할까요?] 몰라 하이튼 아 걔들이 뭐 몇년만 더 두면 비행기 타고 도망간다고 그럴 정도로, 그 안에서도 [조사자2: 뭐가 있으니까 한다 그러지.]

그 안에서도 뭐뭐, 못 만드는 게 없어요. [조사자1: 그렇더라고. 예, 들었어요. 돈도 많이 돌았고 안에서.] 아 돈도, 그 거기서 화폐개혁 한 번 했다니까? 우리가. 그 때 화폐개혁이 거기서 우리가 한 번 했어요. 그러니까 여기서 화폐개혁 해는 게 그 돈 다, 그 저 필요 없어졌는데도 그랬는진 몰라요. 하여튼. 그 때도 돈 많은 사람은 가지고 있었다고. 그 안에서도. 그러니 퓨전도 하고 마작도 하고 뭐 다 했죠. [조사자2: 일하라고 막 끌어냈을 거 아니에요.] 예? [조사자2: 일하라고.] 아 일하라고, 그 안에서 또 씨아이 스쿨이라고, 그 일주일에 한 번씩 교육도 해요. 거기서. 그러니까 거 저 지금 보면 씨아이 스쿨이라고 그 때 그러더라구요. 그 와서 강의도 하고, 그 빨갱이 수용소는 못 들어가죠. 그런 사람들은. 우린 우익소였으니까 와서 그래도 강의도 하고 했어요. [조사자1: 그러면 자기 본인의 의사하고 반대로 수용소에 거기… 우익 성향이 다행이

들어갔으면 괜찮은데, 거기가 전부 다 그런 성향이면 얘기 못하고 그냥 같이 집단으로 따라가는 사람도 많았겠네요?] 그런 사람도 없다고 볼 순 없죠. [조사자2: 응. 힘들었겠다.]

[조사자1: 그러고 그 사람 성향을 알아서 수용소를 구별해서 넣고 그러진 않았을 거 아니에요.] 아니 그렇게 할 수가 없어요. 그렇게 할 수가 없어요. [조사자2: 연대장 따라가는 분위기였구나.] 지휘관이 그 정도 중요하다는 거예요. 그럴 수밖에. 내가 인제 빨갱이야 완전히. 그럼 내가 제일 신봉하는 사람 데려다 갖다 세워놓고,

"야, 다 잘 감시해."

하게 되면 거 중대장 다 빨갱이들 다 되는 거 아니에요. 그럼 거기서 또, 또 그 완전히 세포조직이죠. 분대원들도 심어놓고

"야, 그 느들 엉뚱한 얘기했음 빨리 보고해."

이렇게 그냥 고 안에서도 또 누가 누군지 모르는 거죠.

[조사자1: 그럼 거기, 포로 총장은 인민군 누구였습니까? 그건 아세요 혹시?] 그 때 이학구. [조사자1: 그, 아… 들어본 것 같애요. 이학구.] 들어봤을 거예요. 그 사람이… [조사자1: 그 사람 대장인가요? 인민군?] 대장인데. [조사자1: 대장이죠. 예.] 그 사람도 기술을 했다는 얘기가 있었어요. 있었는디 어떻게 돼 가지고 대우를 잘 못했는지 어떻게 했는진 몰라요. 도리어 거기서 더러 변절했다는 얘기가 있었거든? 응. 근데 이학구라고 하는 사람이, 그런데 그 뒤에도 누가 또, 또 있다는 거예요. 실력자가. [조사자1: 아… 그 사람이 실세가 아니고?] 응. 하여튼 그런 얘기도 있었어요. 하여튼 이학구라고 표면에 나타났던 사람은 그 사람이에요. 이학구라고.

[조사자1: 그… 포로수용소 안에 일부러 그 때 그런 작업을 할려고 일부러 포로가 된 인민군들, 있었다 이런 얘기는 못 들으셨어요 혹시?] 어… 어떤, [조사자1: 일부러 포로수용소에 들어가, 그러니까 포로수용소에 일부러 들어와서 그 안에서 뭐 이렇게…] [조사자2: 첩자처럼.] [조사자1: 저기 뭐야 포로들 조직하고 이럴려

고.] 거, 그런 애기는 못 들었어요. 못 들었는데 지금 생각하믄 없지는 않았을 거예요 아마. 걔들이 그그 그런 건 안 심어놨겠어요?

[조사자1: 응. 그런 작업할려고 일부러 들어가는 사람도 있었을 거야.] 그럼. 여기서 지금 탈북자라고다 해서 거기 갈 때부터 떠들고 가는 놈도 있는데, 그러, 그럴 때 안 심어놓겠어요? 그렇게 하고도 남지. [조사자2: 아버님은 계속 완주에 사셨어요? 어르신 아버님은?] 아 그, 그리고 서울, 서울에 살았어요. [조사자2: 그러고 또 서울 오시고?]

[17] 군대 생활

[조사자2: 어떻게, 국군 교육병 하실 때 또 재밌었던 일은 없으셨어요?] 교육받을 적에요? [조사자2: 아니 국군에 있을 때.] [조사자1: 교육계로 일하셨다 그래가지고.] 아… 그란디 지금 생각하게 되면은 군대생활 핸 것 같질 않아요. [조사자2: 아 그 때는 또요.] 아 총을 안 잡아 보고 나오다시피 했으니까. 훈련소에서나 총 잡았지.

[조사자1: 28사단이 주둔지가 어딥니까? 강원도 쪽입니까?] 강원도 사창리라고 있어요. [조사자1: 아, 인제.] 사창리가 그러니까 화천이죠, 화천. 인제가 아니고 화천. [조사자1: 화천. 파로호 있는 데.] 예. 거기 있다 가서 이쪽 봉암리 저저 요고에 동두천 있는 데. 예. 그쪽으로 와서. [조사자1: 그 한참 어수선할 때였겠네요? 전쟁 직후여가지고.]

그 때 28사단이 새로 창설돼서 들어간다 그랬어요. 그래 뭐 교육계통 있으니깐 총 안 잡아보고 나왔으니깐 뭐 고생 하나도 안 핸 거죠. 연필대 저거 끄적해 가지고 뭐 나왔으니까. 그 때 우리가 한 삼십 명인가 단체로 들어갔었어요. 그러니깐 그 저 지휘관들도 우릴 그렇게 뭐… 쫄병 다루듯 안 했어요. 그렇게 하고 난 또 교육계 계통에 있으니깐 교관들이 또 자기 나 시간 중에 많이 주지 말고 뭐 어떻게 좀 잘 해주쇼 하고 그러니까 또 그 때만 해도 한문을 썼어요. 내가 들어갈 때만 해도. 그래 뭐 교관들이 보더래도 자기보다 글은 못하진 않거든? 그러니까 나를 그렇게 쫄병 취급을 안 했어요. 뭐 편안히 있다 나왔죠 뭐. 그란디 군대 생활은… 한 땐 재밌어요 그것도. 군대 생활도 그 한참 그 동료들하고 같이 이렇게 하게되믄 또 재밌어요.

[조사자1: 예. 또 교육계가 일이 많은데?] 많죠. [조사자1: 잠은 잘 못 자는데, 총은 안 쏴도.] 프로그램 같은 거 좀 짜야 되고. [조사자1: 교육계가 일 많죠.] 하여튼 군대생활 핸 것 같지 않아요. [조사자1: 총 쏠 일은 별로 없지만 일은 많잖아요.] 그렇죠. 일은 좀 있죠. 한 번 장교하고도 뭐 쫄병대구, 쫄병 같이 있다고 생각이 안 들어가요.

[조사자1: 그러면 그 때 그 삼십 명 같이 입대하셨다는 분들이 그 반공 포로 출신들이 같이…] 그럼. 반공 포로 출신들이에요. 한 삼십 명 가차이 돼. 몰라요. [조사자1: 그럼, 그럼 이렇게 따로, 따로 관리하는 무슨 프로그램이 정부에 있었던 모양인가요, 아니면…] 아니아니, 따로는 없었어요. 예, 따로는 없었고, 난 그 때 통신중대 있었으니까. 보병은 아니고 통신중대 있었으니까. 이제 지금 생각하면 군대생활 핸 것 같지도 않고, 그래요 하여튼.

※ 두번째 구연

자 료 명: 20130430최준식2(서울)
조 사 일: 2013년 4월 30일
조사시간: 90분
구 연 자: 최준식(가명; 남 · 1931년생)
조 사 자: 김경섭, 김정은, 이부희, 박샘이
조사장소: 서울시 종로구 종로3가 세운상가 가동

[조사과정 및 구연상황]

종로 3가 세운상가 가동은 우리나라에서 가장 이른 시기에 완공된 주상복합 형태의 건물이다. 요즘 여기저기 보이는 아파트형 공장과도 구조가 비슷한 이곳에 화자가 혼자 생활하는 작은 오피스텔이 있었다. 화자는 어렵게 섭외가 이루어진 인민군 포로 출신의 노신사였다. 오피스텔이 크지 않고 워낙 많은 물건이 빼곡히 들어 차 있어서 매우 협소한 공간에서 조사가 진행되었다. 화자는 고령임에도 매우 건강한 모습이었고 발음과 음량도 풍부한 편이었다.

[구연자 정보]

6.25 발발 당시 ○○고등학교 3학년에 재학 중이었던 화자는 남한군이 북침해 오고 있다는 북한 당국의 방송을 들었다. 집에서 한 달간 숨어 지낸 후 학교에 나갔다가 바로 인민군으로 징집당해 한 달간 군사훈련을 받았다. 공병대 행정병으로 서울에 주둔하다가 인천상륙작전 이후 북으로 후퇴하는 도중에 개성 송악산 부근에서 미군에게 귀순의사를 밝히며 포로가 되었다. 이후 인천 소년 형무소와 거제 포로수용소를 거치며 포로생활을 했다.

[이야기 개요]

거제도 포로 수용소의 갖가지 별난 이야기들을 구연했다. 좌익들은 몇 년만 더 살면 비행기도 만들어 나갈 수 있다고 말할 정도로 포로 수용소는 또 다른 세상을 이루고 있었다. 온갖 물건부터 여자까지 드나들 정도였고 수용소 안에서 연극도 하고 운동회도 하며, 심지어 동성애도 있었던 것으로 전하고 있다. 거제도 포로수용소에 좌익 성향의 포로들은 '몇 년 만 더 가둬두면 비행기도 만들어 타고 나간다'고 할 정도로 작은 왕국을 이루고 있었다.

[주제어] **거제도 포로수용소, 수용소 연극, 수용소 운동회, 동성애**

[1] 거제도 포로수용소 내의 문화생활

칼같은 거 있으니까 식당을. 누구가 누군지 모르니까 식당을 더군다나. 약 같은 걸 탈수가 있고. 그러니까 그런데 식당이 굉장히 중요했지. [조사자: 지켜야하니까.] 그런데 나는. 그게 그때 먹을 때. 경비죠 말하자면, 경비. 먹긴 잘 먹었죠. 도리어. [조사자: 오히려 식당 가까이에 계셔서.] 거기서 딴 사람은 못 먹어도 우리는 지켜주는 사람이니까. 내가 지금 미군에 대해서 식당이름에 대해서 내가 그때 딱 들으네요. 뭐 영어로 캐롯츠(carrots)라던가. 부시는 거. 시레이션 먹었으니까. 시레이션 내용에 대해서도 잘 알죠. 그래도 조금 아주 문맹은 아니었으니까 영어도 조금 봤으니까. [조사자: 어르신 보면 어려운 상황에서도 잘 풀리신 것 같아요.] 잘 풀리지는 못했어요. 풀리지는 못했는데 여튼 거기서 고생을 조금 덜했죠. [조사자: 식당경비를.] 그렇죠. 식당경비를 했으니까. 묵는거야 뭐 그까지것 밤에 지켰는데 그건 뭐 밤에 만들고 하는데 먹는거야 뭐 우리가 못 먹겠어요. [조사자: 지켜주는 사람 챙겨줬겠죠.] 하여튼 고생은 그 안에서 좀 덜한편이에요. 그 안에서도 보통 위계질서가 있어가지고. 거기서도 보통 사람은 힘들어요. [조사자: 힘 없으면 힘들려나요?] 배고픈 사람이야 완전 배고프죠. 그 여러 사람 노나주는데 배불리 먹겠어요 그게. [조사자: 힘 없는 사람들은 적게 먹고.] 그렇죠. 일정치가 않죠. 더군다나 뭐. 그런데야 뭐 더더군다나.

[조사자: 그러면 중공군 포로는 같이 안 있었습니까?] 중공군 포로는 말은 많이 들었죠. 그런데 같이는 안 있었어요. [조사자: 중공군 포로가 거제 포로 수용소에는 안 왔었어요?] 글쎄. 하여튼 대만으로 갔단 이야기를 많이 들었어요. [조사자: 꽤 잡히긴 잡혔을 텐데.] 그렇죠. 포로교환할 때 대만으로 갔단 이야기를 많이 들었어요. [조사자: 장교들 따로 모아놨잖아요. 장교들이 어떤 일이 있었다 그랬던 에피소드는 있어요?] 근데 우린 안에 껀 몰라요 여하튼 심지어 이북하고 그날로 연락해준다는 이야기도 있었어요. [조사자: 네. 연락들도 하

고. 거기서 군인들 죽이고 하는 일은 없었어요?] 글쎄 그 내막을 제가 잘 몰라요. 뭐 같이 안 있었으니까. [조사자: 음. 그렇구나. 그래도 식사도 잘 하시고 다행이네요.] 뭐 그것도 나중에. 처음에 질서 안 잡혔을 적에 그렇지 않고. 나중에 그 안에서도 질서가 좀 잡혔을 적에 그랬지. 잡히지 않았을 적에야 뭐. 그럴 수밖에 없는 것이 포로가 몇 명이에요? 포로가 하루에 몇 명 들어올지 누가 알아요? [조사자: 또 많이 들어오면 그날 밥이 모자라는구나.] 그렇죠. 그땐 복잡했을거에요. 모름지기 아마. [조사자: 그런데 그때 도망가셨을 때가 몇 년도였을까요? 포로 수용소에서 도망해서 교환하고. 그게 몇 년도 쯤이에요?] 가만있자. 그것이 53년도. [조사자: 53년도인거에요?] 모르겠어요. 확실한건 모르겠는데 6월 18일은 분명히 알아요. 6월 18일은 분명히 알은. 그때 휴전되고 조금 있었으니까. 그 안에서도 뭐 하여튼 연애계 계통 노래도 다 했다니까.

[조사자: 노래하면 어떤 노래 해요?] 내가 그때 들었던 노래가 지금보면 고향초. 그때도 의용군들이 있었으니까. 노래들 다 재간도 좋죠. 노래 그때 고향초도 들었고 귀곡성. 그땐 동백아가씨는 못 들었어요. 그땐 동백아가씨는 못 듣고. 내가 그때 고향초하고. 고향초 들으면서 '야아 노래 참 좋구나.' 하고 들었던 적이 있거든. [조사자: 고향초 한 소절 해주세요.] 안 해. 남쪽 나라 바닷물에 하는 거 있잖아. [조사자: 누구 노래였죠.] 장세정씨가 부른 노래였던가. 하여간 누가 불렀던지. (노래방 책에서 고향초 가사를 찾으며) [조사자: 여기 있다. 고향초. 장세정이구나.] 그래 맞아. 장세정. 장세정씨가 불렀던 걸로 내가 알아요. 귀곡성. [조사자: 다른 나라는 안 불렀어요?] 다른 나라 노래? 인민군들 걔들이. 자기 노래 인민 공화국이다 했으니. [조사자: 인민군 노래도 기억하시겠네요.] 기억은 하죠. 많이 불렀으니까. [조사자: 그럼 주로 군가에요?] 걔넨 흘러가는 노래가 없어요. [조사자: 그럼 주로 소련 군가를?] 소련 군가는 많이 불렀어요. [조사자: 소련 군가를 한국말로.] 네. 그렇죠. [조사자: 대충 어떤 가사에요?] 그러니까 가사는. 산으로 바다로 가자. 뭐 이런거 하여튼 건설적인 노래죠. 그걸 소련 노래를 해석해서 부른 게 적지 않아요. [조사자:

스텐카라친인가. 러시아 민요도 많이 불렀다고.] 네. 많이 불렀어요.

[조사자: 극장에서 어떤 영화를 주로 보여주고 그랬어요?] 난 그때 극장에 갔던 기억이 없어요. [조사자: 아니요. 극장 해주던 포로수용소도 있고 그랬잖아요.] 아니요. 영화같은 것은 없었고. 그 안에서 요즘 말로 얘기하면 흘러간 딴따라. 그 안에서도 딴따라라고 했어요. 그 안에서도 노래 잘 부르는 사람들 있거든요. 그땐 문예 뭐 그런 것도 없었고 고 사람들이 모여서 하여튼 공연도 하고 그랬어요. 연극도 하고. 다 포로들이죠. 다 포로들이에요. 뭐 딴 데서 와서 국군들이 남한에서 한게 아니고. [조사자: 그럼 내용은 주로 어떤걸?] 내가 있었던 곳이 빨갱이 수용소가 아니고. 거기서 튀어나왔었으니까. 그러니까 보통. [조사자: 고전 이런 걸 했나? 그렇다고 심청전, 춘향전 이런 걸 하지 않았을 텐데.] 심청전은 했던 것 같지 않아요. 하여튼 주로 노래 불렀던 것 같아요. 노래. 그 안에서 그때 일본노래 불렀던 사람도 내가 한번 들었던 것 같아요. 들은 것 같아요. 의용군들도 꽤 있었어요. 가르기 전에는 꽤 많았어요. 의용군들은 도리어 이렇게 미리 석방을 시켜줬던 일이 있어요.

[조사자: 그럼 주로 남한에서 의용군으로 붙잡혀갔던 사람들을?] 그렇죠. 의용군이라면 다 남한이죠. 그때 내가 있었던 곳에서도 김포 사람이. 김포 사람인데 현인씨가 부른 비 내리는 고모령. '야 너 그거 한번 불러봐라.' 그랬더니 그때 요만한 노래책이 있었어요. '야 이거 멋있다. 이거 비내리는 고모령 한번 불러봐.' 그랬더니 조금 부르는데 좋드라구요. 그래서 내가 비 내리는 고모령 그때 포로수용소 안에서 고향초하고. 비 내리는 고모령 들었던 이야기가 있어요. 하여튼 뭐 거기서 그저 뭐. 치안하다가 잡혀간 사람들 있으면. 밥을 갖다 줬다니까 몰래. 묵으라고. 그래서 요곁에서 뽑아 먹으면 안되니까. 저 위로 가서. 안보이는데서 고구마같은거 다 뽑아먹으라고. 내가 그랬다니까. 그런데 지금 그게 일산쪽이야.

[2] 몇 년 만 더 가두면 비행기 타고 도망간다

[조사자: 그때 어떻게 식당 지키는 일에 뽑히셨어요?] 포로수용소에요? [조사자: 네. 포로수용소에서.] 글쎄 어떻게 뽑혔는지도 지금 생각이 안나요. 하여튼 들어가서 거기서 근무했죠. 밤에 보초서고 여튼. 그래서 내가 지금 미군의 그게 되어서 다 그런가. 그때 토마토 쥬스 보지도 못한 쥬스가 많아요. 고거 뭔가. 하여튼 납작한게 있어요. 깡통으로 이렇게 따서. 쫙 누어있죠. 요만한 거 벤댕이 비슷한게 있어요. 기름이 잘잘 흘러요 하여튼. 물자가 보통 흔하질 않았어요. 옷을 줬잖아요. 그럼 포로들이 나가서 바꿔 먹고. 바꿔 먹으면 '너 어저께 옷 내주었는데 오늘 왜 그렇게 입고 있냐.' 고 묻질 않았어요. 그 정도로 물자가 흔했어요. [조사자: 그런데 옆에 철조망에서 돈 주고 건내고 그런 사람들이 있었나봐요?] 아. 그런 것도 있었어요. 그러니까 막 바꾸는 거야. 벽돌 같은 것도. 가짜 고춧가루지. 그런 것도 있어요. 이거 가짜. 속았다고 하는 것도 있었고. 그러니까 그때 비 같은 거 만든다고. 싸리 하러간다고 여튼 어떻게 해서라도 나갈려고 하니까 그런 일이 있었어요. 그러니까 그때 지금 보면 미군 거니까. 갈잎 비슷한 이만치 높은게 있어요. 거기 여자들도 숨겨가지고 들어온다고 뭐 이런 이야기도 있고 그랬어요. 사실 나갈 적엔 조사를 하지만 들어올 적엔 덜 했으니까. 여자들 하나씩 숨어가지고 그냥 끌고 들어온다고 이런 이야기도 서로 있었어요. 그리고 지금 생각하게 되면 그때 철망 밖에 많아요. 사람이. 그때 LST 타고서 피난 와서. 함흥에서 온 사람들이에요 주로. 함경도에서. 거기 사람들이 많았어요 제일.

지금 생각할 적엔 그때 간첩들이 얼마나 그때 많았을까 생각을 가지고 내가. 거기 피난민들만 있었겠어요. 걔들 다 내보내는 거 작전이라는 게 있는데. 뭐 그때 피난민 속에서 간첩들을 얼마나 많이 내보냈을까 하는 생각을 가져요. 꽤 많았어요. 철망 밖에 사람들이. [조사자: 포로수용소 안이 소왕국이었겠네요. 하나의 나라고.] 그렇죠. 하나의 나라죠 뭐. 그렇게 하고선 일주일에 한 번씩 걔들이 총을 가지고 쭉 순찰을 해요. 한 그러니까 대 여섯명. 한 일개 소대인가 분대인가 모르겠어요. 다 자는 척하고 누워있으면 쭉 지나가고 그랬거든요. 그때도 양쪽에 있고 안에 파이였으니까. [조사자: 지나가고 나면 일어나서 또 노름하고 놀고.] 네. 그렇죠. 그때도 그 안에서 완전히 거제도에서 아마 거기 없지 않았겠는가. 육지에 올라와서 주로 많았죠. 하여튼 내가 그 안에 있을 때 화폐개혁이 한 번 있었어요. 화폐개혁을 했었어요. 딴 세상이었죠.

[조사자: 거제도 수용소랑요. 여기 광주 수용소랑 분위기가 달랐어요?] 조금 다르죠. 그 안에서는 긴장이 되죠. 더군다나 우리 같은 사람은 빨갱이가 누군지 모르니까. 그러나 육지로 올라온 그러니까 이건 우익 수용소. 그때 가를 적에는. 거기서 가를 적에는 이북으로 가겠단 사람 무조건 나가서 따로 수용을 하고 육지로 남한에 있겠단 사람은 무조건 이 위로 올라왔으니까. 그러니까 그때 그 사람들은 이북으로 즉시 보냈을 거에요 포로교환소에서. [조사자: 거제도 쪽은?] 네. 이북으로 가겠단 사람은 무조건 보냈는데 그때 말 듣기는. 무슨 돈도 막 던지고 옷도 다 벗고 찢고. 그런 이야기 보진 못했어요. 하지만 그런 이야기가 있었어요. 충분히 그렇게 하고도 남았죠. 심지어 이런 것도 있어요. 우익 가운데서도 착각을 한 거야. 한 마디로 이야기하면. 이렇게 육지로 올라오는 거에요. 거제도에서. 그런데 그 사람이 착각을 하기로 이북으로 간걸로 착각을 한 거에요. [조사자: 육지로 간다니까.]

어. 그렇게 하고서 동무들 뭐 어쩌구 해서 거의 죽은 사람. 매맞아 죽을 정도로 된 사람도 있어요. 그런 사람도 있었어요. 그러니까 그 사람은 착각을 한거지. 육지로 올라온 것을 이북으로 나눈줄 알고 그땐 가서 큰 소리 쳐야 되니까 내가 그래도 그 안에서 어떻게 했다고 그런 변명을 할려고 그런 사람도 없지 않았어요. 그래서 매 맞아서 그냥 거의 죽어서 갔는데. 살았는지 죽었는지 모르겠다고 그랬어요. 그런 이야기도 들었어요. 아니 그런데 그것이 살아가는데 많은 도움이 되었어요. 뭔고 하면 무슨 일이 조금 닥칠 적에는 그래 내가 이북에서 총알이 왔다갔다 하는 데서도 살았는데 요만한 일이 내가 쓰러져? 그게 힘이 많이 되었어요. 뭐 해병대 갔다오면 내가 해병대인데 하는 식으로. 그것이 마음으로 굉장히 의지가 많이 되었어요.

[조사자: 전투를 직접 크게 해보신적은?] 전투를 크게 해본 적은 없지만 한데 우리가 있던. 가서 전투했단 이야기도 들었다니까. [조사자: 거기 있으시면서 술이나 담배나 여자나 그런 것 원하지 않으셨어요?] 그 안에서도 밖에 나와서는 여자하고 자고 들어왔단 사람도 있었어요. 산에 가거든. 산에. 산에 가잖아. 산에 가서 싸리 같은걸 해 놓는데요. 밖에 나가기 위해서 만들어야한다고 들이대고 나갔는데 그때는 낮에는 누군가 서고 하니 국군들이 포로로 서있었어요. 그러니까 거기서도 여자를 자구 들어왔단 사람도 산에서 잤단 사람도 그런 이야기도 있었어요. 그런 이야기는 넣지 마세요. 완전히 딴 세상이죠. 그런 이야기도 있었다니까. 몇 년 만 더 가두면 비행기 타고 다 도망간다고. 그때 호를 파서 다 나가기로 돼 있었으니. [조사자: 아! 또 이미 호를 다 팠구나.] 그러니까 호를 팠다니까. 이미. 그런 이야기도 있었어.

그러니까 쟈들은 감히 못 끌어내요. 도망갈 우려가 있으니까. 그러니까 위기라고 하는 사람은 우리같은 사람은 죽으라고 하면 죽는 시늉까지 다 했으니까 고생은 우리들이 더 한거죠. 걔들은 도망갈 우려가 있으니까 끌어내지 못하고. 우리야 하라는대로 그저 일은 시키는대로 하는거죠. [조사자: 얼마나 안에서 별 것을 다했으면 그런 말을 했겠어요.] 딴 세상이죠. 그때 광주에 와서도 이렇게 했으면 그때 막 20살적이니까 한창 혈기왕성할 때 아니에요. 그때 한 21, 22살 때이니까. 밖에 나가서 여자들 이렇게 지나가는 거 보면 '야 저게 사람 지나가는 것 같쥬.' 그 정도에요. 정말 자연스럽게 보이죠.

[3] 수용소 내의 동성애와 운동회

이것도 우스운 이야기인데 남자들끼리만 하면 동성연애라고 하는 거 있잖아요. 그 안에서도 그런 일들이 있어요. 그때 나보고 동생을 하자고 하는 사람들이 있었어요. 나보다 한 네 다섯살 된. 난 그런 거 안한다고. [조사자: 그 용어가 동생하자 이렇게 이야기 해요?] 동생하자고 그러죠. 그러니까 그때 철망 안에 핀 사랑의 꽃이라 한 제목도 나왔어요. 철망 안에 핀 사랑의 꽃. 그런 얘기도 있었어요. [조사자: 그러면 공식적으로 커플인 사람들도 있었겠네요?] 그러니까 그때 뭐 따로 장난을 하거나 그렇게는 안 했어요. 하지만 의지를 한거에요. 서로. 내 동생이라 하고. 그런데 나보고 동생하자는 사람이 있었거든. 그러니까 에이 나 뭐. 그거 또 우스운 이야기가 있어요. 그 연락병이라고 하는게 있어요. 대대 연락병, 중대 연락병 있어요. 연락병들이 있잖아요. 그렇게 하면 이쁘장한 남자들이 연락병으로 있어요. 지금 보면 하나의 웃음거리야. 우리 남자들이. 그래도 나는 여자 축에 속하지 않았었어요. 그 스무살 적에도.

남자 이렇게 있잖아요. 그러면 연락병들이 따로 소곤소곤해요. 그 우리가 볼 적엔 완전히 여자야. 그렇게 하면 자기들이 있다 와서 '야 너 일루 와바.' 하면 자기네들끼리 부끄러워서 도망가. 남자끼리. 그러니까 그때 나이가 한 그저 사십 뭐 중대장이나 이런 사람들 같으면 그 연락병하고 겸상을 해요. 그럼 이렇게 보면 그건 부부야. 그렇게 만약에 딴 사람이 가서 그 사람이 딴 사람하고 어쩌구 저쩌구 하면 그것도 시비가 있어요. [조사자: 그 와중에 질투하고 샘을 부리고.] 그런 것도 내가 봤어요. 그 어떤 사람은 엑스동생한다고 하더래서. 머리가 도리어 돌아갔다는 사람도 있고 그런 우스개 소리도 있었어요. [조사자: 엑스동생이 뭐에요?] 그때 하여튼 엑스동생이라고 엑스자까지는 안 들어갔던 것 같은데. [조사자: 엑스동생?] 아니. 엑스동생이라고 하는게 내가 옛날에 남한에 와서 그걸 들은 이야기인데. 거기서는 엑스동생이라고 하여간 동생 삼는다고 했어요. 엑스자는 그때 안들어 갔던 것 같아요. 남한에서도 엑스동생, 엑스누나 하잖아요. [조사자: 그런데 그건 의형제, 의자매에 가까운거에요. 그런 식의 그게 아니라.] 하여튼 거기서 동생 한다는 그런 이야기도 있었고.

하여튼 내가 그땐. 누구라 하여튼 책으로 썼던 게 있어요. 하나. 철망 안에 피어난 사랑의 꽃. 전력에 대해서 그런 타이틀이 있었어요. [조사자: 책이 있었어요?] 예. 거기서도 작가들도. 있던 사람들도 있었으니까. 그 안에서도 연극을 해서 시나리오를 썼다니까. [조사자: 그럼 그런 내용으로 연극을 하고 그런거에요?] 그게 그런 내용은 아니에요. 그런 내용은 아닌데. 그런 내용은 아니었는데. 하여튼 연극 비슷한게 있었어요. 없었던 것은 아니에요. 그런데 하여튼 재미있던 것은 지금 생각하면 나와서 보면 나 아는 사람도 예스 동생이라고. 예스가 아니고. 그냥 동생 삼았던 사람이 있는데 뭐 이렇게 보면 완전히 뭐 우리가 생각할 땐 여자야. 남자가 아니야. 연락병끼리 대 여섯명. 자기네들끼리 소곤소곤. 야 너 일루 좀 와, 하면 부끄러워서 도망가고 완전히 여자야. 여자. 그때는.

[조사자: 주로 그런 애들을 연락병으로 많이.] 그렇지. 그런 애들을 연락병으로 있었지. 군대에서도 있을 수 있는 일이니까. 그러니까 거기서도 우스운 이야기인데 목욕도 그 안에서 다 했어요. 목욕탕이 있었죠. 그런데 어떤 사람이 목욕을 항상 안 하는거에요. 나하고 같이 있던 사람이 그런 사람 하나 있었는데. 그래서 이렇게 보게 되면 완전히 여자야. 우리가 볼 적엔. 이렇게 줄 같은거. 다섯명씩. 보통 세명씩 하지않고 다섯명씩 했주게. 앉으라 할 때 내가 이렇게 보게 되면 앉는게 여느 남자들같이 이렇게 앉는게 아니에요. 이렇게 딱 앉는거 보면 완전히 여자행동이야. 저거 여자 아닌가 할 정도로. 그런 사람이 있었는데 아니 저런 사람은 어떤 사람이야, 그런 우스운 이야기지. 남자 것도 가지고 여자 것도 한 몸에 다 가지고 있데. 이런 우스운 소리가 있었어요. [조사자: 그런데 왜 목욕을 안 하려고 했을까?] 두 개 다 가지고 있으면 어떻게 딴 사람에게 나타나겠어요. [조사자: 자기 신체에 그런 게 있어서 노출을 못하는구나.] 우리가 볼 적엔 완전히 여자행동이라니까. 이렇게 줄 같은 거 설 적에 뒤에서 보면. 완전히 여자야. 남자같이 행동을 안 해. 그러니까

중성이라고 봐야 되나. 그런 사람도 있고 또 행동 자체가 여자 같은 사람도 있고.

저 안에. 딴 세상이죠. 한 마디로 얘기하면. 그런데 그 안에서 운동회 한다니까. 운동회도 해. 나 고등학교 다닐 때 같이 다닌 사람이 하나 있어요. 100m 잘 뛰었어. 그 안에서도 100m 잘 뛰었다니까. 노래도 하고. [조사자: 그럼 1등하면 상품도 주고 그래요?] 상품은 줬던건 생각이 안나. 먹을게 별로 없었으니까. 재미로 하는거니까. [조사자: 글 안 써보셨어요? 글 잘 쓰실 것 같아요.] 난 그런거는 못 해봤요. 좋아만 했지. 그때 시나리오 썼던 사람. 나하고 같이 있던 사람이 하나 있어요. 나보다 한 열 두어살 윗 사람인데. 하여튼 여기 나와서도 단장으로 있던 사람이 있어. 단장으로. 그때 미도악 극단이라고. 포로들끼리만 나와서 했던 그런게 있어요. 그러니까 단장이 나한테 찾아와서 어디서 어떻게 되었는데 비는 자꾸 오지, 손님은 없지 하니까. 그 곳 사람들 먹여야 하잖아요. 그래서 내가 그 사정도 잘 알아요. 그래서 나보고 도와달라고 그래서 내가 그때 돈 30만원인가, 적은 돈은 아니에요. 무엇인가 하면 내가 갓 새로 결혼해가지고 집의 사람이 첫 계를 탔을적에. 그때 와서 집의 사람 보고. 저 나하고 같이 있던 사람인데 가서 좀 도와줘야 할 사람인데 저거 어떻게 해야되는거냐. 야 돈 어저께 탄 거 눈 딱 감고 없던 걸로 치자. 그래서 줬던 적이 있어요. 미도악 극단이라고 나왔었어요. 적은 돈이 아니잖아. 지금 보면 아마 300만원 정도는 되지 않았겠는가 하는 생각이에요. [조사자: 더 되겠죠. 한 4,500 되겠죠. 그때가 몇 년도에요?]

58년도 쯤 됐을까. 하여간 계 타간걸 집의 사람이 속이 넓어서 군소리 안 하고 다 같이 있던 사람들인데 지금 와서 비는 오고 해서. 저렇게 내리깐 좀 도와줘야지. 그래서 내가 줬던 적이 있어요. [조사자: 그분들은 다 돌아가셨어요?] 돌아갔죠. 한 분 부산엔가 있었어요. 편지가 왔어. 네 생각하게 되면 잠이 잘 안온다. 그게 어떻게 드는 벌인데 그거 군말 없이 줬겠느냐고. 그걸 갚긴 갚아야 되겠는데 참 잠이 잘 안 온다. 그러면서 편지 한통이 왔더라고.

그런데 나중에 알고보니까 연락이 거의 없어요. 심장마비로 갑자기 죽었다고 하드라구. [조사자: 사모님은 같은 월남한 분인가요?] 아니요. 포천 사람인데. 여기 와서 다 만난 사람이에요.

북한 정보원으로 지냈던 시간

김 강 석

"우리도 갔으면 붙들러 죽었지."

자 료 명: 20130304김강석(홍천)
조 사 일: 2013년 3월 4일
조사시간: 50분
구 연 자: 김강석(가명; 남 · 1932년생)
조 사 자: 오정미, 김효실, 남경우
조사장소: 강원도 홍천군 홍천읍 내 경로당

[조사과정 및 구연상황]

전날 만난 화자가 적극 추천하여 만남이 성사되었다. 마을회관에서 조사팀을 기다리고 계셨고, 조사는 바로 시작되었다. 어제와 마찬가지로 마을회관의 작은 방에서 단독으로 조사가 이루어졌다. 덕분에 사조직활동과 북한 정보원 활동이라는 특수한 전쟁담을 들을 수 있었다.

[구연자 정보]

화자는 3.8선 근처에서 살았다. 전쟁 당시, 평소에 존경하던 선생님들의 권유로 사조직을 결성했으나, 이로 인해 인민군에게 쫓기는 신세가 되었다. 또한 국군에 의해서 북한 정보원 활동을 하였다. 특수한 전쟁 경험을 가진 화자는 전쟁의 고통에 대해서 끝없이 이야기 하셨다.

[이야기 개요]

고등학교 과정을 독학으로 마칠 무렵 6.25전쟁이 일어났다. 3.8선 부근에 살아서 피란을 가지도 못했다. 초등학교 선생님의 권유로 단체에 들어갔다. 그러나 조직의 정체가 탄로가 나는 바람에 마을 사람들이 잡혀갔다. 당시 잡혀가지는 않았지만 산 속에서 두 달 동안 지내야했다. 친척집에 숨어 있다가 국군에 의해 수복된 이후 집에 돌아올 수 있었다.

미군 정보과에 들어가게 되었는데, 그곳에서는 세 명씩 조를 짜서 사람들을 북한으로 보냈다. 북한에 들어가서 정보가 있으면 보내라고 했지만 군인이 아니었기 때문에 북한에 들어가지 못하고 돌아왔다. 세 번째로 정보원으로 보내졌을 땐 다시 돌아가게 된다면 죽겠다는 생각이 들어서 도망을 갔다. 해방 무렵 초등학교 보충교사 시험을 봐서 선생님이 되었다. 학교가 다 타서 천막에서 수업을 했고, 미군에게 받은 분유와 옥수수로 죽을 끓여 급식을 했다.

[주제어] 미군, 정보과, 북한, 입북, 조직, 정보단체, 정보원, 도망, 보충교사, 급식, 은신

[1] 결사대 조직으로 인해 위기에 처하다

[조사자: 이때 군인이셨어요? 아니면 인민군]

그땐 내가 독학을 하고 있을 때. 고등학교 과정을 나오고. 그땐 내가 인제

지금 말씀허시기 전에 제일 내가 이 세상에서 미워하는 사람 얘기할게. 제일 미워하는 사람이 김일성이야. 왜 김일성이냐. 원인은. 그 원인이 있는데.

우리 가족이 형편이 넉넉지 못해 독학을 했거든요. 게 고등학교 과정을 독학으로 마치고 대학을 입학을 할 무렵에 6.25가 나, 대학을 갈라고 할 계획을 세울 때 6.25가 난거야. 김일성이가 아니면 나도 대학을 가서 교수님이고 했을텐데. 내가 그게 지금 제일 미워하는 게 원인이 그거야.

[조사자: 꿈을 좌절시켜서.]

내 그 꿈이 좌절 된 거지. 그렇게 된 거지. 그럼. 그 다음에 또.

[조사자: 그러면 그때 이제 공부를 한참 하려고 하는데.]

그렇지 말하자면 대학을 갈라고 할 때에 6.25사변이 발발된 거지.

게 인제 전쟁을 어떻게 겪었느냐면. 1950년 6월 25일 새벽이거든. 우리가 살던 곳 3.8선에서 한 10키로 밖에 안돼요. 그러니까 3.8선 근처에서 살았단 말이야. 아주 거 지금 거기서 아마 혹시 들었, 어디서 테레비에서 한번 나왔었어. 우리가 살던 곳이 인제군 에 상랑면 김부1리라고 옛날 마의태자가 에 말하자면 옛날에 은둔해있다 돌아가신 곳이라고 말하면 전설로 내려온 곳이거든. 근데 거기매서 우리가 그 학교에 있을 때, 학교 있을 때에 거기매대해서 연구를 해가지고 거기 뭐야 시상도 받고 한 일이 있었어요. 있는데 그 인제 거기서 살았는데 그런 곳에 살았거든요.

그러다보니까 거기 아주 오지에요. 그러니까 옛날에 그 오지기 때문에 그 교통이 불편해서 6.25사변 때는 그때 그 새벽에 들리니까, 들으니까 포성이 나더라고. 그래 뭐 그때는 지금 산골이기 때문에 옛날에 파발꾼이라고 있듯이. 면소지인데 거기서부터 거까지가 인제 전부다 곳곳이 보초가, 청년이 있었었어. 동네마다. 게 그 사람들이 전달을 해줘서 여기서 일어날 일을 그 동네에 알리는 옛날에 그런 식으로 살았는데.

한나절. 그러니까 6월 25일 날 12시가 되니까 벌써 두절이 된 거야. 벌써 인민군이 벌써. 각각 3.8선에서 금방 됐지. 벌써 신남 면사부소까지 저거 해서. 거기는 피란도 하나도 못 갔었어. 우리는. 에 피란을 하나도 못 갔는데. 그러다보니까 6.25사변을 당해가지고 피란 하나도 못 가고. 거기서 그냥 은거하고 있었지요.

그 다음에 중요한 것이 뭐냐. 인제 걔들이 나오더니 뭐 참 정치를 야단이야. 지금 여기 우리 대한민국 사람들하고 번지수가 달라. 여성 무슨 뭐니 아주 거 단체가 아주 조직하고 정착된 거 같더라고. 내 그래 걔들이 싫기 때문에 거길 참가를 안했거든요.

그러다 인제 한번은 뭐인가 우리 집은 외딴 데서 살았는데. 뭐인가 그 옛날에 우리 초등학교 담임하던 선생님들이 그 학교에 근무를 하고 계셨는데. 이조곤 선생님하고, 신현주 선생님이라고 두 분이 우리 은사 선생님이라고 계셨는데. 나를 오라 그래. 가니까 에 그때 어떤 일을 했느냐면 그분네들이. 피란을 못 갔으니까 나중에 수복이 돼 들어오면 그래도 모 저런 그래도 근거를 내놔야 되겠으니까. 우리가 어떤 단체를 조직했는데 자네 여기서 같이 협조를 안 하겠느냐. 무슨 단체냐니까. 말하자면 좀 무서운 단체지.

그러니까 걔들 공산주의를 반대하는 그 말하자면 결사대라는 조직회에요. 우리 이종곤 선생님이 대장님이 되고 이제 그 신현준 선생님이 부대장이 되고. 거기 뭔지 조직부장이니 뭐 연락대니 전부가 조직화가 이십 명으로 구성이 됐는데. 내가 제일 막내로 거기 인제 입단이 된거야. 그게 말하자면 아주 무서운 단체지. 말하자면 그러니까 앞으로 여기 수복이 될 때 우린 그래도 여기서 이러한 일은 좀 해고 있었다하는 구실을 남기기 위해 그분네들이 그런 조직화를 한 거야.

그래 나도 거기매 그래서 서명 날인을 허고선 인제 단체가 됐는데. 그거까지는 좋았는데 어떤 일이 벌어졌느냐하며는. 이 이종곤 선생님하고 그 신현주 교장선생님들, 그 분네들이 같이 공직생활하던 경찰관이 있었어요. 근데 그 분은 경찰관이 이게 6.25사변이 나니까 이 달라지면서 말하자면 공산당이 된 거야. 근데 이분네들하고 가까우니까 어떻게 대화를 하다가 이게 그만 노출이 돼버린거야, 노출이. 우리가 이런. 게 믿고서. 경찰관이니까 믿고서 친구들이고 같은 공무원이니까 믿고서 노출이 돼버린거란 말이야. 아니 노출이 되니 그래 그니까 그 사람들은 자기네가 이 사람들 못하니까. 이제 아주 그 경찰관 완전히 속여 버리는거지. 어떤 사람이나 나 그 사람 모르는데 경찰관이라 그러더라고.

그때 그래고서 인제 어떤 일이 벌어졌느냐며는 그때 뭐인가 에 인제 그렇게 되다보니까. 그 공산주의 말하자면 그 정식 그런 사람들이 거 침투해가지고서 여기를 포섭을 헌거지. 그 단체, 우리 단체를 포섭을 헌 거야. 우리 합동해가지고 우리 저 기린 거기를 지금 지서를 그때 분지소라 그러더라고. 기린 분지소를 한번 습격해 들어가자. 그러니까 여기서 인제 그 신현주, 이종곤 대장이랑 부대장님이,

"그럼, 한번 그렇게 해보자."

게 토의가 된거야.

그래서 어느 날인지 새벽에 분진소를 침공을 해 들어가자. 이렇게 하다보니까 대원을 소집해야 될 거 아니야. 무기는 그때 소총 하나가 있어, 수류탄 몇 개밖에 없었댔어. 그거가지고 무슨 전쟁을 하나. 미친 짓이지. 그러니까 속아 넘어간거지.

그렇게 되다보니까 어느 날 가자보니까 이 사람들이 뭐라고 얘기했냐며는,

"그러면 대원들 다 소집을 시켜라."

"그러면 소집을 시키겠다."

이렇게 됐는데. 그래도 그 신현주 그 양반이 교장 선생님하다 돌아가셨는데 그 분이 그래도 지략이 좀 나이가 좀 있으니까 시각이 있어서. 가만히 생각을 해보니까 천상 전쟁을 하면 사람이 희생되는 게 기정사실이 되는게 아니냐 이거야. 남의 귀한집 자식들 다 부락에 말하자면 참 제자들이고 또 뭐냐 친척이고 전부 이렇게 됐는데. 같이 가며는 뭐인가는 희생되고 사실인데. 괘이로 이게 소집을 하면 안 되겠다.

그래서 미리 연락을 연락을, 연락이 돌아왔어. 뭐인가 언제 우리가 오후 5시에 전부 여기로 모이기로 했는데. 너희들 피해라. 가만 생각해보니 아무래도 가면 희생될 거 같으니 두고보자. 이렇게 됐단 얘기야. 근데 그때 이제 그때 모이자 하니까 그때 그 말하자면 공산당에 그 말하자면 정치부인 그 사람들이 그 동네는 지나가는 사람은 모조리 붙들어온거야. 모조리 붙들어서 거 한 집이 외딴 집이 하나 있었는데. 모조리 붙잡아매서 전부 포섭을 시켜. 그때가 추석 직전인데. 벌초하는 사람들 전부 붙들어댄거지. 그래니깐 우리는 참여를 안했지. 우리도 갔으면 붙들러 죽었지.

붙들렸는데. 아 그래서 이북애들이 그 신현주 선생님하고 이종곤 선생님만 저녁 한 여섯시 무렵에 저 해 일몰될 무렵에 거기를 가니깐 탁 들어가니까 그 양반도 포섭을 질렀어. 그래 그 양반들이,

"아차 속았구나."

들어가 보니까 컴컴한 방인데 벌써 어두워서 컴컴한 방인데 보니까 벌써 사람이 아주 까뜩하고 아이 속았구나 하면서 두 분이 이렇게 가만-히 붙들러 가지고 그 방에 가만히 있었는데. 방에 가만히 있었는데. 숨소리 들으니까 거기 신현주 선생님의 형님 신현섭이라고 있어. 그 양반도 붙들려가지고 목소리 들리고. 그 이종곤 선생님은 먼저 붙들렸는데. 먼저 들어갔는데 나중에 보니까는. 그때는, 지금은 옷들이 좋지마는 그때는 무명옷입고 이런 무렵인데. 이종곤 선생님은 북한에서 여기매 원통서 살았는데. 그 분이 잘살아가지고 그때 그래도 옥양복이라고 샤쓰를 좋은 샤쓰를 입고 댕겼었어. 하얀게. 그래 그 뭐 무명같은 꺼끌꺼끌한게 아니라 그 양복은 좀 천이 좋으니까 반들반들하거든. 가만히 이렇게 밀어보니까 숨소리 들리니까 숨소리가 같이 근처에 있으니까. 숨소리가 이렇게 해서 이 샤쓰를 이렇게 얼굴을 요렇게 피고 보니까 그 양반 샤쓰더라는거야. 그래 그렇다고.

서로 신원해가지고 밤새도록 있었는데 인제는 살긴 살아야 되겠는데. 어떻게 헐 수 없어 두 사람이 인제 돌아앉아가지고 돌아앉아서 인제 뒤로 대가지

고. 이게 한 사람이 먼저 풀었는데. 신현주라는 신현주 선생님이 이종곤 선생을 먼저 풀은거야. 먼저 이게 풀어서 그니까 그 다음에 이종곤 선생님이 손이 안돌아가더래. 온종일 붙들려백혀 있었으니까. 그 다음에 한참 있더랬는데. 그때 신현주 선생이 날 보고 얘기가,

"아 겁이 나더라고. 이 양반 푸는데 혼자 냅따 풀까봐."

조금 있더니 자기를 또 풀더래. 둘이서 가만히 인제 인제 도망했지. 사람이 아주 붙들린 사람이 까뜩허고 보초는 여기 문턱에서 서있고, 밖에서 서있는데. 가만 이거 기회를 보고 있는데. 가만 보니까 보초가 조금 꾸뻑꾸뻑 하더라는거야. 그래서 두 분이 문지방에 이제 산골 옛날에 문지방도 있고 집이 좋지 않잖아. 언덕도 있고 그러는데.

둘이서 요렇게 참 100미터 달리기 스타트하는 허는 식으로 둘이 요렇게 있다가 둘이서 냅따 뛰었단말이야. 뛰니까 이 사람이 보초 깨나서 초을 빵빵 쐈거야. 아 그 양반들은 그래도 산골이니까 냅따 뛰어서 살았지. 그래다보니까 그 사람들이 인제 무산이 된 거지. 그 공산당들이 무산이 된 거지. 인젠 대장들이 도망을 갔으니. 이제는 전부다 포기해야되잖아. 그래니까 거기 있는 사람을 전부 포성을 들려가지고.

어디를 갔느냐면 여기 개성이라고 여기 그저 대명. 거기 옛날에 광산이 있어서, 금광이 있었는데. 거기까지 오니까 거기는 광산이 있어 자동차가 들어왔는데 자동차 대형이 있더란말이야. 붙들러 갔다 풀려난 사람이 얘기가. 풀려난 사람이 얘기가. 광산이 있는데 뭐 있더라는거야. 그래고선 그 다음에 총 소리나, 총 소리가 빵빵 나잖아요. 그래 낮에도 총소리가 나더라고. 낮에도 총소리가 나서 그 소리를 듣고서 올라갈라 그랬었지. 올라갈라 그랬는데 우리 할아버님이 위험하니까 가지말래서. 나는 안갔거든. 올라갔다면 나 붙들려죽었지.

그때 인제 그 그렇게 되가지고서 도망을 치니까 이 사람들 전부가 젊으니까 새벽녘에 전부 포성을 들었어. 게 까지 와가지고서.

그때 그 붙들려갔던 죄 없는 사람은 왔으니까. 온 사람이 얘기가 뭐냐면. 발로 쾅쾅차면서,

"우리가 국방 뭐야 인민군이야, 인민군."

이래면서 차에다 막 발길로 차서 올라가 타라는거야. 그래서 차를 타고 그 사람들은 가서 조사를 받다가 죄 없는 사람은 거기매서 죄 없는 사람은 거기매서 풀려나고. 에 풀려나고 거기서 가담했던 사람 세 사람 거기서 돌아오지 못했던, 죽었겠지 뭐. 가담했던 사람 세 사람이 붙들렸는데 그 사람들 돌아오지 못해서 영영 그때 무소식이 된 거야. 말하자면 그런 과정을 겪은 거에요.

그렇게 살다가. 그러면 이게 탄로가 되니 그 사람들이 우리를 가만둘 리가 없잖아요. 우리를 붙들러다니는거지. 우리는 도망을 가야된단 말이야. 그래서 우리는 그 다음부터는 집에서 자지 못하고 산 속에 들어가가지고 이제 세 사람이지. 우리가 그때 조직했던 사람인데 그 세 사람이 같이 동행을 했어요. 산속에서 자다 헐 수 없이 산에다 홀을, 깊은 산에 들어가서 홀을 파고서 거기다 전부 나무를 찍어 넣었어요. 그 굴을 빠져댕기면서 거기서 인제 식생활을 인제 어른들이 나물 뜯으러 오는 식으로 했어요. 거기다 식품을 가져와서 그렇게 한 달 동안을 그렇게 지냈다고.

지내다가 도저히 안 되겠어서 그 다음엔, 또 우리가 이렇게 셋이 있다, 셋이 한 군데 있었는데. 셋이 다 같이 붙들리면 안 되니깐. 우리 이 다음엔 또 뿔뿔이 헤어지자. 헤어지고서 친척네 집에 의지해. 나는 그래 갑동이라는 데 그 우리 이모네가 있었어. 거기서 인제 있더라니까 그때 인제 인민군이 참패를 해가지고 말하자면 퇴각을 할 때서 그때 기어 나와서 생명을 유지해서 살았지.

이런 고충을 받았다고요. 우린 6.25를 이렇게. 나 어렸을 때 그 정말 참 뭐이가 거기매 입단을 했다가 아주 죽, 아무튼 죽을 뻔 했지. 그때 뭐 붙들렸으면 용서 없이 죽었지. 그렇게 인제 못해고서 그때 우리가 6.25 사변을 그렇게 지냈었어요. 6.25 사변을.

[2] 북한 정보원으로서의 활동

그 다음에 이제 수복이 돼가지고, 이제 수복이 돼가지고 이제 이렇게 인제 있다가 그 다음에 인제 에 또 단체라고 해서 이 사람들을 수복이 되니까 에 저 아군처에서 이제 말하자면 이제 불러들인거야. 협조해 달라.

그러니까 그때 이제 우리 패들이 어디를 들어갔느냐면 아휴 아주 난 그때 또 북한에 저 무이가 한번 죽을 뻔 했는데. 왜냐면 그때 미10군단. 미10군단이 관대리 있었는데. 미10군단에 그 지, 그걸 지투라고 하나? 정보, 정보과 지툰가 거기매서 우리를 인제 이용을 해먹은거지.

이용을 해먹은 뭐냐면 북한에 들어가서 정보를 해와라 이거야. 그래서 3일씩 조를 주어주더라고. 3일씩 조를 주어서 이 이제 경기 전투에 능선 여기 있잖아요. 그럼 여기서 여까지 안내자가 여기서 냄겨줘. 넘어가라 이거야. 넘어갈 수가 있어야지. 아 도저히 넘어갈 수 없어가지고서 뭐 전쟁을 허는데 어디를 넘어가. 그래니까 그 사람들 얘기가 웃기지. 넘어가가지고 거 가서 휩쓸려 다니다가 정보가, 정보가, 정보를 수집을 하며는 정보를 수집해서 뭐 이가 기회가 있으면 넘어와서 전달해주고. 또 그렇지 못하면 헐 수 없단 얘기나 이런 죽으라는 거야. 아 그 참 한심한.

그래서 첫 번째 여까지 냄겨다줬어. 여까지 왔는데 도저히 못넘어가겠더라고. 세 사람이 넘어가는데. 한 사람은 3개월째 쫓아다니는데 세수도 허지 말래서 새카만 사람인데. 저 사람 데리고 댕기다 우리가 큰일 나겠더라고. 강릉 사람인데 그 사람은 떼내버리고. 고향에 있는 사람. 한 사람하고 둘이서. 거기서 도저히 넘어갈 수 없어요. 게 밤을 이용, 야음을 이용해 다시 내려왔다. 그러니 내려왔다 또 붙들렸지. 붙들려서 그 다음날 또 간거야. 또 북한에 경계선까지 또 넘어간거야. 또 넘어가라는 거야. 갈 수가 있어야 가지. 이거 도저히 못가겠더라고. 우리는 못가겠어.

그렇게 그래 그땐 뭐 전쟁을 허는데 가만히 보면 유탄이 날아오면서 막 군인도 그래 그게 인제 쓰러져죽고 그래 죽고. 지금은 부상당하하면 야단 법석이잖아. 그때는 사람이 부상을 당했거나 사람이 하나, 저 놈은 죽는구나. 이 감각밖에 없지. 무슨 불쌍하다. 내가 죽는다 그런 의식은 하나도 없어요. 그 전쟁 나가면. 들어가면 그래. 군인들도 전부 그 그 아주 그 뭐 우린 전쟁을 피해서 그런 경험을 겪었으니까. 같이 전쟁을 하지. 총은 뭐 안들었지만은 그 정보로 들어가니까 어느 날 힘든거야. 그런데 들어갔었지.

게 그 다음에는 또 또 두 번째 또 붙들려가서 또 넘어가다 또 내려온 거야. 못 넘어가고. 그 다음에 세 번째 또 넘어온거야. 저 넘어, 올라간거야. 그 다음에도 그 다음에 그 당시 어떤 일이 3일째 벌어졌냐면. 전쟁을 인민군과 국군이 전쟁을 하는 그 틈에 우리가 찡겨넣은거야. 그러니 이걸 어떻게 살 수가 있나. 나는 그래도 어떻게라도 뭐이가 살기위해가지고 이렇게 개굴을 보니까 이만한 웅덩이가 있더라고. 천상 살려면 저 물에라도 들어가 있어야 살지 죽겠더라고. 그래서 그 놈으 물에 들어가 있었지. 요기만 내놓고 온종일 전쟁 끝날때까지 있는데. 나 참 그런 고통이 없어.

그래 오후가 되니까 전쟁이 끝나더라고. 그래서 그 다음에 실금 실금이 옷은 다 젖었지. 말할 수도 없는거지 뭐. 그래가지고 같이 있던 사람 두 사람 또 헤어졌었는데. 다시 또 부대 있는데 또 내려왔지. 내려와가지고 그리 근처 가지 말고. 우리 하여튼 뭐인가 도망치자라고 했지. 도망치자 그래가지고서 이제 도망을 치는데. 도망을 쳤지. 도망을 치는데.

관대리 강이 3.8선. 3.8선 요리 있어요. 얘기 들었겠지. 관대리 강이 꽤 넓은데. 지금은 거기에 소양강 댐이 들어서 아주 물이 많지. 그때 보니까 인민군 애들이 고생이 많다는 걸 절실히 느꼈어. 그래도 상당히 물이 깊은데. 그 인민군 애들이 그 강을 갖다 어떻게 다 차가 건너댕기게 놨느냐며는. 가마니에다 돌을 넣어가지고 침수교를 놨더라고. 그래서 마침 우리가 살 때가 돼서 거기다 다다른거야. 그래가지고 물이 요까지(허벅지 부근) 차있는데 무사히 거기를 건너와서 말하자면 이남뚝을 넘은거지. 북한에서 전쟁에서 빠져나와가지고 그리 도망을 치는데.

그 내려와 보니까 어떻게 같이 있던 또 나와 같은 고향 있는 고향 사람인데. 그 친구 같이 또 만났어요. 그래 둘이서 그걸 해가지고 도망을 해가지고서 나왔는데. 그때 우리가 전진해 들어갈 때, 관대리 들어갈 때 보니까 미군들은 고무 튜브에 바람을 넣고 부교를 맨들어가지고 땡크고 야단법석인데. 걔들은 가마니다가 돌을 넣어가지고 다리를 놨으니 그 차이가 얼마만큼 차이가 있느냐 얘기야. 그걸 봐가지고 전쟁을 인민군이 무모하게 일으킨 건 기정사실이지. 그렇잖아요. 그래가지고 이제 말하자면 에 뭐인가 6.25에서 그런 고충을 겪고 살았어요.

1951년, 51년인가? 50년도 후반에 보충교사 검정고시에서 내가 인제 그때 포기를 하고, 먹고 살기 위해서. 에 초등학교 보충교사로 임명을 받고서 교직생활 44년 6개월을 하고서 교장으로 96년도에 퇴임, 정년 퇴임을 했다고. (웃음) 6.25사변이야 그 외에도 많은데. 사람 뭐 죽고 헌건 많은데 그건 생략하고 내가 겪은 건 간단하게 그거 밖에 얘기 안해. (웃음)

그게 아마 고충은 6.25때 그 제일 힘들었던 것이 뭐냐면 피란다니는 거하고 그 북한에 정보들어갔던 게 아마 그 힘들어서 그러지 아니한가 이렇게 생각해요. 그래고 뭐 난 간단하게 더 얘기할 건 없고. 그래 내가 일기를 한 사오십년 쓴 게 있어. 거기에 대해. 그때 내가 죄 썼지.

[조사자: 근데 어르신 그러면 그때 당시에 어 여기 강원도가 고향이셨어요? 고향이 그러니까 그 3.8선 근처셨잖아요.] 그럼. 우리 본 고향이 거기지. 내 고향에서 또 교직생활했으니까. 그래 인제 20명, 우리가 20명으로 조직을 했었는데. 나 하나만 지금 남아있어요. 다 죽고. 다 나이가 많아 죽고, 붙들려가서 죽고. **[조사자: 무슨 소설책 내용 같아요.]** 어? **[조사자: 소설책처럼 멋진.]**

내가 인저 글재주가 있으면 쓰며는 요만한 책을 만들 수 있지마는. 원고를 쓰면 몇 장 쓰겠지만 안그랬다가. 뭐야 내가 잘못해가지고, 잘못한 건 아니지. 잘못한 건 아닌데. 좀 잘했더라면 좀 괜찮을텐데. 좀 탄로되는 바람에 고생들하고. 사람이 죽고. 그 바람에 애매한 사람이 우리 동네서 또 여자, 남자가 또 세 사람인가. 그 사람한테 붙들려가지고서 우리 붙들러 왔다가 엉뚱한 사람 붙들어가지고 어론이라는 데 갔다가 에 전부가 후퇴할 때 학살을 시키고 갔어요.

한 구덩이에다가, 한 구덩이에다가 삼십 명인가 이렇게 이렇게 생사람을 총으로 쏴구서 학살하고. 인민군이 들어갔는데. 그 중에서 한 사람이 만내, 산 사람이 만내서 얘기를 했는데. 막 뒤에서 쏘더라는거야. 그런데 그 사람이 뭐인가 쏘는 과정이 어떻게 죽었는 줄 알고 쓰러지는데. 나중에 보니까 다 죽고 막 야단 법석 치는데. 자기는 총알에 안맞았더래. 그 사람이 다 간 다음에 어떻게 풀어서 기어 나와서 갔지. 그 사람하고 술도 같이 먹고 그랬어. 그런 일도 있다고. 그런 과정을 다 겪었다고.

전쟁이라는 게 그만큼 무서운게 전쟁이야. 그래서 우리는 어려서 전쟁을 직접 경험을 하지 않았지마는 전투보단 더하지. 북한을, 북한 땅까지 전쟁하는 여 여기에서 여기 여기에 아군이 있다면 이 선을 넘겨다놓고, 말하자면 적지까지 세 번을 들어갔다 나온 사람이거든. 그래도 다행이게도 천운이 다행이 나를 비켜가지고 살았는데.

아주 그 사람이 전선에 가면 많아요. 군인들도 지나가고 그러는데. 죽는 사람 몇 사람을 봤는데. 게 전쟁터는 어떻게 되는지 차라리 유탄이 지나가다 사람 어떻게 맞아서 쓰러지고. 나도 그걸 들여다보고,

'야. 저 사람이 죽는구나.'

이렇게 생각하고. 우리는 죽는 게 뭔지 그 당시엔 몰라. 그냥 아무것도 모르고 이리 뛰고 저리뛰고 천둥이같이 다니는거에요. 게 과정이 전쟁 과정은 본디 그래요.

이렇게 그런 사람들도 아직 살아있더라. 고거 하나만이 참고가 될러나 모르겠어요. 왜냐면 전쟁을 만내가지고 그런 조직을 했다가 탄로가 되가지고 고생을 했고. 또 북한에 정보 들어갔다가 제대로 정보도 못해드리고. 나중엔

살기 위해서 도망친, 도망친거지. (웃음) 그래가지고 살았다고. 게 집에서야 뭐 내가 뭐 행방불명이 돼서 다 죽은 줄 알았다가 나중에 살아 돌아오니 뭐 웃기는 거지.

[조사자: 진짜 그러니까 가족이 다 기뻐하셨겠어요.] 아, 그럼 물론 기뻐하지. 그때는 우리 식구가 열 몇 십 식구였어. 할아버지, 할머니하고 아버지, 어머니, 우리 형제 7남매. 그때 또 또 6.25때 인제 또 장가간 얘기를 해야지. 6.25때 아주 일찍 갔다고. 일찍 갔는데 왜 일찍 갔느냐. 6.25사변 때 처녀들 있는 사람들은 귀찮잖아요. 아주 강제로 갖다가 맽겼어. 그래가지고 헐 수 없이 그래가지고 장가를, 장가갈 생각도 안하고 그러는데 강제로 맽겨가지고서 헐 수 없이 그저 피란을 왔다 맽겨가지고서 (웃음) 그래 그렇게도 사는거야. 그래도 여타까지 살았어.

[조사자: 다른 지역에서 이쪽으로 피란을.] 그럼. 피란왔다가 이제 또 이렇게 해서 살고 이렇게 살았지. [조사자: 그냥 나이가 맞으면 이렇게 엮어주는 거에요?] 응? [조사자: 나이가 비슷해서?] 나보다 두 살 아래지. 34년생. 나는 32년생. 이 어리지 뭐. 그때 열일곱 살에. 나는 열아홉 살이고. [조사자: 애기죠 애기.] 애기지. 지금 같으면. 젖꼭지 물고 빠들빠들할 땐데. (웃음)

[조사자: 그래도 그때 할머니가 그때 어르신께서 보시기에 그 할머니 되시는 분이 좀 이쁘고 그러시니까 좀 그렇게 하신 거 아니세요?] 그 사람 그 좀 피란댕기느라고 정신을 못차리고 아이고 어떻게 살아. 그 결혼식하다가 결혼식 인민군이 막 쳐들와가지고 막 도망치고. 이런 일도 있고 그랬어요. [조사자: 식 중에요?] 그 동네서. 아 인민군이 쳐들어오니까. 결혼식 하다가 막 도망쳐야지 어떡해. 신랑, 신부가 막 도망치고 그런 일도 우리 친구가 그런 일도 있었는데.

[조사자: 그러며는 그때 결혼하시고. 결혼하시고 나서도 어르신만 그 그 북한 정보원으로 활동을 하시러 가잖아요.] 그때는 안 갔어. 와가지고 했지. 와가지고. [조사자: 아, 북한정보원 활동을 와서.] 북한 저 들어갔잖아요. 저 말하자면 북쪽으로 이제. 우리가 평양까지. 에 들어왔잖아요. 1.4후퇴 때 다시 또. 그

니까 저 1.4후퇴는 더 고생했어요. 말도 못했다고 1.4후퇴 때는. 1.4후퇴 때는 정말 너무너무 고생스러웠어요.

[조사자: 왜요? 다들 그 얘기를 하시더라고 1.4 후퇴 때다 제일 힘들었다고.]

그때 얼마나 추웠는데. 얼마나 추웠는지. [조사자: 그럼 그때는 할머니랑 피란하신 거에요? 1.4후퇴 때?] 우리는 피란 가지도 못했지. 우리는 피란 한 번도 못갔어요. 거기는 전방이기 때문에 피란갈 수도 없고. 지금 같으면 교통이 말하자면 자동차도 안 댕기는 곳이니까. 피란 갈 수도 없고 그럼. 그래. 그러니까 피란은 전부 피란 한 번도 못 다녔어. 거 산 속으로 인민군 피해서 다녔지 뭐.

[조사자: 그 1.4후퇴 때는 그래도 장가가셔서 할머니가 계, 부인이 계셨던잖아요, 그죠?] 그래 6.25나고서. [조사자: 그러니까.]

그리고 결혼하고 얼마 있다 1.4후퇴. 다시 또 내치니 그때 그 너무 힘들었지. 그 인민군한테. 그 뭐 얘기하자면 말도 못해. 그래서 인제.

[조사자: 어떻게 힘드셨어요?] 에? [조사자: 어떻게 힘드셨어요, 1.4후퇴 때.] 그때 인민군하고 국군이 한군데 섞여가지고 아이고.

우리 집은 인민군이 점령을 해가지고 일주일동안을 아 뭐 그 점령을 하고 있었죠. 우리 어른들은 그냥 있고 그리고 나는 산 속에 들어가, 들어가 있었고. 피해가지고. 젊은 사람은 또 혹시 알 수 없어가지고. 그때 추운 겨울에 얼마나 1.4후퇴 추웠어요. 게 얼어죽을 뻔 했죠. 그때 죽은 사람도 많고. 참 많이 죽었어.

[조사자: 그러면 어르신 그때 그 조직 활동 했을 때 할아버지. 그 얘기가 사실은.] 에? [조사자: 조직. 조직활동. 단체활동 그때 하셨을때. 그때 그렇게 그 말하자면 밀고한 그 경찰. 밀고했던 그 나쁜 사람. 그 사람은 어떻게 됐어요? 그 사람은?] 모르죠. 그 사람들이야 뭐. 나도 알도 못하는 사람이고. 알지도 못하는 사람이고. 그 사람들이야 뭐 거기서 동기가 있어. 그 사람 살았겠지 뭐. 그 사람은.

그러니까 이종곤 선생님하고 신현준 선생님은 그 양반들은 그때 교직생활이고 경찰관 경찰이니까 같은 면에서 살았으니. 저 공무원 생활했으니깐 친구간인데 나중에는 그 사람을 믿고서 그런 얘기한 것이 이게 탄로가 났으니. 그 사람들이야 거기 해니까 북한으로 들어갔는지. 살았는지 죽었는지는 그건 다 모르는거지요. 그 다음에 모르는거지.

[조사자: 근데 그 분도 거기 자기 가족 일가가 있었을 거 아니에요.] 에? [조사자: 그 그 밀고한 나쁜 역할을 한 그분도 거기 그 고향에 그 분의 가족들이 있었지요?] 우리 고향이 아니지. [조사자: 아, 그 사람은.] 고향은 아니고. 면에 면에 그러니까 남면. 남면에 거기서 같이 근무하던 사람이니까. 고향이 아니지. 그러고 우리 고향 사람들은 거기에 군사 기지가 되면서 전부 뿔뿔이 헤어져서. 우리는 실향민이에요. 우리는 지금 거기 사람이 하나도 안 살고 군인 훈련장이 됐다고 우리 고향은. [조사자: 거기가 정확히 이름이 어디에요? 그 고향지역이?] 인제군 상남면 김부리. [조사자: 인제군 상남면.] 김부리. 거기가 여러게 김부1리, 김부2리, 갑동2리. 2리. 봉남대. 괴성리. 거기 전부가 6개리인가. 군사가지가 됐어요. 넓은 지역이. 전부 거기 사람들은 전부 인제 보상받아가지고 다 뿔뿔이 헤어져서.

[조사자: 6.25때 군사기지가 된 거에요, 아니면.] 지금 됐지. 이번에. 6.25때는 이제 거기가 아주 그 말하자면 전쟁터야. 우리 고향이. [조사자: 제일 피해가 심한.] 피해가 많이. 아주가 인민군이나 중공군이나 국군이나 우리 동네를 통과하지 않고는 전쟁이 안 되는 곳이 바로 제일 고원지댄데, 제일 산골인데 그렇게 그런 곳이더라고. 전쟁을 겪고 보니까. 어느 군이던지 그 우리가 사는 곳에 통로야. 게 중공군도 무지무지 당했고. 인민군도 무지무지 많이 당했고. 국군도 무지무지 많이 당했지. 게 또 아주 엄청나게 많이 당했지.

[조사자: 그때 그 조직활동하신 거 후회 안되세요? 그게 해갖고 너무 고생을 많이 하셨는데.] 후회하지는 뭐 없어요. 오히려 잘 했다고 생각하는데. 왜냐면 기왕 대한민국 국민이라면 그 뭐 그래도 어떠간 그래도 정신력은 가지고 있

어야 사람이 기왕 이렇게 살면서 뭐 난 그렇게 해서 학생들은 어떻게 생각하는지 모르지만 나는 후회하진, 오히려 참 그리고 그 많은 6.25때 그런 생각을 어려서 가지고 있다는 거를 내 사전엔 다행이라고 생각하고. 나는 좋게 생각해. 나는 후회는 하지 않아요.

단지 그 동료들이 그때 가서 돌아오지 못하고 뿔뿔이 헤어져 그때는 다 이렇게 되고. 애매한 사람이 우리 동네서 7명이란 사람이. 우리 조직 때문에 7명이라는 사람이 희생됐거든요. 그게 좀 안타깝지. 단지 후회는. 아 그게 조직화돼있지 않았더라면 그 사람이 안 죽었을텐데 그 생각은 들어요. 그러나 우리가 그런 조직을 해서 무슨 뭐 후회는 하지 않아요. [조사자: 너무 고생하셨으니까.]

고생은 뭐 전쟁이 나면 다 해야되는 고생이기 때문에. 이리 뛰고 저리 뛰고 전쟁나면 정말 바빠요. (웃음) 사는 거지 뭐. 그래서 전쟁을 겪어본 사람하고 안 겪어본 사람하고 좀 차원이 달라요. 그래서 이 국가관을 좀 가질래면 전쟁이란 맛도 좀 봐야돼. [조사자: 아까 어르신 얘기 중에 조직원 얘기도 되게 새로웠고. 북한 정보원 역할 하는 것도 되게.] 게 정보도 못 해다주고 고생만. [조사자: 근데 못할 수밖에 없을 거 같아요. 현실적으로.] 못해. 얘기가 웃겨 죽겠어. 그 분네들 가서 정보를 하다 기회가 있으면 오라는거야. (웃음) 나 이런 참.

게서 세 번, 세 번 넘어갔댔어. 세 번. [조사자: 세 번.] 그럼. 한 달짜리 넘어가도 넘어갔지. 나 세 번 왔다 그 사람이 아이 안 되겠더라고. 이제는 도망가자. 안 되는 건 어떡해. 정보원 넘어가지도 못했고. 넘어가도 넘어갈 수가 없어요. 군인이 총을 쏘고 그러는데 어딜 넘어가 그래. 기멕힐 노릇이여.

애들도 죽고. 여기서는 그때 보니깐 애들도 또 애들하고 또 노인을 보따리 해서 짊어지게 해가지고 피란 생활을 또 이렇게도 넘겨보내더라고. 우린 청년이지만 그때는 있잖아. 애들도 넘겨보냈었어. [조사자: 첩보원으로.] 그럼. 첩보원으로. [조사자: 피란민으로.] 피란민을 가장해가지고. 그렇게 넘어간게. 그 사람들이 죽었지 사나? 우린 그래도 청년이니까 이리 뛰고 저리 뛰고 물

속에 들어가서. 하루 종일 물속에 들어간 건 평생 죽어야 잊어버리지. 안 잊어. 그래서 산거지. 내가 생각에는 이 노출부위가 적으니까. 노출 부위가 여기만 여기는 들어가면 죽으니까 요기만 내놓고 웅덩이에서 아주 그러니깐 한 대 여섯 시간 있을거에요. 웅덩이 들어앉아서.

그 다음에 이제 전쟁이 이제 양쪽에서 전쟁이 끝나더라고. [조사자: 끝나고.] 응. 끝나고. 전쟁이 근데 재수없으면 어느 포탄에 맞아 죽을지 알아요? 옆에서 포탄이 뭐 빵빵 떨어지고. 그래도 그 그 당시에 포탄이 옆에서 떨어지면서 다쳤잖어. 여기 파편에 맞아가지고. 여기 여 흔적이 이렇게 있잖아. 파편에 맞아가지고. 그래도 여기만 맞았지 안 맞았다고. 지나가는데. 열 살. 그래도 죽지 않고 살아. (웃음)

[조사자: 어르신 세 번째 넘어가셨을 때 평양까지 가셨다고 그랬잖아요.] 그럼. 그때. 평양까지. [조사자: 그 가는 길에 무슨 인민군 만나고 그런 일 없었어요?] 응? [조사자: 평양까지 가시면서 인민군 만나고 막 그런 일 없었어요?] 아니, 난 평양까지 못 갔지. 우린 군인이 아니니까. 우린 군인이 아니니까. 우리는. 군인이 그때 북한 평양까지 진격했을 때 우리는. 그때 인제 우리가 인제 나와서 나왔어요.

[조사자: 그럼 그때 첩보원할 때 북한 넘어갔을 때 어르신. 그 보신 풍경이라던가 북한.] 북한. 아 산인데 뭐. 관대리 뒷산 그 높은 산이 있어요. 관대리 인제로 넘어가는 산. 그 산을 거기서부텀. [조사자: 그때 옷은 군복을 입고 있어요, 어르신?] 그땐 뭐 군복이야. [조사자: 민간인 옷을.] 민간인 옷을 입어야 보내죠. 군복은 아니죠. [조사자: 총도 없고.] 총도 없고 아무것도 없이. 단지 그 사람들이 여기서 해주는 저 증명서. 표시하나. 요만한 쪽, 종인데 패스 하나만 딱 써서. 그 인제 그거 그거 가지고 인정을 윗사람한테 내 인정을 해주는 거지. 누가 인정을 해주는거겠어. 우리는 군인이 아니니까 그때 진격을 헐 때. 우리는 진격헐 때 그 뭐인가 고향에서 그 고생만 헌거지.

[조사자: 그 첩보원을 군인들이 시킬 때 그때는 군인은 아니셨던거에요? 그냥

민간인인데 첩보원 너 해라 그런거에요?] 아, 군인이. 군인이지. 전부 계통이 군인들이지. 그러니까 우리 그 인제 미10군단 지투 저 군단이 이제 미10군단 정보부에서 우리를 보냈던 거에요. 우리가 그 유엔군 소속에서 저 한 두어달 동안 이렇게 거기서 속해있었거든요. 그러니까 그 사람들이 우리를 이용을 해먹는데. 우리가 그 만큼 잘 정보를 해줘야하는데 정보를 해줄 수가 없어서 못해준거지. 못해주겠더라고. 정보 못해줘. 그래 그런 경험을. (웃음) [조사자: 그럼 그러고서 다시 군대에 복귀를 하셨어요, 어르신?] 인제 교직에 들어가 있다가 이제 군인 영장을 받아가지고 36개월 군 생활하고. 다시 또 복직을 해서 에 교사 생활 하다가 인제 교장까지 되가지고 인제 그래요. 군생활까지 합해가지고 44년 6개월 공직을 나가 있은거지. (웃음)

[3] 전쟁 직후의 학교 모습

[조사자: 어르신은 그때 전쟁 당시에 학교 풍경은 어땠어요, 어르신? 처음에 학교 발령받고.]

학교? 그때 학교라는 게 지금 말도 아니죠. 말도 아닌게 지금 그 항상 얘기하고 싶은 게 뭐냐면 지금 뭐 급식 학교에서 뭐 급식이 좋지 않아서 애들이 뭐 어찌 이런 얘기 하지만.

그 당시 내가 참 기멕힌 얘기를 한 가지 할께요. 그때 우리 고향에는 6.25 때 학교가 다 초등학교가 다 탔거든요. 그래가지고 그 다음에 어떻게 됐냐면 이 미군에서 모조 천막을 줬어요. 천막을. 그래 천막을 줬는데. 천막을 이렇게 치고선 그 다음에 동네 사람들이 거 돈이 하나도 나오는 게 없으니까. 그저 송판을 켜가지고 이제 땅에다 기둥을 해가지고 꼭대기가 송판을 놓고. 또 인제 칠판을 이제 송판에다 먹칠해가지고서 백묵을 이렇게 했는데. 한번은 그 고원지대라 눈이 많이 왔는데. 하루아침에 출근을 하니까 천막에 눈이 쌓여 폭삭 주저 앉은거야. (웃음) 그러니 뭐 어떡하느냐. 그래서 어떻게 할 수가 없어가지고 애들을 인제 얼마 되지 않으니 뭐 그때는 산골이니까 백 한 백 명도 잘 안 될거야. 그래서 집집마다 사랑방에다 좀 분산을 시켜가지고 (웃음) 헌 적도 있었고. 이런 경험이 다 있어요.

그리고 제일 고생스러웠던 게 뭐냐면. 그 당시 인제 그 미국. 사실 미국에서 뭐 사료라고 그러저라고 옥수수 가루 준 게 있어요. 또 분유 준 게 있었다고. 그런데 그 당시 그래도 분유를 갖다 끓여서 애들을 인제 솥에 끓여서 인제 배식을 해서 인제 점심을 끼니를 떼우고. 그 다음에 옥수수를 또 죽을 쒀가지고 그걸 전부 애들한테 먹이고 그랬거든요. 그때 상당히 힘들었던 거 같애. 왜 힘들었느냐. 그 뭐 지금처럼 기구가 있나? 솥을 걸어놓고 나무를 때가지고 허는데 연기가 나고. 그 좀 옥수수 죽을 쑤니 무슨 맛이 있어? 옥수수가루로. 아무맛도 없지. 소금 좀 가져오라 해서 소금에다 해서 한 그릇 주고.

그래도 그걸 가지고 그때 인제 점심을 애들이 떼우고.

미군부대에 배속되어 첩보수집 활동을 하다

김 기 주

"6학년은 안됐을 나이에 쇼리로 들어간 거야, 쇼리로. 그니까 전령, 심부름하는 활동을 한 거야, 내가"

자 료 명: 20140421김기주(인천)
조 사 일: 2014년 4월 21일
조사시간: 50분
구 연 자: 김기주(남 · 1938년생)
조 사 자: 김경섭, 김정은
조사장소: 인천광역시 연수구 청릉대로 6.25참전 유공자회 인천연수구지회

[조사과정 및 구연상황]

조사는 지난 해 연말에 다녀갔던 인천광역시 연수구 6.25참전유공자회 인천연수구지회에서 진행되었다. 지난 연말에 한 번 다녀간 곳이어서 지회 분들과 안면이 있어 조사 진행이 수월했다. 더구나 이번 조사에서는 별도의 회의실을 마련해 좀 더 나은 환경에서 조사에 임할 수 있었다. 큰 회의실에서

방성배, 김기주 두 분을 모시고 이야기를 경청했다.

[구연자 정보]

김기주 할아버지는 3남 3녀의 형제 중에 큰형님과 남동생이 전쟁 중에 사망했다. 용매도가 고향이었지만 보급대에 끌려가지 않으려고 연백군 증산도에 숨어 있었다. 어린 나이에 부모님을 모두 잃는 바람에 일찍 독립해 나와서 생활했다.

[이야기 개요]

황해도 벽성군 용매도가 고향이었는데 보급대에 끌려가지 않으려고 연백군 증산도로 숨어 들어갔다. 해방직후 부친이 사망했고 6.25 발발 후 모친까지 열병으로 사망해 어린나이에 부모를 모두 잃고 말았다. 이후 집안에 입 하나라도 줄인다는 목적으로 독립해 나와 '대한청년단' 소속으로 활동도 했고, 미군부대(미극동사령부 8240부대) 소속으로 당시까지만 해도 남한 땅이었던 용매도 일대에서 인민군을 감시하고 정보를 수집하는 작전을 수행했다.

[주제어] 황해도 벽성, 용매도, 보급대, 연백, 증산도, 대한 청년단, 미군, 극동사령부, 대한청년단, 8240부대, 첩보수집

[1] 3남 3녀 가족이 6.25로 4남매만 남게 되고, 아버지도 돌아가시다

우리가 딸 셋, 아들 셋이 됐다고. [조사자: 3남 3녀시네요.] 남자 둘을 잃은 거야. 하나는 형이고, 하나는 동생이고. 6.25나고 나서. 남자는 나 혼자에요. 지금 그리고서는 우리 큰 누님은 파주에 여든 여덟에 몸이 저기 하니까 거기다 [조사자: 요양원?] 요양원, 거기 한 달 70만원 자식이 보내줘 가지고 있고. 둘째 누님이 서산에 있고, 그 양반이, 매형된 양반이 또 얼마 전에 돌아가시고, 몇 년 전에 혼자 있는 거야, 인천에 내 동생에 있으니까 자주 왔다갔다

하는 거지. 생일 때 되면은 혼자 외로우니까. [조사자: 형님이랑 남동생은 전쟁 통에 돌아가셨어요?] 전쟁 나고 나서, 큰 형은 인천에서 직장에 다니다가 직장 동료들하고 술 한잔하다고, 다방에 내려가다가 사고로 뇌출혈로 돌아가고. 남동생 하나가 소식이 없는 거야. 소식이. 전쟁 통에 나는 나대로 부대 찾아 왔다 갔다 하다 보니 가족이 획 다 흩어진 거라고. 죽었다는 말도 있고 그 이후에 소식이 아주 없는 거여.

[조사자: 어르신, 몇 년생이세요?] 내가 지금, 38(년)이라고. 범띠거든 범띠. 내가 지금 한 살 줄어져 있을 거야. [조사자: 호적은요?] 네. 그리고 내가 태어난 곳이 황해도 벽성군 청룡면 용매리라는 데야. 용매리 섬이라고. [조사자: 용매도입니까? 섬 이름이?] 용매리면서 용매도지. 섬 도자 쓰는 거니까. 거기서 살다가 그때 아마 1학년 때쯤 될 거야. 초등학교 1학년 국민학교 1학년 그때 보급대를 1학년 때인가, 1학년이 안됐을 것 같아 아마. 지금 보만은. 아버지가 큰 가게를 했어요. 우리가 섬에서도. 집도 컸고 이 빈지가 여러 개 있는 가게를 한 거야. 아버지가, 그렇게 하다가. 왜정 때 보급대 많이들 끌어

갔잖아요. 그게 싫으니까 거기서 증산도. 그것도 섬이야, 그것도. 그리로 섬으로 이사를 간 거야. [조사자: 일제시대에 가셨구나.] 해방되기 전, 1년을 앞두고 간 것 같애. 그래가지고 아버지하고 그리로 이사를 간 거야. 보급대가 싫으니까. [조사자: 용매도에서 어디로?] 증산도, 증산리 거기도 연백군이라고. 연백군 송봉면 증산리, 거기가 이사간 데가. 그래가지고서 아버지가 또 건강이 좋지 않았던 거 같애. 내가 보기에도. 내 나이 3학년, 4학년 고임새에 아버지가 돌아가신 거야. 해방되고 얼마 안 되가지고. 아버지가 쉰 여섯 살에 돌아가신 것 같애 내 기억으로도.

어린나이에 그렇게 기억하고 있는데. 일찍 돌아가시니까 [조사자: 밑에 동생도 많고] 어머니가 생활을 하셔야 할 거 아니에요. 거기가 섬이다 보니까는 농사 같은 게 없어요, 밭농사는 좀 있어도 어업, 배로다 벌어먹는 그런 저기라고 거기가. 그래가지고 서는 육상엔 거긴 물이 있으면은 배가 사람이 왔다가 갔다하거든 뭍으루다가. 거리가 육지에 멀지 않으니까. 그래서 어머니가 고생을 많이 하신거지. 그래가지구서는 6.25가 난거야. 6.25가. 거기서 6.25를 맞았으니까. 6.25가 나가지구서는 큰 누님이 서울에 살 땐데, 우리 친정으로 피난을 다 온거야. 서울에서 [조사자: 서울에서 북으로 피난을 왔어요?] 우리 동네, 우리 어머니 있는 데로 [조사자: 큰누님이 결혼해서 나가신 거에요?] 그렇죠. 우리 둘째 서산에 있는 누님도 증산 거기서, 그건 한참 얘기해야해. 둘째누님도 거기서 결혼한 거구. 그래 어머니가 고생을 많이 했지 뭐. 또 우리 큰누님도 우리 사는 데로 피난을 온 거니까 애들 둘을 데리고 왔을 거야. 그러니까 인원이 식구가 많아진 거 아니야, 근게 그 생활이 보통 말이 아니지 뭐.

그러자 또 그 동네에 열병이라고 병이 돌았어요, 병이. 증산 우리 사는데서, 병이 돌아가지고, 열병을 앓아가지고, 그 때 먹을 것을 제대로 먹어, 뭐를 해. 그래가지구 어머니가 거기서 또 돌아가신 거야. 그러니까 완전히 고아가 되어버린 거지, 뭐. [조사자: 그때가 6.25터지고 나서?] 터지고 나서야. 터지고 나서. 하여튼 뭐 아이고 참 이 얘기. 그래가지고 그럭저럭 살았으니까 목숨 건지고 살았으니 살았는 거 같은데 어떻게 해서 밥을 뭘 먹고 살았는지 나도 잘 모르겠어.

[조사자: 배로 피난 다니신 거는 어떻게 떠나신 거에요?] 그래 그래가지구서는 [조사자: 둘째 누님 시댁 얘기였구나.] 증산이라는 데서니까. 우리 매형도 6.25나고서 거기 동네 구장이라는 사람이 고발을 해가지고, 경찰서에 가서 감옥에서 다들 폭격하는 바람에 부상을 당한거야, 부상 당해가지고 계속 살았지, 같이 살았지. 다 살긴 살았는데 강화에 가가지고 돌아가셨지. 그 양반도 돌아가셨지. 뭐. 돌아가시고. 우리 집안이 보면은 말이 아니에요.

[2] 용매도로 이사 와서 5,6학년 나이에 대한청년단에 들어가 보초를 서다

그러니까 내가 어린 나이에, 4학년 때 학교 댕기면서 6.25가 나가지고, 우리 생각에도 이북 빨갱이들이 싫었으니까는, 우리는 따로 모임을 가지고 서로 공부도 하고 그렇게 지냈다고. 그래가지고 우리가 대한소년단이라고 조직을 한 거에요, 그렇게 어린 나이에도 막 저기를 했어요. [조사자: 그럼 6.25당시에는 그 동네에 계셨어요?] 그러니까 뭐야 밤에만 아군 비행기가 떠 가지구 이북 그짝에 폭격도 하고. [조사자: 아직 군인으로 징발 될 나이는 아니니까.] 그땐 아니니까. 내가 얘기하면서 나온다고. 그래가지고 소년단이 조직되고서, 거기서 왔다갔다 활동이라 봤자 뭐해요, 어린 나이에도 충성심이 있다할까 HID부대 사람들하고 밤에는 섬이니까 물 들어 오면은 꼼짝 못하는 거야. [조사자: 고립되고] 그래서 우리가 밤에 보초도 서러 나갔다고 보초, 군인 HID사람들하고. 그러다가 고생도 많이 했지, 뭐. 그러서구는 보초 서다가 총도 잃어버려보고. 그니까 나이 먹은 사람들이 인제, 나이 어린애가 잠들고 저기를 못하니까는 총도 가져갔다가 또 이런 식으로 하고, 그런 에피소드가 많이 있었다구.

그렇게 있다가 증산이라는 데서 도저히 살 저기가 힘들잖아요. 지금 식구들 어떻게 먹고 사냐구. 그래서 용매도라는 곳을 다시 먼저 살던 곳으로 간 거야. [조사자: 계속 전쟁 와중이구요?] 전쟁 와중에, 용매도에 갔어요. 가가지구 그때 우선 나라도 한 명이라도 식생활을 덜어줘야 있는 사람들이 괜찮을 거 아니야. 그래가지구 대한청년단을 들어간 거야. 대한청년단 조직된 데를. 들어가 가지구선 그러다 보니까 5학년을 하여튼간 6학년은 안됐을 나이에 쇼리로 들어간거야. 쇼리로, 그니까 전령, 심부름하는 저기로다가. 거기서 활동을 한 거야 내가. 거기도 물 서면은 이북 왔다갔다 하고 배로 저기다 뭍으로 왔다갔다 하고, 배 들어 오면은 꼼짝 못 하고. 거기서 아마 기간은 얼마나 있었는지는 모르겠어요.

내가 그건 잘 모르겠는데, 그래서 부대랑 같이 있으면서 NLL저기가 돼 갖고 휴전협정이 되는 바람에 철수를 하게 된 거라구. 전부, 우리 용매도라는 것은 이북 땅이 되는 거고 인제. NLL 때문에 [조사자: 그 전에는 이남땅이었구요?] 이남땅이었었지. 이남땅에다 토치까를 파고서 걔네들이 포 쏘면은 넘어오지 않게끔 대비하고 있어. [조사자: 그럼 인민군이 용매도까지는 못 들어온 거에요?] 못 들어왔는데, 우리가 철수하고 나서는 그 후로 몇 번 걔들이 왔다는 그 애기만 들었지, 우리하고 인민군하고 직접 저기는 못했다구. [조사자: 북쪽으로 내려가면서 섬 같은 것은 신경도 못썼을 것 같아요.]네. 그래가지고 우리가 용매도에 있으면서 작전은 나가는 거야. 물 서면은 이북이 드나들 수 있으니까. 작전은 계속 나가서 여기 몇 건에 대한 거를 내가 실질적으로 신청하느라고 내가 요거를 만든 거를 갖고 온 건데. 그래서 이북에 작전 나가면은 나가서 걔들하고 싸우다가 지뢰도 밟아서 죽고, 뭐 주력 부대하고는 허지 않더라도, 저기로 하지 않잖아도 이북에 들어가면은 그렇잖아요. 하여튼 죽은 사람들이 여러 명 있었다구.

그리고서 연평도로 이제 철수를 하라고 그러니까. 연평도에 가니까는 미국 군함이 와 있더라고. 미국 군함이 와서 우리를 수송하려고 와서 대기하고 있더라구. 연평도에 그래 우리가 그 군함을 타고 어디를 왔냐면, 대무도, 대무도에 왔어요. 여기 와서 내려가지고 막사 같은 거 다해놓고서 밥만 먹으며 맨날 훈련했지 뭐, 훈련. **[조사자: 여기는 연평군에서 수송된 사람은 군인할 사람인거에요, 민간인들은 아니고요?]** 민간인들이 아니지, 우린 민간인들은 되지도 않지. 수송이 안 되지, 아까 LST는 됐는데, 미군 저기는 안 되는 거에요. **[조사자: 용매도에서 연평도는 어떻게 오신 거에요?]** 그때도 배타고서 갔지. 거기 고지 이름이 연동 고지야. 연동 고지에 상주하면서 **[조사자: 거기 고지 구역이구나!]** 연동 고지, 고지 **[조사자: 고지]** 산에다 도축을 파 놓고 식사는 거 밑에 민가에 식당이 있었어요. 밥을 먹고 나면 그 고지로 올라가서 **[조사자: 고지로 올라가고]** 거기에 상주하고 있어야 되는 거야.

[3] 용매도에서 전령을 하며 정보 수집을 다녔다

그렇게 하다가 아! 하여튼 철수, 용매도 얘기 더 얘기해야 되나. [조사자: 용매도 얘기가 저는 더 듣고 그렇게 어리신 분들이 그렇게 대한청년회 하면서 했던 얘기를 처음 들어 가지고요?] 그러니까 내 나이에 전부 다 있었던 게 아니고 전부 난 쇼리적 이라니까 전령으로 다. [조사자: 어리니까 전령하신거죠.] 연락병으로 다가, 그러고 전부 다 조선 살다 다 위에 분들이지, 그 사람들은 전부 [조사자: 그렇게 하셨고] 그때는. [조사자: 연락병 하면서 에피소드 같은 것들 얘기해주셔도 돼요?] 응? [조사자: 연락병 하면서 있으셨던 일들] 그러니까 작전을 그 사람들하고 작전을 한 번씩 이북에 가 갔고 [조사자: 이북에 가서] 전투한 내용이 여기에 몇 장이 수록하고 있어요. [조사자: 네, 방금 읽어봤어요.] 이거 하면서 아! 지뢰를 밟아 죽은 사람도 있고. [조사자: 작전은 어떤 작전 이북으로 바로 올라가야 되요?] 물을 쓰면 이 물이 육지가 아니야. 육지가 거기가 거기를 산발적으로 다니는 거지. 이제 어디 어디 이제 정보 수집하러 당기는 이런 식으로 하면서, 그렇게 왔다 갔다 많이 했다고. [조사자: 그래서 지뢰 밟아서 죽는 사람도 있었고 또 전쟁도 직접 하고, 이렇게] 총뿌리 되고서 저 주력부대로다 싸움은 안 하고 우리는 목적이 [조사자: 지키는 것] 820부대 그 목적이 정보 수집을 위주로 해서 구성됐던 거야. 미팔군에서 서쪽으로 백년도 쪽 까지 연평도 그쪽으로 그 조직이 정보 수집 위주로 구성됐던 거라고. [조사자: 그럼 미군이 같이 움직였던 거예요?] 미군들이 그 고문관들이 왔다 갔다 했지 헬리콥터 타고서. 고문관 [조사자: 미군 고문관이 왔다 갔다 하고] 고문관들이 왔다 갔다 거리고.

또 이제 한 번씩 해군 함대가 들어 오면은 지원 사격 같은 것도 해주고 이제 [조사자: 해군함대 들어와야 하니까.] 네. 그래서 우리 용매도라는 되는 아까 이 양반들이 저기 저 상공이라고 제일 적은 배가 많이 드나들었어. 한국군 [조사자: 301] 301. 해군 함대가 가장 많이 드나들었지. 수심이 얇고 거기는 육지하고 가깝기 때문에 불가불이 저기 하게 되면 무슨 도망을 가야 하니까 그런 걸 염려해 두고서 그렇게 했어요. 그걸. [조사자: 되게 어리셨네요. 그때?] 아니 그래 근께 근께 우리 집안 내 모든 환경이 여러 가지로다 저기 해가기고 그러니까 내가 어린 나이에 그걸 했다니까. [조사자: 그럼 먹고 사실 수 있으셨어요? 그걸 하시면, 입에 풀칠은 하셨어요?] 그러니까, 그러니까 부대에 있었으니까 그리고 가족들은 그런대로 살았어.

[4] 둘째 누님 사연과 보급 원정 사연

또 그리고 우리 둘째 누님이 서울로 다 무슨 그때 장사를 뭐한 것 같아. 내가 보니까 무슨 옷 장사 같은 것 요런 것 해서 그때 식생활을 그래서 여의해 나간 것 같더라고. 그때. [조사자: 배 타고 왔다 갔다 하셨다고 그러더라고요? 배에 타고 있데요? 너무 위험해 가지고들, 둘째 누님은] 그러니까 우리 매형도 배 타고 피난 왔다 갔다 하면서 하다가 병원을 제대로 못 가 갖고서 그 저기 돼서 [조사자: 더 절단됐구나!] 이 저기가 됐다니까.

[조사자: 배 위에서 있으셨던 적은 없으세요?] 네? [조사자: 배 타신 적은 없으세요?] 배는 안 탔어요. 우리는, 우리는 배는 안 탔는데. 에-보급 타러 갔다 오다가, 보급 조금한 배 가지고 보급 타러 갔다 오다가 결국에 우리 대대장이, 대대장이 걔들 포위에 저기야 섬이야 거기도 섬이야 연평도 뒤에 섬이라고 거기서 자다가, 나는 살고 대장은 또 죽은 거야. [조사자: 어떻게, 어떻게 그런 일이 있어요?] 걔들이 폭격 넘기는 바람에 포격에 직접 맞은 거야. 직접 집에 떨어져가지고 직접 맞아서 그래 가지고 대장이 거기서 죽었어요. 그래서 나만 살아 가지고 온 거지. [조사자: 연평도 뒤에 있는 섬이에요?] 예, 무도라는 섬에 갔어. 내가 보니까 그때 그 기억으론 [조사자: 보급하러 무도까지 가셨던 거예요?] 무도, 무도까지 갔다가 [조사자: 그러는데 폭격이 있었어요.] 걔들이 주력 부대 한 번 씩 나타나면 섬에다 되고 포격을 하는 거야. [조사자:

주력 섬에다 포격을 하는구나! 인민군들이] 그렇지 인민군들이. [조사자: 섬은 어차피 다 이남 사람들이 다 있다고 생각하니까] 그렇지 그렇고 거기가 팔성부대 올백식스라는 부대가 또 있었고 [조사자: 거기 부대가 있었고] 부대가 또 있었고 [조사자: 우리나라 주군 부대가 있었구나!] 보급하러 갔다가 오다가 대장이 죽은 그런 기억도 있었다니까. [조사자: 그럼 나머지 보급은 혼자 갖고 오신 거예요?] 그럼요.

그리고 또 계속 한 번씩 가면은 한번은 풍랑 만나 가지고 보급하러 갔다 오다가 풍랑 만나가지고 그냥 실탄을 그냥 밧줄로 무슨 배를 정박해야 되니까 그런 경우도 있었고 고생 많이 했다니까요. [조사자: 풍랑 있으면은 그냥 뭐 어떻게 배에서] 꼼짝 못하고 있으면 닻 놓고 있어야 되거든 바람이 잔잔해야지 또 운행해야 되니까 그래가지고서는 실탄까지 붙들어 매 갖고 그렇게 고생한 기억이 있다고 그게. [조사자: 겨울에도 배 타신 거예요? 겨울에도 배 타신 거예요?] 겨울에, 겨울에 저기, 저기 내가 배 타는 것이 목적이 아니고 보급하러 몇 번 왔다 갔다 하는 바람에 그렇게 된 거고.

[5] 국방부에 전투를 알리려고 조사하다

국방부에 이 전투들을 알리려고 조사하고, 그래서 지금 내가 그동안에 있으면서 작전을 자주 나간 것이 아니기 때문에 요거, 요거를 지금 국방부에서 전투한 내역을 저기 하라고 그래서 이것을 지장, 훈장을 받으려고 몇 장 만들었어요. 그래서 내가 요걸 꺼내 놓은 거라고

[조사자: 그런데 요거 얘기 정말 재미있는 것 같아요? 간수도 그렇고 여자를 봤는데 치마를 보니까 미인이었다. 이건 뭔 내용이 예요? 도대체] 아! 그러니까 작전 나갔다가 민간인, 내가 보니까 민간인 만나 갖고서 여자 만나 갖고 여자가 얘기 대화한 내용 그런 내용 갖지 않아. 이게. 그 얘기 거라고 이게 [조사자: 이 얘기는 다 이제는 다른 분들한테 들으신 거예요?] 아! 이거는, 이거는 저

기가 도는 거지. 뭐야 면은 그 사람이 여기에 대한 내용을 정확히 아는 사람들. [조사자: 얘기를 듣고 이렇게 쓰셨나 봐요? 그분들을] 그리고 홍순군 이런 사람들은 간부급이었었어. 이게 경비부장 아니야. [조사자: 어르신이 얘기를 듣고 쓰신 것 같아.] 그렇지. 응 여기도 보면 저 전부 간부로 있었던 사람 들고 [조사자: 간부면 한 몇 살 정도 되셨을까?] 이 사람들은 나이 다 돌아가셨어. 지금 이 나이에 지금 [조사자: 돌아가셨고, 지금은 그쳐 그랬을 것 같아서] 우리 나이보다 한참 위지, 간부로 있었으니까.

[6] 섬에서 섬으로 피난한 이야기

[조사자: 그러면 섬에 계신 분들은 인민군에 민가, 북한 땅에 민간인들이 이 땅으로 넘어오려고, 섬으로 넘어오려고 피난하려고 그런 사람들 없었어요? 거기 북한이 싫으니까?] 일단은 전쟁이 나고 나서는 피난이 그냥 뭐 무지기 많이들 이로 넘어온 거지. [조사자: 예, 그랬죠!] 그니까 아까 그 우리 저 이 양반이 얘기한 데로 백령도 전부 다 피난 온 사람들이라고 배 타고들 그냥. 각자 배를 이용해서 오고 단체로 이용해서도 오고 그거를 LST로 다 군산인가 어디까지 수송한 것 아니야. [조사자: 수송한 거고] 근데 우리 나 있던 용매도는 다량으로 그렇게 몇십 명씩 들어오지는 않았어. 그냥 몇 명씩 그냥 개들이 싫으니까 그냥 몰래몰래 들어오고 이런 사람들은 많았지. 그러고 LST를 그거는 다량으로 그런 것은 내가 기억하는 것은 없어요.

[조사자: 그러면 지금 연평도나 이런 돼서 백령도가, 연평도에서 용매도까지 배로 얼마나 걸립니까? 만약에 가면, 보이나요? 이렇게 보면?] 그렇지. [조사자: 가깝겠네요. 아주, 용매도가 가까운 거리다.] 아, 그래가지고 우리 그 모임이 또 있어가지고 우리 단체에서 10년 됐나. 10년 안 되었나! 연평도가 지금 해병대가 있잖아요. 거기 사령부에 가 갖고서 망원경으로 우리 그 용매도를 보니까 육지하고 막았더만, 막았어. 이제는.

그때 옛날에는 물 빠지면 [조사자: 아! 갈 수 있었구나!] 가고 이랬는데. 배를 타고 왔다 갔다 해야 되는데 물들어 올 때. 근데 이제 육지를 다닐 수 있게끔 다리 가진 것을 놓은 것 같더라고 개들이 이북 인민군들이 [조사자: 아! 그때는, 옛날에는 썰물때만 왔다 갔다 했었는데.] 아 [조사자: 섬이 큰 건가요?] 응. [조사자: 섬이 큰 건가?] 커요. 그 동네가 한 5개 마을이 있어. 5개 마을 [조사자: 크네요.] 커요.

섬 중에서도 크다고 그래 가지고 거기가 주 그 저기가 뭐냐면 바지락. [조사자: 아!] 바지락 있어. 바지락, 바지락을 한 번씩 저기 해서 그거로다 1년을 살 수 있는 그런 저길 만들어 놓고 사는 데에요. 거기가 [조사자: 그때도요?] 예, 그 배부른 사람들은 배부른 사람 따로 있었지만은 [조사자: 따로 있었고] 고기잡이 배 하는 사람들 주로 거기를 어패류 거기는 바지락 때문에 산 거에요. 거기가 그리고 증산이라는 내가 조금만 증산 거기는 어패류도 있긴 있지만 많지 않고 배 갖은 사람도 좀 있었고 나머지는 전부 육지로 그냥 물속 많은 육지 가서 반찬, 잡아 온 것들 저기 저 뭐야 생선 같은 것 그 거 팔아서 또 거기서 쌀로 다 바꿔오고 이런 식으로 해서 생활을 하고 살았다고 [조사자: 아! 용매도와 증산도는 얼마나?] 거리가 멀어요. 멀더라고 좀 왜냐하면 거기가 가까운 거리는 아니야. [조사자: 그러면 증산도는 육지에서 더 떨어져 있는 곳이겠네요? 용매도 보다는] 아니 아니야. 그게 아니고 [조사자: 그건 비슷하고요.] 아! 용매도에서도 육지가 조금 먼 편이고 우리 증산이라 데는 이게 이렇게 산에 올라가서 보면 거기 소리까지 다 들리는 데라고 그렇게 가까운 데라고 [조사자: 아! 증산이 더 가깝구나!] 증산이 육지가 더 가까운 거예요. 그니까. [조사자: 아! 그래서 용매도로 돌아가셨구나!] 예, 그래서 용매도로 간 거예요. 그니까 거기서 [조사자: 거기가 육지에서 가깝구나!] 거기서 왜냐면 거기서 살 수가 없는 거야. 걔들이(인민군), 걔들이 포 자꾸 넘기지. 뭐해 먹고 사느냐고 그러니까 우리가 용매도로 간 거야. 우리가

[7] 용매도에서 미군 소속의 8240부대에 배속

[조사자: 아!, 황해도 벽성군, 황해도 연백군 행정구역상으로?] 그렇게 되어 있어요. 같은 황해도야. 다 [조사자: 벽성군이나 연백군이 이 당시에는 이 남쪽의 땅이었습니까?] 다 이남이야. 이남. 이남이고. 송봉 쪽은 이북 쪽이 됐지. 개들이, 개들이 처음에는 이남이었었는데. 개들이 이북이, 이북이 된 거야. [조사자: 지금은 다 이북 돼 버렸겠네요?] 지금은 다 이북이고 그때만 용매도만, 용매도만 아군이 있었고 증산을 철수 했던 거야. 그러니까 개들이 뭐 말까지 다 들리는 된데 거기서 어떻게 버틸 수가 있나. 민간인들. [조사자: 말까지 다 들리는구나!] 안 되는 거지. [조사자: 옛날 38선으로 딱 접근지였구나! 그 증산도 가?] 예. 그렇게 된 거예요. 그게.

[조사자: 용매도에는 국군이 주둔해 있었고?] 현역이 주둔해 있었던 것이 아니고 우리 8240부대 있던 거야. 8240부대 근께 미군 소속으로 있던 8240부대가 [조사자: 그게] 8240 [조사자: 8240] 8240 [조사자: 근데 미국 저기라고 그걸] 미군 소속으로 [조사자: 미군 소속으로] 현역들이 한 게 아니고 우리가 그 소속해 있었던 거예요. [조사자: 민간 뭐 자경단 그런 성격인 거예요? 아니면 미군 휘하에?] 휘하에 있던 거지. 휘하에 그 그게 명칭이 미 극동사령부, 미 극동사령부는 오키나와에 있던 거야. 일본에 미 극동 사령부 8240부대 그렇게 되어있다고. [조사자: 8240?]네, 명칭이 그렇게 되어 있다고

[조사자: 정식 편재는 있는 부대였으니까 그 정식 군사 활동으로 인정해 줘야 하는데] 다 해야 하는데. 이 국방부에서도 지금, 지금 6.25 전사에 막대한 돈을 들이잖아요. 그거를 근데 우리 이쪽 서해 쪽으로 이쪽에 8240부대 이쪽에는 그게 다 빠진 거야. [조사자: 증거가 없는 거야. 그게] 그래 우리 우리대로 유격전사라고 책자를 만들었어요. 근데 [조사자: 아! 근데 미국군 쪽 전사에도 안 남아 있습니까?] 미국에 되어 있다는 것 같아요. [조사자: 미국 쪽엔 돼 있을 것 같아.] 미국에는 그래가지고 우리가, 우리가 저기 미국 변호사까지 사가지

고 재판까지 걸어 됐어요. “보상을 해라!” 근데 그게 안 된 거야. 근데 미국에는 우리 한국 정부에다 밀어 버리는 마는 거야. 너희 나라 너희가 지키려고 했던 거니까. 근데 요즘 서서히 또 저기 용산에 전쟁기념관이 있잖아요. 거기에 또 뭐 책자 많이 수록되어 있나 보더라고 거기서 일부 찾아가 지고 한다는 말도 있고 지금 아직 이러고 있어요.

[조사자: 지금 이 8240 부대에 소속된 분 중에 생존해 계신 분 좀 있습니까?] 아! 지금 2천 명도 안 될 거야. 아마 다 없어지고 지금 뭐 [조사자: 원래는 어느 정도 있었던 거예요?] 아휴 그때는 몇 만명. [조사자: 굉장히 큰데요. 용매도가 엄청 큰 섬이네요?] 그래 섬을 우리 8240 부대에서 다 맡아서 있던 거야. 그러니까. [조사자: 용매도가 되게 큰 섬이네요?] 커요. [조사자: 아까 얘기했어. 마을이 다섯 개가 있었다고] 마을이 다섯 개나 있는데. [조사자: 그렇구나!] 저기 연평도, 백령도 저 순옥도. 순위도 다 우리 8240부대 저기로 있던거야. 그니까 우리 정부에서도, 정부에서도 이승만 대통령 있을 때 현역이 뭐 군대가 있어야 뭘 하지. 그러니까 우리 힘이 막강했던 거예요. 그러니까 인정을 하는 거야. 정부에서도 그런 저기를 근데 그걸 실컷 저길 못 해주는 거지.

[조사자: 그러면 8240부대에 몇 살까지 계셨어요? 어린 나이에 그 저기 하셔가지고] 그래 가지고 아니, 아니 연평도까지 와서 이리 왔다고 그랬잖아요. 대무도, 때무리 [조사자: 무이도] 대무리까지 오니까 현역으로 편입시키는 거야. 현역으로 [조사자: 그래봤자 나이가] 내일, 나한테 그걸 물어보더라고 현역으로 간 거야 어떻게 할 거야. 나 안 간다고 [조사자: 나이가 어리니까.]

[8] 누님은 덕적도에서 배를 타며 피난을 하다 마포에 정착하다

아 그래 가지고 그때 우리 누님들이 덕적도 있었어요. 피난 덕적도로 왔으니까. [조사자: 덕적도] 덕적도로 간 거야. 내가 덕적도로 간 거야. 가갔고 거기서 또 누님들 같이 살다가 인천으로 와서 인천에서 정착하게 된 거지. [조

사자: 덕적도에 사실 때도 전쟁이 끝난 건 아니었죠? 끝났나?] 끝났지. 그때는, 그때는 끝났어요. [조사자: 강화로 오셨다고 그러셨는데.] 아! 강화는 어떻게 됐냐면은 우리 둘째 누님이 강화에 일개 부락이 젊은 사람이 많았다고 누님은, 누님은 우리 매형이 거기 있었으니까 그리 간 거야. 그래서 강화로 가게 된 거라고 우리 난 강화는 안 가고 누님한테 자주 왔다 갔다 했지. 옛날에 갑조라고 여객선이 있었어요. 계속 댕기는 여객선이. 그 배 타고 왔다 갔다 했지.

[조사자: 그러면 덕적도에는 첫째 누님이 계셨나요?] 그렇죠. 첫째 누님 [조사자: 서울에 있었다가 피난하셨다가 덕적도] 피난 왔다가 [조사자: 그럼 누님은 어떻게 피난 가신 거예요?] 그때는 저기 몰라 뭐 육지 왔는지 그걸 모르겠네. [조사자: 배로 왔다 갔다 하신 지] 네. 배로 안 오고 육지로 그때만 해도 이남이었을 것 같아. 저기 육지 일부가 이남이었기 때문에 육지로 왔는지 배로 왔는지. 난 그건 좀 하여튼 서울 마포구에 살았어요. 마포 [조사자: 우리 동네네. 저 마포에 사는데.] 마포 [조사자: 예] 거기에, 거기에 우리 고향 사람들이 거기서 상회를 크게 한 사람들이 있어. [조사자: 마포에요?] 우리 5촌, 나하고 저기 우리 5촌 우리 아버지에 형제 아버지에 사촌의 아들인가. 서울서 마포에서 상회를 크게 했어. 다 돌아가셨지. 뭐. 그 5촌 그 양반은 문방구를 했어. 저 지물포같이 문방구 같은 거 지물포 이런 걸. 집도 한 두 채 있었고, 거기가 그게 딸이 어느 대학교 나왔는지 모르겠네. 걔도 대학교 나와 가지고 딸, 외동딸인데. 그게 김송자라고. 마포 그 바람에 나도 마포 자주 갔었고. [조사자: 황해도 쪽에서 덕적, 강화 이쪽으로 내려오셨다가 마포 쪽으로 옮긴 그 루트에 있는 분들이 많은 것 같아요, 저희가 만나 뵌 분 중에서] 고향 사람들이 많이 살았다니까. 우리 5촌도 지물포 크게 하고, 그니까 왜냐하면 배 갔고 올 때가 마포거든. 마포 [조사자: 마포까지, 강화도에서] 마포 그래서 용매도서도 서울 간다고 그러면 마포깡에 내리는 거야. [조사자: 그렇구나! 아! 재밌다.] 그래서 많이 정착을 거기 한 거지. 마포에 [조사자: 아! 그렇구나!]

[9] 섬에 선교사가 일찍 들어와 어린 나이부터 교회를 다니다

근데 지금 몇 십 년을 흘렀는데 그 상황이 지나간 지가 지금 이게 점점 자꾸 흐려져 가는 거야. [조사자: 그렇죠.] 생존해 있는 사람들은 다 하나씩 가지. [조사자: 그게 제일 문제에요?] 뭐 증인 될 사람들이 뭐가 있어. 그니까 그럭저럭 그냥 편하게 살다가 에이 뭐 일생에 한 번 태어났다가 나도 지금 10년 전부터 나도 교회에 나가는 거야. 교회를 우리 저기 저 뭐야. 포천에 있는 누님이 아주 그냥 젊어서부터 크리스찬이야. 믿음을. [조사자: 그쪽 원래 고향에도 일찍 들어갔었습니까?] 응 [조사자: 교회가?] 일찍 들어왔어. 거기도 거기 우리 어머니 아버지도 교회를 다니던 분들이라고. 우리 둘째 누님만, 둘째 누님만 교회를 내 여동생 걔 기자 걔도 교회 열심히 나가지 뭐! 우리 매제까지다, 애들 다 [조사자: 정말 열심히 하시더라고요. 그쪽으로 일찍 선교사들이 들어 갔었구나!] 우리 고향에도 [조사자: 섬에 더 많구나!] [조사자: 이쪽으로 해서 저 대동강으로 올라가는 길이] 나도 어려서 그니까 어린 나이야. 그때도 나도 교회에 무슨 저 크리스마스 때 되면 교회 가고 [조사자: 교회에 가셨구나!] 그런 기억이 나는데 생생하게. [조사자: 그쪽이 원래 일찍?] [조사자: 한 몇 살 때부터 어리셨을 때부터?] 그러니까 초등학교 다니기 전에 다닌 것 같아. [조사자: 그러니까 일찍 있었네.] 그게 뭐야. 그냥 뭐 그때 연극도 하고 하니까 그런 거 구경하는 저기에 어린 나이에도 그렇게 댕겼어요. 지금 내가 한 10년 됐어. 교회 열심히 나갔는지가, 우리 집 사람은 권사지. 우리 집사람은 더 오랬구. 근데 이 나이에 편안하게 안정되게 그냥 저기 하려고 교회도 열심히 나가고 그렇게 사는 거야.

[10] 가족 부양과 군 입대

[조사자: 어르신은 자제분은 어떻게 되세요?] 나는 딸 셋 막내가 아들. [조사자: 우리 집하고 똑같네.] 그니까 우리 집사람이 딸 셋 낳고 그니까 여자 욕심

은 말이지 그래도 애를 아들이라도 낳아 보려고 막내가 아들이야. 우리 셋째 딸하고 막내하고는 한 5, 6년 차이가, 5, 6년. 그리고 나도, 나도 이 하역 개통에 있었어요. 하역 [조사자: 아!] 하역, 외국서 배들어 오는데. 그래 가지고서 내가 한 30년 한 군데 한 직장에 30년을 내가 있었다고. [조사자: 수출역군이시네. 진짜] 그래 가지고서 내가 안전관리 과장도 하고 내가 간부직으로 있었기 때문에 그래 가지고서 우리 큰 매형이 마흔아홉에 돌아가셨어. [조사자: 일찍 돌아가셨죠.] 마흔아홉에. 에. 그래서 그 집 식구들도 내가 인천에 와서도 내가 직장에 열아홉 살에 못돼 갔고 직장에 나간 거야. 나가서 내가 다 먹여 살렸다니까. 그니까 내가 내 지금 저기가 아주 정말 근데 이제는 또 저희들 저희들대로 뭐 저기 한다고 이렇게 사는 거야. 지금이게. 그 내용을 그 저기를 둘째 누님이 내 저기를 아주 잘 알지. 아주 [조사자: 더 고생 많으셨다고.] 그니까 내가 그 어린 나이에도 머리가 좀 명석했던 것 같아. 내가 가만히 봐도 그래 가지고 서는 내가 하여튼 저기 뭐야 이 어려서 뭐 저기 한 것은 기억이 생생하게 나니까는 얘기를 하고 그러지. 그러지 못하면 얘기할 수 있나.

[조사자: 그 전쟁 끝나고 그러면 따로 입대를 안 하셨겠네요?] 입대를 했어요. [조사자: 또 나이 차서 또 하라고 해서?] 했는데. 에 내가 그때 입대 할 때가 어린애가 둘인가 그래 됐나 봐. 그래가지고 [조사자: 그럼 몇 살에, 스물세, 넷에 가셨어요?] 늦게 간 거야. 늦게 [조사자: 결혼은 언제 하셨어요?] 늦게 가[조사자: 거의 60년대 돼서 가신 건가?] [조사자: 그러면 결혼은 언제 하셨어요?] 응. [조사자: 결혼은 언제 하시고] 결혼 내가 27살, 26살 때 아까 얘기했잖아. 그니까 우리 집사람이 24살 때야. 그니까 결혼을, 부모가 없다 보니까 결혼을 일찍 했나 보더라고 내가 보기에도. [조사자: 아! 그래서 자제분을 놓으시고 군대에 가셨구나.] 그럼요. 그래 가지고서 저 어디야 훈련소 가니까는 내가 불합격을 받았어. 다행히. 또 불합격. 불합격 판정받는 바람에 집으로 왔지. [조사자: 귀가 조치 됐구나!] 예 [조사자: 귀가 조치하셨구나!] 귀가 조치가 된 거야.

그게 그렇게 되 데니까? [조사자: 그리고 뭐 전쟁 통에 군인 역할 하신 거니까. 귀가 조치해도 나라에서 사실은] 아주 뭐 아휴 [조사자: 지금 참전 유공자라는 인정을 받으신 거예요?] 된 거에요. 다. 되가지고서 그니까 우리는 인천에 우리 전우 사무실이 있어요. 수유동에 그래 가지고서는 일 년에 한 번씩 총회를 하고 얼마 전에 총회를 했지. 수유 공원에서 하고 우리 거 최 회장이 육군 대령으로 그 사람도 우리 팔사이공부대 출신인데. 그 사람은 월남까지 갔다 왔어 월남. 그래가지고서 군대생활을 오래 했지. 대령 예편해서 그 사람은 대위 연금을 3백만 원씩 타요. 그러니 다행이지. 그런 경우는 다행.

[11] 전쟁에 잃어 버렸던 막내 여동생은 찾았지만 남동생은 사라지다

[조사자: 막내 동생 분은 정말 어렸어요?] 우리 여동생 '기자'? 그니까 [조사자: 저희 사돈어른] 그래 사돈 간이라고 그랬잖아. [조사자: 예] 걔도 고생을 한 거지. [조사자: 너무 어려서] 회전 엄마하고 남동생하고 둘이 같이 나온 거야. 인천으로 와 갔고 인천에서 걔도 나이가 어리니까 어떻게 헤어졌는지 모르고 있는 거야. 자기 오빠를. [조사자: 중간에 있는 동생이 사라졌구나!] 김기혁인데 잘 모르는 거야. 그래 가지고 나도 못 찾는 거야. 태준 엄마 저기 태준 엄마도 기자도 근데 누구한테 수소문을 해 들어보니까는 부천에 있다는 연락이 누가 얘를 해주는 거야. 부천, 부천, 부천에 양어머니가 보니까 거기 가니까 복숭아밭도 여러 개 있고 소명여자고등, 중학교가 어디 댕기나 보더라고 그래가지고 그때 얼마 안 있으면은 수녀로 다가 독일 유학을 보낸다고 그러는 것 같더라고 유학, 유학을 태준 어매를 [조사자: 정말로?] 응. [조사자: 태준, 저기] [조사자: 그 제일 막내 여동생] 여동생을, 그러게 내가 [조사자: 수녀가 될 뻔했다고요!] 내 혈족이니까 내가 안 된다 빨리 우리 집으로 가자 [조사자: 그래서 그러니까 남동생 얘기 하는 게 아니라, 여동생 찾은 얘기를 하는구나!] 내가 찾은 거야. 내가 찾아가 지고 [조사자: 그러셨구나!] 온 거야. 그렇게 된 거라

고 [조사자: 남동생, 여동생을 다 잊어버리셨다가] 그렇지요. [조사자: 여동생만 찾았구나!] 남동생도 그나마도, 죽었다는 말도 들리고 이상하게 다 저기만 되더라고. 그래 우리 집안이 아버지 일찍 돌아가셔 그다음에 [조사자: 큰형님] 6.25 나고 어머니 돌아가셔 또 큰형 인천에 와서 직장 다니다 그렇게 돼. 남은 동생 또 그렇게 없어지고 남자는 나 하나, 여자만 셋, 4남매가 남아 있는 거야. 그니까.

[12] 8240부대의 기록이 많지 않아 유공을 인정받는데 어려움이 많았다

[조사자: 그러면 어르신은 지금 그 8240부대 그걸로 참전 유공 그걸 인정받으신 거에요?] 인정된 거예요. [조사자: 그거는 인정하면서] 근데 우리 전사 여기에 대한 거는 그 육공 본부에서 상사가 누가 회신이 왔는데. 책임을 안지겠다는 얘기야. 얼릉 말해서는 거기서도 [조사자: 그죠.] 네. 그렇지 않아요. [조사자: 확인이 안 된다는 거] 그니까 알쏭달쏭하고 다 그니까 책자로 다 기록이 되고 하면 금방 되지요. 이게. [조사자: 근데 제가 보기에는 미국에는 기록이 있을 것 같은데.] 근데 미국에는 있다는 것 같더라고 미국에는 근데 [조사자: 왜냐면 정말 극동사령부에 의하면 제가 따른 돼서 봐도] 그 얘기가 있었던 거에요. [조사자: 한국군에 없는 걸 제네 들은 기록으로 갖고 있더라고요. 보니까] 그래서 우리가 유격전사를 다 만들고 했는데도 그걸 인정을 안 해 주는 거야. 거기에는 더 상세하게 나와, 나와 있는 책자를 이렇게 두껍게 만들어 놓은 것은 그 인천에 우리 그 저기 조남희라고 대위로 예편한 사람인데. 그 사람이 그걸 수소문해서 전부 다 했는데도 그게 안 됐어요. 그 뭐 그게 어느 기관까지 또 걸리는지 모르겠지만은 우리가 [조사자: 근데 저희 목적이 누가 볼지 모르지만 이후에, 저희 후에 세대에 기록을 남긴다는 것 자체가 의의가 있는 거지요.] 뭔가는 얘 어쨌든 간에 우리, 우리나라에 그런 일이 있었고 전쟁이 나갔

고 그 이후에 모든 기록이 완전히 그 우리 밑에 후세들도 말이지. [조사자: 그럼요.] 좀 뭐 이렇게 우러러 보고 이런 식으로 좀 도움이 됐으면 저희 많이 되긴 되겠죠. 그런데 그게 어느 세월에 되려는지.

[조사자: 아까 저기 서해 쪽에 민간인들 LST 수송 원으로 옮긴 얘기 이렇게 했어요] 정말 아까 얘기하면서 울면서 말이지. [조사자: 동해 쪽 얘기나 이쪽 얘기는 좀 많이 없거든요. 이상하게 황해도나 이쪽 섬들 관련 된 거가 많이 좀 누락된 건가 많은 것 같아요.] 많아요. 아니 왜냐하면 얼른 말해서는 정부에서도 머리를 못, 쓸 저기도 안 되지만은 못한 거야, 다– [조사자: 그리고 동부전선 쪽을 아무래도 국군이 나눠서 많이 하고?] 그때 거기만 많이 저기하고 [조사자: 이쪽은 UN군이 대부분이고] 섬 쪽 이짝에는 그 극동 사령부가 창설되고 거기서 다 운영을 한 거야. 그래 고문관들이 한 번씩 오는 거야. 헬리콥터 타고서 [조사자: 헬리콥터 타고 오고?] 네. 그래서 지금 내가 지금 제일 나이 어린 나이에요. [조사자: 그려셨겠다.] [조사자: 지금 여기서요?] 네. 그래 가지고 [조사자: 너무 어릴 때 하셨어.] [조사자: 다 팔순 넘으셨겠네요? 이제] 그럼요. 우리 또래가 여기 지금 하여튼 몇 십 명이 안돼. 지금 현재 우리 저기가 내 또래가 그래 지금 내가 이 양반들도 지금 살아봐야 또 얼마나 살아. 그래서 지금 내가 여기 있으면서 조금 돌아가는 상황 파악하면서 살다가 몇 년간은 내가 좀 활동할 수 있으니까 있으면 지금 [조사자: 지금 주 지원 주체는 지자체입니까?, 정부입니까?] 아! 지자체, [조사자: 지자체] 아 그게 우리 연수구 구청에서 [조사자: 아! 여기서 지원을 받는구나!] 지원을 받는 거야. 지금 일 년에 한두 번씩 호국순례 간 거 다니고 버스 한 다섯 대 이제 다 지원해 주니까 그 돈이 다 나와요. [조사자: 여기 장소하고?] 그래 가지고 보훈 회관도 연수 구청에서 마련을 해준 거야. [조사자: 아! 그럼요.] 요 강당 커요. 여기도 [조사자: 뭐 월남도 있고] 여기 팔개 단체가 있다고. [조사자: 아!] 팔개 단체가 있는데 우리가 제일 나이가 제일 많지. 좌상격 이지. [조사자: 그렇죠.] 그러니까 각 단체 마다. 지원금은 나와요. 충분히 주지는 못하는데. 그냥 뭐 행사 같은 거 한다면 [조

사자: 구청에서 하는구나!] 구청에서 지자제니까 정부 지원금은 뭐 거의 없다시피 하니까 [조사자: 건강하셔야 되겠네. 일할 게 많으셔서.] 건강도 뭐 마음대로 되나, 근데 하여튼 지금 걷지 못하는 사람들이 무수히 많다니까 지팡이 가지고 다니고.

인민군과 미군치하에서 군복을 만들다

박 태 순

"인민군복을 맨들었는 거지. 근데 이거 월급을 주는 게 아니라 이 배급같은 걸 주드라고"

자 료 명: 20120529박태순(양평)
조 사 일: 2012년 5월 29일
조사시간: 1시간 58분
구 연 자: 박태순(가명; 남 · 1927년생)
조 사 자: 박현숙, 조홍윤
조사장소: 경기도 양평군 (제보자 조카의 집)

[조사과정 및 구연상황]

김미숙 박사의 소개로 죽전에 거주하고 있는 박태순 제보자를 양평에서 만났다. 제보자는 해방 전부터의 삶을 시간 순으로 차분하게 구연하였다.

[구연자 정보]

박태순의 제보자는 1927년 개성 삼포에서 5남 1녀 중 셋째로 태어났다. 초등학교를 졸업하고 부친이 양복점에 취업을 시켜서 양복기술을 배우게 되었다. 24세에 한국전쟁을 맞았다. 현재는 경기도 분당 죽전에 살고 있다.

[이야기 개요]

부모님이 제보자의 형과 동생은 공부를 시켰지만 제보자는 초등학교 졸업 후 양복 기술을 배웠다. 그래서 공부해서 교사가 된 형과 동생에 대한 질투가 심했다. 19세 때 아버지가 개성에 양복점을 차려 주어 양복점을 경영하였다. 당시 개성 38선 송악산지구에서는 땅굴을 파기 위한 민간인 동원령 때문에 많이 힘들었다. 힘든 동원도 피하고, 군입대를 면하기 위해서 6개월의 훈련을 마친 뒤 북에 투입되는 해군지투부대원 대상자(주로 사회 정화 대상자)를 색출하여 보고하는 일을 시작했다. 21세 되던 해, 아버지가 서울에서 세탁업과 양복 수선을 함께 할 수 있는 가게를 열어주었다. 24세에 6.25 발발, 6.28에 인민군이 서울을 점령하였다. 의용군을 피하기 위해 인민군 군복을 만드는 공장에 취직하였다. 출근하면 인민군이 가르쳐주는 노래를 불렀으며 사상 교육을 받았다. 9.28 수복으로 인민군이 후퇴하면서 공장 직원들에게 월북을 권유했다. 수복 후 인민군복 만들었다는 사실로 인해 국군에게 개머리판으로 머리를 맞기도 했다. 군입대를 피하기 위해 작은 아버지집으로 도피했다. 제보자는 피난을 떠났다가 우연히 친구를 만나서 24사단 기갑부대에 하우스보이로 취직했다. 미군부대에서 미군옷 수선을 하게 되면서 달러를 많이 모아서 큰돈을 벌게 되었다. 훗날 그때 모았던 달러를 환전하여 을지로 4가에 양복점을 개업했다.

[주제어] 양복 기술자, 인민군복, 공장, 기갑부대, 하우스보이, 미군부대, 미군 옷, 수선, 달러장사, 양복점

[1] 전쟁 이전까지의 삶

[조사자: 저희가 지금 하는 게, 그 이제 어르신들 전쟁 일어나서, 이제 전쟁 때 경험하시구 이러셨던 거를 그냥 이렇게 생각나시는 데로, 그 다음에 또 되게 깊이 기억나시는 부분들은 더 자세하게 해주시면 되구요.] 글쎄 뭐 그런 거야 얘기해 줄 수 있는데, 어디 얘길 해 줄까, 그럼? [조사자: 근데 왜 이렇게 젊으세요? 86세시라구, 잘못 봤나?] (일동 웃음) 난 아 저 녹음이 되는 거야, 지금? [조사자: 예. 지금 녹음이 되고 있어요.]

내가 태어나기는 개성서 태어났어요. 개성서 할아버지 우에 할아버지 때부텀 대대로 내려오는 그 할아버지의, 저것–이 삼포야, 삼포. 인삼재배허던 이런 거기 땜에, 개성서 조금 부유헌 집안으로 태어났어요. 부유헌 집안인데, 이– 육남, 아니 오남 일녀의 가족이야, 이제 우리 형제가. 오남 일녀의 식군데, 그 중에 내가 셋째로 태어났어요. 그래가지구 개성서 국민핵교를 댕겼어요. 그런데 초등학교 내가 육 학년 때 병을 몹시 앓았어. 육 학년 때 싸우다가 이제 갈비를 한 대 읃어맞아가지구, 그 이제 아마 열세 살쯤 될 거야. 싸움을 하다가 이제, 내가 친구를 때렸더니 그 친구가 분해가지구 어떻게 때렸는데, 아침에 조회시간이, 아침에 일어나잖아요? 선생, 그때는 조회, 왜정시대니까 조회했을 때, 이놈이 무심코 서있는 놈을 갖다가 나를, 옆을 한 대 때린 것이, 이것이 그냥 그 당시는 몰랐지. 근데 요것이 한 삼 개월 되니깐 숨이 차고, 옆구리가 결리고 이렇게 해서 학교를 도저히 갈 수가 없어. 그래 병원에서 진찰을 받아보니까 늑막염에서 복막염으로 번져갔다고, 그게 뭐이냐면 지금은 그런 병이 없지마는 이 복부에 물이 다 차가지고 이 저기 가슴까지 올라 찼으니까.

"이거 이대로 두면 살지 못한다. 그러니깐 병원에 입원 시키라."

해서, 내가 육 학년 이 학기 올 무렵에 병원에 입원을 했어요. 입원을 해서 보니까 병원에서, 그때는 한 칠십, 그 칠십 년 전 얘기야, 내가 이 저런 게.

그때 여 이 병원에서 하는 것이 이제, 입원을 이삼 일 입원허더니, 그 그때는 수술을 안허고. 그 저 이거 주사기를 여기다 꽂어가지구 이 물찬 거를 빼내는 거예요. 빼내는데 아마 맥주 한 병 정도는 아마. 어렸을 때 생각으로 빠지는데, 처음엔 고름물이 그냥 나와, 고름물이. 고름물이 참 쭉— 나오더니, 어느 정도 빠지니깐 피허구 고름이 쑥쑥— 그리 나와. 해서 그걸 딱 뽑고 나서 조금 되야선 의사가 있다가 한다는 소리가, 이거는 지금 수술할 수도 없고 하니까 이삼 년간 요양을 해야 이거 치료가 완치된단 얘기야. 이제 어떻게 하냐믄, 물이 그렇게 뺐어도 또 뭐 물이 자꾸 채잖아. 그러니깐 이제 약으로 이걸 줄여야 된다는 거야. 한약을 먹든가 해서 그 피를 말려야 되는데 그렇게 오래 걸린다 하더라고. 그래서 그걸 그런대로 거기서 삼 개월 동안 입원허고 나서 핵교를 나갔지, 다시.

그 삼 개월 동안 놀다 핵교 나가니까, 핵교에서 그때 몸이 아프니까, 뭐 이 앉아서 공부허고 체육시간 이러면 나는 나가지도 못하고 교실에 앉아서 그 옷이나 지켜보고 있고 이렇게 구월 달 쯤 해서 국민학교를 졸업을 했어요. 그래 중학교를 가야 될 텐데, 상태가 워낙 좋지 않으니까 중학교를 시험도 못 봤어. 시험을 치지도 못 하고 그래서 결국 중학교를 못 가구, 이제 고등핵교, 저 국민학교 고등과라는 게 있었어요. 아 거기를 이제, 이제 어 그냥 이 벌써 열일곱, 열여섯이 됐지? 그래서 내가 이제, 그걸 내가 끓고 나서 그냥 댕기다가 어떻게, 아이 참 부모가 하는 말이

"아휴, 저놈은 이제 공부도 잘 못허구, 아 육 학년 때 공부를 그랬으니 중학교도 못 가고 시험도 못 쳐 봤으니까"

아 그래서 아버지가 먼저,

"야, 저 놈은 공부허기 틀렸다. 기술이라도 가르쳐야 저 이듬해 밥이라도 먹고 살지 않느냐?" 그래 이렇게 해서, 그렇게 하고 있다 이 학교를 졸업하고 나서, 그러구서 어이다 집어 넣냐면 이제 공부 못 허니깐 기술 가르킨대는 게 양복점에다 이제, 아버지가 소개해서 양복점에다 집어넣었었어요. 그래

양복 일을 한 일 년 동안 그 배우고 나서, 내가 배우다 보니까 8.15 해방이 됐네? 8.15 해방되니까 아 전부들 이제, 그때 개성에도 중학교라는 게 한 서너 개 밖에 없었어요. 그래 형은 벌써 중학교를, 고등학교를 졸업허고 서울로 유학간다고 그래서, 서울에 올라와서 이제 어딜 댕기냐 하면 국민대학이라고 나왔고, 동생은 이 사범핵교 들어가가지고 고 사범학교 이제 고만 그제 댕겼고, 나는 뭐야? 양복쟁이가 된 거 아냐, 공부를 못했으니깐 기술이라도 그리해서. 그래서 이제 그제 부텀 질투가 나고 샘이 나더라고.

'그 형허고 동생들은 다 공부하는데 이거 나는 뭐야?'

아주 은근-히 샘이 나고, 자-꾸 반감이 일어나게 되요, 그 나이 때는. 그때가 이 열아홉 살 땐데 그때 해방되고 나서 그 세댄데, 자꾸 주정을 부리니깐 부모가,

"넌 그러면 그러지 말고 가게를 하나 내줄테니까 그거를 운영허라."

그래서 저 양복점을 하나 채려줬어요, 개성에서. 그때 열아홉 살 그때, 뭐 사업에 경험, 경력이 있어? 뭐 기술도 뭐 온전헌 기술도 못 되고, 그 하여튼 채리니깐, 형 대신, 형이나 동생은 공부시키는 거 공부했었댔지만, 그리고 형은 이자 서울을 있다가 그 후에, 나는 뭐를 했냐면 양복점을 내주니깐 거기에서 그 사람을 하나 두고 양복점을 했는데, 맘이 자꾸 비뚤어지는 거야.

'에이- 어떡허든지 지금 뭘 좀 해야겠다.'

그래가지구 어디를 들어갔냐믄 그때 해방되고 이박사가 한국에 귀국을 해 들어왔을 때, 그 개성지구가 3.8지구 아니야요. 3.8지군데 거기에 빨갱이들이 굉장히 많이 활동할 때야. 그런데 그 당시 저 이 박헌영이라구 노동당 괴수 알거예요. 그 남로당 괴수가 거기서 민애청이라는 걸 조직을 해가지구 그 빨갱이랑 막 그 활동허구, 또 이박사는 저 이 뭐야? 그 빨갱이들 없애야갔다구 대동청년단이라는 걸 조직을 하고 해서 싸우고 해가지구, 이박사가,

'남한에서 민애청을, 박헌영이 남로당파를 없애버려야 저놈들이 가지.'

그래서 그걸 탄압을 시작을 하고, 그러니까 빨갱이가 지하로 들어가지 않

왔어요. 지하로 들어가고, 이건 뭐 사상얘긴 할 거 아니지마는, 지하로 들어가고 그 대동청년단이라는 게 딱 권력을 쥐니까

"너희들 빨갱이 잡아들여라."

해서 인제, 막 잡아들이기 시작하니까 인제 그 빨갱이 그, 대동청년단 단장이 누구냐 하면은, 초기에 단장이, 알 거야, 저 민관식. 알죠? 국회의원 하던 애 있잖아? 그사람 형님이 그 총수거든. 빨갱이 그, 저기 뭐야? 대동청년단 단장이 돼가지구 빨갱이 막 숙청허구 잡아들이고 그땐데, 그리고 나서 또 젊은 사람, 대동청년단이 무슨 역할을 했냐면 잡아들이고 빨갱이 숙청하는 데고 하니깐 전부 자꾸 그 3.8지구 동원령을 자꾸 내렸어요. 고 장사하는데 그래 막 동원령 내리구 하니까, 나도 그 내려가서 뭘 허냐? 동원령 내려가지구 3.8선 그 송악산 지구에다 땅굴을 파라는 거야. 땅굴을 파야 막, 저놈들 막기 위해서. 그게 그때는 남북이 이제 이 3.8선이 그때 갈려졌지만, 그저 그냥 막 통로였거든. 이제 그걸 막기 위해서, 빨갱이들 차단시킨다고 하니깐, 이놈들이 파출소를 습격하고, 막 수류탄으로 습격하고 도망가고, 이북으로 도망가고 그럴 때여서, 그 그 당시 민관식이 형님 민완식이라는 사람이다. 이 사람이 그 그놈들이 쏴서 암살을 당해 그 죽었어요, 형님이. 그 너무 빨갱이 잡아들이니까 이제.

그럭허고 나 이, 나도 매일같이 송악산 작업을 나가니까 이게 구찮단 말이야. 이게 뭐 장사도 해고 놀러도 댕기고 정말, 그치 한창, 그러니깐 또 이 내가 그 양복점 할 때 그 평화가악단이라는 그 악단들 생겨가지구 가게 와서 밤새 그 딴따라들 앉아서 그냥 키타치고 이래노니깐, 요 할아버지가 보더니,

"저놈의 시키, 장사를 시켰더니 똥꾸녕으로 장사하나?"

말이야, (좌중 웃음) 기집애들만 데려다 놓구 가게에서 그냥 떠든다고 그러더라고. 그러자 어드랬는지 아마, 3.8선에 지나댕기는 그 'G2'라고 있어. 옛날 부대 그거는 군대에서 운영하는 건데, 그게 무슨 부대냐면 이 빨갱이를 잡는 게 아니라, 대한민국에서 조끔 성질, 질 나쁜 사람들, 독신이나 질이

나쁜 사람갖다가 잡아다가 훈련을 어떤 거 가르켜서 이북에다 간첩을 보내는 이런 부대란 말이야. [조사자: 그게 G2? G2라 그래요?] G2, G2. 응. 해군 G2라고 하는 건데, 그것이 특수부대야. 그 사람한테 권한을 상당히 줘요. 그래서 아 매일 작업을 불러내니깐 친구가 있다가,

"야, 너 거기 임마 한번 들어가 봐. 거기 들어가면 너 송악산 작업도 안 나가고 니 맘대로 활동할 수 있다니깐."

그거 어디냐니깐,

"아 요 게리라 부대."

저 여기서 그 사람갖다가 사람만 이래 누가 '아 저놈 좀 죄질이 나쁘니깐 요걸 좀 잡아서 어떻게' 보고만 해주면 그 사람들이 잡아가지고 오니깐 난 그거이, 말하자면 그 정보해주는 거죠.

'그래 그럼 한번 가입을 해보자.'

들어갔더니, 거기에는 뭐 어떤 사람이 있냐믄 조직의 왕이 되는 것이 깡패드라. 전-부 깡패, 그러니깐 그 힘쓰고 하는 깡패들 있어.

"어, 너 왔냐? 그래 너 뭐 할 거야? 너 임마 내가 신분증을 내줄테니까 너 좀 불영헌 놈, 강도질 허고 도둑질 허고, 그렇지 않으믄 뭐 좀 죄질이 나쁜 놈들을 잡아와라."

이거야.

"잡아오는 거는 알려주기만 하믄 내가 가서 잡아온다."

그 그렇구나 하는데 이 신분증은 이리 막 보니까 그냥 빨건 줄이 쭉쭉-또 그냥, 아 그냥 어마어마 하더라고. 아닌 게 아니라 그때 그거 가지만 뭐 누가 그냥,

"뭐? 송악산 작업? 이 새끼야 내가 어디 근무하는데!"

이럭허믄 꼼짝도 못하고 그렇게 권한이 씨었어요. 이게 뭐를 시키느냐면 경찰서에 들어가서 죄진 놈들 보고 오고, 좀 그렇지 않으믄 파출소 같은데 돌아댕기거나, 그렇지 않으믄 깡패들 노는데 가서 보나, 그렇지 않으믄 형무

소 같은데 들어가서 죄진, 나쁜 짓 한 놈, 뭐 누구라는 거 명단 하나 받아보면, 거기 나가서 특수대원 들어가서 잡아들여다, 그놈을 잡아다 어떡하냐믄 육 개월 간의 훈련을 가르쳐가지고 3.8선에다 풀어놔요.

"이북에 갔다 와라."

그래 이북 교육을 받는 거죠. 그래가지고 거기서 이제 어디선가 이제 3.8선 내려다 주면 뭐,

"평양까지 한 바퀴 돌아와라."

이게 돌아오는 거야, 그냥. 그냥 돌아오고 거기 경험을 갖다가 이제, 그래 거기 가입했더니 그냥 그럭허구 그냥, 그때는 참 뭘로 보구 한, 그러구 올려주는데, 두 놈이 앉아서 그냥 짖고 까불고 그냥, 순 겁나는 게 없으니까. 산지사방으로 개성일대를 막 돌아다녀. 파출소도 막 들어가고, 경찰서에 그 형무소 가 딱 신분증 내고,

"나 이런 사람인데, 좀 들어가서 이런 죄질 나쁜 사람 뽑아간다."고.

이럭하구 막 들어갈 때요. 그럴 때 이, 그러구 여기 가게 와서는 그 딴다래 들이치고, 밤에 하니까, 아버지가 보구 있다가,

"저놈의 새끼, 사람 베려놨다."

고 말이지, 여기다 놨더니 그- 나쁜 데로만 자꾸 돌아댕긴다구, 안되갔다고 그래서,

"저놈을 서울로 보내야갔다."

고 그러믄서, 아버지가 이제 서울에다 점포를 하나 사줬어요. 서울 아현동 마루턱에다가 한일세탁소라고 점포를 하나, 그래 이제 집이 살 여유가 되니, 사주고 나서, 거기다 그 세탁하면서 양복도 수선허고 허는 이런 가게, 꽤 큰데 그게 한 이십오 평이나 돼요. 그 안에 내 살림채도 있고 다 돼있는 집. 근데 그 사주면서, 그놈을 나한테 갖다 맽기자니 나이도 어리고, 장사경험도 없고 철도 몰르고 허니까, 아버지가 맽기질 못허구 큰형을 갖다가 나를 갖다가 앉혀 놓구,

"야, 너 쟤 데리고 가서, 서울 가서 장사해먹고 살아라."

그때 큰형이 어디 댕길 때냐면 보험에서 댕길 땐데, 보험회사를 관두고 서울로 올려보내는데 나를 따라 딸려서 이래 올려보낸 거예요. 그래 나는 서울에 올라와서, 형 앞에서 이제 일허는데, 뭐 꼼짝할 수 있어? 쓸데는 형하고 형수하고 딸허고, 서이서 올라오구 또 내가 거기서 붙어 올라와 있고 그러는데, 거기 와서 형 앞에서 이건, 생활이 거기서 충분히 됐죠. 형은 그때 큰형은 독립 되서 나왔고, 그래 이자 둘째 형은 이제 거기 나와가지고 이제, 국민대학에 저기 합격해가지고 국민대학, 대학에 나가고, 또 내동생은 사범핵교, 사범고등핵교 이제 댕기는데, 아이고 은근-히 화가 나더라고.

'이게 난 뭐야? 왜 내가 공부를 못해가지고 이랬나.'

또 이래, 그래 내가 올라와서 뭐, 앉아서 뭐 저기 딴따라 고 하던 그 사람들하고 키타나 치고 이럭허고 난 돌아댕기고, 이 돈이 필요허면 형보고 돈 달라면 돈을 또 잘 줘? 그래 돈 들어오는 거 자꾸 그냥 집어다 자꾸 놓고 그냥 이렇게 해서 그냥 이제 그리 살았어요. 그렇게 살다가 이제, 그것이 거기서 내가 스물- 세 살인가 네 살 때, 6.25가 났잖아요. 거기서 그러고 나서 6.25를 맞은 거예요.

[조사자: 그럼 서울은 몇 살에 오신 거예요?] 내가 서울에 스물한 살인가-돼서 이제, 이 한 이 년간 거기서 장사, 장사는 맨 형이가 했지. 나는 그냥 건달로서 그냥, 철 몰르고 그냥 한참 그 사기가 그 할 땐데 그냥, 아 도제 나는,

'이거 뭐야?'

그냥 이렇게 그냥 심통만 나고 말이야, 뭐 헐 것도 없고, 그냥 내 가서 원, 거기서 일허게 되면 용돈타서 쓰니, 뭐 가게서 들어오면 주머니에 넣고, 그 기타나 치고 깡패들허구, 그 저 딴따라패들하고 어울려가지고 이러고. 그러니 그 형도 어떡헐 수 없지요. 그 뭐, 거기서 그렇게 살다가 그것이, 한 이 년 간 하다가 이제 6.25가 난 거야, 6.25가.

[2] 인민군 군복 제작 공장 취업

6.25가 이십, 저 유월이십오 일 날 났죠? 근데 이십팔 일 날 그게, 그것이 서울에 들왔어요. 근데 우린 피난도 안 갔어, 그냥. [조사자: 유월이십팔 일 날?] 응. 유월이십팔 일 날 서울에 인민군이 점령해 들어왔어. 그래 탱크 몰고 들어오잖았어? 이 탱크 몰고 들어와서 그러고 있을 때 그대로 장사 했어요. 형허고, 난 그대로 했죠. 요것이 몇 개월 지나니까 그 젊은 사람을 그냥 놔둬? 전부 그냥 막 색출하고 그냥 의용군에 나가라고 다ㅡ 그냥 선동들허고 하니깐, 형은 자식이 있고 허니깐 나갈 수가 없고, 날보고 자꾸 나가래.

"에이, 거기 또 나가서, 아니 내가 군대, 그거 인민군에 또 나가? 못 나가."

"그럼 너 어떡헐 건데?"

자꾸 나가라고 재촉하고 그냥 빗발치는데, 그래서 그때 어떻게 했었냐믄 인민군 군복 하는 데가 있어요. 군복 공장이 있었어요. 그게 서울역 뒤 어드메야. 그래 거기를 갖다 들어가서 지원서를 냈더니 좋다고 그래서, 그치 사람들이 없을 때는, 기술자가 막 없을 때, 가서 거기 가서 이제 딱 들어가니깐, 인민군 그 누임 옷 양복 있었어요. 그걸 하라고 그래. 그래 거기서 일을 했어요.

[조사자: 그게 무슨 양복이라구요?] 저 이 피복점이야. 인민군 그, 그 한국 사람이 하던 건데, 대한미싱월드가, 인민군이 점령해 들어와가지구 군인이 점령허구, 그 공장을 점령허구 사람을 쓰기 시작해가지구 거기가 군복을 이렇게 시작을 한 거야. 직원이 한 백여 명이 넘어요, 거기가. 상당히 큰 데야. 그래 거기 사람이 모자란데 마침 잘 들어왔다고, 거기서 일을 하라 그러면서 재방틀을 거기서, 인민군복을 맨들었는 거지. 근데 이거 월급을 주는 게 아니라 이 배급겉은 걸 주드라고. 그 쌀배급 같은 거. 그 나 혼자 있는데 뭐, 내 총각인데 뭐, 이 쌀배급 받아 형을 줘가면서 글쎄, 거기서 그냥 거기 살면서 그 군대생활을 했어요.

이랬는데 요것이 또 몇 개월 안 돼가지구 후퇴, 후퇴라는 건 우린 몰랐지.

그냥 허래는 거 일만 시키고, 이 옷만 맨들고, 왜 그래야 되냐면, 인민군 안 나갈려면 그 저기, 거기 일을 하니까 이제, 똑같이 근무허는 거 아니야요. 그래서 그거를 보류시킨 거지. 근데 한 몇 개월 일하니깐 전-부 동원령을 내려가지구, 전부 그냥 월북해야 된다고 또, 전부다. 백여 명 한꺼번에 묶어 가지고, 오십 명 단위씩을 껴가지고 월북해야 된다고. 그래 뭐 여유도 없게, 거기 여자도 굉장히 많죠. 여자도 한 오십 프로 되고 남자도 있으니, 월북을 전부 시키는 거야. 앞뒤 그 인민군을 다 면하구, 오늘밤부텀 행군해서 월북을 해야 된다, 이거야. 공장으로 해서, 그렇게 보니까 아직 이 동두천 지나가니까, 이 동두천까지 미처 못갔어요. 거기 3.8선 넘어가려고 갈 땐데, 그냥 여기 국군들, 그게 뭐냐믄 9.18수복이야, 그게. 9.18수복 들어오니깐, 1.4, 저기, 첫 번에 나갔다가 9.18수복을 해서 들어오니깐 이놈들이 그냥 보따릴 싸들고 나가니깐, 젊은 놈들 그냥 둘 수가 없으니깐 끌고 올라가는 거야. 아이구- 총소리가 그냥 빵빵빵빵- 나니깐, 에라이- 이, 그 소대가 그냥 흩어지기 시작을 하는 거야, 사람이 위태하니깐. 내 어떻게 됐든 그냥 숨었다가 그냥 다시 또, 그냥 집으로 들어왔죠. 가게로 들어오니깐 형이 거기 있어. 형이 그대로 이 장사를 하고 있어.

"너 임마 여기 들어왔다가 어떡해. 저기 작은아버지네 들어가 있어."

작은 할아버지가 서대문에 사는데, 이게 거길 가지 못하고 작은아버지네 집으로 가서 숨고 있다가, 뭐 개성으로 내려갔다 올라왔다, 내려가는 건 많은데 올르질 못 해요. 이북 쪽으로 가는 건 내뻐려 둬. 그러나 이북 쪽에서 이남으로 나오는 것은 뭐 안 돼. [조사자: 그럼 개성을 가셨다가 어떻게 오셨어요?] 그렇지. 개성 가차웠다니까? 그 자전거 타고 갔다가 자전거 타고 오고, 그제 그랬어요.

[3] 미군부대 군속으로 일한 사연

그래, 그리다 보니까 1.4후퇴에 다시 또 저쪽에서 또 밀고 들어오지 않았어? 9.18수복을 했다가 다시 또 후퇴, 고게 1.4후퇴란 말이야, 그게. 1.4후퇴했을 때, 사방에서 으찌 폭격질을 뭐 하튼 그냥 그전에 여기 인민군 나갔을 때, 수복허구 들어와서리, 국군이 들어왔다가 또 후퇴헌 후에는 여기 대한민국에서 또 못살게 굴어요. 제일 국민역 나가라고 막 길거리에서 카드허구 뭣허구 그냥 젊은 사람만 가면 그냥 막 집어댕기고 할 때야, 그때. [조사자: 그냥 막 강제로 이렇게 끌고?] 그렇지. 이건 형은 그 자식허구 먹고살 수 없으니깐 이제, 개성을 처는 내보내고, 형은 형대로 일이고, 나는 나대로 있고, 또 동생들은 그냥 개성에 있었고. 그제 동생이 개성 어디야, 저기 국민학교 선생으로 발령돼있고 내 동생은, 형은 거기 그 개성중학교에 그 선생으로 있고, 둘이 다 선생이 됐어요. 선생으로 돼 있고, 나는 저 서울서 있다가 이제 다시 9.18수복 때 헐 수없이 남한에, 피난민 끼면서 형은 형대로 도망가고 나는 나대로 그냥 혼자 또 돌아대니는 거야.

그래 뭐 먹을 게 있어? 이런 바깥에 나가면 막 훔쳐 먹고 막 그러고, 민가에 들어가서 밥 좀 달래고 이러고, 뭐 이러고 그때는. 그때 뭐 그때 사람들 많이 죽을 적에, 고 무렵에 가다가 이 부대에 있는 친구를 내가 만났어요. 그 미군부대에 군속인데, 만났는데,

"아 이거 오래간만이다."

말이야.

"너(뭐하고 지내느냐?)"

"아, 그냥 나, 나 피난하고"

"나 부대에 내 취직시켜 줄 테니까 부대에 와서 일하라."

고 말이야. 그래 부대에 들어간 것이, 그래서 그 미군부대에 그래서 처음에 들어간 거야. 그게 24사단. 24사단 기갑부댄데, 거기 들어가서 뭐를 하냐면

뭐, 남자들 뭐 우리가 헐 게 뭐있어요? 그 서플라이(supply)래는 데 들어가 가지고, 보급창이에요. 보급창에 들어가서 이제 그 미군 옷을 갖다가 수리해 주고 세탁해주고 하는 데야. 그래 거기다 딱 집어넣는다고. 그러구 나서 미군 차타고 그냥 그때는 돌아댕긴 거야. 후퇴허래니까 후퇴하면 이 순– 어드메 까지 그 부대에서 후퇴를 해. 그 부대에 따라 후퇴했지.

그래 형은 어디로 갔는지 나는 몰라요, 그때. 그때 형은 제일 국민역 들어 가가지고 1.4후퇴 때 그때 동생허고 형허고 저 이 둘째형허고 개성 살았던 교직, 저 선생 알았던 처자를 데리고 월남했고, 그때 1.4후퇴 때. 그건 난 몰르지. 내 동생도 거기 따라서 같이 월남, 같이 시작을 헌 거야. 그런데 같이 여기 대한민국 땅에 딱 들어오니까, 후퇴헐 무렵에 들어오니깐 대한민국 에서 전부 나 모냥으로 제일 국민역 저기 저 막 길에서 막 잡아들여갔단 말이 에요. 그때 이건 다행히 교사는 이거 안 잡아갔더라고. 국가공무원이니까, 안 잡아가고 거기는 그래도 군대를 안 갔어요. 우리 형은 또 나이가 있으니 까, 아무래도. 그래가지고 그때는 뭐 대전 내려가서 장사를 뭐 저 하고 그랬 다고 하더라고. 그때는 난 모르고. 그래가지고 큰형 마저서 이러구 장사를 했는데, 나는 미군부대 헌병 따라서 양키 배급 인제 따라다니고.

그래서 다시 또 이제, 또 진격해 올르지 않았어요? 그게 현재 3.8선이여. 현재 또 내려갔다 올랐다 했던 게 현재 지금 그게 3.8선인데, 우리 부대가 어디 도착했냐믄은 그 부대가 나오면서 거기 그 일동 어드메 그 지포리라는 데 거기 있어요. [조사자: 어디요? 지포리?] 지포, 지포리. 거기에 그 부대가 정착이 돼있어요. 그러고 거기서 휴전약정을 맺은 거야, 그럭허구. 그래서 난 그냥 부대생활을 헌 거야 난 그냥 부대생활을, 한 삼 년 동안. 그러면서 부대생활을 했는데, 근데 휴전되고 나서는 그때 출차가(차출이) 굉장히 심했 어요. 경찰관이믄 오고가는 사람 잘못허믄 무조건 잡아다가 경찰서에 집어넣 었다가, 잘못허믄 현역에 입대시켜버리고 할 때요. 그래서 나도 부대 있을 때, 그때–가 내가 스물– 아마 여섯 살쯤 됐을 거예요. 그때 서울에도 미군

관할이라는 것이 한국 사람은 타치를 못해요, 미군 관할에. 그 26사단, 24사단 갈라 그러면 4키로면 4키로, 6키로면 6키로 허는데, 그 6키로 그 안에는 한국 사람은 일절 출입허면, 민간인도 출입 못하고 경찰관도 출입헐 권리가 없어요. 그 안에는 뭐가 필요하냐면은 미군 8군에 팔에 거는 패스보드(passport) 이거 하나 가지믄은 그건 뭐, 한국 뭐 시민인건 필요 없어요. 그것만 가지면 그 안에는 맘대로 통과할 수 있어.

그때 내가 돈을 좀 잘 벌었어. 돈을 막, 돈 쓸 데가 없어가지구, 어디다 써. 저 이런데 그, 갈빗대 같은 데나 바지 주머니에다가 주머니 맨들어가지구 딸라(달러) 그냥 백 원짜리들 막 싸두고. 그 전방부대 나오재니, 그러게 돈을 잘 벌 땐데 부대에서 그 나오재니 그 관할만 넘어가게 되면 누가 기다리고 있냐믄 경찰관이나 이런 놈들이 딱 기다리고 있다가,

"양놈 새. 저 군속 놈의 새끼들을 딸라박스니깐 나오면 잡아 댕겨."

응? 딸라 가지면 그건 불법이니까. 그래 이 나와 있다가 딱- 벌써, 그런 형사들은 어떻게 이 최고 재빨라야. 그래 나오면 걸리니까 나가질 못하는 거야. 나가 걸리면 돈 뺏기고 그냥 뭐 징역살이 하고, 너 이 새끼야, 잘못하면 군인가라고 그때 했으니깐, 그때 저기 뭐야, 한강 도강증이 있어야 넘어올 땐데, 그 한강 바깥으로 팡가쳐 버리는 거야.

"아이, 이 새끼들 갈 데도 없는 거 나가 죽어라."

그런 땐데, 그래서 나가지를 못했어요. 그때 동생은 이제 피난 나와가지구 제 동생은 김포에 양서국민핵교 선생으로 인제 재발령 받았고, 공직으로 다시 복구했고, 저 형은 낙양중학교라고, 지금 중앙대학 있죠? 거기 중학교 선생으로 거기 또 근무 했고. 나는 그때 전방에서 나오지를 못허는 걸 거기 제 대군인헌테 그 얘길 해서 이제 나 여기 있다는 걸 알려줬더니, 그 동생이 연락을 하더라고.

"아 형님, 여기 지금 서울이 삼엄하니까 나오면 안 된다."고.

나오지 마시고 계시라고 그러더라고. 그래 나오지 못하고 거기서 있다가

이제, 나올라믄 어떻게 나오냐면은 미군차를 꼭 타고 나와요. 미군차를 타고 나오믄 건드리질 못 하잖아. 그걸 타고 나와가지고 어디서 내리는 걸 알게 되면 그거는, 그래 내가 나오다가 이렇게 형이 그 안암동에 살 때 고 앞까지 짚차를 대 놓고 거기서 그냥 쏙 들어가고 있다가, 들어가면 미군차가,

"야, 나 몇 시까지 이리로 조금 와 달라."

이러면 그니까 한 이틀 있다가 또 나와서 그냥 태워가지고 들어가. 이렇게 밖엔 못나갔드랬어요.

[4] 미군부대를 나와 양복점을 냈다가 그만두게 된 사연

그래서 거기서 조금 돈을 좀 벌어가지고 이 을지로 사가에다가 내가 양복점, 쪼금 안정이 됐을 때, 을지로 사가에다가 양복점을 냈어요. 양복점에서 내 때에 그때는 벌써 참 양복점이, 이 그 양복점이 그 오히려 공장이라는 게 그때 없잖아요. 뭐 이런 거 없고, 전-부 저 이 개인들이 그 양복점을 내서 맞춤복으로 전-부 허던 시대예요. 그 양복점이 또 그르게 잘되더라고, 그냥. 기술자는 뭐 없구 원 입을 사람은 많고. 그래 가게를 차리믄 그때 돈 버는 사람 많았어요. 그래 거기서 이제 양복점을 냈는데 엄청 잘되니 이 사람을 하나 두고, 그 쪼끄맣게 냈어요. 한 댓 평 밖엔데, 그 잘 내고서 잘됐는데, 거기 경찰관이 상당히 조사 왔어요. 몇 번씩 조사 와서,

"이 새끼 군대나가라."고.

막 말이야.

"아이 여보, 이 장사하는데 좀 봐줘야지 어떡하냐."

그러믄 잡으러 가믄, 또 돈 또 뜯거든.

"그래. 잘해."

그 당시는 이게 무법천지에요. 돈만 주믄 뭐 그때,

"옛다."

그러믄,

"그래 잘 돼."

그다음에 심심허믄 와선

"잘돼?"

"예. 그저 그렇습니다."

"어, 그래. 잘해."

그라믄, 또 봉투 돈 집어주고. 이게 정기적인 월급쟁이가 된 거야, 이 경찰관들이. [조사자: 경찰관이?(웃음)] 그렇죠. 한 달에 한 번씩 돈 뜯으러 갈려구 와요. 와서,

"잘 돼?"

"뭐 없어?"

[조사자: 그땐 이미 휴전이, 휴전을 했는데도 계속 군대를 가야 된다고? 군에 가라고?] 그 휴전되고 나서 좀 어느 정도 안정이 됐을 때고 그래요. 그럭허구 살았는데. 아 저 이 요 형허구는 여기 건너에 김포에 살고, 그 선생 월급쟁이니까 뭐, 이제 그저 월급 받고 사는 거예요. 그때 걔네들도 장가 다가고 그래서, 그 양복점 헐 때 내가 여자를 하나 새긴 게 있어요. 지금 사는 여잔데, 그때가 내가 스물여섯 살인가 일곱 살인데, 내가 여자를 새겨서 나도 이제 한창 여자하고 결혼할려고까지 해놨는데, 형이 어디서 나타나더라고, 큰형이. 그래 그지꼴 하고 나타났어요. 그다음 그 뭘 허냐니까,

"야, 니가 조금 잘 됐는 거라 왔다. 이제 나 가께."

"그럼 뭘 허시느냐?"고.

와서,

"뭐 형이 뭐 기술이 있어?"

그러니깐,

"뭐 창고나 조금 정리해주고 있어야지."

어떻게 헐 것이여. 그래 그렇게 해서 형님을 갖다 모시고 내가 양복점을

해서 이제 했는데. 아 저기 한 일 년간 이 년간 잘했어요. 잘나가다가 형이 또 바람나가지고 본처는 이북에 두고 여기 나와서 그 나이 한 서른 몇 살에 또 뭐 여자생각이 나서 그러는지 떠 바람이 나가지고 어떤 과부를 하나 새겨놨어. (조사자 웃음) 근데 그 여자가 뭔 여자나믄은 그 남편이 6.25전시 때 죽고 과부가 돼서 이제 서울로 저 누구네 집 왔다가 이제 형을 만나가지고는, 근데 이걸 건드려놨네요, 형이. 그래가지고 임신이 됐어요, 그 여자가. 그러니 어떡해. 형하고 나하고 살기도 뭣한데 나도 약혼하고 이제 돌아댕기고 한창 돈 쓸 때, 형도 또 그 지랄해서 돈 쓰고, 그러니깐 아 이놈의 거 양복점에서 벌어서 뭐 그 누가, 근데 그렇게 그냥 살았으믄 괜찮은데, 애기보고 나서 애기 자꾸 크니깐 형이 이제 나 몰래 돈을 빼가기 시작을 한 거야. 빼가다 거기 다 살림방을 또 차려놓는 거예요. 그러자니, 나도 결혼했는데 들어갈 방이 읎어요. 형헌테 뺏기고. 그래서 큰형네, 저기 둘째 형네 집에도, 돈암동 살 때,

"아 처갓집에서 자꾸 결혼허라구 하는데 방하나 얻을 돈이 없어서 어떡하냐?"

했더니 그럼 둘째형이,

"그 우리 아랫방에 와서 우선 살으라."

고 해가지고. 결혼해가지고 나는 그냥 둘째형네, 낙양중학교 댕기는 형네 그 아랫방에, 그것도 형네집이 아니라 형네 그 처갓집이에요. 처갓집이 서울에 살기 땜에, 그게 뭐 저기 이름이 인자 저기 민관식이 그 동생네 집이야, 거기가. 여기 저 우리하고 사돈간인데 거기가. 그래서 거기서 그냥 더부살이하고 형은 거기 가서 살고. 고 다음 때에 살림 앉혀놓고 나서 애 낳는다고 해가지고, 가게 들오면 그냥 내 상관없이 그냥 갖다 쓰는 거야, 막. 그 나도 살림하니까 나도 또 뽑아 써야지. 그 잔고가 없으니까 들어오면 그냥 써버리기 시작한 거예요.

'아, 그래 큰일 났다.'

그러자, 근데 왜 저기 양복점을 집어치게 된 것이 왜 그러냐 하면은, 형은 그 세탁소 할 때 기술을 쪼금 그거 좀 배운 게 있잖아요, 거기서. 배운 것을, 눈으로 본 게 있잖아요. 아현동에서 했을 때 형이 했으니까. 나는 기술이 있으니까 밥은 먹고 사는데, 그걸 여기저기 다 뺏기다 보니깐 뭐, 내가게도 아니고 그 형 가게도 아니고 이게 뒤죽박죽 그냥 된 거예요, 그래.

그래서 어떡해야 돼? 그 낭중에 왜 그걸 치게 됐냐믄 나사점에서, 시장에서 천을 끊을 때 30불이믄 30불 가져오믄, 그때는 지금처럼 어음을 띠어주는 게 아니라 그냥 신용으로 갖다 걸어놓구, 이것을 파는 데로 갖다 줘야 될 땐데. 이걸 안 갖다 주고 그냥 자꾸 잘라 먹어. 자꾸 달래면 줘요? 그래도 어째 물렸으니깐 헐 수 없이 자꾸 대줬단 말이야. 그 낌새를 알고 세무서에서 와가지고 세금 안 냈다고 그러면서 딱지를 갖다 붙인 거야. [조사자: 세금폭탄 맞으셨구나?] 허, 정말 기가 맥혀. 그거 그렇게 되면 감도 못 팔아먹어요. 천 뒤에다 이래이래 딱지를 척척 붙여 놓고, 재봉틀에다 딱지 붙여놓고

"딱 이거 돌리지 마라. 세금 내놓고 돌리라."

이거야. 아 돈 다 쓰고 뭐, 그래 돈 뭐 돌아가야 뭐 어떻게 돈도 뺄 텐데. 뭐 그래서 헐 수 없이 처갓집에 가서 돈 좀 세금 낼 거. 어째 뭐 얼만지 생각 안나요. 한 삼분의 일 정도만 이제 내고 가서 살살 이렇게,

"지금 돈이 없으니까 좀 풀어주쇼."

말이야. 했더니 담당자가,

"아이 참 안됐다. 그래 하여튼 세금 빨리 갚어."

해서 이렇게 풀어 주드라고. 그래 허니까 어쨌든지 뭐 빚지기 시작허니깐 뭐 한이 없어져요. 나사값 줘야지, 세금 또 물어줘야지. 살림에 큰형네 살림 가져가지, 나 살림 해야지. 헐 수가 없드라고요, 어쨌든간.

[5] 다시 미군부대로 들어갔다가 나오게 된 사연

해서 다시 또 내 살 길을 찾느라 이제 부대 있는 친구한테 또 가봤어요. "야 어디야, 나 야 이거 도저히 양복점 이거 안되갔으니깐 너 부대 좀 취직 좀 시켜달라."

그때만 허드라도 저기 기술자는 취직허기가 쉬웠어요. 헌데 저 때, 그때는 뭘로 취직이 됐냐면 댈라병. [조사자: 댈라병?] 어, 양복, 댈라병. [조사자: 아-.] 근데 그게 그것이 이제 부대에서는 그 뭘로 하느냐면은 여기서 재봉틀을 가지고 들어가면 부대에 들어가서 미군들, 그 경찰 마크 달아주고, 그 이거 달아주고 이제 이럭허는 그런. 하여튼 그 사람을 마침 구하니까는 한번 가서 하라구. 그서 줄을 이렇게 해서 다시 옛날 부대로 들어갔더니,

"형이 혼자 거기 가 좀 운영하세요."

"그래. 알았어."

하더니, 내막을 속으로 보믄 '빨리 넌 어디 나가서 허래'는 뜻으로 형이 그런 걸 맨들었더라구. 왜 그러느냐믄 두 식구 이제 살기가 어렵고 인제 자꾸 줄어드니까. 이거를 세금도 낼 수 없고 허니까 인제 그걸 없애구 업종을 변경을 시켜버릴려구요. 그래가지구 내가 나간지 한 달 만에 그 양복점을 때려치고, 그 나사점에서,

"야, 방태경이 어디 갔어?"

그니까 한참 만에,

"이 새끼 기지 값도 안 갚고 그냥 도망갔구나!"

말이야. 그 사람은 나 없으니 돈 받을 데가 없죠. 그래서 저이 뭐 지금 말하자믄 수백만 원씩 빚을 졌으니요.

'모르갔다.'

그냥, 놓구 그냥 도망가고. 세무서에서 이 또 와야 업종변경을 해서 세금을 받을 수가 없네요. 그래 되더라고, 그게 보니까. 그래 세무서에서도 거기 가

면 내가 저 옛날에, 그게 지금 뭐 다 없어졌갔지만, 그걸 이 삼년간 사년간 보류해 두고, 언젠가 체산되믄 차압하게 되어 있어요. 그게 국가에서 빚진 것은. 근데 이 내 이름을 싹 없애버리구 그냥, 형이 자기이름으로써 세탁사업을 내기 시작한 거야. 그 세탁사업이 그것이 잘 되긴 했어요. 그래가지구 형은 그것 때문에 살아가지고 허는데, 그거 나오고 나서, 이제 거기서 이제 부대생활 허다가, 그것도 한 일 년 이상 허다가 다시 장가갔으니까 마누릴 형네 집에 자꾸 두고 있을 수가 없잖아요. 다시 또 나왔네. 나와가지구 그때 돈이 없어 뭐, 뭐 헐 수가 있어야죠. 그래 양복점에 취직을 헌 거예요. 대학로 쯤에. [조사자: 그럼 그 부대에서는 나오시고?] 그렇죠. 부내에서 그제, 거기서도 왜 나왔냐믄 짤렸어요. [조사자: 왜요? 세금 때문에?] 물건 해먹다가 짤린 거예요, 물건 해먹다가. 부대 있으믄 그 물건 안 해먹지 않으믄 안되잖아요. [조사자: 아, 근데 어르신이 물건을?] 아니. 부대생활 하믄 거기서는 내가 저기 계급 달아주고 그죠? 이게 딸라를 55불인가 그때 받았어요. 월급으로 받는 거예요, 그냥. 부대생활 했을 때 그제, 군속으로서 이제 월급받는데, 그걸 그 가끔가다 저기, 뭔 저기 생긴대는 것은 고치지 못하게 하는 거. 옷을 요래 했거나 이렇게 했을 때는, 못허게 하는 걸 갖다 그것도 비공식적으로 돈을 주믄 내가 좀 고쳐주고 했죠. 그런데 그런 거 다 말고 그게 뭐 도저히 왔다갔다 허기도 힘들고 별로 뭐 하니깐, 그새 이 부대에도 어느 정은 안정이 좀 될 때예요. 그리구 그것도 저이 내가 전시 때는 그게 저, 부대생활이 개인적으로 들어왔지만 요것이 쪼-금 이제 진보되고 커지니까 이런 단체가 생겨버려요, 거기서두. 대표, 말하자면 지금 여기 같은 대의권 가진 사람이 그냥 크럽을 져가지구 그걸 한 사람이 묶어가지구 그 사람이 고용했어요. 하청을 주는 거야, 부대에서. 그렇게 돼요. 그렇게 되면 자연적으로 그건 못 견뎌요. 나는 들어갈 때 내 개인사업으로 부대를 상대를 해서 들어갔지마는, 그 다음에 요것이 진보가 되니까 그런 걸 부대에서 채용을 안 줘요. 그래 부대에 사람을 내보내고 자체가 그런 기업화식으로 되는, 되기 시작을 헌 거예요. 그래 그전에, 그러니까 인제 한 사람이 그것을 사령부면 사 연대에를 전부 하청을 맡아가지구 그 사람들이 고용을, 지금 사회 추이 또한 그렇게 그런 식으로 자꾸 변형이 되는 거야. 그 바람에 이 내보내는 거야. 그게 이 말하자면 그 사람들이 다 착취해 먹기 위해서 다 그게.

[6] 양복점에 취직해서 A급 기술자가 되다

그래서 나왔죠. 나와서 뭐 어디 해먹을 게 있어야지. 그래 양복점에, 양복은 기술이니깐 취직헌 거죠. 취직은 하는데, 아 이거 그리 돌아댕기던 놈이 뭐 기술이 뭐 좋을 턱이 있어요? 기술이 굉장히 미약허지. 아 인제 그 아는 그 재단사 집에

"야 임마 그 좀, 일 좀 내 일 좀 봐주면서 해라."

해가지구, 다시 또 기술을 또 배워야 돼요, 또 거기서.

"그 기술 가지고 도저히 그 돈벌이가 잘 안되니까, 좀 더 기술을 연마해라."

자기 앞에서. 이게 양복점에 들어가면서도 오야지도 아니고 시다도 아니고 중간 제자로 다시 들어가가지구 다시 일을 배우기 시작한 거야. 왜냐믄 월급이 좀 적죠, 그게. 그래도 이제 거기서 이제 배웠고.

'내 이렇게 해선, 기술을 좀 배워야겠다.'

결심허고 이삼 년 동안 그- 그냥 공을 들이고. 참 남보덤 열심히 허고 기술을, 오늘 날의 중진급 궤도에 올라섰죠. 올라서서 양복점에 그제부터 정식적으로 들어가기 시작한 거예요. 그때가 벌써 그렇게 되니까 벌써 서른이 넘고, 애들도 셋씩 달렸고 허니깐 생활비가 많이 들어가죠. 그래 좀 궤도에 올라가니까 차츰 내 봉급이 올라가기 시작하는 거야, 이게. B급 양복점에 있다가 이제 고 A급으로 들어가가지구, 낭중에는 고 소공동, 명동으로 빠지게 되니깐, 대우가 기가 맥히게 좋고 그냥, 여기저기서 끌어댕기고 헙디다, 이제 A급은. 그때가 벌써 나이가 40이 넘었을 때요.

A급으로 들어가서 일하는데, 가믄

"야."

요쪽 양복점에서 이제 일 헌 데서 백 원 주믄,

"야, 우리집에 와 백이십 원 주께."

이쪽으로 가믄 또 저쪽에서,

"야, 백삼십 원 주께."

이렇게 해서 그 저 이, 이게 그 똑같애요, 사회라는 게. 다 똑같잖아요? 탈랜트도 인기있으믄 여기저기 끌듯이, 기술자도 A급으로 올라가게 되믄, A급이 많질 않으니까, 그런 사람은 자꾸 좋은 데로 올라가고, 좋은 자리에서 뽑는다구요, 글쎄.

이렇게 살다보니까 나이가 벌써 오륙십이 넘어가니까, 근데 뭐 밑에선 자꾸 치고 올라가지, 'A급' 그래도, 난다 긴다하고 서울바닥에서 양복쟁이로서 그냥 '일류' 이랬다가 벌써, 육십대가 넘어가니까 벌써 하향길로 들어가는 거예요. 눈도 어둡고 하니까. 또 집중력도 약허고. 이러다가 C급으로 가서, 이것이 육십오 세쯤 돼가지구 다시 내가 그렇게 해서는, 내가 사업을 냈는데, 그때는 양복점이라는 게 되질 않아요. 왜 안 되느냐? 대기업에서 제품들이 워낙 좋은 것들이 많이 나와. [조사자: 이제 기성복으로 다 나오게 되니까.] 그렇죠. 기성복으로 다 나오게 되고, 완전히 확산화 되니깐 양복점은. [조사자: 그때가 한 몇 년도예요?] 불과 그게– 내가 육십 대니까 한 이십 년 정도 됐을 거예요. 그때부터는 완전 이제, 사회가 치레가 백혀가지구 뭐 전부 기성복 입으니깐. 신사복이라는 게 그전엔 그렇게까지 될 줄이야 몰랐죠. 그렇게 급성장해 가는데, 아 기성복이 인기가 더 좋아져. 지금은 누가 신사복 입는 사람 없어요. 구십 프로가 기성복이에요. 신사복도 지금 있긴 있어요. 근데 신사복 입는 것이 특수헌 사람들, 이거(손가락으로 돈 모양을 표시하며)나 많고 헌 사람, 옷 한 벌에 이백만 원 삼백만 원 되는데. 기성복이믄 한 육십만 원만 주면 최고품 사는데 누가 그러냐고. [조사자: 그렇죠.]

근데 요새는 또 반기성이라는 게 나오긴 나왔어요. 반기성이라는 게 기성복을 반쯤 맨들어가지구 그 사람 체질에 맞게 또 맞춰서 마무리 짓는 요런 게 또 있어요. 고것도 싸요. 고것도 뭐 사오십만 원이면 입어요. 근데 어떤 놈이 누가 지금 이백만 원씩 주고 옷을 맞추갔어요. 그건 그 저기 주로 결혼식허는 사람. 또 무슨 장관급들 그거 저기 선물로 주는 거. 티켓으로 주고 이런 사람들 상대해서 하는 거기 때문에 그런 데는 양복점이 몇 개 있어요. 지금도 그거 롯데호텔에나 이제 조선호텔을 가면 그런 고급스러운 데에. 그거 이제 마진이 얼마나, 마진이 팔십 프로예요. 그게 기술자가, 이제 젊은 기술자가 지금 없잖아요. 전부 이제 기술자라는 게 육십, 칠십 다 됐는 기술잔데, 그 사람들도 이젠 뭐 다 그렇게 돼선. 그 있긴 있는데 옛날에는 한 양복점에서 기술자 십여 명씩 있었는데, 이젠 기술자도 없구 주문도 없어서 그 대신 마진이 많죠.

그래서 요새는 그 공장이 어떻게 되냐믄, 공장이 합쳤어요. 양복점 셋이면 세 군데 네 군데에서 합쳐가지구 양복점 하나를 맨들어. 공장을 하나를 맨들어가지구 거 기술자, 너는 무슨 뭐 A양복점, 너는 B양복점, 너는 C양복점. 이렇게 합쳐가지구 맨들은 거예요. 요새는 그렇게 돌아가요. 한 군데 운영하면 경비가 많이 나가니까. 막 저 기성복처럼 막 하는 게 아니라 하나하나 사람 인공으로 하니깐, 사람 둘 쓰믄 그거 해서 밥 먹고 살기가. 옷 한 벌을 맨드는데 지금 한 삼십만 원씩 줘야지. [조사자: 그러면 어르신 그 한창 잘나갈 때, 가게, 그 양복점이, 그럼 하루에 몇 벌 하는 게 가장 많이 나가는 거예요?] 하루? 그게 한 벌 맨드는데 열다섯 시간이 걸려요. 이거 시간이 꽤 걸리는 거죠. 그래 그 그러니까 인건비가 비쌀 수밖에 없어요.

[7] 인민군 군복 공장과 미군부대에서 일할 때의 에피소드

[조사자: 저기 어르신이 그러면 그 양복기술을 배워서 인민군이 처음에 여기 서

울 왔을 때, 거기 공장에서 이제 일을 하셨잖아요? 고때 경험하셨던 그 에피소드를 좀 더 자세하게 얘기를 좀.] 그때 그거는 내, 뭐 그때 그거는 별로 글쎄 나는 그 집에서 공장에 들어가서, 아침 아홉시면 공장에 들어가서 공장에 가서 일을 하는 거죠. 일허믄 그 기술자라는 게, 그 저기는 본래 조금 허던 사람들 있잖아요? 그런 사람이 그걸 배분해줘요. 뭐뭐 하라구 쭉— 일렬로 쭉 서믄은. 이제 그 처음에 그걸 갖다가 배부 받은 거를 자기가 해주믄 그 또 되는 거구, 시간 되믄 모다(motor) 내리믄 안 허구. 그러구 이제 그건 자기 거가 아니니깐, 그냥 시간 되믄 그냥 가는 거예요. [조사자: 그럼 어르신은 주로 어떤 부분을?] 미싱. 미싱. [조사자: 미싱? 아— 그러면 거의 하루에 몇 벌이나 그렇게 군복 나갔어요?] 하루에 몇 벌인지, 그 줄이 한 클라스가 열 명씩이에요. 근데 열 클라스니깐 백 명 있는 거죠, 직원이? 백 명 있으믄 백 명이서 이제 허니깐 몇 벌 나가는 건 안 되고, 한 클라스에서 뭐 몇 벌씩 나가는 건 모르갔어요, 그건. 숫자는 잘 알 수가 없어요.

[조사자: 그러면 한 삼 개월을 그 이제 인민군들 군복 만드는 공장에서, 삼 개월을 일을 하셨던 거네요?] 삼 개월, 글쎄요? 삼사 개월 넘었을 거예요. [조사자: 그죠, 9월 28일 이제 수복되기 전까지 하셨으니까?] 그렇죠. [조사자: 그럼 직접 거기 인민군 군인들도 만나고 그러셨어요?] 직접 군인이 운영한 거래니까, 그것이. 그 공장에 군인 있어가지고 일반인 기술자라는 건 민간인이지마는 거기 관리하는 것은 인민군 그 장성부터, 장성이 아니라 저 소위이상 되갔지. 그렇게 총 책임 있고, 총 들고 고 밑에서 졸병들이 그 문간이고 어데 전–부 걔네들 보초서고 있었다고.

[조사자: 근데 그때는 그 일일이 맞춤이 아니었을 거 아니에요, 그죠?] 맞춤이 아니죠. 그걸 맨들어가지구 자기네 어디, 뭐 이북으로 보낸대든가 뭐 이제 그런 거 같죠. 근데 여기 공장을 이용을 하는 거야, 쟤네는. 그러니까 이제 시간되기 전에 딱 들어오믄 인민군들 그 문간에 보초서고 있고, 작업장 이제 여기저기. [조사자: 군데군데 총 들고 서있어요?] 그렇죠. 다 같이 거기 총 들

고 서있죠. 그리구 점심시간 되믄 불 내리믄 가서, 밥 식당에서 밥 먹게 해주고, 또 스위치 탁- 올리믄,

"시작합시다."

그러믄 시작허구, 또 성적 주는 사람은 또 뭐 좀 앞으로 해서 뽀나스 주고. 뭐 그런 뭐 공장이라는 게 다 그래요.

[조사자: 근데 거기 미군부대에도 계셔 보셨구. 그 다음에 이제 그 인민군들이 운영하는 공장에서도 근무해보셨고?] 미군부대 있을 때는, 처음에는 이제 하우스보이로 있다가 난중에는 댈라병 허로 바뀌었지. 댈라병 하는 건 창고로 들어가서 처음에 하다가, 나중에 나와가지구 댈라병 허는 이제 그 텐트나 천막을 하나 줘요, 이런 천막을. 하면은 거기서 이제 미군이 옷을 배정받잖아요? 받으면 개인이 가지고 들어와요. 계급장허구 명찰하구 뭐 이런 걸 가지고 온다고. 와서 고쳐주는 건 개인적으로 고쳐서 주고. [조사자: 아, 일하는 분위기가 많이 달라요?] 달르죠. 여기 미군부대에 있는 건 뭐 내 자율이니까. 자율이니까, 만약 저 양놈이 쪼끔 아니꼽게 놀고 거만하면,

"아 이 안 돼. 내일 와. 모레 와."

그러면 구찮잖아요? 그러니깐 아-이 그래도,

"댈라병 유 남바 완!"(웃음)

그러면서 좀 팁도 주고 그러면은,

"아- 너는 최고다. 유 남버 원!"

하면서 이러구서 나는 돈 받고. 그래서 좀 거기선, 미군부대 그것이 처음엔 그렇게 댑대로나 기껏 천시되니까 그렇게 됐지만, 요것이 질서가 잡히면서 기업화되더라고요, 이게. 기업화가 되는 바람에 밀려나온 거죠.

[조사자: 그러면 그 아까 에피소드 같은 것, 미군들하고 이렇게 이야기 주고받으면서 이렇게 있었던 일들을 좀.] 에피소드는 뭐, 내 영어를 몰르니까. [조사자: 그러니까 그런 것도 재밌잖아요?] 그 뭐 밥 먹으러 갈 때믄,

"chap chap!"

이러고 질르잖아.

"chap time!"

이러믄, 좌우든 이 밥 먹으라고 하는 거야. 한국사람한테 이 얘기를 하는 거야. 그 일차로 미국사람이 먼저 먹고, 뒤에 이차로 이제 한국 사람이믄,

"everybody chap time!"

허고 이제 불러대믄, 처먹으라는 거지. (좌중 웃음) 그 인제 걔네들은 말을, 아니 삼 년 있으믄 쪼끔 영어를 알아듣게 되는데. 회화, 걔네들 영어라는 게 좀 쌍스러워요. 걔네 말하는 건,

"god damm!" (좌중 웃음)

한국사람 입장에, 걔넨 좀 쌍스러운 말을 많이 하죠.

"je-sus!"

막 이러면서.

[조사자: 처음에 하우스보이로 들어가셨다고 했었잖아요? 그때 그 하우스보이 일하던 사람들이 그 전선으로 투입돼가지고 막 노역하는 경우도 많이 있었다고 들었는데.] 하우스보이라는, 하우스보이도 그 여러 층이 있는데, 하우스보이가 이제 장교 하우스보이 있고, 이제 하사관 하우스보이도 있는데, 장교 하우스보로 가면 좀 대우가 낫고. 근데 그 놈들이 한국 사람을 알기를 갖다가 좀 우습게 알죠. 그리고 걔네들이 뭘 허냐믄 그 전방부대니까, 이제 이건 쪼끔 못헌 얘기지마는 한국사람들은 일절, 그놈들 사 키로면 사 키로 안에 접근을 못 허죠. 근데 이놈의 새끼들이 오입을 허고 싶은데 외출증 가져가지고 한 사십 리 바깥에를 차를 타고 나와야 된단 말이에요. 근데 나갈 수도 없고 그 외출증을 잘 안 떼어주고 하니깐 이놈들이 그 한국군 부대서 어떡허냐믄, 그 노무자 부대나 카츄사 한국군 부대에서 이놈들이 또 돈을 굴리려구요 이 모포 부대라는 걸 만들어요, 모포 부대. [조사자: 뭐를 만들어요?] 모포 부대, 모포 부대. [조사자: 아, 모포 부대.] 그 아실지 모르겠지만 [조사자: 모르겠어요. (웃음)] 모포 부대라는 게 뭐냐며는, 여자를 그 여자 저기, 미국사람 상대하는 갈

보있잖아요? 그 사람들 데리고 군복을 전부 입혀요, 거기다가. [조사자: 아, 그 여성분들한테?] 여, 저기 미군 상대로 허는 그 한국여자들이요. 군복을 전부 입혀요. 군복을 입히고 모포를 하나 들려줘요. 그럭허고 트럭을 태워. 그럭허고 밤에 들어오는 거야, 밤에. 밤에 들오면은 들어왔는지 안 들어왔는지 모르잖아요. 그걸 누구한테 알리냐고, 하우스보이한테 알리지.

"야, 이 뒷산 어느 골짜기에 말이지, 모포 부대 들어왔으니깐 연락좀 해줘."

그러면은 부대를 들어가서 소문을 퍼트리는 거야.

"야, 저기 게 이게 들어왔으니깐 말이야, 가서 외도해라."

요 이제 이렇게 허믄, 몇 놈만 아르켜 주면은 쫙– 퍼져 나가요. 그러면 이 놈들이 그냥 기를 쓰고 그냥 돈 들고 나가서, 그 산에다가 모포 깔은 데에서 잠깐 재미보고. 그게 모포 부대야. 세상이 그렇게 험악하고, 참. [조사자: 그럼 그분들은 미군들만 상대하는 분들이에요?] 그렇죠. 이게 일종의 그 말하자면 양갈보라는 거죠.

[조사자: 그래도 양복기술 배우셔가지고, 그래도 전쟁터는 안 끌려가셔서, 그죠? 참 다행이네.] 그렇죠. 그것 때문에 이제 이렇게 저, 그래 지금 생각허고 보믄 그래요. 세상에 기술 좋은 거, 기술을 완벽히 배웠다는 게 좋은 건 아니에요. [조사자: 예. 왜요?] 왜 그러냐? 기술을 배우믄 여기저기서 스카웃 해가믄 출세를 헐 수가 없어요. 내가 기술이 번잡한 거로 내가 버림을 받아야,

'에잇, 내 사업을 해야갔다.'

라고 하는 사람은, 거의 칠팔십 프로가 성공을 해요. 내 영업을 허니까.

'기술을 배우믄 잘하니까 여기저기서 대우를 해주는데 뭣 하러 양복점을 채리느냐?'

그래서 성공을 못해. 그래 대략 그것이 양복점 내서 성공한 사람 보믄 어떤 사람이느냐믄, 기술자 성공사례는 극히 드물어요. 주로 성공하는 사람이 세일즈, 세일즈가 성공을 많이 해요. 그 사람은 양복 기술 없지마는 양복계에

대한 그 루트를 잘 알아요. 손님 접대를 잘할 줄 알아요. 그래서 그 사람들은 성공률이 높지마는 양복 기술자는 손님하고 접대를 해보지를 않으니까. 기술은 암만 좋지만 손님을 끌어들이고 손님을 갖다가 활용할 저 마음을 잡을 줄 모르니깐 성공을 못 헌다는 거예요. 그래서 내가 흘러간 걸 보믄, 대략 보믄 그렇더라구, 그러니까

'기술 좋은 놈은 새끼야, 남한테 이용만 당한다 이 새끼야.'

이런 거죠. 그 구태여 뭘 기술 좋아? 적당히 배워가지고 어느 정도 지식만 알게 되믄 내가 사업하는 게 그게, 성공률이 제일 빠르다고. 그게 실패허더라도 고 다음에 또 성공할 수가 있더라는 거예요.

[8] 부모님과의 생이별과 간첩 혐의를 받은 작은아버지

[조사자: 그러면은 그 처음에 전쟁나기 전에 서울로 오셨잖아요? 그러고 나서 이제 부모님과는 전쟁이후로 다시 못 보게 되신 건가요?] 그렇죠, 뭐. 부모님 안본지가 한 육십여 년이 넘었죠. 못 본지가. 그래서 이 그걸 갖다가 이제 오도민회 거기, 저기다 신청도 해, 지금도 허고 있어요. [조사자: 그러니까 그 때 개성에 계셨던 거죠, 부모님들은?] 예. 지금도 개성에 계시죠. 그 동생이 둘이 거기. [조사자: 아, 소식은 아세요?] 네? [조사자: 소식은 들으셨어요?] 소식을 어디서 들어요, 못 듣죠. 소식도. [조사자: 음, 돌아가셨는지?] 아, 돌아가셨갔죠. [조사자: 돌아가셨겠죠, 연세가.] 내가 팔십이 넘었으니까 돌아갔는 게, 그쪽에 소식도 통 몰르고 그 전에 한번 저 작은아버지가 월남을 해본 적이 있어요. 내 이건 뭐 얘기헐 일이 아니지마는 개성에서 살다가 이제 이 절로 넘어왔어요, 그 저기 강화도로. [조사자: 강화도요?] 네. 작은아버지가 넘어오셔서 강화도까지 들어오고 서울에는 못 들어왔어요. 그래 나는 보지 못 했는데, 내 동생이 가봤어요. 가봤는데, 거기 한국군 그 대령 감시하에서 거기 있드라고 그래요. 근데 목적이 뭐냐믄 저 위서 간첩으로 일로 내보냈다 이거

에요, 이북서. 그런데 그것이 거기 부대에 걸려가지고 대령이 감금허고 있는 거예요. 그래서 서울에 올라오지 못 하고 거기서

"아 우리 조카들이 어디 있는데."

뭐라고 이렇게 저 알려준 것이, 내 동생이 그 양서군 국민학교 있으니깐 제일 찾기가 쉬우니까, 거기 조금 연락해 달라고 그래서 동생이 찾아가봤더니 거기서 대령 앞에서 감시허고 있다가 넘어오지도 못 하고, 다시 그냥 도로 들여보냈어요, 그 대령이. 군인이 그 부대에서. 여기 들어오다가 접근을 못 핸 거지. 넘어오다가 강화도에서 그냥 있다 거기서 잽혀가지구 그거 소원 하나 들어주고,

"데려가라."

그래서 아이 뭘 허러 와. 근데 자기는 그때 뭐 장사하러 왔다고는 얘길 하더래요, 장사하러 왔다고. 잠깐 보고 가는데 그러고 나서 아마 그 후에 소식 듣고 해서, 거기서 사형 당했다는 말이 있더라고, 이제 처형당했다는 말은.

[조사자: 그러면은 간첩으로 보낸 건 아니었던 거 같은데.] 조끔 뭐 부모, 뭐 몇 번씩 해두요, 원래가 이 3.8선, 저기 그 오도민 남북회담 같은 거 하고 해서 이산가족 보잖아요? 그게 어떤 사람들이 대략 보냐믄은 이 3.8선 지구에 살았던 거는 절-대 면회 안 됩니다. 몇 번 신청해도 되지를 않아요. [조사자: 왜요? 넘어갈까봐?] 넘어가도 사상이 불순하다는 거예요. 저쪽 놈이 이북서 올 때는 3.8선에 근처 미수복지 사람들은 사상 정신상태가 글러먹었다는 거예요. 사상이 저기 너무 자본주의 사상이 백혔기 때문에 그런 놈들 만나봐야, 면회시켜 봐야 소용없대서 안 해주고. 주로 어떤 사람 되냐믄 대한민국에서 이북으로 월남한 사람 그런 사람들은 대략 그 거기서 쪼끔 높은 데로 들어앉아 있잖아요. 그런 사람 가족을 여기다 해주는 거예요.

여기다가 이제 충청도, 뭐 경상도, 전라도 이런 사람이 월북한 사람들이 많단 말이에요, 사상운동 하던 학생들이. 그때는 젊은 아이들이 왜 그런진 몰라도 붉은 사상을 많이 가지고 있어요. 그래서 쪼끔 배웠대면 이북을 굉장

히 찬양하고 좋아했어요. 지금도 그저 국회에 그런 놈들 많지마는. 그런 그걸 뭐라고 얘길 하더라? 그 국회의원들 보고 뭐, 뭐 반 무슨 주의? 이 대통령도 그런 소릴 하더라고? [조사자: 종북주의요?] 네? [조사자: 종북주의?] 네, 종북주의. 지금 그 국회에 많아요. 사실 내 그 저기 그 노동당들 그 싸우는 것좀 보쇼, 그. 나는 그 뭐 정치 그냥, 그놈들이 참 사상이 살아보지 못해서 그렇죠? 무서워요, 걔네들. 얘네들은 뭐 이 저기 정치적으로 저기 그걸 저거 쓰기 때문에 개인적으로 누구한테 말 한마디나 하믄 그건 뭐 사정없어요, 그건.

[9] 인민군 탈영병이야기

[조사자: 그 인민군들 밑에서 일도 해보셨는데, 그렇게 무서우셨었어요, 그때?] 근데 인민군도요 개인적으로 나와선 그놈들도 사상 비뚤어진 놈 있어요.

"참-(찌푸린 표정으로)"

이러면서 우리 부대 얘길 막 허구, 욕 허는 놈도 있어요. [조사자: 그때 얘기했던 것 좀 들려주세요.] 아-이, 그 탈출헌 놈 있다가

"에잇!"

거의 쌍말로,

"아이- 나 이북에 안 갈 거야, 탈출해서 여기서 있다가."

그런 군인도 있어요. 그러니 그래서 그 사람이 뭘 허냐믄 와가지고 양복점 헐 때, 그 저기 아현동 양복점에서. 어디서 그 옷 보따리를 한- 보따리, 뭐 고급 옷 보따리를 딱 훔쳐가지고 왔더라고. [조사자: 어디서? (웃음)] 그러니까 이제 그 저기 그 뭐 빌었는지, 뭐 어디서 훔쳐갔는지를 몰라요. 고급 옷 보따리. 그때 융 저기나 비로드 같은 고급스러운 걸 갖다가 한- 보따리 훔쳐 가져왔어요. 훔쳐 와가지구선 우리집 가게 와가지고서,

"아저씨 이거 가져가세요." 그래.

"이거 어디서 났냐?"니깐,

"아, 글쎄 내가 드릴 테니깐 가져다 쓰시라."고 막.

"그 어떡헐래?"

"아유, 나 인민군 탈퇴하고 나올 거에요. 나 좀 어디 좀 숨겨 달라."

는 거에요. 그 숨겨줬다 나까지 혼날려구 숨겨주냔 말이야. 그러고 나서 이젠,

"아, 나 이젠 안 들어가요. 부대 안 들어가요."

그러면서 이제 주고 가면서. 아니 그 사람 그러고 나서 어딜로 갔는지를 몰라요. 군대 안 간대, 도망가고. [조사자: 그럼 탈영하신 거예요? 그분은?] 부대에서 탈영했대는 거야, 이거. 여기 역까지 서울까지 나와서 탈영했대.

"에이, 나 싫다."고.

그런 사람들도 있어요, 걔네들도. 그래 걔네들 걸려 들어가면 큰일 나죠, 그거. 그건 총살 감이에요.

[조사자: 그죠. 그런 이야기들이 되게 재밌거든요. 좀 더 그런 에피소드들을 이야기, 기억나는 대로 해주시면.] 와서, 옷은 굉장히 많이 가져왔어, 한보따리를. 그래 처음에 가져와서 우리보고 좀 팔아달래요. 그 뭐 가게 앞에다 쭉 놓으믄 쫌 사가는 사람들이, 싸게 파니까 사가는 거지. 우리도 좀 주고 그랬죠.

"아이, 안 들어가요. 탈영했어요."

그때는 인제 좀 밀어졌던 게 탈영,

"그럼 어떡할 거냐"고.

걘 변함없이 그냥

"에이, 난 들어가긴 틀렸어요."

어디 가서 뭐 노동을 하던 어디든 알려 달래. 이 그런 건 내가 어디 알려줄 만한 데도 없거니와, 또 알려줬다가 괜히 나까지 또 혼날까봐

"아이, 내가 알만한 데도 없는데."

"에이, 그럼 나 아저씨 안 받으믄 나 여기 안 들어갈 거요."

어디로 간다고 그러고는 그러고 가서 이제 거의 행방이 없어졌어, 이렇게. [조사자: 그럼 그분은 몇 살 정도 되셨어요, 그때?] 네? [조사자: 몇 살 정도 되신 분이에요?] 그때 한창 어리죠. 그제 스물 될까 말까헌 고 나이니까. [조사자: 그럼 그 분들이 이렇게 여기 전쟁에 참전하게 되고, 이런 사연들은 들어보신 게 없으세요?] 아유, 참전한 것도, 근데 뭐 참전이고, 나갔다 들어오믄 뭐 이거 서울시내 그 시체 투성이고. 뭐 그냥, 몇 명 걸어 들어가면 대여섯 명씩, 그것도 덮어놓지도 않고 그런 것도 많이 보며 했죠, 이제.

[10] 인민군 치하와 국군 치하

[조사자: 계속 그렇게 사람들이 죽었어요?] 길거리에 그 죽어논 거 미쳐 가마니 덮을 시간도 없어. 그냥 나가 자빠라지는 거야. [조사자: 그러니까 이게 서로 총격 때문에 죽은 건 아니지 않아요?] 그것 때문에 죽었갔지. 그거 뭐 달리 왜 죽어요? [조사자: 아, 서로 총격으로?] 그때 저 이 그거. 다 아시갔지마는 인민군이 여기 들어올 때에는 28일 날 들어왔는데, 탱크를 몰고 들어오잖아요? 탱크를 몰아 왔을 때 가게서 이렇게 보면요, 그 안에 탱크에 군인보다 민간인이 더 많드라고. 민간인이 탱크에 꽉- 올라탔어요, 그냥. 그래,

"아- 인민군 만세!"

그냥, 그래요. 근데 빨갱이래서이, 하여튼 빨갱이가 되든 아니든 그놈들로서 살려고 그러고 손드는지 모르지만, 탱크에 올라가서 그냥 꽉- 섰는데, 요또 길가는 사람들 역시 그게 뭐 손 안 흔들 수 있어? [조사자: 예. (웃음) 같이 막 흔들었어요?] 그렇죠.

"천세- 만세-!"

이러고. [조사자: 뭐 만세 한다고요?] 그냥 만세- 만세 하는 거야. [조사자: 아, 천세- 만세.]

그럼 그 인민군 장교, 장교복 입고 탱크 위에서 그냥 붉은 깃발 딱- 들고

서있고. 거 참, 무섭죠, 무서워.

[조사자: 그 수복된 다음에 거기 인민군 군복 만드는 공장에서 일하셨다고 보복을 당하시거나?] 거기서 뭐 별일 있을 것도 없어요. 그저 지켜 서있고 꼼짝도. 뭐 무슨 말도 못 허고 저기, [청중: 아니, 보복 당하지 않으셨냐구. 거기서 일했다고 수복이 된 다음에 보복을 당하지 않으셨냐구요.] 아– 보복도 당허지. 파출서서. 절루 가면은 쟤네들이 보고 보복허고, 이리 오면 여기서. 그래 여기 군인한테 얼마나 매를 맞았는데. [조사자: 누가? 어르신이요?] 예. [조사자: 어, 그런 얘기들도 좀 해주세요.] 아, 군인이 그때 딱 들오더니, 첨에 들어와서 보더니,

"요놈의 새끼, 빨갱이 놈의 새끼가 어딜 내려왔어, 지랄 맞게."

말하자마자 개머리판으로 그냥 막 때려, 그래 여기 뒤 피나도 그게 아픈 것, 아프지도 않더라고, 이제. [조사자: 놀라셔가지구?] 어. 여기 막 때리니까. 이렇게 피 쭉– 흘려도 아프지도 않아. 그래서 옆에 있던 군인이 딱

"야, 관둬, 관둬. 때리기는 뭘 걔네들이 뭘 알아?"

그러면서 또 말리고, 한쪽에선 말리고, 때리고. 근데 저 인민군들은요, 그 놈들은 차라리 점잖하게, 점잖게 타일르드라고, 그놈들은. 여기 군인처럼 그 이 새끼, 저 새끼 안해요, 걔네들은. [조사자: 음, 어떻게 해요?]

"동무들."

이렇게 나가요, 처음엔 점잖게.

"이렇게 해서 되갔소?"

그러면서 예. 걔네들은 '이 새끼', 저 욕이라는 건 걔네들은 허지를 않으니까. 걔네 규칙이 그래서 그런지 모르지만, 으레 불르믄 나이가 먹고 적고 간에 동무야.

"동무들, 사상이 옳지 않소."

그 말 나오믄 그게 참 무서운 거예요.

"사상 옳지 않어."

이게, 그게 아주 무서운 얘기에요. 걔네들은 사상이래믄 뭐 함부로 말을, 친구지간에도 말을 제대로 못 해. 정보정책을 쓰기 때문에. 그래 워낙 친허믄 몰를까 가족 중에는 쪼금 못 허지마는, 쪼금 낯설은 사람한테 나라에 흉을 보거나 이러게 되믄 그거는 찔르게 그래 되면은 그때는 상관없어요. 그랬을 때 뭐, 어디 그것이 허냐믄 저기 반상회 식으로 여기서 말하믄 반상회라고 그러죠? 걔네들 자가비판 시간이 있어요. 자가비판이라고 해요. 자가비판이라믄 자기잘못을 갖다 공개하고 된 사고를 받아라 하는데, 자가비판 시간을 딱 맨들어 줘요. 그럼 내가 그 숨긴 걸 갖다가 얘기를 안 헌단 말이야. 안 허믄 옆에 있다가,

"동무 아무 때 이렇고 하지 않았소!"

하믄 그걸 지적헌다구. 그때는 죄가 배로 들어. 늘어 가는 거야. 그러니깐 얘기하기 전에 미리 아, 미리 샅샅이 불고 용서를 빌어라 이거야. 왜? 남한테 지적해서 받을 땐 너 사상이 불편허고, 그렇게 나가니깐. 그게 아주 무서운 말이라구, 그게.

[조사자: 그럼 자가비판하고 나면?] 어, 다하고 나면 여기서 하는 반상회라 이제 그런 게 나오지. [조사자: 그러면 만약에 들통이 나면 어떻게 돼요?] 글쎄 들통이 나믄 그게 세 번 이상 되게 걸리게 되믄, 말 그대로 노동을 슨데든가, 뭐 탄광을 보내든가 뭐 그런 게 있잖아요?

[조사자: 거기서 월급은 받으셨어요? 그때 인민군들 공장에서 했을 때?] 월급 없어. [조사자: 월급 없어요?] 어. 월급 없어요. [조사자: 배급받으셨다고 그러는데 배급을 뭐 쌀 같은 거 줬나요?] 그렇죠, 쌀 같은 거. 그런 걸로 나오지 현찰로는 받아본 적이 없어요. 쌀 같은 거, 뭐 밀가루 같은 거, 그것도 뭐 지껄루 줘요? 여기서 다 이 뺏어가지고 주는 거지

[11] 달러 장사로 양복점 낸 사연

[조사자: 미군부대에서는 이제 달러로 받으시고?] 거기선 달러로 받죠. 그때는 저 환전헐 수가 없어요. 그것두 월급이 어떻게 나오냐믄, 그 부대에서 나오는 게 아니라 부대에서. 말하자믄 졸병끼리 모아가지고, 월급에서 얼마씩 모아가지고 그것 모아서 나한테 주는 거란 거예요. 그런 식으로 주기 때문에 그게 공식적인 저건 아니죠. 그냥 저 미국 저기 저 부대에서 나오는 게 아니라, 개인끼리 모아가지고 자기네 편리를 위해서 이게 하니깐. 이 양놈들이 워낙 그렇잖아요?

[조사자: 그럼 미군부대는 가실 때, 미싱을, 재봉틀을 각자 자기 거 가지고 들어가요?] 그렇죠. 가져가죠. [조사자: 처음 그 부대 들어갔을 때부터 미싱일을 하신 건 아니시죠?] 나중에 미싱일 했지, 처음에는 뭐 그냥 하우스보이로 들어갔어요. 그러다가. [조사자: 그래서 이제 미군들 빨래도 해주시고?] 예, 예. [조사자: 그걸로 이제 월급으로 받으신 거예요?] 그때 그래, 월급으로 받은 건. [조사자: 그때 돈을 많이 버셨어요?] 그때는 괜찮았죠. 한 사람 저기 빨아주면 그때 10불인가 받았어요, 10불. [조사자: 지금 돈으로도 큰데?] 예. 그래 그때는 돈을 많이 벌었는데, 돈을 쓸 데가 없어가지고 허리주머니에 찼다고 그러잖아. 허리주머니에 이렇게 해가지고 똘똘— 말아가지고. 내가 이제 옷을 좀 아니까 옷에다 이런 새에다 쫙— 끼워놓는 거야. 깨끗허게 해서. 크면은 이 가랑이 새에다 주머니 만들어서도 갖다 달아 끼고. 내 그렇게 벌었어도 그거 쓸 데가 없고 쓸모가 없어요, 별로. 은행이 있어요? 뭣 있어요? 전방에 뭐가 아무 것도 없으니까. 그걸 들고 나와서. [조사자: 전방이라면 어디에 계셨어요?] 최전방. 이제 그 우린 기갑부대니까, 지포리라는 덴데, 포천 지나서 어드메. [조사자: 포천 지나서?] 예.

[조사자: 그러면 그 달러 가지고 가셨던 거는 어떻게 뭐 환전이?] 그 환전을 어떻게 하냐면요, 가져오죠? 근데 그게 젤로 위험헌 건데. 내가 불러도 와요.

전화로 불러도 오지마는, 저 남대문시장 가믄,

"달라 파세요. 달라 파세요."

지금은 없어졌지마는, 그전엔 그게 전부다 그랬어요.

"달라 있어요? 달라 있어요?"

그러믄, 그 골목으로 그 가서,

"얼마다."

이렇게 환전 했지. 지금에야 뭐 은행에 들어가믄 바꿔주고 그러는데, 그 당시에는 남대문시장이 달라 시장이지. 그게 그래서 달라 시장이라는 거야.

[조사자: 그러면 거기 경찰들, 형사들도 많이 지키잖아요? 그럼 어떻게 거래를 하시는지?] 형사 있죠. 형사 있어두요 그 사람들이요, 그걸 더 잘 알아요. 달라 파는 데. 우리가 단속나면은 장사를 못 하갔으니깐 자꾸 숨겨주죠. 그럼 길을 가면서 그래요. 그래,

"달라 있어요?"

거기 형사도 있어요, 그 안에.

"달라 있어요."

그러믄,

"있다."

그러믄,

"일로 오세요."

그러고 절-로 이렇게 돌아서 이렇-게 해서, 음험한 데로 데려가죠. 같이 들어가서,

"멫 불이나 가졌어?"

그러믄, 천 불이고 뭐, 이천 불이고 바꾸니깐, 그렇게 했어요.

[조사자: 그때 이렇게 천 불을 바꾸면, 우리 돈으로 환전하면 얼마예요? 그때 당시는?] 그제 돈이 아마 그제도 아마 천-, 일, 천삼백 원인가, 그 정도 됐을 거예요. [조사자: 그 정도 되면 뭘 살 수 있었어요? 천삼백 원정도 되면?] 그게

그 저 일 불에 천삼백 원이면 얼마예요? 천 불 바꾸면 얼마예요? 큰돈이죠. [조사자: 그러니까 집을 살 수 있을 정도였나?] 그래서 을지로 4가에 다가, 그래서 그게 양복점 낸 거예요.

[조사자: 그렇게 내신 양복점 이름이 뭐예요?] 동광양복점. [조사자: 동광양복점?] 예. 을지로 4가에 동광양복점이라 했어요. [조사자: 음, 크게 하셨어요?] 뭐 그리 크진 않아요. [조사자: 그러면 양복점이 제일 번성하던 시기가 고 시기예요?] 아이구, 그때는 뭐 점포만 열었다 하면, 대개 무슨 장사든 장사는 잘 될 때예요. [조사자: 근데 그렇게 양복들을 많이 해 입었었어요?] 어디 해 입을 데가 없잖아. 공장이, 공장이라는 게 없잖아요. 에 저기, 전쟁 끝나고 나서 전부 서울에 봐도, 우리 집도 그 아현동에 사는 집도, 그것도 전부 불에 타 없어졌어요. 폭격에 맞아서 다 없어졌고. 그니깐 기술자도 없거니와 이 첫째 공장이 없었어요, 공장이. 어디 나가서 작업장이라는 게 없었거든. 쪼끄만 뭐, 지금 그 철공장이 있어?. 무슨 양복점 그 제품 공장이 있어요? 아무 것도 없지.

[12] 의복 산업의 변천사

그때 천은 어디서 짜냐고. 그때 제일모직이라는 것도 고 후에 나온 거야. 그전엔 쪽딱기라고 있어요, 쪽딱기. [조사자: 쪽딱기?] 예. 가정집에서 열 대, 다섯 대 되는 거를 쪽딱쪽딱- 두드려서 땡기고, 이렇게 세워놓고 있잖아요? 그것이 천 짜는 기계예요. [조사자: 예. 그 가정집에서 베틀에 하는 거요?] 그렇죠. 이게 시초에 해방되고 처음 나온 게 고걸로 나왔다가, 고것이 진보해 돼가지구 수족기라고 있었고. 고담에 기계로 왔다갔다- 왔다갔다 하는 게 생겼어요. 이게 없어지고 나서 이제 회사를 맨들어. [조사자: 그러면은 예전에 그 쪽딲기 가지고 그 양복천들을 만들었어요? 집에서?] 그렇죠. 그걸로 직접 가정집에서 열 대도 놓고, 다섯 대도 놓고 이렇게 해서. 그니까 소가내공업이죠. 그게 애당초에 그렇게 됐던 것이, 그것이 수족기로 돼가지구 쪼금 커지고, 기계, 저기 전기로 가정집에서 놨다가 이게 커지니깐, 기업에서 이제 돈 있는 놈이 그냥 공장 채리고.

[조사자: 그럼 아까 어르신 처음에 열아홉 살에 가게, 양복점 처음 하셨잖아요? 그럼 그때도?] 그때, 그때 지금 이거 했던 거야. 그때도 이거 쪽딱기. [조사자: 다리미 같은 거는 그대로 다리미가 있었고요?] 대리민 숯 대리미. [조사자: 숯다리미? 숯을 넣어서?] 예. 전기대리미도 없어요, 그땐.

[조사자: 아, 그걸 한번 변천사를 쭉 얘기해봐 주세요. 쓰는 그 장비들을. 그 이제 해방되면서부터 쭉 하셨으니까.] 해방되곤요, 어디 공장이라는 게 있어? 해방 전에? 왜정 때 공장이라곤 없었어요. 전-부 집에서 저기, 학교 뭐 국민학교 나왔어도 사무직도 될 수도 있고, 그제는 그런 시절이라요. 그래 국민학교 나와서라도 그제는 뭐 양화점, 양복점, 뭐 그렇지 않음 미쟁이, 뭐 이런 직업밖에 다른 게 없었어요. 공장이 없었으니까. 이제 그렇게 일하다가 이제 그럼 뭐 내가 기술배워야갔다믄 개인 양복점에 들어가서 취직해서 배우는 거고, 양화점도 그렇고, 이젠 다 없어졌지만, 양장도 역시 마찬가지로 그렇게 해서 배운 거고. 똑 전-부 가내공업이에요, 그 당시는.

[조사자: 그러면 그때는 쪽딱기로 천을 만들고?] 글쎄 그러니까 그때. [조사자: 미싱은 손으로 돌려요, 그때는?] 미싱? [조사자: 발미싱이었어요?] 발미싱이죠. 발미싱인데, 지금은 인제 백삼종 저 이런 거 아니에요? 기계미싱 좋잖아요, 지금 모다미싱. 그 당시는 십오종이라고 쪼그만 거 있잖아요? 그것도 그 발로 하는 거, 가정집에서는 손미싱으로 허고. 고 손미싱 대에 거기다 발틀 올리는 게 발미싱이에요. 근데 지금 그런 건 동작이 느려서 그건 답답해서 못 쓰죠. 가정집에선 그거 쓰는데, 우리같은 사람은 그거 답답해서 못 써요. 모다미싱도 느리다고 그래서 고속미싱을 쓰는 판인데. 근데 고속미싱이 왜 좋냐면은 그것이 익숙해지면요, 손만 까딱하게 되면 그냥 천이 쫙- 막 흘러나가는 거거든. 근데 이거 가정미싱 봐요. 척척척척척- 둑둑둑둑- 허고 이제

이걸 밀어가지고 수십 벌 수백 벌 허기엔 그건 어림없죠.

[조사자: 그러면 다리미는 숯다리미에서, 그 다음에 어떤 게 나왔어요?] 숯다리미에서 고 다음에 전기다리미로. [조사자: 증기? 아니면 전기?] 네. 전기다리미. [조사자: 전기다리미? 아-] 네. 근데 지금은 기술자라는 게, 지금은 필요가 없어요. 이 옷이고 뭐고, 뭐 다리미라는 게 나오잖아요? 많이 방송에 나오죠. 그와 마찬가지로 지금은 옷허는 게 옷을 전부 맨드는 게 아니에요. 부분적으로 맨들어요. 요 두껍이면 두껍 하나 맨들어도 요즘엔 요것만 하루종일 가서 맨드는 거예요. 그게 그 라인작업이라는 건데, 요것만 맨들어서 고 사람한테 내오면 고 사람은 팔뚝만 꿰고. 고 사람은 내리 꿰고, 그 끄트머리 셋 번째 가믄 완성 돼서 나가는 건데. 완성 돼 떨어트리믄 실밥 뜯는 사람 따로 있고, 단추구녁 뚫는 사람 있고 그래요. 그게 라인작업이라는 거예요.

[13] 양복점의 고객들

[조사자: 근데 양복을 아무나 입던 시절은 아니었잖아요? 지금이야 뭐 기성복 나오고 나서 다 입는 거지만 그때는.] 글쎄 지금은. 그때는 양복 기술을 배우려면 한 4-5년씩 배워야 돼요. [조사자: 고객 분들이 주로 어떤 분들이에요? 그 해방전, 해방 이후부터 그 전쟁 때 까지?] 고객은 일반인 누구나. 서민들이죠. [조사자: 아, 서민들이 다 양복을 해 입었어요?] 아, 전부 서민들이죠, 뭐. 공무, 아 저기 장관들도 맡겨야 되고, 서민들이, 공장이 없으니까.

[조사자: 그럼 어르신이 하신 고객들 중에 제일 고위직은 어떤 분이셨어요?] 그 탈랜트가 많았어요. [조사자: 아, 연예인들이 많았어요?] 예, 연예인들. [조사자: 오-, 어르신(웃음)] 아, 압구정동서 헐때는 그 남궁헌이. [조사자: 아- (웃음) 압구정이니까.] 어 저기, 음 잃어버렸다 나. 어 저기 이낙훈이, 그 다 죽었죠? 그 사람들. [조사자: 예.] 그다 우리, 또, 그리고 또 앵카, 김창……. 아- 국회의원 된 사람 그거 누구더라? 김창숙인가? 아- 김창 뭐시기. [조사자: 글쎄요,

모르겠네.] 그 이름을 다 잃어 버렸어. 그리고 또 대통령 비서실장, 그 박정희 대통령 비서실장으로 일했던 사람. 그 누구더라, 키 쪼끄만 사람? 최기……. [조사자: 최규하요?] 아, 최규하! 그 저기 우리 단골이었댔는데, 그 사람 가족까지 전부 오고. 또 어디라고 했더라? 지금도 그 사람이, 저 방일영씨. 저 조선일보 회장. 내 그 집까지 들어가 봤는데. [조사자: 지금 집 거기?] 아, 저기 저 사직동에 살 때. [조사자: 아— 그 안에 들어가 보셨어요?] 아, 그때는 나를 불러요. 그 사람은 오질 않고. [조사자: 그러면 이렇게 들어가는 절차가 어떻게 돼요?] 들어가믄, 딱 문간에 들어가믄 그 개가 한 서너 마리 있고, 그 비서가 한……. 그 뭐 저기, 그 조선일보 사장도 대단합디다, 그거. 그 들어가는데 그, 근데 그 앞에 초소가 있어, 그 당시에는. 초소가 있고 안에 문 열었더니,

"누구세요?"

허믄,

"아, 회장님 뵈러 왔다."

고 해.

"누구신데요?"

그랬더니,

"양복점에서 나왔는데요?"

하니깐,

"잠깐 기다리세요."

그래. 안으로 전화하더니. 들어가면 그 저기 그 비서들. 비서 셋인데도 하나만 들어가요, 안으로. 못 들어가요. 같이 안내해서 들어가게 되면은, 앉아 있다가,

"어- 우리 종씨 왔소?"

아, 이제 그러는 거요. 나하고 또 종씨라 해요, 거기서. [조사자: (웃음) 그렇죠, 방씨니까.] [청중: 그 여자 탈랜트들 옷은 노라노 여사가 많이 했다고 그러더라고요? 신문에 지난주에 나왔는데, 이제 남자 탈랜트들 옷은 우리 이모부

가 지었나봐?] (웃음) [조사자: 그러면 그 연예인들이랑 찍은 사진들도 있겠어요?] 네? [조사자: 그 연예인들하고, 남궁헌이나 이런 연예인들하고 찍은 그런 사진도 있겠다고.] 사진같은 건 찍은 건 없어요. [조사자: 그럼 그 양복 기술 하고 하실 때, 멋지게 입고 찍으신 사진들도?] 응, 그런 사진, 사진은 없네. 사진은 같이, 그때는 사진이라곤 난 몰랐으니까. [조사자: 그러니까 어르신 사진도 없으세요?] 내 사진도 내가 얼마 찍은 거 없어요, 내 사진 제대로 나온 거. [조사자: 아, 그래도 멋지게 양복입고 찍은 사진 하나도?] 근데 그 이 사진가지고 장난하는 지는, 이건 내가 나이가 먹어가지고 칠십 대가 되어가지고지. 그건 벌써 은퇴허고 났을 때에요. 심심허니까 취미생활로 배우지 그 전엔 사진기라는 게 별로. 그 최 뭣이더라? 아이고, 이름도 이렇게 다 잃어버렸어, 벌써 뭐 된지가 오래 돼가지고.

[조사자: 그래서 그쪽 조선일보 사장님 옷은 몇 해나 해주셨어요?] 그 사람은요, 저 이 조선일보 사장은 주로 일본서 해 입어요. 여기서 안 입어요, 여기서. 그런데 참– 바느질이 굉장히 꼼꼼하게 돼있어요. 그랬는데 그것을 그 사람이 좀 성격이 좀 이상해요. 잘 맞는 것도 고쳐 입을려고 그래요. (좌중 웃음) 우리가 보기에는 괜찮은데. 아– 어디가 잘못 됐단 얘기도 안 해요.

"당신이 보고 좀 고쳐주쇼."

그래요. [청중: 고치러 가셨구나, 그러니까?] [조사자: 일본에서 사와가지고 고쳐달라 그러신 거예요?] 예, 예. 일본서 그 맞춘 건데, 아주 그냥 바느질이 굉장히 잘 돼있어요. 그 거기 저, 이 사위집에도 내가, 지금 압구정동에 살죠? 지금 딸이요. [조사자: 아, 그래요?] 큰딸이. 그 둘째 딸이 그 미국 가서 둘째 딸 사위는 의사고. 근데 거기 내가 참 자주 많이 갔드랬어요. [조사자: 그게 주로 맞춤이 아니라, 이거 이제 고쳐주시러?] 고쳐, 고쳐주러. 맞춤은 일본서 다 해요. [조사자: 인맥이 엄청나신데요? (웃음)]

그게 저기 연예인들 그 저기 그 누구야? 김세환이 같은 사람은 옷을 가져와두요 맞춤을 가져오는 게 아니에요, 그 사람은. 기성복을 주로 사는데, 그 사람들은 뭐를 보나믄 칼라를 봐요, 색깔. 울긋불긋하고 이상하게 생긴 것만 가져와요. (좌중 웃음) 그 저기 조명 비출 때 입을려고. 그러니 이 이런 놈의 걸 갖다가 기냥 막 가져온다고. 그러니깐 이제 걔네들이 뭐, 그거는 그러니 걔네가 잘 못 입어요. 그게 겉으로 형태만 막 다 테레비에 볼 때믄 그 화려해 뵈지. 사실로 보믄 뭐 그 별로예요, 옷들이. 연예인들은 대략 다 그래요.

[조사자: 그럼 어르신이 하신 양복 중에 제일 비쌌던 게 얼마짜리예요?] 비싼 거야 뭐 한 이삼백만 원 가량 됐지. [조사자: 그때가 언제예요?] 요, 요 근래일 거예요. 전에 한 십여 년 전에 그. [조사자: 십여 년 전에?] 예. 그전에 그래도 그 탈랜트들은 까다로운 사람처럼 값을 가지고 얘기를 안 해요, 그 사람들은. [조사자: 그냥 부르는 대로 다 줘요?] 예. 어떻게 잘 맞느냐가 문제지, 그 사람들은. 그 저 여자들 까다로운 건 뭐 한없이 까다로워요.

[조사자: 아니, 여자분들 옷도 수선해주셨어요?] 그럼, 여자들도 많이 했지. 양장도 같이 겸해서 하니까. [조사자: 그래도 고객들을 많이 만나시니까 그 고객분들 중에 뭐 특별하게 그 전쟁 때나 이렇게 경험한 거 들으신 건 없으세요?] 그 사람들 하고는 그런 그 전쟁 얘기. [조사자: 사적인 얘기는?] 예. 사적인 전쟁 얘기는 안 허고 자기네 공식 얘기도. 뭐 체면들이 있어서 그런지 크게 그 말을 함부로 하질 않아요. 옷에 대한 것만 주로 얘기했죠. 그러지 무슨 누구, 무슨 뭐 쓸 데 없는 얘기허고. 뭐 나한테 오신 분들 대략 다 그래요. 그 누군지 서로 이 훤-한데, 그런 얘기는 진실 있게 얘길 안 해요, 결국.

[14] 부인을 만난 사연

[조사자: 그러면 어르신은 지금 피난을 가신 적은 없으시네요? 저기 지금 이동하신 게 여기 서울이랑, 개성에서 서울, 서울에서 포천?] 피난은 갈 시간이 없었죠. 그제 부대생활하고 저기했기 땜에. 남처럼 그런 데 끌려댕기면 고생을 좀 많이 했을 텐데, 난 저 군속기관에 따라댕기고 그러게 했기 때문에. 인민

군 들어왔을 때 인민군에 협조해주고, 여기 또 국군 들어올 제, 부대에 들어가고 했으니깐. 내 개인적으로 혼자 떨어져 본 저긴 없죠.

[조사자: 그럼 할머니는 언제 만나셨어요?] 할머니는 저기 휴전되고. [조사자: 휴전 다 되고 나서?] 예, 휴전되고. 그때 내가 양복점 헐 때. 을지로 4가에서 양복점 헐 때, 그때 거기서 돈을 쪼금 잘 벌 때니까 그때 할머니를 만났는데, 할머니하고 나하고 이제 한참 재미나게 노는데 형님이 왔다고 그러잖아요. 형님이 와가지고 형님이 그걸 좀, 금고처리를 잘했으믄 좋갔는데 형님도 바람이 나가지고 과부를 하나 새겨가지고. (좌중 웃음) 이제 다 돌아가셨지마는 가불하는 그것도, 있는 금고 그냥 저도 쓰지. 뭐 여기 집이 있어, 뭐가 있어? 나도 그렇고. 나도 고 가게에서 자고 외식하고 막 이렇게 댕길 때였는데. 그래 또 나도 연애해서 돌아댕기고 형은 형대로 쓰니까 그건 뭐, 돈 몇 푼 벌어가지고 둘이서 그냥 한창 때 써버릇 하니깐 뭐 극장에 댕기고 어디 놀러 댕기고 하니깐, 형도 부족하고 나도 부족하지, 이제. 그렇고 사는 어느 날 형도 방 얻갔다고 거기서 돈 뽑아가지고 그냥 집을, 그냥 거기 을지로 4가에. 거긴 또 집이 오죽 비싸요, 을지로 4가에? 여기 얼마 뽑아간 지도 몰라요. 방 얻어서 살림 떡 채려놓고 거기서 살림 시작하는데, 나는 그때 살림 채릴 방도 없었어요.

[조사자: 그래 돈을 그렇게 잘 버셨는데도 돈 관리가 제대로 안 돼서.] 그래도 형이니. 그래 형이니 어떻게 뭐 욕헐 수도 없고, 때릴 수도 없고 뭐 그냥. (좌중 웃음) 에휴- 그 맏형인데. [청중: 이모하고 연애로 만나신 거예요? 중매 아니고?] 큰형? [청중: 연애로 만나셨다고?] 아, 저기 큰아버지 말이야? [청중: 이모, 이모!] [조사자: 아니, 이모랑 이모부님이랑.] 나? [청중: 예. 연애로 만나셨어요?] 나는 그 친구 소개로 만난 거지. [청중: 아, 우리 아버지 같은데? (웃음)] 친구가, 친구도 똑같은 양복쟁인데 친구의 그, 애네 언닌데, 친구의 그 저기 애네 마누라의 동생이 친구네 가게에서 일을 했어요. [청중: 우리 엄마 얘기하시는 거 아냐?] 응? [청중: 우리 엄마 얘기하시는 거 아냐?]

어, 야 니네 엄마다! (좌중 웃음) 바로 그렇구나? 난 다른 얘기로. (좌중 웃음) [청중: 아, 엄마가 소개시켜 주셨구나?] 얘네 엄마가 양장쟁이에요. 똑같은 계통인데 내 친구네 가게에서 일을 했어요. 그때 어디냐믄 통인동이에요. [청중: 아, 그때 통인동에서 사셨다는 얘기 들었어요.] 응. 통인동에서 일을 했는데, 그– 이쁘게 생겼어요. 그래서 친구보고

"야, 마– 나 좀 소개해줘."

"응?"

"야, 저기 저 이쁜이. 야, 저기 소개 좀 해 달라."

그래 친구가 있더니,

"마, 언니가 있어."

내가 아, (좌중 웃음) [청중: 아, 원래는 우리엄말 찍으신 거였어?] (좌중 웃음) 그렇지, 원래는. (좌중 웃음) 얘 엄마를 원래는 좋아했어요. (좌중 웃음) [청중: 저 비밀로 할게요, 아버지한테. 안 들은 걸로 할게요.] (웃음) 야, 그런 소리 하지 말라. (좌중 웃음) 그래서 맨–날 친구네 가게에 놀러간 거 아니에요. 가서는 그, 아니 이쁘니깐.

"야, 쟤 임마 소개 좀 해줘."

하니깐,

"안돼."

이러는 거야. 그래 자꾸 나하고 옛날엔 말도 잘 했었어요. 이쁘게 생기고 손이 오동통– 하고. 그때가 스무 살 땐가 됐을 거예요. 아이 그래서 이 저 친구랑 거반 얘긴데, 친허게 되고 얘기 하니깐,

"야, 쟤 내 좀 소개 좀 해 달라."

내가 쟤를 사랑한다 뭐 한다 글쎄 하기도 좀 수줍어 친구한테,

"야, 좀 소개 좀 해 달라."

하니까,

"임마, 언니가 있어, 언니. 언니는 더 이뻐, 임마."

언니허고 소개한다고 해. [청중: 이모가 더 이뻤어? 만나니까?] 언니가 이쁜 게 아니라 동생이 이쁜데, 언니는 좀 고상한 타입이에요. 언니가 언제냐믄 병원에 댕길, 간호원 일 때였고, 얘 엄마는 양장쟁이고. 언니는 인제 쪼-끔 배웠는 간호원이었는데. 그래서 어떡하니깐, 쓱 보더니 괜찮단 말이야. (좌중 웃음) 그래서 언니를 저랬잖아, 동생 안 하고. [조사자: 동생 포기하고, 언니랑?] 그렇죠. 소개는 저래 했지만 언니허고 했지. 이래 맞춰 주드라고. 그래 보고,

"좋다."

그래서 (웃음), 그래가지고. [청중: 아, 그런 비하인드 스토리가 있었구나.]

[15] 부잣집에서 자라 공부를 못한 한

[조사자: 근데 원래 되게 부자셨나 봐요?] 우리? [조사자: 부모님들이 공부도 시키고.] 예. 개성서 조금 잘 산다 그랬어요. 중산층으로 살았는데. 어유- 그제 배 아파서 중핵교 못 간 게 그렇게 한이 되더라고. 아, 이건 동생 그렇지. 다- 이거 그냥. [조사자: 응, 교사하는데.] 고등핵교 선생이 되고. 아, 저기 동생은 중학교, 저기 국민학교 선생 되고, 또 형은 또 이제 철도, 철도 공무원 되고.

'나만 어떡하다 양복쟁이가 됐지?'

팔자에도 없는 양복쟁이가 됐다면서. 아니 그제부터 막나가기 시작한 거예요.

[조사자: 근데 전쟁 때는, 교사들 가족들도 되게 힘들지 않았어요?] 근데 뭐 살기가 굉장히 어려웠어요. [조사자: 아니 그러니까 먹고 살기도 어렵지만, 그 원래 이렇게 왜 북쪽에서 온다거나 아니면 국군들 다시 올라가고 할 때, 공무원이나…….] 그러니까 저기 동생은 인민군 생활을 모르죠. 나는 인민군을 겪어봤지마는 동생이는 저 거기 있을 때, 교사생활 할 때. 아마 그때는 교원생활을

그대로 했죠. 이제 저 별안간에 오는 바람에 피난할 새도 없고. 그래 이제 거기서 어떻게 교육 가르키는진 모르죠, 이제 나는. 그때 그러니까 초등학교에다 발령받아 그 있었고, 형은 개성중핵교에 선생으로 있었고. 근데 워낙 둘째형은 저기 기자출신으로 들어가려다가 그게 싫다고. 그래가지고 선생된 거란 말이에요.

그때 나올 때, 피난 나올 때는, 그건 저기 1.4후퇴 때 그 후는 나하고 벌써 떨어져 있을 때잖아요. 후퇴헐 무렵에 여기서 국군이 저- 저 어디야? 그 함경북도까지 진격허다 다시 후퇴, 그게 1.4후퇴인데. 1.4후퇴 때는 전-부 흩어져서 막, 그때는 우리 집은 벌써 이미 불에 타 없어졌고. 그 서울에 있는 집은 불에 없어지고, 형님은 타 없어진 후에 마누라를 갖다가 개성에다 갖다 놔두고. 이제 형 혼자 떠돌아댕기다가 1.4후퇴 때 혼자 그냥 형은 빠져나갔고, 그래 마누라는 이북에 있어요, 본 마누라는.

그 둘째 형은 마누라하고 같이 나왔어요, 데리고.

"잠깐 나갔다 오겠습니다."

헌 것이, 이제 60년 된 거지.

[16] 전쟁당시의 풍경들

[조사자: 그럼 전쟁 난 건 어떻게 아셨어요? 방송을 들으셨어요? 아니면?] 방송에 저 이박사가 저기 그적에 할 때 나간 거 내 직접 들었는데, 국민은 안심허라고 그랬어요. 안심하라대. 절대 서울에 까지, 그러고 곧 격퇴헌다고 허든 것이 이박사는 부산 가서 방송했고. (좌중 웃음) 여기는 불바다가 벌써 이미 됐고, 이제.

[조사자: 그걸 언제 아셨어요? 이박사가는 부산에 가서 했다는?] 아, 서울에 들어오니깐 알았지. 총소리 듣고 알았죠. 몰랐어요. 아, 저기 괜찮다고 허든 것이 28일 날 새벽이 되니깐 쾅-쾅- 소리가 나요. 대포소리가 막 나고, 근

데 싸움도 안했어요. 그냥, 그냥 밀려갔어요.

[조사자: 그래 나가서 보시니까 전경들이 어땠어요?] 나가서 보니까 군인은 댓 명, 군인이 없지. 군인은 그 27일 날, 28일 날 도망갈 때 내 찾아봤는데, 트럭에다 뭐를 잔뜩 실코, 뭘 실었는지 몰라요. 그냥 그 마포다리를 막 건너가요. 건너갔을 때 그냥 카바도 없는데 짐 우르르- 떨어지는 거, 떨어지나 말거나 그냥 빵소니 같이 도망가요. [청중: 그게 뭐였는데, 떨어진 게?] 뭔-지 모르지. 그 속에서 사과, 딸기도 떨어지고. 무슨 뭐 물품도 막 떨어지는데. [청중: 그거 안 줏어 보셨어요?] 줏어 보긴 뭘, 사람들이 뭘 줏어. 지금 하여간 한쪽에선 총소리가 나고 한쪽에선 트럭이 그냥 연대로 다 도망가고 그러는데, 그러고 나서 한강교가 절지 났어요. 그래서 후퇴 못 헌 군인들은 저쪽에서, 낙동강에서는 여기 저기 한강에서는 총소리가 몇 번 나고 그냥, 그냥 밀리고 싸움도 안했어요. 전쟁을 헐 나위도 없고, 무기도 없구요, 여기는.

[조사자: 그러면 피난은 언제부터 이렇게 쭉- 빠져나가게 된 거예요?] 그때는 피난을 못 갔죠. [조사자: 그때는 못 가고?] 예. 그때는 못 갔죠. 여기서 이 걔네들 쳐들어올 때는 피난 간 사람이 거의 없어요. 갈 수가 없죠. 그냥 밀려 나고, 그냥 그놈들, 여기 뭐 대, 전적으로 대응할 아무런 기계도 없어요. 그 당시 있다는 게, 뭐 저기 요 뭐야? 기갑찬가? 저기 기관단총 요런 거 있는데, 걔네는 대포 가지고 저기 그 들어오고. 또 저기 제 일선에 들온 것이 그거 들오고, 제 이선에 뭐가 들오냐믄 구루마가 들어와요, 구루마가. [조사자: 구루마?] 예. 구루마에 그 냄비 싣고, 아유- (웃음) 그거 꿈 속 같죠? 그건 못 봤을 거예요. 달구지에다, 소달구지에다가 가마솥 하나 달고, 그게 밥 끓여 먹는 거예요. 밥 끓여 먹으려고 그렇게 들어오고, 그거 제 이, 제 이선이에요, 그게. 하여튼 그게 뭐.

[조사자: 그러면 사람들이 피난을 떠나기 시작한 게 언제에요, 그러면?] 1.4후퇴 그때가 피난, 그게 진짜 피난. 9.18 수복할 때는 그 일부 군인, 이 그런

장성 급들은 6.25 사실 그 났을 때, 동정과 정보를 빨리 아는 사람은 도망갔죠. 무슨 국회의원이래든가 무슨 이런 사람은 벌써 정보를 아니까, 미리 그 사람은 6.25 나서 서울이 탈환됐다 허게 되니까 그냥 차타고 그냥 막 도망갔죠, 내려갈 사람은. 그리고 일반 사람이 차를 타고 가게 되면 그거는 정발(징발)당하는 거예요. 뺏어버려요. 뺏어가지고 군용으로 써버리고 말아요. 그때는 자가용이라는 게 거의 없었죠, 이제. 맨 군대용일 건데, 그 사람들은 부산까지 무사히 가요, 높은 사람들은. 그러나 서민들은, 이 충청도 이남 사람들은 쪼끔 시간이 있으니깐 피난 간 사람이 있어요. 근데 그 이 서울, 경기 지방에서 피난은 특수한 사람 아니믄 배를 타고 인천항으로 해서 도망가거나, 그렇지 않으면 도망갈 수가 없어요. 육지로 그냥 들어오는데 뭐 이거 어디로 도망가요? 이제 개네 들오는 것보다 더 빨리 도망갈 수가 없거든. 뭐 차가 있어요? 뭐 이 기차가 있어? 마지막 차는, 기차 때가, 마지막 차 탄 사람은 가죠. 대가리에 있던 큰 뭐시기, 그 사람은 갔는데, 그거 뭐 불과 몇 사람 안돼요. 몇 백 명 밖엔 못 갔죠. 그건 좀 대가리 높으고 좀 이런 놈, 자기 차 없으면 그런 차타고 도망가고.

[조사자: 그럼 어르신도 같이 이렇게 만세 부르고 그러셨어요, 막 들어왔을 때?] 안 그러믄 괜히 큰일 나는 거야, 만세 할 때. 난 이렇게 나가서 구경을 했지, 만세 불렀대는 건. [조사자: 인민군들은 말 타고 들어왔다고 그러던데? 말 타고 다녔다고.] 말 타는 건 없었죠. [조사자: 그래요?] 오도바이 타고 봤어도. [조사자: 오토바이?] 예. 오도바이 타고 기관단총을 갖다가 큰 뭘로 싸가지고 오도바이 옆에 달아놓고. 그러고 들어오는 건 봤어요. 그거이 제 일선. 제 일선은 일선에 들어온 건 탱크가 제일 먼저 들어왔어요. [조사자: 그 말은 그 구루마에 달려있던 건가?] (웃음) 말을 어디다 쓰려고 그 말을 가져와요? 밥 멕이구 구찮게. (좌중 웃음) [조사자: 아니 말 타고 다녔다는 저기……] [청중: 어디서 들었어? 어디서 들은 얘긴데?] [조사자: 저 지방에 가면, 인민군들은 말 타고 다녔다는 얘기들을 해서.] 근데 그게 옛날에 그 사진, 기록사진을, 6.25

전쟁에 대한 사진을 내가 가지고 있어요. [조사자: 아, 그래요? 그럼 저희 좀 찍어서 인터넷에 보내주세요] 어. 인터넷에 내가 보내줄게.

그건 요 근래에 편집헌 그건데, 어느 회사에서 편집해가지구 그런 게 많이 들어와요, 이메일로. [조사자: 아, 어르신이 직접 갖고 계신 사진이 아니구?] 아니죠. 그 내가 가지고 있는 사진이 그런 게 있으면 뭐 값이 얼마짜린데 그게. 그거 저 기관에서, 국가에서 해 논 거지. 그건 이제 뭐 6.25때에 이랬대는 것을. 근데 그 기록사진이니깐 그 진짜는 진짜야.

[조사자: 그때 많이 무서우셨어요? 전쟁 나서?] 나는 그때 무서운 걸 몰랐어. 죽고 사는 걸 그 모르고 봤어요, 그때. 이 비행기 이렇게 떠 다니믄, 뻔-히 이렇게 들여다보고 있어. 맺히는 게, 구라만(그라만)이라는 게 있었어요, 미국 구라만이. 그게 참 무서웠어요. [조사자: 그게 뭐예요?] 구라만. [조사자: 구라만이 비행기예요?] 비행기. 비행긴데, 그거 폭격긴데, 그 폭격기가 이놈이 높이 뜨는 게 아니라 얼굴을 내려다봐요, 그놈이 앉아서. 서서히 내려다보면서 그냥 기총사격을 해버려요. 그러고 폼을 쓰는데, 아유- 그게 구라만이라면 아주, 이게 들어오면 어떻게 들어오냐믄은 습격을 할 때 일반인한테는 안 쏴야 한다지만, 이 군복 입은 것까지 다 보는 모양이야. 보믄 그냥 갈겨버려요. [청중: 아무한테나 다?] 아 군복 입으면. [청중: 적이고 뭐고 군복만?] 그럼. 군복만 입은 데. 그럼 고 사이에 그 민간인이 많다고 하더라도 군복 입은 거 있으면 그냥 내려 갈기는데, 그게 사람이 잘 안 맞아요. 총알이 떨어지는 데 이렇게 일 메타 간격씩 떨어져요. 쌕쌕쌕- 드르르르륵- 나와버려요, 총알이. 그럼 이렇게 나가면 곧장 거기도, 거기만 서있는 거 아니잖아? 그러니깐 이놈이 작전할 때 되면은 막, 일로 쏘고 이쪽에서 들어오고, 이쪽에서 들어오고 사방 군데서 들어와요. 사방으로 이렇게 햇볕이 이리 비춰 들어오듯이 이렇게 공격해버려요. 그러니깐 이거 뭐 그놈만 걸렸다 하면 이거 절절매요.

[조사자: 그러면 어르신 일하시던 데가 군복 만드는 데잖아요. 그런 데도 원래

는 폭격 대상 아니에요?] 오죠, 오죠. 그런 거 뭐 사정없이. 양놈이 알면 다 안 갈기는 데가 없어요. [조사자: 그러니까 그렇게 해서 폭격을 맞기도 했어요? 공장에?] 아, 여러 번 맞죠. 그 오는 거. 그거는 이제 갈 데, 숨을 데가 없으면 방공호로 들어간다는 것이, 그때만 해도 아– 오니깐 기어들어가믄, 방공호가 차서 들어갈 데가 없으믄 이게 엉덩이만 내놓고 대가리만 들어가고 그랬대니까.

[조사자: 그러면 이 폭격기가 오면 이제 경보가 나와요? 경고 사이렌 같은 게?] 나오죠. 경보가 나와요. [조사자: 그러면 얼른 이제 숨는 거예요?] 그렇죠. 숨고 허는데. 그래 걔네들은 이 구라만이라는 게 그 위로 작전 와서 요기서도 들어보면, 위 들어다 보면 보여요. 검정안경 딱 쓴 놈이 이렇–게 대가리 내밀어서 내다보고, 내려다보는 거예요.

[조사자: 그러면 막 머리만 갖다가 숨기고 그러는 거예요?] 근데 저기 걔네들은 저기 뭐냐믄은 인민군이 반항할 비행기가 없잖아요. 하늘에 맘대로 그 계속 뜨는 거야. 여기 인민군들이 한창 저기 서울에 와서 그냥 활동했을 때는. 근데 교회는 안 때려요. 성당은 절–대 때리지 않아요. 근데 이제 저 놈들이 저기서 있을 때, 주로 성당 곁에도 많이 숨지마는 이렇–게 있다가 이제, 여기 저 옛날 같으면 저기 그 같은 그 비행기 교전하구. 나 교전하는 걸 보질 못했어요.

[조사자: 그래서 폭격으로 죽는 사람들은 많이 보셨겠어요?] 그럼. 폭격으로 많이 죽죠. 근데 그거 잘 죽질 않아요. 이 주로 육박전에서 많이 죽지, 폭격으로써는 그렇게 많이 안 죽어요. [조사자: 아니 뭐 어쨌거나, 이렇게 폭격을 하게 되면 민간인이든 누구든 죽는 건…….] 그 거기선 죽어요. 예. 그 거기선 죽는데, 이 비행기에서 이 기총사격해선 그렇게 죽질 않아요. 그런데 이놈들이 어떻게 하냐믄, 이쪽에 왜 이 얕이 뜨냐믄, 고거 이 닿을 정도로 얕이 떠요, 이렇게. 아주 상당해. 사람이 얼굴이 보이니까. 왜 그래 얕이 뜨냐믄 그걸 반항할 만한 비행기가 여기 뜨질 못 해요. 인민군들이 비행기가 없어요.

그렇게 얕이 떠가지고 사람을 보면서 갈겨버려요. 그래요, 걔네들.

아유- 근데 여기 대한민국에고 이북에고 파괴 됐대는 것은 저놈들이 파괴한 게 아니라 전-부 미군이 다 파괴시킨 거예요. 걔네들은 파괴할만한 그런 기구가 없어요. [조사자: 다 육박전으로?] 그렇죠. 저기 저 뭐 인해전술 나오더라고 하는 것도 순- 사람으로 갖다가 두드려 때려버리지. 뭐 기계가 있나, 어디?

[17] 사상교육을 받은 기억

근데 정신 무장이 잘 돼있고, 걔네들은. 우리나라 사람은 개인주의고. 그냥 나부터 도망갈려고 그러지마는 걔네들 정신은 지금도 그래요. 정신이 그런 것을 여기 나와서 여러 번 보셨을 거야. 걔네들 여기 서울에 나오지 않았어요? 운동대회 했을 때, 저기 김일성이 사진을 갖다가 프랑캣을 갖다가 쭉- 거리에 달은 거 생각나요? 그때 김일성 사진, 그전에 남북회담하고 여기 체육회 운동도 오구 그랬어요, 걔네들이. [조사자: 부산 아시안게임, 그때 얘긴 거 같은데요?] 왔드랬어요. 그래서 김일성 사진을 갖다가 이렇-게 해서, 딱 맞춰서 길거리에다 탁 걸어놨어요. 달아놓고 있는데, 그날 하여튼 비가 왔어요. 그러니 이 계집년들이, 저 아이들이 이거가지고 뛰어와서 보더니,

"아이고- 우리 수령님 비 맞는다!"

고 말이지 아 그래서 그거 보고,

'야- 이 아무리 사상이 그렇대서리 저렇게 까지?'

그렇게 무서워. 무서운 놈들이에요, 그게. 아주 사상교육은 뭐 철두철미하니까.

[조사자: 그러면 공장에 근무하실 때도 그렇게 사상교육을 시키지 않아요?] 그게 그 기본이래니까. 난 거기 사상교육 많이 받아봤어요. [조사자: 어떻게 교육시킬까? 그러면 '동무', 뭐 그렇게? (웃음)] 아니, 그런 건. [조사자: (웃음) 그런

게 아니잖아요? 예.] 그걸 또 예를 들면, 개넨 노래부터 시작을 해요.

(노래) 아침은 빛나라 이 강산, 은금

이게 저 지금도 잊어버리지 않어. (웃음) [조사자: 예. 한번 불러보세요.] 은금에 자원도 가득한,

(노래) 삼천리 강산은

뭐, 아름다운 이 강산, 뭐 이런 거지. 뭐 우리 인민군은 뭐 어쩌고저쩌고. 또 이런 건, 이런 노래를 갖다가 아침에 조회 나가믄 이런 것이 30분 이상 가르켜요, 아침에. [조사자: 그거 기억나시면 한번 불러봐 주세요.] 무슨 노래를 하라고? [조사자: 아까 거기서, 아까 부르시던 거.] 아이고 뭘, 지금 불러본 거? [조사자: 기억나시는 데까지, 예.]

(노래) 아침은 빛나라 이 강산
은금에 자원도 가득한
삼천리 아름다운 이 강산
반만년 오랜 역사의
찬란한 문화로 자라온

우리 뭐 인민군? 아이쿠, 저절 저기 잃어버렸네. 그래 그런 거예요. [조사자: 그걸, 노래를 가르쳐줘요? 거기 일하시는 분들한테?] 한 시간 동안 아침에 나오믄 그, 일하는 게 목적이 아니라 우선 그런 사상교육부텀 허고 나서, 고 다음에 일을 시작을 하는 거예요. [조사자: 예. 고 다음에 무슨 교육을 해요? 노래 한 다음에?] 그 다음에 일을, 일시키는 거예요. 그리고 저녁때 되면 토론

회 허고. [조사자: 토론회?] 예. 그중 그날 지난 걸 자기가 잘못한 거 있으믄. [조사자: 아, 자아비판하고?] 그렇죠. 그런 게 무서운 거예요. 그러니 이거 안 따를 수가 없어요. 그래서 지금 돌아가 아– 이러고 생각해보믄,

'참– 자유가 좋긴 좋다.'

우린 지 맘대로 지껄여도, 누가 대통령한테 욕해도 누가 잡아갈 놈이 있나? [청중: 잡아갔잖아.] (좌중 웃음) [조사자: 우리 옛날에는 잡혀가지 않았어요? (웃음)] 아이구– 저 저기 옛날에 뭐 잡혀갔다지만. [조사자: 옛날엔 설사해도 잡혀가던데요?] 예? [조사자: 옛날에는 왜 설사, (웃음) 설사해가지고 잡혀가고 그러던데요?] 지금 세대 되는 사람은요, 참– 행복한 사람이에요. [조사자: 그럼요. 맞아요. 다 어르신들이 다 국가를 지켜주신 덕분이죠, 뭐.] 우리나라 저기, 지금 노령연금도 65세 이상은 극빈자에 한해서 주는 거이, 아직도 사회보장 제도가 멀었지만, 지금 많이 나아진 거예요. [조사자: 네. 맞아요.]

[18] 무법천지의 시절에 받은 시달림

그냥 뭐, 나는 젊은 시절이라는 것은 난 몰라요. 다 한참 스무 살 때부터 삼십 대 전성기 때는 다 전쟁에 말려있고 살았으니까. 그리고 장가도 가기 전이니깐. 뭐 내가 막 그런데 두렵고 무서운 걸 모르갔어요. 그런 걸 몰랐으니까, 죽는다 산다는 게, 전쟁에 그냥 총알이 펑펑– 날라 들어와도 맞으면 죽는 걸 생각을 못 해 봤다니까. 그래, 그런데. [조사자: 눈앞에서 총알이 이렇게 날아다니는 것도 보셨어요?] 겁은 나는데, 내가 죽는다는 것을 내 머릿속에 들어가질 않아요. 그래서 그래도 뭐 부상하나 당한 적도 없었지마는.

그래 그 시달림 받는 것은, 제일 무서운 것은 인민군이나 여기 국군이 제일 무서워요. 전시 때는 그거보다 더 무서운 것이 없어요. 보면 잡아 제치니까. 그때는 개네들의 권한이니까, 이제. 인민군의 세대믄 그놈들이 그저– 젊은 놈들 그냥 못 살게 굴고, 잡아댕기고, 일시키고 허고, 또 국군이 들어오믄, 이

새끼 너 빨갱이라고 또 잡아 때리고 그냥 죽이고, 이게 이것이 고통스럽지.

여기 양복점 댕길 때에도 몇 번씩 불려갔어요, 경찰서에. 왜 불려갔느냐? 그 가서 이제 양복점 내서 있으믄

"당신 몇 살이야?"

"서른다섯 살인데요?"

"그거 왜 군대 안 나가고 여기 와서 사업을 해?"

딱 그래. 그러면서 좀, 얘기가 있으니까 쪼끔 가자고, 그건 뭐 이유가 없어요.

"쪼끔, 쪼끔만."

"아, 가긴 뭐 어딜 갑니까, 장사하는데?"

"아, 가보면 알아."

그냥 그래. 그거 왜 그렇게 허느냐면요, 경찰관이 자기 인원이 있어요, 인원이. [조사자: 보내야 되는 인원이? 군대?] 아뇨. 잡아들이는 인원이 있다고.

"너 나가서, 형사면 몇 명 잡아들여."

허믄, 무조건 죄 있는 거 뭐, 누굴 가서 잡아? 그 적당히 걸려가지고 안 잽히믄, 잡아들여가지고.

"나 인원 채웠습니다."

하고 보고하고 나믄, 거기 들어가서 그거 또,

"야, 이런 사람을 왜?"

거기 들어가면 이삼백 명씩 딱- 그냥 경찰서에 꽉 차 있잖아요? 그러면 거기서 그걸 누가 그걸, 경찰관 손이 바쁜데 그거를 누가 다 조사해요? 그니깐 그거 구찮대는듯이 밤새고 앉아서 서류만 보는 거야. 그리고

"이거 몇 년생이야?"

하니깐, 몇 년생이라고 하고. 그러면 해당 되면, 그거 안에 절도도 나고 강도도 나고, 걸리긴 걸립디다, 거기서. (좌중 웃음) 이 서류보고서,

"이 이새끼 전과 있구나?"

그러면 내버려둬. 이건 서른다섯 살이라니.

"아 이건 뭣 하러 잡아왔어, 이런 건? 이쪽으로."

이 서류로 보는 거야, 서류로. [조사자: 그럼 나가시는 거예요?] 네. 그러고 나서 있다가 딱 지정해서,

"아무개!"

"네."

"나가. 넌 이쪽으로 와. 넌 여기 있어."

이러고 허다 보믄 골뱅이도 잡히고, 잉어도 잡히고, (좌중 웃음) 별난 게 다 잡혀요. (좌중 웃음) [조사자: 전과가 없어서 그나마 풀려나오셨군요?] 그렇죠. 거기 뭐 전과, 나야 뭐 뻔- 한 거지. 무슨 전과, 내가 뭐 과거에 전과가 있어? 무슨 나쁜 행동을 했어? 무슨 뭐 나이가 어려, 뭘?

"아이, 이런 걸 뭣 하러 잡아 왔어? 나가."

또 전과 있으면,

"아, 이 새끼 전과 있구나? 너 요쪽에 있어."

그렇게 해서 잡아들여. 뭐야 이게? 무법천지예요.

[조사자: 그러면 그 부대 있으면서 북에 갔다 온 사람들도 직접 보셨어요?] 특수부대 있을 때는 이 저기 경찰서, 이제 형무소까지 가서 들어가 봤드랬어요. 들어갔는데, 그건 말로만 들어갔다 뿐이지 거기서는 뭐 신원은 밝히지, 잘 안 해줘요.

[조사자: 그러면 예전에 말하는 삼청교육대 같은 덴가 봐요?] 예? [조사자: 삼청교육대 같은 건가 봐요?] 그렇죠. [조사자: 그렇죠?] 네. 그런데 거, 그놈들이 전-부 깡패출신이에요. 주먹 꽤나 쓰던 깡패들, 그놈들이지 그 그런 놈들.

[19] 해방 후로부터 이어진 부조리

그 당시에는 또 이 해방직후에는요 원 애국자라는 게 있을 수가 없어요.

왜 그러냐믄, 뭐 번연히 아시다시피 왜정 하에서 뭐 김소월이나, 네? 또 이 누구야, 지금 장성했던 그 누구? 저 무슨 대학, 인하대학 그……. [청중: 아, 백선엽씨?] 응? [청중: 백선엽씨.] 응. 백선엽이. 이 사람들이 전부다 왜정 때 장성해요. 왜정 때 군인해요. 근데 이박사는, 그리고 뭐 저기 정치인들, 그 저 조병옥이, 뭐 김택근 이런 뭐 경찰관에 그 서장 허던 사람들인데, 이박사는 그런 사람을 제일 싫어했던 거예요. 일본 놈한테 그 모진 학살을 당했고, 그렇게 고생을 했기 때문에 그걸 배격허고 이 나라를 세울려니깐 사람이 있어야지, 누구. 그 사람 빼노믄 대한민국을 움직일 사람이 없어요. 그래 헐 수 없이 그 사람들 다시 올려 시운 거야. 그게 기촌데, 그 사람들 올려 시게 되믄 그 사람들이 딱 권력을 잡고 난 다음에 또 그걸 어떻게 숙청을 움직여. 숙청 못 헙니다. 또 고 2세가 또 그만큼 자라서 지금까지 자라 내려오는데, 지금 그런 1세대는 다 죽어 없어졌지만 그 뿌리가 지금도 남아있어요.

이완용이 뭐 다 그렇게 허듯이, 그 옛날에 했지? 지금 왜정 때 충성허던 놈들이 지금도 참 권력을 많이 잡고 있어요. 지금 애국지사, 뭐 저기 누구야? 김구 선생이나 또 여운형씨 이런 분은 국내에서 활동하던 사람이죠? 그 사람이 저력이 없으니까. 이제 그런 또 누구야? 이 소련, 그 모스크바 대학 나온 사람 누구야? 조병옥, 조봉암씬가? [조사자: 응, 조봉암.] 그분은 또 총살당하고. 근데 그 사람이 공산대학을 나왔지만 공산주의자는 아니야. 사실 아닌데, 그 누명을 한번 벳긴다 그러더라 말이야. 근데 그게 정적이니까 이박사가 그걸 다 뭐야, 안두현이 같은 놈도, 그 김구 상을 허고나서 평생 편안히 살잖아. 고생하고 살았지마는 그런 놈 벌써 총살당할 놈인데. 그래도 그냥 칠십까지 넘어서 살지 않았어? [조사자: 맞아요.] 다 그게, 정치라는 게 다 그런 게 좀. (웃음) 아이고 참- 세상 살다보니까 나도 좀 배웠으믄, 나 내 워낙 많이 배우지 못해서 그게 사실 원한은 돼요.

[조사자: 지금 많이 배우고 계시잖아요. 사진도 배우시고.] 글쎄 그건, 나이가 먹어서. 그게 뭐 벌써 팔십여 가까이 돼서 그거 뭐 취미생활로 이제. [조사

자: 그래도, 다 평생교육인 거 같아요. 그래도 어르신이 저희가 쉽게 접할 수 없는 자료를.] 무슨 뭐 자료가, 참고사항이 될 만한 게 하나도 없는데. [조사자: 아니, 전쟁 중에 북한 인민군 군복 만드신 분을 저희가 어디 가서 만나겠어요? (웃음)] 근데 걔네들은, 하여튼 우리나라 사람이 정신을 좀 채려야 돼요. [조사자: 그 일하면서 서로 막 얘기하거나 이러기는 어려웠겠어요. 그렇죠?] 예. 근데 걔네들 앞에선 그 좀 헛된 소릴 헐 수가 없어요. 근데 우리나란 자윤데, 우리나라 국민들이 조금 정신 채리고, 그걸 모르기 때문에 그저 막 정부도 비판하고 그러는데, 뭐 민주주의니깐 그렇다고 허지마는 너무 그 참. 그 걔네들의 저걸 알고 그러는지 모르고 그러는지 너무 걔네들 걸 참 옹호하는 사람들이 참 많드라구. 아이구— 걔네가 하는 거 보세요. 그놈들은 어거지로 막 그냥 쏘고 그냥, 뭐 배도 부시고 뭐 그냥 막. 저 연평도 밑에 칼 대면 여기서는 말 한 마디 못 하구 그냥 당하고. 이제 또 무슨 일을 또 저지를지 몰라요, 걔네들이요. 그저 너 죽고 나 죽갔다는 애들한테 못 당해요. [조사자: 그래, 맞아요. (웃음)]

체신부 상관의 가족을 피난시키다

김 영 훈

"한강에 중간쯤 가니깐, 헌병이 딱 막아 놓구선, 사람도 통과 안 시키고 그러니까, 그거 아우성이지"

자 료 명: 20120323김영훈(양평)
조 사 일: 2012년 3월 23일
조사시간: 2시간 24분
구 연 자: 김영훈(남 · 1922년생)
조 사 자: 박현숙, 황승업
조사장소: 경기도 양평군 용문면 광탄리 (제보자의 집)

[조사과정 및 구연상황]

김미숙 박사가 부친을 소개해 주어 구연자와 인터뷰가 이루어졌다. 김영훈 제보자는 기운이 없어서 침대에 계속 누워만 지내다가 전쟁체험담 구연을 위해 오랜만에 거실로 나오셨다. 제보자의 딸(김미숙 박사)과 손녀딸이 청중으로 참석하였다. 제보자 구연 도중에 김미숙 박사가 개입하여 설명을 덧붙이기도 하였다.

[구연자 정보]

김영훈 제보자는 1922년에 원산시 문천군에서 태어났다. 체신부에 운전수로 근무하고 있던 중 한국전쟁이 일어났는데, 그때가 24세였다. 제보자는 고령의 나이에도 불구하고 힘든 기색 없이 2시간이 넘게 구연을 하였다. 제보자가 기억력이 좋아서 당시 건물이나 도로의 위치, 상호, 지명 등을 정확하게 기억하였다. 제보자와의 인터뷰를 마치고 헤어진 뒤, 따님에게 전해들은 바로는 제보자가 평소에 기력이 없고, 음식 섭취도 제대로 하지 못했는데, 전쟁 체험담 구연 후 식욕이 왕성해지고 말 수도 늘었다고 한다.

[이야기 개요]

제보자는 24세에 체신부 운전수로 근무하던 중 한국전쟁을 겪었다. 제보자 가족은 체신부 숙직실에서 숨어 지냈다. 그래서 제보자는 소집영장 우편물을 받지 못했다. 전쟁이 나자 정부에서는 피난가지 말라는 안내 방송을 하였으나, 많은 사람들이 피난을 떠났다. 한 육군 장교가 체신부 기사들에게 가족들과 연락이 닿지 않으니 자신을 집으로 데려다 달라고 부탁을 했다. 아무도 가지 않으려고 하여 제보자가 자원하여 목숨 걸고 장교를 집에까지 데려다 주었다. 제보자는 체신부 총무과장이 차량을 내주어 체신부 숙직실에 피신해 있던 가족들을 무사히 피난시켰다. 그리고 이어서 총무과장 일가족을 군산으로 피난시켰다. 그런 뒤 군산에서 도보로 상경하였는데, 상경 과정에서 많은 고초를 겪었다.

[주제어] 체신부, 운전수, 차량, 총무과장, 육군 장교, 피난, 인정, 미아리고개, 인민군, 한강도강

[1] 징병을 피하기 위해 체신부에 숨어서 생활했던 기억

[조사자1: 어르신 고향은 어디세요?] 고향? 고향은 이북이야. [조사자1: 이북 어디요?] 원산. [제보자 딸: 문천군, 좀 더 세밀하게 문천군.]

[조사자1: 그러면 여기 오신 건 전쟁 때문에 피난을 오신 거예요?] 어, 우리는 해방, 우리 가족은 해방 전에 와 있었고. [제보자 딸: 공부 때문에 오셨어요.] 그리고 나는 왔다 갔다 했지. [조사자1: 그러니깐 집은 원산에 또 있어서 갔고?] 그런데 거기서 서울에 와서 있었지. [제보자 딸: 공부하러 내려오셨어요.]

[조사자1: 그럼 부모님들은 원산에 계시고요?] 아니, 부모님도 여기, 여기 와서 계셨지. [제보자 딸: 남하할 때, 같이 내려 오셨다는 얘기지요. 그러니깐 6.25 전에 이쪽에 일가족이 다 내려 오셨는데, 그때 다 같이 내려 오셨다는 얘기 하시는 거죠.]

[조사자1: 그럼 어르신 6.25 한국전쟁 때, 그때 이야기 좀 해주세요.] 6.25는 여기 서울서 겪은 거예요. 뭐 그때 겪은 이야기를 할라믄 많은데, 주로 뭘 얘기해야 돼요? [조사자1: 어르신이 그때, 전쟁 때 경험하셨던 것 중에 기억이 많이 나거나, 내가 하고 싶은 이야기를 그냥 하시면 되거든요. 어르신이 그때 몇 살이셨어요? 전쟁 났을 때.] 그때 나이가 아마, 스물 한 대엿 됐을 거예요, 그 때가. [조사자1: 그러면 전쟁에 참전 하셨어요?] 어? [조사자2: 그때 징병 안 되셨어요?] 그때는 이제 그 소집영장이 그 당시 나오고 그랬는데, 그게 수시로 나왔어. 내가 나가질 않으니까. 그러니깐 이리 피하고 저리 피하고 피해 댕긴 거지. [조사자2: 군대 안 가시려고 도망 다니셨어요?] 군대 안 갔지. 그럼 피해서 도망 댕긴 거예요. [조사자2: 어디로 이렇게 피해 다니셨어요?] 피해 댕기는 거야 뭐, 여기 뭐 서울서 그냥 집에 안 들어가고, 거리에서 잽히지만 않으면 되거든. [조사자1: 그래서 어디 숨어 계셨어요?] 아니, 여기 시내로 있었지. [제보자 손녀: 집에 안 들어가시고 다른 곳에 숨어 계셨냐고.] 그때는 내가 체신부에 있을 적인데. 관청에는 그 사람들이 잡으러 안 왔거든. 그렇게 이제 쌀

같은 거 가지고 체신부 들어가서 밥을 해먹고, 옷도 가지고 가서 갈아입고, 세탁할 거는 이제 기회 봐서 집으로, 우리 집이 그때는 전농동이었었어, 청량리에. [제보자 딸: 전농동.]

거기였었는데, 그때는 일정 때 전차가 이제 청량에 그냥 나왔거든. 청량리역 앞이거든. 그래 이제 전차 타고 댕기구 저걸 했는데, 그냥 수시로 그냥 영장이 나오는 거예요. 그래 그때 나갔으면 다 죽었지. 내 친구들도 그렇게 영장이 나와서 간 사람이 뭐, 한두 명 살았을까? 그래도 가기만 하면 뭐 대부분 다 죽었어, 그때는. 그러니깐 그때는 그냥 피해 댕기면서 안 나가는 게 사는 거예요. 그것도 한곳에 있을 순 없고 그러니깐, 관청엔 그 사람들이 잡으러 안 왔거든. 그래 그 숙직실에서 그냥 거기서. 그렇게 피해 댕기는 사람들도 많으니깐 거기서 같이 그냥 밥 해먹고, 자고. 이 반찬으로 이제 각자 이제, 가서 집에 가서 갖다가 먹고 그렇게 지냈지. [조사자1: 어르신은 그럼 체신부 직원이셨어요?] 그때 내, 내가 자동차 운전을 했거든? 그렇게 차타고 나올 일이 많으니까, 차타고 나오게 되믄 잽히질 않거든. 그래도 체신부선 그 뭐, 체신부 본부가 여기니깐, 각 지방도 말이야 그냥 댕기구. 그러고서는 안 갈 적엔 숙직실에 있고.

[2] 무서워서 전화를 받지 않던 간부를 찾으러 갔던 일

그래 이제 한번은 옷 갈아입으러 집엘 내가 갔더랬어. 그때는 어머니가 혼자 집 지키고 있을 때거든? 그래 이제 가서 저녁에, 밤에 그놈들이 들이 닥쳤거든. 그래서, 그때는 경마장이 어디 있어냐 허면믄, 신설동 거 로타리 거 부근이 경마장이 있었거든? 거기서 이제

"내일 경마장으로 앞에 나오라."고.

말이야.

그래 나는, 나는

"내일이 출장을 가야되기 때문에 못 나간다."

"그럼 어떡하느냐."

"하여튼 나와 보라."고.

말이야. 나는 그래,

"알았다."고.

말이야.

그러고서 그 사람 보내놓고서는 그냥 걸어서 그냥, 체신부로 밤에 들어간 거야. 그랬더니 잡는 사람 없었어. 그렇게 해서 피해서. 그때 그 경마장에 갔던 사람들은 경계만치? 그 이제, 나오라니까 멋도 몰르구 그냥 나왔다가 말이야, 다 끌려서 미아리 고개 위로 넘어 가는데, 그 노래가 있잖아? 〈한 많은 미아리 고개〉라는 게? 그게 그때 위한 거예요, 그 노래가. 그래, 미아리 고개를 그 걔네 다 데리고서 넘어가니깐, 꽉 차서 넘어 갔는데, 거기서 끌려서 가다가 중간에서 튄 사람은, 빠진 사람은 살았고, 그렇지 않은 거는 그 갔더니만은 이북, 끌려갔죠. 그래 끌려간 사람은 뭐 죽은 사람도 있겠고, 살은 사람도 있겠고 그렇겠지. 그래 이제 그때 그 노래가 〈한 많은 미아리 고개〉라든지, 그 노래가 나왔지, 인제. 참 비참했지. 그때 난 그래서 밤 돼서는 걸어서, 그땐 뭐 밤중에 뭐 차가 있나 뭐. 그래도 뭐 잡는 사람이 없었어. 그때는 인민군들이 다 점령하고 있을 적인데. 그래 거기 이제 체신부 들어가서 말이야 있으면서. 그때 마침 체신부에서 청주에 물건을 보내야 될 일이, 트럭, 지금 말하면 그전엔 제일 뭐시기라는 차가 있었지? 지금은 그 차가 없지만은. 그 차에다가 짐을 실어다 내려 보내야 할 텐데, 누가 가겠다는 사람이 없어. 그러니깐 기사들은 대부분 다 거기 모여 있었거든요. 그런데 가겠다는 사람이 없어. 그래서 이제, 그때 이제 정부는 이제 다 수원으로 내려갔고, 그러고서는 이제 총무과장이 이제 그 집 지키느라고 한 사람 딱 남아 있었어, 책임자로. 그 사람들 다 그냥 수원으로 다 갔더랬고, 우리는 정부가 그렇게 수원을 가는 것도 몰랐어. 그냥 암암리에 밤에 싹 가버렸거든. 그러고서는 이제 그 총무과장이 혼자 체신부를 맡아서 지키고 있는데, 이북에서 체신부를 갖다가 접수하러 왔어. 왔는데, 그 책임자 한 사람이 거기를 확인해서 와서 있음서, 총무과장하고 얘길 하고 이제, 저거를 해서 그렇게 있다 보니까 서로 좀 이제 다정해졌어요. 그리고서는 이제 밤에 총무과장이 전화가 왔더라고.

전화가 와서는

"누가 기사를 좀 사무실로, 총무과로 오라."고.

말이야.

그래서 여럿이서 갔더랬어. 그때는 체신부 뭐가, 집이 어딨었는가 하믄, 지금 뭐야, 광화문에 그 저, 그 뭐야 그, [제보자 딸: 국회의사당?] 지금은 그 세종 문화, 문화회관이야 그게. 그게 체신부 본부자리라고. 그 다 털어버리고서 그걸 지은 거였는데. 그래 그 저, 여럿이 갔는데, 아니, 가보니까 육군 장교가 한 사람 총무과장하고서 같이 얘기를 하고 있더라고. 그래서 얘기를 들으니까,

"밤에 차를 하나 내달라."

그러고 점검하고.

그런데 그 장교가 뭘 얘기를 하냐면, 그 어떤 장교가 이제 집이 미아리인데, 전활 안 받는다 그거야. 이제, 고장이 난 것 같으니깐, 점검을 하고서 저걸 해달라고. 그래서 이제 기사도 누가 가겠단 사람이 없어. 밤중에. 그러니까 이 인민군들이 이제 서울 다 진입하고 있었고, 그리고 이제 서울 와서 저거 했지, 이 기갑부대, 땡크 부대 같은 거는 서울에는 안 들어 왔거든? 미아리 고개 두 단 너매, 고개 저 짝에 와서 거 들어와서 있더라고. 그래서 이제 누가 한사람 가겠다는 사람이 없어서, 모두 그냥 만지락하고 있는데, 군인이 말이야 그냥, 고함쳐 오르다가 에이치를 그냥 공포를 쏘더라고. [조사자1: 가라고.] 그래 가만히 보니까 사태가 안됐더라고. 그럼

"내가 가마."

그래 저 지프차를 한 대 가지고서 이제 정공을 태워가지고서, 그 장교도 태워가지고서 미아리, 정공은 거, 위치를, 전화 배선도를 보게 되면, 위치를 대강 아니까 미아리 고개로 올라갔어. 미아리 고개 올라가게 되면, 막 양쪽으로다가 길이 있는데, 이짝 왼쪽 편으로 길이라고 그냥, 쭉 따라 올라와서, 뭐 한 반쯤 넘어 갔을 걸? 그 아래 모두 철책들이 다 있는데, 거기 가서 인제 정공이 집을 찾았어. 집을 찾아가지고서 문을 두딜고 말야, 그냥 한참 그러니까 웬 할아버지가 나와요. 그래서

"왜 전화를 안 받고 그러냐?"

그러니까,

"아 무서워서 못 받았다."고.

말이야.

그러니까 전화가 고장 난 게 아니고, 전화를 받질 않아가지고서 고장 났다고 이제, 고치라고 저 명령을 하는 거야. 그러고서는 체신부에 이제 돌아왔지.

[3] 피난 가지 말라는 정부와 피난 떠난 시민들

어, 그러고서는 그때 그렇게 가기 전에, 우리 식구는 전부 청량리에서 숙직실으로 내가 옮겨놨어. 그래서 숙직실에 있고, 그런 걸 총무과장이 알아요. 그래서 이제 총무과장이

"자네 가족들을 내가 짚차 한 대, 거기서 제일 좋은 걸 가지고서 너희 식구 태워가지고서 수원으로 가라."

말이야.

"수원가게 되면 전부 거기 내려가 있으니깐, 거기 가면 만나니까 그리 가라."고.

그래서 인제 그 타고 갔던 차를 가지고, 거기다가 이제 우리 식구들을 태워

가지고, 그러고서 이제 한강으로 나갔어. 한강으로 나가니까, 안 건너보내요. 그러니 그 한강에, 그러니까 한강에 중간쯤 가니깐, 헌병이 딱 막아 놓구선, 사람도 통과 안 시키고 그러니까, 그거 아우성이지, 아우성. 그래서 한강은 벌써, 그건 이미 그 전에 벌써 끊어 놓은 거예요. 그러고선 거기선, 돌려가지고서는 이태원으로 넘어가서, 왕십리로 이제 나오는 건데. 그래 이렇게 나오는 도중에 패잔병들이 이렇게 걸어 왔거든. 여럿이. 그러니깐은 도중에 모두 그냥, 장성이 말이야 그냥, 차를 세우더니 떡 올라타고서는 말이야.

"가자."고.

말이야.

"어디로 가는 게요?"

"우리는 피난 간다."

"피난 가지 말라."고.

말이야.

그때 정부에서 말이야, 서울은 사수하니까 피난가지 말라고, 방송을 하고 그랬거든. 그러고서는 그러니깐 지금, 지금 한남동이유. 한남동 가니깐 패잔병들이 그냥 쪼르르르 걸어오니까,

"세우라."고.

그래서 세우니까, 그놈들 못 가게 해서 딱 막고,

"너희들 다 날 따라오라."고.

그때 그 누군가 하믄, 김석원이라고 거 인제 장군인데, 그 사람은 아주 이름 있는 사람이야.

"나 김석원이다. 그러니 너희들은 다 날 따라오너라."

그러니까, 군인을 하게 되면, 김석원이라면 모르는 사람이 없거든. 그래 내려놓고서 나는 이렇게 왕십리 쪽으로 나왔어. 나와서 한양대 앞에, 한양대학교 그 앞이 왜 그러냐면, 그러니깐 그게 지금 청계천서 흘러 내려오고 그런 저 물이 내려오는 개천이거든? 그때 그 6.25, 아마 한 삼 사일 전에 비가

많이 왔어. 비가 많이 와가지고서, 그때 그 한양대학교 앞에 다리를 죄다 끊어 놨어요. 그러면서 그 아래에 길을 갖다가 글루 차가 댕기는데, 큰 차는 건너 댕겼어. 근데 짚차는 물이 차기 때문에 안 되더라고. 그래서 거기서 차를 버리고선 걸어서 뚝섬으로 나왔어. 뚝섬이 그때는 유원지였어. 그러고 인제 그 전부 다 밭이었고. 거기서 이제 걸어서 가다보니깐, 해가 그냥 뜰 무렵이 돼서, 날이 다 밝았어. 아 그냥 거기서 유원지로 갈려면 한참 더 걸어야 되는데 그냥, 미아리 쪽에서 총 쏘는 그 총알이 말이야, 그냥 핑핑 막 지나가는 거야, 그냥. 그래서 저 엎드려 가지고서 그 유원지 뽀드장(보트장)있는 데 거기까지 갔어. 거 갔는데, 그러니까 그 그거 놀이뽀드 그걸 타고서 이제 한강을 건너야 되는데, 가니깐 그냥 뭐 사람의 아우성이야. 서로 먼저 건너겠다고. 그러고 나서, 그 뽀드를 잡는다 하고서, 그냥 이리 뛰고 저리 뛰고 하다가, 낮에 하나 잡았어. 그걸 타고 넘어가면 지금 봉황사 그쪽 넘어가는 거야. 그래 간신히 이리 넘어갔는데, 그러고서는 이제 걸어서 갔는데. 어딘지 지금은 그 분간을 못 허겠어. 하여튼 말죽거리, 말죽거리 어디냐면 지금의 양재동이 거기가 말죽거리야.

거기서 이제 수원 내려가는 큰 길이 있었고. 그래 이제 거기를 걸어서 봉황사에서 거꺼정 걸어서 이제 가고 나니깐 날이 저물었어. 그래서 거기서 민가를 빌려서 먼저 가족들은 들어가 있고, 난 밖에 나와서, 젊은 사람들이 왔다 갔다 하고 그러대.

"어디서 오느냐?"

"서울서 나온다."

그러더라고.

그래,

"서울은 조용하냐?"

"조용하다."고.

"그럼 젊은 사람들 자꾸 끌러 내지 않는냐?"

"괜찮다."고.

그래

"나 서울 좀 들어갈려고 그러는데, 괜찮을까?"

그래,

"괜찮다. 안 잡는다."고.

그래선 이제 식구들한테는 서울 들어간다는 말도 안하고, 그냥 서울로 걸어 들어 간 거야. 걸어서 이제 거기서 또 배를 타고서, 이제 뚝섬에 가서 이제 그냥 건너가서는 왕십리로 해서, 마장동으로 해서, 용두동으로 해서, 청량리를, 역 있는 데를 가서, 우리 집이 거 바로 거기 뒤에 있었거든? 전농동. 거기 가니깐, 거기서 식구들을 만난 거야. 우리 식구들도 더 갈래야 갈 수가 없으니깐 다시 집으로 들어 온 거예요.

그래서는 인제 들어가서는, 나는 이제 또 건너 가서 이제 수원으로 이제 갈려고 갔는데, 갈라고 저거 저 용두동을 가니까 가게들이 문을 열었더라고. 거기서 이제 소주를 한 열 병인가 샀어. 그러고 말른 북어. 그거 이제 이십 개 끼운 거 그거 하나 하고. 그래 그걸 사가지고서 또 넘어갔어. 넘어가서 저 말죽거리 가다가 보니까, 거기 면소재진데, 지금은 어떤 면소재진지는 모르겠어.

기억이 안나. 하여튼 면소재지인데, 그래 거길 또 가니깐 아침은 지났고 낮인데 모르지, 그때 거기 점심을 먹고 있더라고. 근데 배고프지. 뭐 먹질 못했고. 그래 이제 소주하고 북어를 까서 먹고 그러니까, 배고픈 거는 면했지. 거 동네 사람들이 모두 모여 앉아서 점심을 먹고 그러더라고. 그래서

"밥 좀 주세요."

말이야.

그땐 뭐 염치불구 했지 뭐. 그래서 밥을 주더라고. 그걸 먹고서는, 그러니까 거기서는 소주허구, 북어허구 다 줘버렸어.

"이거 당신들 잡수라."고.

말이야.

그러고서는 더 갈래야 갈 수가 없어. 벌써 인민군들이 앞으로 앞 서 놨어. '에이, 서울로 들어가자. 차라리 집이 낫겠다.'하고 그래서 다시 서울로 들어 왔어. 서울로 들어 와서 인제 식구들 만나가지고서는 그러고서는, 만나고서는 나는 이제 또 체신부로 숙직실을 또 들어갔지. 거기 들어가서 있고. 그냥 길거리에서는 막 젊은 사람들 잡고 그랬거든.

[4] 체신부 총무과장 가족 피난과 월북하려던 직원 태워준 사연

그러고 그때에 들어가 있으면서 이제 청주로다가 이제, 트럭에다가 물건 실어서 보낼라고 그랬는데, 누가 가겠다는 사람이 없고 그래서 이제,

"내가 가마."

말이야.

그런데 왜 내가 그때 지원을 했냐 하믄 그 총무과장이 집이 어딘가 하믄, 저기 저 군산이야. 그러고 그때는 딸 하나하고, 부인하고 남산 밑에 체신부 관사가 있어. 지금도 그 관사가 있을 거야. 그 이제, 그러고서는 이제 총무과장 얘기가 그 이 뭐, 책임자가

"빨리 피해라."

그런다고 말이야.

그래서 뭐 피하믄 저 뭐, 어떡해요, 그 가족들 다 데리고 어떻게 피해요? 그래서 내가 '기회는 요 때다.' 그래서 내가 이제 그 청주로 가겠다고 자원했고, 여기서 태워가지고서 청주 가서 내려서, 군산으로 가면 되겠다고 말이야 이제, 총무과장이 얘길 하더라고. 그럼 내가 내 같이 가자고 말이야. 그래서 이제 밤에 출발을 했는데, 그때는 이 한강 다리가 다 끊어지고, 지금 광진교, 그거 하나만 안 끊어졌어. 그래서 이제 거길. 그러니까 이제 체신부서는 짐만 실어서 청주 우체국으로다가 보내는 거예요. 그래 거기다가 이제 총무

과장하고 총무과장 부인하고, 딸애하고 태워가지고서 다리 밑, 거기 가니까 검문소가 있는데, 거 이북군인이 거기서 있는데. 아, 안 건너 주는 거예요. 그래 나는

"내 가족이다. 가족이라 같이 가야 된다."고.

말이야.

그래서 그날 그냥 몇 시간을 거기서 그냥 실갱이 하다가는, 결국에는

"가라."

그래서 건너왔어.

건너와서는 이제, 청주에 그 우체국 못 미쳐 와서, 총무과장을 이제 그때 거기서 내렸지. 내려서 거기서 이제 헤어지고, 그리고 나는 이제 그 차를 갖다가 이제 우체국으로다가 갖다 주고. 그래서 청주 가서 한 몇 달 있었어. 몇 달 있었는데. 그래서 이제 그, 거기에 원래 조수로 있는 사람이 있는데, 그 사람 집에 가서 인제 자고 먹고 했는데. 그러니깐 내가 뭐 사무 보는 것도 아니고, 그것 갖다가 몇 개 줬으면 그걸 끝나는 건데. 그냥 낮에는 그냥 돌아 댕기고, 그러다 밤에는 그 조수 집에 가서 자고서 밥 먹고선, 그렇게 세월을 보내고 잊어버렸는데. 그래 한번은 나갔다가 들어오니까, 저녁 때 들어왔는데,

"이따 저녁에, 우체국으로 오라."고.

말이야.

그래서 이제 갔지. 가니까 그 차에다 짐을 잔뜩 실어 놓은 거야. 그래 난 그 무슨 일인지는 몰르고, 그래서 이제 출발한다고 그러니까 사람들이 우루루 다 차에 타더라고 말이야. 그러니까 그 우체국에 있던 직원들이, 일하는 사람들이 그 차에 다 올라 탄 거야. 나중에 알고 보니까 이북으로 가는 거예요. 차가. 그래서 그때는 낮에는 댕기지 못했고, 댕기면 비행기가 말이야 그냥 마음대로 쏴서 말이야, 저거 해서 낮에는 운행 못했어요.

[조사자2: 그 직원들은 왜 북한으로 넘어가려고 그랬어요?] 그거야 이제 그 사

람들도 이제, 거기서 순 빨갱이도 있을 거고, 그렇게 가야 산다는 거니깐 타고 그랬겠지. 그래 수십 명 되지. [조사자2: 거기 우체국 직원들 중에서 북한으로 넘어 갔던 직원들이 엄청 많았어요?] 많지. 그래서 이제 청주 못 미쳐 가서 날이 벌써 밝았어. 그래서 못 미쳐 가서 동네에다가 차를 갖다가 이제 숨겨 놓는 게 이제, 나무, 큰 나무 밑에다가 갖다가 세워놓고 그러고선 이제, 거기서 이제, 다 내려서 인제, 밤 어두울 때 까정을 기다리는 거지. 거 내려놓고선, 차 세워 놓고선 내 도망 갈래면 요때다 말이야. 그래 그 조수, 갔단 말이야. 그래 그놈을 데리고서는 이제 청주를 그냥 걸어 들어간 거야. 그래서 이제 청주 들어가서는 걔네 집에서 하루 저녁 자고서는, 내 옷도 거기 있고 해서 그냥 가지만 챙겨서, 가지고서는 떠났어. 그땐 뭘 해도 안 떨리고, 뭐 그냥 서울로 온다고서, 거서 이제 조치원으로 나와야 되거든. 조치원으로 걸어 나와서 조치원은 다 나와서 빈집에서 하루 저녁 잔거야. 그런데 이제 그러다 보니깐 이제, 그 피난 댕기던 사람이 인제 몇 사람이 됐어. 그래 거기서 자고서는 거기서는 이제 수원 못 미쳐, 식산이란 데 오니까 거기서 이제 또 자고 그랬는데. 자고서 그 이튿날 아침에 그 동네에 그 보안대가 인제 왔더라고.

"와서 잠깐 들러보라."고.

말이야.

그래고 갔지. 가가지고서 이제 심사를 하는 거야. 그야말로 정말 서울에 말이야 진짜 왔느냐? 이제 그걸 갖다가 가리기 위해서는.

"나는 이제 체신부에 나는 있다."

그런데 그때 뭐 신분증이고 뭐고 다 가지고 있을 수가 없잖아? 그래서 이제 그때는 이제 말을 하는 걸 봐가지고, 원 이북 사투리를 저기 하는 거면, 그러니까 재껴 놓는 거야. 그런 사람은. 그렇게 해서 몇 번 말하고 저거 하다가, 가라고 말이야. 그래서 이제 혼자서 걸어서 이제 수원 쪽으로 오는데, 미군 트럭이 하나 오더라고. 그래 손 흔드니깐 서. 그래 타라고 그래서 내 탔어. 타고선 수원비행장 그 정문 앞에서 내려놔 주더라고. 그러니깐 거기서 내려서 인제 서울로 이제 걸어올라 왔는데, 서울도 그때는 이제 한강다리가 다 끊어 놔 있어서, 가교를 만들었거든, 그때는. 그래서 그걸, 가교를 건너서 용산 건너가서 청량리까지 또 걸어가는 거야. 청량리 가니까 다 저녁때가 되었어. 그래서 집을 들어갔더니, 내 식구들이 피난 갔다가 다 들어오고 지금 나만 안 들어오고 그랬는데. '재는 아마 죽은 모냥이다.'고 말이야. 그런데 내가 들어갔더니 말이야, 죽은 사람이 살아 왔다고 그냥 저거 하더라고. 그러니까 뭐 인명피해는 없어. 그래서 내 형은 그때는 이 오데다 검사를 하게 되면은 아직 낫을 적이야. 오데다 검사를 내 형이 그때는 중부경찰서에 있을 적이거든. 그래서 이 오데도 검사를 갖다가 이 신변보호 한다고 검사하고 같이 댕겼어. 그러고서는 내 형은 집에 못 돌아오지.

[5] 부산으로 피난 갔던 기억

그래서 며칠 있다가 1.4후퇴 이제, 전부 부산으로 피난 간다고 말이야, 저거 해서, 내 형은 이제 그렇게 먼저 가삐리고, 가면서

"네가 식구들 데리고서, 부산으로 내려와서 만나자."

그럼서는 형은 일찍 가고, 내가 이제 식구들 데리고선 저걸 했는데. 그래서 이제 그 가기 전에 그 체신부에 물자를 전부 인천으로다가 이 배에다 실어 보낼려고 전부 밤낮을 아주 그냥 실어 날랐어요. 날르고 저걸 했는데, 그래서 이제 내가 원래 서울에 있을 적에는, 짚차를 맡아가지고 있었는데, 내가 트럭, 내가 가지고 가겠다고 자원을 했지. 그건 왜 그랬냐, 이제 식구를 갖다가 미리 수원에다가 방 얻어서 내려다 놨어. 저번 6.25말이야 바로 날 적에는 식구들 소개를 못시켜 가지고서 고생을 했는데, 미리 갖다가 방을 얻어가지고서는 그 놓고서는 내가 부산 내려 갈 적에 태워가지고 내려갈라고. 그래 마침 이제 차 수습을 하고 그러는데, 그때는 길이 어디루 갖다가 가교를 만들어 놨는가 하면, 마포에서 그 아래 서강 거기다 갖다가 공병대가 인제 가교를

만들어선. 그리고 전부 그리하고 천호강하고 두 군데로 빠지라는 거야. 그러니까 아침에 갔는데, 저녁때 건넜어. 그것도 이제 관청 차니깐 그렇게 건넜지, 민간 차 같은 거는 어디 어림도 없어. 발도 못 붙였어. 그러고서는 이제 시흥에 또 체신부 직원이 집이 거기 있길래 거기서 이제 자고 밥 먹고 이제 하루 저녁 하고서는, 그 이튿날 수원에 내려가서, 수원서 식구들 내가 태워가지고 그때 이제 부산엘 내려 간 거야. 그래 가다가 내 매제가 그때는 방위군이라는 게 있었어. 방위군 소령이었었는데, 그래서 내 동생들 먼저 데리고서 대구로 내려왔어. 거기서 이제 나머지는 형수 어머니 태워가지고서는 이제, 대구 가서 이제 내려놓고서는 나는 부산으로 간 거야. 부산 가니 난 혼잔데, 어떡해. 그때 부산 가서는 첫 번은 어디 잘 데도 없고 그래도 전화국 사무실 바닥에다가 가마떼기 깔고서 그냥 자곤 그랬어, 그때는. 그래도 그때는 행복했어. 그런데 부산이 그때도 그렇게 춥지는 않았어, 별로. 젊어서 그런지.

그러고서는 이렇게 몇 달 있다가 식구들이 부산에 내려왔어. 그래 영도에다가 방을 하나 얻어가지고서 거기서 살았는데. 그러다가 이제, 그때 지땡따라서 부산 왔다가 딴 데로, 저 군산으로 왔고, 군산으로 저어 왔고, 그래 어머니가 혼자 이제 서울 집으로다가 혼자 올라 왔는데. 그렇게 나 혼자 남았는데 어떻게 뭐 살 수가 있어야지. 거기서는 이제 체신부서 그냥 서울로 올라왔어. 그렇게 올라와서 있는데, 정부가 그 다음에 몇 달 후에 서울로 전부 오죠. 환도를 했는데. 그러고서는 나는 그때 체신부는 이미 그만 뒀고, 회사에 취직을 해가지고서는 그냥 저거를 했는데. 그래 나는 9.28 수복하고서는 그땐 우리 식구들이 다 이렇게 합쳐서, 그렇게 저거 있었고. 그러고서는 내가 이제 결혼을 허고, 따로 이제 살림한다고 그렇게 살고, 이제 저거 했는데, 그냥 뭐 직장도 그만 두면 또 구해서 또 저거 하고 또 저거 했지.

[6] 총무과장 도움으로 산 용달차로 돈을 벌다

그때 결혼하고서 7, 6년만인가 7년만인가 내가 첫 애를 낳은 거야. 그러니까 맏이에요 얘가. 6년인가 7년인가 후에 재를 낳어. [조사자2: 그러면 결혼은 전쟁 끝나고 하신 거예요?] 그럼, 서울에 있음서 결혼 했지. [제보자 딸: 55년에 결혼하셨어요, 그러니깐 전쟁 끝나고.] 그러고선 떠돌이 생활을 이제, 내가 강원도도 가서 있다가 그러고서는 거기서 망해가지고서는 인천으로 해서, 인천서 쬐끄만 자취방 하나 얻어서 살고. 그래 인천은 그때는 내 친구가 인제 그 미군부대에 거기 가 있었는데, 내 친구가

"거기 오너라."

말이야.

그래서 인제 전부 다 인천으로 데리고 내려갔어. 인천에 가가지고서 거 미군부대 거기 이제 취직을 해가지고선. 그때 미군부대에 들어가게 되면은 참 먹을 게 많았습니다. 그래 거기 들어가가지고서는 이 강원도서 다 망해가지고서 내려갔는데, 거기 내려가서 이제 기초가 잡혔드라고. 잡히고 재는 그때 거기서 이제 국민학교 댕기고. 그러다가 인제, 내가 먼저 혼자 서울로 올라왔어. 서울로 올라와가지고서는 나중에 재들이, 재 어멈하고서 거기 집 다 팔고 서울에 내가 모래내에다가 집을 샀어. 그래 이제 서울 올라오기 전에 그때는 리어카라는 게 다 없어지고, 용달차, 세발 용달차. 그게 리어카 구실을 하는 거야. 근데 그걸 갖다가 이제 한 대 사는데, 그것도 이제 살 돈이 없어서, 그 총무과장이 그때는 차감으로다가 승진이 됐어. 그래서 이제 총무과장하고선 그 아주 인연이지. 내가 살려 준 저기 하니깐. 그래서 내가 인천에 있으면서 인제 큰 트럭을 하나 사가지고서 저거 했는데, 전화가 있어야 되겠더라고. 그래 이 차관을 찾아가서, 가서 만나는 거 한 달을 기다려서 만났어. 그래서 그런 얘길 하고.

"내가 전화가 꼭 필요한데, 전화 좀 하나 놔 달라."고.

그래서 이미 그때는 인천서 전화를 신청을 해놨을 적이거든. 그때는 전화 놓을라면 하늘에 별 따기야. 그래 전화 한 대, 그때 돈으로다가 말이야 30만원, 40만원 이렇게 할 적이야. 서울도 그랬고. 그래서 인천서 전화를 식구들 몰래 전화도 다 팔아가지고서 서울로 올라 왔어. 올라 와가지고서는 그 용달차를, 이제 그때 처음 나올 적이니까, 내 친구 불렀는데, 내 친구는 차는 안 샀고. 내가 무조건 아무튼 용달차를 하나 계약을 했지. 그런데 그때 얼마 했는가 하면, 18만원 했어. 내가 전화를 받기는 20 몇 만원을 받고 팔았거든. 그래서 이제 그것 사가지고서는 서울에 용달차라는 게, 그게 이제 처음 퍼지고 저걸 해서 했는데. 참 그땐 벌이 좋았어. 그때 돈으로다가 하루 몇 만원씩 벌었으니까.

[7] 운전면허를 땄던 기억

[조사자1: 어르신 근데, 운전은 언제 배우셨어요?] 운전은? 운전은 저 체신부 들어 가가지고서, 첫 번엔 조수로 들어가서 한 3개월을 있다가 맡았나?

[조사자1: 운전을 처음 배울 때는 전쟁나기 전이었어요?] 그럼. 그때 아마 한 3개월 후에 이 시험을 봤는데, 세 번, 세 번 만에 그 합격을 했어. [조사자1: 그럼 옛날에는 운전면허 시험을 어떻게 봤어요?] 지금 보는 거랑 마찬가지야. 그런데 그때는 아주 원리원칙으로다가 일정 때 하던 그걸루다가 해서 힘들었지. [조사자1: 그러면 용달 아니면, 짐차 아니면, 자가용. 어떤 걸로?] 그때는 아주 차, 시험장에서 고물차야. 고물차 갖다 놓구선, 승용차로다가 인제 했는데, 세 번 만에 가서 붙었어. 그러고선 뭐. [조사자1: 첫 번째는 어디서 떨어지셨어요?] 승용차야. [조사자1: 그러니깐 승용찬데, 세 번 만에 붙었으면.코스는 어디, 떨어지는 게.] 코스는 지금이나 마찬가지야. [제보자 손녀: 할아버지 불합격하신 이유가 뭐냐고. 왜 떨어지셨냐고요.] 그건 뭐 시험에서 저거 하게 되면 대게 인제 그 빠꾸하다가. 거기서 대게 떨어지거든. [조사자1: 그럼 그때 시험

장이 어디에 있었어요?] 그때는 왕십리에. 그 무학, 지금도 거 무학여고지? 그 옆에 이제 시험장에 거 일정 때부터 거기 있었었어, 거기에. 그러니깐 뭐 면허번호 맞고선 바로 그냥 에, 운전수로다가 발령받고 그랬지.

[8] 해방 직전에 징병되었다가 집으로 돌아온 사연

[조사자1: 그럼 어르신 군대는 그 전에 갔다 오셨어요? 일제 때?] 일정 때는 내가 소집장을 받아가지고서. [조사자1: 그때도 도망가셨구나?] [제보자 딸: 아니, 징병 갔다 왔어.] 내가 이, 남현 부대로다가 입대를 하게 되어 있었는데, 거기서 해방되기 워낙, 바로 아마 한 일주일 정도 됐을까? 그래 소집영장을 받아가지고 그러고서는 남한부대로 가다가 거의 다 가가지고선 해방이 됐어. 그래갖고 그냥 거기서 집으로 가서 있다가 그냥 서울로 올라오고. 그래 그때는 내가 서울을 워낙 왔다 갔다 하고, 젊을 때는 무서운 게 없고, 왔다 갔다 하고 그랬는데. 이게 일정 때도 불과 뭐 한 일주일만 더 먼저 영장이 나왔으면 군대 갔지. 그래 중간에 그냥 왔비렀지. [제보자 딸: 전에 우리보고 징용 가셨다 그랬잖아요?] 징용? [제보자 딸: 전에 그랬었어요, 아버지가. 그래서 6.25때 또 영장이 나왔길래, 두 번 가는 거라서 도망가는 거라고 그랬었거든.] 징용은 안 갔어. [제보자 딸: 아무튼 우리한테 어렸을 때 그랬어, 아버지가. 혹시 지나가시다가, 피난 다니시다가 다른 사람들이 겪는 뭐, 전쟁을 겪었던 얘기 같은 건 없으세요?]

[9] 가족과 함께 부산으로 피난 갔던 기억

[조사자2: 아버님께서 전쟁 당시에 이곳저곳 많이 다니셨잖아요? 그런데 이렇게 보면 피난민들이 많이 다니잖아요? 그 피난민들이 이렇게 피난 다니면서 겪었던 그런 어려운 일들 직접 보시거나, 그런 이야기들 들으신 건 없으세요?] 그런 건 뭐 별로 뭐. [조사자1: 그럼 어르신은 인민군들도 보시고, 그 다음에 우리 국군

들도 같이 보고 그러셨겠네요?] 응? [조사자1: 그러니깐 인민군이랑 국군을 다 같이 보셨겠다고.] 아 인민군들하고는, 그때는 그 사람들하고는 같이 안 있었지. [조사자2: 그러니깐 눈앞에서 직접 인민군들 보신 적 있으시죠? 그 사람들이 아버님한테 북한군들이 해코지 하거나 그런 건 없었어요?] 그런 건 없었어. [제보자 손녀: 그 사람들 어떻게 일했어요?] 어? [제보자 손녀: 그 사람들 일하는 건 어땠냐고.] 뭐 어떻긴 어때. [조사자1: 그럼 어르신 가족들 피난 보내실 때, 같이 가셨던 분들이 누구누구세요?] 어, 어떻게? [조사자1: 그러니깐 차로 처음에 피난 같이 가실 때, 가족들은 누구랑 같이 가셨냐고.] [제보자 딸: 가족 외에 누가 있었냐고, 가족들 말고 다른 사람은 없었냐고?] 거 뭐 그런 건. [제보자 손녀: 그럼 누구누구 가셨어?] [제보자 딸: 식구들만 가신 거예요?] [조사자1: 그런데 그 식구들이 누구냐고?] 그냥 뭐 지나치지 뭐, 다 태우긴.

[제보자 딸: 그러면 아버지 같이 할머니하고, 큰 엄마하고, 또 누구랑 같이 가셨어?] 아, 그땐 서울서 나는 결혼해서 이제. [제보자 딸: 아니 결혼하기 전에 피난 갈 때 누구랑 같이 갔어?] [조사자2: 부산으로 피난 가셨다고 하셨잖아요? 그때 누구누구 데리고 가셨어요?] 그때 뭐, 부산에는 내 저 큰 동생, 지금 영식이 엄마 말이야. [제보자 딸: 아 큰 고모] 그리고 매제, 그리고 저 동구 엄마. [제보자 딸: 작은 고모.] 어. 그렇지 뭐. 부산으로 그렇게 갔지. [제보자 딸: 큰 엄마도 가시고? 큰 엄마는?] 어. 그러고서는 거기서 걔들은 군산으로 다 갔고, 어머니는 서울로 혼자 먼저 올라 왔고. [제보자 딸: 그럼 큰 엄마는 부산에 남으셨어요?] 어? [조사자1: 큰 엄마 하고, 작은 고모는 부산에 남으셨어요?] 어. 부산에 있다가 이제 작은 고모랑 같이 군산으로. [제보자 딸: 큰 엄마도? 큰 엄마랑 작은 고모도 군산으로 갔다고?] 아니 큰 엄마는 그리 안 갔지.

[조사자1: 어르신 형제가 어떻게 되세요?] [제보자 딸: 2남 2녀.] [조사자1: 2남 2녀 중에 둘째 아들이죠?] [제보자 딸: 아버지가 둘째. 아들이 위로 둘이고 밑에 딸.] [조사자1: 그럼 전쟁 중에 결혼하신 형제분은 없으세요?] [제보자 딸: 아버지, 큰 고모가 언제 결혼 하셨어요? 큰 고모가 결혼을 몇 년도에 하셨어?]

걔들은, 걔도 서울 와서 했어. [제보자 딸: 전쟁 중에 안하고? 전쟁 전에 했어?] 어, 서울에. [제보자 딸: 아니 그러니깐 전쟁 전에 했어요? 전쟁 중에 했어? 네 말을 제일 잘 알아듣는 것 같아, 다시 설명 해봐.] [조사자2: 그 큰고모 되시는 분께서 결혼을 전쟁 전에 하셨어요? 아니면 전쟁 후에 하셨어요? 큰 여동생.] 결혼은 걔는 해방되고서. [조사자3: 그럼 전쟁 전에 결혼 한 거네요?] 그건 바로 거.

[10] 직접 목격했던 전쟁의 참상과 전해들은 이야기

[조사자1: 그러면 그 가족들 이제 헤어져가지고 피난 중에 오시기 전까지 이렇게 고생하셨던 이야기 좀 들은 거 없으세요? 가족들 이야기.] [조사자3: 아버님, 아버님 그 가족들 있잖아요? 이렇게 부산으로 피난 오기 전에 전쟁 통에 힘든 일 겪거나 그러진 않았어요? 가족 분들께서?] 뭐, 그런 일 없어. [제보자 딸: 아, 내가 하나들은 게, 기억이 나는데, 어떤 집에 피난을 했는데, 방이 부족해갖고 아버지는, 옛날 일본식 집에는 이렇게 왜 오시이레(おしいれ: 일본식 붙박이장을 말함.)라고 그러면서 위에 이렇게 이불 같은 거 놓을 수 있는 장롱 같은 거 있고, 밑에 이렇게 여닫이문으로 여닫는 거 이렇게 요만하게 낮은 게 있거든? 고게 아버지는 있을 데 없어서 고 밑에서 주무셨다는 이야기 들었어요. 공간이 부족해가지고. 일어나기도 힘든데, 문을 열고 몸을 바깥으로 끌고 나와야 되는 게 높이가 요정도 되니까.] [조사자1: 그런 에피소드들을 하나씩 해주시면.] [제보자 딸: 그래 지금 말을 잘 못 알아 들으셔가지고 그러시는 거야.] [제보자 손녀: 뭐 싸갖고 간 짐 같은 것도 설명해주시면 좋을 텐데.]

그 인제 그 6.25 사변이 처음 났을 적에, 그때 그 내가 체신부에 있을 적인데, 그때 6.25사변 나기 며칠 전에 비가 많이 와가지고. 그래서 6.25사변에 나가지고서는 그래서 바로 그날, 6.25사변 나가지고서 서대문 로타리. 서대문 로타리를 내가 거기 이제 나가니까, 그때는 우리 국군이 형성이 안 됐을 적이야. 군대가 조직이 안 되어 있었고, 국방경비대라는 게 있었어. 그때 그 사람들을 구성은 어떻게 되어 있는가 하면, 일본 때 군대 갔던 사람들. 그 사람들이 이제 와가지고서, 그 사람들이 전부 그 모여 가지고서 이제, 국방경비대라는 것 만들었거든? 거기서는. 그때는 내가 서대문 로터리 가니까 그때는 인제 쓰리고사라고 하는 차 있는데, 지금으로 말하면 용달차 그런 격이지. 거기다가 뒤꽁무니에다가 야포, 야포를 하나씩 달아서 끌고서 그냥 가는 거. 그냥 서대문 로타리에서 그 차 지나가는 거 보면, 만세 부르고 그냥 하루 종일 그랬어.

[조사자1: 야포가 뭐예요?] 포. 대포 거, 저거 있어. 그거 가지고서 저 인민군들이 전차 끌고서 넘어 오는데, 그게 대항이 되겠어? 그래서 그거를 이제 끌고서는 이제. 그거 무기는 그것 밖에는 없는 거야. 사총하고. 그래 그 그때 가게 되면 죽고, 다 그랬어. [조사자1: 그럼 전쟁 난 줄은 어떻게 아셨어요?] 전쟁 난 거는 방송을 보고 저거로다가 알지. [조사자1: 전쟁 났다고 방송을 해요?] 그럼. 그러고서는 정부에서는 서울을 사수 할 테니까 피난가지 말라고, 그냥 확성기로 서울 시내를 돌아 댕기면서 방송을 했던 거야. [조사자1: 그럼 사람들이 방송을 듣고 정말 피난을 안 갔어요?] 그땐 이제 가는 사람들은 가고, 못 가는 사라들은 못 가는 거지. 그때는 참, 지금 이렇게 말하는데, 그때는 참 비참 했어요. [제보자 딸: 사람들은 뭐 먹고 살았어요? 피난 가면서 음식은 어떤 걸 먹었어요?] 어떻게? [조사자1: 뭐 먹고 살았냐고, 전쟁 중에.] [제보자 딸: 피난 가면서 먹은 음식이 뭐냐고요.] [조사자3: 저 전쟁 중에 먹을 게 많이 없잖아요?] 군대 중에? [제보자 손녀: 먹을 게 별로 없잖아요, 전쟁 중에는. 그때는 사람들은 뭐 먹었어요?] 그때는 집에 쌀이 많이 있었거든. 많이 있었고, 그때는 체신부에서 개성, 개성이 그때는 이남이었을 적이야. 그 6.25사변 이후에 이북으로 들어갔지만. 그렇게 차 가지고선 인제, 댕길 적에, 춘천 갔을 적에는 감자. 감자를 내가 많이 사가지고 와서는 동네사람들을 죄다 노놔 주고. 개성 갔다 올 적에도 감자 사서 동네사람들을 갖다 노놔 주고, 우리

도 먹고. 그러고는 뭐. 그때는 쌀은 집에 많이 있었기 때문에 먹는 거는 그렇게 굶고 그러진 않았지.

[조사자1: 그러면 피난 가시던 중에 폭격을 맞거나 그런 경험도 없으세요?] 폭격은 안 받았어. [조사자1: 그러면 죽는 사람도 못 봤겠네요?] 그렇지. 죽는 거, 폭격 맞아서 죽는 건 못 봤어. [조사자1: 근데 뭐 들은 건 있으세요?] 그때 인제, 이 6.25사변 바로 나가지고서는 20, 아마 25일 지나서 6, 7일경 때일까? 창경원 앞에 하여튼 시체가 길바닥에 말이야, 죽은 사람들이 많았어. 그리고 주엄장 앞에 그때 우리 체신부 차가 그걸 지내 방 잡고 나서 보게 되면, 그 앞이 그냥 시체가 많이 있었어. [조사자1: 왜요?] 그냥 총 맞아 죽은 거지. [조사자1: 총살?] [조사자2: 누가 그렇게 죽였어요?] 이북군인들이. [조사자3: 왜 죽였어요?] 아 그럼 그 사람들이 적이라고 하고서 죽인 거지. [조사자2: 그럼 죽은 사람들은 일반 시민들 아니었어요? 아니면 군인들이었어요?] [조사자1: 경찰 가족? 뭐 그런 가족들?] 모르지, 군인인지. [제보자 손녀: 뭐 입고 있었는데요?] 대게 군인이야. 아이고, 한강에 그때 나가니까 참 비참했어. 한강에 나가니까, 그때 여름, 6월 달이었지. 그냥 막바지 더울 때거든? 그 군인들이 말이야, 죽어서 말이야, 옷이 말이야 퉁퉁 불어서 빵빵했는데, 차마 고랬더랬어. 그런데 그때는 젊어서 그런 거 보고서도 뭐 무서운 생각 이런 게 없었어. [제보자 손녀: 할아버지가 보신 피난민들 모습들은 어땠어요?] 뭐 어떻긴 어때. 그냥 피난 가는구나 하고 그냥.

[조사자1: 그러면 전쟁 중에 가족들이 돌아가시거나 그런 경우는 없었고?] 우리는 가족 피해는 한 사람도 없었어. [조사자1: 그래도 고생들은 많이 하셨을 거 같은데요?] 그때는 뭐, 저기 춘천 가는 데, 금곡. 금곡 거기 리에 있지? 금곡리에 이제 거기들 모두 피난 갔더만. 나는 거기 안 갔지만. 그래서 인제. 집으로 돌아 올 적에는 능그루에 거기 있다가 오고 그랬더만. 나는 거긴 안 갔어, 떨어져 있었으니까. [조사자1: 그럼 가족을 찾아야 되잖아요. 찾을 생각은 안하셨어요?] 가족들은 그때 능곡에 피난 갔다 왔더만. [제보자 딸: 찾아볼 생

각은 안했어요?] [조사자3: 피난 갔던 가족들 있잖아요. 그때 찾아보실 생각은 안 해보셨어요?] 어, 어. [조사자1: 왜 안 하셨어요?] 그게 다 떨어져 있으니까. [조사자1: 왜 가족들이랑 청주 가셨다가, 서울이 괜찮다 그래서 말도 안하고 혼자 오셨잖아요.] 어. [조사자1: 왜 그러셨어요?] [제보자 손녀: 왜 혼자 오셨어요?] 혼자 왔냐고? [제보자 손녀: 왜 가족들 내버려 두고 혼자 오셨어?] 난 혼자니까 혼자 왔지, 그럼 뭐. [조사자1: 가족들이랑 같이 가셨다면서요?] 아니. 부산? [조사자1: 청주.] 거긴 나 혼자 차 가지고 갔더라는 거지. [제보자 딸: 아, 그 가족은 총무과장님 가족이었구나. 데려다 주고.] 그때는 어머닌 집에 있었고.

[조사자1: 그럼 청주 가실 때 소주 20병을 왜 사가지고 가신 거예요? 소주랑 북어를.] 청주는 그때 체신부에서 청주우체국으로다가 물건을 갖다가 이제 실으러 보냈는데 그 차를 가지고서. [제보자 손녀: 아까 소주랑 북어를 사셨다고 그랬잖아. 왜 사셨냐고요.] 그거는, 그거는 여기서 바로 나가가지고서 인제 피난을 간 거지. [제보자 딸: 아니, 그걸 왜 샀냐고. 아버지 술 한 잔도 못 하시잖아.] 어? [제보자 딸: 아버지 술도 못하시는데 왜 술을 샀어?] [조사자3: 그때 소주랑 북어를 사가지고 가셨다고 하셨잖아요?] 어. [조사자2: 청주 가실 때, 그때 왜 소주랑 북어를 사셨냐고요.] 먹을려고. [제보자 딸: 아니, 아버지 술 안 드시잖아요.] 그때는 밥을 갖다가 뭐 먹을지, 사먹을 수도 없고. 그때 돈은 많이 가지고 있었었어. 내가 이제 그때는 이 광화문에 산업은행, 산업은행인가 조흥은행인가 그 자리에 지금도 그 은행이 있는데, 거기다 예금을 했더랬는데, 6.25사변 나고서 그냥 바로 찾아 버렸는데, 그때 돈으로 몇 십만 원인데 얼만진 모르겠어. 하여간 몇 십만 원인 건 알았는데. [조사자1: 지금으로는 얼마나 돼요? 그 돈이.] 그거 많지. 지금 돈으로 하게 되면 몇 백만 원 해당이 되는 거지. 그래서 그걸 이제 찾아가지고 일부는 내가 가지고 있고, 일부는 어머닐 드렸지. 그래서 이제 몸에 뭐 돈은 말이야, 떨어지질 않았거든.

[조사자3: 그 체신부, 총무과장이랑 육군 장교가 와가지고 미아리에 사는 장교가 연락이 안 된다고.] [제보자 딸: 그 차에 모르고 갔는데 납치되는 상황이라고

했었잖아요. 거기서 뭐 보신 거 있으세요? 사람들 거기서 당한 참상 같은 거.] 거리 뭐, 뭐. [제보자 딸: 아니, 미아리 고개 노래 나왔을 얘기. 사람들 납치 당할 때잖아. 그때 뭐 보신 건 없어?] 오르는 건 안 가고서 [조사자1: 들은 얘기는?] 어? [제보자 딸: 들은 얘기는 없어?] 어? [제보자 딸: 누가 가다가 칼에, 총에 맞아 죽었대든가, 어떤 아버지 아는 사람이 끌려갔다든가.] 거 체신부 차관계장이 나오라고 그러니까 멋도 몰르고 이제 나가가지고, 가다가 중간에 빠져 왔어. [제보자 딸: 그러니깐 아버지 주변에 아는 사람이 잡혀 간 사람은 없어?] 그런 건 모르겠어. [조사자1: 용케 잘 피하시고.]

[11] 제보자의 딸: 전해들은 전쟁의 이야기

[제보자 딸: 지금 이야기 들어보니깐 운이 참 좋으셨네. 그 예전에 엄마한테도 하나들은 게, 기억이 나는 게 있는데, 인민군이 점령했을 당시에 인민군들은 쌀을 갖다 주더래요. 그러니까 환심을 사기 위해서 그랬을 거 같애, 사람들한테. 그러고 이제 국군들은 와서 사람을 헤친더라는 거지. 그때는 막 먹지도 못하고, 그러니까 극에 달했으니까 눈에 보이는 게 없었겠죠? 인민군들은 와서 곡식, 저기 양식을 줬는데, 그 국군들은 와서 사람을 헤치더란 얘길 하더라고. 그땐 아마 그때 상황이 아마 그랬을 수 도 있어. 인민군들은 사람의 환심을 얻어야 되는 상황이고, 국군들은 패잔병 입장이니까 뭐 눈에 보이는 게 없었겠지.] [조사자1: 그래도 쌀을 주고 가고 그랬다는 거예요?] [제보자 손녀: 옛날에 춘천 할머니한테 들은 얘기가 있었는데. 피난 갔다 와보니까 이불을 다 가져 갔더래요.] 내가 제일 보람된다고 생각 하는 거는, 청주서 그 사람들 후퇴 할 적에 그 청주 못 미쳐서 갔다가 차를 세워놓고 도망친 거, 그것 밖에 보람되는 게 없어요. 그럼 그 사람들이 내 없으면, 누가 기사 있는지 없는지 모르지만은 기사가 없으면, 그 놈들 다 뿔뿔이 다 헤어졌을 거란 말이야. 그 짐은 고스란히 차에 실어 있고. [조사자2: 그 후에 그 사람들 소식 들은 건 없으

세요?] 모르지, 그 걸 알 수 가 있나? 어떤 놈이 탔는지는 모르는 거야.

[제보자 딸: 그리고 엊그제 내가 여기 근처에 우리 아버지 고향분이 한 분 사시는데, 그분이 식당을 하시는데, 개밥을 얻어 오거든요? 거기 그 아저씨가 어머니한테 들은 얘기라고 그러시더라고. 그 아저씨가 세 살 때였는데, 그러고 보니까 6.25가 60년이 넘었더라고요. 그래 힘드시니까 포대기에다가 애를 넣고서 이렇게 끈으로 끌고 산을 넘어가시는데, 가다가 보니까 그 인민군들이 죽었는데, 이렇게, 이렇게, 이렇게 쌓아 죽인 거야. 몇 군데가 쌓여 있으면서 거기 가운데가 총이 꽂혀 있더래. 그러니까 한국, 저 국군들이 인민군들을 죽인거지, 그게. 그래갖고 그 어머니가 너무 무섭잖아. 그래갖고 어떻게 그 산을 넘어왔는지 모르게 아들을 끌고, 외아들이거든? 끌고 인천으로 피난 갔을 때였는데, 인천으로 가셨다고 그런 얘기를 며칠 전에 들었어요. 그러고 우리 옆집 할머니한테도 내가 여쭤봤어. 그랬더니, 옆집에 할아버지 한 분이 연세가 많으셔서 또 뭐가 있을 것 같아서 여쭤 봤더니, 당신네 쪽에는 전쟁이 없었대. 그래갖고 다 놀러 다니셨다 그러대? 어디 지역이냐고 그랬는데, 이 노인네가 못 들으셨는지 대답을 안 하셨어요. 그래 그쪽 식구들은 전부 여기저기 놀러 다니셨다고 그러더라고.] [조사자1: 동막골이었나?] [제보자 딸: 몰라, 우리나라에도 그런 데가 있었나 몰라.]

[조사자1: 그래도 아버님이 그 피난민의 그 피난길을 쭉 한번 훑어 주셔가지고.] [제보자 딸: 그걸로 돼요?] [조사자1: 네, 이야기 재밌는데요. 말씀을 잘 하세요.]

저 그때는 정부는 부산 내려가 있고, 대구에서 낙동강. 그게 이제 방어선이야. 낙동강이 이제 거기서 무너지게 되면, 부산은 그냥 확 다 쓸리는 거야. 낙동강을 사수한다고 그랬잖아. 그 말이 있잖아. 그, 낙동강 물이 아주 뻘거했다는 게. [조사자2: 네?] [제보자 손녀: 물이 뻘겋다고. 낙동강 물이 뻘개졌다고.] 이쪽에서는 인민군들 건너오지 못하게 말이야 쏘구, 저짝에서는 또 저짝대로서 이짝으로 쏘고. 그래 결국에는 건너오지를 못 했지. 건너오게 되면, 부산이든 뭐든 전부다 바다로 밖에 갈 데가 없어. 그래 낙동강이라는 게 참.

[제보자가 예금했던 은행에 대해 잠시 대화를 나눔]

[제보자 손녀: 그 얘기 해드렸어? 그 이불이야기, 춘천 할머니 이불이야기.] [조사자1: 아, 아니요.] [제보자 손녀: 어렸을 때 들은 얘긴데, 피난 갔다 오니까 집에 이불이며, 그런 이부자리들이 다 사라졌다 그러더라고요. 그래서 보니까 동네에서 다시 그걸 찾으셨는데, 보니까 이불보를 뜯어가지고, 누구네 건지 모르게 하려고 뒤집어 가지고 다시 꼬매 놨다고. 그래 그걸 다시 되찾아 오시면서, 이불보를 쓰고 돌아오셨다고 그러더라고요. 할머니가.]

[12] 전쟁 전 북한을 오갔던 이야기

[제보자 딸: 또 기억나는 얘기 없으세요?] 기억나는 일이야, 뭐 있을까? [제보자 딸: 일단, 아버지가 겪으신 건 다 이야기 해주신 것 같아.] 그럼 뭐 별로 뭐.

[조사자1: 그러면 원산에서 몇 살까지 사셨어요?] 거기? 아마 거기서 한 이십세? 하여간 그 일정 때 군대 갔다가 저 돌아 와가지고 얼마 안 있다가 넘어왔으니까. 난 몇 번 왔다 갔다 했어. 그때는 이 연천, 여기 저 동두천 지나서 연천에 거기가 이제 3.8선이었었거든? 연천에서 몇 번 넘고. 이 연천에 경계가 심하게 되면 어디로 갔는가 하믄, 원산서 평양 가는 평원선 기차가 있었는데, 그거 타고서는 평양서 해주로 갔어. 해주에서 거기서 인제, 배 타고 저기 건너, 거기선 아주 가까워. 해주에서는 청단이라고 이남 쪽이거든? 그래 이제 해주에서는 거서 이제 이래 안내자가 있으니까, 고기 잡으러 나가는 거 같이 하고서는 이제 같이 나가는 거야. 나가서는 배 쪼그만 거 타고서는. 빤히 거기야, 동네가. 그래 그리 넘어가지고서는 그러믄 이제, 청단서 토성으로 나와서, 토성서 개성으로 나오고, 그거 이제 개성선 그 기차로다가 서울로 오고. 그렇게 몇 번 넘어왔지. 그런데 이제 그때는 젊은 적이라 무섭고 그런 걸 몰랐거든? 그때는 남북으로 왔다 갔다 하면서 장사하는 사람들이 많았거

든. 그래 그 장사꾼으로 가장해가지고서, 그렇게 왔다 갔다 하고 했지. [조사자1: 그럼 휴전이 되고도 북에 갔다 오고 하는 게 가능했었어요?] 어? [조사자1: 휴전되고 나서도 가능 했었어요? 왔다 갔다 하는 게?] 어떻게요? [조사자1: 전쟁 나고 휴전되고 나서는 못 갔죠?] [조사자2: 전쟁 끝나고 나서 휴전선이 그어 졌잖아요? 휴전 되고 나서는 그렇게 왔다 갔다 하는 게 가능 했어요?] 안 됐지. 그이 휴전 되고서는 연천이 이남으로 들어왔고, 지금 거 대광리까정 여기서 지금 기차가 가잖아? 휴전 전에는 연천이, 연천까지 연천이 이북이었었거든? [조사자1: 연천까지?] 아니 동두천까지. [조사자1: 동두천까지가 이북이었어요?] 그게 이쪽에.

바다 위 피난생활과 지나가는 피난민 돕기

김기춘 · 최순자

"바다에 떠서 있다가 되들어 왔다가 나갔다 들어왔다 하고 또 다른 데로…"

자 료 명: 20130416김기춘최순자(인천)
조 사 일: 2013년 4월 16일
조사시간: 90분
구 연 자: 김기춘(여 · 1931년생), 최순자(여 · 1940년생)
조 사 자: 김경섭, 김정은, 이부희, 박샘이
조사장소: 인천광역시 남동구 간석4동 풍림아파트 (김기춘 화자 여동생 댁)

[조사과정 및 구연상황]

조사팀원의 친지 소개로 인천광역시 남동구의 한 아파트에서 화자를 만났다. 이 아파트의 주인인 화자의 막내 동생과, 화자와 사돈지간의 할머니 즉 화자 막내 동생의 시어머니도 계셔서 자연스레 이야기판이 형성될 수 있었다. 넓은 아파트 거실에서 시종 화기애애한 분위기로 화자들의 체험담을 들을 수 있었다.

[구연자 정보]

김기춘 할머니는 황해도 연백이 고향으로 6남매의 둘째로 자랐다. 전쟁이 발발한 후 시댁에 있던 배로 서해 상에서 피난 생활을 한 특이한 경험의 소유자이다. 1.4후퇴 이후 가족 모두 강화도로 이주했다. 전쟁 전 연백에 있을 때는 배로 운송업을 했었고, 강화도로 월남한 이후에는 어업에 종사했다.

최순자 할머니는 김기춘 할머니와는 사돈 간이다. 전쟁이 발생하기 1년 전 아버지의 결정으로 천안으로 이사했다. 천안의 지역적 특성상 수많은 피난민을 겪었으며 인정 많은 부모님이 피난민들을 많이 대접했다.

[이야기 개요]

김기춘 화자는 6.25 발발 1년 전 선박으로 운송업을 하던 시댁으로 시집갔다. 시댁에 배가 있어 전쟁 중에 덕적도나 연평도, 용매도 등으로 피난을 다녔다. 육로로 피난을 가지 않고 배로 바다에서 주로 생활하면서 식수나 생필품이 떨어질 때 쯤이면 가까운 섬에 들러 물건을 구했다. 모터가 달린 배가 아니라 돛단배였기에 바람이 없을 때는 노를 저어가며 바다 생활을 했다. 1.4후퇴 이후 배를 이용해 가족 모두 강화도로 이주했다. 최순자 화자는 김기춘 할머니와는 사돈 간으로 전쟁 발발 1년 전에 충청도 천안으로 이주했다. 천안이 교통의 요지라 수많은 피난민을 겪었다. 부모님이 인정이 많은 분이라 밥을 많이 해놓고 지나가는 배고픈 피난민들을 먹였다고 한다. 당시 피난민 중에는 아이를 버리고 가는 사람들도 많았는데 화자의 부모님이 두 명을 데려다 키웠다. 또 인민군이나 미군을 비롯한 수많은 군인들을 본 기억을 떠올렸는데 특히 흑인 병사에 대한 공포가 당시 대단했다고 한다.

[주제어] 강화도, 서해, 섬, 선박 운송업, 바다 피난, 돛단배, 덕적도, 연평도, 바다 생활, 천안, 피난민, 버린 아이, 인민군, 미군, 흑인 병사

[1] 김기춘: 섬에서 물 길러 갔다가 총소리를 듣다

[조사자: 그러면은 고향이 어디셨나?] 고향도 잊어버렸네. [조사자: 고향을 잊어버리셨네, 어떡해.] 아, 황해도 연백. [조사자: 황해도 연백, 아! 원래 저기 이북세요?] 네. [조사자: 황해도 연백이라는 데가 살기 좋다고 들었는데. 대개 좋은 되서 태어나셨네.] [조사자: 어릴 때 막 생각하는 거 없어요. 거기. 연백에서?] 연백에서 뭐 생각나. [조사자: 큰애기 때?] 큰애기 때 섬이야, 섬. [조사자: 이게 섬이에요?] 하도 연백 성북동 다 저기도 잊어버렸네. 주소도 다 잊어버렸네. 지금 증산이라는 데에 섬에서 살았으, 우리는 [조사자: 섬이 있었어요?] [조사자: 증산도에요?] 네. [조사자: 아! 섬이 있었구나!, 저 사진 남매는 어떻게? 외삼촌도 계시고?] 셋 셋, 여자 셋, 남자 셋. [조사자: 아! 많으시네요, 식구가. 여섯째 중에서 몇 째셨어요?] 둘째. [조사자: 둘째, 아 저기 외삼촌 한 분 계시고.] 아니, 언니가 언니. [조사자: 언니가 있었구나!] 구십 살이 되어가는 언니 하나 있고, 나 있고, 우리 큰 동생은 세상 떠나고 저기 동생 둘째 하나 있지. 저기

[조사자: 남동생 둘째가 있었고] 그 사람이 벌써 팔십여섯, 아니 칠십여섯이야. [조사자: 일흔여섯이고] [조사자: 그러면 이남 사녀?] 현재 있는. [조사자: 삼남 삼녀?] 원래가 셋, 셋이야. 삼남삼녀 [조사자: 아니에요? 그냥 말씀 나오게 하려고 이 얘기 저기에 하다 보면 다 나와.] 근데 다 잊어버렸어. 그냥 배 타고 갔다 왔다 갔다 왔다하는거지 뭐. 어른들 하는 대로

[조사자: 그러면 전쟁 때 몇 살이 셨어요?] 스무 살이나, 6.25가 스무 살에 났을 걸. [조사자: 6.25가 스무 살에 나셨구나!] [조사자: 그랬네요. 31년생이시니까?] [조사자: 그러면 그때 결혼하고 계셨었나?] 그렇지. 결혼한 지 일 년 됐지. [조사자: 결혼한 지, 아휴 새색시셨네. 아기는 있었나?] 없고. [조사자: 아기는 없고, 결혼한 지 일 년이셨구나!, 그랬는데 거기서 그때 딱 전쟁 날 때 섬이니까 바로 알아요. 전쟁 난 거? 섬인데.] 아침에 우리들은 그 섬인데 물이 없어서. [조사자: 물이 없어서] 물이 없어서 이제. 그런 소리도 너덜스럽게 해야 하나. [조사자: 예, 아주 재밌어요.] 통 들리고 이젠 새댁들이니깐. [조사자: 새댁이니까.] 물 길어 거 이제 한참 건너가는 섬이 바닥을 이렇게 갯바닥을 건너가야지 섬이 있다는데. 거기 가서 물을 떠서이고 오는데. 총소리가 뭔지 아나 모르지 그냥 장단을 마쳐 가며 쏘드라고 그 총을. 그래 그러나 보다 하고서 집에 와서 밥해 먹고 나가니까 육지서 다 피난들을 이고 지고 다 오더라고 [조사자: 섬으로?] 섬으로 와서 다 배 타고 나갔지. 다.

[2] 배를 타고 섬에서 섬으로 피난 다니다

[조사자: 또 나가고] 그러고 그러고서 그냥 그때부터는 나갔다 들어갔다 나갔다 들어갔다 조금 평화 되면 조금씩 살다가 또 시원찮으면 또 나가고 우리는 그냥 그렇게 살다가 1.4후퇴 거쳐 가지고 만날 피난만 다니다 그냥 나왔지. [조사자: 그러면 그전에 전쟁에 빵빵빵빵 소리 났을 때 사람들이 막 다 피난을 막 건너오는 거예요?] 응응. [조사자: 도망을 가야 된다고 얘기를 해요? 어디

로 가야 한다고 그래요? 남쪽으로 가요 어떡해요?] 아니 그이께 섬으로 우리 동네 우리 사는 대로 와가지고 배 타고서 이제 [조사자: 어디로 가요? 다들] 바다에 떠서 있다가 되들어 왔다가 나갔다 들어왔다 하고 또 다른 데로 저기 [조사자: 어디로 갈까? 바다에 서 있었던 사람들도 있었고?] 우리들은 처음에는 바다에 나가 있다가 아침에 들어와서 밥해 먹고 집에서 밥해 먹고 좀 있다가 저녁 되면 나가서 밤에 들어 와 그렇그로 살았지. [조사자: 밤에는 배로 나왔어요?] 그렇지 우리는 배가 있으니까 [조사자: 아! 배에서 잤네. 밤에 그러면 다들] 자고서 그냥 있다가 아침 되면 또 부지런히 밥을 해 먹고서 몇 개월 그렇게 하다가 그렇게 한 거야. 우리들은 맨날

[조사자: 그러면 거기가 처음에는 남한 땅이었나?] 이북이라니까. [조사자: 이북이야. 이북, 이북 땅이야.] [조사자: 이북 땅이지. 그런데 다들 어디로 피난을 가는 거지?] 그런께 육지로 이리 나오면 은 그냥 섬으로 맨 섬으로 바라니까 섬으로 넘(남)들이야 어디간지 모르지 우리 간 것만 알지. [조사자: 그러셨구나!, 그러면 맨날 바다에 계속 있었어요?] 들어왔다 나갔다 [조사자: 여름, 여름이었네.] 그때 여름이었지. [조사자: 그러니까 좀 밖에서 잘만하고, 비 많이 오고 이랬을 거 아니야.] 배가 크니까 그냥 배 칸에서 다 자고 그랬지. [조사자: 배가 있으셨나 보다, 큰 배가, 부자 셨구나! 배가 있으셨던 거 보니까?] 아니 시아주버니, 시아주버니 배이지. [조사자: 시아주버니 배] 우리는 애쟁이들인데 뭘. [조사자: 시아버지 배가 그렇게 큰 배가 있었어.] 시아주버니, 시어머니, 시아버지, 무슨 동서, 형님이랑 같이 살았으니까. [조사자: 같이 살았어. 배에 맨날 그 배 타고 소리 나면] 조금 편하면 들어와서 있다가 나갔다가 우린 그러고 피난 다니고 말 은거야.

[조사자: 그러면 섬도 또 섬도 많이 가셨다고?] 저기 덕적도도 가고 연평도도 가고 뭐 거기 가깝게 주문도, 보름도 안 간데 있나요. [조사자: 섬을 섬을 섬을 계속 다니 신 거예요?] 인천도 좀 와서 살다가 [조사자: 인천 많이 오셨다.] 인천도 배 타고, 강화에서 가깝거든. [조사자: 강화] 강화도 가서 있다가 나중에

그 끄트머니 가서 강화도에서 살다가 몇 년 살았지 [조사자: 마지막은 강화도였어요!] 그치, 그치.

[조사자: 그러면 또 일사 후퇴 때도 또, 그때 춥잖아요?] 일사후퇴 때도 배타고 다니는 거야. 우리는 배타고 [조사자: 추워도 계속 배 타고 다니고 계속] 그렇지 가서 나중에 끄트머리 가서 아예 연평도 저기 일사후퇴 끝나고서는 연평도 가서 방 얻어갖고 살고 방을 얻어 가지고 살았지 [조사자: 연평도에서는 방을 얻고] 덕적도에서도 방을 얻어 살고.

[조사자: 덕적도에서도 방을 얻어서, 그래도 좀 시아버지가 사셨나 보다 가는 곳마다 배꼽 파서 갔다가 다시 오신 분도 되게 많았는데 피난 갔다가] 우리는 그렇게는 안 했어. 피난 나갈 때도 배 있으니까 쌀 같은 것도 [조사자: 거기다 다 싸가지고 가고] 친정 식구, 친정에 어머니가 다 사서 끌어내 가야 어쨌든 다 대줄라고 사니까는 그렇게 까지 산걸 뭘 [조사자: 그렇구나! 거기다 다 싣고 다니셨으니까 배를 골치는 안으셨네.] 우리는 배고픈지 몰랐네. [조사자: 그러면 자기 집 내버려두고 처음에 강화도 가서 아 어디야 덕적도 방 구하셨다고 그랬잖아요?] 덕적도 가서도 방 구했고, 연평도 가서도 방 구하고 [조사자: 한 얼마씩 있었어요. 거기서] 덕적도는 많이 안 있고, 연평도는 그래도 세집이어서 집하나 사가지고 살다가 [조사자: 거기에 집도 사셨구나!] 식구가 원체 많으니까 거기서 몇 개월 살았지 살다가 인천으로 갔다가 그때부터는 또 강화 가서 토박이로 자리를 잡은 거야. [조사자: 처음 강화로 잡고, 인천 갔다가 강화 가고 배가 있으니까 일단 움직이셨구나!] 글치.

[조사자: 그래도 막 인민군한테 배를 뺏길까 봐 걱정하고 그러지 않으셨나 보다] 인민군들도 보지를 못해 우리는 미리미리 피난하러 다녔으니까 [조사자: 인민군 보지도 않고 총소리 나면 피난 가고 총소리 나면 피난 가고] 그렇지 그렇지 [조사자: 그러셨구나!] 용매도라는 되도 가서 처음에는 거기 가서 살았지. [조사자: 용매도, 여기서 그러면 뭐하고 사셨어요. 피난 가셨을 때] 피난 가서 뭐해 맨날 저녁이면 거기면 배가 또 났던 데에서 그 배 떨어졌으니까 동생들

데리고 떨어지니까 저녁에 저녁 해 먹고서 아이들 업고서 데리고 저기 한참 고개 고개 넘어가서 굴속 들어가서 자고서. [조사자: 굴속에서 자고] 아침이면 집에서 밥해 먹고 있다가 또 저녁에 그렇게 그렇게 세월을 그렇게 보냈어. 우리는 [조사자: 굴에서 주무셨구나!] 굴에서도 잤지. 그렇지 그놈들 포 쏘면 다이고 지고들 도망갔다가 또 참고 집에 왔다가 그냥 우린 미리미리 해서 인민군들도 못 보고. [조사자: 군인도 못 보고 상관이 없었으니까] 군인이야 아군이야. 맨 촌사람들 와서 솜바지 홑바지 그런 거 입은 사람들 그런 사람들 노래도 있잖아. 그 한복이 양복이 어디 있어. 군복이 어딨어. 그런께 한복 옛날 한복 그런 거 입고서 군인 생활들하고 어떻게 걸려들면 다 군인 생활 했으니까 그때는.

[3] 남편은 강화에서 바로 군대에 끌려가다

[조사자: 그러면 고모부님 끌려가지는 않으셨어.] 우리는 군인 나갔지. 또 [조사자: 그 치 군인 가셨구나!] 젊은 사람 다 군인 나갔지. 그때는 [조사자: 결혼한 지 얼마 안 돼서 새댁인데] 그렇지 그러니까 군인 나가지 나이가 그렇게 됐으니까. [조사자: 군인가시고 저기는 계속 배로 배로 계속 다니시고?] 그렇지. [조사자: 군인 가셔서 별인 없으셨대?] 그때 삼십몇 개월 돼서 제대했지 [조사자: 음, 전쟁 어디 다, 육군이셨나?] 거기 뭐야 거기 뭐야 [조사자: 해군 아니라 육군이셨구나!] 그때 다 육군이 많았지. 거 뭐야 어디야 무슨 대로 군인 나갔다는데 다 잊어버렸어. [조사자: 어딜까. 고생은 많이 안 하셨대요?] 우리 [조사자: 이모부님은?] 그 사람이 고생했겠지, 고생한가 안 했는가 안나 보지를 못하니까 이제 처럼 면회를 가 뭐! 그렇잖아. 군인 나가면 그만이지 [조사자: 그러면 전쟁 동안 집에 한 번도 안 왔어요? 중간 중간에?] 안 왔다 갔던 거 같애. [조사자: 휴가 이런 거 한 번도 안 오셨어요?] 예 [조사자: 전쟁 내내] 예. [조사자: 그러면 저기 바깥 어르신이 그 전쟁에 나가셨으면 인민군으로 나가서겠네요? 북쪽

이니까?] 아니에요. [조사자: 국군으로 나가셨어요?] 강화로 왔다니까요? 강화로 왔다니까? [조사자: 강화로 내려와서 또 군대에 가셨다고] 네, 거기서는 안 나가고 [조사자: 안 나가고, 강화로 내려와서] [조사자: 내려와서 또 가셨구나!] 응 나와서 그때는 젊은 사람들 다 끌려갔어요. 누구나 없이 [조사자: 그러면 전쟁이 나고 6월에, 6월에 전쟁이 나고] 한참 일사 후퇴가 지내가 나서 [조사자: 다 지나고 난 다음에 6.25냐고 그다음 해나 이렇게 내려 오셨겠네요?] 응. [조사자: 51년쯤에 내려오셨구나! 그니까] 한참 와서 거기 와서 아주 자리 잡고 살았으니까. [조사자: 그러면 저기 집이 다 내려왔어요? 모든 형제들 다 같이] 네. [조사자: 내려 올 때] 네. [조사자: 아!, 그러셨구나!, 그러면 계속 배를 같고 내려오셨어요?] 그러치유. [조사자: 계속 배가 있으셔서 그래도 괜찮으셨어.]

[4] 시아주버니가 미리미리 배로 전쟁을 피해 움직이다

[조사자: 근데 그러면 51년에 그다음 해에 내려오실 때] 51년인지 몰라 [조사자: 몇 년인지 몰라도 일사후퇴 후에 연변에서 내려 오셨잖아요. 강화도로 힘들지 않으셨어요? 이렇게 막혀가지고 삼팔선이 막혀서] 미리미리 배로 다녔으니까 고생이고 뭐고 모르니까 [조사자: 미리미리] [조사자: 아! 그러니까 남자 바깥 어르신들이 다 알아서 이렇게 좀 하셨구나!] 시 아주버님이 [조사자: 아! 되게 빠르셨다.] [조사자: 배로 다 실어서 그냥] 아주버님이 [조사자: 먹을 거 식량] 미리미리 다 댕겼으니까 [조사자: 그 당시에 내려오기는 게 쉽지 않았을 텐데. 육로로 내려왔으면 되게 힘들었을 텐데] 그런 사람들은 힘들었지. [조사자: 고생 많이 했어요?] 이고 지고 힘들었지. 우리는 그냥 거서 어디 어디로 타면 벌써 이리 가고 좀 또 셨찮다 하면 또 딴 데로 가고 자꾸자꾸 미리미리 지나다니면서 [조사자: 배를 타고 계속 다니셨구나!] 고생을 뭐 뭐 많이 피난만 다녔다 뿐이지.

[5] 피난 다니다 강화도에 정착하다

[조사자: 땅이 땅이 거기 많았을 거 아니에요? 시아주버니 땅이] 땅이 거기는 바닷가 저시기 섬이니까 배를 사용해서 살겠지. 생선잡고 그런 거 [조사자: 그래서 땅에 대한 욕심이 그런 게 하나도 없으시구나!] 땅은 몰라. [조사자: 욕심 없으시구나!] 땅은 몰라 [조사자: 그렇구나! 일단 배가 큰 재산이니까?] 그렇지 바다만 나가면 [조사자: 고기도 잡고 나가서 피난 간 김에 고기도 잡고 그러셨구나! 그러나 배가 그렇다고 생활하기에 편한 배는 아니었을 거 아니에요?] 피난 댕길 때는 그냥 고기도 안 잡고 배만 타고 왔다 갔다만 했지 이제 강화에 와서 자리 잡고 나서 이제 생선 잡아다 팔고. [조사자: 잡아 팔고 그랬고, 거기서 강화도에서 생선 잡아가지고 끼리 하시고] 그렇지 그걸로 살아서 틀이 잡힌 거지 [조사자: 그걸로 거기서] 그렇지.

[조사자: 배 한 척이 아주 유용한 배한 척이었네. 그거 없으면 큰일 날 뻔했네. 그러면 아기는 언제 갖으셨어요? 전쟁 동안에, 아기는 언제 낳으셨어요. 큰 애는] 피난 다닐 때 낳지 뭐 [조사자: 그 얘기도 해야지. 피난 다닐때. 일 년 하시고,

그럼 피난다니 실 때 뭐! 어떻게 그래도 어디 어느 섬에 계셨어. 그래도 다행히. 아기 낳을 때는] 강화도 [조사자: 강화도에 살았을 때] 집 딱 사가지고 살았다니까 [조사자: 거기서 아기 낳았구나! 전쟁 나고 한 2년, 1년 있다가 아기 가지신 거야.] 그래 그렇게 일사후퇴 지나가고 이제 그래서 그때 편안해지니까. 강화로 와서 살기 시작했지. [조사자: 살기 시작하고, 거기서 큰 애 갖으시고, 근데 남편 군대 갔잖아.] [청중: 군대 가서 휴가 와서 군대 가도 많이들 낳더만.] 어떻게 딱 끝나가지고 와서 또 집에 와서 살고라 그랬지. 제대허고 이제

[조사자: 제대하고, 시아버지랑 계속 시어머니랑 배에서 왔다 갔다 계속 그러시면] 시아버님은 돌아가시고 피난 땡기다가 [조사자: 피난 땡기다가] 시아주버니도 있고, 시어머니도 계시고 그래 그 동네서 살기 시작했지. [조사자: 강화도에서?] 강화에서

[6] 연백에서는 다 뺏겨서 살 수가 없었다

[조사자: 할머니 그러면 연백에 그냥 사셔도 될 텐데. 왜] 못 살지요. [조사자: 왜 못 살았어요?] 그놈하고 어떻게 살아요. 아주 [조사자: 아 뺏어가고 그러나] 에이 이젠 뺏겼잖아요, 그 동네 우리 살던 동네는 뺏겼으니까. [조사자: 누구한테, 인민군한테] 그놈들한테 뺏겼죠. [조사자: 동네를 왜 뺏어가요? 뭐 전쟁한다고] 이북 땅 뺏기면 저기 한국 사람 여기 나와 망한 사람들 많잖아요? 거기서 다 뺏겼어. [조사자: 아!, 거기서 다 뺏어가니까. 이것저것.] 미리미리 나왔지요. 미리미리.

[조사자: 그러면 저기 막내동생(청중)이신가요?] 막내, 막냇동생 [조사자: 막냇동생이시구나!] [조사자: 그때 몇 살이셨을까? 전쟁 때] [청중: 나] [조사자: 열살 정도 되셨어요?] 열 살이요? [청중: 네 살인가?] 너댓 살 밖에 안됐지. 무슨 [조사자: 그러면 해방둥이세요? 거의] 해방둥이 [조사자: 우리 아버지랑 동갑이시구나!] [청중: 응] [조사자: 저희 친정아버지가 해방둥이셔] [청중: 시어머니도]

[조사자: 시어머니는 두 살 어리시잖아. 해방둥이 아니시잖아.] [청중: 시어머니 예순 여덟 아니요?] [조사자: 예, 예순 여덟] [청중: 예순 여덟이 해방둥이요?] [조사자: 칠순 아니고, 아!, 우리 아버지는 호적은 여덟] [조사자: 그래도 우리 아버지는 많이 기억하시던데, 우리 사돈 어르신 뭐 기억 하시는 것 없어.] [청중: 난 머리가 안 좋아서 안 돼요?] [조사자: 지난번에 많이 말씀 하시더니.] [청중: 아휴, 아 난 못해] 근데 한 말 없다고 하지 말라고 했잖아.

[7] 피난 다니다 용매도, 연평도 등에서 잠시 쉬어가다

[조사자: 독특하게 다니셨네. 배로] [조사자: 배타고 피난 다니셨던 거 기억나시는 것 있으면 천천히 말씀해 주세요? 특이한 피난이니까. 다른 사람들은 달구지에 이고 지고 떠나는데] 우리는 배에 윗사람들이 시아주버니, 시아버지들이 그냥 가자 하면 이리 가자 하면 갔다 데놓으면 거기서 밥해 먹고 있다가 또 딴 데로 가면 쫓아가서 그냥 거기서 밥해 먹고 있다가 빨래하고 밥해 먹고 우리들 그것밖에 모르지. [조사자: 주로 섬으로만 다니셨어요?] 네. [조사자: 섬으로만] 네 [조사자: 그러면 원래 배멀미 같은 거 안 하세요?] 죽느냐 사느냐 그런 건데 뱃멀미, 뱃멀미해서 늘어지면 그냥 너벌러지고 했었겠지. 벌어지고 이제 얘기지. [조사자: 그러면 다녔던 섬 이름 기억나시는 게 벽적도랑] 연평도 [조사자: 연평도, 용매도] 용매도도 있고 [조사자: 용매도요?] 용매. [조사자: 용매도, 주문도도 있었지요?] 주문도 있고, 보름도 있고 거기에 주문도, 보름도는 그냥 가서 잠깐 있다가 잠깐 있다 오고 오래 도록 살지는 않고 연평하고 덕적하고 살다 강화도에 와서 많이 살았지. 용매도에서도 한참 살았지. [조사자: 여기는 섬이 커요? 용매도 이런 데도?] 커요. [조사자: 여기도 사람이 많이 살아요? 용매도] 부락이 사부락인데. [조사자: 부락이 그렇게 있으면 크네요. 진짜] 우리가 거기서 살다가 그전에 거기 살다가 일본 정치 때 하도 일본 놈들이 우리 아버지 잡아가려고 그래서 저기 맨 먼저 살던 섬에서 이사 왔지. [조

사자: 여기는 사람, 크니까 일본 사람들이 여까지 와서 잡아갔구나.] 아휴, 일본 순경들이 얼마나 지랄했다고. [조사자: 여까지] 거기 네 부락이니 넓으니까 [조사자: 넓으니까.] 경찰서도 있고 읍 조합도 있고 학교도 중학교도 있고, 초등학교도 있고, 섬 내중가(나중에) 살던 되는 초등학교만 있고 중학교 없어서 거기는 [조사자: 아, 중학교도 없고 초등학교만 있는 작은 부락이였네 진짜 거기가 오히려] 거기서 많이 살지도 못하고 6.25 나는 바람에. [조사자: 6.25 나는 바람에, 용매도 사시다가 잠깐 옮겨졌는데 거기서도 또 오래 살지 못하셨구나!] 그랬지 그랬지.

[8] 배에서 며칠씩 떠서 지내며 다른 배들과 오가는 소식을 전했다

[조사자: 그럼 배에 제일 오래 피난하고 있었던 것은 몇 시간 정도 있으셨으려나?] 아 전에 아 배타고 며칠이 있지. [조사자: 며칠] 그 치 그럼 [조사자: 섬에 못 들어 가고요? 그냥 바다 위에서요?] 예 예 예 예 바다 위에서 떠서 있고 그냥 이 사람 저 사람들한테 배들이 많으니까 [조사자: 다른 배들도 많고] 그 사람들한테 얘기 소리만 듣고 여기 어디로 위험하다 다른 데로 가고 여기 위험하다 하면 딴 섬으로 가고 그냥 그러면 댕겼어. [조사자: 그러면 바다 위에서 군함을 만난 적이 없어요?] 예 [조사자: 참 시 아주버님이 잘 찾아다니셨네] 응 거기 가 본 고향이니까. [조사자: 배 위에서 한 일주일씩 막 이렇게 있으셨어요?] 그렇지요. [조사자: 안 무서우셨어요?] 무섭긴 뭘 무서워 어른인데 [조사자: 육지가 더 무서운데. 뭐] 육지가 더 무섭지. 바다야 뭘.

[조사자: 태풍 오고 이런 적 없나 보다.] 섬으로 들어가서 잠깐 또 있다가 [조사자: 잠깐 또 쉬었다가] 시원찮으면 나와서 또 떠서 있고 바다에 떠서 있고 [조사자: 배 위에 며칠씩 있을 때는 식수를 준비해서 나가는 거 줘.] 그렇지요. [조사자: 그렇게 문제를 없을 것 같은데.] 가지고 댕기지요. 그럼 섬에 가면 물은 떠서 가지고 댕겨야지. [조사자: 배가 얼마나 컸어요?] 커요. [조사자: 평수로

치면, 몇백 평?] 몇 백 평은 아니지. [청중: 옛날에 몇백 평이 어딨어?] [조사자: 배가 얼마나 컸을까? 식구가 그렇게 다] 배 칸이 이렇게 칸 막은 거 그게 세 개야. 세 개야. [조사자: 칸이 세 개구나!] 시아버지 시어머니가 한방에서 잘 수 있나 그렇잖아. 그러니까 간간 이가 있지. [조사자: 배 타신 거 기억 안 나시겠네요?] [청중: 난 안 나요 아무것도] [조사자: 일부러 얘기 안 하시려고 안 난다고 그러시는 거지.] [청중: 아니 나는 저 뭐야 그런 거 하나 몰라.] [조사자: 다 기억하시면 그려서. 얘기를 잘하실 것 같으면서 그래. 외삼촌도 되게 말씀을 잘하신다고 그러고.] [청중: 울 오빠가 와야 하는데] 남동생이 오면 잘하지, 잘하지 그 사람이 저기 째그매서 그렇지 [청중: 지금도 황해도 그 동민에서 뭐 이렇게 이렇게 하니까] [조사자: 거기 저기 내려오신 분들이 같이 모임이 있으시는구나!] [청중: 응, 그러니까 잘 알지.] [조사자: 거기 모임에서도 소개 시켜 주시면 좋은데.] [청중: 그거는 거기 물어봐야지. 거기 더 나이 드신 분들 또 남자 분들, 남자 분들이 더 얘기야 있어. 여자들은 배 안에 밖에 더 있었어.] 우리들은 그렇지만 그 사람들은 군인 생활도 했으니까? 뭐 백쓰리 올백투 해가면서 [청중: 아니 그 오빠 그 메고 다니면 그런 얘기 하] 우리 동생은 포위 병을 댕겼어. [조사자: 몇 살 때 포위 병이였어. 그러면은 되게 어렸네요?] 그렇지 [조사자: 20살에 전쟁 났었는데] 열여덟 했었지. [조사자: 그랬네] 열여덟, 열다섯 살도 아니지 조그마해서 카빈기만 짝짝 끌릴 정도 됐으니까 [조사자: 아이고] 그전에는 먹고 사느냐고 그냥 군인들 [조사자: 보내 버렸어.] 보낸 게 아니라 장교 호위병으로 쫓아 댕겨다니께, 장교 있잖아. [조사자: 장교 호위병으로] 쫓아다니면 나중에 끝물 가서 그렇게 하다 평화가 되니까.

[9] 큰 돛단배에서 열 명이 넘는 식구들이 생활하다

[조사자: 그러면 배가 그러면 발동기가 있었겠네요? 기계가] 아니 그때. [조사자: 그러면은] 돛대 단 거. [조사자: 아! 돛대 배대 셋 칸 있고] [조사자: 돛단배였

어요. 기계가 있는 것도 아니고] 인제 기계배가 많지. 그때는 돛대 다란 배 광목 있잖아. 광목 이불 그걸로다 물들여서 돛대가 크고 [조사자: 돛대가 크고 응] [조사자: 돛단배, 돛배구나!, 그러면 바람이 안 불면 움직이기도 힘들 것 아니에요.] 그렇지요. 바람 안 불면 노로 댕기고 [조사자: 노를 저어서?] 그럼. [조사자: 아니 그러면 저기 배 안에 몇 명이 같이, 식구들이 다 있어요. 한 열 명, 최소가 스무명?] [조사자: 한번 세 봐요?] 열 명도 넘게 살 수도 있지요? 배가 크니까. [조사자: 몇 명이었어요? 지금 세보시면 기억나실 것 같은데 형제분이랑] 우리가 얼마냐고 [조사자: 응, 배에 탄 사람은 얼마였나, 얼마나 큰 배였나!] 셋, 넷, 다, 여섯 [조사자: 시어머니, 시아버지, 시아주버니, 형님] 그렇지요. [조사자: 거기 집 얘들 있고] 시어머니, 시아버님, 시할아버지, 시아주버니, 동생, 아이들 일고여덟 그 정도로 살았지요? [조사자: 시누는 없고?] 시누두 있지. [조사자: 많았네. 열 명을 넘었네.] [조사자: 그러면 한 이십 명은 되겠네. 이십 명 까지 안 될 거 고?] 우리만 있는 게 아니라, 배가 있는 게 아니라. 또 다른 시아주버니, 큰 시아주버니도 배가 있어서 노나서(나눠서) 댕겨야지. [조사자: 시댁에 형제가 어떻게 되세요?] 많아요. [조사자: 몇 남 몇 녀에요? 시댁이?] 남자가 다섯, 여자가 셋이란 데. 다 시집을 가서 각자가 다 시집을 가서 살았지. [조사자: 원래 팔 남매 였구나! 아!] [조사자: 배가 또 다른 배가 한 대가 또 더 있었나 보다.] 그건 큰 시아주버니, 그때는 둘째 시아주버님 [조사자: 아! 둘째구나!] 아니 우리가 둘째가 아니라 둘째 시아주버니 배로 다녔다고 거구나! [조사자: 이모부님은(남편분은) 몇째 시구?] 셋째 [조사자: 셋째 시구! 아! 그 배를 계속 타고 다니셨구나!]

[조사자: 저 뭐 저기 고기잡이 그 일을 크게 하신 모양이에요? 시댁이?] 아니 그건 피난 나와서 이제 강화 살면서부터는 [조사자: 강화 살면서] 고기 잡으러 다녔지. 그때는 [조사자: 그러면 연백에서는요? 거기서는 별로 크게 안 하셨어요? 그러면?] 거기서는 고기 잡는 배가 아니라 서울로 날아다녀, 날아다녀. [조사자: 물류, 운송 같은 거네요?] 새우젓 갖은 절여서 이제 갖고 올라가서 서

울 가서 팔고. [조사자: 그러니까 뱃길도 잘 아시고.] 그렇지 [조사자: 아! 뱃길도 잘 아시고] 강화 와서 부터는 생선 잡는 배가 됐지. [조사자: 그러면 시댁이 부자셨겠네요?] 부자긴 살겠지. 뭐 부자는 [조사자: 배가 있으면 부자지 배가 한 두 대데. 배 있으면 부자데. 땅 대신 배가 가지셔서.] 땅은 없지. 뭐 섬에서 배 가지고 사용하니까

[10] 전쟁 중에 병으로 친정 부모님이 돌아가시다

[조사자: 그러면 원래 친정은 뭐 하셨어요?] 우리 아버지는 우리 아버지는 기계배로 했어. 그때는 [조사자: 더 부자 셨네.] 기계배인데 크지를 않지. [조사자: 그래도 그 당시에 기계배가 많지는 않았을 거 아니에요?] 그렇지. [조사자: 그러면 같이 서울로 물건] 우리 아버지는 저기야. 6.25전에 돌아가셔서, 1.4후퇴 지나서 돌아가셨어. [조사자: 6.25중에 돌아가셨구나! 전쟁 끝나기 전에] 예, 6.25전에. 우리 엄마는 또 6.25 지나고 1.4후퇴 때 돌아가시고 [조사자: 거기 어머니들은 어떻게 이렇게 피난 다니고] [조사자: 그러면 여기 동생들은 누가 키웠어요?] 그러니까 우리들이 다 데리고 같이 댕기고 그랬지. 동기간들이. 오빠도 셋이고, 언니도 저 사람 말고 둘이 또 있으니까는. 다 그렇게 이끄데 저끄데 하면서 살았지. 살아서 이렇게 살았지 [조사자: 어려서 아버지, 어버님이 다] 예. [조사자: 그러시구나!] [조사자: 마음고생 많으셨다.] [조사자: 고생 많으셨겠다.] [조사자: 어려서 저기 아버지 어머니 다 돌아가셔서 많이 힘드셨겠네.]

[조사자: 그런데 전쟁때 어떻게 하다가 돌아가셨어요? 어머님, 아버님은 친정 부모님?] 병으로 [조사자: 병으로, 거기서 피난 오시다가 힘드셔서 그랬나!] 아버지는 6.25전이고, 어머니는 1.4후퇴 때 그때 무슨 열병이 이라고 있었어. 열병. [조사자: 말라리아도 돌고 병이 많이 돌았죠. 그때] 갑자기 그냥 가고, 그랬지. [조사자: 그때도 피난 같이 나온 거예요?] 우리 엄마도 그때 6.25 때는 나왔다 들어갔다 했지, 배로. [조사자: 배가 있으니까 그때는 기계배 있었으니까.]

그때 우리 아버지 돌아가셨으니까 기계배 없고. [조사자: 기계배 없고] 섬은 배들이 많으니까 아무 캐도 이 배도 타고 저 배도 타고 서로가 살아야겠으니까 서로가 도와주고 살았지.

[11] 배를 타고 섬을 다니며 빨래와 식수를 해결하다

[조사자: 할머니 육지로 피난 다닌 얘기는 많은데.] 그러길 [조사자: 배로 피난 다니 얘기는 저희가 처음 듣거든요.] 그렇다니까. [조사자: 밥은 어떻게 해 먹고 빨래는 어떻게 하고 막 그런 얘기 좀] 배에서 하고 배에서 하고, 섬에 댕기면 빨래해서 말려 가면서 가지고 다니고 무슨 그랬지. 뭐 빨래는 섬에 가서 하지. [조사자: 그러면 뭐 저기 배에 비상 저기 약품, 뭐 약 같은 거 좀 있었어요?] 그때는 약이고 뭐고 억지로 억지로 그냥 그러고 살았지. 약이고 뭐고 그때 아픈데도 없고, 젊었으니까. [청중: 젊었으니까 아픈 데가 있나!] [조사자: 세수나 이런 거는 식수가 물이 아까워서 그냥 물로는 못했을 거고.] 그래도 다 하고 살았어요. [조사자: 볼일 보고 이런 것도 배 안에 화장실이 따로 있어요?] 화장실이 없지. [청중: 뭘 또 있겠어. 난간에 앉아서들 봤겠지.] [조사자: 기억 안 나신다면 다 잘 아시네.] [청중: 아니, 그것은 다 상식적인 것이지. 상식적이지.] 화장실은 없어. 옛날에 다 그냥 한 대에서 그냥 배에서 지금은 이제 화장실이 많지만, 그전에는 그러니까 시아주버니들 있고 하니까 그냥 참았다가 누고 했갔지. 뭐, 이제 [조사자: 밤에?] 고래겠지. 큰 거는 밤에 그렇게 하고 살았겠지. 뭐! [조사자: 눈이 많으니까. 그냥 사람들이] [청중: 아니 그만 물어봐. 그 말이 그 말이여.] [조사자: 아니 잘하시는데요?] [청중: 아주 멀었어. 그럼] [조사자: (청중 가리키며) 섬 얘기는 들은 적이 없어서.] [청중: 배 타고 피난 나온 것밖에 난 몰라.] [조사자: 그거 기억하시면 다 하시건대요?] [청중: 배 타고 나왔지. 이북에서 어떻게 걸어나와?] [조사자: 예, 걸어 나오신 분들 대개 많아요? 걸어 나온 분들도]

[12] 비행기 손가락질을 하다가 폭격 맞고, 바닥 빨갱이가 더 무서웠다

[청중: 이북에서 이북에서 비행기가 막 지나가잖아. 공중에서 떠서 그러면 옆에 가 아주 큰 저기 뭐가 복개천 있는 거 생각나는데 손가락질 이렇게 비행기에 하니까 폭격 맞아 죽은 거는 그건 생각나지.] 그거 우리 집이야. [청중: 이렇게 이렇게 비행기 손가락질하니까. 폭격 맞아서 죽은 거, 그거는 기억나지.] [조사자: 죽었다고요?] [청중: 어, 그거는 기억나지.] 우리 마당에는 그전에 B19가 뭐 있잖아. 이렇게 하면 이렇게 하면 손짓하면 얘기가 됐나 봐. 아마 거기다 포를 떨어뜨려서 개 죽었지. [조사자: 그런 일이.] 동생을 마중 나왔다고 그랬다 했어. 그때 [조사자: 그 사람 누구세요?] 나 보다 두 살 덜먹은 은심이라고 [조사자: 동네 친구]네. 은심이 동생이야. 은심이 동생 [청중: 그 저기 교회에 예배드리러 가면 예배드리러 갔다 오니까 그 이북 놈들이 누군지 우리 집에 와서 막 저기 총칼 갖고 와서 두지는 거.]

바닥 빨갱이들, 바닥 빨갱이들 [조사자: 바닥 빨갱이들] 그렇게 [조사자: 어떻게 했어. 바닥 빨갱이들이 어떻게 했는데. 동네에서 얼마나 휘젓고 다녔어.] 바닥 빨갱이들 빨갱이 노릇을 했다니까 그러니까 우리들은 더 무섭지 바닥 빨갱이가 [조사자: 어떻게 빨갱이 노릇을 했어. 바닥 빨갱이들은] 뒷조사 같은 것 자꾸 하려고 하니까 무섭잖아. 우리 내 내용을 다 아니까 그니까 밤에 집에서 못 자고 그냥 나가서 한 대서만도 자고 하다못해 무덤 사이에 가서도 자봤네. 나도 [조사자: 무덤가에서요?] 무덤 사이. 우리 바로 윗집 사람이 저기 정식이네! 아저씨 있잖아. 정식이 아저씨 처남이 바닥 빨갱이 됐어. 방공 질 하러 우리 내용을 잘았잖아. 거 윗집에 사다시피 했으니까? [조사자: 잘 모르시는 것 같아.] [청중: 몰라. 모른다니까. 이것 밖에] 젖 먹을 때 덴 뭐. [조사자: 그 집에는 뭐 집 내력이 뭐 문제가 될 게 있었어. 빨갱이가 알면은 안될 게 있었어. 동사무소에 일하셨나! 그런 분들은] 어, 어 그런 것 했어. 그런 것 했으니까 더 위험하지 바닥 빨갱이들한테 걸리까봐 무서우니까 저기 밤만 되면 배타면 도망만 다니고 그랬지. 그렇게 뭐 집에서 자게 되면 무덤 사이에서 나 한번 자 봤다니까.

[13] 다른 배들은 피난민들을 실어다주는 일도 하다

[조사자: 그러면 할머니는 결혼하셔 가지고 거의 시댁 식구들하고 같이 강화도로 내려오시고, 다른 형제분들은 다 어떻게 내려오셨어요?] 형제들도 다 나왔지. 나와서 우리 동생들은 월미도 서울서 거기서 살기 시작했지. [조사자: 그러면 막내 분은 누가 데리고 내려왔어요?] 우리들이 데리고 내려왔지. 뭐! [청중: 뭐하라 데리고 나왔어. 나 그러면 김정은 찬양한 텐데.] [조사자: 글쎄 말이야. 여기 저도 김정은이에요.]

우리들은 할 말이 없다니까? [조사자: 많이 말씀 계속하시고 뭐! 할 말 없데.] 이고 지고 육지에서 헤매고 다녔어야지. 할 말이 많지. [조사자: 그때 거기 배로 피난 다니던 사람들이 많았어요? 바다에] 배 있는 사람들이 다 그러고서 가위에 사람들 육지 다른 사람들도 이 배 저 배 [조사자: 얻어 타고] 그렇지 [조사자: 그러면 바다에 나가는 배가 종종 있었겠네요? 피난 다니는 배들이?] 네. [조사자: 그래서 서로 연락도 하고?] 그랬다니까요. [조사자: 아 이거 처음 듣는 얘기네.] [조사자: 근데 배 있는 사람들은 피난민들 실어 다 주고 돈 벌고] 그렇지. 그렇게도 했지. [조사자: 그런 것들도 했다고 그러다 걸리면 큰일 나고] 우리는 막 가에 사람들 안 싣고 다녔어. 원체 식구가 많으니까 우리 식구만 댕겼지. [조사자: 다른 사람들은 배 싣고 이남 데려다 주고 하는 것 했죠.] 돈들 받아먹고 그렇게 했지. 가에 사람들 싣고 나가 바다에 떠서 있다 또 다른 섬을 갖다 주고 우리는 그러건 안 했지. 우리 식구가 원체 많으니까 우리 식구만. [조사자: 우리 식구만 다니기도 바쁘고]

[조사자: 근데 거기가 원래 평야가 굉장히 넓지 않아요?] 평양은 [조사자: 평야, 논, 논도 크게 있지 않아요. 연백이라는 데가?] 이북 그러기 우리 살 때 지금은

여기가 사각형으로 딱딱 해놨잖아요. 우리 거기는 우리 살 때 그렇게 해놨드라니까. [조사자: 땅이?] 우리 살 때 물도 흔했다고 하면 그러면 쌀도 벼들도 맛있다고 했거든 쌀이. 근데 이제는 지금 왜 저렇게 됐냐. 그 소리야. 내 말은 [조사자: 가난하게 거기 쌀도 좋고, 거기 쌀이 더 밥이 맛있었던 것 같아요?] 응. [조사자: 연백평야가 유명하니까.] 근데 왜 그렇게 쌀도 없고 가난한 사람들이 많으냐 그 소리야. 우리 살 때는 물도 흔했고 뭐 그랬다고 했는데 [조사자: 황해도가 살기 좋은 곳이였죠. 그때] 응 [조사자: 그러고 할머니 수영도 잘하시죠.] [청중: 수영] 그전에 바닷가 짠물에 들도 잘 드나들고 그랬지. [조사자: 수영 잘하시겠네.] 아이고 언제 적인데 그걸 하나 그래도 바닷가 댕겨서 그때야 수영할 줄 아나 [조사자: 그래도 물질 안 하셨어.] 아이 [조사자: 물에 들어가서 따오고 뭐 그런 것 안 하셨어.] 아니, 저기 바지락 같은 거 잡으러 다녔지. 바지락 아니라 조개라는 거 대합조개라는 거 [조사자: 자맥질은 같은 거 물속에도 들어가고 그러셨어요?] 아니 그냥 [조사자: 자맥질은 안 하시고 갯벌에서] 배 타고 가서 물 속가면 내려서 잡고. [조사자: 그러면 거기에 해녀들은 없었어요?] 없어.

[14] 바닥빨갱이가 항아리에 숨은 둘째 형님네를 총 쏘아 죽이다

[조사자: 그러면 바닥 빨갱이가 이렇게 막 고자질해서 죽은 사람도 있고 동네에서 막 그랬어요?] 많지. [조사자: 많아요. 어떻게 왜 고자질했어요?] 그때는 저기 빨갱이들이 무조건 막 보면 다 싸 죽였잖아. [조사자: 이유도 없이] 이유, 이유 어디가 있어. 우리 둘째 형님네.

우리 저기 둘째 형님네, 형님네 남동생 큰동생 그놈들이 달겨드니까 어떻게 할 수가 있어. 물 항아리에 들어갔다 했어. [조사자: 물 항아리 속에 들어갔다가] 그놈들이 총사서 죽였어. [조사자: 물 항아리 들어갔는데. 쐈어요?] 농속에 들어간 거 싸서 죽이고 많지. 별사람 다 있지. [조사자: 그런 얘기 좀 해주세요?] [조사자: 그런 얘기 못 들었어. 가지고] [조사자: 뭘 잘 못했다고] 그렇게 무조건 쏜 데니까 그놈들이 그러니까 바닥 빨갱이 무서워서 겁나서 도망 다니고 그랬지. 그 사람들 눈에 띄면 그냥 쭉 세워 놓고 막 총 싸서 죽이고 [조사자: 이유 없이. 이유도 없이?] 그렇지 이유가 어디가 있어. 이유가 [조사자: 무조건 그냥 잡아다 그랬어요.] 그럼 [조사자: 그러면은 그래도 뭐 명분이 있을 거 아니야. 데려가는 뭐! 너희 집에 아빠가 군인이였다며?] 아! 아니 그런 것도 없어. [조사자: 그런 것도 없고, 잡아가서?] 그놈들 그 눈에만 띄면 죽 세워 놓고서 싸서 죽였는데 싸서 죽인 그 틈에서 죽은 척하고 나온 사람이 있어. [조사자: 누구, 누구 모아 놓고 죽였는데?] 쭉 세워 놓고 다발, 뭐 권총으로 싸는데 그 속에서 둘이 죽었어. 하나는 이름도 안 잊어버렸네. 한 사람을 조 누구고 [조사자: 조 씨였고] 한 사람은 [조사자: 이름 기억 안 하셔도 돼.] 이름 잊어버렸어. 죽어서 죽었는데 살아서 나온 사람들도 있어요. 그때는 뭐 우리가 다 그냥 살은 거 같지 않았지. 그때는.

[조사자: 그러면 와 갔고 교육받으라고 그런 거 없었나? 인민군들이, 사람들 모이고?] 모으고 댕겼지. [조사자: 인민재판 보셨는지 그런 거 물어보려고 그랬어요.] 우리는 그런 것 몰라 [조사자: 인민재판은 없었어.] 여자들은 우리들은 그런 것 우린 미리미리 바닷가로다 쫓겨 댕겨서 뭐 몰라 [조사자: 인민재판] 난 인민군 못 봤다니까? 그리 여태 [조사자: 그래도 바닥 빨갱이가 와서 교육 시키고 그런 것 가보셨어?] 근데 우리는 미리미리 우리는 나와서 안 댕겼지. 바다로 나갔지 [조사자: 여자들 잡아서 교육 시키고 이랬지.] 우리는 그런 것 모른다니까. [조사자: 동네 사람들은 막 그렇게 교육받은 사람들 있지요?] 우리 동네에서는 그렇게 교육받고 그렇게 하지 않았어. 남자들은 했는지는 몰라도 여자들은 안 했어. [조사자: 교육 안 받고] 우리 미리미리 바다만 나가서 있어서 모른다니 내가 그이 그러잖아.

[조사자: 호위병 간 외삼촌 얘기도 조금만 해주세요?] 아나, 그 사람 호위병으로 갔는데 그때 무슨 또 어디 섬으로 어디 섬으로 가는데 아침에 일어나서

세수하러 나가니까 그냥 대대 장관이 대대장이 쫓아 나가는데 그 사람 총에, 포에 맞아 그놈들이 싸서 맞아 죽고 우리 동생은 살아왔드라니까. [조사자: 대대장은 죽었어?] 죽었어. 그놈들이 포 싸서 죽었디야. 그리고 우리 동생 몇 명씩 와서 밤에 와서 부르드래니까. [조사자: 부르고] 응 그러니까 그러게 살려니까 그렇게 살아 왔드라니까. 그냥 저기 그 사람들 피난 가는데 가기를 했나 뭐 모르지. 그렇잖아 고생도 안고 그렇게 많이 [조사자: 그게 고생 한거지 무덤가 옆에서 자고 이런게 고생 한거지 뭐!]이고 지고 이렇게도 안 하고.

[15] 강화도에서 생선배로 정착하다

[조사자: 할머니 그러면 할아버지가 제대를 언제 하셨어요? 군대 가셨다가 전쟁 끝나고 하셨어요?] 끝나고 그랬겠지. 모르지 여태 그래서 뭐 아나 내가 삼십 몇 개월 있다가 제대했다고 그랬으니까. 끌려 간 것만 알지 끌려갔을 때만 인천서 그때 끌려갔겠지. [조사자: 강화도를 언제까지 사셨어요? 내려오셔서, 남한 내려가 지고] 오래 살았어요. [청중: 꽤 오래요] [청중: 거기 가면 다 이북 사람들이요. 황해도 사람들.]

[조사자: 강화도가, 그렇구나!, 거기서는 고기 배로 바꿔 갈고 거기서는 생선 잡고 그러면서 사셨어요? 같이 배 타러 나갔어요?] 왜 [조사자: 배 나가지는 않으셨지요?] 고기 잡으러, 남자들이 다니지. 여자들은 [조사자: 여자들은 안 하고, 그러면 여자들은 그냥 뭐 했어?] 그래 거기서 냇물 끝물에 가서 대합조개 잡으러 댕겼잖아. [조사자: 대합조개 다니면 캐러 다니면서] 배타고도 가서 잡아와서 같고 오고 그렇게 해 봤어도 뭐 다른 것 해본 것은 없어. [조사자: 대합 잡고 그런 것도 다] 밥해 먹고 빨래하는 것밖에 [조사자: 고생이지 그게 왜 고생 다 해 놓고 고생 안 했고 그러셔.] 사느냐고 고생 안 했으니까. [조사자: 배 있을 때 추울 때는 힘들잖아요? 여름에야 다닐만하고 이런데] 그렇지. [조사자: 겨울에는 고생했을 것 아니야.] 저기 물이 얼어서 헤쳐 가면서 피난 댕기고 그랬잖아.

[조사자: 물을 깨면서 가면 되는구나! 그럴 때는] [조사자: 그러면 그 전쟁 나던 해 겨울까지 계속 바다로 다니면서 피난 다니셨어요? 겨울에도 일사후퇴 그때도] 그때부터 [조사자: 그것도 잠시] 6.25 때는 많이 드나들기만 하고 일사후퇴 때부터는 [조사자: 아예 바다고] 섬에 있다가 며칠 있다가 또 어디로 다르면 딴 데로 가고, 딴 데로 가고 미리 그 사람들 피해 당기느냐고 우리는 그렇게 했어요. [조사자: 훌륭하시다 그래도] 응 [조사자: 훌륭하시다고 정보를 잘 아셔서] 인민군들도 못 보고 우리들은 그랬어. 바다 빨갱이 잡아서 나오는 것은 몇 개 봤네. 배에서 잡아갔고 오는 것. [조사자: 어떻게 배도 잡아요? 바다 빨갱이가] 육지에서 잡아갔고 배로 나온 것을 봤다고 몇 개 [조사자: 아! 그러면 배로 잡아와서 어떡해요? 그 사람들을] 어디 육지로 가겠지. 그건 모르니까. [조사자: 잡아서 옮긴다고요.] 그렇겠지.

[조사자: 그 폭격 동네 사람들 이렇게 하다가 폭격 맡고 한 분은, 그렇게 또 폭격 맡은 사람 얘기 없어요? 할머니] 그러니 시아주버니, 형님에 동생을 알아도 몰라요. 많겠지. 죽은 사람들 많겠지. 내가 모르지. [조사자: 형님의 동생을 이렇게 하다가 그런 거 셨던 거예요?] 그것은 은심이라고 우리 동내서 낮에 이렇게 비행기 뜨는 것 손짓 해가지고 그런께 여기 사람들이 여기 사람이 여기 사람이 싸서 죽인 거지 그거는 [조사자: 그 비행기는] 여기 비행기지. [조사자: 바다에서는 비행기 포격보고 그럴 일은 별로 없었어요. 섬에서는] 못 봤어. [조사자: 쌩쌩 지나고 이러는 거는] 응 [조사자: 계속 잘 피해 다니셨네.] 응 우리는 그렇게 했어. [조사자: 응 정말 잘 패해 다니 신게요?] [조사자: 왜냐면서 그것도 보고, 함평도 보고 그래야지 않나!] 응 [조사자: 좀 큰 군인 배도 보고 그러셨어요? 그런 것도 못 보셨어요?] [조사자: 군함도 아예 못 보셨다니, 정말 잘 피해 다니 신 거야.] 그것도 깊은 바다지. 우리는 섬으로만 찾아다녔으니까 [조사자: 총 쏘는 사람 이런 것 하나도 못 보셨겠네.] 총은 여기 아군서, 아군들이 총이나 가지고 있나, 무슨 대나무 같은 것 뚫어 가지고서는 팡팡 소리 내고 [조사자: 대나무] 카빈, M1같은거 별로 있나, 촌에서 들어오는 사람들은 군인 잡아다

가 그런 것 시켰는걸. [조사자: 대나무로, 대나무 총도 있었어요? 대나무 총도] 그런 걸 만들어 가지고 흉내만 내는 거지 [조사자: 모자라니까?] 그런 것 봤어도.

[조사자: 할머니 그때 그 저기 태어난 분들치고는 키가 크시네요?] 커요. [조사자:그죠. 키 크다는 얘기 많이 들으셨죠?] 현재도 들어요. [조사자: 지금도 많이 들으시고? 그때 당시] 아버지 닮아서 커요. [조사자: 아버지가 키가 크셨구나! 동네에서 키가 제일 크셨겠다. 키가?] 대 볼걸, 이제 생각나네. (웃음) [조사자: 코믹하셔] [조사자: 키가 크시네.] 동네에 다 대볼 것 같다가 지금서 생각나네.

[16] 피난 다닌 돛단배의 형태와 크기

[조사자: 배 크기가 얼마나 큰지 좀 궁금해요? 실제로 크기가] [조사자: 이 집 만하나?(아파트 거실을 가리키며)] 요 집 덩어리 [조사자: 예] 품은 좁지. 품은 좁아도 [조사자: 품은 좁고?] 길이가 길지. [조사자: 길이는 이 정도. 배가 그러면 꽤 크구나!] 길이는 길지. [조사자: 타면 몇 명 정도 탈 수 있는 배였어요?] 타면야. 천천히 타면야. 몇십 명은 뭐 배간 안에서도 몇 십명은 타지 배가 안이 이런 것 있으니까 세 칸이 있어. 세 칸이 그러니까 시아주버니네 식구, 시동생네 식구, 시아버님에 식구 따로따로 자고 그랬지. [조사자: 잠도 따로 자고] [조사자: 돛이 뭐로 만들어요?, 보통 돛을] 광목으로. [조사자: 저기 찢어지면 다시 기어서 쓰고 그래요?] 그렇지, 광목이란 걸 저기 뭐야 빨간 흙 있잖아. 흙 흙 [조사자: 예, 빨간 흙] 빨간 흙을 거기다 물을 들여. [조사자: 물을 들여서] 썩지를 않거든. [조사자: 비가 와서 안 썩는구나!] 그러니 돛대가 빨갛지. 해지면 또 겨서. [조사자: 겨서] 겨서 또 흙에서 또 하고, 질기라고 그렇게 해서 돛대 높은 것 두 개 달은 배야. [조사자: 그러면 잘 안 찢어져요? 바람이 세게 불어도?] 안 찢어지지, 찢어지지는 않지. [조사자: 아! 아니 이게 뭐지. 이게 부러 질수도 있잖아요? 나무가] 나무가 이렇지. 돛대. 나무가 이런 데다 서는 저

기 대나무로다 [조사자: 옆에 하고] 돛대 옆에는 이렇게 하지. 바람 셀 때, 바람 셀 때 댕기나 미리미리 그냥 바람 안부는 데로 미리미리 바람 안부는 육지로 들어가서 숨어 있다가 바람 안 불면 나오고 [조사자: 그러면 달릴 때도 굉장히 빠르겠네요?] 바람 불어서. [조사자: 바람 불어서 다닐때는] 웬만한 기계 배보다 낫죠. [조사자: 기계 배 보다 더 빨리] 돛대. [조사자: 쫘악-하고] 그렇지. 바람 안 불면 잼뱅이지.(웃음)

[조사자: 노도 저어야 해요? 노도 저어 보셨어요?] [조사자: 노 저어서는 잘 못 나갈 것 같은데.] 노 저으면 힘들지요. 손바닥이 다 불어 트고 그렇지. [조사자: 노도 저어 보시고 그랬어요?] [조사자: 남자들] 시집가서 조금 해봤지. 조개 잡으러 갔다가 바람 안 불면은 여자들이 남자들이 끌어주면 여자들이 옆에서 조금씩 해주고 그랬지. [조사자: 해주고, 바람 안 불면 끝이구먼.] [조사자: 바람 불어도 내가 원하는 방향 아닌 대로 가잖아요.] [조사자: 아니.] [조사자: 조절할 수 있나!] [조사자: 그건 키로 조절 할 수 있다고] 그렇지. 바람이 나쁘면 팽팽 돌아다니면서 가면 되지. 꽁무늬 빼는, 꽁무늬 바람이 쭉 가면 빨리 잘 가지. [조사자: 근데 이렇게도 막 가고] 그렇지. [조사자: 할머니 배 이름이 따로 있었어요?] 그렇지요.

[조사자: 배 이름이 뭐였어요?] 장옥호 [조사자: 장옥호, 아! 배 이름] [조사자: 장옥호?] 장옥호 [조사자: 장 오에 기억, 배 이름이 특이하네요? 장옥호] [청중: 사람 이름 딴 거 아니야? 사람 이름 딴거 아니야.] 그렇지. [조사자: 배 이름이 왜 장옥호에요?] [청중: 박거네 아버지하고 저기 뭐서 철수 큰아버지 이름하고] 응 장원 [청중: 이씨네들(언니네 남편가족) 다 장씨거든.] [조사자: 이름 땄구나! 이름] 이름 따서 지었지. [조사자: 이름에 장자가 들어가는구나!]

[17] 대합조개 등을 잡으며 강화도에 정착하다

[조사자: 또 생각나는 것?] 이제 생각나는 것 없어. [조사자: 이제 없어요?]

이제 없어. [조사자: 이제 끝났어요. 다른 사람 얘기들도 없어요?] 딴 사람들 피난 당긴 것 나 살기도 힘든데, 뭐 놈의(남의) 걱정하고 다니나. [조사자: 아니 그 강화도에서 내려와서 사실 때는 고생 안 하셨어요?] 아니 그때는 [조사자: 아무래도 뭐 살림 다 버리고 내려오셨으니까? 집도 절도 없고, 아! 집을 사서 내려오셨다고 했나.] 그때 강화 와서도 조그만 집도 샀어요. [청중: 고생했으면 연금 줘요?] [조사자: 저희가 무슨 능력으로] 여자들도 벌고 남자들도 벌고 그랬지. 그때는. [조사자: 같이요?] 나가서 생선 잡아 오면은 [조사자: 잡아오고] 생선 갖다 팔기도 하고. 난 그런 것 안 했지만 난 조합 조개 잡으러 다녔지. 대합조개는.

[조사자: 우리가 딱 1년 전에 그 황해도 쪽에서 내려오셔 가지고 저 저기 서울 와서 중국집한 할머니 한 분 2시간 정도 넘게 얘기했는데. 그분은 육로로 배타고 이렇게 내려오시느냐고 고생 많이 했지.] [조사자: 고생 많이 하셨지. 갯벌에 다리 다 빠져가지고] [조사자: 고향이 아마 할머니하고 비슷하실 것 같아요. 그 할머니하고?]

우리는 뭐 배 타고 다니기가 멀미나고 그게 힘들어서 그랬지. [조사자: 멀미] [조사자: 그러면 친정식구, 식대식구 한 명도 빠짐없이 다 내려오신 거예요?] [조사자: 같이 배를 태워주고 친정 식구들도?] 어떻게 하다 보니까 다 같이 몰려다녔지. [조사자: 몰려다니셨구나! 그때 막 같이.] [조사자: 제일 금 궁한 게 여기 제일 어린 동생은 어떻게 키우셨나?] [청중: 저 언니가 키웠지요?] [조사자: 그러면 사돈댁에서] [청중: 응] [조사자: 사돈댁에서 자라셨어요?] [청중: 왜 셋째 아들인데.] 그때는 암튼 [조사자: 아예 분가했으니까.] [청중: 그렇지.] [조사자: 아! 엄마 역할을 하셨구나!] [조사자: 여기서 다 해주셨구나! 같이 키워주시고 막 그러셨구나!] 지가 컸지. 뭐 키워줘. [조사자: 혼자 크셨어요?(웃음)] [조사자: 지금 사시는 되는 서산이라고 그러셨나?] [조사자: 서산, 서산을 아드님 따라 내려가신 거예요? 아니면 뭐] 나 혼자 살아요. [조사자: 서산에 어떻게 내려가시게 되셨어요?] [청중: 차 타고 내려가지 어떻게 내려가.](웃음)

인천 여기서 잠깐 가면 한 시간 조금 지나가면 가면 가는 걸 뭐. [청중: 1시간 40분이면 도착이야.] [조사자: 서산이요?] 길 좋아서 그전에나 가 몇 시간씩 걸렸지. 지금은 [조사자: 서산에 어떻게 처음에, 강화도에 사시다 내려가시게 되셨어요?] 거기가 더 좋다가 그리 갔지. [조사자: 거기가 더 좋데.] 서산 살기 좋으니까. 가겠지. [조사자: 서산 살기 정말 좋아요?] 좋은 뭐 모르지. 사니까 사는 대로 사는 거지. [조사자: 그렇구나!]

[18] 최순자: 부모님이 천안으로 밀려오는 피난민들을 돌보다

우리는 그때만 해도 조금 나이가 [조사자: 잠깐만, 성함하고 연세가?] 최순자요. [조사자: 최순자?] [김기춘: 열둘 서너 살 되겠구먼.] 열 몇 살 됐지. 그때 국민학교 [조사자: 몇 년 생이세요?] 40년생이요. [조사자: 아! 그러면 기억 다 하시겠다.] 기억나는 건 나고 안 나는 건 안 나지. [조사자: 다 얘기 안 하셔도 돼요. 그러면 어릴 때는 서울서 사시고 잠깐 6.25 때가 몇 년이죠?] 천안 살다가 거기서 살다가 우리는 피난을 미리 갔지. 미리 가가지고 우리 아버지가 [조사자: 천안에?] 미리 가가지고 한해 농사를 짓고서는 난리가 난 것 같아요? 그때 [조사자: 한해 농사지었는데] 그래 가지고 학교 조금 다니다가 초등학교 다니다가 피난민들이 막 밀려와서 뭐 그때 생각으로는 우리 친정아버지는 농사를 져가지고 남 먹이는 걸 좋아했어요, 우리 어머님 아버지가. 그래서 피난민들이 막 우리는 산 밑에서 사니까는 그냥 그 피난민들을 밥해서 멕이고 그냥 뭐 먹을 것 해서 먹이고 많이 그랬어요. 많이 그랬어요. 우리 아버지 어머님은 [조사자: 좋은 일 많이 하셨네.] 그리고 또 버리고 가는 애들이 많았어요, 그전에는 막. [조사자: 애를 버리고 가요?] 애를 막 버리고 갔어요. 산 밑에다 버리고 간 것 내가 기억을 하는데. 버리고 간 것을 길러서 우리 엄마가, 우리 엄마가 길러가 지고요. 하여간 두 아이를 길렀어요. 버리고 갔으니까 그 산 밑에 버리고 갔으니까. 두 아이를 길러가지고 커달아 가지고 어디로 갔어요.

어디로 갔어요. 그래 가지고 그 생각은 나더라고 다른 생각은 미국 사람은 많이 오고 그래 가지고 피난민들이 [조사자: 천천히 말해도 돼요.] 내가 성질이 급해.(웃음) 또 성질이 급해 가지고,

[19] 서울 살다 낌새를 느껴 천안산골로 내려오다

그래 가지고 많이들 막 미국 사람들 막 오니까 그니까 처녀들을 막 잡아갔어요. 그때는 막. [조사자: 미국 사람들이요?] 우리 언니가 둘 있었는데. 막 숨고, 장롱 속에 막 숨고 그랬어요. 그전에. [조사자: 여자들은 왜 잡아갔을까?] 여자들만 보면 막 그랬어요. 저기 막 숨고 그랬어요. 그래 가지고 그런 생각만 나지 뭐 다른 거야 뭐.

뭐 난리 나서 막 그냥 피난민들이 막 거기만 막 줄줄이 섰어요. 피난민들이. [조사자: 천안이 길목이잖아요?] 그래 가지고 뭐 사람이, 사람이 하여간 그때는 그런 난리가 난리가 그런 난리 없었지. 뭐 기-전에 나야 어렸으니까 그때만 해도. 좀 [조사자: 어떻게 알고, 우연히 일년 전에 천안에 내려가신 거예요? 아니면] 우리 엄마, 우리 아버지가 그런 낌새를 미리 알았으니까 미리 내려갔지요. 우리 아버지가 [조사자: 서울 사시다가] 서울로, 우리 아버지가 옷감 장사하고, 장사 많이 했어요. 서울서 그러다가 어떻게 거기로 농사 지러 간다고 고향이 또 우리 아버지 고향은 공주에요. 공주에요. [조사자: 공주구나!] 천안으로 내려갔어요. [조사자: 가깝구나! 천안에서] 한해 농사짓고 그렇게 했다가 서울로 또 올러와가지고 그래 가지고 또 서울로 또 왔지요. 언제 왔느냐면 또. [조사자: 전쟁 끝나고 한참 있다가 올라가셨겠네요?] 그렇지요. 올러 와가지고 또 내가 인천으로 시집을 왔으니까는. [조사자: 그러면 사시는 데는 인천이세요?] 지금은 인천이지요. [조사자: 가까이 사시는구나!] 동인천이에요.

[조사자: 그러면 이제는 천천히 한번 우리 얘기를 한번 다시 시작해 볼까요? 그러면 막 전쟁 난 것은 처음에 어떻게 아셨을까?] 전쟁 난 거요? [조사자: 예.]

그때 뭐 나이 어리니까 전쟁 나도 그거 무서워서 그냥 우리 오빠 둘, 아버지는 또 그전에는 남자들은 솔직히 여자들은 별 저거로 생각 안하잖아요? 그니까 여기서 살고 오빠하고 아버지는 또 공주로다 피난을 갔어요. 그리고 여자들은 다 여기 있고. [조사자: 여자만 있고, 내려가고] 그때만 해도 나이 어리니까,

'뭐 죽으면 여기서 죽는다!'

고 그냥 있었는데 죽는 걸 알았나, 그때만 해도. 나이가 많아도 지금 나이 젊은 사람들은 알아도 그때는 어리숙해서 그런 것 모르고 그냥 죽는 것만 생각을 허고 거기서 살은 거지. 지나간거 생각하면 뭐 또 그렇지요.

[조사자: 아버지랑 오빠들은 다 피난 가 있고 도망가 있고?] 엄마하고, 언니하고 [조사자: 엄마하고, 언니하고 막내셨어요?] 예, 아니 막내가 아니지. 여동생, 남동생 있지. [조사자: 몇 명이에요, 가족이?] 또 피난 나가서 또 우리 막내를 또 낳아요. 우리 엄마가 서른여덟에 낳나 봐.(웃음) 우리 엄마가 그때. 우리 막내 지금 난 애가 육십다섯 살이니까는, 걔를 낳다고요. 거기서 또. [조사

자: 저기 잠깐만 조금 천천히 얘기하셔야지. 한 번에 막 하셔가지고] 성격이 난급해요. [조사자: 좋아요. 좋아요. 아주 화통하시고 좋아요. 그러면 처음 전쟁 나고 피난민들이 막 몰려와서 밥해 줘던 거 막 기억나고] 그런 것 기억나고 미국사람들 와서 저기 한 것 기억나고 그런거지 뭐.

[20] 지나가는 피난민을 돌보다

[조사자: 인민군들 보셨나? 그때 얘기도 좀 해주셔야겠다. 인민군들 와가지고] 인민군들이 막 몰려와서 밤이면 불들을 켜놓지 못하고 잤어요. 그냥 컴컴하게 하고 우리 엄마가 내일 애기를 낳으니까 그냥 담요를 빙 돌려 쳐놓고 그냥 거기서만 요렇게 해 놓고 그랬지. 불을 환하게 켜놓지 못했지. 인민군들이 막 붙잡아가니까. 그러니까 바깥에는 이렇게 저거 하게 나가지 못했지. 인민군들이 많이들 넘어오고 그러고 하니까. [조사자: 인민군들이 막 와서 식량을 가지고 그런 일을 없었어요?] 그런 것은 없었는데. 다 감쳐났지. 인자.

피난민들만 그냥 우리 엄마, 우리 아버지는 밥 먹여 보내고 그랬지.[조사자: 그러셨구나!] 그 생각은 내가 나지. [조사자: 방에 들어와서 잠도 자고 그러고 그랬어요?] 잠은 자고 가지 못했지요. 인민군들 막 저기 할 것 아니요. 못 자고 갔어요.

이제 버리고 간 애들은 우리 엄마가 길러 줬지. [조사자: 버린 애들이 갓난애기 버리고 갔어요?] 그럼요. 아니요. 조금 다섯 여섯 살 먹은 아이. [조사자: 그렇게 까지.] 네 두 아이를 엄마가 길렀어. [조사자: 아이들이었어요? 딸이었어요?] 아들 둘. [조사자: 아들 둘을] 많이 길렀지. 크게 길러 가지고, 애가 엄마가 아니라는 걸아니까 나갔지. [조사자: 아! 그래도 많이 기르셨구나. 좋은 일 많이 하셨네. 남매도 많으실 텐데.] 우리가 칠 남매에요. [조사자: 그렇게 키워주시고, 칠 남매 중에 몇째 신거에요?] 칠 남매 중에 딸론 셋째고 [조사자: 오빠도 있어요?] 오빠 둘, 언니 둘, 동생, 남동생 하나, 여동생 하나. [조사자: 가운데 여섯째시구나! 근데 피난 가실 때 언제 어디로 또 피난 같이 가셨어요?] 피난 안 갔어요. [조사자: 안가고, 아버지만 가시고] 그냥 거기 있다가 아버지만 거기서 가시고 갔다가 얼마 있다 또 오셨어. 이제 난리 어느 정도 하니까 오셨더라고. [조사자: 국군 올라 갔으니까.] 그래서 살다가 이리 이사를 왔지. 서울로다 또 왔지. 서울로다 또 와가지고 얼마 살으셨나.(웃음) 한-

[21] 천안 길목에서 인민군, 유엔군 등을 다양하게 보다

[조사자: 6.25 때 6.25 나던 해에 그다음에 1.4 후퇴라고 중공민이 쳐들어와서 그때도 피난민이 천안까지 내려왔어요? 아니면 그때는 안 내려왔어요?] 그때는 많이 안 내려왔어요. [조사자: 많이 안 내려왔어요? 전쟁이 또 나서 피난 내려온다는 소문이 많이 있었죠.? 겨울에] 네. [조사자: 여름보다는 많이 안 내려왔죠?] 많이 내려오지는 않았지. [조사자: 비행기 포격 막 이런 것 보고 그러셨어요?] 그러니 밤에 불을 못 켜 놓지 못하고 잤어. 밤에는, 낮에도 막 이렇게 돌아다니고 이러지 못했어요? 인민군 저거 하니까 막 댕기지 못했지. [조사자: 군인은 많이 보셨겠다.] 많이 봤지요. [조사자: 미군, 뭐 인민군, 한국군] 미국 사람들도 많이 보고 [조사자: 유엔군도 보셨어요? 혹시 유엔군, 다른 나라 미군 말고도요?] 예, 봤지요. [조사자: 흑인?] [조사자: 어느 나라 기억나세요?] 나라는 잘 모르지 그때만 해도 나라는 모르지. [조사자: 흑인들 보고 그랬나 그래도] 깜둥이들 많고. [조사자: 흑인들, 무섭죠, 맨 처음에 보시면] 근데 많이 와가지고 여자들 막 잡아 간다고 그랬어. 우리 언니들은 장롱에 숨고 그랬었어. 내가 우리 언니 놀리느냐고 저기서 오지도 않는 미국 사람 온다고 막 [조사자: 무서워서.] 그러고 우리 언니는 막 뛰어 들어가서 장롱에 가서 숨고 그랬어. [조사자: 무서워서, 그 와중에 놀리셨어요?(웃음) 그 와중에] 그 생각을 하면 정말 우리는 철부지니까 아무것도 모니까. [조사자: 그러면 그때 국민 학교는 다니고] 국민학교 거기서 조금 다녔지요. [조사자: 다니고 있는데 6.25가 났네요.] 그럼요.

조금 다니다가 못 다녔지요. [조사자: 아예 못 다니셨겠네.] 예. [조사자: 방학했을 때 쯤 그쯤이잖아요.]

[조사자: 사돈어른(최순자님 남편)은 몇 살쯤 되셨을까?] 내가 시집오니까 우리 막내 시누는 고등학교 다녔지. [청중: 고등학교 다녔지.] 고등학교 졸업하고, 고등학교 다녔어. 고등학교 1학년 내가 시집와가지고. [조사자: 그러셨구나!] [조사자: 나이 차이가 다섯, 여섯 살 두 분이 차이 나시겠네요?] [청중: 여섯 살] [조사자: 여섯 살] [청중: 여섯 살 아니 일곱 살이지요.]

[조사자: 또 생각나는 것 말씀해 주셔야 하는데.] 응. [조사자: 같이 인민군들 와갖고 교육받으러 오라고 그랬는데 그런 것 없었나!] 생각이 안 나지 이제 하도 오래됐으니까 또 생각이 잘 안 나지. [조사자: 막 이렇게 와가지고 노래 가르쳐 주고 애들 그랬다는 얘기도 있고 그러던데.] 그런 거 생각이 잘 안나 들라고, 잘 생각 안 나고 그냥.

[22] 많은 피난민들 인파에 아이들이 버려지다

[조사자: 피난민들 막 밀려오고?] 피난민들 막 밀려오고 그런 것만 생각나지. [조사자: 진짜 많이 왔어요. 사람들이?] [조사자: 댁이 천안시내셨어요?] 아주 시내는 아니었죠. 아주 시내는 아니었어. [조사자: 아주 길목이었나 보다] [조사자: 사람들 엄청 지나갔지요?] 아휴 말도 못하죠. 사람에 치여! 애를 막 애들을 버리고 가도 누가 막 애들을 쳐다도 안 보고 갔어요. [조사자: 애들 울고 그래도?] 쳐다를 안 보고 갔어요. [조사자: 애들을?] 그 사람들이 포 쏘고 뭐 총 쏘고 할 테니까 나 살자고 하지, 나 살라고만 했지. 남이 애들 뭐 버리고 간 것 신경 안 쓰고 막 갔지. [김기춘: 지 아이들도 버리고 갈판인데. 뭐] 말도 못하게 많았지. [조사자: 그렇게 사람이 많았구나!] 말도 못하게 많았지. 근데도 우리 엄마는 그렇게 애들을 [조사자: 불쌍하니까] 불쌍하데. 저거 하게 데려오고 그러면 우리 아버지도, 우리들이

"아니, 엄마 우리도 이렇게 많은데 애들을 왜 데리고 오냐?"

고 그러면은

"야! 불쌍하지 않으냐고 그거야. 그거 어떻게 버리느냐고"

[조사자: 산 아래서 어떻게 혼자 살겠어. 인정이 되게 많으신 분이었다.] 그래도 우리 형제들도 애들을 또 예뻐 하니까 그냥 또 데리가 또. [조사자: 아버님이 뭐라고 안 하셨어요?] 우리 아버지도 그러셨어. 우리 아버지도 그냥 애들을 예뻐하고 불쌍하다고 데려다 기르셨어.

[조사자: 훌륭하시네. 훌륭하셔. 그래도 오빠들은 그래서 전쟁에 끌려가지는 않으셨어요?] 그런 것 없었어. [조사자: 그냥 피난 가버렸구나! 공주로] 공주로다 피난을 남자들은 가버렸으니까. [조사자: 또 피난 가다가 잡히면 군인으로 데려가고 그랬는데 그러지는 않으셨네. 아버지도 그렇고 다. 군인 없었구나!] 우리는 피난 나서도 그렇게 고생을 안 해봐 가지고 그냥 거기서 있다 왔기 때문에 고생을 안 해봐서 그런 안타깝고 뭐 못 먹고 이런 고생을 안 해봤어. 남 멕여가며 그랬지. 그렇게 고생을 안 했어. [조사자: 훌륭하시다. 어떻게 전쟁 통에 남을 먹이셨나.] 먹이고 그랬지. 고생은 안 해봤어. [조사자: 그게 더 신기한데요. 다른 분들은 다 이렇게] 밥을 못 먹고 [조사자: 못 먹어서] 그런 거를 몰랐어요. 농사 지어 가지고 그냥 쌀이 많으니까. [조사자: 천안도, 천안이 쌀이 잘 지어지죠?] 그래가지고 그렇게 못 먹고 이렇게 고생을 안 해봤어. [조사자: 그래도 대단하시다. 얘기가 막 순식간에 다른 사람들은 이십분 삼십분 얘기하실 걸 순식간에 혼자 얘기하고 막 하셨어.] 나 성격이 좀 급해요.(웃음)

[조사자: 그랬구나! 군인들 바다 빨갱이 뭐 이런 사람들은 없으셨어요, 그 동네에는? 여기에는 바다 빨갱이 되게 많잖아요?] 우리는 그런 것은 몰랐어. 바다 빨갱이 그런 것은 모르고 나이가 어려서 그런지 뭐 그런 것은 신경을 안 썼지. 또 이렇게 볼라고도 안 하고 그냥 오로지 사람들만 많으니까. 그냥. [조사자: 피난민들 많으니까] 피난민들. [조사자: 제일 처음에는 그것도 신 나겠네요?] 애들이니까 막 신나서 그러면은, 그냥 친구들하고 막 저거 하면 나가지 말라

고 너 애들 나가며 큰일 난다고. [조사자: 잃어버리잖아.] 비행기가 뜨면 막 숨고 막 그랬지. 그 생각만 나. [조사자: 비행기가 자주 떴어요?] 그럼 비행기가 자주 떠서 바깥에는 이렇게 못 나가게. [조사자: 다닐 수가 없게] 비행기는 자주 떠가지고 [조사자: 그래도 폭탄, 폭격 이런 것] 거기다 폭격은 안 하고 다른 데 폭격을 하지 그쪽에는 포격을 안 했지. [조사자: 씽씽 지나가는 것도 보고 근데 길목이니까 진짜 오히려 외국군 유엔군들도 그렇게 많이 보고?] 그래가지구 산이 이렇게 올라가는 바로 산 밑이니까. [조사자: 집이?] 그냥 피난민들만 많이 나가서 올라가고 막 애들 우는 소리만 들리고 그런 거지 저거 한 것 안 봤어.

[조사자: 밥은 어떻게 그렇게 해주고 사셨어요?] 쌀이 있고 많으니까. 그냥 불쌍하다고 밥을 좀 많이 해 놓으면 와서 배고프니까 먹고 가라고 피난민들이 우리 집을 많이 거쳐서 갔어. [조사자: 그랬겠네. 재워 주시고] 잠은 못 재워 주지요. 무서우니까. [조사자: 그치 사실] 먹는 것은 먹고 가도 잠은 무서우니까 못 재워 주고 그냥 그 사람들도 먹고 가는 거지 뭐

[조사자: 전쟁 때 그렇게 고아가 많았지요?] 그럼 많았지. 고아도 많고 아휴 불쌍한 애들이 얼마나 많았는데. 많았어. 많았어. [조사자: 근데 그때 왜 버리고 갔을까? 그때 그 얘기들을 왜 버리고 갔어요?] 그때 나 애들을 왜 버리고 갔느냐면 그거 그냥 데리고 가자니 우는 소리 나도 저거 하니까 무서우니까 그 사람들 다 자식도 다 버리고 가고. [조사자: 나중에 찾으러 오지도 않았어요?] 찾으러 올 수가 없지. 어디가 어딘지 모르니까 못 찾으러 오지 그 사람들이. 어디가 어딘지 알아야 찾으러 오지. 가는 길목이니까 [조사자: 그렇게 버려지는 애들이 많았구나!] 많았어요. 우리 동네에서 우리 집에서 기르는 애가 있었지. 또 한 집이 또 기르는 집이 또 있댔어. [조사자: 또 안됐으니까.] 그 집이, 그 집은 아주 사는 게 어려운데도 길렀어. [조사자: 길렀어. 같이 밥 먹고 살기도 힘든데. 거기가 길목이였구나! 피난가시는 분들의] 지금 사람들은 호강이지. [조사자: 그래서 책을 만들려고 이렇게 버리고 자식을 버리고 가는 게

웬 말이에요?] 자식을 버리고 간다는 게 얼마나 진짜 그 사람들도 가슴이 아픈데도 어쩔 수 없이 버리고 간 거지. [조사자: 아들들이 한 너, 댓 살 먹었어요. 걔네들이?] 한 다섯 살 아무 것도 모를 때지. 다섯 살, 네 살. [조사자: 이런 애들을 두고 갔구나!] [조사자: 뭐 큰 게 짊을 해서 매고 가고, 뭐 지게에 얹고 가고, 소달구지에 가고 주로 어떻게 지나가고, 지나가는 모양들이 어땠습니까?] 지게에다 그 저거에다 매고서 애를 거기다 놓고 가는 사람도 있었고, 들러 매고 업고 가는 사람도 있었고. [조사자: 달구지라도 하나 있으면] 소에다가 별사람 다 있지. 끌고 애를 막 질질 끌고 가다가 또 갓난애도 버리고 간 건데. 그거는 어떻게 됐는지 모르겠어. 갓난애도 하나 싸서 버리고 갔는데. [조사자: 나이 든 할아버지 할머니는 어떡해요?] 할아버지 할머니들은 별로 없더라고요. [조사자: 별로 없지요.] [조사자: 그냥 사시고 나 여기서 그냥 있으련다. 이러시는 거] 할아버지 할머니는 피난을 가지를 못하지. 그러니까 할머니 할아버지는 못 가더라고. [김기춘: 칠십, 팔십, 구십 먹은 할머니, 할아버지는 없댔지. 그 전에는] 없었어요. 다 그때까지 살지도 못해. 지금이나 그렇지. 그전에는 육십만 먹으면 다 죽었지. 사는 사람이 쉽지 않아. 지금들은 팔십, 구십들을 살지. [조사자: 아! 그렇구나!] 옛날에는 육십만 먹어도 고려장 한다고 했어요.

[23] 9월에 인민군이 올라갈 때는 소동이 말도 못했다

[조사자: 근데 친정이 좀 사셨다. 그래도 쌀이 이렇게 여유 있어 가지고, 마음도 되게 인정도 많으시지만, 살기도, 인민군이 막 뺏어 가고 그러는 뺏기지도 않으셨나 보다.] 그런 것 인민군이 막 저기 한 것은 없는데 막 인민군이 막 모여서 넘어가고 막 그랬지. [조사자: 길목으로 자리 잡고 이러지도 않았나 보다.] 그러지도 않았어. [조사자: 국군들이 이제 저기 9월쯤에 거꾸로 올라 갈 때 한바탕 소동이 없었습니까?] 소동이야 있지요. [조사자: 인민군들 도망가고 육군들 올라가고?] 소동이야 말도 못하지. [조사자: 말도 못한 것 좀 얘기해 줘요.] 소동이

야 요란스럽고 뭘 우리 애들은 무서우니까 우리네들은 나오지도 못하고 [조사자: 소식을 들으셨죠. 인민군들이 도망하고 국군이 올라간다.] 그럼 그런 소식만 들었지. 우리들은 [조사자: 보지는 못하고, 피 흘리는 군인들 못 보셨어?] 못 나오게 하니까. [조사자: 애들은] 애들은 못나 오게 하니까 [조사자: 막 피 흘리고 가고 인민군 작은 애들도 많았다고, 그러더라고요. 그런데 여기는 버려진 아이들이 많았었구나!] 그전에는 버려지는 아이들이 많았어. [조사자: 그런데 좋은 일 하시고] 다 이렇게 산다고 생각을 하는 거지. 감사하게 사는 거지 뭐 [조사자: 오셔 가지고 잘 오셨다. 그지요.]

징발된 부친의 배를 타고 바다 피난생활

김 성 호

"아버지 배가 보통 어로 작업선인데 원양선이었거든. 배가 크니까 군인들이 배를 보고 징발을 해가주고 보급선으로 만들어…"

자 료 명: 20130731김성호(진주)
조 사 일: 2013년 7월 31일
조사시간: 약 80분
구 연 자: 김성호(남 · 1939년생)
조 사 자: 김경섭, 김명수, 이원영, 박샘이
조사장소: 경상남도 진주시 상봉동 화인아파트 (화자의 자택)

[조사과정 및 구연상황]

화자는 진주시 상봉동 소재의 아파트에 거주하고 있었다. 조사팀은 점심시간이 지나 오후 늦게 도착했다. 날씨가 무더운 탓에 화자가 선풍기를 강하게 틀어 놓은 상태로 구연이 시작되었는데 선풍기 바람 탓에 보이스 레코더 녹음상태나 동영상 오디오 상태에 문제가 약간 있었다. 화자는 집중력을 유지

한 상태로 시종일관 구연을 잘 해주었다.

[구연자 정보]

김성호 할아버지는 현재는 진주에서 생활하고 있지만 원래 고향은 경북 포항이었다. 부친이 큰 상선을 운영하는 분이었는데 전쟁 당시 해군 선박으로 징집되었다. 부친은 배를 타고 다니는 게 더 안전하다고 판단하여 할아버지를 배에 태우고 수송선 임무를 수행했다.

[이야기 개요]

고향인 포항 구룡포에서 전쟁을 겪었다. 형산강이 포항으로 진격하는 인민군을 막아주는 역할을 했지만 수많은 학도병이 죽어갔다. 부친이 큰 배로 장사를 했는데, 전쟁이 발발하자 부친과 배가 국군의 보급품 수송에 징발되었다. 구룡포에서 울산 방어진 장생포를 오가며 보급품 날랐고, 부친은 국군이 북진할 때 북쪽의 함경도 청진까지 갔다 왔다고 한다. 전쟁당시 보급품 수송선으로 징발된 부친의 배에서 생활했기에 배에서의 생활이 어떠했는지, 보급품이 무엇이었는지 상세하게 구연해 주었다. 구룡포가 전략상의 요충지여서 수없이 드나드는 LST선을 보았고 그 과정에서 만난 미군들과의 추억도 구연했다.

[주제어] 경북 포항, 구룡포, 수송선, 피난, 선상 생활, 식량, 형산강 전투, 빨치산, 학도병, 보급품, 징발, 장생포, 청진, 유엔군, LST선

[1] 부친의 배가 징집되어 배를 타고 피난을 다니다

나는 육이오 전쟁때 뭐 전쟁은 안 겪었지만은 아버지하고 피란 다니면서 참 고생을 많이 했거든 구룡포 알제? [조사자: 아버님하고 어디로 가셨다고.] 피란을… 원래 살던 곳이 피란… 포항에서 지금은 포항시로 되가 있는데 구

룡포에서 포항 형산강까지 괴뢰군들이… 형산강 때문에 건너지를 못했다고. 형산강에서 상륙을 못했어 인민군들이… 그래 인제 쌍방에 형산강에서 적군하고 아군하고 붙어가주고 바로 형산강 건너편에는 저기 지금 해병 1사단 사령부가 있는데 그때는 미군 공군 사령부가 있었거든. 그런 전투 사령부가 있었는데 거기에서 전투기들이 그때 인제 처음에 쌕쌕이라고 보통 엔화이트기나 프로펠러달린 그런 비행기가 많았는데 그때 처음 어릴 때 지금 와선 쌕쌕이라더라고.

[조사자: 예 쌕쌕이. 예.]

그런 비행기가 전투에 참가를 하고 그 저 포항시내에서 굉-장히 피아간에 전쟁이 심했고 특히 그 학도병들이 포항전투에서 그러고 형산강 때문에 구룡포를 빨리 처들어오질 못했는데.

[조사자: 아 건너야 들어갈 수 있습니까? 구룡포가 형산강을 건너야?]

포항에서 형산강을 건너야 구룡포. 불과 한 이십키로밖에 안되는데. 못 건너가고 인민군들이 형산강에서 업드려가주고 나중에 상륙해서 보니깐 아버지하고 지금 영일만으로 되가 있거든. 그게 보급 때문에 아버지가 큰 배를 인제 운전하고 이랬기 때문에 보급선이었거든. 보급선 식량보급선이었는데 거가 인제 하류에 상륙을 해가주고 형산강 거 가보니까.

형산강에서 잔디가 막 이래서리 피아간에 인제 엎드린 군인들이 엎드린 자국이 풀이 왜 하나같이(쓰러져 있더라.) 그마큼 치열하게 오랫동안 전쟁을 했는데. 그러고 우리가 피란당시에는 구룡포를 통해서 미군들이, 유엔군들이 상륙을 했거든. 그때 엘에스티(LST)가 상륙정이라고 앞이, 그때 처음 인제 LST 봤지 저기 봤지. [조사자: 예 벌어지는 거.]

그때 미군들 탱크하고 많은 부대들이 포부대들 보병부대들하고 상륙을 많이 하고 그때 인제 구룡포 사람들도 곧 인제 영산강 넘으면은 구룡포도 점령이 되니까 피난을 가야되는데 아버지가 타는 배를 타기 위해서 인제 식량을, 난 조금나와 좀 어리니까 어디 유리병에다가 유리 백병이지 전동병, 그 병에다가 이래해서 두병 딱 이래 깨하고 참깨, 참깨 그 한 병하고 그 다음에 찹쌀 한병하고 이래 둘러배고 왔잖아. 어리니까. 짐을 많이 몬지니까. 그걸 인자 듦어 지고 어깨 메고 배를 타고 그랬는데 그때 어머니하고 동생들하고 할머니하고 늦게 인제 피난갈라고 준비해가주고 이불같은 거, 옷 같은거 식량 같은거 가주고 나올려고 하는데 미군들이 배를 빨리 빼라는 거야. 배를 빨리 출발을 시키라 그래가주고 이산가족이 됐어.

이산가족이 되가주고 그때 세 시간? 해가주고 처음에 어디갔냐 하는거 같으면 울산. 지금은 울산이지만은 그때는 방어진. 방어진 바로 옆에 태화강이 흐르는데 태화강 맨 하구에 뭐가있느냐할 것 같으면 장생포가 있어. 장생포. 그 지금은 울산시로 되가 있지만은 방어진, 진에 인제 처음에 가니까 포 소리가 들리는기라. 쏘는 포 소리가 들리고 그래가주고. 저 적군들이 그에서 안전하지 않다 이래 생각이 들어서 또 어디로 갔는가하면 부산이나 일본으로 피난갈라고. 피난갈라고 인제 장생포항으로 일단 들어갔는기라. 장생포항에 가니까 조금 포 소리가 적게 들려. 그래 나는 배 멀미를 하고 그랬지 어려놓으니까네. 그래 고생도 좀 하고. 피난온 사람들이 얼마나 많은지. 장생포항에서 먹을 게 없는기라. 먹을 게 없으니 가을쯤 되었나 가을쯤 되었나 배 나올 때가 언제였나 모르겠는데. 과수원에 조그만한 짚차에 그때는 식량 보급선이니까. 지금은 부대를 가주고 식량을 이래 담고 이러지만 그때는 볏짚을 만드는 가마니를 사용을 했거든. 가마니를 해놓으니까네 쥐가 뚫었던지.

배에도 쥐가 있거든. 뚫지 않애도 엉성하니까네 식량이 많이 흐르는기라. 옮기던지 싣든지 밑으로 하역을 하던지 이러 면은 많이 흐르니까 식량을 전부다 피난민이 쓸어가주고 조금씩이라도 한사람들 조금만 하면은 한식구들이 하루 살수 있거든 죽을 쒀가 이래가주고 실어가주고 주워갈라고 모래하고 자갈하고 섞여가 있는 것도 바닷물에 씻쳐가주고 인제 그걸 가주고 밥을 해먹고 또 우리는 차에다가 그 떨어진 걸 많이 있으니까. 그걸 다라이에다가 한 다라이 담아가주고 과수원에 가니까 과수원에 과일을 말이지. 얼마나 줄라카믄 차에 얼마든지 싣고가라 하면서루. 식량은 자기들이 필요한건 식량인데. 식량을 한 다라이 갖다주니까 그것도 아주 더러운 식량인데 깨끗하지 못한긴데. 그래 마 하 좋아하면서 과일을 거의 마 짚차에 담아가 얼마큼 담아와가주고. 상당히 오래 맛있게 배를 먹었어. 그런 기억이 있고.

전부다 인제 부산에 피난민들이 너무 많이 와 가주고 소문에 전부다 제주도로 가든지 일본으로 가야 피난을 가야된다. 대마도 제주도 일본 그래 인제 피난을 가야된다. 그때 그랬지. 그라고 나는 방어진에 처음에 갔을 때 며칠 동안 있었는데. 아버지가 돈을 조금 줬는 기라. 돈을 줘가주고 배고프면 사먹으라 그러는데 그때 시장에 가서 사 먹을수 있는게 요새 같이 과자나 과일 이런게 있는게 아니고. 그 해초 바닷가니까 해초를 가지고 무 라카는게 있어 무. 그걸 만들어 콩을 갈아 콩국을 해가주고 한그릇에 백원씩 주고 사먹었어. 백원씩이 아니라 십원이야. 십원. 매일 점심때가 되면 나는 그거 사먹으러 갔어. 그런 기억이 나고.

[조사자: 부친이 가지고 계시던 배가 기계로 발동기가 있는 배였습니까?] 기계

로 움직이는 거였어. 이십 톤짜리니까 큰 거였어. [조사자: 그거 만약에 인민군들이 봤으면 백 프로 뺏어갔겠는데.]

그 때 우리나라에서 해군력도 아주 약했고. 해군 배도 별로 없었어. 경비정이라고 있었는데 지금 경비정에 비하면은 경비정도 아니지. 그것도 불과 몇 척없었어. 한 서너척 뿐이었거든. 그런데 아버지 배가 보통 어로 작업선인데 원양선이었거든. 배가 크니까 군인들이 배를 보고 큰 배를 보고 징발을 해가주고 보급선으로 만들어가지고 그래 그거 타고 왔다, 갔다하고 딴 피난민에 비해서 굉장히 호강을 했지.

편리하게 피난도 가고 배도 보급선이니까 좀 더럽기나 말기나 씻거가주고 얼마든지 먹을 수 있고 이러하니까. 그때 책임자가 육군 대위였는데. 한분이 타고 아버지 배에 타고 선장실에서 항상 지휘하고. 그 사람이 군인인데 비해서 아주 좋더라고. 사람이 좋으니까 (사람들이) 쓸어 담는거 이런거 보고 그러지 말고 대꼬쟁이를 가지고 대각선으로 깎아가지고 가마니를 푹 찌르면은 쌀이 숙 나오는기라. 이래 가마니 한가마니 다 그러지 말고 조금씩 해가지고 그렇게 빼먹으라고 그러더라고. (피난민들이) 불쌍하니까 배에서 흘른 거 그런것도 쓸어가고 그래도 안말리고 그러더라고.

[2] 유엔군에 대한 인상 그리고 배 위에서의 생활

그때 유엔군들이 보니까 처음에 첫인상이 백인들도 많았지만은 흑인들이 참 많았거든. 흑인들이 성질들이 좀 와일드하고 보면은 흑인들 첨봤거든. 굉장히 무섭지. 덩치도 크고 하는 것도 와일드해 특히 여인들 붙잡고 이래 안좋게 할려고 그런 일들이 상당히 많았어. 전쟁시에는 여자들이 여장해가 못 다녀. 전쟁이 안 나야지 참 비극이야. 그때 방어진에 갔을 때 시장에서 먹을 사먹고 있는데 빨치산인 모양이야. 흰 바지저고리 군복을 입은 게 빨치산들이 거의 다 남한 민간인들이거든. 보니까는 전부다 이래 앞뒤로 포승을 하고 한 열 명 쯤 줄줄이 엮었어. 잡혀가주고 가는걸 보고 그때 빨치산들 잡으 면은 무조건 사형 시켰는데 아마 사형시키러 간 모양이더라고.

지금도 아직 민간인들 학살 문제 때문에 거창이나 의령이나 이런 지방에 지리산 부근에 보면은 민간인들 빨치산 때문에 협조한 사람들 아이 어른 여자 할 것 없이 학살을 많이 시켰거든. 굴도 파다 놓고 총 쐈지. 그때도 인민군들은 먼저 말로하자면 정보수집하러 오는 그런 사람들이 잡히는 건 몰라도 그런 사람들은 군복을 입고 있거든. 빨치산들은 평복을 하고 아주 못된 짓을 많이 했거든. 경찰들이나 군인가족들 이런 사람들은 전부다 나무에 거꾸로 달고 눈도 빼고 귀도 자르고 그래했거든.

빨치산들이 그런 못된 짓을 많이 했거든. 그러니까는 무조건 보면 죽인다. 지금도 학살문제 때문에 일단 전쟁이 나면 죄가 있든지 없던지 아이든지 어른이든지 만약에 적들에게 협조한다든지 동조한다든지 하면은 무조건 그때는 같은 편으로 취급해서 쏴죽였거든. 결국엔 전쟁이 안 나야 되는기라. 전쟁이 나면 어쩔 수가 없다. 조그만 아이도 동조하고 식량 나르고 탄약 나르라 하면 나르고 그것도 일종의 고의든 아니든 간에 동조고 협조거든 총살감인기라. 반역이거든. 그래 가주고 민간인들 참 낳이 죽었어. 전쟁하는 군인들보다 민간인들 많이 죽었어.

[조사자: 장생포 지역에 계속 계셨어요? 피난 그쪽으로 가셔가지고?] 장생포 쪽에서 그때 인제 유엔군이 상륙해가주고 장생포에 있을 때 유엔군이 구룡포를 통해서 상륙을 해가지고 영산강에서 그때 유엔군들이 보급이 많이 들어오고 그러니까 영일만에서 함포사격하고 지금인제 영산강건너 1사단 사령부에 지금 공군기지에서 막 때리고 그러니까 공군이 이북에서는 그때는 거의 전멸이었거든.

그래 (유엔군이) 공군력이 세고 해군력이 세고 이라니까 결국 오랫동안 인민군들이 포항에서 못 견디고 거의 전멸되다 시피해가지고 안동으로 후퇴했어. 후퇴하고 거의 한 삼 개월 만에 구룡포로 다시 왔어. 이산가족 되었다가 찾아가가주고 다시 와가지고 소문 들으니까 산골로 피난을 갔다는 거야. 미처 배타고 피난하지 못한 사람들은 산골로 피난 한기라. 깊은 산골에 피난해가 있는걸 만났어. 몇 개월 만에. 얘기로 하니까 그렇지 그때는 눈물바다고 그렇지. 다 죽은 줄 알았거든. 전쟁에.

[조사자: 다 살아계셨어요?] 다 살아있었어.

[조사자: 가족은 어떻게 되셨어요.] 가족이. 할머니, 아버지, 동생, 그 다음에 외삼촌, 외사촌 형님도 있었고 그때 식구가 참 우리집에 아버지가 큰 어선을 가지고 환경이 좋으니까 외가식구들이 많이 붙여가지고 살았어. 지금도 구룡포에 가면은 우리가 살던 집이 있고 우리가 경작하던 논들이 보니까 참 기름지대. 그것도 어머니가 전쟁때 좀 잘 수습을 하고 이래했으면 됐는데 전부다 남 주듯이 조금씩, 조금씩 띠다 주고 그랬다. 어머니 아버지가 교회에 다니고 그랬기 때문에 불쌍한 사람들 집없는 사람들 땅이 그때 육백 평이었는데 그걸 조금씩 오십 평씩 잘라서 주고 그랬어.

지금도 동네 사람들이 내가 왔다고 하면 억수로 반기고. 친구들이 동창생 친구들이 지금도 몇사람 있는데 최영문이 이조 한 그룹이었는데 우리 학교 다닐 때 클럽이 이름이 있었는데 광야 클럽이라고(웃음) 다섯이었는데 다섯이 있었는데 서이 죽고 영문이하고 내하고 단짝 친구 둘이 남았는데 이 친구하고는 초등학교 육년 중학교 삼년 고등학교 삼년 12년 동안을 같은자리에 앉았어. 그데 갸는 피난을 못 갔어. 나는 특별한 경우고 피난 갈 배도 없었고 피난을 함흥원산 쪽에서 이북사람들이 1.4후퇴 때 얼마 안되가 주고 오일 되었을 때 엄청나게 피난민들이 많고 이래가주도 피난 가고 싶어도 못 갔어. 걸어가면 몰라도. 타고갈만한 배가 없는기라. 군인들이 놔두면 민간인들이 다 죽게 생겼으니까 보급선이나. 안 그러면은 엘에스티, 군인들 차량사이 태워가주고 피난 시키고 그랬어.

특별한 그거는 그때 식량이 없어가주고 피난민들이 바닷가에 가가주고 해초있지 내가 아까 백 원인지 십 원씩 주고 사먹었다는 그 무를 만들어가지고 해초를 뜯어가 무를 만들어 가주고 안 죽을라고 먹고 그랬다 이거야. 심지어는 소나무 껍질을 뱃겨가주고 송진이라 그러지 그거가주고 떡을 만들어 먹고 그랬어. 그때 방어진 인구가 만 이천 명도 안 되는데 피난민들 해가지고 십육만이 됐으니까 엄청나게 많아졌지. 시장에 가면은 점방도 없고 막 길바닥도 안보이게 사람 많고 거의다 피난민들이 뭣이든지 자기들이 적게 먹고 뭐든지 만들어갖고 와 가 파는 거라. 그게 뭔지 싶었지 송기떡이라고 그랬는데 소나무 껍질로 만든 송기떡 쑥으로 만든 쑥떡 해초를 가지고 만든 무같은. 그때 사람들이 상당히 생활력이 강했지. 지금사람들은 택도 없다.

[조사자: 육이오때 아버님은 보급선을 가지고 왔다갔다 하셨겠네요.] 휴전될 때까지 계속 징발선에 있고 나는 수복되고 다시 내리고. 징발선에 보니까 포항 영일만에 보급할 일이 있어가지고 가는데 미군 군함들이 시내를 함포사격을 하는기라. 엄청 포가 크고 배도 크고. 지금 우리나라가 그때 미군들이나 유엔군들이 안 도와줬으면 문제가 있지. 우리나라에 그때 총이 없었어. 총이. 총이 일본사람들이 쓰던 구구식이라고 하는데 한방 땅 쏘고 (장전하는 시늉) 또 이래하고 그것도 탄약이 없어가주고 M1 총을 거기다 쓰면 탄약이 안 맞아 가주고 폭발하고 그랬거든. 그 뭐 특별히 질문하면 얘기해줄게.

[조사자: 서해안 쪽은 배가 있는 사람들이 배타고 바다로 피난을 간 사람이 있더라구요.] 섬으로. 동해안에는 섬이 없으니까. 섬이 있더라도 돌바위섬 암초섬. 특히 독도나 울릉도 같은 경우는 진짜 특이한 경우지. 동해에는 그런 경우가 없어.

[조사자: 혹시 배타고 울릉도로 피난간 경우는 없었습니까?] 울릉도는 피난 가지도 못하고 보지도 못하고. 울릉도는 시간으로 보통 작업선이나 어선으로 가면은 여덟 시간 가까이 가야돼. 그래 먼 곳이라. 여객선으로 가도 포항에서 가면 여섯 시간. 지금은 쾌속선이니까 네 시간 만에 도착하니까 빠르지.

[조사자: 부친께서 큰 배를 가지고 계시다고 하니까 배로 동해안쪽도 갈수 있나 해서요.] 거기는 너무 멀어서 피난을 위험해서 못가고. 울릉도는 섬이 돼서

만약에 인민군들이 일개분대만 상륙해도 전멸이라. [조사자: 근데 왜 인민군들이 구룡포로 상륙하려고 하지 않았을까요?] 지금 여기 지도가 구룡포가 영일만이 토끼 꼬리가 되어있거든. 영일만으로 흐르는 강이 형산강이야. 그러니까 형산은 구룡포로 올라가니까 형산강이 반도 안돌아. 배를 상륙 안하면은 형산강을 넘어야 되는 기라. 그러니까 구룡포로 못 쳐들어 왔지. 안 그러면은 구룡포로 상륙도 못했을 끼고. 안그러면 감포나 방어진이나 울산으로 했으면은 태화강 밑으로 태화강까지 쫓겨났을 끼야 형산강이 없었으면. 형산강 덕을 많이 봤지.

또 한 가지는 인민군이 얼마나 많이 죽었는가하면 포항시내 가봤을 때 보급선타고 가봤을 때 시체가 마 줄을 섰다하는 거는 거짓말이겠고 한 사람보면 얼굴 돌리고 이러하면 저기 깔끔한데 없이 시체가. 그렇게 많이 죽었어 함포 포사격에도 죽었지만은 그때 미군 탱크나 장갑차나 무력이 많이 좋았다. 그때 미군들이 유엔군들이 엄청나게 상륙을 해가지고 보급품도 좋고 군량도 많고 하니까 인민군들이 그 이북에서 거기까지 오랫동안 시달렸으니까 무슨 힘이 있겠어? 낙동강까지 낙동강 거기에서 전투가 얘기로 듣는데 낙동강 교두보 작전에서 여러 갈래로 샛강이 있고 구비쳐 흐르거든. 낙동강이 천천히 흐르거든. 낙동강 전투에서 굉장히 인민군들이 많이 죽고. 인천상륙작전을 해가주고 보급을 딱 끊어 버린기라. 그나마 식량이나 탄약같은 걸 보급을 받다가 보급을 딱 끊어버리니까 인민군들이 항복하지.

[조사자: 인민군들이 빠질 때는 인민군들 후퇴한다고 사람들이 좋아했겠네요.] 총이고 뭣이고 다 버리고 도망가고 굴같은데나 방어진지에서 무조건 손들고 나왔어. 거제도 포로 수용소 안에도 엄청나게 많았다. 그때 참 그 반공포로들하고 거제포로수용소에서 같은 인민군들인데 반공포로하고 인민군들 진짜 빨갱이들하고 굉장히 많이 서로 죽이고 포로수용소 안에서 서로 전쟁했어. 전쟁포로 하면 거제도 고현에 가면 참 많이 있을 텐데 좋은 얘기.

[조사자: 보급선이 다닐 때 위험하지 않았나요?] 작업선이니까. 전방에도 보

면은 맨 앞에는 척후병이라고 통신병이나 제일로 먼저 앞으로 나가서 살피는 정보를 수집하는 척후병이 있고 제 이선에서 정보를 수집하고 작전을 어떻게 짤것인가 정보를 제공하는 통신장비 부대가 있고 그 다음에 일반 부대가 있고 그다음에 민간인들이 보급선이 있지. 위험이 없는 데만 해주지 위험한데는 안 해줘. 보급도 식량같은 거나 탄약같은 거 전투하는 비행기를 가지고 물자를 내려주는 건 몰라고 (대부분) 차량으로 운반해주지. 안전한데 해가주고. 일단 적에게 또 안 뺏겨야 되니까 아무거나 그걸 해놓지는 못하거든.

그런 보급선이나 병원선도 있었는데 지금 해안 여객선있지. 해안 여객선은 거의 다 그때 병원선 십자가 무조건 빨갛게 십자가 양쪽에 하고 선장 앞쪽에 십자가 앞뒤로 사방으로 붙이고 징발해가주고 그때 병원선은 여객선으로 했으니까 참 좋았을 거야. 총맞은 부상병들 아군이나 인민군들. 불쌍한 사람들은 머리를 관통한 군인들도 봤는데 안 죽고 의식이 없고 그냥 뇌사 상태지. 심장만 박동을 하고 뛰니까 살아있고 그런 사람들도 몇 봤고.

구룡포 초등학교 그 운동장이 이짝에서 여까지 백메타가 백 한 오십 굉장히 큰 학교에요. (부상병을) 학교 교실에 꽉 채우고 다 차니까 부상병들을 운동장에다가 쫙 깔어, 그만큼 부상병이 많았어. 사람이 전쟁할 때는 사람이 사람이 아니야. 길가다 개미, 개미 딱 밟아 죽이는 그런 형국이야. 그때 처참하게 박해받고 죽은 사람들이 경찰가족들 아이들 특히 젊은 여자들. 그냥 이렇게 총으로 빵 쏴 죽이는 게 아니고 나무에다 거꾸로 달아가 주고 눈빼고 코베고 귀배고 가슴 베고 아주 못된 짓 많이 했어 그래가 처참하게 죽였어. 그래 경찰가족이라고 패를 붙여줬어. 헐겁게 써 붙여가주고 생각해보면 본때를 보여라 이거지.

[조사자: 인민군들이요?] 인민군들은 그런 사람이 드문데. 지방 빨갱이들. [조사자: 원래 있던 사람들?] 진주로 치면 진주시민인데 사상들이 안 좋은 사람들. 악질이야. 그것들이 전부다 앞서 다니면서 색출하고 사살하고. 전쟁나면은 그것들이 아주 못된 짓을 해.

[3] 보급품 물자와 피난 온 이북사람들

[조사자: 배에 실었던 물자들은 뭐 뭐가 있어요?] 먹는 식량들을 싣고 다녔으니께네. 그때 저 이래 압수한 총같은 걸 보기는 봤는데 따발총. 잘 안보이고 이북, 북한 군인들은 삼팔식이라고 다섯 발씩 여어가 쏘는 소총이 있었어. 그런 무기를 지방빨갱이들한테 압수해가지고 노획한 거 싣고 다니는 거 봤어. 특별한 무기는 없는데 심지어는 빨갱이들 보면 죽창 대를 가지고 창을 만들어가지고 그런 거 압수하고 그랬지.

[조사자: 보급 식품은 어떤 게 있어요?] 그때 큰 배에 배에 실으면 얼마 싣는지는 대강 모르겠는데 보통 1톤 트럭에 한 백톤 정도는 안 실을까 배가 엄청나게 컸어. 쌀, 보리쌀. 군량미 보급이지 뭐 다음에 풀면은 호박에 와가지고 싣고 갖다주고, 특별한 건 없는데 나는 못 가봤는데 아버지는 청진 원산까지 갔다 왔어.

[조사자: 국가에서 훈장 줘야 되는 거 아닙니까?] 훈장감인데 나이가 많아서 전쟁 못가는 것만 해도 다행으로 생각했지 우리 사촌형은 전쟁참가해서 죽었어. 거의 가면은 열명 가면은 일곱 여덟은 다 죽었어. [조사자: 그래도 개인재산으로 큰 기여를 하신 거 같은데.] 그때는 국가를 위해서 그렇게 안하 면은 안 될 때야. 우리가 전쟁에 이겨가지고 살아남아야지. 중공군만 아니었으면 지금 중국하고 그거 하지만 중공군만 아니었으면 우리나라 통일 됐거든. 통일 되었어. 그라고 그때 맥아더 장군이 우리나라에 총사령관으로 전쟁에 참여했는데 그때 중공이 압록강을 넘을 라고 만주에 집결을 했는 기라. 그걸 보고 뭐라고 했냐 면은 폭격하자했거든. 근데 미국 대통령이 허락을 안했지.

그 때 했으면은 지금이야 중공이 항공모함도 있지만 핵잠수함도 한다고 하지만은 그때는 아무것도 없었거든. 그때는 중공이 인해전술이라고 꽹가리 들고 징을 치면서 무기도 없이 사람만 개떼로 만들어 쳐들어오고 미군이나 전쟁하는 사람들은 전쟁하면서 그런 걸 못 봤는기라. 그런 마 육탄전 하고 육박전 총을 쏴 그렇게 하는 게 아니고 치고받고 해서 죽이고 하는 육박전이 많았거든. 중국이. 중공군들이 그때 엄청나게 많이 죽었어. 수백만이 죽었어. 공중 폭격을 하고 유엔군들은 무기도 좋고 하니까 기관총 뿌리고 폭탄 포격하고 하니까 그래 많이 죽여도 계속 넘어오는 기라. 안 그랬으면은 압록강 수풍댐 까지 갔어 우리나라 군인들이.

[조사자: 중공군도 보셨어요?] 못 봤어. 나는 포항까지만.

[조사자: 포항에서 전쟁당시에 겪었던 독특한 사람들이나 신기했던 거나 그런 건 없으세요.] 포항에는 우리가 보급품 실어다 주고 우리가 들어갔을 때는 전쟁하는 사람들은 없고 죽은 사람들. 포항에 들어가서 보니까 도립병원하고 제일교회라고 있어. 벽돌로 지은 제일교회하고 도립병원 하고 내놓고 전부다 잿더미가 됐어. 그것도 교회가 아니었으면은 함포사격에 파손 되었을 긴데.

[조사자: 포항시내는 미군 함포사격 때문에 그렇게 되었겠네요.] 함포사격하고 공군 비행사격하고 그다음에 전쟁법에도 양키들은 교회는 절대 포격안하거

든 학교하고 병원하고도 전쟁법에 보면은 병원 같은데는 포격을 못하게 되어 있는게 포항 학산 산 밑에 있는 도립병원하고 교회하고 두 개만 남기고 싹 잿더미가 되어버렸어.

포항지리가 어떻게 되어 있느냐 하면 영일만을 바닷가 딱 되어 가주고 포항시내가 낮고 평평하거든. 딱 어데로 빠지게 되어있나 하면 영덕 강구 강릉 쪽 으로 속초 쪽으로 가는 해안선이 있고 안강 영천 안강 대구 영천 형산강 상류쪽으로 빠지는 길이 있고 그렇거든. 거기는 올라그러 면은 형산강을 옆으로 끼고 포항 시내로 들어와야 되는데 기차터널이 있고 산을 깎아 만든 기차 터널이 있고 기차터널 옆에 육로가 있어. 육로 십메다 되는 육로 옆에는 형산강. 그러니까네 포항이 상당히 전술적으로 희안하게 되어있어. 그래 인민군들이 굴에 하고 터널에, 기차터널하고 형산강쪽에서 엄청나게 많이 죽었어. 일개 사단이 전멸했을 거야. 집결해서 형산강 넘으려다 많이 죽었지.

[조사자: 피난은 딱 한번 가신 거에요?] 피난? 한번. 서울 경기지방에 있는 사람은 두 번, 세 번 후퇴하고 또 들어가고 했지만은 그 외에 사람들은 전부 다 다 한번씩. 그때 전세가 그랬어. 특히 동해에는 백골부대라고. 우리나라 백골부대가 유명했거든. 아주 전투를 잘했어. 백골부대가 싹 밀고 포항으로 해서 안동으로 해서 영동으로 해서 춘천으로 해서 싹 밀고 올라가 원산 함흥까지 다시 점령을 하고 그래 했는데 중공군이 들어오는 바람에 자꾸 올라가면 까딱하면 잘리고 포위당하기가 쉽거든 전세가 비슷하게 올라가야 되는데.

[조사자: 원래 고향이 포항이시구나. 진주가 아니고.] 구룡포. 포항에서 우리가 몇 년 살았어.

[조사자: 일본으로 피난 간 사람이 정말 있나요?] 있지. 돈 많은 사람들. [조사자: 대마도도 진짜 갔어요?] 밀항선 타고. 소수였지. 공식화된 이야기는 아닌데 비공식적으로 밀항한 사람들이 있었어. 가족이 다 갔던지 일부만 갔던지. 공식적으로 일본에 피난 갔다는 공식적으로는 없어. 일본사람들이 싫어했으니까 일본사람들이 얼마나 이기적이고 나쁜 사람들인데. 강한 사람한테는 고

개 숙이고 민족성이 그래. 대망이라 하는 소설을 보면 잘 나와 있어.

[조사자: 함경도나 이런 데에서 배타고 피난 온 사람들은 없었어요?] 많았지. 피난선. 배를 타고 어선을 타고 이래는 못 오고. 군인들 배 엘에스티나 군인 보급선이나 군수물자 싣는 사이에 합승해서 왔지. 구룡포, 감포 장생포, 부산 같은데 많이 내렸어. 제주도 간 사람도 많았어. 제주도 피난민 있잖아. 그다음에 어디 많이 갔냐면 거제도. 거제도에 피난민이 있잖아.

이북에서 피난 온 사람들은 삼일이나 한 달 있으면 자기 고향으로 갈 줄 알고 왔거든. 보따리도 안가지고 왔어. 원산에 살던 우리 삼촌이 있었는데 총각이었거든. 원산에 가서 명태어선을 타고 거기에서 돈을 벌고 이러다가 전쟁이 나가지고 나중에 인제 피난을 왔는데 피난을 오면서 처녀를 데리고 왔어 이북처녀를 그래 인제 결혼을 하고 나중에 숙모 됐지.

결혼식 안하고 우리 삼촌이 막내삼촌이 결혼해가지고 살던 그런 모습도 봤어. 사람 살기도 밥먹고 살기도 어려운데 결혼시기 어딨어. 그때 숙모 나이가 열아홉이었어. 지금은 고등학교 삼학년이야. 그때 숙모는 시집을 가야 먹고 사는거야. [조사자: 지금 남한에 살아계십니까?] 삼촌은 자살하고 숙모는 살아가지고 조카 하나 머시마 하나 있었어. 있는데 어디사는지 몰라. 이북말 하는데 나하고 나이차이가 얼마 안나서 대여섯살 차이가 되가지고 맨날 싸우던 생각이 나. 이북말을 하는데 못알아 듣겠어.

[조사자: 함경도 사투리 하셨어요?] 야이 종간나야! 이래하고 종간나새끼. 말했다하면. 싸웠다하면 종간나 새끼야.

[조사자: 함경도 음식 잘해주셨겠네요. 숙모가.] 함경도 청진에서 온 사람이 많았고. 함흥원산, 흥남. 흥남이 유명한 곳이거든 노래가 다 있잖아. 피난 올 때 전부다 엘에스티 아니면 보급선타고. 그래해도 피난와서 이북 피난 온 사람들이 못사는 사람들이 없어. 근면하니까. 살기 위해서 피나는 노력을 해야 되니까. 그때 보니까 수복되고 난 뒤에 뭐를 하느냐 하면은 오징어 있지. 오징어 꽁치 꽁치가 과메기 만들고 건조하고 요새 오징에 몇 마리에 만원하지

만 그때는 스무 마리에 몇 천원도 안했거든. 하루 저녁 낚으러 가면은 이런 큰 바구니에 한 바구니씩 낚아. 어른들은 천 마리씩 낚아.

한 배에 어선에 이십 명씩 타거든 그걸 수 백 척이 전국에서 다 모여가지고 잡으니까 오징어가 썩는 냄새가 진동을 하는기라. 오징어 건조를 하는데 오징어 배를 따면은 오징어 내장이 냄새가 참 독하거든. 그걸 피난민들이 거둬가지고 도라무통에다가 담는 거야. 그걸 쫄려가지고 기름을 짜가지고 팔았어. 보통 사람으로서는 생각할 수 없거든. 이북사람들이 그걸 말로 하자 면은 비누도 만들고 생선기름을 그렇게 했거든. 오징어에 기름이 많이 나는 줄 어떻게 알았는지 그거 해가지고 먹고 살고 집사고 점방꾸리고 이래가 차츰차츰 집이 한 채, 두 채 피난민들 집이 몇채씩 없는 사람들 없었어. 구룡포에서. 생활력이 강하고 아 뭐 말하는 법. 뭐 악착같이.

[조사자: 동네에서 외지인이 많아서 안 좋은 건 없었어요?] 절대 그 사람들이 훔치고 남에게 피해주는 일은 안한다. 아주 강직해. 바다가 구룡포라는 곳이 지금도 그렇지만은 사진이 50장정도 인터넷에 있는데 수산물이 많이 생산이 되는 거야. 그러니까 자기만 부지런하면은 하다못해 배를 타도 배는 안 굶는다. 부지런하면 저축해가지고 자기 고향에는 못가도 서울이나 경기도로, 좋은 데로 도시로 다 빠져나가고.

그다음에 거기는 여 살다가 통일 되면은 배타고 고향간다 이렇게 살다가 거의 다 죽었지. 지금 사는 사람은 2세들이야 다. 살아있는 사람들도 구십세 백세가 될 거야. 내가 지금 칠십 다섯이니까네 내보다 열 살 스무살 많아 봐라. 구십세 백세 다 되어간다.

황해도 연변에서 강화도로 월남한 사연

장 옥 순

"그냥 숨도 못 쉬고선 그러고선 인제 따라가니까 한참 가니깐 갯벌이 나오더라구요. 그랬는데 거기가 인제 쪼그만 배가 있드라구요"

자 료 명: 20120426장옥순(서울)
조 사 일: 2012년 4월 26일
조사시간: 80분
구 연 자: 장옥순(여 · 1935년생)
조 사 자: 김경섭, 김정은, 이부희
조사장소: 서울시 마포구 신수동 93-72호

[조사과정 및 구연상황]

화창한 봄날, 마포구 신수동 서강대학교 앞 옛날 골목길 분위가 그대로 살아있는 화자의 자택을 방문했다. 화자는 여기저기서 구연을 많이 해 본 분으로 처음부터 끝까지 이야기를 잘 구성해 전달했다. 2층 양옥집의 조용한 거실, 편하고 온화한 분위기에서 조사가 진행되었다.

[구연자 정보]

장옥순 할머니는 황해도 연변 모정리에서 두부장사를 하는 집의 3녀 중 막내딸로 태어나 부족함이 없는 어린 시절을 보냈다. 1.4 후퇴 시 강화도로 월남하여 식모살이와 직조공을 거치며 남한 생활을 했고 나중에는 서강대학교 앞에서 중국집을 운영하였다. 30세에 결혼하여 슬하에 1남 1녀를 두었다. 목소리가 맑고 톤이 높아 구연을 잘 하는 화자에 속한다.

[이야기 개요]

화자가 16세 되던 해에 한국 전쟁이 발발하고, 1년 후 1.4후퇴 때 고향에서 더 살 수 없어 안내원(그 당시 월남하는 사람을 인도하는 브로커)에게 돈을 주고 월남을 시도했다. 중도에 들키는 바람에 친구와 갯벌에서 죽을 고비를 넘기며 겨우 배를 얻어 타고 강화도 교동으로 월남했다. 월남한 직후 배고픔을 못 참아 식량을 가지러 다시 북으로 갔다 허탕치고 온 사람, 아예 북으로 다시 올라간 사람도 있었다고 한다. 바다 건너 먹을 게 잔뜩있는 고향 동네가 뻔히 보이는 곳에서 배를 곯고 있던 처지가 더 서러웠다고 한다. 강화도에서 식모살이를 하다가 어머니와 서울 왕십리로 옮겨 와 직조공장에서 일하며 어머니와 함께 살았다(부친은 전쟁 전에 이미 돌아가셨다). 어머니를 모시고 살아야 한다는 부담감에 30세 돼서야 결혼하였다.

[주제어] 황해도 연변, 1.4후퇴, 월남, 브로커, 구사일생, 고향, 어린 시절, 아버지, 굶주림, 식모살이, 강화도 교동

[1] 월남하기 전까지 고향에서의 생활

[조사자: 그러면 언제 내려오신겁니까?] 1.4후퇴나 왔어요. 6.25때 겪고선 다 겪고. 못견뎌갔고 자꾸 잡으러 나와가지고 여성 동무 잡으러 나와가지고

아주. [조사자: 그러면 결혼은 언제 하셨어요?] 음. 삽십 세 했으니까. [조사자: 늦게 하셨네요?] 네. 늦게 했어요.

[조사자: 그러면 전쟁은 언제 때?] 열일곱 살살 때. 1.4후퇴는 열일곱 살에 나왔구요. [조사자: 열일곱이고, 전쟁은 열여섯 살에?] 네. 16살에 6.25 당했어요. 그래가지고. 어휴. [조사자: 어릴 때 사셨던 이야기도 잠깐만 해주세요.] 그래요.

[조사자: 전쟁 때는 그 여기 연변쪽이 살기가 되게 좋았죠? 잘 살았죠?] 네. 거기서는. 예. 뭐 뜻밖에 아침에 막 쌕쌕이라는 비행기가 있잖아요. 그거 우리집 앞으로 막 쌩쌩 날리면서 그 껍, 총알 껍데기가 막 떨어. 우리 앞마당에 막 떨어졌어요. 막.

[조사자: 아, 그 탄피가?] 예. 긍게 쌕쌕이야요. 그게 그때 쌕쌕이에요. [조사자: 네 맞아요. 쌕쌕이라고 했어요.] 아침에 일어나니까 느닷없이 막 쌩쌩 뭐 왔다갔다. 우리가 거기가 역전이었어요. 우리 집이. [조사자: 아, 집이 역전이셨어요.] 네. 연안역전. [조사자: 연안역전?] 네. [조사자: 제가 연안김씨거든요.]

그래요? (조사자와 제보자 웃으며) [조사자: 네.] 오오, 그랬구나. 그래서 거기 역을 폭격하려고. 그렇게 쌕쌕이가 막 우리집 우이(위), 위에서 막 돌고 막 그냥 총을 쏘니깐 그 껍데기가 떨어지져, 그난(그러니깐) 눈에 막 선해요. 그 껍데기가 그냥, 그 쇠껍데기가 우술술 막 떨어지는 거에요.

그러니깐 막 엄마하고 언니하고 있었는데 내가. 막 야단들 났죠. 동네에서 막 나가서 어디로 피난 가자고 그러고 막 난리나고 그랬는데. (웃으며) 엄마는 이쪽으로 잡아 뎅기고 언니는 이쪽으로 잡아 댕기고 양쪽에서 날 자꾸 잡아댕기는거에요. 그런데 이쪽으로 가는데 이쪽이 한참 막 그냥 가는데. 뭐이 후다닥 또 총 쏘는 소리가 나니까는 얼른 급하니까는 엎드린 게 개천이야요. 개천에 그냥 고기를 막 뛰어내려서 엎드렸어요. 그래가지고. 언니하고 엄마하고 같이 이제 엎드렸었는데. 그거 개천의 드러운(더러운) 것도 모르고 그냥 엎드려있다가. 가만히 들으니까는 비행기가 지나가는 것 같드라구요. 그래서 일어나 나와 가지곤 . 막 보니깐 뭐 사면이 막 불바다고. 막. 이렇게 보니까는. 우리 집에서 저 이렇게 보면은 남산이래는 데가, 이렇게 직접 보였어요. 그래서 거기서 이렇게 빨간 오색의 군인인데요, 무슨 빨간 그 깃발인가 뭐 하여튼 그런 걸 다 하고 인민군. 인민군인가 봐요. 그래갖고 그 사람들이 우굴우굴한 거에요.

[조사자: 남산에?] 네. 남산이라는데가. 그렇게 보이니까. 아 여기 빨갱이 나왔나보다 하고. 그때만 해도 8.15때 해방되가지고 우리 나라는 남한으로 되 있었으. 연안은 남한으로 되있어요. [조사자: 연안은 남한으로 돼 있었구나.] 그랬어요. 그래가지고 그때 그렇게 쳐들어오니까는 사람들이 막 겁이 나가꾸 야단들이 나가지고 뭐 우리 엄마아빠는. 이제 아빠는 안 계셨고. 엄마하고 언니하고 인제 가는데. 그 인제 나를 인제 먼저 어데로 보낼라고요.

인제 그러다가 인제 우리 고향 되는 데가 우리. 인제 성씨 장씨 되는 사람들만 사는 마을이 있었어요. [조사자: 마을이 있었구나.] 네. 그래가꼬 거기로 가서 [조사자: 거기가 집성촌이었구나. 집성. 장씨집.] 네네. [조사자: 무슨 장씨셨어요?] 임동 장씨. 그래가지고 거기를 가자고 그래갔고 거기가 우리 땅이 좀, 농사짓는 땅을 이렇게 반타작 하는 게 있었어요. 반 줘서 우리가족을 , 이제 자기네들 짓는 사람들이 수익하고 그랬는데 거기서. 어– 거길 이제 가니까 우리 사촌, 육촌 다 친척이니까. 거기 있댔는데. 막 인민군들이 막 그냥 벌써 다니는 거에요. 거기까지도. 그래가지고 그냥 뭐 입, 그냥 입든 채로 나갔으니까 그냥 무서운 것만 이제 겁이나가지고 인제 거기 방에 있었는데. 이. 우리 친척 저기 올케 되는 이가.

"아휴. 인민군이 왔어, 인민군이 막."

숨으라고 막 그러더라고요. 그래가지고 그냥 허둥지둥 급하니까는 이제 대문 뒤에 요렇게 몰래 하고 숨었었어요. 그랬더니 처벅처벅 들어오는데 인민군이 들어오드라구요. [조사자: 들어왔지요?] 네. 그랬는데 거기 착 달라 붙으고 있었는데 그 올케들 뭐 아줌니들이 전부 여긴 없다고, 어서 가라고 그러면서 막 그러니까 그냥 이렇게 막 휘둘러 보더니 나가더라구요. 긍께 내가 대문 뒤에 찰싹 붙들러 숨도 못 쉬고 이러고 있는데 그래서 나갔어요, 그 사람들이.

그래서 그러고서 이제 우리 엄마가 우리 언니를 결혼시킨 데가 저 회색면이 있는데 거기를 또 궁금해 가꼬 알아보니까는 이제 우리 언니네가 그 동네에서 제일 기와집으로 아주 멋있게 지었었어요. 안뜰 안에 솔나무 있고 뭐 목욕탕 있고 이런 정원 있고 맨 뒤에 [조사자: 친 언니세요?] 예. 친언니가 결혼 해갖고. 있는 집으로 가가지고. 거기서 언니가 살았는데. [조사자: 그러면 거기가 어딥니까?] 회색면 해서.

[조사자: 같은 황해도 안에?] 예. [조사자: 그 당시에는 거기가 남쪽 땅이었고?] 네. 우리집에서. 사십, 삼십 리 인가, 사십 리를 가서에요. 그랬는데. 거기덜 거기서 우리언니. 우리 엄마가 언니가 궁금해가꼬. 알아보니까는 우리 언니를. 목욕탕에다 이렇게 까꾸로(거꾸로) 매달아가지고 뭐, 코에다 물을 퍼붓데요. 이제 왜냐하면은 인제 땅에 저 재산 그거 어디 있는 거를 대라고 그니까. 어– 그때는 저기 땅에다 쌀을 많이 파묻어놓고 [조사자: 아, 뺏길까봐.]

예. 그렇게 다 이제 숨어놨었고 그랬는데 그것이.

우리 언니 시어머니가 계셨어요. 그래서 그 우리 시어머니. 우리 언니 시어머니가 아주 호랭이 할머니에요. 그 동네에서 아주 유명해요. 그랬는데. 그 할머니가 아들을 먼저 내보냈다고 그러드라구요. 인제 거기서 잡혀가 갔으니까 그랬는데. 우리 언니는 그렇게 고문을 당했다고 그래가지고 우리 엄마가 막 까무려쳐 갖고 막. 그래서 그 목욕탕에다 꺼꾸로 이렇게 들이눕고서는 코에다 물을 퍼붓고 그러니까는. 까무러치게 있으니까는. 까무러치니까는 그 인민군들이 들어다가 아랫목에다 갖다 누웠데요. 죽었다하고. 그랬는데 그래도 뜨뜻한데다가 뉘어주니까는 살아났데요. 목숨이.

그래가지고 그래서 이제 그 길루다가 이제. 우리 언니는 나갔다고 그러드라구요. 내가 우리 고향에 가서 있을 때. 그래가꼬 우리 엄마는 막 그냥 기절을 하고 막 애타고 그랬는데. [조사자: 그 나갔다는 뜻이 뭐에요? 정신이 나간?] 아니, 우리 언니가 그렇게 당하고선 이 남한으로 나가셨죠. [조사자: 아아 월남하셨다고.] 네. 남한으로. [조사자: 가족들도 다?] 예, 그 시어머니는 아니고 우리 언니하고 형부만 이렇게 나갔, 나왔죠. 빨리 나가라고 우리 언니 시어머니가 막 그냥 서둘러가꼬 안내원 사가지고 그래가꼬 이렇고 있다고는 안되겠다고 먼저 나가라고 그래가꼬 나왔다고 그런 기별을 엄마가 들었어요. 그리고선 막 우리 엄마가 막 그냥 애통을 하고는 그래댔는데 그래서 나도 인제 안되겠다고, 그러면 그쪽에가 바다가 가까워요. 그 건너는 데가. 그래서 나도 인제 글루 갔어요. 언니네 그 시집 동네를. 근데 거기가 우리 언니 중매해주신 육촌 아줌마네가 거기 살아요. 그래서 인제 거기를 갔어요. 거기는. 우리 언니네 집은 무서워서 못 들여보내고. 인민군들이 사무실을 점령해가꼬.

[조사자: 거기를 사무실로 했구나.] 네, 그래가지고 못 들여간데요. 그래가지고 그 아줌마네로 갔어요. 그래서 인제 가서 있었는데 우리 저기 그 언니 시어머니가 또 막 왔다갔다 하면선 저 우리 사둔 저 처녀를 내보내야 할텐데 큰일 났다고 그러면서 이제 그래서 안내원을 사가지고 구해가지고. 어- 그

동네 나 또래 되는 저기 친구가 있었어요. 그래서 그 친구도 인제 나갈려구 인제. 그 거기 있으면요. 음.

[조사자: 어떻게 되는데요? 그러니까 왜 다 나가야 됐어요?] 여성동무 찾구 다니고 해서. 저 츄럭을(트럭을) 갖고 나와 가지고요. 무조건 실어가요. 그러니까는. 무서워서 나는 우리엄마 새루치마를 입고 광목 저고리 입고 수건 쓰고 인제 갈래머리. 그때 중학교 2학년이니까. 갈래머리를 이렇게 매고서는 이제 수건을 쓰니까 꼭 할머니 스타일로. 그러고 있으니 [조사자: 변장을 하셨구나.] 네, 그러고서 아침에는 밥 한숟깔 그냥 띄어먹고서는 그냥 저 벌판으로 나가는 거에요. 논에 나가가꼬 냉이 캐는 척 바구니 하나 들고서. 그러니까. 거의 찾아오믄은 실어가니까는 그래서 거기가서 냉이 캐는 척 쟁일 밥도 못 먹고선 그냥 그러고선 저녁 해지기만 바라보고 있는 거에요. 그러고 있다가 인제 뭘 인제 저 우리 엄마가 인제 와가지고 인제

"그것들이 들어갔다고 인제 갔다 싣고선들 많이 잡아갔고 갔다."고.

그래가꼬 도루 인제 한참 돼죠. 인제 그 사람들 참 눈에 안 띄게끔 할려고. 그래가꼬 인제 들어오니까는. (한숨을 깊게 내쉬며) 하아. 가까스로 인제 밥 한 숟깔 먹고 인제 그러고선 자구 그 이튿날 또 아침 일찍부터 그냥 또 나가야 돼요. 그래서. 아침 일찍이.

인제 어느날은 인민군이 왔다고 우리 그 사둔할매가 저기 한참 내려와서는 뛰어내려오셨더라구요. 저기 인민군이 나왔으니까 빨리 숨으라고. 그래가지고 인제 숨었는데 급하니까는 그 집 방. 나 자던 방 그 있는데 그. 장이 있는데. 그이 장이 따로 있었어요. 이런 붙은 장이 아니고 따로 있는 장이 있는데 그거를 인제. 그냥들 앵기면서 나를 그 속으로 그 뒤에다가 인제 감추는 거에요. 저 장을 꺼내가지고 인제 내가 그 속에 들어가서 앉으게 되고 인제 장을 그걸 가려놓았어요. 그래가지고 인제 있는데 막 가만히 숨도 못쉬고 덜덜 떨고 그냥 그러고 있는데. 저벅저벅 구두소리가 들어오는 거에요 막. 그 사람들은요. 들어오면 팍 팍 처벅처벅 들어와요. 가만히들 안들어구 막. 그 저 장

화, 군화가 그냥 터벅터벅 하는 소리가 나니까는 '아휴 여기 들어오면 어떡하나' 그러고선 막 떨고선 있는데. 그 다들 조용하고선 인제 그러고 있었다가 그 인민군이 그냥 사방을 다 보고 둘러보고 샅샅이 뒤지다가 인제 안보이니까는 나갔나봐요. 소리가 안나드라구요. 그래서 한숨을 푹 내리셔서.

"인제 그 나갔다."고,

"나갔어. 나갔어. 나와. 나와."

그래서 이제 장을 비켜주니까는 인제 나왔어요.

그래가지곤 인제 또 인제 엄마 세루치마하고 광목저고리 인제 그러곤 수건을 쓰고 인제 바구니 하나 들고선 저 갯벌으로 또 나가는 거죠. 그래가지고 또 어느 날은 인제 하도 그냥 춥고 그냥 그래가지고 그 앞에 개천이 있었어요. 그래서 거기서들 빨래들을 많이 해요. 그런데 인제 거기 틈에 깨, 껴갔고 인제 빨래하는 척 하고선 인제 수건을 푹 뒤집어쓰고선 인제 할머니처럼 하고선 그냥 그랬는데 그런데까지 뒤져요. 인민군이 와가지고 막

"여성동무 있나?"고.

막 그래요. 그러니깐. [조사자: 그렇게 저기 여자들을 찾은 이유가 뭡니까?] 데려다가 군인 만든다고 하더라구요. [조사자: 아 여군을 만들려고.] 예. 여자도. 남자는 뭐 어레이 다 벌써 다 잡아가가지고 젊은이들은 다 잡아갔어요. 그러고선 남한으로들 막 부지런히 나왔죠, 그랬는데. 못 나온 사람들은 다 잡혀가구 인제 여자들을 [조사자: 젊은 여자까지도 그렇게 하는구나.] 네. 젊은 아가씨들은 다 무조건 실어가는거에요.

[조사자: 그럼 형제가 몇 분이셨어요?] 언니하고 나하고. [조사자: 딸 둘이셨구나.] 네네. 그리고 엄마하고 셋이 살었죠. 인제 엄마가 언니가 둘이 되었는데 하나는 시집 여기 가꾸 피란 나온데고. [조사자: 그럼 딸 셋이셨어요? 하나는 잡아 뎅긴 언니였고, 아까.] 네네. 잡아댕긴 언니였고. 둘째. [조사자: 그 언니도 같이 도망가 있었겠네요?] 그, 그 언니는 그 딴 데루 갔지. [조사자: 아. 큰언니 갈 때?] 네, 큰언니 갈 때 간 게 아니고 딴데. 그 둘째 언니도 시집을 갔어요.

그래가꼬 그 시집동네로 갔어요. 그리고 그 언니는요. 애 낳다가 그때는 의사가 없어가꼬 애 낳다가 막 눌러가지고 억지로 그냥 사람들이 타고 앉아서 눌렀더라구요. 그래가지고 병원이 그때는 없었으니까 그 시골에. 그래가지고 죽었어요. 그래가지고 애를 낳다 죽었어요. 그 언니는. 그래가지고 언니 하나만 있어서 교동에 나와 가지고 교동 나올 때.

[2] 구사일생, 강화도로의 월남 과정

인민군들이 온다 그러니까 인제 개천에서 그냥 빨래하는 것처럼 하고 있다 인제 그 우리 시어머니가 인제 안내원을. 안내원은 요 남한에 남한 사람이 인제 밤에 몰래 들어와가지고 그 사람들을 인제 모집해가꼬 데리고 나가는데 [조사자: 아, 안내원이 있었어요?] 네. 그게 그. [조사자: 남한에 데려다 주는 사람.] 네네. 그 사람들이 그 사람을 정해가지고 돈을 얼마 많이씩 줘야 돼요. [조사자: 그 사람들이 그거 하면서 돈을 버는구나.] 예예. 그래가지고 어, 그 동네에서 인제 한 11명씩 모여, 인제 모집을 해가꼬 인제 밤. 그때가 2시에 나가요. 그러면은요. 그 사람은 인제 날을, 시간을 정해줘가꼬 인제 언제 나간다 그래가꼬 인제 준비하고 있다가 이제 쌀을. 우선 나가서 쌀을 먹어야 되니까 쌀을 자루에다가 두겹씩 쌓아가지고 인제 여기다 지는거에요. 그래가지고 인제 우리 친구도 그렇게 같이 해서 인제 안내원이 왔어요. 그래가꼬 인제 그 사람은 인제 따라 나가야덴다는데 거기가 새벽 세, 두시였어요.

[조사자: 몇 월이었고?] 그때가 여름. 여름 초 여름요. [조사자: 그러니까 할머니 그게 그 6.25가 나고 그 다음 해 내려올 때 말씀하시는 거죠?] 네네. 1.4후퇴. [조사자: 1.4후퇴. 아.] 네. 1.4후퇴. 그러니까 인민군이 거기 점령했을 때에요. 연안읍에. 그러니까. [조사자: 다시 올라갔다 다시 내려와 갔을 때.] 네. 올라갔다가 다시 내려왔을 때에요. 그때가. [조사자: 그러면 아니 고건 1년 후의 이야기니까 6.25 당시 전쟁 나는 때는 어땠어요? 북쪽은 조용했겠네요?] 북

쪽은 그기가 그 사람들이 다 [조사자: 치고 내려갔으니까.] 네. 치고 내려갔다가 또 몰려서 또 도로 밀려 나갔다가 이렇게 나갔더라구요. [조사자: 네네. 그러니까 다시 밀려 올라온 게 가을이죠? 구월 이후죠?] 응. 아주 동절은 아니에요. 얇은 옷 입었었으니까. [조사자: 아, 그러니까 6.25 날 때는 별로 기억이 없으시구나. 거기는 아무 일도 없었으니까.] 응. 거기는 그냥 무조건 시골에 나와 있으니까.

우리 집에 항아리가 굉장히 컸어요. 그리고 솥도 큰 거 있고. 우리가 두부장사를 했었어요. 그래가지고 두부장사를 그 연안읍에서 두 군데만 했어요. 그래가꼬 사람도 두고선 두부장사를 해댔는데 그. 그릇이 전부 컸어요. 다 쇠그릇이고. 가마도 큰 쇠 [조사자: 그걸 다 가져갔구나.] 가져간 게 아니고. 쩍쩍 다 빠그러졌어요. [조사자: 총?] 네. [조사자: 탄피?]그 삔. [조사자: 폭격을 맞아가지고?] 네. [조사자: 아아.] 네. 그러니까 제트기가 와갔고 [조사자: 쌕쌕이?] 네. 쌕쌕이가 막. 총을 쏴가지고. [조사자: 솥. 솥단지들이 다 깨졌구나. 그러니까.] 솥단지가 문제가 아니고. 이만한 솥. 뭐 이런 항아리 뭐 전부 그냥 쫙쫙 뻐그러져 있더라구요. 그때 한번 들여와서 빨리 옷만 가지고 빨리 나오는데. 그건 보이는데 그까짓. 집두 그냥 다 버리고 나왔어요.

[조사자: 그러면 그 저기 인민군이 치고 내려왔다가 국군이 다시 이제 올라왔을 때 국군을 보셨겠네요?] 네. 국군들 봤죠. [조사자: 그때는 뭐 에피소드 없습니까?] 그때 구, 군인들이 음. [조사자: 남한 군인들은 처음 보셨겠네요.] 네. 그때 남한군인은 보이지도 않고 내게는 피란을 나와서 그런지 인민군들만 봤어요. [조사자: 아, 인민군들만.] 응. 인민군들만. 빨갛게 무슨 여런 데가. 빨갛게 뭘 두르고 뭐 하여튼. 무섭게 생겼어요. 하여튼. [조사자: 느낌이?] 네. [조사자: 주로 말 타고 다니고 그랬다던데.] 말 타고 다니는 건 못봤어요. [조사자: 못 보셨구나.] 그냥 산에. 저 남산에 와글와글 그냥 인민군들 많은 거 그것만 보고.

쌕쌕이가 막 우리 저 위에서 그냥 총 쏘면 총이 이만하게(껍질을 손으로 잡듯이) 껍질이 이렇게 되어 있더라구요. '우두둑, 우두둑.' [조사자: 그게 비행기에서 쏘는 총알은 엄청 굵어요.] 네네. 이렇게 껍질이. [조사자: 탄피가 막 떨어져있고.] 네네. 이렇게 큰게 그냥 '우두둑 우두둑' 떨어지더라구요. 그럴 적에 나는 그냥 빨리 나와야 저기 피난을 가야되니까 엄마가 우선 갖다놓고. 엄마는 그 안에 집으로 들어가서 다 정리하고 살다가 내중에는 뭐 집에 하나도 뭐 쓸 것도 없고 그러니까는 그냥 나 있는데 와계시고 그러다가 또 농사도 지어야 되고 그러니까는. 저쪽 우리 성씨, 장씨 있는 그 동네 가서 사시고 그러고. 나만 그냥 거기다가. 저기 회색면이라는데가. 거기다가 이제 육춘 아주마네(아주머니)에게 맡기고 그래가지고 있다가 빨리 나와야되니까는 어디서는 그 사람들한테 잡혀가 갔으니까 나와야되니까는.

그 인제 안내원을 인제 거기 따라서 나오게 됐는데. 인제 밤 2시인데. 저 달이 이렇게 '실달'이더라구요. 달이 환하면 보이니까. [조사자: 아주 그냥 그믐달이었구나.] 네. 일부러 그 날을 잡았나 보더라구요. 실달이 인제 그랬는데. 그때 인제 몇 명이서 이렇게 줄줄이 그 사람은 앞에 서고 우리 인제 내 친구하고 나하고 인제 이렇게 뒤에 몇 사람 다음에 서고선 따라가는 거에요.

[조사자: 쌀 지고.] 쌀 한. 되로 한 말이에요. 그게. 그걸 지고서 인제 따라가는데 한창 논두렁 밭두렁. 그 가기 전에 그 바다 있는 동네서 하루를 자야 돼요. 하루를 묵어야 되요. [조사자: 그러면 배타고 내려오셨습니까?] 네. [조사자: 아, 황해도까지 해안쪽이니까.] 네네. 그 배 있는 데를 거길 가야만이 배를 타요. 그러니까 그래서 안내원이 필요한 거에요. 아군이라 그러더라구요. 아군. 그래서 그 사람들 인제

"그걸 따라갈려면 하루 이제 어떻게 어떻게 해라!"

이제 비밀로 말을 해줘요. 언제 몇 시에 오고. 어떻게 하고. 거 이렇게 자기네가 하라는 대로 해라. 그래가지고. 거기 동네가 집이 다 비어있어요. 바다 근처에 있는 다. 그러니까 거기서 빈 집에가 이제 들어가서 인제 뭔가 하나 뭘 끓어먹은 것 같아요. 뭘 때가지고. 그런데 거기도 인제 부엌이 있고 뒤뜰 안 있는 데가 뒤로 나가면 있어요. 누가 와가지고 '저기 인민군 나왔어. 인민군 나왔어.' 그래가지고 또 숨어야 된다고 그래가꼬. 그 뒤뜰 안 있는데 들어가 가지고 그냥. 그렇게 하니까 우선. 그 대문 있잖아요. 그 뒤. 이렇게 열고 나가는 문. 거기 뒤에가 그냥. 이렇게 발을 요렇게 올리고선 그냥 착 붙어 있었어요. 그래. 그러고선 있었는데 저벅저벅 소리가 또 나더라구요. 그니깐 당해봤으니까 그전에도 한번 그런 일이 있었으니까

'인제 들어오나보다. 인제는 죽었다, 인제는 꼭 붙잽혔다.'

거기는 요렇게 좁았어요. 뒤뜰 안에가. 그래서

'아 이번에는 꼭 잡혀서 죽겠다.'

하고선 있었어요. 그리 됐는데 들어와 가지고 이러케 이러케 보더니 문 뒤는 이러케 안 들여다 보고 이러케 이러케 거기 다락까지도 이렇게 사면으로 보고선 그냥 나가더라구요. [조사자: 다행이세요. 어휴. 얼마나 가슴을 조렸어요?] 예. 그래서

'어휴. 이제 살았다. 살았다.'

하고선 그러고 있다간 이제 그냥 저녁까지 이제 시간을 보내고선 있다가

나가는 시간이 됐어요. 이제 새벽 두시가. 그래서 인제 그 사람들 안내원을 따라서 인제 줄줄이 이렇게 나가댔는데. 이제 논둑이 있어요. 논둑이 있는데 거기를 가다가 그게 수리조합. 음. 논에 물 대느라고 거기 이렇게 물을 잠궈 놓았다가. [조사자: 저수지.] 응. 저수지. 그런게 길게 있었는데 거기를 이제 살살 이렇게 가댔는데. 한창 가다가 한창 갔어요. 거진 배 바다 있는데 근처에 가서 그랬는데 그냥. 우뚝한 서너 너덧 사람이 우뚝 서는 거에요. 군인 같은 사람이. 인민군 같은 사람이. 그냥 그래가지고 막 그냥 막 때려 사방에 다 자기 각각 달아나는 거에요. 이 그 뚝이 높았어요. 근데 거기를 둥글둥글 굴러 내려가지고 그냥 기어서 서로들 도망가느라고 난리가 난거에요. 그러니까 그 인민군인줄 알고서 막 서로들 도망갔는데 그러니까 다 놓쳤어요. 안내원도 놓치고 내 친구도 놓치고 다 놓친거에요. 그럼

'아휴 인제는 죽었구나.'

하고선

'아휴. 어떡하냐. 인제. 죽었네. 죽었네.'

하고선 막 헤매고 있었어요. 아주 안개 자욱하고 깜깜하고 아무것도 안 보여요. 그래선

'아, 인제 죽었구나.'

하고선 그냥 막 한없이 그냥 헤매는 거죠. 뭐 그냥. 사방을 막 헤매고 그냥 빠지건 멀건 그냥 쌀자루도 어디 갔는지 없죠. [조사자: 도망가는데 그게 문제에요.] 예. 그- 그것도 없어졌어. 그래가꼬 그냥 헤매고 언젠가는 저쪽으로 어디로 갔는지 하여튼 헤매다 보니까는 무슨 가만히 소리가

"아이고, 아이고."

하는 소리가 들리더라구요. 그래서 그쪽으로다가 인제 갔어요. 살살 가보니까는 내 친구가 있더라구요.

그래가지고 막 울고 그냥.

"인제 죽었다!"

하고선 서로 껴안고 막

"인제 죽었다, 어떡하냐? 누가 따라서 가야지 되냐, 어디를 가야 되냐?"

인제 그러고선 그냥 서로 껴안고 울다가,

'어휴 내가 인제. 우리는 죽었다. 어디로 가야하나.'

아무것도 보이지도 않았고. 버려도 안보이고. 안개도 있고 그래서. 그냥 걔하고 둘이 꼭 붙잡고,

"야! 인제 놓치지 마라!"

그러고선 그 인제 끼구선 인제 한참을 가는데 그 잔디. 그 바다에 그 풀이 있어요. 그 나무풀이. 그 나물해먹는거 그게 커가지고 요러케 으 양쪽에다 이렇게 해놓아 가지고 이렇게 끈이 있어갔고 무슨 방울 같은게 달려 있더라구요. 그런데 그걸. 그것도 교육을 받았거든요. 안내원들한테. 그게 지라(지뢰)라고 그런거 있으면 건너 뛰라고. 그거를 그런 소리를 들었어요. [조사자: 지라라고?] 예. 지라라고. 인제 그것만 닿으면은 '펑!' 터지는거에요. 그거 있더라구요. 이렇게 가는데 막 헤매다가 보니까는. 그래서. 그거는 요렇게 발이 뵈니까는 어둑히 그게 보이더라구요. [조사자: 그거 다행이네.] 네. 그래서 그걸 껑충 건너 뛰어서,

"이거 다치면 안되니까. 다치면 죽어."

[조사자: 교육도 다 받으셔가지고.] 그래가꼬 껑충 건너가꼬. 그냥 또 한없이 가는거야. 가는데 그 갯벌이 또 이렇게 높은 데가 있어요. 거기는 이제 물이 들어갔다 나가는 덴데 그게 갯벌이에요. 그런데 거기를 건너가든지. 하여튼 가야되는데 거기를 내려가서 건너니까는. 거기를 들어가니까는 한 발 들어가면 이쪽 발이 안 들어가고 [조사자: 질퍽질퍽해서.] 여기까지 빠지는 거에요. [조사자: 허벅지까지.] 예. 한발 들어놓으면 이걸 뺄 수가 없죠. 갈수록 헤매면서 엉금엉금 기어갔고 한 아이를 딱 떼면 또 이쪽 발이 들어가는 거에요. 그러니까 그냥 온몸이 그냥 갯. 그 갯흙이요. 그게 그냥 더덕더덕 붙었지 뭐 그래가지고. 한쪽 하면은 한쪽 발이 안 나오고 한쪽 디디면 또 한쪽 발이 안

나오고. 그래가꼬 그냥 엉금엉금 기어가지고 그냥 걔는 잡아 땡기면 나도 또 잡아 댕기고 이래갖고 간신히 거기를 올라가긴 올라갔나봐요. 아주 깊은 그 개천. [조사자: 갯벌이었구나.]

네. 그래서 거기서 죽는 줄 알았어요. 그 발은 안 빠지고. 그런데 거기요. 거기서 나와 가지고 인제 한없이 그냥 막 가는데 어디서 남자가 한 사람이,

"조용, 조용, 조용!"

그러면서 오는 거에요. 와가지고

"죽구싶어! 죽구싶어!"

막 그러는거에요. 그런데 그게 아군이더라구요. 그 사람이. 음. 이제 배에서 내려서 나한테 온거에요. [조사자: 아. 찾아 오는거 보고.] 네네. 그니까 이렇게 그 사람들은 이제 보는 눈이 다르니까는 이제 누가 사람이 저렇게 헤매고 있으니까 왔나봐요. 그래가지고,

"조용해! 조용해! 죽어. 죽어. 죽어!"

그러니 가만히 있으라고 그래가지고. 그냥 숨도 못 쉬고선 그러고선 인제 따라가니까 한참 가니깐 갯벌이 나오더라구요. 그랬는데 거기가 인제 쪼그만 배가 있드라구요. 그래서 인제 거기를 올라타래요. 그래서 어휴. [조사자: 그래도 만났네요.] 네. 그러니까 그 사람들 만났으니까 살았지 그렇지 않으면 갯벌에서 죽었어요. 그래서 거기 타니까는 또 저쪽 한창 가가지고 큰 배가 있더라구요. [조사자: 음. 큰 배까지 데려다 주는 배로구나.] 네. 그러니까 거기 타면은 거기까지 가더라구요. 그래가지고 인제 거기서 옮겨 타래요. 큰배를 올라가래요. 그런데 내가 그냥 어뚷게 잘못하다가 이렇게 '퐁당!'헐 뻔했는데 뒤에서 누가 탁 잡아줬어요. 그래서 들빠(덜 빠졌는데) 안 빠졌어요. 그래가꼬 거기가 끌어 잡아당겨 올려서 큰 배에 올라갔어요. 그래서 우리 친구하고 올라왔어요. 그랬는데 올라가서 이제 올라가니까 지하로 내려가라구 그러더라구요. 아주 큰 배가 되서 지하도 있고 있드라구. 그래. [조사자: 배 밑에다 숨켜놓을려고 그랬구나.]

네. 그래서 지하로 내려가라구 그래요. 그래서 그 내려가니까는 사람들이 많더라구요. [조사자: 어느 정도 많았어요?] 그 배를 하나 가뜩 찼어. 그 안에가. [조사자: 지하에 다 모여 있구나.] 네. 그니까 거기서 나온 사람들이에요. 북에서 나온 사람들. 몰래 나온 사람들이래요. 됐다고. 날더러

"조심하라!"고.

"이제 살았다!"고.

막 살았다고. 그래서 인제 어디서 누구 찾아서 오냐고 거기 대표되는 사람인가 봐요. 물어 보드라구요. 그래서 우리 언니하고 형부하고 나왔는데 인제 우리 오빠는. 저 오빠가 아니고 이종사촌. 이모의 아들이 연안읍에서 의사. 이제 병원에 근무하고 있었어요. 그래서 그 사람을 찾아야 만이 얼른 찾을 것 같아요. 딴 사람을 대면은 찾기가 힘들 것 같아서 그 사람을 알려준 사람이니까는 신의사라고 그러니까 아- 그러냐고 안다고 그러더라구요. 그래가지고 인제 거기 도착하면은 인제 그것도 그때도 시민증인가 뭔가 있는 것 같아요. 그거 다 이제 조사를 일일이 다 하더라구요. 하면서 그것도 한참 시간이 걸려.

그래가지고 어 그걸 순서대로 이렇게 하나씩 하나씩 나가는데 저기서 이제 이종사촌이 되는 이가 오더라구요. [조사자: 오. 있었어요?] 네. 벌써 이 사람들이 연락을 해가꼬.

'이제 동생이 왔다.'고.

이제 그렇게. 그랬나봐요. 연락을 해서. 왔다고 그래서 막 그냥 반갑다고 껴안고 막 울고. 그러니까 그 오빠가 나오니까는 우리 언니 있는데도 알고 이제 우리 동네 사람 저기 그 언니네 동네 사람 있는데 사는데를 알고 있더라구요. [조사자: 남한에 내려와서 어디 있는지.] 네. 어디 있는지 그걸 얼른 찾게끔. [조사자: 그랬겠네요.] 그래가꼬 그 인제 거기를 데리고 들어 가더라구요.

[3] 강화도에서의 생활

가니깐 뭐 남의 집에 이렇게 얹혀 사는거에요. 이렇게. 음. 그때 인제 그 집을 가니까는 언니네 식구가 거기서 이렇게 방하나 건넌 방을 쳐서 사는데. 나는 이제 사람 또 식구가 늘었으니까는요. 부엌에서 이렇게 짚 깔고 자야되요. 밤에 그렇게 자야되고 또 먹을거이. 다 며칠 됐으니까 맨몸으로들 나왔으니까 먹을 게 없어요. 그런데 그 안집에 그 인갑이란 엄마. 진짜 만나면은 갚아야 되. 그분이 마음씨가 얼마나 후더분하고 임심이 좋아요. 자기네가 밀가루 갈아갖고 이렇게 죽 써먹는데도 주구 그러더라구요. 그거는 이게 이팝이고 고기밥이야. [조사자: 그렇죠. 그때에는] 그렇게 좋은 밥이야. 그 밀가루 갈아서 죽 써 놓은 게. [조사자: 먹을 게 없었으니까.] 네. 먹을 게 하나도 없어요. 밭엔 뭐도 아무것도 없고 그래서 우리 언니가 저기 산에 올라가서 풀을 뜯어 오래요. [조사자: 거기가 어디였어요?] 교동. [조사자: 강화도 교동이요?]

네. 강화가기 전에 교동 거쳐야 강화를 가요. [조사자: 강화도 교동으로 내려오셨구나.] 네. 거기가 제일 가까운 거리에요. 거기가. 그래서 거기 아군들이 나오는 길이 있더라구요. 그래가지고 거기서 우리 언니가 매끼 곤란하죠. 동생이래도. 자기 남편도 있지. 시동생 저기 시아재. 시누이 남편들, 시누이네 아들들 부부가 있고 그래요. 그런데 날더러 나물을 캐오래요. 그래서 산에 올라가 보니까는 뭐 그런것 캐보지도 못해봤는데 그냥 무조건 퍼런 거는 그냥 나물 같은 거는 다 오려갔고 와갔고 그걸 죽을 쓰는 거에요. 그거 밀가루 쪼금 넣고선 그걸 죽을 쒀서 그걸 끼니를 먹는 거에요. 그런데. 그런데 우리 언니는 인제 떡을 인제 떡에다 엿 묻히는 떡을 해서 인제 교동 시장에다가 팔구 그랬어요. 그런데 이렇게 거기 이렇게 동네를 이렇게 보면은 갔다 왔다 보면은 그 우리 언니네 동네서 또 제일 부자래는 돈만 많은 사람이 있었어요. 그 사람이 빨갱이. 빨갱이 편에 좀 있다가 고문을 당하고선 그냥 남한으로 나왔더라구요. 근데 그 사람은 길에 앉아서 우산을 고치고 앉았더라구요. 그래 그러니까 그렇게 부자인 사람인데 길에 앉아서 우산 고치고. 그 사람은 할 게 없으니까. [조사자: 먹구 살아야죠.] 네. 그래가지고. 그러고 있어서.

'아휴! 저런 사람도 저렇게 앉아서 먹을게 없으니까 저러구 우산을 고치고 있구나!'

[조사자: 동네에 엄청 부자인 사람이.] 네. 아주 이름난 부자에요. 그집에는 아주 그냥. 대대로 그냥. [조사자: 언니도 잘 살았었죠?] 네. 우리 언니네는 집은 제일 좋았었지. 그랬는데 그 사람이 그렇게 고문을 당하고선 왔는데 그 누이까지 고문을 당했어요. 그 동생이 빨갱이에게. 그러고선 옷을 다 벗겨가지고 어디 높은 데다 세워놓고 막 고통을 주고 그랬다고 그러더라구요.

그랬는데 우리 시누이의 아들하고 같이 살았는데 시누이 아들은 그냥 묵을 쌀이 하나도 없으니까는 그냥 죽기살기로 인제 집에 들어 가면은 쌀이 많으니까는 쌀을 한가마니 가져온다고 들어갔어요. [조사자: 다시 이북으로 올라갔어요?] 네. 이북으로. [조사자: 아. 쌀가지러.] 예. 쌀가지라고 시누이 남편이. 지금 한창 이 총각. 그 총각보다 (조사자를 가르키며) 쬐끔 더 먹었어요. 인제 결혼했으니까. 그랬는데 인제 들어간다고 들어가더라구요. 쌀 가지러 나온다고. 죽기살기로 그랬는데. 어느날은 며칠 있다가 나오는데 그냥 다리를 쩔뚝쩔뚝 하고 나온, 왔어요. 집에를 왔. 그 집에라는 데를 왔는데. 이렇게 팅팅 부었어요. 막. 동상이 걸려갔고. 그때는 겨울이었나 봐요. 그래가꼬 그걸 갖고. 한 가마니를 갖고 나왔데요. 나오뎄는데 갯벌에다 들켜갔고 거기다 던지고 그냥 나온거에요. [조사자: 살기도 바쁜데.] 네. 그래가지고 몸만 빠져나온거에요. 그래가지고 동상에 걸려서 이렇게 팅팅 부어서 와가지고 인제 콩을 어디서 구해가지고 그걸 담구고 있고 그러더라구요.

그랬는데 그 사람도 그 색시를 또 나오라고 그랬어요. 근데 그 색시가 덩치가 막 이렇게 크고 막 유방도 크고 먹성이 좋아. 근데 그 이가. 그 이가 나왔어요. 그 나왔는데 도저히 배고파서 못살겠다고. [조사자: 덩치도 있고 그러니까.] 네. 그렇게 먹성이 좋고 애엄마고 그러니까는 그냥 밥을 쌀밥을 어디서 구해. [조사자: 또 잘 드시던 분이고.] 어. 그러니까는 더 죽겠지 인제. 그러니까는 도저히 남편이고 뭐고 모른다고 그냥 말도 안하고 그냥 간거에요. 그냥 들어간다고 갔어요. [조사자: 다시 집으로 간다고?] 예. 이북으로. [조사자: 이북으로.] 예. 그런데 어떻게 들어갔는지 들어갔나 봐요. 아마. (조사자가 웃음) 배가 고파서 못 살겠으니까. 그래가지고 그 이는 그러게 남편 있는데 그 남편한테 말도 안하고. [조사자: 남편 버리고 갔고.] [조사자: 그래서 그냥 헤어진거에요?] 네. 헤어졌죠. 그냥. 이북으로 들어갔어요. 배가 고파서. 그 밥 생각이 나가지고 못 견디는거야. 그 고향에서도 잘 먹었어요. 유방이 이렇고 그냥 아주 그냥 먹성이 컸어. 그런데 그 배고픈 걸 어떻게 견뎌요. [조사자: 굶어본 적이 없어서.] 그러니까 그 배고픈 설움은요, 당해본 사람 아니면 몰라. 그래가지고 그 사람이 그 여자가 그냥 신랑한테 말도 안하고 갔어. 그랬는데 아휴 이 남자가. 신랑은 그냥 헐 수 없지 인제. 배고파서 들어간 걸 마음대로 할 수도 없고 그러니까는.

그냥 있다가 우리 언니가 인제 오래 살다가 인제 그 교동에 언니의 동서가 있었는데요. 그 이가 인제 하도 배고파서 못산다고 그러니까는 인제 쌀을 조금 어떻게 해서 그때 하여튼 누굴 사서 하여튼 갖구 나왔었어요. 쌀을 좀. 쌀을 갖고 나오고 돈을 좀 맨들어 갔고 나왔더라구요. 근데 그 우리언니 동서가요, 수단이 좋아요. 그 전에도 서울 올라다니면서 이렇게 치마에다 누벼가지고 쌀을 넣어가지고 야미쌀이라고. [조사자: 능력 좋다.] 응. 야미쌀을 해서 팔고 그렇게 하다가 우리 언니 아들을 귀했어.(언니 아들을 귀하게 생각했다는 의미) 아들을 못 낳아가지고. 그래서 그 아들 옷 사다주고 그러고 그랬던 이이거든요. 근데 그 이가 돈을 맨들어 가꼬 나와 가지고 교동 시장에다 고무신 가게를 해줬어요. 우리 언니네를. 우리 언니하고 형부를 [조사자: 참 대단하다. 수단이 정말 좋다.]

그 수단이 좋고 그렇게 우리 언니 아들을 그렇게 이뻐하고 그랬어요. 근데 그 교동에서 언제는 언젠가는 열이 나가지고 그냥 의사도 없잖아요. 그때.

그러니까는 그게 뇌막염이라고 그래요. 그래가꼬 죽었어. 그래가지고 거기에 쇼크 받아 갖고들 그냥 뭐 정신이 없고 우리 언니가 그 교동 시장이라는 데를 넘어 갈려면 산이 있는 데로 넘어가는데 고 옆에다 묻었어. 그 애를.

그랬는데 그 우리 언니 동서가 돈하고 인제 쌀을 해갔고 와가지고 고무신 가게를 만들어줬어. 인제 가게를 하나 얻어가꼬 이거 벌어먹고 살라고 우리 형부가 그냥 귀공자로 자라가지고 아무것도 할 줄 몰랐어요. [조사자: 일을 할 줄 못해.] 네. 아무것도 몰라요. 그래가지고 그걸 맨들어 줬어요. 가게를 맨들어 줬어요. 그래가꼬 신을, 고무신을 어디서 구…강화라는데 가서 구해왔는지 어디서 구해가지고 고무신 가게를 크게 만들어줬어요. 그래서 인제 해댔는데 뭐 고향 사람들이 전부 많잖아요. 오면은 고무신 집어주고 용돈 주고 뭐 이래가지고. [조사자: 고향 사람들이 들리면 의례 들리시는구나.] 그러니께는. 응. 그리고선 아무래도 돈을 만지니까 딱하니까 주고 고무신도 주고 그러다가 내중에는 다 들여먹은거야. [조사자: 언니가 너무 인정이 많아.] 네. 그 우리 형부가 더. [조사자: 형부는 더 하시고.] 응. 그래가지고 그걸 성장을 못 시키고 그냥 문을 닫아버렸어.

그래가지고 내중에는 인제 강화로 인제 나는 강화로 갈 사람을. 음. 인제 나는 인제 우리 언니가 곤란하니까는 딴 집으로 가서 좀 같이 살아라 그랬는데. 어떤 할머니가 딱하니까는 자기네 집으로 오라 그러고 [조사자: 오라 그러는 할머니가 있었어요.] 네. 그래서 인제 그 집에 할머니 있는 집으로 가서 살고 있었는데 인제 그때 밥 먹은거 치고 그럴 정도는 되지 뭐. 그러니까는 인제 그 할머니가 어딘지 배비로 벼 베러) 나간다고 해요. 그래서 내가 아휴 할머니 나도 따라가서 벼 좀 베어볼게요. 따라 나서서 그래서 같이 가가지고 논에 들어가서 낫을 주길래 한 번 이렇게 베는데 여길 이렇게 [조사자: 손을 베셨구나.] 네. 낫으로다가 촥 베는거야. 그래가꼬 옆 뼈가 다 보이고 이게 상처가 다 났잖아. 그래. 그래서 아휴.

"병원이 어디냐?"고,

그러니까.

"병원이 없다!"는 거야.

그래가꼬 그 할머니가 그거를 치료를 해줘가꼬 그냥 생으로 나아서 이렇게 자리가 있어. 상처가 남았어. (상처를 보여주며) 이렇게. 그래가지고. 안되겠다고. 우리 언니가.

"아휴 안되겠다 어뜩하니."

그러고 걱정을 하고 있었는데 우리 엄마가 나 보고 싶다고 그때는 안 나왔었어요. 나만 내보내고. 그랬는데 나왔다는 소리를. [조사자: 아, 어머님이 내려 오셨다고.] 네. 나왔어요. 나왔더라구요. 쌀 쪼금 가지고 나왔어요. 그래가지고. [조사자: 너무 반가우셨겠다.] 네. 그러니까 그때는 좋았는데 글쎄. 도로 들어가시는거야. 살 수가 없으니까. [조사자: 여기서는 뭐 할게 없으니까.]

응. 그러고 언니네가 더 짐이 되잖아. 나 하나만 해도 그런데 우리 엄마까지. 그리고 우리 엄마는 고향에서 농사를 짓고 [조사자: 거기선 있으니까 뭔가가.] 네. 재산이 있으니까는. 그걸 못 잊으셔서 도루 들어가셨어요. 그리고 인제 나는 언젠가는 반에서

"강화를 갈 사람은 나오라!"고.

'지원을 하라!'고.

그러더라구.

강화도로 이전할 사람은 지원을 하라고 그러더라고. 그래서 나를 했어요. [조사자: 지원을 하셨구나.] 응. 강화로 앵긴다고. 그래서 인제 그때가 엄마가 안 들어갔을 때야. 그랬는데 엄마하고 인제 거기를 가기로 지원을 했는데 인제 배를 타라 인제. 어느날 그날 가는 날이 닥쳐 와가지고 배를 타러 나가니까는 사람이 꽤 많이 나왔더라구요. 그래서 배를 타고선 강화를 건넜는데 건너가꼬 버스를 다 타라 그래요. 그래서 탔드니 한참 가드니 어디 야산 있는데 아주 높은 산은 아니야. 이렇게 동네 그 근처에 있는 야산에다가 버스를 세워놓고 다 내리래요. 그래가지고 자기 각자 살길을 찾으래는 거야. [조사자: 거

기 내려주고.] 내려주고. 그냥 풀어 놓는 거야. 그냥. 버스로. 실어다가 거기 놓고서 다 내리라 그래가꼬. 자기 각자 살길을 찾으래. 그러니 어뜩해. 뭐 어디 어딘 줄도 모르고. 그러니까는 그냥 뭐 다들 그러니 뭐 어뜩해. 남자들은 그래도 용기가 있어서 빨리빨리 다 그러 가고 그러더라구요.

그런데 우리 엄마하고 나하고 그냥 헤매고 어뜩하면 좋겠냐고 그러다가 어느 동네를 찾아갔어요. 찾아가서 좀 집이 하나 있더라구. 그래서 거길 문을 열고 들이가 갔고

"사실은 이렇게 피난민인데 방 하나 빌려줄 수 없냐?"고.

그렇게 그런 없으니까 용기가 나드라구요. 그래서 그랬더니 거기가 할아버지가 딸 둘 데리고 사는 집이더라구요. 그래가지고 건넌방이 하나 있더라구요. 그러면서 그 할아버지가 자는 방인지 하여튼 있는데 그 방을 쓰라고 그러더라구요. 하우. 그러니까 고맙지. [조사자: 엄마가 있어서 진짜 다행이다.] 네. 그러니까 감히 용기가 나겠지. 그랬는데 그냥 고맙다고 막 그러고 그랬는데 그러고선 인제 나는 식모로 갔어요. 누구네. 식모로 가라 그래서 식모로 가고 우리 엄마는 이제. 그때만 해도 나이가 좀 들으셨으니까 이따가 그냥 누구네 일해 달라고 막 그러면 일해주고 그랬어요. 그 동네서. 근데 이제 부잣집이. 그 뒷집에가 부자집이였어. 그랬는데 그 집에서 일을 몇 번 했는데 인제 우리 엄마가 얌전하고 그러니까는 참하니까는 거기 할아버지가 혼잔가봐. 근데 재혼을 하라는거야. 그러니까 안된다고 내가 막 펄펄 뛰는거에요. [조사자: 그렇겠죠.] 예. 안된다고.

그 집은 부자에 재산까지 물려주고 그런다고 그러더라구요. 인제 그때만 해도 그게 큰 돈이지. 그래도 싫은거야 나는. 그래 싫다고 나는 그러고서 엄마 못 가게 막 그래서 그래가꼬 둘이서 살다가 나는 저 강화읍에 여인숙에 인제 식모로 갔어요 나는. 그랬는데 할 줄도 모르는데 거기서 시키는 데로 하고 또 우리 엄마가 인제 어느 날은 내 생일인데. 그 이렇게 나무로다가 요렇게 우물 있는데 이렇게 해놓은 데가 있어요. 거기서 이렇게 들리더라구요.

내가 부엌에 있는걸 알고서. 그 날이 내 생일 날이었어요. 근데 이제 국수를 삶아갔고 오신거에요. 국수를 삶아가꼬 봉투에다 해서 날 먹으라고 그걸 밀어 넣어주는거에요. 이거 엄마 손만 보이지 어떻게 또가고. 그래가지고요 이제 생일날이니까 인제 그 국수를 어떻게 구해가지고 삶아갔고 오셨더라고. 그래가꼬 먹고서 거기서 그냥 죽으나 사나 일하고선 있었고.

그러구 있었는데 인제 어느 날은 그 가기전에 그 집에 인제 그 딸 둘이 있었는데 그 두 딸들이 나하고 거진 어울리는 나이였잖아. 그래서 그 집 방에 들어가서 뜨개질도 하고 인제 그러구 인제 있었는데 누가 "김치 좀 주세요."

그러더라구요. 그래서 이렇게 방 뒷문을 이렇게 열어 보니까는 우리 육촌 아줌마가 김치를 얻으러 온거에요. 그래가꼬 붙들고 막 울고. 그냥

"김치를 피란민인데. 김치 좀 달라."고.

왔는데, 마침 그 육촌 아줌마였어요. 그때가 얼마나 그 서러운지 그때 얼마나 울고 그래서 그래가지고. [조사자: 그러면은 어머니는 그집에서 좀 사시다가 다시 올라가신거에요?] 예. 거기서 살다가 [조사자: 못 있고?] 네. 거기서 그 집에 방을 하나 줘서 살겠는데 엄마는 계셨지. 그리곤 난 인제 읍내에. 강화 읍내에 인제 여인숙에 식모를 하고 인제 엄마는 동네서 일을 있으면 해 달라는거 해주고. [조사자: 그러시다가 다시 올라가셨구나. 힘드셔가지고.]

[4] 서울로 이사 가서의 생활

네. 그래가지고 인제 서울로 오게 된거는 그전에 우리 고향에서 우리 건너방에 살던 순경네 부부가 살았어요. 우리 집에서 같이. [조사자: 언제?] [조사자: 고향에 계실 때?] 고향에 있을 때. 6.25 전에. 그 우리집에서 그냥 아들처럼 이렇게 살던 이가 있었어요. 그 부부가 애를 못 낳아. 그래가꼬 둘이만 우리 방을 빌려줘가꼬 살았었어요. 그래서 그 순경이었어요. 그래가지고 그 사람이 그랬는데. 그 사람을 강화에서 어떻게 우연히 만났어요. 그 고향사람

들 이렇게 모이는 그에서. 그래서 막 반갑다고 그랬는데. 그이가 서울에다가 저기 집을 쪼그만 학꼬방 집을 하나 사가지고 살드라구요. 그래가꼬 우리를 [조사자: 그래도 빨리 자리 잡고 있었네요.] 응. 그래서 서울로 가게 된거에요. 강화 있다가 그이가 오라 그래가꼬. [조사자: 그 어떻게 연락이 잘 닿았네요. 그 사람하고.] 그 사람이 우연히 고향 사람 인편으로 전해. [조사자: 전해 전해 들어와있구나. 내려왔다고. 강화도에.] 네. 난 강화도에서 뭐를 하고 있었냐면. 우선 직조 있잖아요. [조사자: 직물 짜는 기계?] 직물 짜는 데 거기를 들어갔어요. 식모하다가. [조사자: 그때 몇 살 정도 되셨어요?] 그때가 열 여덟살. 열 아홉 살 된 것 같아. [조사자: 1.4 후퇴 열일곱 살 때 내려와서 좀 일, 이년 지난 상황이네요.] 네. 그런데 거기서 사람을 쓰냐고 자청해서 갔어요. 그랬는데 쓴다고 그 사장이 쓴다고 그러더라구요. 그러면서 그 풀 쑤는거 있어요. 그 실에다 풀을 쓰는 거에요. [조사자: 풀 쑤죠. 빳빳하게.] 풀을 솥에다 쑤는 거를 그걸 하라 그러더라구요. 풀을 풀어서 그 일을 맡아서 하라고 그러더라구.

그래서 그걸 하랬는데 나는 인제 남의 일에도 내 일 같이 열심히 했었죠. 그래가꼬 그 사장이 참 좋다고 그냥 월급도 올려주고 그러더라구. 그래가지고 있댔는데 우연히 고향사람들 연줄로다가 이렇게 만나가지고 그 이를 만났잖아. 같이 살던. 그래서 서울에다 자리잡고 있다고. 거길 같이 가서 살자고. 그래서 가봤더니. 거기서 둘이 부부가 살고 있더라구. [조사자: 학고방에서.] 학꼬방. 조그만걸 사서. 거기서 살고 그이는 이제 미군부대를 다니더라고. 그래가지고. [조사자: 그 당시 미군 부대였으면은.] [조사자: 자리 잘 잡으셨다.] 그래가지고 꿩을 그렇게 잘 가지고 오더라고. 미군부대에 다니다가. 꿩. 꿩고기. 꿩을 언것도 가져오고 김치 김장할 때도 그걸 넣구 하고 그러고 하더라구요. 꿩고기를 많이 먹었어. 그래서. 그 사람이 미군 부대 다녀가지고. 그리고 애가 없으니까는. 엄마도 뭐 남 조심스럽게 하고 그렇게 와일드 하지 않으니까는 엄마처럼 이렇게 한가족으로 살겠어요.

그랬는데 그러다가 또 내가 인제 그 경험이 있으니까. 강화에서 저기 경험이 있으니까는 그런 계통으로 또 들어갔어요. [조사자: 일을] 응. 일을. 인제 직조 짜는. [조사자: 직조일을 계속.] 네. 그걸 배워가지고. 하다가 인제 또 더 큰데로 가고. 그러다가 인제 교부로 있게 되고 나중에는 인제 그 전체 교부로 있고 그래가지고 그러고 있다가. [조사자: 일을 잘하셨구나.] 꼼꼼하게 하니까 그래가지고 그냥 여기저기서 자꾸 스물 두 살 때니까는 혼담이 오지. 그래가지고. [조사자: 그때 이제 전쟁은 다 끝났고.] 네.

[조사자: 엄마는?] 엄마는 같이 살았죠. [조사자: 스물 둘 그때도 같이 살았어요. 전쟁 끝나고?] 응. 그때 나와선 안들어갔어요. 또 나와가지고. [조사자: 아. 다시 내려오셨구나.] 교동 있을 때 한번 들어갔다 나왔다가. [조사자: 그렇죠. 딸이 있으니까 나왔단 얘기죠.] [조사자: 아. 그러면 어머니하고 계속 같이 생활하셨구나. 교동에서는.] [조사자: 다행이지.] 그러니까 강화 건너면서부터. [조사자: 그때는.] 그대로 계셨어요. [조사자: 그러면 서울 오신데가 거기가 어디에요? 지금?] 왕십리. [조사자: 아, 왕십리.] 거기서 직조공장. 아휴. 친구가. 어떻게 그때 사귄 친구가 어떻게 있는데 걔는 불구가 되었어. 장애인이 되었어. 그래가꼬 내가 한번 가봐야 되는데. 걔는 날 그렇게 못 잊어서 그러는데 내가 이렇게 바빠가지고.

[5] 월남 과정의 브로커

근데 그 6.25때요. 우리 동네 사람들이요. 인제 그냥 그때 폭격하고 나서 한참을 인제들. 사람들 거기 있는 사람들은 남자들도 그냥 나이 먹은 사람은 그냥 활동하고 있었잖아요. 그런데 그 빨갱이들이 그냥 잡아가지고 그냥 이렇게 한 사람 묶고 그 다음에 한 사람 묶고 한 사람 묶고 길게 묶은거에요. 묶어가지고 총을 그냥 따다다당 쏘면서 그냥 쓰러트러. 그러니까는 굴. [조사자: 한번에 그렇게 다 굴에다가 넣고.] 굴에다가. 응. 거기다가 들어가라 그래가지고. 거기서 그냥 '따다다다당' 쏴서 그냥 다 죽이는거에요. 이렇게 다 묶어가지고 도망가봤으니까 인제 바위줄 같은 걸로다가 이렇게 묶어다고 그러더라고. 우리 사둔이 거기서 죽었어요. 그런데 그 그냥 여럿이 묶어가지고 그냥 그 굴 안에다 넣고서 다 죽였다 그러더라구요. 인제 쪼금 왜 그랬냐니까는 그때 좌석에, 어느 좌석에서 말을 쪼금 잘못했데요. 그러니까 인제 그 빨갱이에 대해서 도와서 이야기를 안 하고 남한에 대해서 쪼금 [조사자: 좋게 이야기 했나보다.] 그래가지고 거기 묶여가지고 딴 사람들 나쁜 뭐 자기네들에게 적이 되는 사람들 다 모아가지고 굴에다 들어가라 그래가지고 묶어묶어 그래가지고는 '다다다다' 쏴 죽였다 그러더라고.

[조사자: 그럼 그때 그 황해도나 전쟁 전후에 이제 월남하려고 하는 사람들이 많았을 거 아니에요. 이북에서 못 살고. 그 아까 잠깐 말씀하셨는데 그 안내원이란 그런 사람들은 그 동네 사람들이에요? 아니면 남한 사람들이에요? 아니면 잘 모르는 사람들? 처음 보는 사람들이었겠네요. 할머니는.] 나는 처음 보는 사람인데 [조사자:그러니까 거기 그 동네 사람이에요?] 응. 그 동네 사람인데 [조사자: 황해도 사람인데 남쪽으로 가는 길을 안내해주는 사람이다?] 아. 예. 우리 언니 시어머니가 알아가지고. [조사자: 사돈 할머니가?] 네. 사돈 할머니가 인제 그 사람을 물색을 해서 그 사람을 인제 우리 사둔 있고 그니까 몇 명을 모집해야 하잖아요. [조사자: 군인은 아니고요?] 군인은 아니에요. [조사자: 그러면 그런 일을 전문적으로 이렇게] 하는 사람이 있드라구요. 그래가지고 돈 주고. 얼마씩 거둬가지고. 그리고 몇 명이 되야 돼. 인제 그 사람이. [조사자: 한 몇 명쯤 모였어요?] 한 11명 될 것 같아.

쭉 이렇게 길에서 그냥 논둑을 갔으니까. [조사자: 모집을 하는 거구나.] 네. 그러니까 몇 명을 모아가지고. 모아가지고. 그때는 너도 나도 간다고 그랬으니까. 그래도 돈이 없는 사람은 못가고. [조사자: 돈을 어느 정도 줘야 됐을까요?] 그때는 생각이 안나는데 하여튼 돈을 줬었나봐요. [조사자: 많이 꽤 줬을 것 같아요.] 네. 우리 엄마가 구해서. [조사자: 돈 없는 사람은 정말 월남도 못했네요.] 그러니깐 음. 그 사람이 달래는 돈을 내는 사람만이 이렇게 모집해가지고 그렇게 그 때 나갔던 모양이에요. [조사자: 다들 그럼 인민군 다 싫어했었겠네요.] 그럼요. 다 그러니까 다들 나왔죠.

그러고 우리 장씨네 사촌 올케 둘은 그 갯바닥에서 얼어 죽었어요. 그때 배를 못타서. 우리 사촌 오빠들은 나왔죠. 남자들은 그때 다 한창이고. [조사자: 먼저 벌써 나와야되고.] 응. 나왔는데. 신랑 찾으러 나온다고 쌀 이고 동서끼리 하구 오다가 인제 그 배에서. 그 배 못나서. 그 가보니까는 찾아, 그 시체 찾으러 가니까는 배 있는데서 얼음판에 붙어서 죽었드래요. 그래서 그 올케 둘이서, 우리 사촌 올케 둘이서 거기가 시체가 얼음에 붙어있더래요. [조사자: 갯벌에?]네. 둘이. 시체는 찾아야 되니까는 그거를 찾으러 갔었데요. (다들 혀를 차며) 그랬더니 얼음판에가 붙어있드래, 둘이. 그래서 죽었어요. 얼마나 착실하고 그 올케들이 나한테도 얼마나 잘해줬는데 그랬는데. 그렇게 죽었더라구. 신랑 살리려고 그러다가 저 죽은거죠. 얼음에 얼마나 그 죽을 때 그냥 얼음판에서 죽었을까.

[조사자: 아이고. 엄마는 그 힘든 길을 두 번이나 왔다갔다 하신거에요?] 네. 그때 나이가 있으니까 그래도 음. 이렇게 젊은이들은 무조건 총 쏴요. 보면은. [조사자: 그래도 나이가 있으신 분이니까 쪼금 쯤 괜찮으셨구나.] 그렇죠. 그래서 총은 안 쐈나보지 뭐. 근데 우리 나이가 그때 우리 또래가 무조건. 남자들은 무조건이고. [조사자: 나중에는 여자까지도?] 응. 여자까지.

"여생동무! 여생동무(여성동무)!"

귀에 선해요.

"여생동무! 여생동무! 어디 있어?

이러고선. 그래가꼬 언니가 요러고 숨어서 보니깐 트럭에가 하나 실었더라구요. [조사자: 결혼 하신 분 안 잡고 결혼 안 한 사람들만?] 네. 미스들만. [조사자: 아. 결혼했다고 그러면 안되는구나?] 결혼했다 그 나이에 그러니까 그 젊은이들을 그냥 무조건 실어가는거죠.

[6] 부친, 조부에 대한 기억과 어린 시절의 추억

[조사자: 그 월남하셨을 때 꿈에 막 나오고 그러시겠네. 그때 워낙 고생하셨잖아요.] 그때. 근데요 그때. 그게 우선 배고프고 살아야 되니까. 배고파서 그거기에 신경 쓰지. 그러구 이렇게 지나서 생생하게 머리에 떠오르지만 그때 상황에서는 그게 큰 일이 아니었지. [조사자: 일단 먹고 사는 것이 바쁘니까.] 먹고 사는게 큰 일이니까. [조사자: 아. 무슨 말씀인지 알겠어요. 그때 상황에서는 워낙 배고픈 게 눈 앞에 어른거리니까.] 그럼. 밥 먹는게 제일 중요하지. 오죽허먼은 그냥 쌀 있는 집이 얼마나 부러웠는데. [조사자: 네. 잘사시다가 또.] 응. 그러니까는. 그리구 내가 막내로서 자랐어요. 그러니까는 동네에서도 다 알았어요. 내가 막내고 엄마 없으면 못 사는. [조사자: 나이 차이가 좀 많이 나셨겠네요? 큰 언니하고?] 네. 십년 차이고 그랬어. 그런것같애. 그리고 음. 우리 동네서도 내가 좀 이뻤는지 이쁜이라고 소문이 나갔고. 그때는 한창 조그맣고 그냥 귀여웠었나봐.

우리 아빠가 술을. 노름을 좋아했어. [조사자: 좀 사셔서 그래요. 사시면 그래.] 그래가꼬 저기 두부공장을 허면서 돈을 만지니까 우선. [조사자: 엄마는 열심히 두부공장에서 일하시고 아빠는 노름하시고.] 그럼요. 그러고선 들어오시면 장롱을 다 뒤지는거에요. [조사자: 엄마는 돈 숨기시고.] 그리고 우리 엄마는 인제 그러니까 버선 같은데 넣고는, 그러면 그런데 다 뒤지고 안 내놓는다고 막 야단하고 그러고 막 언젠가는 저 이만한 두부 누르는 이 네모진 돌이 있어요. 두부 누르는. [조사자: 네네. 물뺄 때.] 누르는거. 그걸 우리 엄마한테 돈 내놓으라고 던지는 거야. 방에 앉아서 바느질 하는데 거기다 던지더라구. 그것도 내가 생각이 나. [조사자: 노름에 너무 빠지셔가지고.] 네. 그냥 뭐. [조사자: 보이는 게 없으셔.] 응. 그래가꼬 저기 저녁때면 두부 팔아오는 저기 머슴이 있어요. 그러면은 돈을 이만큼 쏟아놔요. 그때만해도. 두부 팔아갔고 와서 저녁에 계산하느라고. 그렇게 돈을 만지니까는 꼬시는 사람들도 있겠지 뭐. 그래가지고 그때는 음. 정부에서 콩을 내주는 것만 갖고 두부를 허게끔 되어 있는데 우리 아버지가 이제 장사가 잘 되고 그러니까 야미콩을 사서 그러는거에요. [조사자: 정부가 내주는 콩 말고.] 응. 그래가지고 영창엘 갔었어요. [조사자: 아빠가 또 걸리셨구나.] 응. 걸렸어. 그래가지고 영창에 가서 사는데 인제 해주라는 그 영창에를 갔더라구요.

그래가꼬 우리 엄마가 면회를 갔뎄다고 그러더라구요. 그러구 또 우리 아부지가 작은 여자를 또 봐가지고 그래가꼬 우리 엄마가 막 속상해하고. [조사자: 많이 속상하셨겠네. 아. 꼭 잘 사시는 남자분들이 그러셔.] 응. 그래가꼬 우리 큰 언니가 시집가기 전에 화장실에 따이렇게 따로 마당에 이렇게 지어있는 집이 화장실이 있잖아요. 그러면 거기서 막 울고 있는거. 화장실에서. [조사자: 언니가 울고 있었구나. 언니는 아니까.] 네. 그땐 큰언니니까는. 나는 아무것도 모르고. 화장실에 이렇게 울고 서 있더라구. 그렇게 아부지가 속을 썩이니까는. 그래가꼬 우리가 양자를 하고 큰아버지의 작은 마누라의 아들을 양자했었어요. 우리 아들이 없었으니까. 딸만 있었으니까. 그래가지고 그 아들이 우리 아버지 돌아가셨을 적에 상주 노릇 하고 인제 지금 전주에서 전매청을 다니다가 퇴직했는데 [조사자: 아, 같이 내려오셨구나.] 네. 그 인제 그 오빠는 그 엄마가 서울에 살았어요. 그 인제 작은첩. 그러니까 우리 큰 아버지의 첩이지 그러니까. [조사자: 아, 큰아버지도 작은 첩이 계셨구나.] [조사자: 잘 사셔서 그래.] 그래가지고 지금 인제 전화해. 어디 병원에 갔다왔다고 그러드마. 그 양자로 있었으니까 그 우리 친정엄마 돌아가셨을 때 인제 제사도 잘 지내고 그랬었는데. 요번에는 안 지낸다고 그러더라고. 그러니까 사람이 고통 당했을 적에는 몰라요. 그러다가 좀 살만 하면은 그 생각이 나는데 그때는 이미 지났으니까. 지금 당장 또 살만 하면 또 일이 많잖아. 또. 거기에 또 얽매여서 살고 또. [조사자: 그러면 할머님이 몇 살 때 아버님이 돌아가셨어요?] 열한 살 때. [조사자: 좀 일찍 돌아가셨구나.] 네. 그때에 그 콜레라. 왜정 때(일제때) 그게 심해가지구요. 순경이. 일본순경이 와가지고 막 이렇게 새끼루다 쳐놔요. 우리집을. 그래가꼬 그때 열한 살 때 어느 분이 무릎팍에다 날 앉혀놓고 그냥 그렇게 안타깝게 그러더라구. [조사자: 그러면 그때 해방되던 해에 돌아가시던 해에 돌아가신것같은데요?] 네. 그래요. 네. 근데 그 우물에. 그 물 푸는 우물에 한번 나가보니까는 8.15때 거기서 나오는 사람들도 있더라구요. 거기 우리 동네를 거쳐서 인제 쉬었다 가는데 짐들 지구서 [조사자: 아. 저기 중국쪽에 갔다가 우리나라 들어온 사람들.] 네. 이북에서 함경도서. 함경북도라고 그러던가. 함경남도에서 온다 그러더라구요. 두 분이 괴나리봇짐하고 와서 우물에서 쉬었다 가더라구요. 그때 생각이 나. 그때 열한살 열 살. 그때 되었을 것 같애. 8.15때. [조사자: 그러면 혹시.] 8.15때 나오면 고생을 안했어요. [조사자: 네. 그때 내려왔으면. 그러면 혹시 해방하고 저기 6.25 고 사이가 5년 사이잖아요. 고 사이에는 뭐 소련군 오고 이런 거 못 보셨어요?] 인민군들. 그때 나왔으니까. 요쪽에 나왔으니까 못 봤지 뭐. [조사자: 아, 못 보셨구나. 그쪽 황해도 쪽은 뭐.] 그렇지. 그때는 뭐 나와서 먹고 사는 게 바빴으니까 뭐. 한창 고향사람들이 그러구 전부 나왔어요. 그때 다나왔어. 부모들 다 못 보구 지금 사는 사람들 많지 뭐. [조사자: 그러면 내려오신 분들은 할머니도 그렇고 재산은 하나도 못 갖고 내려오신 거네요?] 뭐. 없죠. [조사자: 거 땅문서나 집문서를 갖고와도 종이쪼가리일거고.] 종이쪼가리나만은 그거 생각조차 못했어요. 쌀만 두말. 그거 대두 한말 지고 오다가 갯벌에다 버리구 왔죠. 한번은 그때. 한번 또 내가 그 들어올 땐가 하여튼 이 그 갯벌을 보면은 가마니들이요. 몇 개 몇 개 있어. 그거 놓구가. 그거를 배를 못 만나면 못 실어요. 금새 실어야 하는데 그걸 못 실으니까 거기까지 간신히 죽기 살기하고 가지고 나왔지만 배를 못만나니까 그걸 버린거에요. [조사자: 그걸 갯벌에도 빠지구.] 빠지죠. 이거 한번 들어가면 못 나와요.

[조사자: 거기를 그렇게 해메셨구나.] 네네. 얼마나 그게 찰떡인데. [조사자: 그래도 배를 만났으니까 살았지 못 만났으면. 그렇게 동서분들은 너무 안쓰러우시잖아.] 그래. [조사자: 같이 갔던 그 친구분은 어떻게 됐어?] 도로 들어갔다니

까 걔도. 배고프다고 도로 들어갔어요. 걔는. [조사자: 그 고생해가지고. 여성 동무 되셨겠구만.] 그랬을거야. (조사자 웃으며) [조사자: 아니. 근데 저는 이해가요. 배고픔. 얼마나 배고프면 못참으니까.] 못 참아요. [조사자: 가면 밥이 있는데 여기와서 없는건데. 거기서 건너가면 되는데. 그 멀지 않았죠? 그쵸?] 그럼요. 교동서 이렇게 보이잖아요. 우리 길도 보여요. 거기 극장 올라가는 길도 보여요. [조사자: 그러니까. 바로 고긴데. 저기만 가면 밥이 있는데 어떻게 안가겠어요.] 네. 잠깐 가는건데 뭐. 그런데 그걸 집에 가면 하얀쌀이 독으로 하나지 뭐. 강정이니 뭐니 엿 간한 거 잔뜩이지. 거긴 배가 많아서. [조사자: 그러니까 배를 좀 곯아서 살았으면 참는데 그렇게 안 살아봐서 더 못 참는거야.] 그러지. 나는 무서워서 나는 움직이질 못해.

[조사자: 그리고 언니도 많이 고생했잖아요. 고문 당한 이야기도 다 듣고 그랬으니까요.] 죽다 살아났으니까. 그래도 그놈들이 죽을까봐 아랫목에다 갖다 뉘더래. [조사자: 언니는 그게 너무 컸겠다.] 코에다 이렇게 물을 부으니 살아요. 두레박에다 물 퍼서. [조사자: 고문을 심하게 당했네.] 네. 그러니깐 땅에 어디다 재산 있는가 대라고. 얼마나 아휴. [조사자: 보통 그 황해도 쪽은 다들 쫌 사는게 괜찮으셨죠?] 괜찮았죠. [조사자: 땅도 기름지고 과수원도 많이 하고 그쪽은. 바다도 가깝고.] 예. 그리고 다 읍이 가까워가지고 직장들도 다니고 농사짓는 사람들도 있고. [조사자: 역도 있으셨죠?] 응. 그 괜찮게 살았어요. 연압읍 모정리라는데요. 거기가. 근데 연안. 정거장은 연안 정거장. [조사자: 인민군이 막 뺏어가고 그런거는 없으셨어요? 여성동무 말고.] [조사자: 물자 같은거 징발하느라고.] 그런데 우산 장사하던 집에. 그 집에는 원체 재산이 많으니까 그 집에가 자청해서 얼마 내놓았다고 그래요. [조사자: 그렇게 해도 못살게 굴어서 결국엔 내려왔구나.] 그럼. 그래도 이 남한으로 나와야 사는 그 살아야겠으니까 나왔지. [조사자: 그러면 또 아무리 그래도 그 동네에서도 못 사는 사람들이 있었을거 아니에요.] 못 사는 사람들 있었죠. [조사자: 그 사람들은 잘 안내려왔겠네요.] 안 내려온. 내려올 채도 안하지. 거기서 견뎌 배기고 나 또래에는

어디 건너 배겼는지 하여튼 있을 것 같아. 내 또래 되었을 것 같아. [조사자: 지금도 만약에 가면 고 또래의 친구들이 지금 살아있겠네.] 있겠죠. 내가 그래서 자서전을 써놨잖아. 그래서 나중에 친구들. 나중에 내 또래 같으면. 근데 거기서도 뭐 자연이 풍부하지 않아요. 그러니까 아무리 뭐 정부에서 세금을 많이 거둬도 먹고 사는 거는. 이렇게 보면은 많이 세련되었다고들. 화면에 이북창 보면은. [조사자: 생각보다?] 네. 그전보다 더 많이 세련되고 뭐 옷들도 보면 잘 입고. [조사자: 혹시 뭐 사진 같은거 없으시죠?] 사진 다 없어졌어요. 몇 장 갖고 나왔었어요. 초등학교 5학년 때 친구들하고. [조사자: 아. 그런 사진이 있어야되는데.] 그거 있었어요. 그런데 어디로 갔는지 없어졌어. 단발머리하고 이렇게 다섯 명이서 찍은거 있어.[조사자: 학교 다니셨을거 아니야?] 네. 학교다니고. [조사자: 껌정 저고리, 껌정 치마에 하얀 저고리.] 네. 하얀. 그거 있었어요. [조사자: 그럼 거기서 중학교까지 다니셨겠네요?] 거기는 연안 중학교가 하나였어. 거기 읍에. 그래가지고. 내가 5학년땐데 우리 동네 여학교 다니는 그 언니뻘 되는 여자가 있었어요. 근데 그 여자가 하루는 나를 인제 학교에서 끝났는데 초등학교 5학년 때니까 끝나고선 정문에서 나오는데 거 정문에 기다렸다가 나를 끌고 가더라고. 그래서 내가

"왜 그래 어디 가냐?"고.

그랬더니

"저기 그네 타는 데 가자!"고 그래.

그래서 거길 가서 있었는데 인제 다 모였는지 자기네들끼리 뭘 모였는지 자기네 언니네 집이라고 그러면서 가드라구. 날 데리구 가드라고. 그래가꼬 어느 방. 건너방에다가 인제 나를 들여다 앉히더니 지들끼리 쑥덕쑥덕 하더니 같은 반인지 상급 일학년 상급 학생인 것 같아. 그런데 들어오더라구. 그런데 엑스 삼는거래. 한참 엑스언니 삼는거 있었어. 유행어로. [조사자: 그게 뭐에요?] 엑스언니. 그러니까는 여자 중학교 [조사자: 자기 후견인 되고 이런건가?] 그때는 한창 그게 유행이었어요. [조사자: 엑스언니라고 그래요?] 네. 엑

스언니 삼는거래요. 그니까 내가 오학년때 거기다가 앉혀놓고. [조사자: 초등학교 5학년때요?] 네. 국민학교 5학년 때. 그런데 인제 나를 이제 들여보내놓고 지들끼리 밖에서 히히덕 쑥덕쑥덕 뭐라고 그러더라구. 그니까 꼭 미아에 오는 것 같애. 남자 여자 이제 선 보는 것 같이 그렇게 장소를 해놓고선 요런 쪼고만 상을 하나 갖다놓고 거기다 다과를 갖다 놓고. [조사자: 엑스 언니 삼으셨어?] 그때는 그게 참 유행이었어. 엑스 언니 삼는게 유행이었어. 시어머니야. 말하자면. [조사자: 뒤도 봐주고 뭐.] 그니까는 자기 동생을 만드는거야. [조사자: 의붓 동생 비슷하게?] 네. 그래가지고 데리고 다니고 놀러다니고 그런거지. [조사자: 그러니까 그 언니들은 귀여운 동생이 생기니까 좋은거고 동생은 의지할 언니가 생기니까 좋은거고 그런거에요?] 나는 그냥 부끄럽기만 하고 싫다고만 그랬어. (조사자와 제보자가 웃는다.) 무섭더라고. 싫다고 싫다고 그랬는데 강제로 갖다 방에다가 들여 앉혀놓고선 그래가지고 우리 집으로 온다고 그러는데 한번은 왔어. 우리 엄마 없는데 왔어. 저기 필기도구 무슨 공책. 무슨 고급으로다가 잔뜩 사가지고 왔더라고. 그러니까 언니 됐으니까. [조사자: 아. 엑스언니가?] 네. 사갖고 왔어요. 무슨 담요도 사갖고 오고 하여튼 학용품도 많이 사갖고 왔어. [조사자: 재미있는 풍습이네.] 그때 그랬어. 나 그때 오학년 때는 그런 거 있었어.

의사 부인이었지만 가난했던 피난살이

조 영 자

"아이고 영자야, 엄마 아부지 너네 집도 다 부서졌는데, 너는 나랑 같이 가자."

자 료 명: 20140827조영자(거제)
조 사 일: 2014년 8월 27일
조사시간: 90분
구 연 자: 조영자(여 · 1929년생)
조 사 자: 김경섭, 김명수, 이원영, 이승민
조사장소: 경상남도 거제시 둔덕면 하둔리 조영자 화자 자택

[조사과정 및 구연상황]

거제시 둔덕면 하둔리 화자의 자택에서 조사가 진행되었다. 하루 전에 미리 연락을 하고 방문했기에 화자는 조사팀을 반갑게 맞이해 주었다. 개인 주택에 혼자 생활하고 있는 화자는 조사팀의 방문에 고맙다는 말을 여러 번 할 정도로 집에 사람이 북적이는 상황을 즐거워하는 듯했다. 북한에서 생활했던 장면부터 월남 당시의 과정, 남편과 남한 생활을 매우 소상하게 구연해 주었다.

[구연자 정보]

조영자 할머니는 함경남도 이원군 철산 출산으로 성장해서는 주로 흥남에서 생활하였다. 집안이 어려워 흥남의 큰 공장에서 급사로 일하면서 야간학교를 다녔다. 집안 사정으로 화자만이 동네 아주머니와 흥남철수 때 거제도로 내려왔지만, 거제 도착 후 하천면 쪽으로 이동하다가 아주머니와 헤어지는 바람에 졸지에 전쟁고아가 되었다. 이후 여러 집을 전전하며 어려움 속에서 살다가 청진에서 피난 온 의사를 만나 결혼하였다. 병원 근무하는 남편을 따라 부산에서 생활하다가, 거제로 돌아와 남편이 개업하였고 줄곧 하둔리에서 살아왔다. 적지 않은 나이지만 발음이 정확했고 이야기를 엮어 나가는 능력도 훌륭한 화자였다.

[이야기 개요]

공산당이 공단에서 일하는 여공들을 조직하여 문화활동과 각종 소규모 활동을 활발하게 진행했는데 화자도 여기에 속해 있었다. 공단에서 작업과 공부를 병행했는데 화자는 남성들이 주로 했던 '전기과'에 들어가 수학여행을 통해 일제가 건설해 놓은 북한의 각종 발전소들을 견학하며 감탄했다고 한다. 8남매 중 넷째로, 큰오빠는 인민군으로 전사했고 둘째 오빠는 반공단체로 활동하면서 해방이후 숨어 다녔다. 그러다가 전쟁이 나서 집이 폭격 맞아 사라졌다. 흥남부두로 피난 갔는데 다시 국군이 와서 연합군 배를 타고 거제도로 월남했다. 그곳에서 함께 온 아줌마와 떨어지고 남의 집에서 뜨개질 하며 생활을 연명하다가 지금의 남편을 만나 결혼하고 남편의 의사 일을 도우며 자식들을 키우고 살았다. 남편이 너무 고지식하고 융통성이 없어 의사로서 돈을 잘 벌지 못하였고, 자식들도 제대로 공부시키지 못한 것이 한이다.

[주제어] 공산당, 함흥 공단, 여공, 문화생활, 수학여행, 흥남 부두, 철수, 전쟁고아, 뜨개질, 의사 남편, 연합군, 월남

[1] 이북에서 해방을 맞고, 김일성이 들어오다

[조사자: 할머니 성함부터 좀 말씀해주세요.] 저는요. 저기 나라조자 조. 꽃부리 영자 영. 아들 자자 그래서 조영자. [조사자: 몇 년생이세요?] 원래 내가 31년생인데 호적정리하면서 잘못됐어. 그래서 내가 그바람에 감사해. 3년 먼저 차비 타 내가 우리 식구 같아서 말하는 거야. 그래가지고 지금 29년생으로 되어있어. 29년 2월 16일인가로 되어있어. 저그들 잘못이지 내 잘못이 없어. [조사자: 원래 나이는 올해 여든 셋이신가요?] 진짜 나이는 팔십서이고 호적나이로는 팔십육세지. [조사자: 원래는 31년생이신거에요?] 응 31년생. [조사자: 어제 그 할머니랑 동갑이시네요. 염색은 하신 거에요?] 염색했지. 나는 그래도 흰머리가 늦게나오고 그렇게 많이 안나와. [조사자: 그런데 피부 관리는 어떻게 하셨길래.] 피부는 하나 까무잡잡하잖아. 원래 필리핀에서 왔거든. 내가 농담도 잘하고 성격이 참 좋아. 손주들 같은 사람들 봐서 너무 좋다 감사하고. [조사자: 고향이 그럼 원래 어디세요?] 고향이 내 출생지는 함경남도 이원

철산이고 [조사자: 이원철산이요?] 응. 이원철산이라고 그러면 다 통해. 이원철산이고 거기서 나와서 흥남에서 살았어. 함경남도 흥남시. [조사자: 거기서 몇 살때쯤…?] 거기서 살면서 좀 가난하게 살았어. 이북에 있을적에. 아버지가 평양사람인데 이북에서 객지 나와서 우리엄마랑 결혼해서 살면서 넉넉한 살림이 못됐어. 그래가지고 일제 강점기 열네살 때 내가 해방됐어. 지금 그러니까 69년됐대? 해방된지. 69년인가? 그렇게 돼. [조사자: 맞습니다.] 그래가지고 이제 해방 1945년에 안됐나, 그치? 1945년 8월 15일에. 8월 15일날 해방되가지고 김일성이 들어왔잖아. 이북에는 김일성이고, 이남에는 이승만 대통령이고. 그랬어.

그래가지고 5년동안 김일성 밑에서 살았어. 그래 살면서 그때는 일제 강점기도 일본사람들이 막 우리 한글 못배우고 일본말 배우라고 막 강제를 했어. 여기다 완장으로 '일본말 하라고' 자기 국민말하라고. 초등학교때 이제 집에 올때는 그걸 숨겨놔 애들이. 그러니까 그걸 씌워줘. 어떻게 하다가 조선말 나오잖아. 그때는 어리니까 뭐 일본말 많이 할 수 있어 그러니까 될 수 있는 한 말 많이 안하지 애들. 그러니까 일본 사람들이 교육 그렇게 시켰어. 해방될 무렵이라 그때. 그래가지고 우리 막 국문 조금 배우려고 할 때 45년 해방됐어. 그래서 5년동안 김일성 들어와서 살았잖아. 그때 내가 학교 늦게 들어가서 1학년에 들어가서 다까도비라고 뛰어올라가서 3학년을 들어갔어. 3학년을 4학년 때 해방되가지고 폐지된거야.

[2] 이북의 5대공장, 공단 여공의 수준 높은 문화생활

그래가지고 6.25동란 때는 그때는 인민학교 5년. 그때도 학교 오래 못 다녔어. 그때는 힘들어서. 그때는 흉년이 한 3년 연속 내리 들었어. 내가 어렸어. 14살 때야, 그래서 학교도 오래 못 들어가고 막 담임선생님 날 공부시킨다고 그래도 우리아버지가 신세 망친다고 못하게 하고 그랬어. 그때는 이북

사람들은 돌지 않는 사람 먹지 말라 이래가지고 억지로라도 뭐라도 해야. 학교안다니면 직장이라도 다니고 이래야돼. 그래가지고 이북에 흥남에는 5대공장이 있어. 봉공화학공장, 비료화학공장, 제련소, 질소, 하튼 뭐 그래가지고 5대공장이야. [조사자: 잠시만요, 다시한번 얘기해 주세요.] 다른 사람들은 이런 말 안 해주지? [조사자: 5대공장은 얘기해 주신 적 있는데 뭔지는 얘기 안 해주셨었어요.]

나는 직장 다녀서 잘 알지. 질소도 있고, 화학공장 있고, 비료공장, 봉공화학공장, 제련소. 아 제련소에서 금 뽑을 기다. 그래서 하여튼 5대공장이라. 그때는 김일성이 들어와가지고, 바로 세뇌교육이라. 그래가지고 내가 어디 들어갔는가 하면 직장에 문화계 급사로 들어갔어. 그래가지고 만 16세 되면 공장에 들어가도 돼. 그때는 노는 사람이 없었어. 봉공 화학공장은 뭐하냐 하면은 2000도의 전기에다가 새파란 돌을 큰 걸 함경북도 그쪽에서 캐와, 이북에는 지하자원이 많잖아. 그거를 갖다가 2000도 불에다가 녹혀. 녹혀가지고 녹히면 그게 카바이트가 되는게 아니라 가스 되는거야. 그 가스 가지고 불도 켜고 다 했어. 장사하는 사람들도 여기다가 가스 여가지고 요래 하면 불 켜가지고 다 그래 하고. 가스 그거 소련에 수출도 하고, 그랬어. 그랬는데 봉공화학공장에서 카바이트 가지고 나는 직접 그거 안 해봐도. 이야기들으니까 그거뭐야 술도 빼고. 카바이트 술이 참 좋아. 카바이트 술이. 아르꼬르(알콜)인데 그건 먹고 나도 머리 안 아프고. 공장에서 쓰는 거지만은 카바이트 술은 다 좋아 하는거야. 깨면 맑대 머리.

그때는 애여서 안 먹어봐서 몰라. 그거가지고 또 인조도 빼고 치약도 만들고 카바이트 채 가지고 그랬어. 이북사람들. 그렇게 하고 이북에는 저 사람들이 너무 이렇게 저 말로 하자면 공짜로 바라고 내 생각이 그래 지금. 이북에는 지하자원도 많지만은 전기가 발전소 이렇게 많아. 이북에도 직장에 따로 있어. 문화계라고 있어. 저쪽에 무슨 활동하게 청년들 이래가지고 점심시간에 나가서 이완사업도 하고 노동자들. 그래가지고 청년들을 많이 포섭해가지고, 그래. 그렇게 해가지고 하여튼 청년회 이제 다 잊어버렸다. 소년단, 여성동맹 그런 단체가 있어. 그래가지고 그 중에서 청년단부터는 만 20세 이상 노동당에 속한기라. 노동당에 들어가야지 자기네 이북사람들이 인정하는거야. [조사자: 당원이 되는거군요.] 그래가지고 우리는 그때 노동당도 모르고 할땐데, 문화계 들어갔다가. 거기서 내가 뭘했냐면, 나는 100M 릴레이를 좋아했어. [조사자: 달리기 잘하셨구나.] 응. 쪼그매도, 달리기 잘했어. 그래서 맨날 스타트 나가는거야. 잘 뛰는사람은 스타트하고 라스트하고 한다고. 그죠? [조사자: 잘 아시네요.] 그래, 그래가지고 하는데 공장대표로 이제 나가서 5대 공장에서 한번씩 경기를해. [조사자: 체육대회요?] 응. 체육대회를 하는데 이북사람들은 문화계 같은 건 그때는 이남이 이북보다 한 20년떨어졌어.

[3] 이북의 여성해방운동, 개마고원과 수력발전소로의 수학여행

그 소련사람들 들어와서 막 여성해방 운동이라 이래가지고 여성들 막 권리를 많이 준거야. 여자를. 여자들 권리주고 여자하고 남자하고 동등권이다 이래가지고. 여자들한테 막 자유를 풀어준거야. 그래가지고 소련 사람들 나와가지고 그때는 한참 여기 말하면 양춤아니가. 막 춤을 추고 지르박 그런 것 춰도 흉이 안됐지만은, 그때는 그게 다 옛날이어서 흉이 아니라. 그래도 그거 다 소련사람들은 그거 잘해. 캐피딴스라고 여러 사람들이 모여서 춤추는거. 그런거 이제 소련문화를 따라가는거야. 그때는 누가 있었냐 하면은 소련에는 스탈린이라. 노래도 다 잊어버렸어. [조사자: 기억나시는 거 있으시면 좀.] 그때는 뭐 장백산 줄기줄기 피어린 자는. 군가 그것도 하고 스탈린 대원 노래도 하고, 전부 유행가는 못불러. 퇴페적이라고, 사람이 마음이 그거 때문에 정치에 대해서 신경을 안쓴다고 사람들 갖다 정치계통 이렇게 하는 거야.

그래 내가 소년단 댕기면서 어른은 8시간 노동, 소년은 6시간 노동 그러면 두 시간은 오후에 공부시키는거야. 그래 거기 인제 1년 댕기면은 중학교 고등학교 자격증 줘가지고 직장에서 또 고등부로 들어가. 거기 3년 졸업하면 야간전문학교에 넣어줘. 그 사람들은 배워주는 거는 끝내주게 배워줘. [조사자: 아, 일하면서 배우게 해줬구나.] 할머니도 글 모르는 사람 없어. 강제로 해다가 해방되가지고 문맹퇴치사업이라 이래가지고 막 나는 잘하는 건 잘한다 한다. [조사자: 그럼요.] 그런데 그렇게 해가지고 이북할매들이 여기할매보다 글은 더 잘 알아. 많이 알아. 억지로라도 글 배우니까. 근데 이북에는 그거는 산지대가 많고 거기에는 지하자원이 많고 이남에는 지리상에 배울 때도 그렇게 배웠어. 이남에는 평야가 많으니까 농사가 많고, 이북에는 지하자원이 많은 거야. 그래가지고 쌀이 어디어디 많은가 하면 원산 평양 이짝에 내려올수록. –중간에 전화옴– 그래가지고 이북에는 그때 중학교 때 직장 다녀도 과가 다 있어. 전기과, 기계과, 화학과, 토공과 그래있어.

토공과만 여자 없고, 세과는 여자 12명씩 있어. 내가 어디갔냐하면 전기과라. 전기과 들어갔다 했어. 전기과는 공부도 힘들어 이제 다 잊어버렸어. 그때는 조금 배워가지고 직장도 어디 배치됐냐하면 야간학교 졸업해가지고 급사 안하고, 그때는 전화 없으니까, 있어도 많이 안하니까. 급사를 하면 많이 배워. 글을 써서 "니는 어느 직장에다 갖다 주라" 이래. 배달원이라 이제. 아침에 나와 청소하고, 직장에서 심부름하는 사람이지. 우편배달맨키로 직장에서 서류 보내라는 데로 보내고. 문화계에 있으니까, 또 어디 중앙에서 손님오면 호텔에 안내하고 그랬어. 쪼깬해도. [조사자: 아.] 우리가 수학여행갔어. 야간학교에서 수학여행갔는데 어딜갔냐하면 개마고원! [조사자: 하하] 개마고원에 갔어. [조사자: 버스타고 가셨어요 기차타고 가셨어요?] 그때는 버스가 없어. 아주 귀했어. 그래가지고 빽 칙칙폭폭하는 기차가 공장안에 다니는 게 있었잖아. [조사자: 증기기관차] 그걸 타고 함흥으로 해서 오로리를 가서 거 가가지고 저 장진에 가가지고 거기 가면 산이 바로 이래 95도 각도라.

그런데 그게 지금 보면 뭐인가 하면 케이블카. 일본사람들이 말이 뭐라하냐면 이꾸라라 그래. [조사자: 이꾸라.] 위에서 줄로 당겨가지고 전기로 당겨,

그럼 사람들이 그걸로 여행가잖아. 앉을때는 바로앉아도 산이 높아놓으니까 올라가면 이-래돼. 산이 얼마나 높은가 거기 올라가면 안개가 자욱해가지고 기압이 낮아서 귀가 멍멍해. 그래서 거기서 이제 또 내려가지고 한참 또 가 가면 빽 칙칙폭폭하는 차 또 있어. [조사자: 또 있어요?] 그걸 타고 우리 전기과라고 보여 주는거야. 그래가지고 전기 어떻게 되고 수력발전이 어떻게 되고 물이 어디서 넘어온다고 그걸 교육받으러 간거라. 견학 간거라. [조사자: 아– 견학 비슷하게 가신거구나.] 그때 참 잘갔지. 하하 돈 주고도 못가 는거. [조사자: 지금은 못 갈텐데요.] 그렇지! 그래가지고 갔는데 거기 사진도 못 찍게해.

그때는 내가 통통배 옛날에 고기잡는 사람들이 기관. 지금 배가 모두 좋은거지만은. 모터배 그거 처음 탔어. 그래가지고 막 여행가면 사진 찍는 것도 있는데 그런 거 가져올 수도 없었고, 그걸 어디로 갔냐 하면은 압록강 물을 일본사람들이 이북에 와서 일 많이 했어. 큰 굴을 뚫어가지고 압록강 물을 그거를 땡겨가지고 그 넓은 산에다 저수지를 만들었어. 저수지를 만들었는데 그 물이가 이제 가득 찼잖아. 그러니까 이제 이북에 전기 전기 일, 이, 삼, 사까지 있어 이렇게 해가지고. 그래가지고 우리가 그 물 내려오는 걸 받아가지고 전기 이렇게 [조사자: 수력발전소.] 응, 수력발전소를 우리가 실험하러 가는 거야 구경갔어. [조사자: 아, 그걸 견학가신거구나.] 어. 그 물을 이리 큰 데서 내려오면 물살이 얼마나 세겠어. 그래가지고 거기 물 받는 바가지가 딱 세 개 있어. 그걸 탁 내려오면 이렇게. 그래가지고 거기서 전기 이렇게 만드는 거야. 우리는 전기과라 특별히 구경 시키는 거야. 그래서 그 물을 받아가지고 그 밑에서 수력발전을 또 하고 또 하고 4호까지있어. 그게 전부 일본사람들이 만든거야. 그래서 이북사람들이 전기를 소련에다 팔아먹었다니까.

그렇지 함경북도가면 또 그런 게 있어. 또 평양에, 평양 그게 이북사람들은 자기네 인민공화국에서 제일 최고로 아는 수력발전소가 평양에 또 있어. 내 기억이 안난다. 그래 있어가지고 전기 참 마음대로 썼어. 전기 꼽아서 밥도

해먹고. 일본사람들 너무 한국 사람들이 바로 마 지금 우리가 이남에서 저짝에 건너다보면 집을 지었잖아. 내가 개성까지 갔다왔어. 요번에 한 3년돼. 우리 아들이

"엄마 고향에 가"

그때 마산에서 계모은 돈으로 아들이 거기다 놔가지고 개성에 한번 갔었어. 그런데 거 가면 집 이렇게 있잖아. 우리도 그런데 살았어 일본사람들이 있을 적에. 집 이렇게 두루지 져가지고 한줄에 여덟가구씩 살아. 방 이렇게 두 개 하고 그때는 연탄부서, 이북에는 연탄이 많아. 석탄이 많으니까 연탄이 많아. 그래가지고 연탄부서 만들어가지고 그래가지고 직장 댕기는 사람들 무료로 줘. 직장 다니는 사람들 세 안받아. [조사자: 관사 비슷하게.] 어. 근데 일본사람들은 그 계급층이 아주 세. 그래가지고 계장부터 반장부터 계장 과장 사장 집도 다 달라. [조사자: 아 계급별로요?] 어. 동서남북을 딱 갈라가지고 동부는 저 계장, 북구는 과장, 머 서구는 누구. 이렇게 계급층이 심했어 일본사람들이. 그쪽에는 가면. 이북에는 흙도 참 좋아. 벽돌도 나는 여기와

서 그런 빨간벽돌 못봤어. 이북에는 벽돌 손으로 만들어가지고 벽돌이 얼마나 좋은지 몰라. 지금 보면 거기 흙이 바로 찰떡한가지라. 이북에는 진짜 뭐 하나 버릴거 없어. 우리 진짜 통일만 되면 너무 살기 좋다.

[조사자: 그럼 원래 형제가 몇형제셨어요?] 그래 나는 우리 8남매인데 우리 엄마가 [조사자: 8남매요?] 응. 근데 서이 죽고, 다섯인데 우리 큰오빠, 작은 오빠, 우리언니는 시집갔고 나하고 내동생하고 있는데. 우리 큰오빠는 제일 먼저 인민군대 가서 전사당했고 평양에 가가지고 1차에 6.25 딱 나가지고. 이제 작은오빠는 이남정치야 거기서 막 삐라도 뿌리고 그런 활동을 했어. 그러다가 인민군대 안갈라고 막 도피댕기다가 그래가지고 내가 학교댕기고 그때는 야간학교 댕기다가 전문학교 다닐라고 시험치는데 우리가 조금 부족하지않아. 그렇게 하고 무슨 학과를 갖다가 전기과면 전기과래도 1학년부터 2,3,4 이렇게 순서대로 올라간게 아니고 공장에서 중간에 가가지고, 그때는 인민대 안갈라고 여자들도 막 인민대 뽑았어. 저저

"인문학교 갈 사람 따로 나온나. 나와서 이쪽에서 시험쳐라."

그랬어. 그래가지고 거기도 전기과가 다 있었어. 토공과만 없지 전기과 화학과 여자가 다 있었어. 그때는 이북에서 여자들이 우리가 1차로 공장에서 졸업해가지고 여자들이 선반까지 했어. 기계과 나온 여자들은. [조사자: 선박? 배 만드는거요?] 선반, [조사자: 아아, 선반. 쇠 깎는거요.] 쇠를 깎는거 기계로 모터도 깎고 그런것도 여자도 할 수 있어. 잘했어. [조사자: 그럼 팔남매 중에 몇째셨어요?] 내가 8남매중에 내가 넷째네. [조사자: 오빠 둘에 언니 하나 있으셨던거구요?] 응. 그래가지고 내 지금 그거 얘기할라그래. 그래가꼬 우리 전문학교 시험 쳤어. 좀 간닝구, 선생님이 문제를 좀 가르쳐 줘가지고. 그때도 뭐 어두우니까 요새같으면 택도아니지. 일본말로 간닝구라고 했어. 살짝 보는거. [조사자: 컨닝, 살짝 보는거요?] 어어. 그래가지고 시험을 쳐서 붙었어.

[4] 일제강점기 연합군의 폭격, 그리고 폭격당한 집

그래 그때는 한참 전쟁중이라 이북사람들이 그때는 해방되서 5년만에 6.25났잖아. [조사자: 네.] 6.25났는데 6월 25일이 지금 우리 한국 대한민국 싸움붙었잖아. 그런데 11월에 내가 여기 나왔잖아. 그 전에 이야기를 내가 하는거야 지금. [조사자: 네네.] 그런데 그 전에 이제 학교에서 시험쳐서 그때 가을이라, 시험쳐서 어디로가는가하면 우리가 피난갔어. 하도 전쟁하느라 도시는 공부못해. 일본사람들이 삐이십구 와가지고 그때 [조사자: B-29] 해방될 당시, 이야기해줄게. 6.25때 이북이 친거 그거 어찌됐는가하면 봉공화학공장에는 큰 굴뚝이 4개라. 비료공장에는 비료만 만드는기라.

그때 김일성이 와서 연설도 하고 그랬는데. 근데 그렇게 전쟁이 나도 직장은 지켜야해. 직장은 사수해야해. 내 목숨을 바쳐서 지켜야해. 근데 내가 전기과 무슨 근무했냐면은 배전반 근무했어. 배전반 근무. 그 메다기 적는거. 그거는 3교대가 있어. 여자들도 해야돼. 거기는 남녀 공학이 되놓으니까 그때는 우리만해도 참 좋았어. 그래가지고, 이 이남에서 막 미국사람들 전쟁나는거 하이튼 1미터마다 하나씩 폭탄 떨구는거야.

[조사자: 연합군이 폭격하는 거 말씀하시는거죠? 해방되기 전에?] 그렇지. 그러니까 6.25이야기 하는 거야. [조사자: 6.25때요?] 응. 6.25때. 봉공화학공장도 제일 중요한데는 안쳐, 막 변전소라던가 큰 굴뚝같은거 그런 건 안쳐, 근데 비료공장 거기에는 큰 굴뚝같은게 없어. 그래가지고 공장을 때려 쳤는데 1미터마다 하나씩 쳤어. 비이십구가 떠가지고, 제트기가 떠가지고 비 이십구는 큰거고. 제트기 그거는 앵 하면 머리 위에 와야 소리가 나는 거야. 얼마나 빠른지 앵 하면 싹 내려가고 올라가면 벌써 폭탄 딱 떨구고 올라가는거야. 그래가지고 흥남 비료공장이 불바다가 됐어. 그때 내가 어찌됐냐 하면은 봉공 공장에서 다니다가 3일인가 길이 막혀서 못 내려오고 있다가 집에 와서 잤어. 밥도 못 먹고 자고 있는데

"엄마 오늘은 비행기 소리 이상하다. 엄마 비행기소리 심하면 날 깨우세요."

그랬어. 그때 당시에는 집집마다 문앞에다가 사람 앉으면 요렇게 높게 방공호를 파야해. 직탄만 안맞으면 사는거야.

그러니까 그 위에다가 굴을 파가지고 고구마 굴처럼 파가지고 그 위에다 나무 때기 놓고 그 위에다 흙을 덮어. 비행기 나오면 그리 들어가. 근데 마침 우리집 앞에 있던자리 폭탄이 떨어졌어. 여기서 딱 울타리만 거기 떨어졌어. 그때는 문 잠그면 안된대. 울엄마가 겁이 나서 그래 문을 다 잠궜어. 문이 탁 떨어져서 이게 폭삭 내려앉은거야. 그래 내가 잠을 자다가 딱 우리아버지 방공호에서 나오는거야. 그래 내가 우리 직장에서 훈련한대로 6.25나니까. 폭탄 떨어지면 배하고 고막하고 눈하고 빠진대.

그러니까 [조사자: 이렇게, 이렇게 막나요?] 어. 이렇게 귀하고 눈하고 막고 훈련했어. 그러면 엎드려. 그게 훈련이라. 그래가지고 나는 입을 하 벌리고 있었는데 입에 먼지가 다 날아서 입안에 들어가서 말도 못했어. 그래서 우리 아버지 방공굴에서 나와가지고 "영자 어디갔니 영자 어디갔니."그랬어. 그래가지고 거기들어가고. 아버지 먼저 들어갔어 거 바쁘면 다 자기먼저 들어가는거야 허허. [조사자: 하하하]

[5] 흥남부두로 가는 피란길, 오빠의 소식을 듣다

그래가지고 이제 나는 학교로 갔어 학교 이제 거기는 홍원이라는 데 있어 홍원 [조사자: 홍원] 어. 흥남 부두가 거기에 명태가 많이 나. 이북에는 명태가 유명해. 그래가지고 명태 바리가 많이 해. 그래서 우리가 피란갔어 피란가서 공부했어. 그때는 폭격이 좀 덜할때야. 아직 전쟁 좀 덜할 때. 그래 홍원가서 공부하는데 막 어디서 전쟁소리 나고 막 어디서 막 그거 뭐야 꼬린내가 막 나는거야. 빨갱이들이 후퇴하면서 명태를 짚태같이 많이 쌓아놓고 부둣가에다가. [조사자: 그걸 다 불태웠군요.] 이북에는. 그렇게 하면 비도 오고 물도 맞고 얼고 그래도 맛있어 명태가. [조사자: 아] 산더미같이 쌓여있는데, 미군 오면 그거 먹는다고 [조사자: 다 불태웠구나.] 어. 다 태워버리고 자기들은 도망간거야. 우리 그때는 홍원이라는데 거기 가가지고 집집마다 한사람씩 두사람씩 공부한다고 하는데 그게 공부가 되나. 낮에는 폭격하지, 그런데. 그런데 6.25때는 이북에 산에다가 군인들, 호를 파. 호를 파놓고 밑에서 올라오면 내리 쏘는거야. 그렇게 할라고 군인들이 밤에는, 낮에는 못다녀 폭격 때문에. 밤에 가서 집집마다 다나가야돼. 다 나가서 호를 파는거야. 요만큼 군인들 그거하라고.

지금은 몰라 이북에 산에 어디 옳은 데 없어. 그래가지고 폭탄이 심하니까 전부 해산시키는거야. 학교에서 학교에서 해산시키면서 빨치산 부대 갈사람 따라오고, 집에 갈사람 따라오고 하거든. 선생님 명령이니까 할 수 없이 해야하는거야. 그런데 빨치산 부대 갈려는 놈이 어딨어. 다 집에 가려고 하지. 애들이. 그런데 거기는 공장 지대니까 기술 배우려고, 거기 기술배우면 군대 안가거든. [조사자: 아하] 그러니까 여 지금 촌에서 기술 배우려고 장가간 사람들 다 와가지고 기술 배웠어. [조사자: 군대 안가려구요?] 응. [조사자: 나이 들어서도요?] 그렇지. 그 공장 기술 배우면 좋지. 그리고 봉공 화학공장이 옛날에는 동양에서 제 이등. 두 번째 공장이라. 일제 강점기. 참 좋은 공장이라. 저그들이 잘 지키면 문제 없는거라. [조사자: 그러면 6.25나서 한창 폭격이 오고, 그리고 11월 12월쯤 피난간다는 소리가 나왔죠? 중공군들이 온다고.]

그래가지고 거기서 해산해가지고 해산해가지고 각자 집으로 왔어. 갈때는 한관령 고개라는 데를 넘었는데 그 99갠데, 올 때는 곱들령 고개를 넘는데 모두 해산해가지고, 한참에 많이 못와. 다섯 사람 열 사람 세 사람 이렇게 그룹짜서 넘어왔어. 그때는 가을이 되가지고 곱들령 고개를 넘으니까 낙엽이 막 밟아가지고 길도 잘 모르고, 그때는 군인들도 막 도망치는거야. [조사자: 그렇죠. 인민군들이 막 도망갔어요. 올라갈 때?] 군인들 군복벗고 내복바람 도망 많이 갔어. 전부 자기 살라 그러는거지. 그래가지고 겨우 나는 산꼭대기 올라왔어.

올라가니까는 우리 남학생이 그래. 전기과 남학생이

"아이고 영자 오빠 있느냐?"

그래, 그래서

"오빠 있는데."

그때는 아무리 친해도 오빠 얘기 못해. 오빠 도피 다니는 얘기 못해. [조사자: 아 둘째오빠?] 응. 도피댕기는 얘기 못해. 우리 오빠 그때 도피다녔어. 그래 나 찾는 사람. 그때는 우리가 뭐 어리니까 우리 이북에는 연애같은 것도 마음대로 못해. 그래가지고 연애라는 것도 몰랐고 그래가지고 산 꼭대기 올라오니까 남학생이

"아이고 영자 오빠 있느냐?"

그래. 그래 있다고 그러니까

"아이고 모자쓰고 한거보니까 영자 많이 닮았던데 영자 찾더라."

그래. [조사자: 오]

그러니까 우리 오빠 그때 도망쳐서 중국에 갔다고 나는 지금 생각해. 세 사람이 잡혔는데 그 중에서 한 사람이 튀었대. 그러니까 내 생각에는 우리오빠지 싶어. 지금까지도 그게 안잊어. [조사자: 그 반공쪽으로 일한 모양이네요 북한에서?] 그러니까 이남 일했다니까 반공 일했지. 그래가지고 밤에 와서 막 끌고 가가지고 권총 따발총 그런 걸 양쪽에서 대고 그랬어. 내가 취조받고 나오고 그랬어.

[6] 사형장에 끌려갔던 일, 마지막 배를 타고 남쪽으로 오다

그랬는데 그래가지고 이제 우리 밤에 넘어왔잖아. 이렇게 산 하나 사이에 두고 마을이 동네가. 그랬는데 밤중에 걸어서 내려오니까 날이 훤하게 샜는데 그때 이제 국군들 올라온거야. [조사자: 벌써요?] 어. 국군들 거기까지 진

격해서 흥남시가지에서 전투했대. 육박전 전투했대. 난 군인이 아니니까 내가 들은 소리 기억 안 잊어버려. 육박전을 했다. 그래서 사람 참 많이 상했어 죽고. 그래서 재를 넘어 오니까 막 만세소리 나는거야. 청년들이 인민대 안갈라고 도피 가있던 사람들이 [조사자: 국군들오니까?] 응. 막 여기다 태극기 달고 그리고 막 완장 차고 작대기 하나씩 들고 나와서 그사람들 해방 됐다고 막 좋아하는거야. 그래서 거 넘어오니까 이제 동네 들어와서 동네 들어오니까 군인들 집집마다 진격해 있어. 그때 이북에는 오로리 사과가 유명해. 사과가 빨개가지고 홍옥 뭐뭐, 사과도 참 맛있어 이북사과. 그래가지고 우리는 그때 막 겁이 나서 나는 같은 동갑중에도 내가 좀 작았어. 제일 작았어. 그래가지고 나오니까 정치, 정훈 병원같은 건 다 뜯어 내 버리고, 수학 같은 거 역사 배운 거 그런 책만 가져왔어. 그리고 학생들도 학생증 있고 또 무슨 청년증 있고 그런 증이 세갠가 네갠가 있어. [조사자: 그런거 다 버리셨겠네요.] 그래.

그런거 엥간하면 다 버리고, 이제 정치적인건 다 버리고 동네 들어섰지.

그러니까 국군들이

"학생 이리와!"

하는 거야. 이 사람들이 백골부대라. 모자에다 백골 탁 그리고. 걸으면 쩔거덕 쩔거덕 쩔거덕 해. 막 [조사자: 소리가요?] 응. 그 사람들 특수부대 아이가. 백골부대. 그 사람들 그래가지고 그 사람들이 학생들한테 많이 속아서 군인들이 많이 죽었어 국군들이. [조사자: 아-.] 여자들 유방에서 막 수류탄이 나와서 청년들. 이북애들 엄청 겁나. 정치적으로 교육받은 여자들은, 사상적으로. 그래가지고 군인들 많이 상했어. 그래가지고 여학생을 얼마나 조사쌌는지 몰라. 우리 사형장까지 들어갔다 왔어. [조사자: 네? 사형장이요?] 어! 그 사람들이 막 끌어다가 눈만 막 흰 띠 둘러서 빨갱이라고 끌어다 죽이고. 저 사람 빨갱이다 그럼 흰 띠 끌어다 죽이고. 이판이라. 그때는 무법천지라. 그래 국군들 들어오면 이집에 개있으면 개 잡아먹고, 소 있으면 소 잡아먹고. 제 멋대로라. 들어올때는 잘 들어와. 후퇴할때는 엉망이라. 개판 오분전이라.

거 우리 동네도 아가씨 둘이 총맞아서 죽었어. 저 흑인들이 막 후퇴당시 갈겼어. 그래가지고 집에 오니까 우리집이 다 부서지고, 아버지 어머니는 어디 가있냐하면 내 동생하고 산에 가서 이렇게 그것도 배워야 되겠드라. 이렇게 굴 파가지고 우리아버지가 굴 파가지고 겨울 날기라고 온돌을 놓고 굴뚝을 내고 산에다가 위에다 풀로 덮고 안에다가. 안에 뜨셔. 그리고 우리 아버지가 내 오도록 기다리는거야. 거기서. 엄마하고. 그래가지고 국수도 내가 오면 삶아 먹을거라고 벌레가 먹어서 그땐 양식도 귀했어. 그렇게 살았어 우리가.

[조사자: 그래서 국군한테 심문당하셨어요? 조사 받으셨겠네요.] 어, 그래가지고. 국군들 들어와가지고 6.25났을 때 10월달에 왔으니까 한 5개월 살았잖아. 그러니까 그때 또 국군들 들어왔으니까 우선 공장을 복구해야 하는거야. 변전소니 [조사자: 예예, 전기를 갖다 써야하니까.] 그렇지. 집이 부서졌다고 그러니까 주택을 하나 주는데 우리 옛날에 우리 있던 그 옛날집 일제시던 이런

집 빈데 많아 집 없다고 그러니까 거기 오라 그러고. 우선 직장에 들어갔어. 먹어야 될 거 아니가. 우선 직장에 들어갔는데, 인자 하이튼 이북 인자는 저기 뭐야 저 중공군들이 넘어온다고 하는기라. 내가 말이 자꾸 안된다 나이많아가. 중공군들이 넘어온다고. 빨갱이들이 다시 넘어온다하는기라. 그러니까 인제 국군들이 후퇴하는기야.

그때는 흑인들 미국사람들하고 많이 나와서 갈겼다. 그래가지고 흥남부두에다가, 내가 또 거기까지 갔잖아. 내가 좀 별나. 머스마라 내 별명이. [조사자: 아 별명이.] 어. 반머슴아라 그래가지고 흥남 부두를 갔더니만 저기 열차에는 가니까 레이션 박스 군인들 줄 레이션 박스가 막 가득 차있는기야. 막 여기저기 막 그런데 그거 사람들이 군인들이 후퇴하고 없으니까 그거 막 훔쳐다 먹는거야. 그래가지고 내가 거기를 왜 갔는가 하면, 배 번호탈라고. 이남으로 나오는 배. [조사자: 아, 철수하시려고.] 1차, 2차 벌써 출발했는거야. 여 우리 타온게 LST배가 제일 마지막배라. 그래가지고 번호타러갔는데. [조사자: 그렇게 번호를 줘요?] 어. 그날이 번호 안줘. 그래 못갔어. 우리집에는 나밖에 운동 할 사람이 없는거야. 울 아부지도 나이 많고. 그때는 벌써 50살 넘으면 할아버지 할머니다. 그래가지고 갈때는 괜찮았는데 올때는 동네 아줌마들하고 같이 넘어왔어. 근데 흑인들이 막 모래주머니 가지고 보초 서는 그걸 만들어 놓고 예쁜 아줌마들 있으니까.

"아줌마, 색시 이리와! 이리와!"

이래 미국사람들이. [조사자: 한국말로요?] 그래! 그런 건 잘 배운다니까. 그래서 내가 막 꾀를 부렸어. 이렇게 산 꼭대기에서 우리 집이 보여. 고 밑에 내려가면 집이라 바로. 그래서 내가 아줌마들 가만히 있으소 내가 아줌마들을 살려줄게 이랬어.

그때도 나도 막 머슴아처럼 바지 입고 옷도 남루하게 입고 얼굴도 칠하고 그랬어. 그래서 내가 막 엄마! 엄마!하고 다리를 이러고 막 울었어. 거기서 막 그 사람들 무섭다고 막. 무섭고 권총 가빈총 두고 오라그러는데 안무섭나.

[조사자: 흑인이니까 더무섭구요.] 어, 그래서 막 우니까 아줌마들 서이 나 때문에 살았어.

"가라! 가라!"

그래. 그래가지고 그때 내려왔어. 내려와가지고 3일인가 있으니까 우리 직장 동료들이 문준식이란 총각하고 김인식이란 총각이 있었어. 우리 직장 사람들이 다 지시 나왔어. 내가 집에 있으니까

"아 영자 지금 피란가야 된다."고.

지금 LST배가 떠나고 저 밑에서 집집마다 흑인들이 쫓는다. 그기라. 배로 가라고. 배로 가라고.

그래서 그거 군인들 먹을 양식. 밀가루, 납당밀, 안남미, 대만미, 쌀 부둣가에 산더미처럼 쌓아놨잖아. 군인들 먹을라고. 그랬는데 이 미국사람들이 후퇴하게 생겼으니까. 그거를 집집마다 동네 있는데마다 싣어다 갖다 부어버려. 힘있는 사람 아무나 가져다 먹으라고. 이 빨갱이들 갔다가 속여놓고 불놓고 갔을거야. 미국사람들이 그렇게 고마운 사람이야. 그래가지고, 힘 잘하는 사람들은 그때는 옷도 귀할 때 아니가. 밀가루 포대가루 쭉 찢어서 털어버리고, 벼 가지고 오는 사람들꺼 자루 그거. 부두 가보니까 뭐 온통 밀가루 안남미쌀 무법천지야. 막 널려져가지고 그 아까운 쌀 곡식. 그래가지고 군인들이 후퇴 당시 동네마다 그걸 갖다 부어줬어.

그래서 그거 때문에 피란 안 나온 사람도 있어. 그래서 나는 막 그래 있으니까. 우리 집도 이제 막 나가라고 그래서. 우리 아부지하고 엄마하고, 우리집이 아줌마가 자기 아들 남편. 김일성 대학까지 공부시켰어. 그거 장사해가지고. 그런데 정치는, 사상은 그게 아니라. 그 여자 서울여자라. 그런데 나는 어려서는 가깝게 지냈지만, 맨날 직장댕기다 밤에 나갔다 밤에 들어오니까 아줌마는 알긴 알아도 그거했지. 그런데 그 아줌마 시어머니 있으니까 울엄마하고 아버지한테 맡기고, 나를 데리고 그때는 석달만 피란하라. 석달만.

그래가지고 나는 그 아줌마한테 무심코 따라나왔어. 나오니까 그날이 막 배가 출발하는거야. [조사자: 며칠인지 기억나세요? 12월 며칠인지?] 12월 그때 크리스마스 밑에라. 그래가지고 막 출발하려고 그러니까. 그 아줌마가

"아이고 영자야, 엄마 아부지 너네 집도 다 부서졌는데 우리집 여기와서 울 어머니 좀 모시고 있고 너는 나랑 같이 가자."

아주머니 애기 둘 데리고 배 이렇게 불러. 그래가지고 그 아주머니 그래도 양복이니 뭐니 많이 가지고 나왔어. 보따리 이고. 그 아들 내한테 올라고 하나? 내랑 가깝게 안지냈는데. 하여튼 그래서 일단 울 아부지가 부두까지 날 데려다주대. 배는 타면은 파도가 이면 섬에 가서라도 며칠씩 있는대. 그런다고 하면서 울 아버지가 빵을 만들어놨던걸 날 줘. 그때는 리꾸사꾸도 없어. 마다리 포대에다가 끈이렇게 메서 줘고 나왔어. 그래 나는 그 아주머니 따라 나온거야. 그래 따라나와가지고 석달만 있으면 국군들 진격해 올라가면 우리가 다시 올라간다. 이래가지고 LST배 한 배 그거 군인 배 아니가. [조사자: 네] 근데 나는 혼자 몸이니까 군인배 제일 밑바닥에 어디 전부 다 배구경 다 했어. [조사자: 혼자다니시니까.]

[7] 거제도에 도착하여 아줌마를 잃고, 홀로 생계를 유지하다

어. 좀 별났거든 그래가지고 내가 나는 침대에 누워서 왔어. 누워서 왔는데 저 끝에 부산인가봐. 멀리서 불빛이 반짝반짝 하니까 사람들이 저기 부산이라 그러더라. 서른두시간 걸려서 거제도갔어. 그래가지고 거제도 가서 내려놓는데 부대를 만들어. 어느 부대는 어디로 가고 연천면 가고. 몇 부대는 장목 가고 딱 동네마다 배치를 시켜 놨어. 그래가지고 우리 이북에서는 그때 눈이 하얗게 왔지. 여기도 눈이 왔어. 그때는 여기도 추웠어. 그래서 사람들이 보리밭에 올라가 나무 줍고 막 밥해먹을라고 이러니까 여기 사람들이 참 욕도 참 겁나게 하더라고.

"쎄가 만반에 빠질것들이 우리 보리밭이라고."

우린 보리밭인지 몰랐지 잔디인지 알았지. [조사자: 처음 봤으니까 보리를. 그죠?] 그래 겨울에 그렇게 풀이라는 거 처음봤지. [조사자: 그렇죠. 겨울에 풀 난 것도 처음보고.]

소나무가 하나씩 있고 그래가지고, 아줌마하고 이제 같이 하천 초등학교로 가라그래. [조사자: 하천면] 하천면으로 가라그래서 그 아줌마 애기 이름이 송부자라. 걔 손을 붙잡고 걸었어. 그때 거기서 거기 멀어. 장수포에서 하천까지 갈려면 멀어. 그래가지고 갔는데, 세상에 얘가 내 손 붙잡고 올라하나. 즈 엄마한테 갈라하지. 그래서 저 엄마 줬어. 아줌마 배 이래 부르지 아 둘이지. 머리다 이래 이었지. 그 아줌마는 양복기지 많이 가지고 나왔는가봐. 그래가지고 장수포에서 내려가지고 어느 주막에 들어갈 때 맡겨놓고 나왔더라고. 무거운 짐은 다 맡기고. 그래가지고 이제 하천면까지 가라그러면 하천면까지 밤중에라도 가야 할 거 아니가. 목적지라도. 그래가지고 이 아주머니는 안 왔어 저 예포 초등학교인가 어딘가 뒤떨어져가 안 왔어.

그래가지고 나는 그 길에서 하염없이 그 사람이 그 많은 피란민들이 다 가도록 길가에서 기다렸어. 아줌마 안와서. [조사자: 아유, 저런] 나중에는 눈물도 안나고 기도 안차고 아줌마 기다려도 아무도 안와. 그 많은 사람 다 헤아렸는데 아무도 안와. 그래가지고 이제 하천국민학교로 갔어. [조사자: 기다리다가 혼자 가셨어요?] 응 혼자서 껌껌해. 그래 가니까. [조사자: 겁나셨겠다.] 인원이 차서 안받아주는거야. 그래가지고 이제 내 마침 직장 다닐 때 그 오빠는 축구선수고 우리는 릴레이선수고 이러니까 같이 연습 많이 했거든. 합숙도 하고. 그 오빠가 나보다 내 친구 두 살이나 많은 사람하고 결혼했어. 잘 알아 그 사람. 맨날 오빠오빠하고 까불고 이랬거든. 그 사람 직업이 뭐였냐면, 칙칙폭폭하는 기관사 운전수라. 아저씨 사람이 참 좋아. 근데 그 사람을 딱 만났어. 너무 반가운거라. 학교에서, 하천국민학교에서.

그 사람도 이제 해당 안 되는거야 인원이 없다고 못 들어가게 해. 그래서 이제 여기 나머지 사람은 칠천도 가라 그래. 그래 거기서 칠천도로 왔어. 밤에 배 통통통 배 타고 많이 왔어. 한 배 탔어. 칠천도 영구 초등학교 밤중에 왔어. 그때 한 밤 12시쯤 될거야. 바람이 불고 얼마나 춥고 애들 방학 때라. 그래가지고 오니까 유리도 깨지고 바람이 앵앵불고 바닷가라 학교라. 이장님이 호랑불 들고왔어. 칠천도도 동네 이름이 있잖아. 영구 있고 대곡있고 그래. 그래 내가 그래 이장하고 말했어 오빠가. 그 언니를 또 내가 배에서 만났어 그래서 내가

"오빠 내가 언니 봤어. 언니 찾을 수 있으니까. 여기서 못자요 이불도 없고, 춥고. 나 오바 하나 가져왔는데."

하고 이장님 따라서 갔어. 용굴암 동네로. 그때는 칠천도 바닷가 바닷가로 오솔길로 해서 갔어. 떨어지면 바다 밑이라. 겁나드라. 생전에 그런 길 처음 댕겨봤어.

그래 가니까 이장님이 집에 할머니 80넘은 할머니가 담뱃대 물고 큰며느리는 애기도 못낳고 남편이 빨갱이 돼서 잡혀가고 이장이 둘째 아들이라. 그 사람이 있어. 그래가지고 가니까 형수가 밥해줘. 그때는 쌀이 귀했어. 근데 우리 왔다고 피란민 왔다고 쌀밥해주고. [조사자: 아이고] 고구마도 우리 그때 처음 먹어봤어. 고구마도 삶아 주고 생고구마도 깎아주고. 그래서 이제 있었는데 그 오빠는 3일 만에 가서 즈그 각시 찾아왔어. 내가 그때 바보라. 그 오빠 따라갔으면 될 긴데, 돈도 하나도 없지 내가 그런 염치가 있거든. 돈도 없는데 같이 가자 소리 못하겠고. 내가 지금도 억수로 후회돼. 아줌마 못 찾은 거.

그래가지고 그 집에 하루 이틀 있었어. 그 집 할머니가

"영자야, 니는 지금 혼자니까 여기 우리집에 좀 있어라. 있다가 그래 학교 가라. 너 혼자서 학교 가면 안된다."

그래. 그래가지고 한 열흘 있으니까 안 되겠드라고. 그 아저씨가 가만히 보니까 즈그 각시가 그 집 애기 못낳아. 애기 못 낳고 남자가 여자를 싫어하

는 거 같더라고. 이건 아니다. 할머니가

"니 몇 살이니?"

누가 몇 살이냐고 물어보면 16살이라 그러고 나이를 속여 내가. [조사자: 어리다고.] 그렇지. 그래야 내가 살아남지 않아. 처녀라고 그럼 안 되지. 그래도 다 내를 어리게 봐. 그래서 거기 한 열흘 있다가 학교로 갔어.

학교로 가니까 초등학교지. 다 제집 식구들이 보따리를 요래오래 놓고 밥해먹고 해. 근데 나는 혼자라, 나는 혼자인데 강단 저 위는 아무도 안 올라와. 그래 내 혼자 거기가서 자는거야. 얼마나 많이 울었겠어 내가. [조사자: 그냥 고아가 되신 거네요?] 고아지. 전쟁고아지 완전히. 그래가지고 내가 성당학교 다녔는데, 카톨릭학교. 그래서 밤에는 바닷가 나가서 기도했어. '하나님 아버지 내가 어떻게 여기 왔는지 모르겠어요. 집에 가게 해주세요.'기도했어 어린 마음에. 그래 밤에 자고 나면 이가 하얗게 있는거야. 막 이가 막. 이리 죽이려 봐도 없어. 물 떠다 주워 담아야돼. 그때 마침 이웃집 아줌마, 우리 동네 살던 아줌마 만났어. 거기서. 그래서 날 보호해주고 이랬어.

그런데 이제 아저씨가 한분 오셔가지고

"이북사람들이 뜨개 잘 뜬다는데, 여기 뜨개 뜰 사람 있으면 혼자있는 사람있으면 밥도 먹고 자고 하는 사람 있으면 좋겠다."

이래. 그러니까 옆에 아줌마들이

"아휴 영자야, 니가 간편하니 좋다. 가서 거 가서 따시게 밥 얻어 먹고 뜨개도 짜고 좀 가 있어봐라."

그래. 그래서 따라 갔어. 따라가니까 거기는 3대가 한집에 살아. 며느리는 빨갱이 두목이 되가지고, 남편이 죽고. 사십 몇 살인데 파린 저고리에다 자주 고름 달았어. 장죽을 기다랗게 물었어. 여기 사람들 과부들 담배 잘 피워. 그리고 딸이 서이라. 딸을 셋 낳았어. 그래서 나는 그 방에 자고, 그리고 뜨개를 가져왔는데 뭘 주는가 하면 여기 솜, 솜가지고 물레 잣아가지고 실 뺀 거. 그거를 줘. 그걸로 내복 짜달래. 그래서 짰는데 이 손구락에 구멍이 나.

그 실이 면이되가지고 실이 가공안한게 되놓으니까. 물레로 또 까불어야되고. 그리고 또 넘의 일이라고 문밖에도 안나가고 나는 또 얼마나 정직하노. [조사자: 열심히 하셨구나.] 그렇지. 밥 얻어먹으니까.

그래서 뜨개 짜다 밖에 나가면 세상이 노란거야. [조사자: 아이구.] 얼마나 많이 울었어. 울었어. 남자는 전부 도둑놈이라. 그래도 또 그 작은집에서 와가지고 뜨개 짜달라고 그래. 거기 가보니까 머슴아만 5명이라. 남자는 배타러 갔어. 그런데 이제 아줌마는 억수로 좋아. 아줌마는. 근데 이제 딸이 없다고.

"영자야 나는 우리 딸이 없으니까 너를 딸 삼자."

그래서 그집 가서 뜨개짜고 아저씨는 배타러 갔으니까 없으니까 좋지. 그래 애기도 업어주고 했어. 그래 학교에 댕기는 영화구경 왔어. 댕기는 영화구경 있잖아. 그거 와서 이제 구경가려고 애기 업고 갈라그러니까, 생전 안보이던 영감이 온거야. 그래 오더니 뚱뚱하드라. 보기만 해도 징그럽대. 우리 식구들은 전부 빼빼해 다 멋지게 생겼어. 내 하나 바보지.

그래가지고 내가 애기 업고 나올라고 하니까 사람을 탁 잡아 채는거야. 내 나이 19살에 직장생활도 한 사람인데 내가 얼마나 눈치 빠르나. 아 이건 아니다. 이집은 아니다 이건. 그래서 아를 내버리고 그길로 나 학교가서 살었어. 세상이 그런거야. 그래 자기 딸같이 불쌍하게 여긴다고 해놓고, 아주 나쁜 사람들. [조사자: 아줌마는 잘해주셨는데 아저씨들이 그러셨구나.] 아줌마는 참 좋아. 아줌마는 법 없이도 살 사람이야. 그 자기 마누라 놔두고 배가 따수우면 자기 마누라랑 자지 왜 나를 건드릴라 그래. 그거 안 좋은거지. 딸같은 손자같은 사람을.

우리 아버지가

"이 문턱만 넘어가면 객지다."

이래가지고, 그래서 거기서 이제 중섭이 엄마라고 한집에서 살았어. 남편이 그때는 이북에서 넘어온 사람이 훈련갔어. 저기 학교 훈련소 간데, 우리 직장댕기는 사람들이 그 아줌마 따라가서 보니까. 우리 직장 한과에 다니던 청년들이 다섯이 와 있어. 그때 나 뜨개짜가지고 배급쌀 준건 안먹고 차곡차곡 모아놓고 이웃집 아가씨들이 막 나 좋다고 뜨개질 배울라고. 여기 사람들 뜨개짤 줄도 모르잖아. 삼이나 삶고 베 짜는 그런거나 알지. 그때는 이북사람들이 여기보다 한 20년이 문화가 발전이 됐어. 참 여기는 오니까 여자들이 머리땋고 기다랗게 땋고 바로 아가씨라 그러고 학교 가는 사람 있고 안가는 사람 있고, 글 모르는 사람 많아.

그래가지고 뜨개질 배워달라 하고 글 배워달라 하고 그래 또 해주면 된장도 갖다주고 쌀도 갖다주고. 그래서 배급쌀을 차곡차곡 모아놨어. 그거를 팔아가지고 그거 아줌마랑 한번 같이 갔어. 훈련하는데. 가니까 우리 직장 동료 5이 있는거야. 하유 머슴아들이 옷이 떨어져 가지고 혼자 나와가지고 훈련하는데 기어가지고 옷이 엉망인기라. 그래 서로 보고 눈물만 막 흘리고 그랬어. 그래가지고 이제 있었는데

‘아 이건 아니다. 저 쌀 팔아가지고 내가 저 사람들 먹을 거를 사줘야겠다.’

그런 마음이 탁 드는거야. 그래서 쌀을 팔았어. 그래서 쌀 팔아가지고 떡을 다섯 사발을 샀어. 그것도 가만히 줘야해. 대밭 밑에 들어가 가지고 철망 해놓은데 거기다 여 줘야돼. 그래서 내가 인식이라는 아는 나랑 장난도 잘하고 까불었거든.

“인식아 내 다음번에 올 때는 내가 좀 만나자. 여기서 좀 만나자.”

그래서 내가 떡을 줬어. 그래 그게 끝이라. 그래 지금 갸들 한번 보고 싶다. [조사자: 어떻게 살았는지요?] 하하하하하. 한번도 못봤어. 세상이 그런거야. [조사자: 같이 거제로 넘어왔는데도 못만나셨어요?] 못만났어.

[8] 의사 남편을 만나 결혼했지만 가난하게 살다

그래가지고 칠천도에 살다가 우리 영감 만나가지고 삼년 만에 부산 나가서

살았어. 그리고 우리 영감이 이북에서 의사했어. 의사했는데 흥남 도립병원이 거기 소아과 전문의라. 그래가지고 청진을 가서 했어. 그래서 영감이 인민대 나갔어. 군의관으로. 군의관을 나갔다가 도피했어. 도피 해가지고 피란 나왔는데 LST배 타가지고 칠천도에서 나하고 만나서 결혼했어. 결혼했는데 살다 보니까 이북에 여자가 하나 있어. 애기 하나 낳고. [조사자: 모르고 결혼하셨어요?] 모르고 했지. 도둑놈 날로 속이는데. 그때는 호적이 있나 뭐가 있나. 하하하.

그래가지고 애기 낳고 그때는 식구들 많이 늘렸어. 왜냐면 배급쌀 탈라고. 그래가지고 우리 영감이 이봉재 쓰고 자기 각시 강씨더라고 강머라고 쓰고 애 이름이. 그 애 이름이 승한이고 조영자 마지막에 써 놨더라고. 배급쌀 타먹을라고. 그래 그거보고 내가 을마나 충격받았는가. 나는 아가씨지 지는 장가가가지고 애기아빤데. [조사자: 결혼할 때 할아버지 나이가 어떻게 되셨어요?] 그래가지고 나한테 다섯 살 속였다니까? 우리 영감 아주 멋쟁이라 인물도 좋고. 그때는 가다마이 곤색이지 노타이 이렇게 이북에 김일성 대학다니는 아들이 고렇게 입고 다니는데 그라고 댕겼어. 우리 영감이. [조사자: 멋쟁이셨구나.] 응응 저 영감 젊어서 찍은거야. 그때는 피란민들 아가씨들이 좋은 아들 많이 낳았어. 근데 내가 저 영감한테 걸렸어. 난 싫어. [조사자: 그런데 할아버지도 이북의 그분들하고 헤어져서 못 찾았을 거 아니에요.] 어, 못찾았지. 그래 이때까지는 못 찾았어.

그래가지고 영감 만나서 부산 나갔어. 우리 큰아들 하나 낳아가지고 부산 나가가지고 우리 영감 밑에 내가 지금 자녀가 다섯이야. 큰아들, 딸 둘, 아들 둘. 요래 낳았는데 그래 애들은 뭐 클때는 참 착하게 잘 컸어. 큰아들이 큰아들이 지금 암 그거해가지고 오장육부 다 떼 내가지고 그거 치료받고 있어. 치료받고 아무것도 못해. 그리고 또 나무 올라갔다 떨어져서 또 허리도 못써. 바보 돼버렸어. 그렇지, 그리고 우리 막내는 사업 잘나가다가 대구에서 섬유하다가. 그때 한참 중국으로 다 가고 IMF 지나고 좀 괜찮았는데 영 지금 망했어. 망해가지고 지금 애들 젤 돈나갈 땐데 남의 집 일하고 있어. 기술은 좋은데. 그래가지고 애들 대학도 지금 가다 중퇴하고있어.

그리고 둘째아들은 창원에 있는데 갸도 대학은 못나왔어. 우리 영감이 자기가 독학을 해서 공부했다고 애들보고 독학하래. 그래가지고 내가 그래도 아들 고등학교라도 다 보낸거야. 여기서 내가 장사도 한 15년 하고. 영감이 너무 정직해가지고 이거 무료환자 봐도 하나 절대 더하지는 않아. 보고 하면 돈이 많이 나오잖아. 내가 지금도 무료환자 본 사람들이 한번 본거 두 번 봤다. 두 번 봤는데 세 번 봤다. 이래가지고 돈 타먹은 사람들 많아요 의사들이. 그거 다 캘라면 한이 없어. 불법으로 사는 사람이래야 돈을 버는거야. 요새도. 정직하게 사니까 돈을 못벌어. 나는 그래 우리 애들보고도 그래. 너그는 정직하게 살아라 사회 나가도. 나는 남의 집에 살아도 부끄러운 거 하나도 없다. 정직하게 살기 때문에. 나는 지금도 정직한 게 좋지, 그래 우리아들이

"엄마 어디서 그런 말이 나와요."

그래.

절대 거짓이 없이 살아야 뒤끝이 없고 너희 자손들도 좋다. 나 지금도 너무 너무 한이 많아요. 애들도 사는 게 좀 시원치 않고. 큰딸도 이혼해가지고 그래 혼자 살고 그래. [조사자: 속상하시겠어요.]

[조사자: 그럼 할아버지랑 칠천도에서 만나신거면.] 어 칠천도에서 내 그 이야기 안했다. 우리 영감 이북에서부터 의사였지 않아. 그때는 의사가 귀했잖아. 그래서 칠천도에서 의료사업을 했어. 의료사업을 했는데 그때는 유엔군에서 약이 막 보따리로 나왔어. 솜도 가마떼기, 그때는 베니세린 [조사자: 페니실린] 응, 페니실린이 최고라. 폐렴도 페니실린, 부스럼도 페니실린, 감기도 페니실린, [조사자: 만병통치약이었네요.] 응, 만병통치라. 그리고 붕대니 뭐니 가마니떼기로 왔어. 우리 영감 또 산부인과도 잘해. 칠천도와서 다 했어. 다 하고 이제 밤에도 왕진가. 돈 안받았어 그때는, 돈 안받고 무료로 다 해주면

그 사람들이 마 고기라도 잡음 가오고, 쌀도 좀 가오고. 먹는거는 잘먹었어. 그래 3년있다가 부산나갔어. 부산나가서 우리영감이 시립병원에 들어갔어. 부산 시립병원에. 시립병원에서 근무하다가 티오가 많아서 나왔어. 나와가지고 한 1년 놀다가 부산 영도시립병원에 그때는 딸아들이 몸팔아먹는 애들이 많았어. 일본말로 히빠리마찌라해. 땡긴다. 히빠리라는 말은 땡긴다는 말이거든 일본말로. 지금 말하면 양키여자지. 6.25때는 미국사람들한테 부산이나 어디 양키한테 여자들 몸 많이 팔아먹었어.

그때는 우리 영감 부산 이쪽에는 영도시립병원에 한 8년인가 10년 근무했어. 또 완월동에도 하고. 우리 영감이 그래가지고 면허증을 도둑맞았어. [조사자: 아이고.] 이북면허증이 있으면 교환하거든. 약간만 시험치면 교환해가지고 대한민국 의사 면허증이 나오는데 그때는 도둑놈이 와가지고 밑이니 뭐이니 홀랑 다가져갔어. 장마 한달이나 졌는데. 그때는 도둑놈이 얼마나 많았는지 몰라. 부산에 살 때. 그때는 피란온지 얼마 안됐잖아. 애들 다 쫄막쫄막할때고. 그래가지고 우리 영감이 의사 면허증 잊어버려서 한 3년 또 공부했어. 또 공부해가지고 집도 없이 넘의 집에서 세로 살면서. 그럴 때는 내가 또 뭘 했냐면, 부산에 국제시장에 나가 제품하는데 거기서 일했어. 그래 생계를 유지하고 구멍가게도 하고 이렇게 해서 생계유지하고 우리 영감은 3년동안 절에 가서 공부했어. 그래서 다시 의사 시험쳐서 1차는 거제도, 2차는 진주 3차는 고성이었는데 1차 여기에 걸리는거야. [조사자: 아— 거제에요?]

어, 그래가지고 동구 배치되가지고 동구에서 8년하고, 여기와서 우리영감 생애를 마쳤어. 여기와서 한 20년 가까이했어. [조사자: 아 여기 하둔에서요?] 그래도 우리는 돈이 없어. 그래 내가 이렇게 살아. 또 우리영감 정직해서 좋아. 사람이 너무 정직해가지고. 그때는 부산에서 해방되가지고 부산 시립병원 다닐 때 일본사람들 가고 나면 차트에 안올린 물건이 많았어. 닝겔이니 뭐니 창고에 꽉 차 있었어. [조사자: 그냥 내다 팔아도 됐었겠네요.] 그거 내다 팔면 많이 남지. 우리영감 이거 좋아하거든 술. 그러니까 불쌍한 사람들만

눈에 띄는거야. 그래가지고 일하는 영감들보고

"영감, 이리와요 이리와. 바지게 거 가지고 와요."

그럼 닝겔을 한바지게 준대. 그럼 영감들 가져가서 국제시장에서 팔아서 술 먹었대. 그렇게 살았어. 눈 보는 기계, 그런것도 영감이 안가져와. 그런 것도 팔면 다 돈 아니가. 이 차트 안올리니까 팔아도 막 무법천지라. 창고 세트를 8년 가지고 있었어. 그러니까 우리 영감 자기 마음대로야. 그래도 내가 아프다 그러면 의사한테 처방해가지고 가져오라 그래. 그렇게 영감이 너무 정직해가지고 내가

"니 바보다"

그랬어.

그래가지고 기계 그것도 보건소 과장 주고, 계장 주고 그 안에 있는 기계는 다 노나주고 지는 안하고. 여기와서 우리가 8년동안 우리영감 종합병원 했다. 그때는 의사가 얼마나 귀했노. [조사자: 그렇죠.] 뱀한테 물려 독사한테 물린사람 하룻저녁에 여덟 사람씩 와. 그럼 내가 간호사라. 나 주사도 잘 놓는다. 인자 이 끌러 매는것도 잘하고. 그래 싸매가지고 와서 이 끌러매서 진단서 끊어주지, 우리영감 왕진가면 돈도 안주지 아 놓겠다고 막 급하다 그러면 내 가자 그러면

"벌써 아 낳았다. 되게 급해야 부르지 한국사람들 덜 급하면 안부른다."

가면 애기 낳아서 목욕시켜. [조사자: 하하하하. 그럼 할아버지 성함이 어떻게 되셨어요?] 이봉재. 그래가지고 영감이 내가 젤 첫 번에 우리가 퇴직금 탈라 그러면 우리가 돈을 좀 넣어 놔야되잖아. 내가 동부와가지고 퇴직금 넣는데 돈을 좀 넣었어. 그때는 만오천원 나왔어. 그때 만오천원 지금돈 한 15만원 될거야. 그래 나왔는데 그렇게 하고 벌어 먹으라 그래. 벌어 먹으라그렇게 돈 주는거야.

그래가지고, 그 만오천원 가지고 생활이 되나. 그래서 여기 와서도 우리 영감 종합병원 했어. 이빨을 집게가지고 짚어도 아프다그러면 빼주고, 눈 아

프다 그럼 약 넣어주고, 끄러매줬지(?청취불능) 애기 낳아 주지. 데여서 온 사람 있고, 데가지고 여기다가 솥 밑동에 껌둥이 긁어가지고 여기 척 발라가지고 오는 사람 있지, 데면 또 거기다 된장발라 온 사람 있지. 또 젖이 이만큼 곪아가지고 째면 시퍼런 고름이 한통씩 나온다. 그래도 그때는 왜그렇게 잘나았는가 몰라. 페니실린 나오다가, 마이신 나오다가, 호스타시린 나오다가. 요새는 항생제 주사도 잘 안놔줘. 먹는거 줘. 그때는 부작용도 별로 없었어. 근데 요새는 주사 잘 안놔줘. 우리는 우리 영감이 감기 걸리면 주사 놔주지, 또 비타민 C놔주지, 항생제 놔주지. 한사람 오면 석대 넉대씩 놔줘. 근데 요새 보건소는 공짜라 이사람들은 3년인가 5년인가 마치면 끝이라. 이사람들 까딱도안해.

나 혈압도 내가 기계로 재가지고 들어가면 되고, 저 사람들은 뭐 메모지 할게 뭐있노, 컴퓨터 돼서 탁탁하면 다나오는데. 약 타는것도 이짝에서 이짝에다 전화하면 딱 타오지 뭐. 지금 얼마나 살기 좋은 세상인지 몰라. 우리 영감은 그때 걸어다녔지. 여자 자전거 놨어 보건소에. 자전거 내가 잘탔거든. 그럼 자전거 몰고 어지간한 건 내가 다 심부름 다녔어. 그랬어. 자전거 타고 그랬는데 이제 마음은 타고싶어도 안돼.

[조사자: 그럼 칠천도에서 할아버지 만날 때 처음에 누가 중매를 서신거에요?] 어떻게 됐는가하면, 내가 이제 착했어. 착하고 다른 사람들은 다 이렇게 어디 나갔다 들어오고 그랬는데 나가고 싶어도 돈이 없어 못나가. 돈이 없는데 어떻게 나가 뭘 해야 돈이 있지. 그래가지고 착하게 지냈지. 같이 있는 할머니에게 밥도 해주고 낮에는 내가 나무해오고 그래가지고 있는데, 그때는 칠천도 거기 높은 재를 넘어서 하천을 가려면 재를 넘어서 저쪽에 지금 다리 놨잖아. 칠천도하고 지금은 여기 다리를 놨어. 칠천도 다리가 생겼어. 그 높은 재를 걸어서 넘어 다녔는데 넘어가지고 거기 다리있는데 거기 나룻배가 있었어. 그거 타고 하천에 와야해. 그럼 우리 거기서 군에 가서 우리 영감 돈타오고 그랬어. 그렇게 왔다갔다 했는데 우리 영감 육지갈 때도 내하고 같이 집에

사니까 물 달라고 우리집에 와. 갔다 오다가도 우리집에서 쉬고. 그래도 나는 선생님이니까 의사고 그때는 나이도 어리고 결혼이나 그런 건 생각지도 안하고 빨리 집에 가야된다고 생각하고 있었는데. 이 선생이 자꾸 들락날락 하니까 이제 소문이 난거야. 조영자하고 이선생하고 좋아한다고 이래됐어. 아 그거 헛소문이다. 그거 그죠? 내가 무슨 그 사람을 좋아할 이유도 없고. [조사자: 혼자 있는것도 아니고.] 그렇지! 그래가지고 양선생이랑 같이 있었어. 우리영감이. 이북에서 같이 나온 양선생이라고 그 사람이 우리사람 선배라. 선배고 한 동네 이웃집같이 살았어. 또 우리영감은 이북에 송도라는 데 거기는 아주 곡촌이라. 맨 나락만 심는데야. 거기는 부자동네야. 거기 살다가. [조사자: 아, 할아버님께서요?] 어. 할아버지는 아들만 다섯이고, 딸 하나 형제라. [조사자: 그럼 부잣집 도련님이시네요?] 응, 부잣집 도련님이라. [조사자: 그래서 그렇게 멋쟁이시구나.] 젊어서 영감이 사진찍는거 싫어해. 그래가지고. [조사자: 그럼 칠천도 오셔서도 계속 의사를 하셨던 거네요?] 의사를 했지. [조사자: 그럼 의사로 왕진을 왔다 갔다 하신 거에요?]

그때는 피란 같이와서 그땐 그렇게 했지. [조사자: 그렇게 왕진 다니시다가 소문이 나신거구나.] 응, 소문나가지고 그래 우리 큰재어매가

"영자야 소문났다 소문나."

그래 무슨 소문요? 했지. 한번은 막 오라그래 갔어. 갔더니 고기 쌓아놓고, 나는 밤이나 진짜 아가씨들은 한가지라. 직장 댕긴다고 아침에 직장이 멀었어. 기차타려면 아침 여섯시 밥 먹어야 그 차를 타고 직장에 들어가는거야. 여기서 대교 가는거보다 더 멀어. 그렇게 가야 직장이었어. 그런 차 놓치면 걸어가야돼. 그럼 그땐 냅다 뛰는거야. 그래 직장 놓치면 뭐라 그러는지 아나 이북놈들이,

"어이, 영자동무 이리와!"

이런다.

세 번만 딱 지각하면 시말서 써야돼. 그리고 회의할 때 나가서 자유비판해

야돼. 내가 이렇게이렇게 돼서 지각했으니까 다신 지각 안한다고. 이북놈들이 얼마나 말도 못해. 그렇게 사는거야 사는게, [조사자: 그렇게 소문난 것 때문에?] 소문난 것 때문에 결혼했지.

[조사자: 소문난 것 때문에 결혼하신 거네요.] 응, [조사자: 그럼 결혼할 때 할아버지께서.] 그때는 결혼도 안했어 그냥 살았어. 동거생활로. 그러다 애기 서이 낳고 결혼했어. [조사자: 그러면 칠천도에는 한 삼년쯤 사시다가?] 응 한 삼년 살다 우리 제일 나중에 나왔어. 피란민들 다 빠지고. 그때는 의사가 없었어. 그래가지고 우리영감이 그때 나와 가지고 어딜 갔냐면 저기 청학동에 갔어. 이북사람들이 연주동이라는데 아는지 모르겠다. 부산 살아? [조사자: 아니요.] 아 서울사니까 모른다. [조사자: 아 전 부산살아요.] 부산 어디사노? [조사자: 그 대연동.] 대연동살아? 내 부산 영도, 영도 살았어. [조사자: 아 영도!] 영도 저 그거 사구 봉래도에 살았거든. 그 조선공사 옆에. 그 영도 그 옆에 내가 부산 환하게 알아. 그 우리 큰아들도 지금 부산에 살아. [조사자: 부산에 오래 사셨구나.] 부산 살기 좋아 부산 사람들 인심 좋고. 거기서도 내가 그때 장사했어. 우리 영감 의사 면허증 잊어버려가지고. 다라에 들고 골목가서 한 3년 했어. 그래서 지금 허리도 못쓰고 바보야 바보.

[9] 고향에 대한 그리움, 지금껏 살아온 이야기

이 포도 좀 먹어. 아 먹으라 내놓은 거 좀 먹고 안 먹으면 들고가. 너무 내가 말이 많은 것 같아. [조사자: 아니에요 너무너무 잘해주고 계세요.] 내가 언제라도 우리 애들한테 이런 얘기할라그럼 안 들을라 그래

"엄마 골치 아프게 옛날 소리하지 마요!"

이래.

"너그들 다 들어둘 소리다. 느그들 아무것도 모른다."

[조사자: 저희도 어르신들이 이제 연세가 많으시니까 겪으셨던 것도 다 우리 자

산이잖아요. 기록을 해둬야 하는데…] 그리고 이거 옛날 노인들 얘기 들어야 돼. 왜그러냐하면 이제는 우리가 죽으면 이 6.25가 어떻게 일어났는지 애들이 몰라요. 그리고 배고픈 것도 몰라요. 요새 애들이

"아이고 6.25때 그거 라면 삶아 먹지."

이런대.

그기 말이 되나. 라면이 어딨어. 일제 강점기 한 3년 흉년이 들었어.

그때 내가 13살인가 됐는데 대두박이라는게 있어 대두박이라는게 뭐냐면 일본사람들이 콩을 이렇게 생거를 기름을 짜가지고 그걸 누룩뜬것처럼 덩어리 만든걸 말이나 소 줄라고 쟁여놓은게 곰팡이 슬은거야. 일본사람들이 그거를 배급줘. 그거하고 콩하고 옥수수하고. 그때 한 3년 내리 흉년이 들었어. 그래가지고 일제 강점기 내가 입이 짧아서 밥을 원래 못먹어. 그래서 엄마가 나하고 울아버지는 밥을 꼭 따로채려줘. 내가 너무 밥 안먹고 약하고 이러니까. 우리오빠들은 다 키 커. 내가 제일 작아. 그래 내가 회충도 많이 앓고 이랬는데. 그때는 너무너무 배가 고프고 그거 먹기 싫어서 내가 그때 어린마음에 그랬어. 사람이 원래 한번씩 죽고싶다는 그런 때가 있더라고. 내가 우리 영감하고 결혼하고 살면서도 좀 영감이 속이 없는 소리 질투병이 있어. 우리 영감이 질투하는 병이 있어.

그래서 내가 죽겠다는 마음이 자살하는 건 순간적이라. 1분 1초도 헤아릴 여유가 없어. 한 2-3분만 생각하면 안죽어. 근데 그런 생각도 해 본 적이 있어. 그래 그때 13살 때 그런 밥을 줘서 내가 젓가락을 딱 이래 대며

"아 이거 콱 찌르면 죽을 건데, 죽으면 이런 거 안먹을 텐데. 왜 이래 식구들 고생하고 살아야 되나."

참 일제 강점기 고생 많이 했어. 여기 할머니들이 일본에 가가지고 당한 할머니 얘기들어 봐요. 얼마나 그런 할머니들은 억울해. 일본 놈들이 정신차려야돼. 그래 지금 애들은 아무것도 모른다. 이렇게 이야기를 들어야 돼 애들이. 그래야 옛날 사람들이 어떻게 살고. 지금 다시 전쟁이 없다고 단정은

못합니다.

저 사람들이 이북 놈들이 언제 일어나도 일어나요. 나는 딱 각오해요. 저놈들이 언제라도 먼저 건드릴 기다 이제 봐라. 한 번에 일어난다 또. 이제 일어나면 끝이라. 이 대한민국은 전쟁길이라 전쟁길. 저 유럽이나 그런데서 전쟁일어나면 몰라도 3차 일어나면 끝이다. 지금 뭐 얼마나 핵이니 뭐이니 발전했어. [조사자: 할머니 그럼 전쟁 때문에 고아가 되신건데, 거기 어머니 아버지 오빠 동생 다 두고 오신거잖아요? 그럼 언제 제일 생각나세요?] 텔레비전 보면은 토요일 날에 남북에 그거 나오는 게 있어 [조사자: 남북의 창] 응 그거 남북의 창 나 그거 꼭 봐. 그럴 때 생각나고, 자주 나 자주. 요즘은 자주 나. 그리고 한참 이산가족 찾을 때 나 많이 울었어. 나온 줄 알면 찾을 수 있지. 못나오니까. 우리 아버지가 옛날에는 저 제주도가면 제주도에는 그거 있다. 피란처가 있지마는 다른 데는 피란처가 없다. 울 아버지가 그랬어. 그런데 지금 제주도가 더 발전하잖아.

[조사자: 그럼 할아버지도 혼자 나오신 거에요?] 할아버지도 혼자 나왔어. 나는 친척도 없어, 아무도 없어. 그 아줌마 잊어버려서 내 지금도. [조사자: 그럼 그 아주머니도 남편없이 혼자 내려오신 거에요?] 혼자내려왔어. [조사자: 애만 데리구요? 근데 왜 남편은 같이 안나왔어요?] 남편은 거기 나오기 보름 전에 빨갱이들한테 끌려갔어. [조사자: 아, 인민군들이 후퇴할 때 끌고 갔구나.] 그럼 그때는 우리 여기 피란할 당시에는 몰라도 그 전에 한참 전쟁할 때 빨갱이들이 청년들 나가 못 댕겼어. 차에다 막 싣고 가는기라. [조사자: 차출해 갔구나 군인으로 쓰려고.] 딸아들도 인민대 간 애들 많아. 강제로 그러니까. 이런 청년들이 이런 굴에 들어가서 땅굴에 들어가서 많이 숨어 있었어. [조사자: 숨어 있었구나.]

지금도 피란나온 청년들이 우리또래들이 다 그때 그렇게 나온거야. [조사자: 혼자 남한에 내려오셨구나. 원래 고향은 서울이구요? 그 아줌마가?] 서울이래서 우리엄마한테 자기 동생이 27세 먹은 게 대학 댕긴대, 그래서 나랑 결혼시킨다 그랬대. 장가 안가서. 근데 내가 복이 없어서 내가 그런 사람 못 만났지. 근데 나는 이렇게 사는 것도 좋아. [조사자: 근데 어떻게 한 번도 못 만나셨어요?] 한 번도 못 만났어. 그 아줌마도 내 찾아가지고 왔다갔대. 근데 그 아줌마는 이내 서울갔는가봐. 그럼 그 아줌마가 나를 찾아야지. 나는 그 아줌마 주소도 모르지. [조사자: 서울로 올라가신 모양이네요.] 그렇지 그 아줌마는 애기 때문에 이미 서울간 거야. 즈그 친척이 있거든. 그래 평양사람하고 결혼한기라. [조사자: 그래서 함흥에 오셔서 정착하신거구나.] 그러니까 나는 그 아줌마 찾고 싶어도 못 찾은거야. 그 아줌마가 원래 날로 거제도와서 구청에 와서 장부만 들여다봐도 알지. 그 아줌마가 날 찾아야지. 그러니까 남은 다 필요없는거야.

[조사자: 그럼 나중에 결혼하시고 자제분도 키우시고 남편분이랑 이산가족 신청같은 거 안하셨어요?] 이산가족이 이북 오도민들 중에서 두 사람인가 세 사람인가 만나고 그거 만날라면 힘들어. [조사자: 신청하셔도 잘 안되구요?] 어. 왜그런가 하냐면 만나면은 이북에 있는 사람들이 지장이 있어요. 저들은 안 그런거 같아도. 사돈에 팔촌까지 지장있는 거에요. 지금도 거기있는 사람 출세 못한 사람 많아요. 이남가족이 나간 건 출세 못해. 아무리 저 당원이래도 그건 다 뒤로 캐는거요. 그 사람들 이북사람들 말 못해. 지금 김정은이보다 그 밑에서 정치하는 영감들이 죽일 놈들이라. 나이많은 사람들이 일제도 겪었는데 바르게 가르쳐줘야지. 우선 그 밑에서 밥 먹으니까 그 사람들이 국민을 위해 조국을 위해 희생하는 사람들이 아니에요. 그거는. 내 그래, 뭐 다 내 나이또래인데 느그가 올라면 나이 많은 사람들이 여기 말하면 대통령 아니가. 나와서 히죽이죽웃으면서 군인들 훈련하는데 야 정은아 니가 지금 어린이 장난감인 줄 아나? 내 혼자 씨부려. 그 전쟁하는데 무기 그 총쏘는데 나와서 히죽이죽웃고 그게 웃음이 나오나? 그만큼 젊은사람들이 죽어가지고, 이북에 저기 성천강이라는 강이 있어 함흥에서 내려오는. 흥남에는 군자개다리라고 있어. 내려오는 강이 있는데 그게 빨갱이때 전쟁이 나가지고, 이

사람들 억울한 사람들 얼마나 많이 죽었는지 물이 피바다가 돼서 내려왔다는 거야. 이 젊은 사람들을 얼마나 부었겠어. 그걸 생각해봐.

외국나라사람들이 얼마나 와서 죽었으며 이름 없이 빛도 없이 와서 희생하고. 그런 거를 생각해야지. 그 김정은이 그놈이 초등학교 애들 유치원 애들만 키로 장난감 갖고 노는 것같아 나는 그게 아주 미워. 그 전쟁하고 로켓트 포로 쏘고 그런데 그게 되나 말이야. 나이 많은 밑에 사람들이 올바르게 가르쳐야지. 인자는 정치는 달라도 서로 교류는 해야지. [조사자: 그렇죠] 독일이니 월남이니 다 화해해가지고 왔다갔다 댕기는데 그렇게 하면 안 되지.

[조사자: 그럼 자제분이 다섯 분이신 거에요?] 나는 그래도 낳아가지고 다 잘 컸어. 그래, 이거 이천만원 있거든, 이천만원 싸지 요새로 치면. 노령연금이 조금 올랐어. 아유, 아들한테는 말도 안했어. 그거로 해서 줄려고. 애들 자꾸 걱정시키지만 저들도 살기 바쁘잖아. 요즘 도시는 살기 바빠. 우리는 뭐 애들도 나는 그래도 여기 있으면은 교회도 나가고 노인학교도 가고 내가 성격이 좋으니까 할매들이 잘와. 우리집에 사람이 안 떨어져. 그래서 뭐 외롭고 그런 건 없어. 그리고 또 심심하면 성경책도 보고, 텔레비전도 보고 즐겁게 살라고 하는데 육신만 안 아팠으면 좋겠어.

[조사자: 고향생각 많이 나시죠?] 많이 나지. 그래 지금 한번씩 이렇게 그거 하면 지금 박정희 대통령 이번 추석에도 이산가족 운동 하겠다고 그러지 않아. 저쪽에서 지금 말 안듣는가 몰라도. 얼마나 모두 노력하노. 나는 이북에 있는 내 동생만이라도 만났으면 좋겠어. 행자라고 있어. 행자. 내동생. 갸밖에 희망이 없어. 엄마 아부지 나이 많아서 돌아갔고. 큰언니는 시집갔고 우리 큰오빠는 일차로 돌아갔고. 우리 작은오빠는 내 중국에 인제 그때 그길로 나는 중국에 들어갔다고 생각하는데, 난 중국에서 왔다는 사람 보면 자꾸 물어봐. 관심이 있어가지고. 그래하는데 내동생 조형자 그것도 지금 주소를 모르잖아. 여자니까 시집을 갔는가, 어디 앉은자리 그대로 안사니까. 그러니까 찾겠다고 지금 생각하면 안돼. 할 수도 없고. 내가 그쪽 주소도 모르니까.

그쪽 주소 아는 사람들은 지금 이산가족 할 수도 있어요. 난 모르니까. 그래 제일 보고싶은 게 동생이 보고싶고 우리 친구 한주남이라고 하는 아 있는데 나는 갸가 우리 엄마보다 더 좋았어. [조사자: 그 친구는 못내려오고요?] 갸는 저그 아버지가 노동당원이라. [조사자: 같이 학교다녔어요?] 응, 갸는 화학과 댕겼어. 그래가지고 공장 댕길 적에 이북사람들이 직장에 댕기는 사람들이 학교에서 소년단도 조직하고 이래가지고 점심시간마다 사업댕겨. 오늘은 정유계, 오늘은 문화계 이렇게 댕김서 그 저기 일 힘든데 유해직장 이런데 있는 사람들한테 가서 이완사업하는데 내가 춤을 잘 췄어. 그때는 이남에서 안승희라는 무용가라. [조사자: 최승희?] 어어. 안승희는 딸인데 최승희가 이남에서 그때 조금 대접을 소홀히 했어.

이북에서는 얼마나 그때 문화인들이 그랬거든. 조금 뭐 잘하면 이북놈들이 다 추켜세워주니까 그러니까 요것들이 넘어왔어. 넘어와 가지고 안승희하고 최승희하고 딸하고 조선무용 얼마나 보급했는지 몰라. 최승희 무용 본사람, 여기무용 아직까지 조선무용 최승희 무용 못따라가요. 최승희는 진짜 그 여자 웃음 요 한쪽이 이렇게 쏙 들어가거든. 만날 단발머리하고, 조선춤은 참 최고라. 안승희가 거기와서 각 직장 다니면서 무용을 보급했어. 그래가 나는 그걸 배웠어. 한강수야– 이런거 해가지고 나는 남자역을 해서 양산대 춤 많이추고 직장에 가 이완사업도 하고 그랬어. [조사자: 음, 그러셨구나. 아까 한주남이란 분은 남자분이세요?] 아니, 여자. 여잔데 갸는 예뻐. 인물도 예쁘고 저그 엄마가 나를 참 좋아했거든. 아무리 친해도 우리집이 이야기 못해. 울오빠가 어떻게 됐다. 울오빠 정치 이런거. 정치얘기는 아무리 친해도 못해. 그 사람이 언제 날 갖다 고발할지 모르는거야. 이북에는 그래.

근데 거기는 너무 자유가 없고 세뇌교육이 심해. 초등학교 3학년 되면 벌써 김일성 충성하라 이러고. 그때부터 저기 회의같은 거 잘해 사회같은 거 잘하고 너무 발랑까져서 파이라. [조사자: 여기 오셔서는 그런 건 좋으시겠어요. 자유롭게 얘기하고.] 그래, 갸들보다 우리 아들이 나와서 무용하는거 보면 사랑스러워. 거기 아들은 단체로 딱딱 이렇게 해도 너무 발랑까졌어. 하도 세뇌 교육되서, 거기 나온 애들이 다 당원 딸이라. 간부딸이라. 거기 우리 민간인 못나가. 택도 아니다. 전부 거기 군대 무슨 장관 딸이든가 그런 것들이지. [조사자: 고위간부직] 그럼! 고위간부 손주라든가 딸이든가, 그런 것들하지. 여기 나온 아들이 젊은 아들이 오도면에도 새터민이라고 젊은 아들이 중국 통해서 많이 왔어. 갸들이 많이 활동해 지금. 여기 피란나온 할매들이 다 죽고 이제 몇 안 남았어. 92살먹은 영감 3년전까지 왔어. 그래가지고 아가씨라면 모르겠다.

거제도에는 봄이 한번 3월에 모이고 여름에 6월에 모이고. 그래서 오래됐다고 이제 국장님이 날 이사로 넣어놨어. 그래 내가 하지말라고 나 그런거 뒤집어 쓰는거 싫어하거든. 그래도 오래됐으니까 한번도 안빠져서 내가 모임 잘 안빠지거든. 엥간하면 나가거든. 그럼 나가야지 언제 그사람들 한번 보겠나. 근데 모일 때마다 사람들이 자꾸 줄어들어. [조사자: 아이고.] 우리 또래들은 많이 죽고 없어. 근데 새터민 애들이 많이 와. 젊은 아들이. 그거 하나 군인갔다온 아 남자 여기 나와 결혼해서 살대. 여기 조선공사 댕기더라고. 근데 내가 "아 저 아범 젊어서 이북에서 언제나왔냐? 거기서 군대서 나갔을텐데 군대 거기 휴가 주느냐"고 물으니까. 거기 휴가 안준대. 15년동안 군대 집에 한번도 못가보고 있다가 왔는데, 이북놈들이 군대는 잘먹여. 군인은. 군대서 잘먹으니까 민간인들도 잘먹는가 해. 이 세상일을 모르는거야.

[조사자: 근데 할아버지는 언제 돌아가신 거에요?] 할아버지 돌아간지 한 내가 63때 갔거든. 그러니까… [조사자: 그럼 20년 전이네요.] 어제그제 죽은 거 같은데 벌써 20년이네. [조사자: 그럼 병원을 돌아가시기 전까지 하셨어요?] 어, 75살까지 했어. 어. 여기 우리 종합병원 했어. 그때만 해도 의사 귀하고. [조사자: 그럼 할아버지 나이로 75살까지 하신 거에요?] 응. 그러니 나보다 12살 더먹었어. [조사자: 알고보니 더 먹었어요?] 나는 7살 더 먹은줄 알았는데 5살 속였어. 도둑놈. 그래 내가 싸우면 그랬어 도둑놈아. 그러고. [조사자: 그래도

여기서 좋은 일 많이 하셨네요. 얘기 들어보니까.]

여기와서 그래가지고 막 애기 논다그래서 가. 첫 애기는 진짜 아가씨는 모르지만 자궁문을 못 열면 째고서라도 내야 되잖아. 산부인과 잘해 우리영감이. 내가 많이 따라다녔어. 거꾸로 나오는 경우도 있어. 다리만 나오고. 나는 가면 막 떨려 그런 거 보면. 그렇게 애기 낳고 그때는 만 사천원 주라했어. 근데 안줘. [조사자: 다 떼먹는 거에요?] 다 떼먹는거지. 그래 내가 받으러 갈려면

"놔두라. 그거 뭐 오죽에 하면 못 주겠니."

애기 놓고 다 끌러매잖아. 끄러매야지. 그런거 떼이는 것도 있고, 왕진 가서도 새벽에 막 아프다 그래 가면 돈없다 그래. 그럼 그냥 안 갔다 줘. 요새는 그런 게 없겠지. 요새는 여기가 다 부자라. 공장이 생겼어. 여 집이 참 오목살이 집이 참 넘어가는 집이 됐어. 여자들이 한 달에 한 200만원씩 벌어 여기. 여 통영이쪽이 서울서 와서 한 바퀴 돌고 데이트하고 구경 좀 하고 가. 돌아다녀 보면 여 거제도하고 바닷가 쪽이 다 부자라.

저 섬에도. 내가 관광 댕겨보면 저 육지 저런 데는 골짜기 집들이 전부다 오그라지잖아. 여긴 그런 집이 없어. 여자도 잘 벌지. 몇 년 농사 잘됐지. 쌀이 남아 돌아가지. 여자들이 벌어서 애들도 뭐 대학 안보내는 사람도 없어. 도시는 나가도 먹기 힘들어 대학 못가는 아들 많아도. 여기 아들은 대학 못가는 사람 없어. 다 대학 보내요. 그러니까 이제 세상이 거꾸로 된 거야. 도시 사람은 인자 그거되고 촌사람들은 다 나가 출세하잖아. 그리고 여기는 물이 좋아서 여기서는 검사들 많이 나온다. 검사들 몇이 있어. 그래 여기 초등학교 아들이 공부 잘한대. 모범학교로 됐다. 여기 바닷가는 돈이 다 안 귀해. 여자들 얼마나 잘사나. 아들 먹을 것도 포도도 박스 사과도 박스 그렇게 사준다. [조사자: 그럼 거제 사신 지 오래 되셨네요?] 나 여기 동구 8년 살고, 여기 와서 35년인가 6년 살았다. 이제 여기서 내가 천당 가야지.

전쟁이 선물한 새로운 인생

이 훈 영

"고생을 안했어. 전쟁 때문에 돌아다녀도. 잘 얻어먹고 잘 지내고 그랬어."

자 료 명: 20130303이훈영(홍천)
조 사 일: 2013년 3월 3일
조사시간: 50분
구 연 자: 이훈영(남 · 1926년생)
조 사 자: 오정미, 김효실, 남경우
조사장소: 강원도 홍천군 홍천읍 연봉 5리 경로당

[조사과정 및 구연상황]

가장 고령자인 탓에, 모두가 이훈영 할아버지를 추천하였다. 작은 체구였지만, 어찌나 입담이 좋으신지, 경로당에 모인 10여명의 할아버님들은 이훈영 할아버지의 이야기를 경청하였다. 구술하는 내내, 슬픔과 상처의 이야기인 전쟁담을 웃음과 재치로 풀어나간 이훈영 할아버지만의 특유의 전쟁담이었다.

[구연자 정보]

이북이 고향이 이훈영 할아버지는 전쟁으로 인해 남쪽으로 오게 되었다. 작은 체구 덕에 춘천에서 하우스보이를 하면서 지금의 아내를 만나 새로운 가정을 꾸리며 살게 되었다. 전쟁은 하우스보이에서 그를 교장 선생님으로까지 만들었다. 이훈영은 전쟁이라는 비극적 상황을 더 좋은 삶으로 만드는 긍정적인 마인드와 재치를 가진 분이다.

[이야기 개요]

학교에 다니다가 6.25전쟁이 일어났다. 피습을 피해 도망가다가 잡혀서 강원도 노무자로 끌려갔다. 그 곳에서 도망 나와서 미군부대로 찾아갔다. 영어를 할 줄 모르지만 키도 작고 학생이라 하우스보이로 들어갈 수 있었다. 장교실 하우스 보이를 하면서 청소하고 배급을 타다주는 일을 했다. 미군들 빨래를 한국 할머니나 아줌마들에게 맡기는데, 한 할머니에게만 빨래를 주었다. 부잣집이라 유일하게 재봉틀이 있는 집이라 그 집에 가서 재봉질을 맡기기도 했다. 자주 빨래를 맡기고 집을 오가면서 그 집 처녀와 연애를 해서 결혼하였다.

하우스보이를 하면서 친해진 근처 학교 교장이 추천해줘서 춘천에 보충교사 시험을 보게 되었다. 시험에서 합격해 초등학교로 부임을 하게 되었다. 학교에서 근무를 하다가 군인으로 나가게 되었다. 부산 보충대에 있다가 졸라서 자동차학교에 들어갔다. 그러나 운전을 할 줄 몰라서 서무계에서 일하게 되었다. 서무계에서 일했지만 자동차학교 합격증을 받았다. 보충대에서 차출 당했는데, 합격증은 있지만 운전을 할 줄 몰라서 다시 병원 서무계에서 일하게 되었다. 서무계에서 일하면서 병참학교 공문이 내려온 것을 보고 그 곳에 지원했다. 병참학교를 나와서 보급 수령계에서 일하게 되었다. 전방과 병원에 다니면서 보급을 했는데, 일을 하면서 요령이 생겨 이익을 남기는 법을 알게 되었다. 여유가 생겨서 처갓집에 있던 가족들을 부대가 있는 속초로 데려와 살림을 차렸다.

[주제어] 미군부대, 하우스보이, 보충교사, 부산, 보충대, 병원 서무계, 병참학교, 보급, 속초, 교장선생님, 병원, 재치

[1] 군대에서 홀로 도망 나오다

[조사자: 그러면 고향이 여기 홍천?] 황해도 연백.

[조사자: 고향이.] 황해도 연백군 연안읍 오주리.

[조사자: 그러세요. 그러면 6.25전쟁쯤에 어디에 계셨던 거세요, 어르신?]

어, 내가 학교에 있었거든. 학교 교편 잡고 있다가, 학교에 근무하고 있을 때 6.25사변이 났거든요. 그래가지고 6.25사변 나서 저기 나갔다가 9.18 수복돼서 들어와서 그때 경찰에 들어갔어. 경찰에 들어가 가지고 포천군 청산면, 포천군 청산면에 패잔병들 토벌나갔다고. 그래서 그러다가 1.4후퇴 당해서 부산으로 갔어요.

부산 가서, 부산 가서 경찰학교에서 3주 훈련을 받고. 어디로 갔냐하면은 안동. 안동 철도경비를 갔어요. 근데 거기 빨갱이가 아-주 빨갱이 소굴이야 그때. 안동이. 낮에 여기에다가 헝겊에 색 들은거. 빨강, 파랑, 까망, 하양, 노랑. 이 다섯 개를 가지고. 시간, 시간이 가다도 그 새끼들도 거 나와. 암호를 대도 그 새끼들도 똑같고. 그러다 철도경비하다가 밤에, 이 밤에 피습을 당해가지고 도망갔어.

저 오는데 총탄이 이리 빵빵빵빵 지나가는데 도망가서 어디를 갔냐하면은 대구에 갔어요. 대구. 대구에 가서 돌아다니다가 또 뭐야 방위병해는데. 뭐야 그게 여기다 뻘건 거 완장차고 총을 든 사람이 오더니. 내 신분증보고 뭐 그 이름을 대라고 하는데. 신분증도 집어넣고 따라오라고 그래. 따라가니까는 피란댕기는 사람들 다 갖다 가두는거야. 저- 대구 칠성국민학교에.

거기서 다 갖다 가두고 교실에 사람이 빽빽이 일어나면 앉을 자리 없어. 그냥 눈감고 밟고 앉아야 돼. 그래 그 가마니를 깔았는데. 가마니에 이가 버글버글하고. 그래서 그 우리는 인제 그때만해도 학생때니까는,

"야, 이러다 죽겠다."

저 창고 쌀가마 논 데 가서 쌀가마니 빈 가마니 잔뜩 갖다 복도에 가서 다섯놈이 엉켜가지고 거기서 자다가 거 보초병들 밤참해먹는 거. 밤에 그거 가서 훔쳐다 먹고. 그러다가 그 거기서 또 그게 해산이 돼서 다 나왔어요.

근데 뭐 나왔다가 길에 자빠지는 건 다 죽어. 우리는 그래도 학생이고 저긴게 그렇허군 거기서 해산돼서 해산돼서 돌아댕기다가 어디 또 붙잽혀갔는데. 어디에 잽혀가서 미군들 공병된 미군들 길 닦으러 댕기는 데 거기에 붙잡혀갔어. 그래서 거기서 길 닦으러 댕기는 거야. 그러다 거기에 횡성꺼지 왔어. 강원도 횡성까지 왔어. [청중: 한국말로 노무자라고 해.] 횡성까지 와서. 삽가지고 길 닦으라 해. 횡성까지 와서 이거 따라댕기다간 안되겠어. 아무래도 도망쳐야 살거 같애. 도망쳤어.

[조사자: 어? 하시다가요?] 어. 혼자 도망쳤지. [청중: 혼자 댕겼어요?] 그럼.

[2] 하우스보이가 되다

혼자 도망쳐 나와 그 미군부대 공병대 길 닦으러 댕기다가 도망쳐가지곤 혼자 원주에서 미군부대에 가서. 미군부대. 원주에 미군부대에 가서 뭐 그때는 내 키가 조그맣고 뭐 학생때니 저 밉지 안했어. 미군부대도 뭐 영어헐 줄 알아? 뭐 이렇게. 그냥 거기 가서 나 좀 여기서 있을 수 있냐고. 말로는 영어를 못하니까는. 이렇게 하니까 하우스 보이로 들어갔어.

미군부대 장교실. 장교실 청소하는 하우스보이. [청중: 좋은데 들어가셨네.] 그걸 거기서 인제 거기서부터 편안했어. 미군부대 장교실 청소해주고 그러니까. 잘 먹고 잘 얻어 입고. [청중: 월급도 주지요.] 그러다가 그러다가 또

왜 쫓겨났냐하면 미군 군표 화폐 개혁했을 때. 미군 군표 거 화폐 개혁 때 달라돈을 가지고 미군 군표를 가지고 있었거든. 그걸 모르고. 장교한테 가서 그걸 바꿔달라고 했어. 그러니깐 그 위법이야. 파면당했어. [청중: 그때 안바꿨다고.] 아니, 우리 한국 사람이 군표가지고 있는 거 위법이라고. [청중: 아, 한국 사람이.] 그럼. 한국 사람이 미국 군표를 어떻게 가지고 있느냐 이거야. 그래서 거기서 쫓겨났어.

아, 쫓겨나와선 그 이거 또 어디게, 어떻게 밥 먹고사나 돌아댕겼는데. 미군부대 거기서 조금 있었던 경험이 있으니깐. 또 다른 미군부대에 갔어. 또 가서 또 들어갔어. 또 보이로 들어갔어. 그러다가 그 미군부대가 어딜 왔냐면 강원도 홍천 삼마치를 왔어. 삼마치.

삼마치에다 주둔을 하고 있는데. 게 난 장교실 보이. 장교실 저 청소해주고 식사 때 장교들 식사 타다주는 그거야. 일이 그거야. 내 거 미군들이 빨래, 옷을 빨래 해 입는데. 저 한국 사람한테 줘서 빨래를 해. 거 낮에만 거 할머니들이, 아줌마들이 미군부대 옆에 철망, 철조망 밖에 죽-와 빨래 얻으러.

나 이렇게 자꾸 얻어다 주고 얻어다 주고 하다가 한 그러다가 한 그 할머니가 우리 장모가 됐어. 그 그 할머니가 아주 좋아. 계속 그 할머니만 얻어다 줬어. [청중: 장모를 갖다드렸네.] 자꾸 계속 갖다줬어. 그런데 또 미군부대서 이제 그 세탁해가지고 재봉 꼬맬 일이 있거든. 게 그 동이 재봉있는 집이 우리 처갓집이야. 우리 할머니 세탁 자꾸 얻어다주는 집 밖에 없어.

그 집에 가서 재봉해서 꼬매다주고 이러다가. 그 집에 우리 집사람 된 사람이 처녀가 있어. 그때 우리 처형도 교직이 있었는데. 아 저 누구냐게. 우리 처재라. 아무개 동생이라고 그래. 거서 자꾸 댕기며 연애를 했지. [청중: 그때가 몇 년도죠?] 오십이년도. [청중: 휴전 전이죠?] 그렇죠. 오십 이년도.

그래서 거기서 인제 장가를 갔어. 장가를 가고 에 인제 미군부대 내삐고. 저 그때 마침 초등학교 저 보충교사 모집 시험이 있었어. 그걸 시험보러가서 이제 강원도 춘천으로 거 시험보러가서 합격이 됐어. 그래서 계속 선생으로 40년하고 퇴직하고 사는거야.

[조사자: 그 빨래를 갖다 주면서 할머니하고 어떻게 연애를 하신거세요?] 아, 계속 자꾸 빨래를 그 할머니만 계속 얻어다주니까. 친했지. 친하니깐 그 할머니도 우리 장모된 양반도 인제 나한테 마음을 뒀고. 또 나도 마음 뒀고 그러다가 인제 또 거기 가서 처갓집이 됐지.

[조사자: 그러면 이쪽 이쪽 고향이 황해도 시니까.] 황해도 연백. [조사자: 이쪽에는 부모님이나 다른 가족 분들은 아무도 안계셨던거에요?] 우리 맏형님허고 두 아버지, 어머니. 세분. 어머니. 어머니네 두 내우하고 부모 두 내우허고. 큰 형님네 두 내우허고 조카하고. 아주 이별이 됐지 뭐. [청중: 이북에.] [조사자: 그러면 장모님이 연결해주셔서 결혼할 때 당시에는 가족분이 아무도 참석을 못하신거네요.] 없지. 나 혼자 그냥 장가갔어.

미군부대 있으면서 미군부대 군복입고 가서 장가들었어. [조사자: 6.25때 당시에? 6.25당시에 결혼을 하신 거에요? 휴전하기 전에?] 그럼. [조사자: 그러면 그때 홍천에 삼마치 부대 오셔서 그때 이후로 계속 여기 홍천에서 사시는 거세요?] 그럼 그럼. 삼마치서 60년을 살다가 여기 홍천 시내에 들어온 지 3년 됐어. 제2고향이지.

[조사자: 그럼 그때 미군부대 있을 때 무슨 재미난 일이 있으셨으면 그런 얘기도 좀 해주세요, 어르신.] 재밌는 일? 그 미군부대 장교실에. 장교실 저 보이니까. 하우스 보이니깐. 미군 장교들이 거의 미국에 자기 고향에서 뭐 먹을 거 부쳐오는 것들도 있어요. [조사자: 그렇죠.] 그거 먹고. 배급 나오는 거 잘 안 먹어. 부대에서.

그거 다 내가 그때 삼마치. 그 앞에 삼척국민학교가 있었어. 거기 선생들 자꾸 갖다 주는거지. [조사자: 어르신께서요?] 내가. 미군부대서 그 뭐 고기고 술이고 담배. 그땐 뭐 아까다마 담배? 저 락타 어 그런거는 내가 안하니까. 안먹고 안피니까는. 그 삼척학교 갖다주면 선생들이 참 좋다고. [청중: 아까다마 그 담배가 좋아.] 그렇지. 아, 또 이 통역왔다고. 통역도 아닌데, 보이가지고 또 아 이 통역 왔다고. 고기가져 왔다고. 담배가져 왔다고. 아 그렇게 지내고. 그 재밌게 지냈지 뭐.

[조사자: 그럼 직접 전투에 참여하시거나 삼마치 전투가 유명하잖아요, 어르신.] 응? [조사자: 삼마치 전투가 유명하잖아.] 삼마치 고개에서 많이 죽었대. 사람이. [조사자: 그때 그.] 그때는 내가 오기 전이지. [청중: 그 전에 그랬고. 그 나중 왔지.] [청중: 삼마치 많이 죽은 얘기는 6.25가 나고 그 쯤해서 1.4후퇴 헌 거 알지?] [조사자: 네네.] [조사자: 그때야.] 내가 삼마치 오기 전에 삼마치 고개에서 많이 죽었대. [청중: 희생자가 많이 난 곳은 6.25 이제 북진을 했다가 중공군 나오는 바람에 이제 후퇴하는 과정에서 우리가 민간인들이 피란을 또 나가지. 근데 여기 벌써 얘네들이 와 있었거든. 와 있었는데 피란민들 나가는데.] [조사자: 고 얘기는 조금 있다가 따로 어르신께 들을께요.]

[조사자: 아 그러면 이때 여기 오셔서 그냥 그 보이, 하우스 보이를 하시느라고 전쟁에 직접 참여하시거나 이러시진 않으셨어요?] 어떻게? [조사자: 하우스 보이로 있으시면서 직접 전투에 참여하시거나 그런 일은 전혀 없으셨어요?] 그런 일

은 없어. [조사자: 어, 정말 편하게 계셨네요. 그러면 그래도.] [청중: 경찰에는 뭐 거기 끝나고 들어가셨나, 경찰은 몇 년도에 들어가셨어요?] 경찰은 이제 9.18, 6.25사변 나가지고 9.18 수복되가지고. 경찰에 들어갔어요. [청중: 그 전쟁 안했었나? 일선에 안 나갔었나? 전투경찰인데.] 아니. 6.25전장때지요. [청중: 아, 후방?] 9.18 수복돼가지고. [청중: 아, 돼가지고.] 어, 들어가서 경찰에 들어갔어요. [청중: 수복돼가지고 전방에는 안 들어간거지?] 예. 그래 경찰생활. 순경봉급 한달 타먹고 고만뒀어요. 부산가서 저기허고 그거 하다간 철도 경비 나가느라 죽을 뻔 했어. 사표내고 도망쳤어.

[조사자: 그러면 하우스보이 하실 때 미군 장교하고는 어떻게 의사소통을 하셨어요? 어떻게 얘기를 나누시고.]

아이 뭐 반벙어리 식이지 뭐. 청소나 하고 타다준 께 별로 큰 얘기할 것도 없지. 게 뭐 얘기하지만 반벙어리식이지. 뭐 손으로 뭐라고도 하고. 반벙어리식이지 뭐.

[조사자: 그래도 미군 부대가 대충, 아, 어떻게 돌아가는구나하고 다 보시고

그런…]

그런거 모르지. 장교들 그 몰라. [조사자: 그러셨구나.] 그냥 장교실에 저 아침 이제 그 사람들 다 나가면 청소해주고 깨끗이 해주고 장교 식당에. 식당에 가서 장교들 먹을 거 타다 놔주고 그거야.

[조사자: 그래도 뭐 거기 미군 부대에 군인들이 뭔가 이렇게 좀 힘들게 구박을 한다거나 그런 여러 가지일들도 없고?]

그런 거 없었어요. 내가 조–그만게 잘해주니까는 장교들이 저 거기 부대에서 경비로 주는 급여 외에 지들이 조금조금 주기도 했어. 귀엽다고. 잘 한다고.

[조사자: 귀엽다고. 잘한다고. 그러셨구나.] [조사자: 그러면 할머니하고, 할머니하고 결혼하게 되기까지 전쟁 중에 결혼하게 되기까지 이야기를 조금만 더 자세하게 이야기해주실 수 있으세요, 어르신?] 결혼하기 전까지 그 미군부대 따라서. 미군부대가 대구에서 미군부대 그때서 하우스보이로 들어왔는데. 그기 삼마치왔어요 그 부대가. 삼마치와서 아까 얘기대로 빨래 자꾸 얻어주다가 우리 장모님 된 장모님 그 할머니 내가 계속 잘 얻어다주고. 또 그 삼마치 동네서 우리 처갓집이 부자됐어요. 재봉틀 있는 집이가 그 집 하나고. 그 집이가 제일 부자야. 게 거기 인제 자꾸 다니고 하다가 인제 연애가 돼서 장가가고. [조사자: 어떻게 연애가 되셨어요?] 아 그저 먹을 것도 가지고 자주 놀러오고 자꾸 댕기지. 자꾸 댕기면서 허는데 그 처녀가 있으니까는 우리 처남이 그 내 동생이라고 그러니까는 자꾸 다녔지 뭐. 자꾸 다니면 낯같지 뭐. [조사자: 그때 어르신은 연세가 어떻게 되시고 할머니는 어떻게 되세요?] 그때? 그때 내가 스물다섯 살이고 우리 집사람은 스무살이고.

[청중: 쪼꼬렛도 갖다주는 바람에 뭐. 쪼꼬렛또가 그땐 구경도 못할 때여. 쪼꼬레뜨가. 그거를 우리가 얻어먹었지만. 먹으면 참 대단할 때야.]

우리 처남이 나는 담배를 못 피는데 우리 처남이 그 양키담배. 아까다마니 락타니. 거 갖다주고 고기 갖다주면 그렇게 좋아하지 뭐.

[조사자: 처가 식구들은 가족이 어떻게 되셨는데요?] 응? [조사자: 처가. 처가는 가족 관계가 어떻게 됐는데요?] 우리 장인분 계셨고. 장모님 계셨고. 처남 있고, 처남댁있고. 또 장가안간 처남 둘. 또 시집안간 처재 셋. 본래 식구가 많아. 부잣집이래서. [조사자: 그 완전히 그냥 처가식구 둘러싸여서 결혼을 하신 거네요.] 그 집의 맏사우지. 내가 맏사위. 맏사위면서 뭐 잘해줬지 뭐.

[조사자: 그러면은 그렇게 다니시면서 뭐 전쟁을 간접적으로도 보고 겪은 이야기같은 거는 없으세요, 혹시?] 미군부대 있을 땐 어떨 땐 그 사람들이 비상인지 뭔지. 자다가도 밤에 이동해. 이동하고 가겠지. [조사자: 자다가도.] 응. 자다가도 다 걸어서 이동하고. 나야 그 사람들 따라댕기는거지 뭐. 비상 그때 비상근문지 뭔지 밤중에도 이동하고 그러더라고.

저 후퇴했다가. 이 나갔다 후퇴하는 거를 두 두 번 봤어. 두 번. 후퇴를. 응. 미군이. 미군부대가 이렇게 전쟁하다가 후방으로 후퇴하는 거를 두 번 당했다고.

[조사자: 어떻게 후퇴를 해요? 후퇴라고 인제 명령이 내려지면?] 나는 그런 거 모르지. 뭐 내가 아나? 밤중으로 자다가 다들 걸려가지고 후방으로 가는 걸 아나 내가? 왜 그런지 뭐 어떻게 알아 내가.

[조사자: 어르신밖에 한국사람 중에 하우스보이 하는 사람이 어르신밖에 없으셨어요?] 아, 그 부대에 나 하나야. [조사자: 그럼 좀 외로우셨겠어요. 그래도 그 안에서.] 피란 나와서 돌아댕긴 게 뭐 그렇게 외로운 거 모르고. 고생 안했으니께 몰라. 미군부대에서 잘 얻어먹고 잘 입고 그랬으니까 뭐.

[조사자: 여태까지 들은 이야기 중에 제일 행복한 이야기세요. 그래도.] [청중: 맞어 맞어. 제일 행복한 얘기야.] [조사자: 다행히셨네요 진짜.] [청중: 고생한 얘기는 없네 뭐.] [조사자: 그 어르신 복이에요 그것도. 어르신 복이시라고 정말로.] 고생을 안했어. 전쟁 때문에 돌아다녀도. 잘 얻어먹고 잘 지내고 그랬어.

[3] 학교 선생님이 되다

[조사자: 그러셨구나.] [청중: 그럼 학교를 어디를 나오신거야?] [조사자: 어르신 학교는 어디를 나오신…]

황해도 연백서 연백 농업학교. 황해도 연백 연백농업학교. [청중: 게 몇 학년을 댕기다가?] 13기. [조사자: 몇 학년까지 하셨어요, 어르신?] 농업학교 4학년. [청중: 야, 아니 그럼 4학년 배워서 교직생활하신건가?]

[조사자: 다시 입학을 하셨대요.] [청중: 아, 여기 나와서?] [조사자: 네.] [청중: 공부를 어떻게 했지?] [조사자: 시험보고. 시험을 보시고.] [조사자: 그럼 학교나 이런 건 어떻게 했어요? 그래?] [조사자: 시험을 보시고 학교 교사를 뽑는 시험을 보시고 합격을 하셔서…] [청중: 학교 또 댕겼다?] 보충교사 시험봐가지고 합격됐어. [청중: 아니, 합격돼서 학교를 또 다니신 거에요?] 아니지. [조사자: 선생님하신 거.]

거기 보충교사 시험을 어떻게 봤냐 하며는. 삼마치 있을 때 미군부대 있을 때. 삼척학교 거 자꾸 놀러댕길 때 그때 당시에 그때 교장이 박우선씨야. 나 보고 학교 선생시험 봐라 이거야. 게 나는 아 나는 다시 수복되면 고향에 가서 다시 공부할텐데. 그까짓 거 하면 뭐하냐고 안했다 말이야. 그래도 또 몇 번 보내. 하다가 고향가도 되고. 되고. 손해될 거 없다고. 보충교사 시험 보라고. 게서 거기 권한 그 박우선교장이 전부 주선해줘가지고 춘천에서 시험 봤지. 게 합격이 됐어요. 지금 같으면 합격 어림도 없어. 그 당시 선생들 모자랄 때 웬만하면 막 거둘때지 그럼.

[청중: 모자를 때니까 됐지.] 지금 같으면 꿈도 못 꿔. 그 당시 사변 때고 선생들이 부족했거든. 그러니까 보충교사 시험보고 어지간하면 합격이 됐다 말이야. [청중: 그때 합격된 거는 좋은데 이 선생님이 교편으로다가 퇴직을 하시니까 머리가 좋으신 거네.] [조사자: 그렇죠.] [청중: 4학년까지밖에 보충학교를 안다니고 보통학교를.]

내가 또 시험 때 재밌던 얘기 허까? 시험은 다 어지간히 나름해는데. 음악은 내가 깡통이거든. 농업학교 나왔는데 음악을 내가 뭘 알아. 음악시험을 보는데 깜깜이지 뭐. 음악시험 보는 거 뭐 깡통이지. 이건 뭐 이렇게 수단 좀 부려야지 안 되겠어. 뭐 감시있어? 허는 사람 보거나 말거나 앞에도 보고 옆에도 보고 막 이랬지.

그래도 와서 그걸 또 뺏는거야. 에이 내가 피란 나와서 사는 놈이 뭐 이판사판이야. 쫓아 나와서 이게 이 시험지지? 나는 이렇게 붙잡고 그 감독관은 이렇게 딱 서로 이거를 가지고 실랭이를 치는 거야. 게 내가,

"여보시오. 난 피란민이요. 이산가족이요. 나 밥 좀 먹고 살아야 되겠소. 그 당신 이거 뺏어 불합격 시켜봐야 당신도 좋을 거 뭐 있소."

규정이 안 된다는 거야. 에이 가져갈테면 가져가라고 내버렸지. [조사자: 근데 붙여주신 거네요.] 글쎄. 나는 불합격되기. 합격되기는 생각도 못했지. 그걸 뺏겼으니. 그래도 그 선생님이 그걸 봐줬어요. 합격이 됐어.

[청중: 춘천서 보셨어요?] 춘천서.

[청중: 그 양반이 오케이 했으니까 그랬지.] 게. 난 피란민이니 이산가족인데 밥 먹고 살아야 되겠는데 뭐 그것만 봐주면 어떠냐고. 아 내가 볼 땐 내중에 아, 가져가라고 그렇게 했지. 합격되기는 바라지도 못했지 뭐. 나중에 인제 우체부가 오면 혹시 합격통지오나 가보고. 나가보고. (웃음) 그 어느 날 우체부가 왔는데 보니까 합격이 됐어. 그래서 그 양반이 봐 준거야.

[조사자: 그 맨 처음에 선생님으로 어디 발령 받아서 가신거에요, 어르신?] 어, 아이고 저런. 내천면 화산대. 내천면 화산대 화산국민학교. 그때는 대봉국민학교여. 그때는 화산국문학관데. [조사자: 거기도 강원도 이쪽이에요?] 강원도지 강원도. 강원도 내천면. [청중: 홍천이 10개 읍면이거든.]

[조사자: 그러면 그때는 뭘 가르치셨어요, 어르신. 이때 학교 풍경 좀 이야기 좀 해주세요, 어르신.] 그때 초 발령 받아가지고 내천면 화산학교 갔는데. 가교사. 저 사변 때 학교 타서 다 없어지고. 그 주민들이 저 나무들 갖다 산에서

가교사. 기-다랗게 해고선 창고집 모양으로 짓는데 거기서 수업을 했어. 거기서 첫 담임을 5학년을 난 했는데. 장가간 사람들이 셋이 있어. 5학년에. 장가 간거야.

그러고 하나 재밌는 얘기 또 해줄게. 하루는 근데 그때 여 여자 학생이 커요. 한 여학생이 의자 앉아서 자꾸 울기만 하고 이러나지도 않고. 왜 그러냐해도 대답 말도 안 해. 아, 계속 이이이이 꼭 붙잡고 움직이지도 않고 이렇게 우는 거야. 게 내 여자애 거 저 월경에 대해서 그땐 몰랐단 말이야. 그때 교장이 조인환대. 조인화하고 교감이 아이고 황 황 황혜진인데. 사무실에 가서 그랬지. 우리 반에 여자 학생이 앉아서 울기만 한다고. 그 덩치가 크지. 그러니까

"아 이선생 몰라?"

"뭘요."

"그게 나온거지 뭐 그래."

"그게 뭐에요."

아이고 참 우습지. 게 실지 그 여자가 초경을 당한거란 말이야. 게 자꾸 울기만 하는 거야. [조사자: 그 어떻게 하셨어요.]

어떻게 뭐 저 여선생보구 저기허라고 해서 집에 보냈지 뭐.

[청중: 그걸 눈치를 못채고.] 모르지 알아? 총각이 뭐. (웃음) 몰라.

[조사자: 그때는 수업 내용은 뭘 가르키시는 거세요?] 아, 초등학교 전과목 다 가르키지. [조사자: 똑같이 국어도 가르치고.] 그럼 그럼. [조사자: 수학도 가르키고.] 거긴 중학교 고등학교처럼 뭐 저 과목 전임이 없거든. 초등학교는 다야. 그냥 다 가르쳐. 게 난 음악은 못 가르치니까 음악시간은 여선생하고 바꾸지.

[조사자: 학생들이 다 나이가 제각기였겠어요.] 아이 아까도 얘기했지 장개간 게 셋이고 나보다 다 커요. 거기 또 우스운 얘기 또 허께. 한 애가 하숙을 허고 있는데. 아이고 그 인제 이름도 잊어. 김향배. 김향배네 집에 하숙을 하고 있는데. 젊은 놈들이 매일 밤에 와서 나를 잡고 테스트허는거야. 아 쬐-그만게 선생이래니까 뭐 나가서 글자도 물어보고 뭣도 물어보고. 어떤 거

물어보면 모른다고 해. 모른게 선생이야? 이지랄하고 말이야. 아유 지겹게 그 진저리를 당했어.

그 하루 체육 시간인데. 학교 체육시간인데. 학생들 데리고 운동장에서 체육을 시키는데. 그 놈들 젊은 놈들이 와서 내가 말하는대로 자꾸 흉내를 내는 거야. 자꾸 흉내내면서

"에게 에게 뭐 선생."

학생들은 나보다 큰데 학생보다도 선생이야 뭐야. 하도 약이 올라서 한 놈의 새끼 귓방망이를 후려갈겼지.

"쌍놈으 새끼. 이 새끼야 넌 공무 방해야."

그러고선 사무실에 들어가서 교장, 교감한테 일렀더니. 조인화가 경찰지서로 전화를 걸더니 와서 그 새끼들 붙잡아 갔어. 거 교육이라는 거 공무 방해지. 그럼. 아 그래가지고 내 인제 이러는데 난 뭐 학교에서 처리해주는대로 가만-히 있는데. 하루 저녁에 거 그 젊은, 아를… 저기 한 집에 부모들이 찾아와서 용서 좀 해주쇼. 좀 봐주쇼. 나보고 아, 나는 모른다고. 용서고 뭐고

난 모른다고 지서에서 처리하는 대로지. 난 모른다고 뭘 용서하냐고. 나 저기 할 게 없다고. 게 하여간 자꾸 그래. 내가 그러니깐 뭐 할 수 없잖아.

게 인제 지서에서 인제 내 말만 내가 인제 뭐라고 그래. 화합해주며는 보내줄게. 나한테 승인을 얻어오라 그거야. 나 교장선생보러 아이 그러는데. 그냥 두라고 그 놈의 새끼 대답하지 마라. 그 놈의 새끼 놔두라고. 게 지서에서 일주일 더 있었나. 게 내중에 아이 거 놔주라고. 그래곤 와서 나한테 와서 빌더라고. [조사자: 그 다음부턴 이제.] 그 다음에 인제 그러질 못했지. 그 놈들이. 그 쬐끄만게 선생이라고

"에게- 에게 저거 선생이야."

그 놈의 새끼들이.

[조사자: 자녀는 어떻게 두셨어요, 어르신?] 어? [조사자: 자손은 어떻게 두신, 몇 남 몇 여세요?] 1남 4녀. 1남 4녀. 지금 우리 아들도 지금 현재 교직에 있어. 저 홍릉고. [조사자: 전쟁하시면서 저희가 되게 어르신들 많이 뵀지만 전쟁 중에 이렇게 결혼한 어르신 두 번째세요.]

[4] 병원에 취직하다

나 군인생활도 또 고생 안했어. 병원 근무를 했어. 병원 근무. 제구이동외과병원. [조사자: 이 군생활은 어떤 군생활을 얘기하시는거에요?] 응? [조사자: 병원에 근무하셨다는 거는 언제? 6.25전에요, 어르신?] 학교에 있다가 저 군인 나갔어요. 학교 있다가. [조사자: 학교 있다가요?] 거 그것도 내가 재밌는 얘기 허께. 군인 나가서 제주도가서 훈련을 받고 부산 보충대에 왔는데. 일선으로 안 가게 되겠거든. 일선을 안 가야 내가 살겠거든. 어떻게 궁리를 꾸몄냐면. 부산 보충대에서 중대본부 보충대에 있는데. 밤에 인제 중대본부를 갔어. 중대본부를 가서 선임하사한테

"나 저 자동차 학교 좀 보내주쇼."

그러니깐

“너 자동차에 대해서 뭘 아냐.”

“아무것도 모릅니다.”

“모르는 데 어떻게 가, 임마. 자동차 학교는 사회에서 운전면허 있고 운전 헐 줄 아는 사람이래야 간다.”

이 말이야.

“암튼 보내만주믄 내가 당할테니깐 보내주쇼.”

안내준다는 기야. 그때 또 중대장이 마침 우리 황해도 사람이여. 그 사람한테가서 졸랐지. 나 자동차학교 좀 보내달라고. 그러니까 역시 중대장도

“너 자동차도 아무것도 모르는데 뭐 어떻게 가냐.”고.

“암튼 보내만 주면 내가 당할테니까 보내주쇼.”

아이 졸랐어.

“그 해봐라 그러면.”

갔어. 자동차학교를 갔더니 엠부를샤를 죽– 내놓고 올라타고 운전허래는 거야. 내 올랐라는데 가만 있지. 아 임마 빨리 운전 시동걸고 허래.

“난 모릅니다.”

그래. 아 중대장이 뭐야 그 뿌라얀지 뻰친지 가지고 있던 거를 대갈통을 때리고.

“너 이 새끼 돈 얼마나 멕이고 왔냐.”

이거야. 운전도 못허는 게 거기 왔으니.

“너 이 새끼야 얼마나 빽이 실해서 여기 왔냐.”

이거야. 아 이게 피가 터졌지 여기. 내 뭐 이렇게 손으로 이렇게 쥐고 있는데 피는 나오지 이렇게 허는데. 근데 중대장이

“이 새끼 서무계시켜. 이 새끼 운전도 헐 줄 모르는 새끼가 왔다.”고.

서무계보고선 자동차운전도 못하니까 자동차운전학교 졸업장을 탔네. (웃음) 서무계본다고.

아 그러고 인제 또 거기서 인제 8년 나갔는데 보충대에서. 8년 나가는데. 내가 근무핸 구의동외과 병원에서 운전수를 착출해가는거야. 거길 갔어요. 거길 가서 또 인제 차들을 내놓고 운전시키는거야. 게 난 운전 못한다고. 또 한 얻어맞았지.

"야, 이 새끼야, 운전도 못하는 놈이 자동차학교 졸업장을 가져왔냐."

이거야. 나 서무계만 보다 왔다고 허니께.

"이 새끼 서무계나 시켜."

만날 서무계보다가. 그래서 구의동외과병원에서 에 서무계에 가서 서무계 조사지 인제. 그러다가 그 공문치고 내가 허니까 그때 병참학교 모집이 공문 나왔어. 그래서 선임하사보구

"나 병참학교 보내주시오."

"그래 가라. 가고 싶으면."

병참학교 가서, 병참학교가서 졸업하고 와서 보급수령계야. 보급 그때는 보급수령계. 구의동외과병원에 보급수령계야. 아주 팔자가 폈지 뭐.

아 저 속초 저 안에서 강릉으로 인제 보급수령을 다니는데. 그 보급 수령 뭐 해가 보급수령해가지고 해가지고 오다 보면은 헌병 검문소에서 이 새끼 인제 병원에서 보급수령 댕기는 거 다 아니깐. 괜히 붙잡아놓고 안 보내줘. 아 왜 안보내주냐니까

"야 이 새끼야 안 보낼 때 알지. 눈치도 없어? 뭘 달래는거야."

거 약 좋은 거 하나 달래는 거야. 자 그걸 주며는 부대에 가서 또 어떻게 내가 어떻게 하느냐 이거야. 그 머 그걸 보급 수령을 수령핸 거 뭐야 인제 전표인가 뭐 뭐 다 있는데. 거 없으면 어떡하나.

"거 나는 부대에 가서 어떡하라 그럽니까?"

"야 이 새끼야 보급수령해갖고 그런 수단도 없어?"

처음엔 그래. 인제 하루 요령이 났어. 저 보급수령에 가서 그 새끼 좀 이 멕이는 거 돈 좀 멕이고 이래주고. 저 열 개 파할 거면 하나 더 달라고 말이

야. 게 헌병 그거하면 그거 주고오고. 그러고 또 그때 또 요령이 생겨가지고. 이 저 피복. 그 2종인가 1종인가 다 잊어버렸어. 그게 인제 가서 흔(헌)거 가져가서 새 거 바꿔오거든. 게 인제 보급소라는 거 흔 거를 열 번을 가져가선 그 놈 보구 접수할 때.

"이 자식아, 한 열 두어 개를 접수해 놔."

그 새끼 또 내 친구니까. 게 열 두어 개 접수해가서 이 부대엔 열 개만 갖다 바치면 돼지. 게 두 개는 또 내가 가지고 있다 팔아먹는 거야. 좋은 거. 그렇게 군인 생활도 아주 재밌게 하다 나왔어.

[조사자: 어르신 수단이 좋으세요.] 내가 쫄병해서 가족 데리고 가서 살림했어. 속초서. (웃음)

[조사자: 그 얘기도 좀 해주세요.] 뭘 얘기해. [조사자: 가족 데리고 가서 사신 이야기.] 우리 그땐 이제 아들 하나. 그 인제 집에서 났는데. 처갓집에 맽기고 갔거든. 군인학교에 있다가 군인 나가니깐 처갓집에 맽겼잖어. 처갓집에 돌아와서 보니깐 안 되겠어. 내가 그때 저 병원에서 보급소를 가니께 좀 풍부하니껜. 에이 데리고 가서 살림해야되겠다고. 속초에 데려가서 살림했지 뭐. 살림해고 아 뭐 먹고 때는 거 전부 부대에서 가져가는거지 뭐. 그러다가 제대해가지고 제대하고서 가족들이 오니껜 군수과장이 깜짝 놀란거야. 아 저놈의 새끼 가족 데리고 와서 살림을 한다고. (웃음)

[조사자: 어르신 그러면 어르신 생각에 6.25전쟁 때 생각해보시면. 그렇게 막 힘들고 막 잔혹하고 그런 기억만 있으신 건 아니시겠어요, 어르신께는. 6.25전쟁이. 사람들마다 6.25전쟁에 대해서 기억하는 게 다 다르거든요.] 그렇지. 자기 기억이. [조사자: 근데 어르신께는 6.25 전쟁이 너무 막 잔혹하고 힘들고 고생스러웠던 것만은 아니셨겠어요, 어르신.] 내가 구의동외과병원에서 인제 저 전방 그 같이 따라댕기거든. 그래서 전방에서 부상병들 후송해와요. 그래가지고 우리 병원에 와서 응급처리 해가지고 또 후송시켜. 그래 내가 전방에 갔다가 여기(왼쪽 팔) 파편 맞았어. 여기에 여기 지금도 여 파편자리. 여기 이짝이

있는데. 파편 맞아가지고 그땐 놀래서 이틀 밥을 못 먹었어. 이거 맞아 놀래서. 야 나도 인제 죽겠구나하고 놀래가지고. 그래서 이게 파편 맞아가지고 지금도 요 뼈가 어떤 때 아파.

[청중: 속초 계실 적에 그랬어요?] 에? [청중: 속초?] 그 속초서. 속초 아야진에서. [청중: 아야진. 거기는 이북이잖아. 그때 당시.] 그렇지. [청중: 아야진.] 아야진 이북이야 이북.

그래서 이거 맞아가지고 우리 우리 병원이 병원이니까. 병원에서 치료하고 일주일, 일주일 그냥 침대에 드러누워서 치료했지. 그래가지고 그런 아이고 여기 맞아가지고 그때 놀래가지고 이거 아주. 아주 무서워서 저기했지.

내가 저 저 제일 혼난 얘기 허께. 저 포천군 청산면 그 패잔병 토벌 갔을 때. 낮에는 저 서로 봐요. 낮에는. 서로 본다고. 저 놈들 산에서 왔다갔다 하고. 우리는 마을에서 총 가지고 보초 서 있고. 그런데 밤에는 이제 불침번 있잖아. 불침번. 군인들 불침번서고 있는데. 밤에는 그 놈들이 식량을 뺏으러 내려와. 부락을. 산에서. 그 뭐 강탈하러오나 그 뭐야 식량 뺏으러 와.

그때 인제 보초 서는데. 깜깜한 저 그래도 달빛이 비칠 땐 겁이 들 나는데 깜깜한 데 옆에서 바스락 소리만 나도 그 새끼 온거같이 그냥 공포 쏘게되고 그럼. 그 부대에 거기서 훈련 교육 받기는 아주 급할 때 위험할 때나 총을 쏴라 그랬거든. 근데 깜짝 놀래니깐 방아쇠 댕기고 총을 쏜단 말이야. 그때 그렇게 몇 번 그걸 당하고 그때 그렇게 저 겁났던 데는 거기야. 아주 겁이 났었어. 옆에서 뭐 바스락 소리만 나고

"어이쿠 그 새끼 온거다."

하고. 총을 나도 모르게 방아쇠를 집어 댕기는거야.

[조사자: 그래서 패잔병을 직접 잡으시기도 해 보셨어요, 어르신?] 못잡았지. [조사자: 아, 그러셨구나.] 낮에는 그래도 마음놓고 보내고 그러는데 밤에 그 불침번 섰을 때 아주 무서워. 공포 아주 떨고 있으니 뭐. 그 새끼들은 막 내려와서 도둑질하러 내려오는 거.

마을 사람들의 억울한 죽음을 목격하다

김주하

"뭐 군대 갔다 들어온 놈이 밖에서 나오라고, 신발 벗으라 그래. 개네는 그렇게 식별하더라고"

자 료 명: 20120615김주하(인천)
조 사 일: 2012년 6월 15일
조사시간: 1시간
구 연 자: 김주하(남 · 1934년생)
조 사 자: 김종군, 박현숙, 조홍윤, 황승업, 강미정
조사장소: 인천광역시 남동구 논현동 (제보자의 집)

[조사과정 및 구연상황]

김종군 공동연구원의 소개로 탈북민 제보자를 만날 수 있었다. 제보자는 조사자들을 반갑게 맞아주었고, 손수 과일을 깎아 대접하였다. 북에서 목격한 전쟁의 비극상을 조심스럽게 들려주었다. 주변을 의식해서인지 구술할 때 목소리가 매우 작았으며, 발음이 부정확하여 조사자가 여러 번 되묻기도 하

였다.

[구연자 정보]

김주하 제보자는 1934년 년생 평안북도 정주군 덕언면 석산리에서 태어났다. 형제는 6남 2녀 8남매이다. 제보자는 15세에 한국전쟁을 경험하였다. 수매 양정사업소에 1년 반 근무했다. 영어를 잘했던 넷째 형님은 유엔군의 통역을 맡았다. 제보자는 미군이 원자탄을 쏜다는 소문을 들은 큰형님과 함께 밤에 배를 타고 월남하였다.

[이야기 개요]

김주하 제보자는 12세 되던 해 강에서 물놀이 중 해방 소식을 들었다. 신의주 교하지서에 갇혀 있던 사람들이 죄수복을 입고 몰려나오는 모습을 보고 중공군인 줄 알고 착각했다. 제보자는 라디오 방송을 통해 전쟁 사실을 알게 되었고, 10월에 폭격이 잦았는데, 집집마다 파놓은 방공호로 대피하곤 했다. 마을의 한 사람이 인민군 낙오병들이 후퇴하는 것을 목격하여 밀고를 하였는데, 치안대에서는 낙오병들이 마을에 숨어 든 것으로 알고 마을로 들어와 총살하는 바람에 밀고한 사람이 죽기도 했다. 마을에 있는 사람들을 걷게 하여 제대로 걷지 못하는 사람을 패잔병으로 간주하고 색출하여 데려가기도 했다고 전했다. 인민군 후퇴 후 미군이 들어와서 김일성을 잡았다는 소문도 있었고, 미군이 원자탄을 쏜다는 소문도 있었다.

[주제어] 오랑캐, 신의주 교화소, 죄수복, 항복, 학도군, 피난, 전소, 방공호, 미군, 박격포, 후퇴, 치안유지, 복수심, 인민군, 패잔병

[1] 해방부터 한국전쟁 발발 전까지의 북녘 분위기

[조사자1: 그러고 인제, 소련군이 내려오고, 북은 야튼 사회주의 체제가 되고,

분단이 됐지 않습니까? 고 상황을 한 번 쭉 이야기를 해보, 전쟁까지를 한 번 편하게 말씀을 해보시죠.] 예. 근데 어, 45년 8월 15일 내가 그때, 소학교 들었더랬어요. [조사자1: 소학교?] 네. 덕원국민학교 5학년 들었는데. [조사자1: 5학년 들었다고. 네, 네.] 어, 어. 그런데 그때 방학 때랬는데, 개울에 나가서 멱들 감앴드랬는데,

"아, 일본 놈 망했다."

그러더란 말이야.

"오, 일본 천황이 항복 했댄다."

그러더라고요.

'아, 일본 놈 말했다.' 그랬다, 다들 그랬지. 그랬는데 그 다음에 드르 이렇게 하는데, 북, '중국에서 오랑캐들이 튀어 나온다.' 그런 소문이 또 퍼지더라고. 그런데 그래서 사람들이

"아, 이거 어카나?"

하고 있는데, 그런데 그때 우리 마을에 좀 학교 좀 다니고 말했는데,

"우리 가보자."

중국에서 쳐들어온 게 아니고, 신의주 교화소에 있던 사람들이 교화소 문다 이렇게 열어 재끼니까. [조사자1: 신의주 교화소에?] 어, 교화소에서. 시푸른 죄수복 입고 이렇게 꽉 꽐로 하니까 그런데 이게 중국에서 또 이렇게, 하하하하하하. [조사자1: 들어온 줄 알고?] 어, 들어온 줄 알고. [조사자1: 그 사람도 저기 일본군한테 잡혀있던?] 그럼. 그런 혼란도 있었고.

또, 46년 11월 3일에 첫 선거란 거 했어요. [조사자1: 북한에서?] 어, 북한에서. 최고인민 대의원 선거. 선거를 하는데. [조사자1: 누굴 뽑아요? 대의원?] 그게 저, 여기로 말하면 국회의원이지. [조사자1: 아, 국회의원을? 그걸 뭐라고 했습니까?] 최고인민회의 대의원. [조사자1: 아, 최고인민회의 대의원을 뽑는 선거를 46년.] 그때는 최고인민회의 그런 게 없었고, 그저 북조선임시인민회의라 했는데, 북조선인민위원회를 구성하기 위한 인민대표 선거지. 그런데 뭐

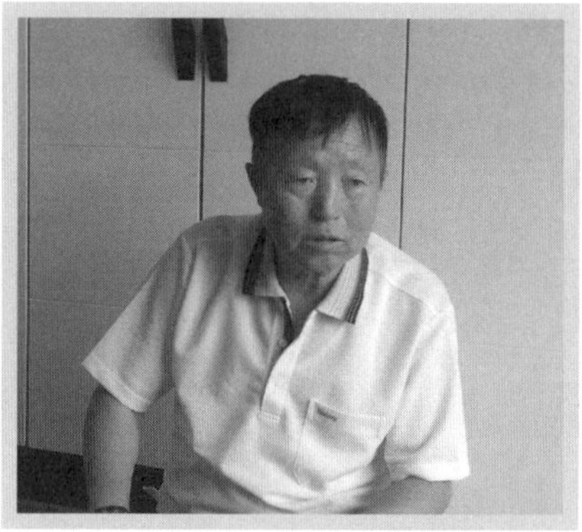

그때는 국회 뭐 그런 게 아무 것도 없으니까, 무법천지니까. 그래서 그 선거라는 게, 선거장에서 솔대문도 해놓고 춤추면서 '야, 이제 민주통일 되고 잘 살게 됐다.'고 그랬댔는데. 그게 뭐 몇 해 못가서 6.25전쟁이 일어났거든. [조사자1: 그러면 그때 인제 저기 소학교 5, 6학년 이쯤 됐을 때, 소학교 체제는 그대로 유지가 됐었어요? 저기 김 주석이, 김일성이 들어와서 전체를 다 장악한 것도 알고 계셨고?] 아이고 그럼. 45년도에서 46년 10월 달에 신의주에서 학생사건이 있었시유. 그런데 그때 김일성이가 신의주 학생사건에 갔다가, 오면서 '정주 들리겠다.' 그랬다고요. 홍보되니까. 정주군에 소학교가 6개 있었시유. 그래 소학교 6학년생, 나 그때 6학년 됐거든. 6학년생 학교에서, 소학교서 대표로 두 명씩 이렇게 갔어요. 그래서 아침부터 가서 오- 나 기다리라 그랬는데 안 온대. 근데, 그때 당시는 김일성이라고 말 안 했어요. [조사자1: 뭐라고 그럼 불렀어요?] 어, 무정장군. [조사자1: 무정장군?] 어, 어. 그러면서 그랬지 김일성이란 말을 안했거든. [조사자1: 여하튼 최고 수령이라는 개념은 있었고?] 그렇지. 북조선인민위원회 위원장이지 뭐. 근데 그때 와서 연설이 웅얼. '신민주주의에 대하여.' 그런 거 하더만. '우리가 세우고자 하는 나라는 옛날 왕이 통치하는 것도 아니고 우리 백성들이 의사에 의해서 나라를 세우고, 백성들을 위한 정치를 하는 그런 신민주주의 나라를 세우겠다.' 그런 연설을 했다고. 어, 그런데 그때 사대 이렇게 한게 보니께 그 하룻밤 쉬고 갔는데. 정주 역전여관에 거기서 쉬고 갔는데, 그때 여관에는 볼 거 없으니까, 아 무슨 인민집에서 명아아아아앙아아 그 역사박물관으로 [조사자1: 그 명주의 굴이?] 어, 그런께 그걸 역전여관을 그렇게 해놨더라고. [조사자1: 아, 역전여관을 역사박물관식으로 해서 하룻밤 묵었다고?] 어어. 그 당시 사진 찍은 게 김일성 장군이 쪼끄만하니께니 다 나보다 두 살, 세 살 다 이상 그러더라. 그래 내가 그래서 내가 그때 이거 같아 이래서 또 거기도 가만 보니까 기자가 있더라고. 그래서 자꾸 뭘 그때 내가 두루 그래서 연설을 들은 게 없다. 그런 게 있다고 그때는 어케 됐는가 하믄, 48년도 2월 8일. 인민군대 이렇게 하고. [조사자1: 인민군대가 이제 창설이 됐어요?] 창설됐지, 2월 8일 날. 그런데 지금 최고사령관, 그땐 총사령관이라 그랬어. 총사령관 최용건. [조사자1: 최?] 최용건. [조사자1: 아, 최용건씨.] 참모장이 강건이고. [조사자1: 강?] 강건. [조사자1: 강건? 네.] 응. 그런데 강건은 6.25전쟁 때 죽고, 최용건 영감은 그나마 살았고.

[조사자1: 그러면 이제 전쟁 날 때 그때는 한 열 다섯 잡수셨습니까? 50년.] 어. [조사자1: 그 정주에 사실 때 전쟁난 줄 알았었어요?] 알았지, 그럼. [조사자1: 그때는 뭐라고 말이 났었어요?] 아, 근데 어떻게 됐는가 하믄, 50년 6월 25일 전쟁이 일어났는데, 근데 그 나는 49년 그때 우리 마을에서 38경비대 경비대 대장 최현영감인가 했어요. [조사자1: 최?] 최현. 그 다음에는 남에서는 김석원이. 19연대 연대장, 그 양반이 연대장. 그런데 거기 갔다가 이런 남북께 그런데 그렇게 싸움 하다가 국부계 싸움이지, 그지? 총질하고. [조사자1: 국지전이 일어났구나?] 어. 국군들. 그렇게 할 때 부상당해서 왔더라고. 그래서

"나가."

이렇게 하니께

[조사자1: 아 저, 마을 형이? 한 사람이?] 응. 한 사람이.

"이야 이거 심상치 않다."

[조사자1: 심상치 않다?] 어,

"이거 큰 전쟁 될 거 같다."

형이 그랑께.

이야, 이 자꾸 서로 군대끼리 싸움질 하지, 그 다음에 군대에서 이래 자꾸

38분계선 오는 거 봐서는 이거 심상치 않아. 그래 아니나 달라? 그러니까 방송. [조사자1: 라디오에?] 라디오지. 어디가고 뭐 삼 일만에 서울 가고 뭐 어쩌고저쩌고 그런 거 들었지. [조사자1: 그럼 전쟁 발발했다는 소식을 라디오에 전파를 탈 때, 우리가 인민군들이 통일을 하기 위해서 내려갔다라고 이야기해요?] 그럼 그렇지. [조사자1: 아니면 이승만이 올라갔다고 이야기해요?] 내려갔다고 했지. [조사자1: 우리가 통일을 위해서?] 그런데 이놈들이 저 미국 잠깐 들려서 또 이렇게 시찰하고, 국방군들, 미군들이 조정했기 때문에 '반격했다.' [조사자1: 반격했다?] 어, 그렇게 이제. 그래 우리야 뭐 무슨 뭐 '반격했는가보다.' 했지. 그래서 인제 내 그때 인식도 전쟁이라는 게 타산지석인데, 무슨 이 삼일 만에 서울 다 내려오는데, 뭐 타산돌일게 뭐 뭐들이라고 이렇게 했지. [조사자1: 그러니까 먼저 저쪽에서는 방송에 내보내기는 이쪽에서 먼저 찝쩍거려서 반격을 했는데, 인자 생각하기에는 '방비도 안 해놓고 전쟁을 먼저 일으킬 리가 있나?' 이렇게 생각하셨다고?] 어쭈 야, 무슨 모잘라? 아 사람들도 못 견뎌서 서울 다 도망가는 그런 변을 가져 무슨 지랄 맞았다고. 난 그때 당시도 그렇게 인식 했거든.

[2] 누이집으로 간 피난과 마을 전소

[조사자1: 그럼 전쟁 났을 때, 열다섯 먹었는데 군대 나오라고 뭐 이렇게 학도군 나오라고 이런 거 안 오셨어요?] 열일곱 살. [조사자1: 열일곱 살이었어요?] 만 열여섯 살 되어야 나가는데, 그런데 난 어리니까 우리 고등 2학년들은 다 나가고 환자 둘, 나까지 서이. 나이가 안 된 거. 그렇게 서이 있었어. [조사자1: 세 사람만 남았어요?] 어. 그래서 군대 안 나가고 있었지. 그래서 50년도 우리 누이집이 고암면 그 구성군과 정주군 경계에 거기에 누이네 집이 있었거든. [조사자1: 누님 댁에 계셨다고?] 어. 다 피난 거기 갔더랬지. [조사자1: 밀고 내려갔는데 무슨 피난을 가?] 아이 그 들어오기 전이지. 50년도 9월. [조사자1:

이제 9월에 여기서 올라갔을 때?] 아니, 어. 9월 23일 올라가기 전이에요. 9월 23일 날. 그런데 우리 맨 맏형이 [조사자1: 맏형이?] 맏형님이 평양에 살다가 철산. 모나주 광산이 있었어요. 거기. [조사자1: 모나지 광산?] 어. 모나사이트. [조사자1: 모나사이트?] 어 모난. 그게 뭐냐하면 철 합금해서 땅크 맨드는 원료로. [조사자1: 탱크 만드는?] 어.어. 그 광산 갔다가 전쟁기구 들어오니께니 에이, 도피해서 집이나 갔단 말이야. 12월 23일. 22일 날 저녁에. 그러니 이리 밤에 이렇게 걸어서 간께 한참을 못 온께, 집에 오래간만에 왔으니까 우리 집엔 아버님이 이렇게 이렇게 불 때서 이제 밥 해먹을라는데, 이 야간 폭격기가 날아와서 불빛 발견해서 딱 맞았지. 그때 우리 본채 있고, 앞채 이렇게 있었는데, 그 본채는 초가집이란 말이야. 앞 채는 46년도 기와집 새로 지은 거고. 그 불 다 붙고. 거기는 진짜. [조사자1: 아래채가 불이 붙어 버렸어? 폭격을 맞아서?] 어어, 본채. 그기는 지금으로 말하믄 그 저 진품명품에 나오는 그런 게 뭐 좀 있었는데. [조사자1: 있었는데?] 그래 내 지금도 기억엔 3.1 독립선언문 이렇게 쓰고, 이렇게 한 33인이 이렇게 쓴 그 원문도 있었고. 그 다음에 보물들이 그런 게 좀 있었단 말이야. [조사자1: 아, 그러니깐 초가집 본채가 불에 타버렸어요?] 어어. 우리 집 앞에 있었는데, 폭격하고 그러니까 이 불 들어서 앞에 논 있는데, 논바닥에 가서 크흐흐흐 불 붙는 거 보고. 그러니께 집 다 불타 버린께 누이네 집에 다. [조사자1: 누님 집으로 인제 피신을, 피난을 갔어요?] 어어, 50년대. 그런데 거기는 산골이고 그러니까 인민군대 안 나갔다 도피한 산에 가서 숨어 있는 놈들도 많고. [조사자1: 네 인민군대 안가고.] 응응. 근데 우리 누님의 사촌 시형님이 위원회 위원장질 했단 말이야. 그러니깐 안전하게도 두루 가서 있으면서. 그런데 10월 달에. 10월 말에 반란군들이 들어왔지.

[3] 인민군 군대 후퇴

야- 그러니까 [조사자1: 개입해서 들어와요?] 응. 미군 그때 들어오거든. 박격포 막 이렇게 방공호. (웃음) 야 아이, 딱 요만큼 파고 우에다가 흙을 덮으면, 그게 무슨 무얼 막소. 그래서 그 안에 드가서 [조사자1: 방공호에?] 그러니까 방공호에 들어가서. [조사자1: 그럼 각자 집집마다 방공호를 파요?] 그럼, 파야지. 그러면서 했거든. [조사자1: 그러면 국군이나 미군들을 봤겠네요?] 아 많이 봤지. [조사자1: 마을에 막 들어왔어?] 아 마을에는 안 들어오고, 자기들 주둔지역 이렇게 해서 했지. [조사자1: 그래서 그 사람들이 와 갖고 자치대 구성했어요?] 그때면은 이건 특수한 사정이지. 근데 이 빨갱이들이 후퇴하면서, 밀려가면서 요시찰인 공산체제를 지지하지 않는 그런 조금 인재들은 이래 다 끌어다가 정죽었네 하면서 박물관에다 총살했다고요. [조사자1: 아, 모아 놓고는.] 모아놓고 그러다가 [조사자1: 그러고 인제 후퇴, 올라갔어요?] 그래, 그리고 갔다 말이야. 근데 우리 마을에 하나 천도교 이렇게 하던 윤부필이라고. [조사자1: 천도교인이었어요?] 어어, 천도교인. [조사자1: 윤부필?] 어, 그런데 그, 군대서 맞지 않고 근데 살아났거든. [조사자1: 아, 끌려갔다가?] 응, 끌려가서 다 총 쏘는 데서 구사일생인가 백사일상인가 (웃음) 천사일생이지. 그 가운데서 맞지 않고 살아나왔단 말이야. 그래 다 후퇴 갔거든. 그래 나와 보니까 '미군 들어온다.' 이렇게. 근께 '치안대 조직한다.' 다 피난가고 사람도 얼마 없어요. [조사자1: 치안대는 자발적으로 만들어요, 아니면?] 그럼, 자발적으로 맨들었지. [조사자1: 아, 그 마을에서?] 그럼, 마을에서 치안유지를 위해서. 아 그러니까 이게 두루 애무하게 무슨 자기 크게 반동 이렇게 해서 죽었다 살았게니 복수심이 안날 수 없지. 지랭이도 밟으면, 굼벵이도 밟으면 꿈틀하는데. (웃음) 아 그러니깐 치안대 차지해서 그렇게 했거든. 근데 이 우리 리가 도근문 소재지거든? [조사자1: 그러면 좀 번화했겠네?] 그래. 문소재지 마을이 있고, 큰 마을이 있고, 작은 마을이 있고. 우리 집은 동떨어져서 좀 있고. 아-

그때 생각 하믄. 그래 나는 고 저 2학년 때니까, 치안대 못 들어갔고, 사무실도 못 들어가서는. [조사자1: 사무실에 가서 일도 봐주고?] 아아 나는 일 봐주는 게 아니고, 학생 (청취불가)

[4] 걸음걸이로 패잔병 색출

근데 하루는 에, 이른 데서 한, 여기서 저 소래포구 저렇게 큰길이 있다구요. 정주, 고읍에서 정주 가는 큰 길 그 짝에 인민군대가 후퇴한다 세심에 지나간다. 그런 걸 이렇게 [조사자1: 낙오병들일까?] 응? [조사자1: 낙오병들?] 응. 낙오. 패잔병들이지. '거 있다.' 그런께 그 치안대 거기다 대장한테 보고를 했단 말이야. 아 그래서 인제 거 저기 잽혔다 그라는데 한 십 리 거리 되는 데. [조사자1: 십 리 거리?] 어, 거기 국방 되는데 거기 가 알려주자. [조사자1: 알려주자.] 어, 알려주자. 붙들라고. 그래서 가서 알렸거든. 그러니까 그 물어본 거는 잘 통역도 되는데, 자기 사는 마을을 이렇게 짚었단 말이야. 그런께 (웃음) 이 인민군들 거 가는 거 보니께 아주 짐이 많아서 한 개 분대. 한 네, 다섯 명. 그래서 그때 소리 친 게

"손들고 나오라, 손들고 나오라."

그러더란 말이야.

[조사자1: 우리 국군 일개 분대가 와서.] 어 어. 아 그런데 이 그 형제가 연락해서 저 지금 불러오고 수수까지 이렇게 가니깐, 수수깨니까 그 안에 들어갔거든. [조사자1: 누가? 인민군들이?] 아니, 그 알린 [조사자1: 사람이?] 사람이. 그러니께 저 무이 이렇게 저 나쁜 놈 디비 쐈다 죽었단 말이야. [조사자1: 아, 가서 이렇게 밀고한 사람이 총 맞아 죽어버렸어요?] 그럼, 가서 알린 사람이 맞아 죽었단 말이야. [조사자1: 그 수수깐에 무서워서 숨었을까요?] (웃음) 총 소리가 나고 소름끼치니까. [조사자1: 아아 총소리가 나고 하니까. 숨어서?] 그러니까 전쟁 경험이라는 게 없고, 군대라는 게 뭐이고 뭐. [조사자1: 모르고 한

께.] 어 모르고. 가서 심부름 보냈는데, 큰 도로에다가 그걸 대줘야 되는데, 지 요 사는 마을을 대줬거든. [조사자1: 아 아, 군대한테 이야기할 때 "도로에 지나간다."라고 이야기 해줘야 될 걸, "우리 마을에 있다." 이렇게 이야기.] 어. 우리 마을에 있는 걸로 해서 그러니까 그게 붙들겠다고 요 와서 습격했단 말이야. [조사자1: 그래서 애꿎은 양민이 죽었네? 그러면요.] (웃음) 그래서 앞으루 이런 대사변이 없다고 장담할 수도 없고, 없다고도 못하고, 있다고도 못한다. 현 시점에서, 응? 그러기 때문에 이런 전쟁 경험에 대한 것도 알려줄 필요가 있다 그런 거야, 젊은이들한테. 이 사실을 알려면은 똑바로 알아야지 조금 알아서는 그렇게 된 거였거든. 근데 그때 당시 내 형님하고 내, 나하고 같이 다니던 동창이거든. 군대 나갔더랬단 말이야. 그런데 후퇴하다가 집에 와 있었거든. 나오래니까 이러고 다 이렇게 손들고 나왔단 말이야. 그런데 이렇게 쭉 보더니 뭐 군대 갔다 들어온 놈이 밖에서

"나오라."고.

"신발 벗으라."

그래 신발 이렇게 꾸꾸꾸꾸. 걔네는 그렇게 식별하더라고. [조사자1: 아, 신발을 벗겨 갖고.]

"걸어라."

[조사자1: 걸어보면?] 아, 딱 아프지. [조사자1: 아 계속 군화를 신고 있던 사람들이니까는?] (웃음) 그러니까 그래 식별하더라고. [조사자1: 아, 그러니까 보통 사람들은, 짚신 끌고 했던 사람들은 그냥 잘 걸어 다니는데.] 무슨무슨 빽빽 깎았지? [조사자1: 아 그렇게 식별해 골라내요?] 으응. [조사자1: 그래서?] 그래 데려가지 뭐. [조사자1: 데려가서.] 그런께 말하자면 신고해서 들어오는데 이, 이 사람들은 저짜 자기 방사이 가서 물어 봤거든. 각이 좋았거든? (웃음) 그러니까 자기는 살다 저 고성까지 갔다가 이렇게 저녁식사하고 이렇게 온 거지, 후퇴해서 가는 사람 아니다. [조사자1: 패잔병 아니다?] 어어.

"패잔병 뭐허 그런 게 아니다."

그러니께,

"우리 아버지 눈가?"

"김창식이다."

[조사자1: 독립운동도 하시고, 천도교 활동도 하시고 하셨어요? 부친께서?] 어어, 아버지가. 그러니까 그때 거기서도 우리 아버지 대한 거 정보가 있더라고. 그러니까 무사히 우리 형 내보내고, 내 하급 동창도 우리 형이 "아, 이 사람 양민이다." 보증하니까 왔지. 그러니까 전쟁에서 두루 이렇게 무슨 짓 이렇게 특별히 이렇게 인민군 한다고. 뭐 그 다 인민군대가 조선사람 군대 뽑아 가서 간건데 붙들어가 뭐 어떻게 한다. (웃음) [조사자1: 그러면 그 저 대로변 지나가던 인민군은 안 잡고, 마을에 오히려 들어 닥쳐서.] 그럼. 그 애먼 우리 형하고, 내 친구하고 붙들려 갔지.

[5] 김일성 잡았다는 소문

[조사자1: 예, 아아 그랬구나. 그러면 그 폭격하고 해가지고, 여 쪽 연합군이나 미군 쪽하고 국군이 올라갈 때 폭격을 했지 않습니까? 마을사람들 많이, 양민들 죽고 했어요?] 다 피난도 가고 죽기도 많이 했지. [조사자1: 폭격 맞아서?] 그 다음에 이게 함재기. [조사자2: 함재기?] 함재기. 항공모함에 싣고 와서 뽀로로롱 일제 사격. 정주 폭격, 신주 폭격. [조사자1: 그래 사람들이 많이 죽었어요? 집안에는 누가 죽은 사람, 사살 당한 사람 없어요?] 우리 이 친척들은 생존했지. [조사자1: 다 피난을 가서?] 피난가고.

그런데 그게 (웃음) 그 후에 어케 됐는가. 또 이렇게 죽은, 그 사람은 미군 총에 맞았으니까 어쨌든. (웃음) [조사자1: 아, 수수깡에 숨어있던 사람들은.] 어, 숨어있다 죽었는데, 실지 죽은 거는 제 잘못해서 인민군들 가는 거 붙들라고 가서 알렸는데, 그 죽었는데. 그래 와서 그 미군에 죽었다고 전사자였잖아. [조사자1: 아 전사자로 해가지고?] (웃음) [조사자1: 열사 됐겠네요? 열사?]

그럼. 아 열사까지는 안 되고. [조사자1: 네, 전사자로 해가지고.] 그럼. 내 어처구니 없어. [조사자1: 그리고 인자 그 어디까지 올라갔어요? 쭉-] 저 갔어. [조사자1: 신의주까지 올라가고?] 신의주까진 음, 만포까지 거의 다 갔어. 근데 그때 당시 그는 '만포에서 김일성을 잡았다. [조사자1: 소문이 났어요?] 응, 그렇게 소문이 그렇게. 그런데 전쟁 시기, 지금도 역시 마찬가지지만 정적 문학에서는 작품 쓸라면 허구라는 게 있죠? [조사자1: 예, 예.] 그 허구라는 거 다 생활한 거만큼 거짓말한 게 허구지만. (웃음) 허구란 거 허구 노릇도 안 돼지. 그건 거짓말이니까. [조사자1: 예, 예] 드는데 야, 난 그런데 난 거기다 그러니까 그렇게 되면, 둘이서 와서 내 손으로 이렇게 탁 얹으며 나한테 계속 가족이 뭐이 주체의식이 뭐랴. 뭐 이리 뭐일 치안대 가서 총을 어쩌구 계속 이런단 말이야. 그래 내 나 담당, 여기 그전에 말하면 정치보위부, 요즘 안기부.

"난 너 이렇게 해서 이런 이렇게 해야 되는데 가봐라."

그러고서 가서 주민등록권 좀 보자니끼는 아 요 새끼가 안 본대. 보니 아이 뭐 당 이이 거 안 되는데, 아니 여보 당신 내거 내가 보자는데, 왜 네 소장이 벌써 승인했는데 왜 안된다해. [조사자1: 그러니깐 호적 그거, 서류를 보자 했더니.] 응 그럼 어어, 서류 보자. [조사자1: 안 보여줘요? 왜?] 자기 한 잘못이 있으니까. 거짓에서부터. [조사자1: 거, 거짓?] 응. [조사자1: 그럼 지가 지 치안대 활동 했다고 써놨어요?] 그럼. [조사자1: 그래서 그럼, 불이익을 당하셨겠네?] 그래서 싸움 붙였어. 그놈 다 떨궈 보내고 그랬지. [조사자1: 아, 인자 그 문제를 삼으셨어?] 그럼 뭐 어캐. 옛날로 말하모 역적. 삼족 멸하는 그러는데. 애먼 무슨, 그랬지. 근데 그게 역사적으로 가만 보면, 의미가 있더라고. 아 너무 길어지겠는데? [조사자1: 아, 말씀하세요. 네.] (웃음) 우리 아버지가 도로 이렇게 절, 절간 땅. [조사자1: 네, 절.] 어, 계굴 옆에 절간 땅이 있었는데, 홍수 이렇게 칵 이렇게 모래방 됐거든. [조사자1: 사찰 땅이?] 어어, 사찰 땅. 그래서 그걸

"내가 복구해서 허겠다."

그래서

"어, 하라."

그렇게 됐거든. 그래서 이거 해서 복구해서 하는데, 내가 복구해서 하는데.

"개간하자."

내가 이렇게 못을 모래 만들었는가 그랬는데, '영구 소작하겠다.' [조사자1: 영구 소작을 하겠다?] 어, 어. [조사자1: 인자 그걸 어디하고? 절하고?] 으응, 절간하고. 그래서 그걸 받아놨거든. [조사자1: 그래서 문서를 받아놨네?] 문서를 받아놨지. 주지한테 도장 받고. 그래서 다 이렇게 모래에 동탑을 쌓고, 그러면 초기 만드는 동이는 그 아래 파게 되면, 한 메다 오십이 한 개 파게 되면, 그래 동이 흙이 나와요. 감탄. [조사자1: 감탄이라는 게 저 보드라운 흙이, 저 토기 만드는? 흙] 어어 토기 만드는 그게. 그래서

"그거 와서 파가라."

파서 그 감탄 캔께, 모래가 거기 섞여 나오면 이야, 그렇게 깊이 있게 팠다 그런 게는 그 농사를 짐 고기는 무조건 무조건 야– [조사자1: 농사가 잘 돼요?] 잘 되지. [조사자1: 어어, 인제 감탄 흙하고 모래를 섞어서.] 이렇게 해서 이렇게 많이 깊이 갈아 놓니까. [조사자1: 네, 그래서?] 그랬는데, 그 욕심나니까. 고정, 그러면 연구 소장하면서 고정으로 석 섬, 삼백 킬로씩 절에 바친다. 그래서 그리 아버지도 이렇게 4월 8일 날, 삼백 키로 해서 이렇게 절간에 가져가. [조사자1: 아아, 도지(賭只)수세(水稅)를 주는 거네요? 도지를 주는 거고, 그런데 인제 그.] 그럼, 어어. 도지 소재를 그렇게 고정, 이렇게 했는데, 거 욕심나니까. [조사자1: 거, 면서기가?] 어, 응 거 아니 거 서기 거 안전언질하는 아버지가 양봉하는데, [조사자1: 아, 안전언질 하는 아버지라는 사람이? 네.] 어어 아버지가. 절 그러니까 주지한테,

"그거 왜 그 고거만 받는가? 나 달라. 내 그러면 절반씩 준다."

하거든.

그냥 한 백 가마니는 나오는데. 백 가마니

“아 그렇게 하자.”

그래서

“내놓으라.”고.

할 재간 있어? 내놓기로 했거든. [조사자1: 네.] 그러믄 그 후로는 농사는 땅 없으면 못 져. 재판 걸었단 말이야. 우리 아버지 가서 재판 했는데, 졌단 말이야.

“땅 임자한테 주라.”

이렇게 했단 말이야. [조사자1: 졌어. 그때 이제 왜정 때죠?] 왜정 때지. 그런데 우리 어머니가 “야, 졌대. 우찌 해야 되는데?”

했는데. 다시, 정주 우리 친척이 이렇게 대서. [조사자1: 대소서를 했어?] 어, 대서 보는데 가서 거 손 꽉 이렇게 해서, 도 복신 법원에다 상소했거든. 그러니까 쭉 보니께 안 되 갔거든. 그래 이렇게 해서는. 그런께 우리 논밭에다가 재판장 이렇게, 이동재판소 이렇게 해서 와 재판했단 말이야. 그러니께 변호사도 원고, 내가 원고고 내 변호.

“변호사 무슨, 내 말하면 되지.” (웃음)

우리 어머니가 이렇게 언변도 있고 그렇단 말이야. (웃음) 그래서 그런께 이 처음 탁 되고, 마을사람들 다 알아서 붙어봐야 옳지 뭐. 모래분장 된 거 우리아버지가 헌거 알고, 그래 계한 거 그런데 증거다 이게. 사람 했는데 이거 어캐 뺏드는가. 그런니께 자기네 재판에 이기니까 거름은 다 내 하겠다 하니까, 거름 다 실어가고 그랬거든. [조사자1: 그 이겼어?] 이겼어. 그래서 인자, 그런데 그 양반이 협작꾼인데. 뭐 그 어드렇게 소도둑질 하다가 도둑질하는 게 몰래 하는 게 도둑질인데, 끌려가면 도둑인가? (웃음) 끌려서 감옥서 가서 죽었단 말이야. [조사자1: 양씨가?] 어? 그럼, 양봉화가. 근데 그 아들이 왜정 때 감옥에 가서 죽은 아들이니까 ‘성분이 좋다.’ 안전원 시켰거든. [조사자1: 아 안전원 됐구나?] 아 이제, 소 도둑놈 하다 감옥에 가서 죽은 아들이 무슨 뭐뭐 어땠다는 거야 그게. 그런 조폭 그런, 그렇게 무지막지하다 그럴까. [조사자1: 아, 인제 그러니까 좀 이제 감정이 있었구나?] 그럼. 아 그러니까. [조사자1: 묵은 감정이 있어서 어르신을 갖다가 인자.] 그 이렇게 아, 치안대 뭐. [조사자1: 치안대 활동 했다고.] 그걸 했는데, 그렇게 해놨거든. [조사자1: 그래서 인제 그걸 어떻게 항변했어?] 아 내 그래서 우리네도 보위부 이렇게 해서 정주 보위부에서 제대로 해, 하다가. [조사자1: 보위부에다가?] 어. 그럼 그렇게 해서. 군 안전부 보위보국소한테는 이렇게 싸움을 한 거지. 그때 당시 (웃음) 한 가지지. [조사자1: 아, 그렇게 해서 그 치안대 활동했다는 누명은 벗고?] 벗고, 아 그래서 내가. (한숨) 그래서 지금 동림군 주민항정사업소 재정 분과장도 하고 조금 그랬지. [조사자1: 당원이셨어요?] 어? 당원, 당은 안 들었지. [조사자1: 아 당은 아니고.] 내는 당연두 54년도 3월 23일 날인데 우리 이제 정주군 숨어서 있었거든. 그런데 이제 다 입당통지서랑 다 이렇게 써서, 군대가 심의한단 말이야. 아 그런데 내 군대 안 나왔거든? 내 기억이 내 송부위원장이란 말이야, 군당 부위원장이.

"아 어떻게 돼서 김동무는 군대 안 나갔는가?"

"아 내 이 52년도, 3년도 군대에다가 불합격 돼서 그렇게 왔다."고.

"아 그럼 그 그래서 알아보고 있다."고.

부결. [조사자1: 부결?] (웃음) 그래 입당을 못했지. [조사자1: 그러니까 입당을 못하게.] 못했지. 그러나 내가 이렇게 하니까. 도 영감인데. [조사자1: 도?] 평안북도 도 소장이 새로 동림군 생기면서 수매 양정소하니까, [조사자1: 수면?] 수매. [조사자1: 아 그 곡식들, 수매양조?] 어, 그 수매 양정사업소. [조사자1: 양정사업소. 네.] 어 근데 양곡도 수매하고, 육류도 수매하고 거의 다 돼. 밥절 가마니 세끼, 곡조 이런 거 다. [조사자1: 아, 다 수매해 들이는? 그럼 그쪽 관공서에서 일하셨어요?] 어어. 그래서 했는데, 아 당원들한테 다 이 땅은 다 이렇게 한다 그랬는데 아 안 가겠다는기니 . 아 이이 보라구 이이 군단에서 불합격 맞았는데 내 무슨. 여기서 이러니까

"아 일없다."고.

"나하고 같이 가자"고.

같이 가서 관 소장이 군단에 가서 양정사업소 했지. 일 년 간 했지. 가만 보니께 형들이 다 이 남조선 다 가있지. 누이 일본 가 있지. 에이 군대나 가라 그래.

[6] 유엔군 통역관을 한 형님

[조사자1: 형님들이 남조선에 내려와 있었었어요?] 으으응. [조사자1: 그러면 여쭤볼게 다시. 전쟁 나갖고 피난 내려올 때, 저 뭡니까. 50년 말에 인자 중국 중공군이 개입을 해가지고 밀리잖아요. 그때 집안에서 우리 내려가자 이 소리는 없었었어요?] 네, 넷째 형님이. [조사자1: 넷째 형님이?] 어어, 근데 왜정 때 평양 삼중학교 졸업 맡았어요. [조사자1: 누가, 넷째 형님이요?] 어어 정주. 넷째 형님이. [조사자1: 평양 어디?] 삼중. [조사자1: 삼중. 아, 삼중을 나오셨다고?] 어어, 그래 영어는 전교적으로 제일 잘 했지. 근데 해방 돼서 소련이 나온께 노어 단어장이랑 이렇게 프린트해서 맨들어 가지고 [조사자1: 노어를?] 어, 자습을 했어. 행님이 평안도 낙랑이란 데, 남경도 딱 건너 짝에 초급중학교 노어교원 했어요. 자습해서 중학교 교원. [조사자1: 중학교 교사가 됐구나. 교원. 저 러시아어 가르치는?] (웃음) 자습해서 그 정도니까. [조사자1: 네네, 아주 수재셨네. 그래서?] 그러다가 김일성종합대학에서 쭈루룩 이렇게 보니까 영어 알거든. 그러니께 김일성종합대학 어문학부 영어학과 교원 들어갔어요. [조사자1: 네.] 그렇게 그때 들어 가갔는데, 우리형 잘하니까. "영어도 알고 책임감도 있다."

그래서 통역관 시켰어요. UN군. [조사자1: 어디?] UN군 통역관. 인민군. [조사자1: 아아 예, UN군 통역관을 시켰어? 밀고 올라 왔을 때.] 예에. 그래서 이렇게 나왔지. [조사자1: 아아, 그래서 먼저 인자, 저기 밀릴 때 내려 와버렸고, 그럼 넷째 형님은 남한에 내려 왔었네요?] 그래. [조사자1: 그럼 형제가 몇 분이

나 있습니까? 육남매?] 팔남매. [조사자1: 팔남매에 아들, 남자는 여섯?] 여섯. [조사자1: 어, 여형제가 둘? 그래 이제 넷째 형님이 월남을 했어. 그럼 북에서 알았을 거 아닙니까?] (웃음) [조사자1: 그럼 전쟁에 죽었다고 그랬어요?] 전쟁 때 행방불명. [조사자1: 아 행불로 처리했고?] 그러니깐. [조사자1: 그럼 한 번도 연락 안 해봤었어?] 예? [조사자1: 남에 있다는 거는, 살아 있다는 거는 알았었어요? 아니면?] 근데 사망 다 됐어. [조사자1: 네?] 사망됐다고 다. [조사자1: 아 지금은 이제 다 돌아가셨어?] 어 그럼. 내 내 우에 우에 있는 분들인데. [조사자1: 여기 오셔서 조카 분들 만나봤어요?] 응 조카들은 봤지. [조사자1: 아 찾았어? 조카들은.] 으응. 둘째 셋째는. 그런데 우리 둘째, 사촌형님 둘째 형님, 셋째 형님 요기서 중국 갔다가 형님이 상해임시정부 그래 가자그로 해서 충청도 충주 나와서 농작물 하는데, [조사자1: 누가? 친형님이, 아니면 사촌이?] 사촌형님이. 주운이, 주필이 이렇게 나와서 했는데. [조사자1: 아 그 양반들은 그러면 상해독립군 운동 좀 하다가, 북한으로 들어가지 않고, 이북으로 들어가지 않고, 남한으로 와서……] 해방 전에 와서 [조사자1: 아 해방 전에 남한으로 들어와서.] 나와서 농작물을 하면서 이렇게 지원했지. [조사자1: 아 그러니까 남한에 연고가 없는 거는 아니네요?] 연고라는 거 뭐이 아랫동네 있으면서 (웃음) [조사자1: 그러니까 사촌들이랑 뭐 다 있었네요?] 그, 그래. 다 있지. 그래서 해방군만 돼서 어디 군인가 거기서 면장하다가 거기서 먼저, 4.8후퇴 때 중앙 (청취불가–갑자기 조사자 전화가 울림) 그런데 그 주운이 형이, 형수가. [조사자1: 어디 형수?] 어 내 주운이. 내 사촌 형수가 [조사자1: 충주 와계셨다는?] 어어. 형수가 계영산이라고 그러면 아는지 모르겠어. [조사자1: 계영산?] 어어, 자막박사. [조사자1: 아아, 사람 이름이에요?] 어어, 계영산. 여기 수원에서 자막농장하면서 두루 작업 했거든. [조사자1: 그 형수분이?] 아니 처남이지. 형의 형수의 오빠지. [조사자1: 네, 네.] 그런데 이따가 6.25땐가 해방 땐가 수원서 그렇게 하던 게 고향으로 갔지. [조사자1: 어디로 고향으로 와?] 평안북도 정주, 나 있는 데. [조사자1: 사촌형님이 여기 살다가 6.25때 올라 왔어요?] 아니지. 형님이 아니고 형님 처남이지. [조사자1: 아, 그 양반이 북으로 올라 왔어?] 어 어. 그래서 새 인민주의서 첫 박사. [조사자1: 전쟁 끝나고 난 다음에 첫 박사 했다고요?] 해방 직후에, 전쟁 전에. [조사자1: 아아.] 해방 전, 첫 박사. 정주군. 그런데 여기 한국에 와서 보니까 한국의 대한민국 첫 박사도 정주 사람이더라고. (웃음) [조사자1: 예 예.] 아― 그래서 이제 서울에는 내가 오니까 조카들 니들 세배나 하라고 했는데 와서 삼촌하고 와서 (웃음) 이러나 저라나 삼촌이니까. 세배나 하고 내도 두서너 번 하고 가고. 우리아들 내 오기 전에는 귀찮아서 니들. [조사자1: 사촌들끼리 왕래 했었어요?] 그럼. [조사자1: 서울 살아요? 지금 그 사촌들은? 조카들은?] 으 으 응. 많으니까 다 뭐. 내 새끼들 마냥 그 뭐.

[7] 휴전된 후 군입대

[조사자1: 그러면 인제 북에서 전쟁 끝나고 난 뒤에 정주를 그렇게 폭격을 해서 아주 쑥대밭이 됐을 거 아니에요?] 그럼. [조사자1: 그러면 그 저 재건하는 운동을 한참 했어요?] 어? 아― [조사자1: 복구하기 위해서?] 복구하기 위해서. [조사자1: 그러면 거기 부역에 많이 동원 됐었습니까?] 나는 그런데 크게 내가이 전쟁 시기 때로부터 이렇게 서 하고 군서면서 하고 그러니깐 그런 덴 동원 안되고 그랬지. 사무직 많이 하고 그랬지. [조사자1: 그래서 그러면 인자 몇 년에 군대를 가셨어요?] 오십, 오. [조사자1: 당원도 안 받아주고, 군대 안 갔다 와도 당원도 안 받아주고 해서.] 57년도 3월 달에 나갔어요. [조사자1: 늦게 가셨네, 그러면?] 늦게 갔지. 우리 아들 다 여섯 달인데, 딸 둘이나 있고 그런데. 그러니까 이제 군 수면, 수면양정사업소 재정 분과장 두루 이렇게 일 년 반 했는데, 자꾸 그런께 남 그러 일본이 그런께 [조사자1: 일본에는 누가 있대? 누님이 일본, 누님 한 분이 일본으로 갔어요?] 어어. [조사자1: 시집을?] 아, 아니. 해방 전에. [조사자1: 해방 전에 일본 나가서 안 들어 왔구나?] 어어. 내 그래서 오자

마자 2008년도에 누님헌테 갔더랬어요. [조사자1: 요 들어오자마자?] 어 허허. (웃음) 그런데 여기 와서 국정원 들은께

"아 누님 좀 만나게."

여기 와서 그 다음에서 그 담당형사가 하는 소리가 6개월 전에는 못 떠난다는 거지. [조사자1: 일본에?] 응. [조사자1: 살아계시던가요?] 어 있어. 우리 둘째 아들이 거 세 번, 네 번 갔다 왔지. [조사자1: 고모 만내러?] 어, 고모 만나러. [조사자1: 아, 그래 일본 가서 만나고 오셨어요?] 어어. 갔더랬지. [조사자1: 그러니까 이자 성분이 어, 행방불명 된 형님도 계시고, 일본에 누님도 가계시고 하니까 성분이 안 좋아서 군대를 가셨구나? 그걸 만회하기 위해서.] 크허허. (웃음)

[조사자1: 그래서 57년에 군대를 가셨어요?] 어. [조사자1: 그때는 가면 근무를 어디서 해요?] 군사건설국. [조사자1: 군사건설국?] 어, 건설. [조사자1: 그럼 후방에 계셨어?] 어? [조사자1: 후방에.] 그럼. [조사자1: 전방 아니고?] 아니. 건설하는 부대지. 공병, 건설. [조사자1: 아, 공병.] 비행장 건설, 항만 건설, 도시건설. 그 다음 저기 삭주 고읍군 휴양소 건설. [조사자1: 삭주?] 어. [조사자1: 아 그 여하튼 그 그쪽 근처네.] 응. 삭주쯤. [조사자1: 그러면 몇 년을 군대생활 했습니까?] 에, 62년도 8월 달에 제대를 했어요. [조사자1: 5년을? 근 5년을 해요?] 7, 8, 9, 10, 11, 12. 6년. [조사자1: 6년을 군대 생활을 했고.] 어, 어. [조사자1: 그럼 나이가 꽤나 되셨겠네, 그때.] 어? [조사자1: 나이가, 연세가 꽤나 되셨겠네?] 어 그럼. (웃음) 나이가 들었지. [조사자1: 그러면 인제.] 그 군대 나와서 삭주원전 고읍군 그 휴양소에 그렇게 실개천이 흐르거든. 김일성이가 와서 그 보더니

"야, 여기 휴양소 위치도 좋은데, 이 여기다 제방을 쌓아서, 땜 건설해서 지역민들이 보트 놀게 하라."

하고 그래서 우리 보트장 건설 갔더랬더라고요. [조사자1: 그걸 파서 보트장을 맨들었어요?] 으응. 그래서 계곡을 막고 그렇게 했지. [조사자1: 댐 막은 거

네? 그러니까?] 댐 막았지. 어어. [조사자1: 그걸 다 군인들이 해요?] 그래 그럼. [조사자1: 군인 공병대에서?] 어 공병대에서. 야 그런데, 야- 아 산골짝에서 그렇게 그런데 암반데 그게 무슨, 설계라는 거는 조그맣게 개골창까지 한 300메다 되는 무슨. 자꾸 뚫러서 암반을 야- [조사자1: 암반을?] 어, 암반. 자꾸 뚫어서 발을 빼서. 야- 어처구니 없지 뭐. 내 동기원들한테

"도대체 이게 또 뭐이요?"

아 이러면서, 또 자꾸 이래서

"이 바우돌이 콘크리보단 강도가 더 높은데 왜 자꾸 뚫으느냐?"

이랬더니,

"아 여기다 이렇게 하믄 될 건데 무슨, 아 여기는 뭐 기깟 수심이 이래 되서 한 열 두오 메단데, 뭐 압력이 얼마나 된다고 이걸 자꾸 뚫으기만 하는가?"

"아 설곈데."

"아 설계고 나발대고 설계 고치면 되지. 변경 설계 내면 그 뭐이."

그라니깐 바로 딱 그게. 그래 직보 됐지. 군사부 총무. 막 파니께는 아 이애먼

"야 나 안 된다, 이게." 그 때 당시 58년도, 종파.

"야 너 종파 나왔냐?"

(웃음) 붙들려 갔어, 잡아 갔어. [조사자1: 누가?] 아 그 참모장. 운전 참모장. [조사자1: 아, 그 사람 은자, 저 종파 논쟁 붙었을 때, 그래 그 설계대로 해야 된다는.] 어,

"회색분자다."

[조사자1: 아, 설계대로 막 해야 된다고 했던 사람?] 뭐 골에 든 게 없으니까. 아 설계서도 요렇게 이만큼 파크 파니까 애먼 두꺼비 똑 떨어지고 아 모르니까 할 재간이 있어? 아 그만큼 애- 난 매일 나가서 공사 실적에 대한 거 도면을 올렸어. 보고 교환 도면도 줬지. 하나 올라가고 못하면 또 이렇게 하는데. 아이- 현장 나가보면 그 거기다가 있었어. 이게 있는데,

"이거 지게 되든 이거 안 받아주오?"
"아 그래?"
"왜 이 김자동무가 금지 했는데 왜 계속이 팠어? 이 나쁜 놈."

[8] 미군이 원자탄 쓴다는 소문에 형님과 밤배로 나가다

[조사자1: 그러면 인자 그 다시 이야기를 조금 돌려서요, 군대 이야기 말고. 그 때 그 전쟁 시기에 일단 밀고 올라갔고, 다시 인자 내려 와가지고 어르신은 '자위대 안했다.'라고 하는. 그 당시에 들어 와가지고 그 자위대 관련했던 사람들은 부역을 했다 해가지고, 마을에서 막 숙청이 있고 좀 이렇게 했었어요?] 그런데. 동원이라 하면서 재판도 없고, 영장도 별로 없고. 그런데 이렇게 붙들어다가 교화소에서. [조사자1: 저기 다시 회복을 하고 난 뒤에?] 응. [조사자1: 저기 인민군이 다시 들어오고 난 뒤에.] 어어. [조사자1: 저 쪽은 저가 이 월남 한 사람들을 만나보면, 6.25때, 저 속초 아바이마을 같은 데 가보면, 그 치안대 관련했던 사람들은 미군들이 '너네 여기 있으면은 죽는다.' 아가리바를 대고는, TLS 아가리바를 대고는 '그냥 얼른 타고 남한으로 너거는 내려가야지, 여기 있어봤자 너거는 치안대 활동을 했기 때문에 죽는다. 그러니까 얼른 피난 가라.' 해가지고 포항으로, 포항 구룡포로 빼줬다고 하더라고요.] 그런 것도 있고. [조사자1: 그럼 거기는 그런 뭐 미군들이 와 갖고.] 나는, 나는 어캐 됐는가 하면은 11월. 우리 형님이 왔다가 집단폭격 맞고, 막내는 이렇게 이 이렇게 하게 되믄. [조사자1: 어떤 형님? 넷째 형님?] 아니 맨 맏형님이. [조사자1: 네 맏형님이?] 맏형님이. 근데 쭉 이렇게 해서 '도로 내밀게 되면, 미군이 원자탄 쓴다. 그래 나가야 산다.' [조사자1: 아 원자탄 미군이 쓸지 모르니까?] 거럼. 반란군 남았거든.

"원자탄 쓴다."

그래서 형님하고 둘이 해창공사 한 십오일 정도 나가서 밤에 배타고 나갔거든. [조사자1: 어디를 나가? 바다로?] 어 바다로. 남포 가 내렸어요. [조사자1:

이제 요 월남을 내려와 볼라고?] 어 그럼. 어어. 하하 그런데 야- 남포 나가갖고 또 항구 내리니까 UN군들이 또 이렇게 창고에다가 다 넣고 하나하나 다 배온 거 심사하더라고요. [조사자1: 아 내려온 사람들?] 어어. 어디서 뭘 하고 들어온 겐가. 군대 갔다 들어 온 것들은 포로로 가고, 분류를 다 하더라고. [조사자1: 아 포로로 데려 가버리고.] 어 포로로 가고. 그 다음에 놔둘 또 사람은 놔주고. 그런데 거기서 아 거, 밤새도록 싹 저녁 먹고 배 어떻게 고픈지, 사람 많으니까, 그 창안에 가뜩한께. 배는 고프지. 그래서 경비관 어리니까, 쪼그만께. 앞에, 창고 앞에 이렇게 이 뭐, 카빈정 메고 경비 서는 애들 있더라고. [조사자1: 미군들?] 미군들. 그래서 야, 배고픈데. 사과 먹더라고. 구름알이 야 뭔 구루말이 그리 많소? 요깄지 요깄지 옹치치 빠 [조사자1: 뭐이?] 포켓또. [조사자1: 아아, 주머니가 많아서?] 이야- 맨몸 가뜩 사과가. [조사자1: 먹을 게 가뜩 들었어?] 아 배때기 고픈데, 야 거 하나 [조사자1: 좀 주라?] 하, 하나 좀 달라 그런기니, 아 절반 물고 먹던 거 준단 말이야. "

아 이, 이건 말고 거기 있는 거 달란 말이야." 아이 귀방망이를 때리더란 말이야. 아 지 주는 거 안 먹고. [조사자1: 아, 새 거 달라 했다고?] 아 그래서 아프니까 엉엉 우는 거야. 아아아 죽는다고 그렇게. 어젠가 사장님이 또

"나 배가 딱 고파서 좀 달라더니, 먹던 사과 줬으면 됐지, 딴 거 달라니깐 때렸다."

이렇게.

"어? 그래?"

헌병지. 보초 교체 시키고

"조금 있어라."

죽이 소금 이렇게 해서 [1]쥐기밥 이렇게 갖다 줘. [조사자1: 쥐기밥을 줘요? 응, 주먹밥을.] 어. 형님도 이렇게

---

1) '주먹밥'의 북한어.

"가라." (웃음)

[조사자1: 형님한테로 가라고?] 어. 그래서 남포에서 한 400리 거의 되지. 도보로 해서 걸어 들어왔지. [조사자1: 다시 고향으로, 정주로 왔어요?] 어어. [조사자1: 그러니까 큰 형님은 군대 있다가 있었기 때문에?] 아 그건 큰 형은 군대도 안 나갔더랬어. 요 철산광산 캐러 갔다 했지. [조사자1: 아니, 그 큰 형님하고 같이 배를 타고 월남을 해 볼라고 남포로 왔다매? 그런데 큰 형님은 왜 분류가 됐는데요?] 당시 그런데 암만 봐야 무슨 뭐 이렇게 다 미군 이렇게 하는데, 무슨 가야 모르겠는가. 다 미군 다 올라간 상태니까. [조사자1: 그래 다시 고향으로 돌아와 버렸어요?] 그러니깐

"도로 가자."

그러고. 그러니까 밀고 갔다가 후퇴하는 거 돌아오는 그런 거, 전쟁경험이라는 게 어쩌고 군인이. 조선인민군들이 다 망하고 이제 이렇게 해서 돌아가자.

[간식을 먹으며 잠시 휴식 시간을 가진 뒤, 제보자는 전쟁체험담 구술을 마치고 고난의 행군과 탈북과정의 이야기를 구술하였다.]

기차 피난과 피난민 수용소 생활의 추억

이 승 근

"그런데 그게 오래 서 있는 게 아니라 어쩌다가 떠나. 삐익 거린다고. 그럼 얼른 기차에 올라 타야해요. 밥하던 거 말고 그냥 올라 타야 한다고…"

자 료 명: 20130218이승근(춘천)
조 사 일: 2013년 2월 18일
조사시간: 80분
구 연 자: 이승근(남 · 1945년생)
조 사 자: 김경섭, 김정은, 이부희
조사장소: 강원도 춘천시 남산면 방곡리 이승근 할아버지댁

[조사과정 및 구연상황]

하루 전에 마을회관에서 만나 인상 깊었던 화자를 사전에 약속하고 자택으로 조사팀이 방문하였다. 가운데 네모 형태의 마당을 방과 거실, 사랑방 등이 둘러 싼 형태의 아기자기한 집이었다. 들어서는 대문 옆에 많은 양의 빈 소주

병이 쌓여 있었는데 모두 화자의 부부가 마신 것이라고 해 모두 놀랐다. 화자는 그만큼 낭만과 위트가 넘치는 분이었다. 부엌 옆방에서 구연이 진행되었다.

[구연자 정보]

이승근 할아버지는 겨우 6살 때 전쟁을 겪은 분이다. 하지만 전쟁의 세세한 부분을 또렷하게 구연해 줄 정도로 남다른 기억력을 지니고 있었다. 기차를 타고 부산까지 간 이야기며, 피난민 수용소에서 철없이 즐겁게 놀았던 사연, 큰 형님의 사망 소식을 들었을 때의 슬픔 등을 상세하게 이야기 해 주었다. 전쟁의 인연으로 거제도와 애틋한 사연까지 생긴 이야기를 정확하고 또렷하게 구연했다.

[이야기 개요]

이승근 화자는 어린 나이에 6.25를 겪었지만 비교적 상세하게 전쟁을 기억하고 있었다. 그는 1.4후퇴 시 기차 피난을 소상하게 들려주었고 거제도 쪽 피난민 거주지에서의 생활상도 자세하게 구연했다. 어린이의 시각에서 전쟁을 체험한 것이 어떠했는지 짐작할 수 있는 내용이었다. 피난지 거제를 고향으로 생각하는 화자는 거제와 관련된 애틋한 사랑이야기 사연까지 간직하고 있었다.

[주제어] 어린아이, 기차 피난, 전사 통보, 거제도, 피난민 수용소, 서울, 하남, 미군, 초콜릿, 펜팔

[1] 하남 쪽으로 피난 갔다가 서울로 다시 돌아오다

[조사자: 저희 성함을 알지만 다시 한번만 좀.] 이자, 승자, 근 [조사자: 그 다음에 올해 연세가?] 450223 [조사자: 45년생이구나] 네 [조사자: 그래도 기억을 잘하시네요.] 제가 지금 오디오 빈티지 요청문을 해요. 진공관. 지금도 우리나

라에서는 많지 않아요. [조사자: 그러면 기계나 이런 쪽에 전문가시겠네요.] 예예. [조사자: 세운상가 이런데서] 세운상가. 세운상가 저기. 저기 그 역사도 제가 아주 꿰뚫어요. 토박이가 되가지고. [조사자: 먼저 그 쪽에서 사셨다고 하셨잖아요.] 돈암동 [조사자: 예. 돈암동 삼선교?]

예, 삼선교. [조사자: 어르신들 때문에 들어오신 건 몇 년도에 들어오셨어요?] 2000년 12월. 올해 13년 됐어요. 여기가 뒤에 보면 산 밑에 방공호가 있었어요. 거기서 중공군이 죽었다고 그러더라고. 그래서 돌로 다 싸놨어. 투구 쓰고 쭈그리고 죽었다고 하더라고. 그니까 인제 조준탄에 맞은게 아니고 아마 유탄에. 막 그냥 쏴대니까 유탄에 맞은 모양이야. 그러니까 기분 나쁘다고 거길 메꿔버린거야.

[조사자: 여기는 그런 일이 중공군 경험담이 많네요] 그렇죠. 제 생각에는 인민군들이 올 때는 중부전선으로 주로 왔으니까는 진격하기 바빴지. 주둔할 이유가 별로 없는. 요지가 아니니까 서울을 향해서 내려가야하니까. 그래가지고 그때 우리가 신당동에 살았는데 아마 6월달일거예요. 6월 25일은 아닐

테고. 6월 30일쯤 이렇게 되었을텐데. 아버님이 미군사택에서 일을 보셨어요. 근데 미군들 그 사람들이 벌써 그 철수를 하더래요. 미군들은 먼저 알았고 한국사람들은 모르고 있었는데. 어느 날 아버지가 들어오시더니 어머니보고 '야 빨리 보따리 싸라고' 왜 그러냐 했더니 미아리 고개 넘어왔다고. 빨갱이들이라고 했어요. 빨갱이들이 미아리고개 넘어왔단 소식 있으니까 빨리 가자고. 그래가지고 어머니가 보따리를 대충 준비를 했겠죠. 저하고 제 막내 여동생이 하나 있어요. 걔가 그때 3살인가 됐었고 위에 나보다 6살 위에 되는 형이 있었고 그 다음에 또 형이 있었고. 다른 형들은 외지에 나가 있었는데. 그래가지고 준비해가지고 이제 걸어서 갔는지. 하여튼 걸은 거 밖에 기억이 안나니까. 그래가지고 천호동까지 갔어요. 천호동 가면 광진교라는 다리가 있다고. 광진교 다리에 중간에 보면 계단이 있어요. 그게 저쪽 어디야 용인이나 인천가는 쪽이 걸어서 다닌다고. 백사장으로. 글루 해서 간게 나중에 알았는데 거기가 하남이더라고. 우리가 아는 곳은 고궐이에요. 고궐이예요. 고궐. 고궐이라는데를 찾아가봤어요. 고궐이라는 동네가 있더라고. 거기를 들어갔는데 무슨 방앗간이야. 컴컴하고 그리고 그 방앗간하고 붙은 집은 대문이 있고. 그 안에 마당도 넓고. 초가집이 크더라고.

그런데 아마 거기에 사정을 해가지고 아마 들어간 모양이에요. 그러카고 거기서 기억나는 것은 하여튼 죽을 얼마나 먹었는지 몰라요. 나중에 어머니 이야기 들어보니까 그 죽이 명아지, 질갱이, 그런 뭐 밀가루를 탔는지 무슨 보리가루를 탔는지. 하여튼 그걸 연명을 하는데 그때 제가 이제 병이 났나봐요. 그렇게 못먹고 맨날 그런거 먹으니까는. 지금 생각해보면 이북에 어린애들 배가 이렇게 되가지고. 그런 병에 걸린거예요. 그래가지고 그때는 이미 서울은 점령돼 있을 당시인가봐요. 그래 우리 아버지가 인제 거기다 놔두면 치료도 못받고 죽는 거지. 막내아들이고 하니까는 위험을 무릅쓰고. 우리 아버님 키가 1m 90이에요. 별명이 전봇대라고. 그걸 들쳐업구서 인제 거기서 걸어나와가지고. 그때 당시에 동대문에서 광나루 다리에는 기동차가 있었어요. 전찬데 기동차라고 해가지고. 두 개 달고 다니는거. 기관 기름으로 때는 기름차가 있었어요. 그게 뚝섬하고 광나루 지금 워커힐 있는데 그쪽으로 달리는데. 그 기동차를 타고 오다보면 한양대학교 지나가다보면 조그만 굴이 있어요. 글루 해가지고 동대문으로 온거에요.

그때 인민군이 복장을 하고 총을 매고 거꾸로 왔다갔다 했었어요. 나를 보더니 제가 이상하게 어릴 때 기억을 잘해요. 어디가냐고 묻는데 아버지가 대답을 하니까 내 배를 보더니 이렇게 만져보더라고. 내가 막 (배를) 감췄다고. 뭐라뭐라하더니 과자를 주더라고. 그러니까 이미 서울은 바쁠 것도 없고 지네가 더 남쪽으로 가는 과정이니까 심하게 주민들에게 할 이유가 없겠지. 그래가지고 한의원인가봐요. 거기서 침을. 그때 침에 혼나가지고 지금도 침이라 그러면 아주. 그래가지고 왔는데 또 기억나는거는 온몸에 부스럼이 나가지고. 그게 못 먹고 못 씻고 하니까. 움막집같은데 생활하다보니까 공기도 나쁘고. 그래가지고 약도 구하니까. 우리 맏형님이 숨어있었어요. 그때가 20살되니까 잡히면 끌려가는 저기에요. 낮에 어디같은데 숨어있다가 밤에 내려오고 그랬다고. 밤에 내려와가지고 이런 소금으로 상처를. 쓰라리고 그러더라고.

그러고 얼마를 지냈는데. 가끔가다 인민군이 조사를 나와요. 밥 먹는거 이런거 뚜껑을 열어 보고 그런다고. 그런데 먹을게 없잖아요. 우리 어머니가 참 강해. 셋째 형님이 자전거를 하나 어디서 구해왔어. 집에 뭐가 있었냐면 미군들의 사택에서 철수하면서 남은 생활용품들. 수건같은 것들, 손수건 같은 것들. 갖다놓은 것들이 있어가지고. 그걸 우리 어머니하고 셋째 형님하고 신구서는 나가는거야. 인천까지 갖다왔다 하더라고. 쌀 구하러. 쌀 구해가지고 그걸로 밥을 해먹는데 밥 위에다가 이상한 걸 얹어놓아요. 조사할 때 잎밥이라고 하잖아. 쌀밥 먹으면 이상하게 취급할까봐. 그런 기억이 나고.

[2] 맏형이 인민군에게 잡혔다 돌아온 후 기차로 피난을 떠나다

그 다음에 언제쯤인지 모르지만 인민군 두 사람이 들어와가지고 그때 맏형님이 걸렸어요. 잡혀가가지고 저만치 따라내려가는데. 거기까지밖에 모르는데 우리 어머니가 그러는데 내려가니까 줄로 묶어가지고 앞에서 줄들 잡고 쭉 서있더래. 맨 뒤에 묶어놓고는 끌려갔데. 우리 어머니 아버지는 아들 잃은 걸로 생각했지. 그런데 이틀인가 얼마인가 지났는데 형님이 오셨다고. 형님 말씀이. 맏형님인데 지금도 생존해계세요. 김천 직지사 거기 사시는데. 끌려가면서 형님이 다리가 아파가지고 걸음을 제대로 못 걸었어요. 끌려가고 끌려가고 하다가 자꾸 그 형 때문에 쳐지니까 쏴 죽이고 가자고. 자꾸 더뎌지고 하니까. 그랬는데 한 사람이 어짜피 가다가 죽을텐데 총알을 아껴야지 총알을 왜 낭비하냐고 개천에 밀어넣고가자고. 그래가지고 개천에다 발로 차가지고 밀더래요. 그래가지고 살아서 오셨지. 그 다음에 인제 어느 세월이 얼마 지났을거야. 나가자고. 탈환이 되었다는 이야기를 들었는지 서울 나가자고. 집으로 가자고. 그래가지고 신당동 집으로 갔는데 집이 없어요. 폭격을 맞아가지고 어디가 부엌이고 어디가 안방이고 아주 그냥 완전히 불도저로 밀어놓은 거 같아. 그래가지고 그 위에 금호동 거기로 가서 임시거처를 갖고 있었는데. 툭하면 불끄고 공습경보 나면 불끄고 이불 뒤집어 쓰고. 맨날 그러더라구요.

어린 나이에 굉장히 무서워가지고 그 소리만 들리면. 비행기 소리만 들으면 막 불끄라 그러고 창문 닫으라 그러고 이불 뒤집어 쓰고 그랬어요. 그러카고 한참 세월이 흘렀겠지. 그때 겨울이야. 겨울인데 아부지가 나갔다 오시더니 아무래도 서울에 있어서는 안되겠다고. 또 준비하라고. 그래가지고 인제 그때 우리 큰형하고 먼저 피신해 있었고. 동생, 나 위에 바로 형, 그 다음 또 바로 형, 어머니, 아버지, 나. 업고 안고 하는 식으로 보따리를 여러개 싸 갔고. 굉장히 추운 것 같아요. 근데 보니까 강을 건너가는데 한강다리더라고 한강철교는 무너졌고 추으니까 그때 당시 1월달이니까 굉장히 춥지. 한강이 꽁꽁 얼었어요. 그래가지고 강을 건너가는거야. 얼음판위를. 그래 얼음판위를 걸어서 걸어서 간게 역전이라고 알고 있는데 내가 알기론 영등포라고 알고 있어요. 가니까 저녁땐데 사람이 무지하게 많더라고. 그래가지고 잊어버린다고 우리 어머니가 끈으로. 치마하는 끈 있어요. 그걸 내 손에 묶고. 동생을 업고.

그래가지고 갔는데. 아부지가 갔는데. 아부지가 먼저 화물차위로 올라가가지고 자리를. 벌써 이미 그때는 거의 꽉차다시피 했어요. 지붕위가. [조사자: 지금 그게 어느 역입니까?] 영등포역이예요. 그 이제 나는 우리 아부지가 업고서 이렇게 올라가는데가 있어요. 화물차보면. 지붕 꼭데기 거기가요. [조사자: 지붕꼭대기가 평평합니까?] 네. 평평해요. 그러니까 그 평평한게 아주 평평한게 아니고 비가 오면 흘러야 되니까 약간 곡선이 졌어요. [조사자: 위에 난간은 없겠네요?] 요만큼씩 있어요. 그리고 거기 무슨 지붕같은거. 환기통 같은거 거기다 잡고 의지를 해가지고 끈으로 뭐 해가지고 했어요. 근데 다 탔는데 떠나는게 아니야. 거기서 밤 늦었는지 어쨌는지 떠나지 않아요. 그 차가 피난민을 태우려고 있었던게 아니고 화물. 화물을 이삿짐같은 것, 왜 그 정부기관, 공장같은 거 그런 건가봐.

근데 또 기억나는게 김밥장사가 있더라고. 밑에서 김밥을 이렇게 해가지고 여기다 김밥을 해가지고. 무슨 이불같은 것을 덮었어요. 그래가지고 우리 어머니가 김밥을. 아무도 못먹었으니까. 김밥을 산다고 하니까는. 옛날에 어린이들 업으면 띠가 있어요. 돌려서 하는거. 거기다 돈을 묶어서 내려주면 김밥을 거기다 싸가지고 올려주는거에요. 그래가지고 먹고 그랬다고. 그러다가 출발을 하더라고. 그러니까 여기 안내하는 사람이 있었어요. 중간 중간에 있고 맨 앞에 있어가지고 떨어질까봐. 주의를 주더라고.

얼마쯤 치익 가다가 비행기가 뜨던가 가다가 서요. 서가지고 움직이지 않아. 그럴 때 우리 아버님이 인제 가셔가지고 로비를 했는지 어쨌는지 화물차

안에를 들어가게 되었어. 이제 어른들이 있고 하니까는 들어가니까 짐이 꽉 찼는데 공간이 요만큼 확보되어 있드라고. 이제 글루 들어가니까는 살 것 같드라고. 춥지 않으니까. 그러다가 한참 가다가 기차가 서. 그럼 아부지가 문을 열고 나가. 나가면 인제 냄비. 냄비를 들고 내려가요. 내려가면 물이 좀 녹았는지 어쨌는지 물이 있었는지. 밥을 마른 풀같은 거 주워서 불을 때. 그럼 우리는 내려다보고 있는 거에요. 밥을 하는 거야. 거기서. 그런데 그게 오래 서있는게 아니라 어쩌다가 떠나. 삐익 거린다고. 그럼 얼른 올라타야해요. 밥하던 거 말고 그냥 올라 타야 한다고. 그렇게 하고 가다가 또 어디가서 서면 또 하고.

그래가지고 어제도 이야기 했지만 우리 화물차가 앞에쪽에 가까이 있었는데 설 때 보니까는 저 앞으로 가보니까는. 그 화차 맨 바닥밑에 사람이 두사람이 묶여져있어. 그게 정상적인 사람이면 거기다가 놔둘리가 없잖아. 그게 아마 빨갱이가 되었든 하여튼 뭐 잡아가는데. 격리시킬때가 없으니까. 거기다가. 아마 중요한 사람인가봐. 그래가지고 며칠을 간거 같아요. 왜냐면 차가 달리지를 못하니까. 위에 사람들 타고. 근데 그 전에 가다보면 맨 앞에 있는 사람이 막 이러면 전부 엎드려. 그리고 굴 터널 지나고나면 전부 쌔까매. 그렇게해가지고 좌우간. [조사자: 어린나이에 충격이셨겠다.] 그래서 기억이나는거 같아요. 그런데 어렸을적부터 영리하단 소리를 들었어요.

[조사자: 그러면 군인이나 경찰 이런 사람들은 주의에 하나도 없었고?] 없었어요. 그냥 피난민들 뿐이예요. [조사자: 돈을 받고 탔을까요?] 아니에요. 그냥 탄거예요. 그냥. 그때가 1.4후퇴. 중공군 들어올 때. 그때 무슨 돈을 주고 탔겠어요. [조사자: 그때 서로 타려고 아우성이었을 것 아니에요.] 아마 그랬을 거예요. 워낙 많았으니까 그런데 내가 어렴풋이 듣기로는 몇사람 떨어졌다고 거기서. 아무래도 의지까지는 안되니까. 그래가지고 여하튼 며칠을 걸렸는지 모르지만 나중에 얘기 하니까 부산진이라고 하더라고. 부산진 앞 광장으로 걸어내려와 짊어지고 나오니까 바닥에 가마데기를 쫙 깔아놨더라고. 그리고

나오니까는 군인들이. 계급장같은 것은 없는데 모자쓰고 군복을 입었는데 등에다가 소독통. 그걸. 모르겠어요. 소독통이라고 생각이 나는데 무조건 나오면 잡아가지고 사타구니고 등허리고 막 뿌리는거에요. DDT를. 막 소독 냄새나고. 머리까지 그냥. 그래가지고 식구들끼리 모여 앉아있는거예요. 가마데기에. 다음 지시를 받아야되니까 갈곳을.

[3] 피난지 수용소에서 어린이의 전쟁 추억

근데 지금 생각해도 아무리 문란했어도 그래도 나라에서 하는 일은 했다고봐요. 피난민들이 그렇게 오게끔 되있고 왔을 때 제각기 붙들어질거 아니에요. 근데 다 거기다 말아놓고 아줌마들이 오더라고. 빠께쓰를 들고오는데. 그 양철로 만든 빠게쓰에요. 그걸 들고오는데 주먹밥을 다 노나주더라고. 그러니까 내가 알기론 부산진에만 다 내린게 아니고 오는 도중에도 아마 흐트러진것같아요. 그러니까 처음에보다 사람이 많지 않은거 보니까는 그래가지고 거기서 밤을 새고서 간게 부산 영도라고 있어요. 영도섬. 거길 갔는데. 가니까 수용소를 지어놨더라고. 피난민 수용소를 지어놨는데 군대 막사같이 얼기설기 지었는데 한 수용소에 몇십가구씩 들어갈수있게끔 그렇게 몇 채를 지어놨더라고. 거기서는 그때는 뭐 까불고 우린 철없을때니까는. 거기서 칡캐러 먹으러다니기도 하고 바다가에 나가서 소라도 잡고. 이때 동네애들하고 철없을 때니까는. 놀다가 그때 아버님이 뭐 국기관의 일들을 보셨어요. 아버님이 옛날에 변호사 사무실에 계셨었어요. 그래가지고 시래이션을 잘 갖고와요. 시레이션. 군용 비상식품. 그런 걸 하나씩 가지고 오는데. 그런데 또 가야된데. 피난을 또가야한데. 부산도 며칠 안남았다고 그러더래.

그러니까 우리 어머니가 가면 어딜가냐고 아는게 부산이 끝인줄 아는데. 갈데 다 해놨다고. 바닷가 부두로 가는데 배가 있는데 무지하게 커요. 그런데 그 배가 나중에 알고보니 LTC 수송하는 밴가봐. 그때 우리는 그러더라고.

아가리배라고. 이렇게 벌리고 있다고. 거길 들어갔는데 그때 거기 군인들도 있었고 미군들도 있었고. 트럭같은게 자동차들이 많더라고 거기. 거기에 여러 사람들이 탔는데 여러번 날랐나봐. 그래 그걸타고 오바이트하고 멀미하고 그랬어요. 그때도. 큰밴데도. 그래가지고 간게 장승포라고 그러더라고. 장승포에서 딱 걸어서 지세포까지 한 20리인가 되는거 같아. 나중에 알았지만. [조사자: 거기가 거제죠?] 거제도. 거제도 지세포라는덴데 그 주소가 일운면이야. 일운면. 그 나중에 고향 생각같아서 학교다닐때마다 거제도를 무지하게 다녔어요. 어렸을 때 거기에 있었기 때문에. 그래 지세포라는데를 갔는데 거기도 수용소같이 지어놨더라고. 피난민 수용소를 지어놨어요. 앞에는 논이고 백사장이고 바다고. 그 막사에 보면 양쪽으로 해놔가지고 가운데다가 가구당 이런 담요같은거 쳐가지고. 몇 가구가 양쪽으로 있어요. 가운데는 통로고. 그래가지고 한 가구당 이렇게 해놨어. 그러니까 몇 채가 돼. 그때 나는 거기가 그렇게 좋을. 아주 그냥 바다가서 놀고 가면 매일 조개 잡고.

[조사자: 거제도니까 서울보다 더 따뜻했을거 같아.] 훨씬 따뜻했죠. 부산보다 더 따뜻했죠. 보니까 나가보면. 처음에는 무서워서 숨어있었다고. 미군들 트럭오면. 그러고 트럭이 한번 내리면 사람들이 몇십명씩 내려. 내려가지고. 하여튼 내 기억에는 그렇게 좋을수가 없어. [조사자: 그러면 수용소가 만들어지자마자 제일 처음으로 들어가신거네요.] 그러니까 우리가 갔을 때가 첫 번째 입주자인거야. 하여튼 정보력이 있으니까는. 사람들이 내리게 되면 삽으로 전부 퍼가지고 모래를 트럭에다 실어요. 몇십개씩 온다고 그게. 모래 싣고 위에 또 사람이 타요. 그런데 머리들이 다 무서워요. 전부 깎아 있어가지고. 머리들이. [조사자: 사람들이?] 포로들이. [조사자: 그러면 민간인 안착지하고 포로수용소랑 거의 가까이 붙어있었습니까?] 아니에요. 장승포라는데. 우리가 제일 처음 배에서 내린데가 장승포고. 거기서 십리인가 이십리인가 걸어서 오면 지세포에요. 거기에는 피난민 수용소가 있었고 장승포에는 포로수용소가 있었고. 그러니까 지세포라는데가 모래가 좋아요.

[조사자: 그래서 거기에 와서 모래를 퍼갔구나.] 모래를 퍼가요. 그러면 모래를 퍼가면 이 구덩이가. 굉장히 큰 구덩이가 생겨요. 그러면 밤에 물이 들어왔다 나갔다 하면 그 피난민들이 횃불을 해갖고 나가요. 그럼 거기 가서 건져오는거야. 그런데 거기에 원주민이 많지가 않았어요. 원주민이 많지 않았어요. 지금은 어마어마하지만 굉장히 한적한데에요. 원주민이 별로 없었다고. 제가 그 대학교 2학년때까지 거기를 아주 그냥 1년에 1번씩 다녔어요. 너무 좋아가지고. 보면 해군배가 들어와 그럼 위문공연. 그럼 불러가지고 배를 태워가지고 배로 구경을 시켜줘요. 그런데 우리 셋째 형님이 참 노래를 잘해요. 그전에 이남영씨하고 노래공부도 같이하고 그랬어요. 그래가지고 거기 가서 노래부르고 상 타오고.

그러다가 어느날 바깥에서 놀다가 들어오니까 우리 아버님이 약주를 좋아하시는데 우리 거기에 내 동생이 허연 보자기같은 것을 씌워놓고, 우리 어머니는 울고 계시고. 아버지와 친구는 술드시고 있고. 형들은 천방지축 나돌아다니니까는. 왜그러냐했더니 말을 안해요. 곡갱이하고 삽하고 지게를 갖다놓는거야. 그러더니 조금 있다 어머니가 후다닥하더니 애를 등쳐업고. 걔가 그때 3살인가 했던데. 등처업고 포데기를 해가지고서는 초저녁 그때쯤인데 나가셨어. 난 울고 정신 없죠. 그런데 시간을 모르겠는데 하여튼 늦은시간에 애를 업고왔어. 그때 아버지랑 다 있는데서 얘기를 하는걸 들었는데. 도저히 숨은 안끊어졌는데 동생이. 숨끊어지면 묻을라고. 우리 어머니가 도저히. 딸이 하나에요. 아들 일곱에. 지금 대구살고 있는데, 그니까 어머니얘기가 지세포에서 걔를 업고 뛰다시피했데요. 우리 어머니가 호리호리한게 날렵해요.

그래가지고 포로 수용소에 미군부대를 찾아간거야. 그러니까 초소에서 안들여 보낼거 아니에요. 민간인. 그러니까 우리 어머니가 막 울구불구. 말을 잘하세요. 어머니가 일제 시대때 소학교를 다녀가지고. 막 조리있게 애가 죽어가는데 뭐 이렇게 하니까는 못 들어간다고. 여기는 병원이 아니라고. 그러니까 왜 사람이 군인들도 있구 있는데 왜 병원이 없겠느냐고. 의사가 왜 없겠느냐고. 이 사람들 아프면 어떻게 할거냐고 이런 식으로 하니까는 짚차가 한 대 들어오더래. 그런데 거기 장교가 탔나봐. 정문에서 실갱이를 하니까는 뭐라고 물어봤겠지. 그러니까 사정얘기를 하니까 데리고 오라고. 그래 들어가서 애를 해놓고 주사를 놓고 약을 지어주고 다 해줬는데. 장질부사래. 장질부사. 옛날에 장질부사가 아주 유행병이에요. 걸리면 거의 죽는거예요. 그런데 주사맞고 다 해가지고왔어. 그래서 살았어요. 걔가. [조사자: 어머니 아니었으면.] 아. 그럼요.

우리 어머니 아니였으면 아마 다 어려웠을거에요. 그래가지고 내 위의 형이 일운초등학교에 다녔고 나는 유치원에 다녔고. 유치원이라는게 말만 유치원이지 거기에도 봉사하는 학생들이 있었어요. 데려다가 가르치고. 그리고 얼마 안 있었는데 집에 나하고 형하고 동생하고 엄마만 남아있고 다 없는거에요. 다 부산으로 갔어. 이미 전쟁이 역전이 되고 하니까 터잡으러 가신거에요. 그리고 그때 연락선을 타고 부산으로 갔어. 부산으로 가면 초량이라는데가 있는데 산에 학꼬방이 무지하게 많아요. 거기가 다 피난민들이예요 거기가. 거기 가니까 아버지랑 형들이랑 집 지어놓고 계시더라고. 그때 내가 그 수정국민학교라고 입학을 했어요. 그 돼지공원이라는데. 그때 어머니가 석유장사도 하고. 갈치도 이고다니면서. 그래가지고 형들은 형들대로 벌이를 했고. 그때는 생활이 괜찮았어요. 용돈주면 부산진역가면. 시장가면 꿀꿀이죽이라고 있어요. 미군부대에서 나오는 음식들 큰 가마에 한번에 넣구서 끓이는게 있어. 어쩔 때 보면 거기서 저거도 나와요. 구둣솔. 구둣솔도 나와요 그게. 미군들이 그렇게 지저분하게 먹는게 아니고 걔네들은 다 뷔페식이잖아. 그 남은 음식을 걷어올 때 막 뒤섞 범벅이가 된거지.

[4] 입대한 둘째 형님을 마지막 본 추억

그러고서 제가 3학년까지 다녔는데 3학년 2학년때인가. 둘째형님이 휴가를 나오셨어. 해병대. 인제 그 형님이 18살에 지원을 했어요. 고향간다고. 내가 군대를 나가야 고향에 들어온다 하면서. 집에서 무척 반대를 했어요. 18살짜리 어디로 가냐고. 그래가지고 신발도 감추고 하니까 다른 방법으로 해가지고 징병하는 학교를 뒷담을 넘어서갔데. 정문에서 다른 형들이 지키고 있으니까. 그래가지고 그냥 바로 뽑혀가지고 해군으로 들어갔다 그러더라고. 해군. 해군으로 들어가지고 해병대로 편입이 되었어요. 그래가지고 그때 원산 상륙작전, 인천 상륙작전 할때 그때 그쪽으로 가신건데. 그러고 휴가를 나왔는데 나를 형제들 중에서 그 형님이 제일 챙겨줬어요. 날 데리고 극장가 가지고 목마해가지고 보고. 그때 본 영화가 밀림의 왕자 타잔 영화에요. 그 영화가 참 재미있잖아요. 짐승들 나오고. 그래가지고서는 휴가끝나서 갔는데 그 다음에 들은 얘긴데 우리 작은 아버님이 충북 담양군 적성면에 초등학교 교장님으로 계셨었어요. 작은 아버지 보고 간다고 거길 들러서 갔는데 작은 아버지보고 그러더래. 제가 이번에가면 아무래도 힘들거같다고. 그러니까 안 갔으면 하는 뜻이었다고 그러더라고.

왜냐하면 그때 당시 휴전 막 시작 될 때 굉장히 치열했거든요. 그때 이미 빠질사람들은 빠지고 막 그랬데요. 그러니까 우리 작은 아버지가 교육자고 하다보니까 그래도 니가 나라를 위해서 한건데 끝까지 해야하지 않겠냐 했더니 알았어요 하고서 갔데. 그러고서 보름쯤 있다가 내가 막 학교갔다 들어오는데 어머니, 아버지하고 가운데 쪽지를 하나 두고 막 울고계시더라고. 보니까는 옛날에는 전사통지서가 빨간색 저기에요. 거기에 훈장 같은거 개인소지품들 인식표 이런게 있더라고. [조사자: 봉투가 빨갛습니까?] 글씨가 빨개요. 봉투는 누런 봉툰데 이렇게 빨간 글씨로. [조사자: 뭐라고 써져있었습니까?] 그거는 내가 모르고 그게 볼펜이 아니고. 찍어서 그런거 있지. 그런 글씨라고. 그러니까 울어도 대성통곡하는게 아니라 자식이 워낙 많아서 그냥 흐느끼시더라고.

[5] 다시 서울로 돌아오다

그러고 나서 3학년 때 또 정리하고 서울로 올라왔어요. [조사자: 그땐 전쟁이 다 끝났을 때?] 네. 전쟁이 끝나고. [조사자: 그러면 53, 54년 이쯤 되었겠네요.] 55년도. 54년도. 아마 그럴거에요. 그때 오니까는 돈암동 삼선교 거기다 집장만을 해놨더라고. 그래가지고 거기 삼선초등학교. 그때는 삼선국민학교죠. 3학년에 편입해가지고 거기서. 우리 천막에서 배웠어요. 교실 없고. 서울와가지고 아버지랑 시내를 나가보면 종로 2가, 그러니까 5가에서 2가쪽으로 가다보면 왼쪽으로 보면 폭탄 맞아가지고 건물들이 뼈다구만 앙상하고 벽돌만 쌓여있고 그러더라고. 그래가지고 돈암동에서 정착을 한거에요.

근데 그 어머니는 유가족이지 아들이 전사했기 때문에. 그때는요 연금이라는게 거의 없었어요. 일년에 2번 주는데. 봄, 가을에 주는데. 뭐 지금 돈으로 말하면 한 일,이십만원이나 되나. 나라 재정이 없을때니까. 그래서 나중에는 재봉틀 하나 주더라고. 그래가지고 그때도뭐 잠깐 어려웠었어요. 동회 에서 강냉이죽. 노란 강냉이 죽이 있어요. 내가 알기론 무슨 사료가 아닌가 생각을 해. 껄끌껄끌하니까. 그거를 12시되면 그 동회에서 막 종을 친다고. 그러면 그릇을 갖고가. 담요하고. 그러면 죽 끓인 것을 받아가지고 식을까봐 담요에다 끌어안고 온다고. 못먹겠더라고. 너무 꺼끌꺼끌해가지고. 그게 내가 거기서부터 우리가 정착을 한거예요. 보면 그 동네에 방공호도 많고 장마지면 조그만 산에서 해골바가지 무슨 총알, 수류탄. 또 뭐가 제일 즐거울때가 신날때가 있냐면. 옛날에는 정보라는게 라디오도 귀하고 또 소식전하는 정보가 어려웠잖아요.

그러니까는 우리는 특별한일이 있으면 비행기에서 삐라를 뿌려. 비행기에서 삐라를 뿌린다고. 반짝반짝하고 떨어져. [조사자: 인민군 것도 있었겠다.] 아니. 우리나라것만. 그때 KNA 비행기 납치됐을때도 삐라로 소식을 전했고. 가끔 삐라로 잘 저기해요. [조사자: 국민들한테?] 네. 그러면 삐라 주으러다니고. 그러다가 재수 좋으면 뭉탱이로 떨어진게 있어. 그러면 그게 연습장이 되요. 한쪽만 프린트가 되어있으니까 한쪽은 백지하니까는. 그게 삐라가 바람에 다 날리면 괜찮은데 뭉탱이로 떨어질때가 있다고. 그러면 그거 주으려고 온 동네 돌아다니고. [조사자: 노트하려고.] 아니 그리고 우선 재미있고 떨어지는게 빤짝빤짝 떨어져요. 카드섹션하듯이 그거 주으러다니고. 하여튼 전쟁이 한창 간거같아. 그러고나서 좀 있다 광희 중학교 들어가고 성동 공고.

그전까지만 해도 그 청계천나가보면 그 거지들, 아편 중독자들. 전쟁 산물들이야. 전부. 개천물 흐를 때. [조사자: 아편중독자들도 많았습니까?] 많았어요. 애편쟁이라고 했어요. 애편쟁이. 그러니까는 중공군들이 갖다 퍼트렸는지. 하여튼 보면 막 담배 떨면서 피고 그래. 그리고 시나이꾼이라고 해서 그 휴지주으러 다니는 사람들 있어. [조사자: 시나이꾼이라 해요?] 일본말인데 돌아다니면서 종이같은거 주어서 갖다 팔고 그러는거. [조사자: 지금 폐지 모으는 것처럼.] 그리고 그 동네에서 보면 가끔가다 상이 군인들이 많이 와요. 여기다 갈고리하고. 의족이죠. 일종의. 그거가지고 공갈치고 겁주고 그랬어요. 무슨 연필도 갖고다니고 강매하는거야. 안 사면 땡깡부리고 그래요. 그때는 상이 군인들이 어디서 보상을 받는 것도 아니고 생활 밑천이 없으니까 그 방법밖에 없잖아요. 혼란스러웠죠.

[6] 전쟁으로 인해 생긴 아련하고 애틋한 거제도의 추억

[조사자: 장승포 있었을 때 미군들 많이 보신거에요?] 거기가 중공군이 많았고. 반공포로라고 그래가지고 포로수용소에서 난동이 있었어요. 그러니까 인제 북을 찬양하는 포로가 있었고 남쪽을 찬양하는. 그래서 난동이 일어나가지고 지세포고 뭐고 굉장했었어요. 군인들 찾으러다니고 하고 하는데. 그다음에 반공포로는 풀어주고 하더라고. 그래서 그 사람들은 거제도에 남아있는 사람들도 있었고요. 반공포로들이 주로 어디 사람인가 하고 하면 함평북도쪽 사람들이 많더라고. 그래서 부산도 함경도 사람이 많아요. 반공포로 풀어나가지고. 그리고 나머지들은 중공군들은 전부 보내고. 그리고 우리 올때쯤 얼마 안있어서 포로수용소가 없어졌다고 하더라고. 지금도 가면 유적지가 있어요.

[조사자: 그러면 따라다녔다는 얘기도 해주셨었는데.] 부산있을 땐데. 동네 애들이 대장 같은 놈이 하나 있어 꼭. 나이가 조금. 걔가 어디 막 따라온다하면 못 오게 해. 그러면 먼발치에서 따라가게해. 그러면 걔네들은 알아요. 미군들 기차 들어오는걸 알아. 그때 부산진역이 펜스가 쳐있거나 담이 쳐있는게 아니고 역백으로 오픈되어있다고. 그리고 인제 철길따라서 미군들이 들어오면 막 소리지르면 헬로우, 쪼꼬렛또 기브미 그런다구. 그러면 던져줘요. 그러면 동물의 세계처럼 힘센 놈이 먼저 와가지고. 힘 약한 놈은 눈치 봐야하잖아. 그런식으로 가서 주는거야. 코도 질질질 흐르는데 그거 주으러 다니려고. 그러면 내가 볼때는 미군이 깜둥이들이나. 그때는 깜둥이라고 그러잖아요. 사람을 무시해가지고 주는 것 같은 생각은 안 들어. 왜냐면 어떨때는 기차가 천천히 가다 중간에 역 다가서 설때가 있어요. 내려서 노놔줘. 노나주고 쓰다듬어주고 그래요. 우리가 뒤에 있잖아. 그러면 불러. 헤이헤이 뭐라고 오라그래. 그러면 우리가 애들 무서우니까 지가 와가지고 손이 시커먼게 무서워요. 이빨은 하얗고. 그렇게 쓰다듬어주면서 걔네들 물자가 풍부한 나라잖아

요. 먹는거는. 초콜렛같은거 무슨 껌, 쨈 같은거 이런거. 속주머니에다 넣어주고 그런다고. 가면서 바이바이 하고. 지금 생각해보면 인도주의적인거 느낌이 들더라고. 나중에는 무섭지가 않더라고. 뭐 때리거나 무슨 욕을 하는 것도 아니니까. 가면 먹을걸 주니까. 그래가지고 거의. 거의 매일가다시피 했고 학교 갔다와도 거기부터 들리고 그랬었다고.

그 내가 그 거제도를 한 몇십년인가. 이십년 흘러서 갔는데 거제도 지세포에서 산 하나 넘으면 구조라라고 있어요. 구조라. 구조라 해수욕장도 있잖아요. 구조라를 갔는데 거기에 있는 사람이 반공포로로 석방된 사람이 함경도 사람이야. 그 사람 돌아가셨어요. 그 사람은 동네 사람들하고 어울리지 않아. 외같이 떨어져가지고 사는데 이야기를 하는데 자기는 일부러 잡혔다고 하더라고. 전쟁할 때. 피해다니면서. 왜냐하면 해봐야 이기지도 못하는. 왜냐하면 미군도 들어오고 유엔군도 들어오고 하니까. 그러니까 내가 개죽음 당할 바에는 차자리 내가 항복해가지고 포로로 된 것이 낫다 해가지고 그래가지고 거기서 잽혀가지고 저기로 왔다 그러더라구요. 거제도로. 그래서 반공포로로 풀려났을 때 육지로 안 나가고 구조라 거기서 정착을 했더라고. 참 강해요 그 사람.

제가 중학교 3학년때부터 무전여행식으로 거제도를 [**조사자: 거제도가 자꾸 생각나셨구나.**] 네. 내가 거제도는 손바닥같이 아니까. 아이 그때 부산 자갈치 시장에서 거제도 장승포 가는게 배가 2대 있었어요. 거제호하고 경남호하고. 두 대가 다녔다고. 거기 가가지고 이제 돈 떨어지잖아요. 지세포에 가면 멸치 공장이 많아요. 그러면 텐트를 저쪽에다 쳐놓고 멸치공장에 가면 우리 일하러 왔어요 하면 좋아해요. 방학때같은때. 긴 대나무 장대를 줘. 그러면 마당에 멸치를 말리는데 갈매기들이 새들이. 쪼아먹으니까 그걸 쫓는거야. 그걸 다 쫓고 나면 그 몇십원인가를 줘. 그거를 2-3일하게 되면 배삯이 되요. 그 다음에 국수도 삶아주고. 그 다음에 멸치에서 뭘 고르라면. 정상적인 멸치말고 큰것들. 그리고 이까라고 오징어같이 생긴. 술안주로 나오죠. 요만한 오징어. 그걸 다 골라. 골라서 우리가 가져가는 거야. 그래서 그걸로 반찬도 해먹고.

참 요건 그냥 객담인데 기왕 왔으니. 우리 후배가 내 그 여기저기 덕소에 화가가 있어요. 이번에 충남대 교수가 됐지. 내 이야기를 참 좋아해요. 글쓰는 사람들도 있고. 내 친구 딸이 이번에 얼마 전에 문단에 올라갔지. 그래가지고 내가 얘기한 걸 많이 기록하는 사람들도 있어요. 내가 거제도를 그렇게 좋아하다보니까는 군대영장 나와 가지고 친구와 둘이서 그때 한 22일인가 있었어요. 거제도를. 배낭 짊어지고 가가지고 한바쿠 돌자고. 그래가지고 간게 어딜 갔냐면. 구조라에다 텐트치고 지내다가 돈이 떨어져가지고 서울에다 연락을 해가지고. 구조라 부두가에 가면 대포집이 하나 있어요. 그 아줌마한테 주소를 거기꺼 주소로 해가지고 돈을 빌렸어. 글루 돈을 보내라고. 그래 돈이 왔길래 그 돈을 갖고서 배타고. 그때는 해금강을 가려면 육로가 없어요. 구조라에서 배타고.

[조사자: 해금강도 그렇게 갔었나요?] 네. 그땐 차가 안 다녔어요. 배타고 갔다고. 그러면 그때 제가 그 가방에 뭘 넣고 다녔냐 하면 트위스터기. 기계고치는 트위스터기. 고대 땜질하는거 납, 드라이버. 그걸 꼭 넣고 가요. 가면 꼭 봉사를 하게 돼. 어딜가도. 그래 둘이서 해금강에 집이 아무도 없고. 저 끝에쪽으로 한 집이 있었고. 요쪽으로 해녀들 집이 몇 집 있었어요. 그 주소가 경남 거제군 동구면 갈구지예요. 동네이름이 갈구지야 거기가. 거기 그늘에 앉아가지고 둘이서 있는데 할머니가 라디오를 들고 나오더라고. 할머니 어디가세요 했더니 장승포에 라디오 고치러 간데요. 그러면 그 라디오를 고치러 가려면 하루야. 그래서 할머니 이리 갖고오시라고 했더니 투박하잖아요. 우리가 고쳐준다 했더니 안 믿죠. 걱정하지 말라면서 우리가 배낭에서 꺼내가지고 우리가 기술잔데 이런거 고치는 사람이라. 그때야 믿더라고. 그때 당시 라디오는요 밧데리를 오래 쓰면 녹이 나니까는 녹슬면 새밧데리를 넣어도 접촉이 안돼요. 그게 90% 고장이지. 그거더라고. 그걸 닦아가지고

소리가 짝 나니까 할머니가 좋아죽죠. 가자 우리집에 가자 했더니 막걸리도 파는 주막 비슷한 집이예요.

그래가지고 막걸리를 하면서 뭐라 하냐면 어떡하나 안주가 없어서 그러더라고. 조금 기다리래. 우리 할배가 낚시를 갔데. 해가 무럭무럭 지니까는 할아버지가 대나무 낚시대를 하고 망탱이를 들고 오더라고. 그때 딱 보는 순간 무슨 생각이 났냐면 해밍웨이. 유행가가 딱 생각나는거야. 그게 연상이 돼. 잡아갖고 왔는데 보니까 쥐치. 쥐치고기라는 거야. 아 그거 기가막혀요. 그걸 해가지고 했는데 맛있더라고.

그러고서 밤에 잠도 안와가지고 그래가지고 먹다남은 막걸리를 들고 해금강을 가면요. 지금 배 대는데 거기가 바위가 이렇게 팬팬해요. 경사가 이렇게 완만해. 그리고 옆에가 갈대가 있다고. 거기 우물같은 것이 있었어요. 냇물같은게. 둘이 앉아가지고 막걸리먹으면서. 해금강에 달 떠오르는거 상상해 보세요. 멋있는 정도가 아니에요. 진짜 표현 할 줄 몰라서 그렇지 진짜 환상이에요. 해금강 달 올라오는. 정말 둘이서 노래가 이미자의 섬마을 선생님이 유행할때야. 둘이서 그걸 부르고 있더니 저쪽에서 박수치고 그래요.

그러니까 보니까는 해녀들이 지금은 바닷가에 가면 해녀길이 따로 있지만 그땐 그런게 없어요. 그러니까 물에 들어갔다 나오면 힛칠때가(씻을때가) 없어. 그리고 물에 들어갈땐 반드시 불 켜놓고 들어가고 그래요. 그러니까 히칠때 밤에 나와서 히쳐. 그리고 옷이 고무옷이 아니고 그 제주도에 토종 저고리같은거 까만 바지같은. 그거하고 물수경밖에 없어요. 그러니까 처녀들이더라고. 그래가지고 어떻게 어떻게 불러가지고 같이 놀았어. 우리가 멍게, 해삼, 전복 이런거 좋아한다고 했더니 내일 저 모퉁이로 나오래, 아침에. 들어가면 새미있때는거야. 새밀때라는건 많다는 경상도 말로 많다는거야.

그 이튿날 둘이서 거기 왔더니 왔더라고. 그래 꼭 무슨 영화에서 드라마보는 것 같은 영상이야. 해녀들은 작업하는 거야. 이제 따는거야. 우리는 여기서 기다리고 있고. 그랬더니 한참있더니 망탱이에다 이렇게 따가지고 나오는 거야. 그거 다 못다먹어요. 그래가지고 다음에 또 만나서 놀다가 주소를. 그 때 당시에 펜팔이라는게 유명했었어요. 그때 걔 이름이 박영애예요. 내가 십 년을 펜팔을 했었어요. 78년 그쯤 했을거예요. 그때 제가 장항이란 곳을 가 가지고 전파사를 하고 있었어요. 거기서도 내가 편지를 했는데 한번은 보냈더니 소식이 없어가지고 몇 번을 해도 소식이 없어가지고. 장승포 우체국장에 편지를 보냈어요. 궁금해서 좀 알아봐달라고. 그런데도 연락이 없어. 그래가지고 잊어버렸어요. 새카맣게 잊어버리고 그때 40 몇 살 때 되었나. 50대 되기 전인가.

형님이 우리 형님이 거제도에서 초등학교를 다녔잖아요. 그래서 그 형님도 거제도를 참 좋아해요. 야 우리 거제도 한번 가보자고. 그때는 이제 차가 거제도까지 가. 해금강까지 가더라고. 그래가지고 숙소 정해놓고서 술이나 한 잔 하자고. 가니까 우리 놀던 장소가 있긴 있는데 아줌마들이 좌판을 쭉 놓고 앉아서 해삼, 멍게를 팔고있더라고. 우리 앉아 놀던 그 자리가. 그래 앉았어. 해삼 멍게를 썰어달라고. 무조건 만원이야. 소주하고 먹다가 딱 생각이 나가지고 아주머니 이 동네 오래 사셨어요? 물어니까 토백이래. 그걸 물어보면서 이상한 느낌이. 그 사람이 참 뭐랄까. 좋은 느낌이라기 보다 섬칫한 느낌이 들면서 물어봤어. 토백이라서. 아니 그럼 혹시

"박영애라고 아냐?"

했더니

"영애?"

이렇게 쳐다보는 거에요.

"걔 우야 아노?"

"좀 알아요."

했더니 놀래도 보통 놀랬을 거 아니잖아요.

그런데 난 그 순간에 머릿발이 서더라고. 뭔가가. 차라리 무슨 시집을 가서 잘산다는 그런게 아니라 자살을 했다는 거에요. 가슴이 덜컹하는거야.

언제요 했더니 꽤 됐데. 영애를 어떻게 아냐고 그러더라고. 그때 놀러왔다가 우연히 알아가지고 펜팔을 하고 편지를 하고 그랬더니. 그러면 당신이 그 편지를 한 사람이 당신이냐고 그러더라고. 자기 동생이래요.

'그러면 그때 데려가지. 와 아무것도 안보이는 거요.'

정신이 없어가지고. '그때 데려가지.' 그 소리 들으니까. 그런데 얼굴 기억도 안나요. 이쁜지 미운지도 몰라. 너무 오래 되가지고. 그때 데려가지 그 소리 듣고는 발걸음이 안 떨어지더라고. 아무말도 못했어.

왜 죽었냐는 소리도 못했고 그래가지고 나중에 올라가가지고서 슈퍼에다 물어봤더니 살기 힘들어서 죽었지 뭐 그러더라고. 그다음부터는 거기가 싫어지더라고 꼭 소설같애. 그게 그런 사람의 인연이라던가 줄거리가 그렇게 되는 수가 있더라고.

거기서 스물 몇 살 땐데 이십년 지난 후에 삼십년 다 되서 그 소식을 들었으니. 소름끼치더라고. 그리고 그때는요. 서울서 그쪽으로 가게 되면 서울사람은 딴 세계 사람이에요. 전혀 서울 사람 본 적도 없고 부산도 안 가본 사람들이 많아. 내가 중대 이공대 수학과에 2년 중퇴를 했다고. 그리고 간 거라고. 군대도 들어가고

그래가지고. 그러고서 헤어지고서 오다가 장승포 가면 밥집이 있는데 밥을 먹으려고 했는데 거기가 방이야. 시켜놓고 기다리고 있는데 어떤 여자가 쉭 지나가면서 뭘 던져. 그랬더니 뜯어보니까 '편지하셔요 주소, 길 영실.'보고 우리보고 편지하라고 쪽지를 준거야. 종업원 직원이 식당. 그러니까 서울 사람들이. 그때 해녀들하고 헤어지고 지세포 배타고 가려고. 배 기다리는데. 그리고 두 놈이 다 이뻤어요. 눈깔들이 커가지고 지금은 뭐 개판인데 그래가지고 우리가 시비 걸지도 않았는데 편지하셔요 이렇게 딱 쓰고. 주소 이름도 안잊어버려 길영실이야.

근데 제일 웃긴데 박영애가 정이 들어서 편지를 계속 했냐면 걔가 내가 편지를 하면서 글씨가 늘어나요. 처음에 첫 편지 온 거는 서우 사라 가정이에

요. [조사자: 무슨 말이에요?] 서울 사람은 깍쟁이에요. 그거를 받침이 하나도 없는 거야. 그러니까 해독을 해야 돼. 그러니까 재미스러워서 편지를 자주했어요. 그러다보니까 받침이 하나하나씩 늘더라고. 그러더니 나중에는 정상적인 [조사자: 펜팔로 한글이 느셨네요.] 네. [조사자: 결혼하고서도 펜팔하셨어요?] 아니죠. (웃음) 우리 와이프는 나보다 10년 아래에요. 그게 바로 전쟁 때 거제도를 알게 된 동기가 되면서 그런 사연이 생기더라고.

빨치산과 6.25에 대한 어린 시절의 기억

장 재 웅

"전쟁 중도 애들은, 밤으로 총소리가 파바박 나고 그럼 아침 자고 나면은 애들은 탄피 주우러 가는 기예요, 동(銅)이 엿을 마이 주거든"

자 료 명: 20130731장재웅(진주)
조 사 일: 2013년 7월 31일
조사시간: 110분
구 연 자: 장재웅(남 · 1944년생)
조 사 자: 김경섭, 김명수, 이원영, 박샘이
조사장소: 경상남도 진주시 망경동 장재웅 화자 자택

[조사과정 및 구연상황]

조사는 진주시 망경동 화자의 자택에서 진행되었다. 화자는 오랫동안 개인택시를 하신 분으로 화자의 사위되는 분의 소개로 구연을 듣게 되었다. 무척 무더운 날씨였지만 화자는 정갈한 차림으로 조사팀을 맞이해 주셨고, 시종일관 친절하고 차분한 모습으로 이야기를 구연하였다.

[구연자 정보]

장재웅 할아버지는 진주가 고향이 아니라 경남 산청군 덕산면 출신이다. 어린 나이에 전쟁을 경험한 그는 국군 1사단 3연대가 빨치산에 의해 몰살당해 군인들의 시체가 산처럼 쌓여 있었던 기억이 인상적이었다고 한다. 전쟁을 제대로 의식하지 못하는 어린이의 입장에서 전쟁 과정에서 어린 아이들이 어떻게 생활했는지를 자세하게 구연해 주었다.

[이야기 개요]

어린 나이에 전쟁이 터져서 뭐든 아이의 시선으로 기억이 난다. 고향이 산청이라 지리산 일대에 숨어 있던 빨치산들 때문에 휴전 이후에도 전쟁이 끝났다고 생각할 수 없었다. 미군들에게 이것저것 받아먹었던 기억, 한 바탕 교전이 끝나면 탄피를 줍기 위해 달려 나갔던 기억이 새록새록 난다. 전쟁 중 먹을 것이 없어 쑥을 뜯어 먹거나 보리를 불려 먹는 등 힘겹게 살았다.

[주제어] 경남 산청, 어린 아이, 지리산, 빨치산, 정순덕, 인민군, 소련군, 국군의 몰살, 미군, 탄피 줍기, 식량, 고생

[1] 어린나이에 전쟁이 터지고

[조사자1: 그, 어르신 몇 년생이세요?] 44년생. [조사자1: 올해 인제, 칠십…] 예, 칠십 넷. [조사자1: 그러면, 난리 때. 일곱 살.] 일곱 살인데, 입학을 했었어요. 에… 근데 인자 어… 우리 부친이 그 때 일제 때니까. 저기에 다녔었거든요. 그러니 딱 날짜를 써오지를 못했지. 그리 해놓으니까 2월 21일생이니까. 생일을 그걸로 따지가, 그 전에 구월 이후에 딴 사람들하고 같이 입학을 했어요. [조사자1: 아… 그래서 학교를 빨리 들어가셨구나. 그래 여기, 여기까지는 뭐 인민군이 들어왔었죠? 6.25 때?] 아 진주가 들어오기야 뭐 상부 낙동강까지

다 들어왔죠. 저 밑에까지. 낙동강 때문에 못 들어갔잖아요 거기.

[조사자1: 그럼 뭐 그 때, 특별히 기억나시는 거 뭐 두서없이 그냥 말씀 좀 해주십시오.] 아니 우리는, 그 때 당시 우리는 학교를 다니다가 제일 먼저 본 게, 이 군인이 뭔 줄도 모르죠. 그런데 학교에, 그 학교 운동장에 그냥 들어오드이 화악, 들어오드라구요. 호오옥 들어오는데, 그건 뭐뭐 벌건 무리가 줄줄줄 하는 기예요. 그러드이 그 뭐 선생들이 마 새파랗게 뛰어 다니면서 빨리 집에 가라고, 언제든지 열려 있을 때 오지 말래요 학교.

[조사자1: 학교 선생님들이요?] 어. 그러고 그러다 인제 집으로 왔는데, 그 왜 그런가 했드이 와서 보니까 고마마, 전부 사람들이 난리예요. 피란가야 되니, 나가야 되니 뭐 어짜느니 하는데, 그래 그기 우리는 바로 그 지리산 바로 그 밑에 살았거든. [조사자1: 산청?]

산청. 산청도 시천면인데 지리산 서남부에 시천면 중산리에. 그기 살았는데. 이… 6.25 사변이 육월 달에 나고 나서, 그게 삼월 돼야지요. 인제 토벌 작전이라는 게 있었어. 그… 1사단 3연대라고 그 때 우리는 그기 3연대 바람.

3연대 바람이 났는데, 3연대가 토벌작전을 하기 위해서 상부 덕산서, 시천면에서 내리갔어야 될낀데, 군용하고 민용하고 트럭으로 전부 한 데 모아가지고 일개 연대를 다 태우고 상부 시천면, 시천이라는 중산리 밑에까지 차를 가지고. 그러니 그걸 입수를 해 갖고, 인제 저 인민군들이 도로에 쫘악 잠복을 해가 있다가 몰살을 시킸잖아.

[조사자1: 아, 3연대?] 응. 3연대, 1사단 3연대, 3연대 바로 몰살을 시킸는데. 긍게 그 몰살 돼뻰 시신들 싣고 온 게. 군인들이. [조사자1: 아 여기, 진주로요?] 아니 아니 덕산 초등학교로. 그리 들어왔는데, 그러니까 대병이 들어오면서 이제 뭐 일개 연대가 몰살했으니까 그게 삼천 명이잖아요. 대병이 들어오면서 그 몰살당한 그 우로는, 몰살이, 국민들. 국민들이고, 뭐 비는 거는 인민군이 싹 몰살시켜 버리고 인민군은 다 올라가버렸지. 그러니까 사람도 다 죽이고, 이 집도 불 싹 다 질러 버리고. 백 프로 초가집인데.

[조사자1: 그러면, 몰살당하고 난 다음에 그 다음 용력이 와서 주민들도 거의 다…] 다음 병력이 들어오면서 그리 그 우로는 전부 인민군들이 간 줄 아는 기지. 간첩이고 연락을 해줬다고 그러니까. [조사자1: 주민들 다 그냥…] 하모. 그러니까 그 때 당시 그 산청에 그 뒤에 인제 국경을 했지. 이 지방 요즘 같으면 예비군대. 지방 방위대라고 젊은 사람들, 그 대장을 하던 사람이 그 연대장을 그러면서 하고

"절대 아니다. 이 흰옷 입은 사람은 전부 우리 국민이다. 그래 집도 불 지르지 마라 살아야 된다."

그래가지고 연대장을 잡아가지고 한 칠팔십 채 거의 근 백 채 이상씩… 거 우리는 그래가 사람도 안 죽이고, 집도 안 태웠어. 안 태웠는데, 그 사람이 결국 그래가 산청군의 국회로 나가가 국회의원도 됐어. 거 초등학교 나온 사람이었는데. 사람 많이 살려서, 살려가지고.

그러고 그 곳은 군인들이 참 인민군 내갈 동안에 내려갔다가, 반격해서 올라가고 나서도 지리산은 남겨놓고 올라갔잖아. 지리산에는. 뭐라 그럴까 옛

날 빨치산이라 그라죠. [조사자1: 예. 지금도, 지금도 뭐 빨치산이라 그러죠.] 하모, 빨치산이라 그러는데 그 사람들이 결국 지방 빨갱이거든. 지방에. 그 우리가, 우리가 생각하는 지방 빨갱이라는 게 이 지역에 뭐인가 억울하게 살던 사람들. 뭐 버림받고 살던 사람들이, 참 인민군들이 내려오니까 인제 점령이 된 기지요.

그러니까 마 거그 달라 붙어가지고 인제 사람들을 핍박하는 게야. 하는데, 그 사람들이 너무나 못됐었어. 응, 우리가 볼 때는. 거기서는 밤, 낮 되믄은 지방 특공대들이 장비가, 무기가 없으니까 지서나 면사무소 지키고, 밤 되면 속결로 당하고. 맨날 그런데, 그런데 자고 나면은 시체 굴리고 시체 굴리고 그랬는데. 그 사람들이 그 당시에 보니까 이북 사람은 사람이 좋아요. [조사자1: 아 오히려.]

응. 순했어. 순했는데 우리가 면 소재지에 살고, 저 지금 참 지서 동사장님, 참 외갓집이 피난을 우리 집으로 와 있었거든요. 그런데 우리 외할아버지가 뭐 그 때 연세가 많았지. 그래서 그런데 이 지방에서 참 뭐 자원해서 인민군이 된 사람, 그 사람들이 누구 집에 가면 곡식이 어데 있고 간장이 어데 있고 다 아는 기요. 싹 다 털어가.

다 털어가고 젊은 사람들 전부 델고 가다 짐 지고 가고. 그런데 그 사람들이 절대 말로 이해하는 사람이 없어. 동무 동무, 남한의 할배 동무 전부 동무거든요. 그래가 할배 안 나온다고 나오라 그러는데 안 나오고 동무가 말해야 되는데 나중에, 그 이북 사람이 말로 어찌 하면서 아 되게 머리 아프더라구요. 어 왜 그 나오지도 못하는 사람한테 왜 그 막말, 본딧말을 하냐고 막. 아 그러고 보니까 막 실제 북한 사람… [조사자1: 그런, 그런 얘길 많이 들었습니다.]

[2] 지방 빨치산, 인민군과 소련군

그 때 우리가 시골에 베틀로 놔 놓고 베를 짜고 하니까. 집집마다 베틀이 다 있었잖아. 그래서 자기 집에도 우리 엄마가 베로 짜고 있다고. 그러카드라고. 그러고 하는데 아 지방 사람들이 너무나 못됐어. 그래가지고 그기 보면은… [조사자1: 그 평소에 알던 분도 있었습니까? 고 지방에서…] 있지요. [조사자1: 아 평소에 어르신이 봤던 어른들도?] 예. 마, 뭐 우리는 어리지만은 우리 뭐 우에 참 열아홉 살 우로 된 그런 사람들 동네 사람들 있었어. 그래서 그런데 뭐 완전 다 대이비죠.

[조사자1: 그럼 그런 사람들이 전쟁이 난 다음에 그렇게 확 바뀌었나요 아니면 일제 때부터 약간 그런 성향이 있었나요?] 그 전에는 그런 성향은 모르겄고, [조사자1: 전쟁 나고 난 다음에?] 어. 나고, 나면 나고 전쟁 나서 내려오고 나서 남로당인 걸 전부 가길 바라고 다 그랬다고요. 남로당인 걸. 남로당이라고 근데 그러는데 그러게 우리 행님이 나보다 여섯 살 더, 더 자셨는데. 어… 그렁게네 열아홉 살, 열두세 살 되잖아요. 그런 애들까지 다 데리고 가 다 있었거든. 다 시골 전역으로 이 큰 동네 인제 마을 그 바위에 모여가지고 북한 노래 가리키고 애들. 참 내 다 그랬어.

[조사자1: 그러면 그 빨치산 관련된 그 저기… 기억이 많으시겠다 그죠? 인민군들 뭐 그런 거보다.] 그렇죠. 뭐 이 왔다갔다하고 나서는 인민군들이 전부 왔다갔다하고 나서는 인민군들 내려오고 하고 나서는 처음엔 전쟁이 오래 끌었거든. 그래 지리산에 가서는 나와 가지고, 올라가지도 모하고. 뭐 어디 가도 몬하고 그 안에서, 워낙 크니까. 찾을 수도 없고.

그래가지고 참 그 지리산 밑에는 함양, 산청, 저쪽에 넘어 가면은 뭐 남원 저런 쪽은 엄청시리 고생을 당했어요. 오랫동안. 그 잔여 사람들이 있어가지고 자기들이 살아야 되니까. 항상 뭐 그 밤으로 내려 와서 자고 가지, 거 인민군들은 그래요 뭐 그 때는 뭐 소고 돼지고 다 잡아갔으니까. 다 델고 갖고 가는 기요.

갖고 가면은, 이… 통일이 되면은 김일성 장군이 갚아 준다고 사인 딱 가지고 가요. 소 사준다고. 딱 김일성 장군을 딱 써주고 간다고 (웃음). [조사자1: 아. 무슨 차용증서 비슷하게? 실제로 그렇게 사인했습니까?] 하모. 자기가 인제 실제로 자기가 사인을 해주는 기지. 하모. [조사자1: 그거 잘 갖고 있으라고?] 하모. 통일 되믄은 소 사준다고. [조사자1: 그, 그 그런 얘기는 처음 들어보네요. (웃음)] 뭐 돼지 뭐 소니 있어? 싹 담어 가잖아요.

[조사자1: 인민군은 직접 보셨어요?] 그럼요. [조사자1: 말 타고 많이 내려왔다 그랬는데 실제로 말 타고 많이 내려왔나요?] 말도… 인민군은 아주 큰 장교들이 아이면 말 못 타요. 말 못 타고, 소련군이, 소련군은 오토바이가 발통이 세 개 달린 게 있어요. 오토바이. 두 개 달고 옆에 한 개 달리 가지고 사람이 하나 더 탈 수가 있고. 그래가 그걸 달고 다니는 사람들은 소련장교들이고.

[조사자1: 아 오토바이 옆에 뭐 하나 이렇게 달고 거기 사람 한 명 더 앉고?] 어. 발통이 달려가지고. 그래가지고 그걸 소, 소련도 소련도 좀 인자 높은 자, 좀 높은 장교들이 그거는 한 번씩 밟고. 이 말 타고, 북한군이 말 타고 다닌 거는 오토바이보다도 더 드물었지. [조사자1: 더 높은 사람이 탔구나.] 응. 오토바이도.

[3] 피난을 가다

[조사자1: 그러면 피난은 안 가셨겠네요?] 피난 다녔죠. [조사자1: 아. 또 산청에서 또 딴 데로 피난 가셨어요?] 네. 우리가. [조사자1: 어디로 가셨습니까?] 거기 덕산서… [조사자1: 그 덕산이 저기 조식 선생 사당이죠?] 예. 사당 예예. 조식 선생. 거기서 여… 대평이란 데 다니면 간정이란 데로 좀 지나고 안에. 그리 피난을 왔는데, 그 당시 지리산 토벌 작전을 한다고 피난을 와서 보니까 피난 와가지고 우리가 한, 한 일 년 살았을 기예요.

[조사자1: 아 피난 가서요?] 응. 거 가서 사는데, 그 때 당시는 참 산이 벌거숭이잖아요. 나무라고 할 게 없어. 다 타 버리고. 그런데 토벌 작전을 한다는 군인들이 갔는데 막 들이 폭, 이 배낭을 딱 멨는데 우에 모포가 폭 하더라구요. 우리 군대가 뭐 국방색인데, 지금도 생각하니까 그기 이제 아래 그 영감한테 들으니까, 겨울이니까 겨울에는 눈이 오기 때문에 고 색을 하여서 전부 흰 그걸로 한 대.

그래 거 군인들이 그 뭐뭐 동네 앞에 들에 좌악 하룻밤을 잤는데, 밥을 해 묵어야 되잖아요. 그게 무슨 단체는 없는기고 전부 개인이에요. 개인인데 한구, 한구 모르지요 한구. 한구라고 옛날에 군인들 먹는 한구라고 대가리에서 인제 부푼 게 있어요 가벼이 먹는 게. 걸어가지고 밑에 불도 받고 한다고. [조사자1: 아… 저희 때는 그거 반합이라 그랬는데. 그런 거 반합 같은 거.] 아 반합은 그 우에 쪼께 더 먹는 게 반합이고, 밥을 해 묵는 한구라고 좀 깊은 게 있어요. 그걸 참 개인용기를 옛날엔 취사장이 없고, [조사자1: 아 지들이 알아서 그냥.]

응. 군인들이 자기가 해 먹어요. 해 묵는데 그걸 밥을 해가 묵으니까이 전부 산이 어디, 풀이나 나무가 있어야지. 아무 것도 없는 기예요. 그러니까 그 사람들이 그 뭐 천막 치는 쓰잘데기 그런 걸 구해져 가지고 한구를 주루룩 하니 매달구요, 한 여섯 개 일곱 개 이리 되구로. 그래가 주루루 이리 따라 먹으믄, 전쟁 시엔 이게 이 포탄 화약인가 무슨 화약인가 전부 요만한 거 있어요. 그걸 가지고, [조사자1: 그걸 인제 화약으로 대신 사용하고.] 응. 그래가지고 주루루룩 들어가 불로 펴지는 거야. 불로 화아악. [조사자1: 근데 그게 한참 탑니까? 오랫동안?] 아니, 한. [조사자1: 불만 피울 때?]

또 피워놘 게 또 주루룩 뿌리고, 또 주루룩 뿌리고 매번 뿌리니까. 고마한 거는 밥이 부글부글 끓는기라 참. 그래가지고 무조건 그 때는 뭐 뭐 군인들 반찬 이런 거 아무 것도 없는기라. 소금, 소금물 써가 밥을 해가지고 부글부글 끓고 나니까 그것도 뭐 전부 퍼먹어요. 그런 거 보면 군인들 지금은 뭐 그 때 미군보다 훨씬 잘 돼 있죠 우리가. 그래가 그거 먹고 고이 젊어지고다 또 개울 밑에 마마 씨리 올라 오믄, 그래가 지리산 토벌을 하면서 뺑 돌리서 남원서 하면서 지서지 쫙 이리 군인들이 양좀 쪼아들이고, 쪼아 들이고 결국 그 때 호주 뱅기가 미국 장비보다는 호주 장비가 많이 왔어요. 호주. [조사자1: 쌕쌕이라고.]

그래 이런 쫘그만 뱅기여. 지리산에 돌면서 복귀를 하는 기요. 뭐 일로 폭격하고, 일로. 그리 뚜드러가지고 결국 싹 내려 와가지고 자기로 끝을 내구로. 그리 해도 남아 있었어요. [조사자1: 그래도 못 잡았죠 다.] 남아 있었어.

[4] 마지막 빨치산, 정순덕

그 전에 만공 정순덕이라고 여자가 있었어요. [조사자1: 여자, 마지막 뭐 빨치산이라고.] 예. 있었는데 그 여자가 우리 친구의 형순데, 친구의 형순데 나는 보지는 몬했어요. 그래가 보지는, 얼굴을 보지는 몬했는데. [조사자1: 비슷한 동네였겠네요? 아무래도 정순덕이라는 여자랑.] 하모. 내로 본 친정은 인제 매지 달라도 십여 리밖에 안 돼, 떨어지고.

인제 시집을 온 데가 우리 동네였는데, 우리 동네가 이 골짝 저 골짝이니까. 근데 그 사람이 이… 하모 빨치산이 되고 싶은 게 아이고 자기 남편이. [조사자1: 남편이 빨치산이었다고.] 아니, 남편이 빨치산이 아니었어요. [조사자1: 아.] 아니었는데, 군인들이 참 뭐 전쟁, 저 올라가니까 좀 뭐 잔인하게 죽은 것도 있고, 이래 죽은 것도 사실 그렇게 까지 안 그러는 게 자기 보는데 잔인하게 죽었어요. 군인들한테.

[조사자1: 남편이요?] 하모, 남편이. 그래가 놓으니까 참 뭐 눈이 디비졌다고 할까. 내가 복수를 해야 되겠다. 우리 남편의 복수를 해야 되겠다. 그래가지고 전부 뭐 시간적인 마음 가지고 산으로 올라가드만, 산으로… 그래가 산으로 들어가가지고 그 수하에, 가도 막 장량한 빨치산들이 많았어요. 그래

마이 데리고 다이는데, 결국 참 얼마나 잠복을 해대다 잡히긴 잽혔어. 참 무서운 사람이야 그거.

[조사자1: 그 뭐 전해들은 얘기나 그런 건 기억 안 나시나요? 그 정… 정순덕이라고 유명한 여성 빨치산이잖…] 어우. 지금, 저 얼마 전, 얼마 전에 죽었다카드라고. [조사자1: 예예. 제가 알기론 뭐 충북 음성 어디… 저기 그, 그쪽으로 나와서 정부에서 나오게 해서 거기 유명한 어디 있다가 예.] 하모. 나와 가지고. 하모. 그래가 죽었잖아. [조사자1: 같은 동네셨구나. 아.] 시가집이.

[조사자1: 저희가 일… 일월에 한 번 우리가 갔었거든요 산청에? 그래서 거기 얘기, 거기 좀 비슷하게 얘기를 들은 것 같습니다. 저, 어르신 고향에 저희가. 거기 덕산쪽에 갔던 것 같애요.] 여하튼 그 사람들 대장들이 있었어요. [조사자1: 빨치산들?] 예예. 그 정순덕이 밑에. [조사자1: 아 정순덕 밑에?] 밑에. 예예. 그런 대대, 그 대장들이 밑에 거느리고 참… 지독했지 지독했어.

[조사자1: 그 실제로, 어르신 댁에 빨치산이 이렇게 내려온 적도 있습니까? 집에 찾아온 적이 있습니까?] 많지요. 응. 많아요. [조사자1: 그럼 뺏은… 뺏은 집에 또 찾아서 또 뺏어갑니까?] 또 뺏어가지요. [조사자1: 그럼 뭐 쌀이나 이런 거 많이 뺏겼겠네요.] 아 다 뺏겼지. 다 들고 이래요. 그러니까 제일 미운 게 지방 빨갱이.

[조사자1: 아 어디 있다고 알려준다고?] 그거. 알잖아 이거. (웃음) 이 심지어 요즘은 뭐 집이 이렇지만 옛날에는 단간집에 부엌칸인 있고 큰 방 있고, 작은 방 마루 있잖아요. 부엌에는 항상 빨간 나무를 대 놔요. 나무를 대놓는데, 나무재는 밑에 이렇게 보통 보고예요. 나무재는 밑이. 거기도 물도 안 들어가고 비도 안 들어가고 절대 그 안전한 곳인데, 그 난리가 나면은 고 밑으로 또 파고 돌 딱 묻어갖고 쌀 여 위에다 올려 논다고요. 비상식량이지. 땅땅땅땅 이리 창을 가져와 두들기고, 찔르고. (웃음) 찌르면 터지잖아요. 딱하고. 딱 나오믄 딱 그 나뭇 거리들 또 이렇게 싸갖고 가더라고.

[5] 아버지에 대한 기억

[조사자1: 그 어르신 여기 부친이 우체국 다녔다고 하셨으면 그, 뭐 또 공무원이라고 더 저기 못살게 굴고 뭐 그런 건 없었습니까?] 아니죠. 우리는 인자, 나는 아버지를 몰라요. 아버지는 내가 사십사 년에 태어나고 사십오 년에 세상 배맀거든요. [조사자1: 아 그러셨구나. 그럼 형제가, 어르신 형제분이 어떻게 되세요?] 삼남맨데, 하나 위에 형님은 세상 배맀고, 위에 누님은 아직 살아계시고, 내가 막내이고 그런데.

그런데 나는 도저히 뭐 아버지 기억이 없지요. 기억도 없고, 내가 아버지라는 걸 기억하는 거는 아버지 세상 배… 그러니까 그 때 당시 일본서 설탕을 줬으니까요. 그 제국 지원이라 설탕을 줬는데 기, 아이가 울고 해 싸면은 저 옛날에 농 우에 설탕 받이, 설탕을 한 숟갈 딱 입에 대 주믄 고걸 기억, 고런 거는 기억나요. 고게 기억나고 베개가 베개가 인제 애들 베개 있잖아요.

위에 행님하고 누나하고 이 옛날엔 보통 물을, 송구로 가지고 물을 들였어요. 감을 가지고 물을 들이고. 이 옷 같은 것도. 근데 이 베개가 송구로 가지고 물을 들이가 뻑딱하다고 요런 색깔 모냥으로. 그걸 베개할 적이 있었는데 행님하고 누나하고 맨날 싸우는 그거, 아버지 베는, 베던 비개를 안 빌라고. 그래 만날 내를 줘요 그걸. 그런 거는 내 살짝살짝 기억나고. 통 뭐 그 때 당시는 사진도 없었고 아무 것도 없었으니까. 뭐, 나는 도저히 기억이 없지요.

[조사자2: 송구가 뭐예요?] 예? [조사자2: 송구? 물들이는 송구가 뭐예요?] 송구가. 에… 소나무가, 소나무에 봄이 되믄 물이 올라오잖아요. 나무에 물이 올라오거든. 그리면 그 껍질을, 그 껍질 말고 속에 그 껍질, 속껍질이. 달콤해요. [조사자1: 그거를 많이 먹는다고도 그러던데.] 어 그럼 먹었다니까. [조사자1: 떡도 해먹고 그랬다고.] 어. 송구 밥을 해먹고 그래요. [조사자1: 예. 밥도 해먹고.] 어. 하는데, 그 작은 나무는 뭐 요만한 저 나무는 봄으로 지금도, 딱 끊어가 껍질 뱃기믄 속에 속살이 알랑알랑한 게 있어요. 이걸 훑으면은 굉장

히 달달해요 그게. [조사자1: 그걸 하여튼 떡도 해먹고…] 예. 송구 떡, 떡 밥을 주로, 그걸로 송구밥을 마이 해먹어요.

하면 그걸 물에 울면은 이런 빛이 나요. [조사자1: 아… 그걸로 물들이는구나.] 물이. 그걸로 물들임 세상 안 빠져. 오래오래 가도 안 빠져. [조사자1: 아. 그걸 송구라 그러는구나.] 어. 소나무. [조사자1: 소나무 뭐 진액 비슷한…] 진액이죠. 진이, 진이지 진. 진이 올라와가지고 살이 될낀데, 살이 되기 전에.

[6] 간정으로의 피난

[조사자1: 그 피난은 어느 연고가 있어서 그쪽으로 가신 거예요 아니면 그냥 무턱대고 가신 거예요.] 피난에 연고가 있지요. 있어서 가지. [조사자1: 거기가 아까 어디라고 하셨죠? 피난 가신 데가?] 간정. [조사자1: 간정요? 아.] 예. 이… 그렇게 단성면. [조사자1: 그럼 같은 산청이네요? 단성면이면?] 산청이에요. [조사자1: 예, 같은 산청이네.] 근데 그런 데는 이 빨치산들이 거까지 오지는 않았거든요. [조사자1: 아 같은 산청이라도?]

어. 뭐 몇십 리 되니까. 단지 산에서 오늘 저녁에 와서 저 내려오는 것도 다 짜가지고 이… 지방 뭐 지금으로 치면 예비군이라 그러는 타군단들이 전부 사람들이 전부 다 잠을 해가지고 밤으로 경비를 서거든요. 그 때는 총들이 우리가 볼 땐 참… 장비만 좋았시모, 우리가 뭐 그 빨치산들 맥을 못 추리게 할 수도 있는데, 장비란 게 옛날엔 구구시예요. 구구시라고 옛날에 총이 있었어. [조사자1: 구구식이요?]

예. 일본젠데 요기 산밑에 젠부 있었던 게. 이리 착 쥐가지고 한 발 내는 거예요. 한 발 옇고, 재끼 이러고 쏴고, 쏴고나면 또 재키고 한 발 옇고. 실탄을 이라는. 그 일개 지서에 한 두 개밖에 없어요. [조사자1: 아 그럼 그나마도?]

어. 두 개밖에 없는기라. 지금으로 카믄 파출소지. 두 개밖에 없으니 사람은 열이가 있어 봐야 전부 무기력한 게 죽창이어요 죽창. 때구정한 대를 갖다 끝은 다 크게 해 가지고 창. 뭐 육탄이지 육탄. 그러니 저 사람들은 총을 가지고 가고, 뭐 우지 뭐뭐 대항이 되나요 안 되지. 그런 걸 보면은 카… 뭐 그 당시는 그거, 덕산 소재지가 파출소가 있고 면사무소가 있어가 그 밤으로 이 특공대가 있고 갱찰 그 순갱들이 있고 한데.

맨 돌리 고지마다, 저 산 분당마다 인민군들 다 점령했어요. 밤 되모 쫘악 내려오고, 낮 되모 싹 올라가는 거. 아침에 올려 치다보믄 저 산마다 전부 다 자고 툭툭 털어 가는데, 총이 있심 총으로 다 쏴 버리믄 좋겄는데. (웃음) 어. 좋겄는데, 그기 없는 기예요 총이. 워낙 장비가 없는 기라. 우리나라 안위무사에 아무런 준비를 안 했잖아요.

[조사자1: 그러면 그 어르신 사시던 데는 6.25 때보다 6.25 끝나고 오히려 더… 더 심했겠네요?] 그 저, 더 심했죠. [조사자1: 6.25 때는 오히려 덜하고.] 어 왕창 해 뺐으니까. 6.25 때는 해도 뭐 싹 밀고 내려갔지. [조사자1: 자기들이 밀고 내려가고 자기들 세상이니까.] 밀고 내려 가뼀지. 밑으로 내려왔고. 이 사람들이 올라가고 나서 더 심했어. 후퇴하고 나서. 그렇게 잔여병들이 살아 있으니까.

[조사자1: 그러면 거기 내려갔을 때 인민군 정규 병력이 못 올라가고, 빨치산으로 합류한 사람도 좀 많았겠네요? 그런 얘기는…] 있지요. 있고 말고. 있어. [조사자1: 많았겠네요. 못 따라오고.] 있는데 이게 그… 그 사람들도 뭐라 그럴까 조금 직업이 높은 사람들. 높은 사람들이 이… 남한 빨치산 많은 부대를 거느리는 거잖아. 그러니까 참… 책임이 없는 놈들은 후퇴다 올라가는 기고, 나는 이 많은 사람들을 거느리는 책임이 있는… 남은 기예요. 그 사람들이. 그래가지고 하모, 또 그 양반 뭐시기 그 인민군인한테 들어갔다 온 사람, 그 양반 말 들으니까 마지막 후퇴를 해 올라가면서도 워낙 군인들이 마이 오… 전신에 총을 쏘고 대포를 쏘니까 자꾸 다 죽어 가는데, 소련… 참참, 인민군 대장이, 대장이 권총을 차고

"내 따라."

캐서 꼼짝도 몬하고 따라가는 기예요. 그렁게 와 안놈을 쏴 죽이지. 따라가는데, 이 오던 논둑을 어딘가를 톡, 뛰어 내리가는데, 계속 인민군들이 쏴고 올라오니까. 고마 참 그… 참 그거 달리다 탁 총을 맞아 비리드래요. 맞아가 그 때는 참, 아이고 잘 됐다 싶었는데, 그놈이 권총을 집어내 삐고

"내 좀 살려줘라."

그랬다 캐요. 그래서 나도 살아야 되는데 이걸 아주 눈을 뜨고 저러니 저걸 죽으라고… (웃음) 그래갖고, 그 개울로 빠져갖고 캄 뭐 총… 날아오는 거 피해 갖고 개울로 빠져가 저쪽 등을 한 게 넘어가더이, 피를 워낙 마이 흘리니까. 다리를 맞았는데. 피를 마이 흘리니까. 고마 난중에 돌아가며 축 처지드라구요. 도저히 안 된대. 그렇게 했다니 그렇게, 그래도

"나 좀 살리줘, 내 좀 살리줘."

캐. (웃음) 그래 쪼금 거시기하고 마 내려오고 아이고 마. 그래진 거 데리고 와서 뭐 밤으로 산 타고 자기들이 지역을 아니까. 그래가 인제 고향으로 돌아가 살았대요. 그 때 보통 한 열 네댓 살 되면은 전부 다 데려갔어요. [조사자1: 잡아갔구나.]

응. 다 데리구 갔어요. 의용군이라 캐갖고. 의용군으로. 의용군으로 해가 해코지하그래이, 창 만들어가지고 훈련시키고. 그래가지고 전부 다 데리고 갔어요. [조사자1: 그럼 살아 돌아온 사람도 있습니까?] 예? [조사자1: 살아도… 다시 돌아온 사람도 있습니까?] 아뇨, 그기 그지 먼저 할아버지, 그 할아버진데. 그 할아버진데 뭐 자기가 뭐 어떻겠어.

[조사자1: 아 그럼 그 분, 그 분도 원래 고향은 여기 산청군이세요?] 아 그분도 여 진주 살아. [조사자1: 지… 진주분인데 의용군에 붙잡혀 갔다고?] 하모. [조사자1: 아 도망쳐 나온 분이구나?] 하모. [조사자1: 그러면 얘기 좀 해주시면 좋은데.] 자기가, 내가 인민군에 갔었는데. [조사자1: 그 뭐 본인이 들어간 것도 아니고 잡혀 가신 건데.] 그게 잡혀가도 그게. 아이 싫다 그러네.

[7] 미군에게 받은 것들

[조사자1: 미군도 많이 보셨어요? 미군은 많이 못 보셨겠네?] 미군도 봤지요. 봤는데, 덕산 거 우리가 시천면에 거 소식… 지금 사당이, 사당 그 건너편에 거기 지금은 강을 양쪽으로 이리 해서 강이 한 개 이래 있었는데 옛날엔 상록지에 있었어. 고 앞에. 강변에 가운데. [조사자1: 지금도, 지금도 강변에 바로 옆에 있는 것 같은데 언뜻 보니까?] 어 그런데 그 강이 이짝에서 흐르고 저짝에서 흐르고 가운데 큰 들이 있었어. 들이. 큰 들이 있었는데, 그 들이 인제 모래 가운데는 이렇게 쌓이니 전부 모래죠. 거그 비행장을 만들었어.

[조사자1: 아 모래에다가요?] 어. 모래에다가 제일 작은 비행기 거 삐라 뿌리는 거 있잖아요. 천막 옮아가 날개 이거 하는 거 하고. 그걸 미군들이 하더라고. [조사자1: 그걸 거기서 뜨고 저기서 쏘고 그랬구나.] 응. 뜨고 내… 뜨고 내리고 하는데 그게 그 때 당시는 애들이 삐라, 삐라 얻으러 가는 기. 삐라 얻으러. 비행기가 사악 와서 앉으면은, 물론 그 때 사람들은 삐라를 한 뭉치를 주거든. [조사자1: 그거 가지고 놀려고, 딱지 접고 그럴려고 그러나?]

하모. 종이가 그 때 귀해고. [조사자1: 종이가 귀했으니까. 쓸모가 많았겠네. 하다못해 불쏘시개라도.] 아 뭐 그런, 화장실에 뭐 전체 화장실 가도 종이는 없지. 짚 딱, 짚 딱 거기다 놓는 기예요. [조사자1: 그랬으니까. 종이로 하는 거고.] 종이가 없는 기지. 예 전부. [조사자1: 그 빨치산들한테 뿌리는 삐라… 그런 거.]

예. 자수하라고. 그럼 비행기가 그걸 쭉 뿌리는데, 빨치산들이 그 비행기를 못 쏴는 기예요. 만약에 쏴도 뱅기가 떨어지믄 다행인데, 오히려 쏴가지고 뱅기가 올라서 쐈다 그러면은 대대로 그 때 고마 뭐 무리를 지어 뭐뭐 폭격이 와 가지고 뭐 쒸익 폭객을 해 비리. 그 지역을. 총 쏸 지역에. 그러니까 그거는 비행기가 아무리 산에 떨어져도 총을 못 쐈어. 그런게 삐라를 쫙 뿌리 내리. 엄청시리 뿌리제이. [조사자1: 아 그게 미군들이 그렇게 뿌리고 다녔구나?]

그 미군들이, 조종사들이 미군이드라구요. [조사자3: 아 조종할 수 있는 인력이 없으니까.] 하모, 그래가…

[조사자1: 그, 그게 경호강인가… 그래요? 거기가?] 어 그거는 이… 덕천강. [조사자1: 아 덕천강?] 응. 경호강은 저 산청 하면쪽에서 내려오는 기고. 예. 그건 인제 덕산서 내려온다고 덕천강인데, 그래 그 때 당시에 보면은 요즘 같으면 통조림이에요. 통조림. [조사자1: 아… 씨레이션? 통조림? 군인들이 먹는 거?] 예. 통조림 그걸 딱 하나씩 주는데 애들한테. 그래 그놈을 가져가보니까 어른들이 못 묵는 기래요. 보질 않았잖아. (웃음) 보지도 안 해고, 뭐인가도 모르고. 그거 뭐, 못 묵는 줄 알았드이 그, 두산 뭐였는진 모르더만, 그걸 내가 맡아 보드만은

"못 묵는 기야."

그라고, 요즘 보니까 그게 어데 고기 통조림인가, 그렇게 보여요. 누린내가 약간 나는 냄새 같은 기 그렇더라고. [조사자1: 그래서 안 드셨어요 그걸?] 못 묵었지. 거서 뭐 다 버렸어요. (웃음) [조사자1: 맛있었을 텐데.]

그 때 그 찾아서 껌이 맻 쪼가리가 반듯하게 돼가 있는… 네모가 난 껌 자잘한 거 반듯반듯한 그걸 두 개씩 두 개씩, 두 알씩 두 알씩 그 아들한테 종일 이러고 쏘니까 주는데, 그 땐 껌이란 게 없었어요. 없었고, 밀… 품밀 젤 오래 씹으모 안에 남는 그기 껌이었어요. [조사자1: 야 그럼 뭐 별천지 맛이었겠네요, 하나 씹어 보면.] 별천지는 뭐 엄청 시리 달았지.

[조사자1: 또 뭐 초콜렛 같은 건 안 줬습니까?] 쪼콜렛도 줬지요. 쪼꼴렛을 그 때 새카만 게, 이 설탕도 아니고 뭐인가 설탕맛 같은 게 엄청시리 단 걸 새카만 걸 쪼가리 한 개 딱 주더라고요. [조사자1: 아 그럼 진짜 우리나라에서 일찍 맛보신 거네?] 일찍 맛봤죠, 아주. [조사자1: 그럼 저기 껌이랑, 초콜렛이랑, 사탕도 줬을 거 아냐. 사탕. 사탕은 안 줬어요?] 사탕은 먹을 계기가 없어요. [조사자1: 그 다음에 그 크래커 같은 거 이런 것도 없었고.] 그런 과자는 없었고. [조사자1: 과자, 과자는 없었고? 어… 주로 껌하고 초콜렛이구나.]

[조사자3: 그럼 뭐 그런 거 받았다고 부모님한테 혼나고 그러진 않으셨어요?] 그리 안 해요. 그건 그렇고 부모님한테 가져갈 게 있나요. (웃음) 그러니까, 비행기가 빙 돌면은 이게 한 두 바쿠 돌고 가거든요. [조사자1: 벌써 다 집합하겠네.] 그럼 뭐 아들 뭐 죄들 다 들어와… (웃음) [조사자3: 아. 그랬구나.]

[8] 먹을 것이 없어서…

그래 지금, 지금 뭐 사진 티리비에 뭐 이디오피아니 뭐 전쟁 거 나오는 거 보면은, 그 당시 우리는 그보다도 더 했어요. 그 6.25 당시는. 예 우린 그보다도 훨씬 더 했습니다. 우린 뭐 하… 저런 게 뭐 저런 게 있을지 뭣뿐인지. 그렇지 몰라도 그 당시 우리나라는 지금, 그 때 이… 이렇게 사는 설움도 훨씬 더 심했어요. 먹을 게 없었으니까. 이 봄 되면은 쑥 있잖아요, 지금 쑥. 쑥이 논두렁이고 들이고 산이고 크지를 못합니다. 그놈은 먹으면은 사람이 안 죽어. 쑥은. 막 조금 올라오믄 다, 다 기양 베 가버립니다.

[조사자1: 쑥이, 자라지, 자라지 못한다고요? 다 먹어서?] 응. 자랄 수가 없어요 뭐 날마다 끊겨 다니니까. 먹어갖고 살 수 있는 건 그것밖에 없으니까. 다른 거는 먹으면 못 살고, 쑥은 먹으면은 살거든. 참. 아침부터 저그 골짜구를 가서 뭐 쑥을 있는 대로 다 퍼 가고, 내일도 또 그 사람들 막 가고. (웃음) 그르니 올라 올 수가 있나 쑥이. 못 크지.

참참 6.25라 카는 게 그게, 우리가 생각해 볼 때는 그 한 사람의, 한 사람의 욕심이그든요. 한 사람의. 그, 그 당시에는 김일성이 한 사람의 욕심이에요. 한 사람의. 지 욕심이 그 많은 사람을 쥑이니. 지금도 얼마든지 전쟁이 일어날 수 있는 요인이 우리나라에 있잖아요. 남북이나 똑같네, 지도자 한 사람의 욕심이 틀리면은 얼마든지 날 수가 있어요.

남은 죽고 사는 거 생각도 안 하거든. 그나마 그래도 사변 후에 이만큼 복구가 됐으니까 그러지. 그 저 사변 전만 해도 필리핀 같은 나라 우리나라보다 훨씬 잘 살았습니다. 사변 때 필리핀에서 원조를 해 준 쌀이 들어왔는데, 쌀이 알랑미라고 지금은 이제 필리핀인 줄 알지. 그 쌀이. 그 때는 어디서 온 것도 모르고, 알랑미라 그러는데. [조사자1: 푸석푸석했다고 그러든데.]

지다래요 쌀이. 예, 기다란 기, 밥을 해믄 큰 길다리 한 마리 준 것만 해. 고게 그렇지가 안 하고 컸어요. 그게 뭐 찰기라고는 맛이라고는 없어. 그래도 그것도 없는… 보리쌀도 없는데 뭐 그건 뭐 어데 있나요. 피난을 왔다가 우리가 들어가서 딱 보니까, 아무것도 먹을 게 없고 내년 뭐 농사를 지어서 커야만이 뭘 생기잖아요.

그런데 제일 어렵게 지냈다 싶은 게, 보리쌀을 물에 불려가지고, 보리쌀하고, 보리쌀 뭐 한 주매기 넣고 콩 한 주먹 하고 물에 불려놨다가 맷돌에 가는 기예요. 그 땐 집집마다 맷돌이 다 있었어. 맷돌에 그 갈면은 말간 거이 나오잖아요. 그게 보리죽이에요. 그걸 끓이가고 인제 익히기만 익히는 기지. 끓이믄 말금해. 말금한데, 그 요만한들이 한 그릇을 먹어, 먹고 나니 묽은 맛이 났는데 한 때는 먹은 기예요. 어드로 들어가고 어드로 어드로, 아무 것도… (웃음) [조사자1: 거의 뭐 물배 채우는 것보다 약간 나은 수준.]

그러니까 그, 그 때 당시는 맛이 없다는 게 없어요. 사람이 먹을 수 있는 거는. 쑥이 빌 대로 비어 있으니까. 뭐 쑥도 뜯어가믄 글로 쓸어 먹으믄 그것도 맛있고, 봄 되믄 산에 가믄 산나물 사람이 먹을 수 있는 거는 싹 다 뜯어비 다 먹고. 그, 그걸 한참 얘기했는데 그 때 와… 참 이게 그르키 그리 살아도 넘의 걸 심키 먹을 줄 모르거든요.

넘의 걸 빼뜨러 묵거나 심키, 훔쳐 먹을 줄 모리는 기야. 내가 배가 고파 죽었음 죽었지 넘의 걸 못 빼뜨러 묵어. 지금은 만약에 그런 세상이 온다면은 아니, 내가 죽는데 가만 있겠나요. 대번 넘의 거 훔쳐 가 빼뜨러 묵고 빼뜨러 묵지. 대번에 뺏어 묵을 기예요. 그래 안 준다 카믄 쥑이든지 수가 나지.

보리방아를 찧으믄 옛날 개떡했다 쌌지. 개떡이라는 게 요즘 나구로믄, 사료 뭐 개나 소나 저기 사료 저기 옛날 개떡보다 훨씬 맛있는 거. 훨씬 좋아요. 저거는 여러 가지 곡물을 섞어 가지고 만드는 긴데, 보니까 고솜하고 그러더라고. 옛날 개떡은 보리방아를 찧는 게 보리, 보리 그 불린 걸 갖다가 기계에 대고 찧으면은 아주 뒤에 털 껍질은 싹 벗겨져 나오고, 그람 그거는 돼지 주고, 그 다음에 가늘게 나오는 껍질이 있는데 그걸 가지고 반죽을 해가 삶아 놓으면 그기 개떡이야.

개떡인데, 좀 많이 받을라고 일찍 받으모 끌끌하고, 보리껍질이 다 들어 있으니까. 큰 기. 좀 늦게 받으모 쪼금, 끌끌헌 게 들하고 한데. 그놈도 참 한 음식 먹지. 그런 거 먹다가 감자 나오고 고구마 나오믄 뭐 엄청 시리 고급이지. (웃음) 엄청 시리 고급이지. 그, 그 당시에 고구마 감자 다 못 캐. 워낙 논들이 적으니까. 농사 지으믄 여기 비료도 없었거든. 비료가 사변 나고 나서, 미국하고 합작 해가지고 유한이라는 고 놈 미국에서 수입을 해가 왔는데. 그것도 뭐 미국 악수 한 포대가 딱 길에가 있고 그러는데, 그놈이 심거져 있다고 쓰는 게 아이고 마 한 집에 두 개씩이나 돌아갔노. 그리밖에 안 되지, 농사짓는… 그러니까 보리란 게 패맨은, 이삭이쌀이 여러 개 들어야 되는데 아무것도 못 주니까 두 개 아니믄 세 알 붙는 기야. 알이. 뭐야. 한 개 수거가서 알 들어가믄 얼매나 그게 그기.

그러니까 배(벼)가 지금은 큰 배가 백팔십 알부터 백구십 알까지 열어요. 한 모함지에. 그 때는 백 개가 안 열립니다. 모함지 하나에. 털 수가 없어요 뭐 주, 영양을 줄 수가 없으니까. 그러니 보통 그 칠팔십 개. 그리 열면 쪼깨는 그거 가지고, 지금은 한 마지에 쌀이 마이 나오는 데는 네 가마니 다섯 가마니 나와요. 쌀 푸대가. 그래 나오는데 옛날에는 껍질 붙은 나락이 한 섬밖이 안 나와. 그러니까 지금 그 때 당시 열 마지기 지어 봐야 지금 두 마지 짓는 농사 쌀, 그것이 안 나옵니다. 그르니 먹을 게 없을 수밖이 없는 기라.

대신에 보리가, 밭에도 보리를 심을 수 있으니까 보리는 쌀보다는 많이 불어요. 보리쌀이 큰 쌀보다는 이래 이 크거든. 그러니까 보리쌀은 한 가마니 하면은, 예를 들어 한 달 반을 먹으면은 쌀은 한 달도 못 묵는 기예요. 이

양이. 그렇게 보리쌀이 맛있다고 보리는 개떡 해묵… 개떡가리 해 묵지, 밥도 많지. 우선 속이 차야 되니까.

옛날, 옛날 뭐야 똥배가 차야 되… 안에 똥이 들어 있어야 지금은, 지금은 참 뭐 쌀밥이 맛이 없는, 그 당시는 고기라 그르면은 전부 집집마다 소를 키우잖아요. 논을 갈기 위해서. 소, 돼지, 닭 이런 거 전부 가정집에서 다 키웠으니까. 그래가지고 시집 장가보낼 사람들이 있으면은 돼지를 키와가지고 잡아가지고 잔치를 하고, 또 남은 노인이 있어도 해놔 세상 배리갔으모 돼지를 항상 키워요.

키우믄 저 잡아가 장례, 장례를 치르고. 그래 하기 때문에 일 년에 돼지고기를 우리는 한 십 년? 십오 년… 한 십오 년쯤 됐나? 그 때까지 저 산청장에 돼지국밥 먹으러 다녔어요. 우째서, 우째서 그러냐면은 옛날은 고기가 귀하니까 시장에 가면은 큰 가마솥들 끓여 놓고, 돼지국밥을 끓여요. 돼지 인제 내장 몇 개 옇고, 비계 좀 옇고 돼지 저 시래기 항상 옇어가 푸득푸득 끓이모, 지금 같음 그거 아무도 안 묵지 기름 뎅어리. 그 한 그륵 떠가지고 다, 한 그륵 턱 갖다 얹어 주면은 그렇게 맛이 좋다고 그게.

그래서 그걸 먹으러 시장으로 대이는데, 산청도 산청시장이 한 십오 년 됐을 긴데. 그 때부터 그기 없어지더라고요. 사람이 안 먹으니까 안 찾으니까. 진주 오면은 유난히 돼지국밥집이 많십니다. 돼지국밥집이. 많은데, 그런 돼지국밥집이 없어요. 전부 뭐 이래 놔도 가믄 뭐 불 까서 보글보글 끓여가 주고, 주고 하는 긴데 큰 솥에다 항상 해 주는 그런 맛은 없어.

제일 뭐 흉기를 사 가서 돼지를 갖다 잡아 가지고 조용히 집에서 갖다 삶으면은 큰 솥그릇, 솥이, 솥이 이런 게 있어요. 집집마다. 거따가 돼지를 삶으면은 고기 익고 나면은 삶은 국물, 완전 기름 덩어리거든. 그 놈 한 바가지 떠다가 시래기 옇고 국을 끓여 놓으면은 엄청 시리 맛있다. (웃음) 엄청 시리 맛있어 그거는. 그런데 참 지금은, 지금은 뭐 옛날엔 닭을 잡아도 이 꼬리 나는 그거 먹으면 닭 한 마리 다 먹는… 기름 덩어리거든 그기. 똥구멍에 똥

그란 거. [조사자1: 예. 끝에, 끝에 동그란 거.] 어어. 그거는 아니 일부러 다 빼가고 그랬는데, 지금은 우리가 하나도 안 묵는다 아이요. 다 변해.

[9] 전쟁 통에도 천진난만 한 어린아이들

[조사자3: 어르신 그러면 전쟁 후에는 그게… 그 뭐 학교를 계속 다니셨어요?] 못 다녔죠. 전쟁 하고 나서 우리가 피난을 왔다가 그르니까 지금은 내가 인제 우리야, 우리 동기들하고 세 살 차이 나요. 나 우리 초등학교 동기들이. [조사자1: 더 위겠네요, 나이가.] 어. 위겠지. 그르니까 인저 참 동창회를 한 번씩 가면은 한 해 선배들은 두 살이나 적으니까 낼로, 말로 놔 못하고. 대화도 못하고. 세 살 적은 동기들은 말로 놔 하고 그래요. (웃음) 동기들은 같이 다녔으니까. [조사자3: 그렇겠네요.] 나는 말 놓은다 하고, 두 살 작은 한 해 선배들은 말로 놔 못하고.

[조사자3: 그러면 집에서 같이 이렇게 농사일 도우시면서 그렇게 지내셨던, 거겠네요.] 그럼요. 사변 당하고 참 농사짓고 살다가… 그래서 행님은 일찍 나

왔고, 진주로 나왔고. 나는 어머이 하고 난, 시골에서 난 살다가 군대 가서부터 나와 버렸지. 군대 가서 어머이 세상 배리고 나왔고 나는.

[조사자2: 그러면, 사변 중에 전쟁 중에 그 어린이셨잖아요. 어리셨잖아요. 그러면 어린이들은 생활이 어때요? 그 별반 다르지 않아요? 뭐 명절 때도 똑같이 놀고, 먹는 것도 똑같이 먹고 그렇게 해요?] 아, 전쟁 때도요? [조사자2: 예.] [조사자1: 애들은 뭐 사실 잘 모르잖아요. 전쟁을.]

전쟁 중도 애들은, 그 뭐 그런데 밤에 자고 나면은 저, 저녁으로 계속 전쟁이 붙는 거예요. 밤으로. 총소리가 파바바바박 나고, 그럼 아침 자고 나면은 아들은 탄피 주우러 가는 기예요. [조사자1: 탄피.] 총 쏴고 난 껍질. 알 껍질. 그게 신주거든. 신주였어 신주. 신주라고 동. [조사자1: 아 동. 아 그거 모아서 또 어디…] 동이 엿을 마이 주거든. 그걸. 그걸 엿을 마이 줘요. 구리니까. [조사자1: 구리니까. 구리.]

전쟁 나고 나면은 마 전역으로 땅땅땅땅땅, 파바바바박 쏘면 그러믄 총소리 맞는 넣는 소리. 넣고 나면은 아침되믄 아들은 마 전부 저 총소리 난 데로, 그거 주우러… (웃음) 그거 주워가지고, 아주 웃겨 가지고, 그 당시에는 먹고 살아야 되니까. 엿장사들이 우째 좋아하면은 그걸 갖고 가믄 엿 마이 줘요. 옛날에 삼… 여름에 입는 삼베. 아줌마들이 삼을 삶잖아요 이래 질게. 삶다가 끄트매에 질은 거 이런 거 떨어지믄 그런 것도 다 엿을 줬거등. 삼 껍질거리 그것도. 엿을 줬는데, 그런 거는 아무 때 가 봐야 조금 줘도, 탄피 그거는 몇 개 주고 가믄 우리들도 큰 덩어리 하나씩 줘요.

[조사자1: 그 탄피 줏으러 다니다가 뭐 불발탄 때문에 사고 같은 건 안 났습니까?] 우리가… 넘의 동네에서는 아가 하나 죽었어요. 하나 죽었는데, [조사자1: 아… 불발탄 때문에요.]

그걸 인제, 그놈아는 우리보다 조금 나가… 몇 살 더 한 아들인데. 그런 사람이었는데. 그 뭐이라 그랄까. 이 박격포라고 하는 게, 바로 이리 놔 놓고, 탕 쏴 놔는 게 있어요. 그긴데, 그거는 그냥 프로뻴라에 달리가 있거든.

폭탄 뒤에. 그거 뭐 타라라라락 돌아가면서 글로 돌아가는 긴데. 그놈을 한 개 주워 와갖고, 프로뻴라가 터져불믄 그기 달리 없는 긴데, 이기 달린 걸 한 개 줘 갖고 프로뻴라 그놈 풀어갖고 통통통통 하다가 터져 뻤어. 터져가지고 서인가, 마 팔이 잘리고, 다치고 하나는 죽었어. [조사자1: 탄피는 몰라도 그런 건 되게 위험한데.] 그러니까 그건 모르지. 그냥 쇳덩어리니까. 그니까.

[조사자2: 그럼 명절, 이렇게 설이나 추석이 되면, 그 인민군들이랑 같이 그냥 명절 쇠는 거예요?] 아니 인민군들이 민가에 내려와 살진 안 해요. 언제든지 밤에 내려왔다가 밤에 올라가. 빨치산들은 밤에, 자기들… [조사자1: 보급투쟁하러 내려왔다가?]

보급투쟁을 해가지고, 낮에는 그 뭐입니까. 지방 그 빨갱이라든가 갱찰들이 있으니까 그 사람들이, 그 사람들도 무기도 있고 인제 뭐 이 부식이라도 있고 하기 때문에 낮에는 절대 옮기질 않아요 그놈들은. 밤으로만 딱 내려와가 그렇께 밤 되믄 전쟁을 하지. 총소리 씨리 날기고 저리고 하는데. 그리 우리 애들은 이… 집집마다 보면은, 우리도 사는 집 문을 열고 부엌으로 딱 뒤로 나가면은 방공호가 있어요. 굴로 파가지고. [조사자1: 예. 폭격 같은 거 할 때, 숨을려고?] 아 뭐 큰 포탄은 아니지만 작은 총들은, 총소리 탕탕탕 나모, [조사자1: 아 글로 다 숨으…]

전부 시골 그 화왕성, 이 덕석이랑도 방석 그거를 깔아 놓거든요. 총소리 탕탕탕 나모 전부 다 그걸 싸 들어가는 거야. 다 들어가고 뭐 불이 막 핑핑핑 핑 하고 다녀, 실탄이. 그래 함락을 하고 또 맞으면 뭐 아들 전부 쌔리 동네 아들 또 뛰라. [조사자1: 아 또. 탄피는 애들 차지구나. 또.] [조사자2: 그 와중에도 또 엿장수도 있고 그러셨네요?] 하모. 그 때도 그 뭐입니까. 기관총 같은 걸 쏸 디는, 이 마 가마니씩 나와요. 한 가마이씩 되구로. 이 큰 기관포라고 뭐 오십오미리 뭐, 뭐라 뭐이라 큰 기관포 드르르륵 카는 거 있잖아요. 그런 거 쏴 비믄, 막 한 무더기씩 나와.

그 때는 전쟁 당시는 사람들이 마 하도 저녁에 나가서 마이 죽으니까, 죽으면은 장례도, 장례식도 없어요. 식도 없고, 누가 느들 갔느냐고 말해주는 사람도 없고, 그르니까 뭐 우리 옆집에 거 사람이 한 사람 죽고 그르니까 그러더라고 고마, 대나무를 잘게 쪼개가지고 새발로 엮어가지고. 대, 그거 가지고 굴따구 마 옇어가지고 묶어갖고, 거 가서 묻어 삐리. [조사자1: 그러니까 관도 없고.]

관, 관 하는 사람도 없고. 뭐, 뭐 그 새끼 만들 사람도 없는 기고, 그르니까 그냥 고마 그래가 찾아가고 마 거기다 묻어버려. [조사자1: 제삿날이 같은 집도 많겠네요.] 꽉 차지요. [조사자1: 몰살당하거나 그렇게 되면 뭐.] 예. 꽉 차고 그리 어린께 아들인께네 그 뭐 찬지도 몰라 그러지, 오늘도 살았나 내일도 살았나 모르는 기지 그기.

[조사자1: 어린이들은 그렇게 막 심각한지 잘 모르겠네요?] 어. 모르죠. 그 뭐 죽은 사람 있는갑다. 죽었는갑다. 그 뭐 하하 거리고 뭐. 그그, 그 와중에도 그 뭐 앞에 저 논에 나가면은 새끼 걸음 뚱뚱뚱뚱 걸어가고 축구 찬다고 뭐 공 찬다고 치대고 막 뛰고. (웃음)

[조사자1: 그러면 국민학교 일학년 여름방학 때쯤 전쟁 났잖아요. 그죠? 어르신이 일학년 여름방학 때쯤 전쟁이 난 거죠. 그러면 이 학기 때는 학교를 못 다니셨겠네.] 모, 아 못 다이죠. [조사자1: 그리고 전쟁 끝나고 다니셔가지고 나이가 차니까 그렇게.] 한 삼 년 정도 못 잽힜어. [조사자1: 아 그렇구나. 아. 딱 그렇게 되는구나.]

그래가지고도 입학을 하니까 학교란 디가 뭐이냐 거 뭐, 이 옛날 창고. 아무 담에다가 한성막, 여 있는 창곤데. 거기 가서 이만쌈 돌을 주워다가 듬성듬성 놔 놓고 이런 들판이라 이, 이만한 걸 쭉 지담한 걸 놔 놓고 그그 앉아서, 어, 책상 없는 기고. 그 줄줄이 앉아가 그리 했다고. [조사자1: 학교는 다시 글로 나가셨어요? 덕산 초등학교로?]

예. 그래가지고 그 뭐 초등학교 졸업했죠. 그래가지고 그 때만 해도 중학교는 저 진주에 있으니까. 중학교는 생각도 못해는 기고, 그 뭐… 초등학교 다니고 나서 한 일 년인가… 다니다가 야… 이거 이래가 안 되는데 싶어가지고 그 때 중앙강의록이라고 나왔어요. 이 내가 한 달, 참 이… 중학교 일학년 과정이믄 일학년 과정, 책값을 보내 주면은 강의록이라고. [조사자1: 아… 그런 걸 갖다 줬구나. 우편으로?]

예. 우편으로. 그래가지고 중학교 과정을 강의로 그런 거 하고 전부 집에 대충 한다고 했지. 어. 그것밖에 안 돼. 못 해. [조사자2: 자습으로?] 하모. [조사자1: 어 그래도 대단하시네요, 그런 것도.] 하모 그 때 가면 중학교 강의라고 중앙강의록이라고, 중앙강의록이라고 서울서 있었어요. 사변, 사변, 바로 사변 직후에.

[조사자2: 그럼 그 때는 사변 중에는 그 국민학교였어요? 보통학교 이런 거 였어, 이름이 어떻게…] 아이 고 앞에 소학교였는데, 이 일본이 와 가지고 국민핵교 만들었죠. 하모 국민학교를 만들어 버렸지. [조사자1: 그럼 일제 때 입학하셨다가 해방 이후에 전쟁 끝나고 졸업하셨네, 초등학교를. 지금으로 말하면 초등학교를. 그렇게 되네요. 아, 아니구나.] 아이지요.

[조사자1: 아니구나 해방 이후에 입학하신 거구나? 예.] 하모. 해방 이후에. 해방 전에 우리가 났고, 해방 이후에 했는데 그 때도 하모 입학을 하니까 초장에 큰 벚꽃나무가 쭉 있었는데 벚꽃나무 대가 있어 보니까 커다란 주판이 있잖아요. 그걸 내리, 항해서 내리고 올리고 쌌는 그거. 그거 해쌌는데. 요즘은 그리 안 하지만 옛날에는 커다란 주판이 있어요 이리. 이걸 큰 걸 놔 놓고 애들한테.

그 때도 교사들이 모자랐지. 모자랐으니까 큰 벚꽃나무 이 나무 밑에 와 가지고 애들 쭉 앉혀 놔 놓고 선생님이 저 큰 주판 알 그 두 개를 올리고, 두 개 하서 하믄서 이거 하곤 했는데. [조사자2: 지금으로 치면 야외수업이네요. 야외에서.] 지금은 야외가 아이고 교실이 없는 기야. 교실이 부족한께. 없어서 밖에서 하는 기야. 뭐 땅에, 땅에서 앉아서 그냥 하는데 뭐. [조사자2: 아 그렇구나.]

[조사자3: 아 어르신 그러면 혹시 그 해방되고 해방됐다는 거를 뭐 딱 아실 수 있는 그런 게 없었죠?] 모르지. 모르지. [조사자1: 그런 건 전혀 모르셨겠다.] [조사자2: 그럼 언제 아셨어요?] 해방 저, 해방 전에 났는데. [조사자1: 사십사 년에 태어나셨으니까.] 사십사 년에 태어나고 사십오 년에 해방이 났, 됐으니까. [조사자1: 개념이 없으시지.]

[조사자3: 그럼 전쟁은 어떻게 났다는 걸 어떻게 아셨어요?] [조사자1: 아까 학교 선생님들이 난리 났었다고.] 학교 선생들이 마 이러고 새빠지게 뛰어 다니드만 마 전부 다 집에 가가지고 연락 할 때까지 오지 마라고 막. [조사자3: 그러니까 이십오일 날 딱 정확하게 그렇게 아신 건 아니죠?] 아이죠. [조사자1: 그 지난 다음에…] 하모요. 지나고, 지나고. [조사자1: 한 그게 어느 정도 됐는지 기억나세요? 한 일주일 후에? 아니면 며칠 후에?] 사변이 그 때 당시는 언제 났는지도 모르지요 우리는. 모르고, 인제 우리한테 닿았다는 것만 아는 기야. 닿은 기… [조사자1: 여름.] 응. 이릏게 닿았다. 그것만.

[조사자2: 끝난 건, 전쟁 끝난 건 어떻게 아셨어요? 6.25 전쟁 끝난 거는 언제쯤…] 아 끝나도 그거는 저, 끝이 없었어요. [조사자1: 이 동네는 전쟁이 끝이 없었대. 빨치산 때문에.] 예. 빨치산 때문에. 계속 시달렸지. 휴전은 했으되, 그기는 뭐 사후 대낮까지. [조사자1: 공식… 아마 공식 휴전하고 난 다음보다 한참 거기는.] 아 오래 있었어요. 그러니까 갤국 토벌 작전을 아주 완전히 소멸하도록 까지 정부에서도 온전히 여글 돌아볼 여유가 없었는 기예요. [조사자1: 그렇죠. 예. 전투 중이었으니까. 그 1.4후퇴나 뭐 중공군 내려오고 이런 것도 잘… 소문으로는… 모르시겠네요 잘.] 모르죠. 예.

[10] 휴전 이후에도 끝나지 않은 전쟁

[조사자1: 거기 강원도 쪽은 중공군 얘기를 많이 하는데. 이쪽은 전부, 중공군은 거의 보지도 못하셨을 거 아니에요.] 중공군은 여기선 보지를 못했고. [조사자2:

러시아?] 아, 러시아 사람들은 오도바이 타고 대니는 기 있어요. [조사자1: 아 초창기에는 확 여기까지 밀고 온 거구나.] 여까지 상부 여, 여기서…

[조사자1: 그러니까 인민군을 보신 게 팔월 전, 전이었죠 그죠? 팔월 전에 보셨죠. 그건 아직 기억이 안 나시나?] 하모, 뭐 몇월이고 하모 그런 건 잘 몰라요. [조사자1: 하여튼 여름에 보신 거. 여름에.] 여기 그 상부 여 물금이라고, [조사자1: 예. 물금.] 지금 밀양 밑에. [조사자1: 예. 부산 밀양 사이.] 에, 고까지 인민군들이 다 내리갔었어요. [조사자1: 거기까지요?]

예. 다 내리갔었어요. 그리니까 그기 낙동강을 만약에 인민군이 도하를 한 다음에는 뭐 그 뒤에 소리가 그래쌌든데 전기를 물에 꼽아비라고. (웃음) [조사자2: 아.] 그 뭐 개미들마냥, [조사자1: 감전되게?] 예, 만약에 물에 도하를 해 들어서 놓으면은 젠부 다 몰살시켜… (웃음) 그른 소리까지 했드랬어요. 아 그거라도 해야지 뭐.

[조사자1: 그게 산청으로 다른 지역 사람들이 피난을 내려오는 건 못 보셨죠.] 산청이 이 지리산 때문에… [조사자1: 이쪽으론 잘 안 왔겠네 피난민들이.] 피난민이 이쪽으론 전부 이 시내로 나오죠. 진주로. 하모. [조사자1: 보통 고 때 산청 진주가 인제 진주 나간다 그러면 하루 종일…] 멀었지. [조사자1: 하루 종일, 그럼 하루엔 갑니까?] 몬 오지요.

[조사자1: 아… 하루도 못 오는구나. 지금은 차로 몇 분 걸립니까?] 아이 저 뭐 당연히 지금은 뭐 삼십분서 삼십분 하모 숭 가지만은. 아이 그 때 당시는 전부 재갈도 부역을, 부역을 부역이란 걸 해요. [조사자1: 예예예. 일 나가서 하는 거.] 하모 공짜로. 신발이라고 뭐 헐 게 있나요 다 떨어져가 너덜한 그런 신발 있지요. 아이 그래서 재갈밭이… [조사자1: 아, 거기, 거길 걸어 다녀야 되는구나.] 거의 다 걸어 다녀야지. [조사자1: 정확하게 한 몇 킬로 정도 됩니까? 진주 산청이?] 산청이 사십 킬로 그런데 지금 막 딱 킬로 재면은 마 삼십구 킬로 정도 될 기예요. [조사자1: 백 리네요, 딱 백 리. 딱 백 리네요. 거기 덕산에 중학교가 없습니까?] 지금은 있지요. [조사자1: 아 나중에 생겼구나?] 예. [조사자1:

그 때는 없었고.] 예. 지금은 옛날 초등, 초등학교, 학교 하던 자리에 중고등학교가 들어섰고, 들어섰는데 지금 학생이 없어요. [조사자1: 아. 시골에…] 어. 학생이 없고 그 사회서 시골에 나와 가지고는 고등학교 가지도 못하고, 그러니까 다 나오지.

[조사자1: 거기 민간인… 그 뭐 이렇게 청년단 뭐 이런 거 비슷하게 조직한다는 분을 일월달에 거기 가서 한 번 뵈었거든요. 산청에 가서. 거기, 거기가 읍사무소였나? 우리가 갔었던 데가? 거길 갔었어요 한 번.] 거기, 거기 조식 선생 갔으면은 거 면사무소. [조사자1: 아 면사무소.] 예. 면사무소.

[조사자1: 면사무소 거기, 거기서 한 번 인터뷰 했었습니다. 제가 지금 성함은 잘 기억이 안 나는데.] 시천, 시천면인데. [조사자1: 시천면, 예.] 예. 시천면. 고 면 소재지가 시천면 사리예요. 사린데 우리 면사무소 밑에 또 내가 거기 살을 거인데. [조사자1: 거기가 그러니까 정말 빨치산하고, 그 저기 경찰하고 접경지역이라 거기죠, 거기가 옛날에.] 그럼요. [조사자1: 고, 고 일 때 갔으니까.] 내 덕산, 덕산, 덕산 시천면 밖으로는 안 나와요. 빨치산들이. 밖으로 거기서 나올려면 한참 나와야 마을이 있고. [조사자1: 마을도 없고?]

에. 그러니까. 그까지는 저 전면 보도니까. 이제 걸어서 못 나오는 기예요. 빨치산들이. 그르니 만날 시천면 삼장면. 예, 산청쪽으로는 시천면, 삼장면, 금서면. 세놈은. [조사자1: 단성까지도 안 가고?] 안 가고. 금서면 하계면 요리만 다 지서 붙은 몇 개 면만 고 드러눕는 기예요. 걸어와서 걸어가야 되니까.

[조사자1: 그러면 어르신 기억에 전쟁 끝나고 몇학년까지 빨치산 얘기를 들으신 것 같애요? 한 초등학교 졸업할 때까지 계속?] 초등학교 졸업 하고 나서도까지 한가 싶은데. 하고 나서 저 빨치산 잽힌 게… 졸업하고 나서 잽혔어요. [조사자1: 육십 년까지 간 거 같은데.] 정순덕이가 예. [조사자1: 예. 육십몇 년까지. 마지막 빨치산이라고.]

대신에 이 휴전이 되고 나서는, 휴전 되고 나서는 그 사람들이… [조사자1: 밤에는 많이 못 내려왔나?] 밤에 내려오는데 사람은 해치질 않아요. 사람은 해치질 안했어. 사람을 해치면은, 해쳤으면은 일찍 뭐 잽히거나 했을 긴데 오늘 이번 주에는 이 동네 왔으면은 다음 주에는 저 동네 가고. 그 다음 주에는 저 동네 가고.

[조사자1: 그러니까 돌아가면서 계속 털면 안 되니까?] 어 그렇지요. 어 없지. 그러니 다 요리, 그리 털어 먹는데, 그러니까 주가 그 살 것만 가져가지 사람을 해치진 안 했어. [조사자2: 그러면 언제쯤이면 우리 마을에 오겠다 이렇게 예상될 때도 있어요?] 거, 그런 거 보통 보면 주기 별로 한 한 달에 한 달 안 돼서 한 번 오죠. [조사자1: 그 때쯤 내려오겠구나.] 한 달 안 돼서 한 번씩 와요.

[조사자1: 실제로 많이 보셨어요 그러면? 빨치산을? 실제로.] 아 그럼요. 거기서 그, 그런데 인제 그 정순덕이는 이 그런 큰 사람들은 직접 그 안 나와요. [조사자1: 앞에 안 나서고?] 안 나오죠. 안 나오고 그 밑에 수하도 거진 함 보니까 그 자기가 그 빨중에 안안도라고 카는데 키도 크더라고. 크고 그런 사람이지가 안안도라고. [조사자1: 안한도?] 안안도라고. [조사자1: 안안도.] 하모. 그러면서 마 가시라 하고. 뭐 그 뭐 많은 무기들 뭐 들고 그래 쌌데요. 그러드만.

[조사자2: 그 산에 있으면서도 무기가 많이 있었어요? 무기가?] 아 있었어요 그 사람들은. 그러니까 결국 각 지서로 승격을 하는 기예요. 각 지서로. 지서, 뭐 편이 없으면 무기도 없으니까. 제일 누가 봐서 하루에 제일 뭐가, 주가 뭐시기 탄약이 있어야 되니까. 실탄이. 실탄이 있어야 되니까 그런 데로 승격을 한다고. 승격을 실탄 빼 갈라고, 한다고. 그런 애들이 인제 사람 죽이지.

[11] 민간인들을 죽이는 이유

[조사자1: 여기가 하동 이런 데보다 더 치열했다 그러더라고 산청이? 저쪽이. 저쪽 전라도쪽은 구례.] 산청이 심했어요. 산청이 심해가지고 지금 저… 함양 맛, 이… 맛 저… 유리, 민간인 대학살 쌌는 것도 결국 이쪽에서 넘어가는

길이 고개를, 넘어가는 것인데. 어, 우리가 볼 때는 전시에는 그럴 수가 있어요. 학살을 했다, 지금 절대 아니다 쐈는데 월남같은 데 우리는 가진 않았는데 거 갔다 온 사람 소리 들으면은 한국군이 가서 부녀자고, 여자들 많이 죽였어요.

죽였는데, 왜 죽이냐. 내가 내 도우미하고 여 살면서 참 이 간남압니다. 이 참, 그게 나오는데 어서 저 짝에서 총이 땅 해가지고 동료가 팍 쓰러졌어요. 죽었어. 그람 눈이 팍 디비진데이. 눈이. 눈이 딱 디버지모 마 아고 어른이고 개고 소고 오는 기로 쏩니데이. 눈에 비모. 쏜다고 마 쏴비리지. 그걸 아라고 여자라고 저기 쐈는지도 모르는데. 절대 그 때. 전장을 안 해본 사람들이 하는 소리지, 해 본 사람은 여 금방 살아 같이 하던 동료가 퍽 쓰러져 죽었는데 적 앞에 내가 뭘 믿어. 바로 다 뭐 인간은 다 쏜대.

그르니까 저기도 이… 내가 볼 때는 시천면에 3연대 바람 같은 그런 게 일어가지고, 이 앞에 간 군인들이 몰살 했단 말입니다. 그라모 뒤에 온 사람은 지리도 모르고 아무 것도 모르는데, 바로 투입이 돼 들어왔는데, 여거서 몰살했다. 그라모, 그럼 요 앞에는 전부 인민군이다. 간첩이다. 그리 되면은 뭐이, 뭐가 몰살 시리. 전시 때는 얼마든지 그래 할 수가 있어요.

지금 참 괜한 소리로 뭐 사람들이 이러니 저러니 카지만은, 일개 대대모 병력이 육백 명입니다이. 육백 명이면은 대대장이 지금 육군 중령인데, 전시 때가 되면은 사형군도 있어요. 밑에 수하 말 안 들으믄 쏴 죽일 수도 있십니다. 있는데, 내 수하도 싹 다 죽었는데, 다 죽었는데 아, 안 되죠. [조사자1: 그 때 그 3연대 병력이 다 몰살당했습니까? 일개 대대가?] 어. 일개. 연대가. [조사자1: 일개 연대가 다 몰살당했다고? 어휴. 그러면 굉장히 많이 죽은 건데.] 마이 죽었죠. 그런데 이제 그 때 당시는 내가 볼 때는 우리가 지금 생각해 보면은 이 전시가 돼 놓은께 일대 연대 병력이라 캐도 연대 병력이 정규 병력이 안 됐지 싶어요. [조사자1: 그러면 그 때는 그게 빨치산한테 당한 겁니까 아니면 인민군한테 당한겁니까?] 인민군한테 당했죠. [조사자1: 아 정규군한테?] 하모.

[조사자2: 하면은 그러면 민간인 학살이 이렇게 많이 있었는데 산청쪽은 뭐 양민 학살 별로 없었어요?] 아이 그래 거거, 뭐뭐 어 특공대장이라는 사람이 그 3연대장 손을 잡고 절대 아니다 신호주는 사람 아니다. 그래가지고 그래가 살린 기. [조사자2: 아 그 국회의원 하신 분이?] [조사자1: 그 분이, 성함이 기억나세요?] 조명한 씨. [조사자1: 조 명자 한자.] 예. 조명한 씨라고 세상 비리고 오래 살았어. 그 아들 근데 세상 배렸는데. [조사자2: 많이 살려주셨네요.] 어. 많이 살렸지요.

[조사자1: 그러면, 그럼 이 남명 선생 다 그 후예들인 모양이죠?] 어 맞아. 예예. [조사자2: 그러신가보다.] [조사자1: 마을 이장정도 했습니까 그러면?] 아이, 이장이 아니고 그렇게 지금, 지금 같으면 뭐 예비군 중대장 정도로 볼까. 하모, 그 때 당시에 인제 지역 청년들을 모아가지고 참, 밤으로 지키고 이런 사람들 있었거든.

[조사자2: 그럼 휴전 되고 나서, 그 빨치산들 내려올 때 이제 휴전도 되고 전쟁도 끝났으니까 매복했다가 쟤들 잡자, 이렇게 하시는 분들 없었어요? 이제 계속 내려오고, 뺏어 가고 하면. 식량들 가져가면.] 그리 할 수 없어요. [조사자2: 아 없어요?] 장비가 없잖아요. 아무 것도. [조사자2: 그 국가에서 이렇게 뭐 지원하는 게 없고.] 없지. 뭐 총이 없으니까. 저자들은 총을 가지고 있는데.

[12] 빨치산 이야기

[조사자1: 여자 빨치산도 보셨어요?] 아 여자 빨치산은 그거, 털러가는 사람은 거의 여자들이 다 오죠. [조사자1: 아 그래요?] 예. [조사자1: 그 드시는 사람들은?] 예. 전부 여자들이에요. 그르니까 그 사람들 오모 참기름 깨소금 뭐 그런 거 죽어라 싹 다 들고 가. [조사자1: 하기야 화장품도 있으면 가져간다고.] [조사자2: 살림을 다 아니까.] 그렇죠. 아니까. [조사자1: 아아. 이고 가는 것만

남자들이 지고 올라가고.] 뭐 그렇지요. 그래가 또 짐 모은 거 있음 전부 다 동네사람들 다 델꼬 지어 가야돼. [조사자1: 또 지어서 올라간다고.]

[조사자2: 그런 분들은 다 북한 분들이에요? 이렇게 말투나 이런 건?] 아니에요, 아니에요. [조사자1: 그 애초에 지리산 산 사람들이라고도 했죠. 산 사람들이라고? 그 사람들이 생긴 게 뭐라고 그러셨어요? 왜, 왜 생겼는지? 그런 말은 동네에서 안 들으셨어요? 뭐 어디서 나왔다는 둥 뭐.] 그런 거는 몰라요. 예. 그런 거는 모르고. [조사자1: 그 저기… 이현상이라고는 안 들어보셨어요? 소문으로? 빨치산 대장 뭐 이렇게?] 그것도 뭐 못들어 봤어요.

[조사자1: 정… 저기 뭐야, 정, 그 누구지? 정순덕은 동네에서…] 다 그 하모, 동네. 정순덕이 그거 만공 정순덕이 살아도, 그 이 시천면 삼정면을 벗어나질 못했어요 그 사람은. 지리산도 벗어나지를 못했고. [조사자1: 이현상이라곤 안 들어보셨고?] 못 들어봤고.

[조사자1: 그럴… 어릴 때 마을에는, 뭐 빨치산 뭐 인민군, 국방군 뭐 이렇게 다 있는데 그래도, 그래도 국방군이 좋은 편이다 이렇게 생각이 드셨어요? 아니면 뭐 그런…] 아니 뭐 좋은 편이지. [조사자1: 그렇게 생각하셨어요?] 예. 국군들이니까. 국군은 우리나라에서 만드는 기고, [조사자1: 그래도 뭐 국군들도 해코지하고 많이 다니고 그랬잖아요 사실.] 국군들은 그 때, 그 당시는 그리 해코지 안 했어요.

[조사자1: 아 오히려 경찰을 많이 보셨을 수도 있겠다, 그쪽은.] 갱찰도 옳은 갱찰은 한둘이 밖에 봐줄 수밖에 없고, 전부 다 인제 지방 사람들이 하는 기예요. [조사자1: 의용으로 청년단 조직해가지고.] 하모. 그러니까 인제 예비군 모냥으로 그래가 들어가 있는 기라. 그리고 그런 사람들도 밤으로 같이 진지란 게 있지, 진지. 지서가, 지서가 있으면은, 파출소가 있으면은 그 때는 아무 방어벽이 없으니까 땅을 파고, 나무로 한 사오매타 되구로 높이 해가지고 거따가 나무를 착착착착 묻어 가지고 그리 막았어요 못 들어오게.

그 방어벽에 방어, 못 들어오게. 그리 막아놓고 밤으로 지킨다고. 그렁께 그 지키다가 서로 교전해가 싸워 죽고죽고 그렇지. 그러니까 저놈들은 내가 보니까 빨치산 저놈들은 워낙 산을 타던 놈들이고, 또 그런 전쟁, 전쟁에 완전히 도가 튼 사람들. 그렁께네 지방 빨갱이 돼가지고 미쳐갖고 올른께네 못하지.

[조사자1: 바로 위에 형님하고는 아까 몇 살, 여섯 살 차이나셨다고 그러셨어요?] 누구. [조사자1: 어르신 형님.] 어. 예. [조사자1: 여섯 살.] 어. [조사자1: 그럼 형님도 어디 뭐 의용군이나 그런 데 끌려갈 뻔했겠네요?] 어 갔어요. 거 가서 교육받고 노래도 하고 그래 해드라고. 그래 노래 배우는데 가보니께 김일성 장군이라고 그래 노래 불러주고 그러더라고.

[조사자1: 그러면 어디 끌려갔다가 나오신 거예요 아니면,] 아니요. 그리고 나서 끌려가진 않았어. 애들도 애들도 데불다가, 애들 데불다가 저녁으로. 낮에는 농사일을 하니까 저녁으로, 옛날에는 마 저녁에 안 다녀도 끌고 다니고 손들게 해요. 그랬는데, 밤으로 그래 데불다가 그 뭐뭐 압록강 굽이굽이 김일성 장군 섰네. [조사자1: 그 노래 가사 기억나세요?] 아유, 몰라요. 그것밖에 몰라, 압록강 굽이굽이 김일성 장군 섰네. [조사자1: 젤 첨에 어떻게 시작해요? 가사 알면 좀 알려주시지.] 거 몰라요.

[조사자1: 그 뭐 항일투쟁하고 이런 거 막 이렇게 가사로 만들어가지고 퍼뜨린 모양이네 애들한테. 하기야 열세 살정도셨으니까 의용군에 끌려가기에는 좀 어린 나이네, 형님도.] 조금 높은 사람들은 전부 죽창을 가지고 훈련 받았어요. 대나무를 잘라가지고 총 이… 만들어가지고 훈련 받고 했어요. [조사자2: 나이가 어리셔서 좀 다행이었네요.] 응. 그래가지고 데리고 갔지.

[조사자1: 근데 워낙 산청은 빨치산 피해가 많아서 오히려 전쟁이…] 너무 전쟁이 길었어요. [조사자1: 전쟁이 너무 길었어요. 근데.] 그것 참 물론, 뭐 전라도도 그렇고 다 딴 데도 거긴 빨치산이 많았잖아요. 전시에 많이 있어 놓으니까. 그기 함몰 못해가 그렇지. 뭐 휴전한다 캐도, 휴전을 해 놔도 그 휴전선 철저히 지키기도 얼마나 벅찬데. 휴전해도 우리가 육십오년도 군대를 가가지

고 육십팔년도 제대를 했는데, 그 때도… 그 때도 이 최전방 DMZ 때는 죽는 사람이 많았어요. 예, 저저 휴전선에는.

[조사자2: 계속 교전 때문에.] 뭐, 사실상은 휴전인데 지금도 2.5미터, 2.5킬로 2.5킬로 그러잖아요. 비무장지대가. 그런 데 다 들어가 있습니다. 양쪽 다 다 들어갔어. 밑으로 굴로 파가지고 뭐 철조망 밑에 다 들어가 있십니다. 지금도 그래요.

민중경찰하고는 그 사람들이 그 건물 하는데, 2.5킬로 밖에 부대가 있고 반대로 전부 다운돼서 다 들어갔어. 위에도 그렇고 밑에도 그렇고 다 들어갔어. 그래갖고 지금 어느 산인가 그 개울물은, 아침에 날 새면 북한에서 물 뜨러 가고 우리 물 뜨러 가고 만나고 그러잖아요. 만나고 그 때 당시에도 담배도 바까 피우고 그래 쌌어요. 그런데 그 때는 북한 담배가 좋았십니다. 예. 육십년도까진. 지금은 뭐.

[조사자1: 보이세요?] 정순덕이에요? [조사자1: 여기 기록으로는 육십삼 년에 마지막 빨치산으로 잡힌 걸로 나오네요.] 잽히가지고 살기는 오래 살았어. [조사자1: 육십삼 년에 돌아가신 거는 이천사 년. 이천사 년쯤에.] [조사자2: 그럼 산, 산청 분들한테는 그 한국전쟁이 거의 한 십 년 계속 이었네요, 십년…] [조사자1: 십년 더 되지, 십년 더 되지.] 더 끌지. 더, 더 끌었지. [조사자1: 한 십오 년.] 응. 더 끌었어. 뭐 휴전이 돼서 저기 살아도 뭐 그거는 맨날 저, 전쟁이야. 그렇께 뭐 휴전 이런 건 별로 뭐 신경 없는 기고. (웃음)

[13] 어린나이에 준비한 피난길이란

[조사자1: 그러면 거기 어디야, 저기저기저기 단성으로 피난 가셨다가 다시 언제 들어가셨… 집으로는 일 년 후에 들어가셨어요? 한 일 년, 피난 생활 일 년 하시다가?]

일 년도 넘었을 기예요 아마. 그리 늦게 갔으니까. 가가지고 일단 피난을 갔는기는데 왔다가, 대평으로 또 다시 들어갔다 또 다시 나와 가지고 오래 있었으니까. 오래 있었는디, 그 때는 뭐 전부 불로 질러버리고 그래니까 집을 불로 질러 버리니까. 뭐뭐 사람 타야 되는데 그것도 참. 처음에 피난 가가 사흘 있다 들어갔는데, 그 때는 우리 모친이 안 나오드라구요 우리 애들만 딸리 보내고. [조사자1: 애들, 애들끼리 어딜 보내고.]

애들 인제 지, 지… 집안에, 집안 아저씨가 인제 하모 친척한테 붙여갖고. 이제 나는 죽어도 괜찮은데 느그는 살아야 된다 그런대요. 사흘 있다 가도 할매가 해 있드라고. 그래 그 다음에는 인자 할 수 없이 뭐 집이 타든가 말든가 사람들 전부 다 나왔지.

[조사자2: 그럼 집 지킨다고 남아계신 거예요?] 하모. 뭐 그 때는 전부 다 나와 버리니까. 동네 사람들이 없이 다 나와 버려. [조사자2: 그럼 피난 갔을 때 짐 들고 이렇게 가신 거예요?] 그 때 나도 피난 갈 때 내 베개 지고 갔지 싶은데, 내 베개. 기억이 내 베개 지고 갔지 싶었어. (웃음) [조사자2: 가서, 가다가 도중에 식사는 어떻게 하셨어요?] 그런 데 식사가 있나요 그 때는. [조사자2: 어… 따로, 딱히 못하시고.]

나서모, 옛날 소달구지에, 소달구지에 제일 인자 급한, 급한 살림만 싣고 밥 떠다 먹을 수 있는 살림만 싣고 나와 가지고 그 때 소금국을 많이 먹어 봤어요. [조사자2: 소금국이요?] 아무 김치 간장에 독을 못 싣고 오잖아요. 그런 걸 못 실으니까 소금을 갖다가 밥을 했는데, 밥을 안치면은 밥이 끓잖아요? 그러게 소금을 딱 떠가지고 밥솥에 옇어 놔. 옇어 놓으면은 밥이 끓어서 소금물이 한 그슷 돼요. [조사자2: 아 밥물이 끓어가지고.] 어. 끓어 넘어서. 그리 그게 짭짤하니 참 맛있어요. 그래 그것만 있으면은 밥, 아무리 보리밥도 괜찮아. [조사자2: 애들이라.] 반찬 이런 게 없으니까. 소금물 그놈만 해놓으면 식구들 다 먹는데 뭐. 게 지금 태어난 기 참 행복한 기예요.

[14] 피난 생활 중 파란 돌을 주웠는데…

[조사자4: 그 옛날에 빨치산들이 내려와서 여자빨치산들이 노래도 가르쳐주고…] 여자가 그, 노래는 여자가 아니고 남자들이 가르치고. [조사자4: 아, 남자들이.] 예. 노래 가르치는 거는 주로 북한 사람이야. 북한 사람. 말을 엇지게 하니까. [조사자2: 말을 잘해요?] 아니 말을, 우리는 갱상도 사는 사람 갱상도 말인데. [조사자3: 말투가.] 갱상도 말이니까. 서울에는 갱기도 말씨 저는 사람을, 말씨가 틀리믄 엇지게 한다 그러거든. 그러면 그런 말 하니까, 그 사람들은 노래 가르치는 사람들은 보믄 북한 사람들이야.

[조사자3: 그러면 말을 다… 말이 다 통했나요?] 다 통하죠. [조사자3: 그 못 알아듣는 말들이 있진 않았을까 싶기도 한데.] [조사자2: 큰 사투리 이런 건 없고?] 뭐 그런 사람 노래하는 거는, 이 갱기도 사람이나 전라도 사람, 갱상도 노래는 똑같습니다. 똑같애요. 노래가 거.

[조사자2: 어렸을 때 그러면 피난 다니시면서 뭐, 재밌었던 기억이나 아니면 막 되게 힘들었던 기억 이런 건 없으세요?] 아이고 재미는 무슨 재미가 있나. 뭐 지금 뭘까, 피난 와가지고 그 잽히는 그기 우리 행님하고 나무하러 간다고 산을 갔어요. 전부 벌거숭이야 산이 벌개. 하모 했는데, 그래 가보니까 돌이 파란 돌이 있어요, 파란 돌이. 푸르스름한 돌이.

한 개 주워 갔드이만은 그 때는 우리 외할아버지가 그 계실 땐데, 불이란 게 성냥도 없었고, 전부 부시라는 게 있어요. 부시. 돌에 쇳조가리를 탁 치면은 불이 반짝반짝 나지. 주로, 차돌로 주로 하거든 인돌. 그걸 갖고 불이 반짝반짝 히모, 수루치라고 식물이 쑥하고 비슷한 게 있는데 큰 걸 말려가 비비 놓으모 소매 아주 가늘고 좋아요. 그런 걸 딱 붙이가 탁 붙이믄 불 착 붙어. 반짝할 때 불이 착 붙는다고. 붙어갖고 소매 딱 다 들어가믄 그거로 불에 불 다시는 거거든.

그런데, 산에 가면은 파란 돌이 있어서 함 주워 오니까 할아버지가

"그게 어디 있드나?"

그래 저기 저 짝에 산 문더기에 있더라고. 그놈은 날로 탁탁 쳐야 되는데 갖다 치면 그냥 시퍼런 불이 번쩍번쩍 하는 기예요. 그게 지금 보니까 수정이야 수정. 수정돌이에요. 그래 그 내가 몇 년 후에 그 산에 가 봤어. 가보니까 숲이 다 우거져가지고 나무가, 돌이 찾아도 안 보이더라고. 거기, 수정이래 그 동네에서는 수정이 있대요. 수정돌이라 카더라고 그렇께 그거는 마 같이 가져가믄 불이 번쩍번쩍 해.

한, 한 삼 년 됐나. 그 산을 함 찾아 가봤지. 가봤드만 돌은 못 찾겠고. 나무가 워낙 카 숲이 우거져 비니까. [조사자2: 그 때 그러면 그 가져 가셨던 파란 돌 어떻게 하셨어요?] 할아버지가 가졌지. 할아버지가 부싯돌 했지. [조사자3: 수정으로.] [조사자2: 수정으로.] 하모. 무지 잘 일어나니까.

그놈, 거 가서 가을쯤 한 어매로 시월쯤 되면은 보리가래라고 보리를 심잖아요. 논에다 보리를 심어 놓고 나면 보리가 시리 그 알이 전부 나와. 올비란 게 있어, 올비. 올비라는 게 풀뿌린데 요마사한 게 뭐가 나가지고 뭐, 배가 고프니까. 맛이 있겠지. 그럼 인제 껍질을 살살 뱃겨 까먹으면 그놈이 또 맛있었다고. 그, 이게 지금 철새 갈가마귀 있잖아요. 갈가마귀가 이래 내려오면은 겨울에, 그 올비를 주모. 올비를 그걸 줘 먹으라고 갈가마귀들이. 이 잡풀 모냥으로 생기가지고 서식을 하는 긴데, 그 갈가마귀가 논에 오는 게 그거 쳐먹으러 와요. [조사자2: 새들 입에도 그게 좀 맛있었나 봐요.] 아 맛있었지요. 아 저그는 인제 맛있는지 모르지만 죽어도 살아야 되니까 먹겠지. 맛이 없어도 살아야 되니까.